다원론적 상대주의

데이비드 왕 지음
김 성 동 옮김

다원론적 상대주의

데이비드 왕 지음

김 성 동 옮김

철학과현실사

David Wong

Natural Moralities :
A Defense of Pluralistic Relativism

Natural Moralities

옮긴이의 말

이 책은 오늘날 우리가 처해 있는 새로운 현실 즉 지구촌에 적합한 새로운 윤리적 사유를 담고 있다. 조화로운 지구촌이 되기 위해서는 다양한 사람들과 문화들이 서로 공존할 수 있는 윤리적 지혜가 필요하다. 지금 우리에게 새롭게 필요한 사상이 있다면, 예전에는 결코 있지 않았던 지구촌이라는 이러한 새로운 상황에 적합한 윤리사상, 바로 그것일 것이다.

저자는 미국에서 태어난 중국계 미국인으로서 중국의 윤리와 미국의 윤리를 비교할 수 있는 유리한 위치에 서 있다. 저자는 중국 전통의 영향 아래 있는 사람으로서 서구윤리의 대표격인 미국문화가 쉽게 범할 수 있는 여러 가지 잘못들을 조용히 지적하고 있으며, 미국문화 속에서 태어나고 성장한 미국인으로서 아시아 윤리의 대표격인 중국문화가 가지는 한계 또한 애정을 가지고 꼬집고 있다.

하지만 그는 각각의 문화들이 가지고 있는 윤리적 한계를 지적하는 것에 그치지 않는다. 그는 두 문화가 서로의 정체를 인정하는 것을 넘어서서 서로로부터 자신에게 부족한 것들을 채워갈 것을 또한 제안하고 있다. 인류가 각각으로 살아오면서 소중히 가꾸어 온 윤리적 삶의 지혜들은 서로의 문제들에 대하여 뜻하지 않은 해결책이 될 가능성이 높다.

저자의 이러한 제안을 보노라면 우리가 서구의 윤리를 어떻게 잘못 도입했는가를 실감할 수 있다. 윤리 교과서의 내용과 실생활의 윤리가 완전히 따로 움직이고 있는 우리의 현실이 바로 이러한 통찰이 부족한 서구윤리의 도입에서 비롯되었을 것이다. 같은 맥락에서 우리가 우리의 전통윤리를 왜 제대로 혁신하지 못했는가 하는 물음에 대한 답도 이 책에서 또한 찾아볼 수 있다. 이런 의미로 이 책의 논의들은 겉돌지 않는 진정한 우리의 윤리를 모색하는 데에 풍부한 자양분이 될 것이다.

저자는 이러한 자신의 견해를 현재 미국의 학계에서 전개되고 있는 다양하고 정교한 윤리적 토론을 통하여 제시하고 있다. 이러한 토론들이 때로는 현학적으로까지 보이기도 하지만, 의심나지 않는 진실을 찾아가는 길이 얼마나 길고 어려운가를 또한 보여주고 있기도 하다. 이런 의미에서도 이 책은 윤리나 윤리학에 관심을 가지고 있는 사람이라면 윤리적 진실들이 어떻게 확립될 수 있는가를 엿보는 좋은 기회도 된다.

저자가 윤리적 주제들을 다루는 입장은 이제까지 윤리를 이야기해 온 대부분의 사람들처럼 관념적인 전제에 기초하고 있지 않다. 오히려 그의 입장은 관념적인 전제보다는 경험적인 연구에 기초하는 경우가 더 많다. 하지만 그의 최종적인 판단기준은 우리가 일상생활에서 자연스럽게 수용하고 있는 사실이다. 관념적인 전제이든 경험적 연구이든 그는 일상적 사실로부터 그것들을 평가하여 이용한다. 그는 자신의 입장을 그런 의미에서 자연주의라고 부르고 있지만, 이는 과학주의라는 그러한 의미가 아니라 오히려 자연이 지성을 초월한다는 의미에서의 자연주의이다.

이 책을 읽을 때 얻을 수 있는 또 하나의 보너스는 중국철학에 대한 색다른 시각이다. 우리는 중국철학이 우리의 일상적 삶의 한 부분이기 때문에 때로 잘 알고 있다고 생각한다. 그러나 사실 우리의 중국철학에 대한 이해는 지역적인 경우가 허다하다. 중국철학이 미국적 토양에서 어떻게 이해되고 있는가를 엿보는 것도 이 책에서 건져 올릴 수 있는 또 다른 소득이다.

이 책의 저자 데이비드 왕 교수는 중국의 남부에서 미국으로 이민 온 중국계 미국인을 부모로 하여 미국에서 태어났다. 그는 현재 미국 노스캐롤라이나(North Carolina)에 있는 듀크(Duke)대학의 철학과 학과장을 맡고 있다. 그는 1977년 프린스턴(Princeton)대학에서 학위를 받고 브랜데이스(Brandeis)대학과 보스턴(Boston)대학에서 교수를 지내고 듀크대학으로 옮겨왔다.

그의 저서로는 *Moral Relativity*(University of California Press, 1984)가 있고, 다음과 같은 주요 논문들이 있다. "On Flourishing and Finding One's Identity in Community"(*Midwest Studies in Philosophy*, 1988), "Universalism versus Love with Distinctions: An Ancient Debate Revived"(*Journal of Chinese Philosophy*, 1989), "Coping with Moral Conflict and Ambiguity"(*Ethics*, 1992), "Xunzi on Moral Motivation"(*Chinese Language, Thought, and Culture: Nivison and his Critics*, 1996), "Reasons and Analogical Reasoning in Mencius"(*Essays on the Moral Philosophy of Mengzi*, 2002).

특히 그는 상대주의 연구의 대표주자로서 다음과 같은 책들에 상대주의에 대한 항목을 서술하였다. *A Companion to Ethics, The Routledge Encyclopedia of Philosophy, The Encyclopedia of Ethics, Dictionnaire de philosophie morale*. 또한 다음과 같은 책들에서는 동서의 윤리사상에 대한 비교연구도 수행하였다. *The Encyclopedia of Ethics, The Encyclopedia of Chinese Philosophy. Confucian Ethics: a Comparative Study of Self, Autonomy and Community*(Cambridge University Press).

이 책은 옮긴이가 듀크대학에 방문교수로 있는 동안 번역되었다. 저자는 일단 완성된 자신의 원고를 가다듬고 있는 중이었음에도 불구하고 상대주의에 대하여 관심을 가지고 방문한 옮긴이를 위하여 최종검토 중인 원고를 제공하였고 우리말 번역에 동의하였다. 이런 까닭에 이 책은 완성된 원고와는 내용과 순서에서 약간 다른 부분이 있다. 하지만 그 차이는 퇴고 중에 수정된 부분에 불과하다. 저자는 옮긴이가 1년 간의 연구년을 마치고 귀국할 때 최종검토가 끝난 원고를 다시 보내주었고 옮긴이는 귀국 후에 완성된 원고를 참조하며 번역문을 한 번 더 검토하였다. 하지만 명확하지 않거나 잘못된 번역이 있을 것이라 걱정하며 독자들의 이해와 지적을 기다린다.

옮긴이는 이 책을 읽고 번역하면서 저자의 원고에 여기저기 메모를 하였는데, 그 중에서 독자의 이해를 도울 수 있다고 생각하는 부분들을 이 책에 삽입하였다. 우선 본문에 삽입할 때는 { }에 넣어 삽입하였다. 관례에 따르자면 [ ]를 사용하여야 하겠지만, 저자가 다른 사람의 글을 인용할 때 이미 [ ]을 사용하였기 때문에 이와 구분하고자 { }를 사용하였다. 또 저자는 원래 '장'과 '절'에만 제목을 붙여놓았다. 하지만 한 절의 길이가 상당한 경우도 많아서 옮긴이는 읽으면서 소제목을 붙여 보았다. 이 책에서는 이렇게 붙여진 소제목은 '1) 제목'과 같은 형태로 하였다. 이는 독자의 편의를 위하여 옮긴이가 임의로 삽입한 부분으로서 저자가 확인한 것은 아니다. 저자에게 좀더 세분화된 목차를 어떻게 생각하느냐고 물었을 때 저자는 자신의 스타일이 아니라고 답하였다. 그 밖에 본문 중에서 '**본문 중 옮긴이 강조**'와 같은 형태로 강조된 것도 옮긴이가 독자의 편의를 위하여 임의로 표시한 것이다. 저자가 이탤릭체로 표시하여 원래 강조해 놓았던 부분은 '***본문 중 저자 강조***'와 같은 형태로 표시하였다. 각 장의 첫머리에 있는 내용 설명도 옮긴이가 삽입한 것이다.

차 례

제 2 부
자연적인 도덕률들에 대한 제한들

제 3 부
우리의 도덕적 신봉들에 대하여 확신을 가지기

서 론

1) 상대주의

상대주의(relativism)는 문화, 시대, 그리고 장소를 불문하고 모든 사람에게 적용되는 객관적으로 올바른 도덕률이 있다는 보편주의(universalism)의 대안으로 가장 자주 검토되는 입장이다. 상대주의에 대한 대부분의 논의들은 상대주의가 성립할 수 없음을 보여주고자 한다. 상대주의에 대한 표준적인 정의는 상대주의가 쉬운 표적이 되게 하고, 상대주의의 참된 매력을 거의 드러내 보여주지 않는다. 윤리학개론 교과서는 보통 상대주의를 극단적으로 다양한 주관주의(subjectivism)로 묘사한다. 이러한 주관주의란 어떤 사람이나 어떤 집단이 어떤 윤리적 신념이 옳다고 받아들이면 다른 이유 없이 그것이 옳은 윤리적 신념이 된다는 그러한 입장이다. 이러한 이야기는 보통 표준적인 윤리학 교과서의 서두에 나오기 때문에 상대주의에 대한 진지한 철학적 사유는 시작되지도 않은 채 끝난다. 상대주의에 대한 논의는 거의 언제나 상대주의를 옹호하는 논의를 공격하거나 상대주의에 들어 있는 모순성을 폭로하는 전술을 취한다. 그러므로 정교하고 강한 상대주의를 수립하고자 하는 노력은 매우 드물다.

철학이라는 전문적인 학문세계를 넘어서면, '상대주의'는 보통 어떤 도덕적 견해든 그것들을 모두 무차별적으로 받아들이는 입장이라고 비난받는다. 실제로 그러한 비난은 비난하는 사람이 받아들이지 말아야 한다고 생각하는 견해를 받아들이는 사람들에게 전형적으로 가해진다. 그러므로 동성애자의 권리를 옹호하는 자유주의자(liberalist)들은 동성애가 그르다고 이야기하지 않았다는 이유로 '도덕적 상대주의자들'이라 불린다. 문화적 차이에 대하여 더 큰 존중을 요구하는 다문화주의자(multiculturalist)들은 자유주의자들이 좋아하는 일련의 권리들을 주장하지 않는다는 이유로 '문화적 상대주의자들'이라고 불린다. 이러한 손쉬운 게임을 시작하지 않는 유일한 사람들은 도덕적 상대주의라는 딱지를 받아들이는 그 사람들뿐이다.

대개는 인정하지 않으려고 하지만, 사실 이러한 논의들에 전세된 전술은 상대주의가 보편주의1)의 유일한 대안인 양 이야기하면서 보편주의를 약한 상대주의와 대비시키는 것이다. 이 책에서 나는 보편주의에 대한 대안이자 동시에 보통 이야기되는 상대주의들에 대한 대안이기도 한 하나의 입장을 수립하고자 한다. 나의 대안은 보통 이야기되는 상대주의의 한 의미 즉 유일한 참된 도덕률(single true morality)이 없다는 것은 받아들인다. 그러나 나의 대안은 참된 도덕률로 간주될 수 있는 것들에는 중요한 제한(limit)이 있다는 것을 또한 인정한다. **여러 개의 참된 도덕률들이 있지만, 모든 도덕률이 참된 것은 아니라는 뜻이다.** 이러한 이론은 유일한 참된 도덕률이 있다는 보편주의와 어떤 도덕률이든

---

1) 상대주의에 대립되는 입장을 어떻게 부를 것인가 하는 문제는 쉽지 않다. '절대주의'는 적어도 가끔 어떠한 예외도 갖지 않는 어떤 도덕적 규칙들이 있다는 것을 의미한다. 때때로 절대주의는 어떤 행동들이 비록 최선의 결과들을 가져온다고 하더라도 그릇된 것이라고 주장하는 의무론적인 이론을 가리키는 데 사용되기도 한다. 절대주의라는 용어를 사용함으로써 생길 수 있는 이러한 혼란을 피하기 위하여 나는 '보편주의'라는 용어를 선택하였다.

다른 도덕률과 마찬가지로 타당한 것이라는 손쉬운 공격대상이 되는 전형적인 상대주의 사이에 위치하고 있다.

2) 이 책의 주요 내용

이 책은 내가 이전에 발간했던 책『도덕 상대성』[2]에서 제시하였던 생각들을 좀더 발전시키고 있다. 나는 그 책에서 우리가 도덕률에 있다고 생각하는 객관성의 여러 측면들을 설명할 수 있는 그러한 상대주의를 옹호하였다. 도덕률이란 한 사회의 관행들이나 제도들로부터 도출된 이상화된 규범들로서 사람들 사이의 이익갈등(conflict of interest)이나 한 인간의 마음 속에서의 이익갈등을 조절하는 역할을 한다고 나는 주장하였다. 하나의 특정한 도덕률은 그것이 가지는 규범들이나 규범들에 부여되는 우선순위에서만 다른 도덕률들과 구분되는 것이 아니다. 도덕률들은 어떤 것이 적합한 도덕률인가를 결정하는 기준들에 의해서도 서로 구분된다. 이러한 기준들 중의 어떤 것은 이익갈등을 조절한다는 도덕률의 본질적 목적 때문에 모든 사회에 걸쳐서 보편적으로 타당할 수 있다. 예를 들어, 적합한 도덕률이라면 일시적 기분으로 다른 사람에게 고문을 가하는 것을 허용하지 않을 것이다.

그럼에도 불구하고, 그렇게 보편적으로 타당한 기준(universally valid criteria)들은 사람들의 행동을 인도할 정도로 충분히 자세하게 도덕률의 내용을 정해 주지는 못한다. 그러므로 결국 적합한 도덕률들을 정하는 어떤 다른 기준들은 어떤 사회의 지역적인 기준(local criteria)이 될 수밖에 없다. 그러한 지역적인 기준들은 보편적으로 타당한 기준들로부터 나오지도 않았지만 배제되지도 않았다. 그러한 기준들이 도덕적 상대성의 원천들이다. 내가 볼 때, 이러한 상대성의 주된 원천들 중의 하나는

---

2) David B. Wong, *Moral Relativity* (Berkeley: University of California Press, 1984).

권리(right)-중심적 도덕률들과 덕(virtue)-중심적 도덕률들 간의 차이이다. 후자가 관심을 가지는 것은 공동체의 모든 구성원들의 공통의 선즉 좋음이다. 이러한 좋음은 어느 정도는 공유된 삶에 의해서 구성되며, 각 구성원들이 그러한 삶을 지속해 나가는 데에 어떻게 기여할 것인가를 규정하는 일련의 규범들에 의해서 구조화된다. 공통의 선(common good)과 공유된 삶(shared life)이라는 관념은 전자 즉 권리-중심적 도덕률에서는 중심적이지 않다. 그 대신에 여기에서는 공동체의 각각의 구성원이 다른 사람들로부터 요구할 권리가 있다는 것이 강조된다. 비록이러한 유형들을 보여주는 모든 도덕률들이 모두 참된 도덕률이지는 않지만, 이러한 유형들 중의 어떤 것들은 참된 도덕률이다. 다시 말해 그러한 도덕률에서 비롯된 규칙들은 적합한 도덕체계에 보편적으로 타당한 모든 기준들을 만족시키고 또 한 사회의 도덕적 이상으로 제시된 지역적 기준들 또한 만족시킨다.

나는 이 책에서도 이전의 책에서 제시했던 **제한을 가지는 상대주의**(relativism with limits)의 주된 윤곽은 유지한다. (아래에서 어떤 문제에 대한 나의 생각이 어디에서 바뀌었는지를 지적할 것이다.) 그러나 앞의 책에서 나는 상당량의 도덕적 객관성을 옹호하면서도 보편주의를 반박하는 일에 주로 초점을 맞추었다. 어떤 도덕률이 적합한 도덕률이 되기 위하여 충족시켜야 하는 보편적으로 타당한 기준이라는 나의 개념은 다소간 미진한 것이었다. 이 책에서 나는 그러한 기준들에 대하여 충분히 설명하고자 하며, 이러한 기준들은 상당한 많은 도덕률들을 적합하지 않은 것으로 배제시킬 것이다. 앞의 책이 제한을 가지는 상대주의라는 나의 이론에서 상대성(relativity)에 초점을 맞춘 반면, 이 책은 제한(limit)에 더 초점을 둘 것이다.

이 책에서 다루어진 새로운 내용들 중 둘째는 내가 하고 있는 더욱 자세한 구분이다. 다양한 유형의 도덕률들은 중요한 가치들을 공유하고 있기는 하지만, 그들이 다른 까닭은 공유하고 있는 가치들의 위계가 즉

18

우선성과 중요성이 다르기 때문이다. 나는 이러한 구분을 정교하게 하였다. 이러한 정교화가 나의 논의에서 더욱 중요한 역할을 할 것이며, 우리가 자주 마주치는 '도덕적 애매성'(moral ambivalence)이라는 현상에 대한 나의 설명에도 이용될 것이다. 도덕적 애매성이란 중요한 가치들 간에 심각한 갈등들이 있음을 인정하고 합리적인 사람들이 이러한 갈등 속에서 각자 다른 길을 갈 수 있음을 인정하는 것이다. 도덕률에 대한 자연주의적 개념(naturalistic conception of morality)과 더불어 도덕적 애매성은 유일한 참된 도덕률이 없다는 결론을 지지한다고 나는 본다. 그렇지만 나는 다양한 도덕률들이 다수의 가치를 공유하고 있는 현상에 대한 가장 그럴듯한 설명은 참된 도덕률들에는 제한이 있다는 것을 의미한다고 또한 본다.

셋째로, 이 책에서는 도덕률에 대한 이해와 관련하여 자연주의적 접근을 새롭게 강조하고 있다. 이러한 접근은 (자연주의적 접근이라는 말에서 보통 생각하듯이) 순전히 물리주의적 존재론을 수용하는 그러한 접근이 아니다. 오히려 도덕률을 인간 존재 및 사회와 가장 관련 있는 경험적 이론들 즉 진화이론이나 발달심리학과 같은 그러한 이론들과 통합하여 이해하려는 그러한 접근이다. 도덕률에 대한 자연주의적 접근(naturalistic approach to morality)을 도덕적 애매성에 적용하면 유일한 참된 도덕률이 없다는 것과 다양한 참된 도덕률들에 중요한 제한이 있다는 것, 이 둘 모두를 지지한다. 이런 까닭에 이 책의 이름이 '자연적인 도덕률들'(*Natural Moralities*)이다.

이 책에서 새롭게 제시되는 넷째의 것은 특정한 가치관들에 대한 신봉(commitment)에 도덕적 상대주의가 불러일으키는 문제들에 대한 좀 더 자세한 검토이다. 앞의 책에서도 이러한 문제들을 대략 다루었다. 그때는 채 못 가지고 있었지만 내 생각으론 이제 나는 도덕적이어야 할 이유들에 대한 하나의 이론(a theory of reasons to be moral)을 가지고 있다. 이 이론이, 현재의 도덕적 태도에 상대주의를 받아들이는 것이 우리의 확신(confidence)을 잠식하는 것이 아닌가 하는 걱정에 대하여 답을 제공할 것이다. 이러한 답은 많은 사람들이 바라거나 기대하는 방식으로 그들을 만족시킬 그러한 답은 아니다. 나의 이론은 확신의 문제가 보통 이야기되는 용어를 잠식할 것이다. 그럼에도 불구하고, 도덕적 상대성을 받아들이는 것이 우리와 심각한 도덕적 불일치에 있는 사람들에 대한 우리의 태도방식에 영향을 끼친다는 것이 이 책의 주된 주제이다. 그것은 또한 우리가 우리의 도덕적 태도에서 확신을 추구하는 방식에도 영향을 미칠 것임에 틀림없다.

끝으로, 다양한 도덕률들이 어떤 것들을 공유하고 있으면서도 인간의 문제들에 대하여 다른 접근을 할 수 있는 그러한 방식들이 있다는 나의 생각은 비교윤리학 연구, 특히 중국윤리와 서구윤리를 비교연구하면서 증대되었다. 나는 중국적 전통이 어떤 중요한 경우들에서 단지 서구 전통에서 지배적인 질문들과는 다른 질문들을 제기하고 있나고 생각하며, 다른 한편으로 나는 또 다른 경우들에서 두 전통은 서로에게 유용한 많은 것을 가지고 있다고 생각한다. 이러한 몇몇 경우들이 위의 문제들을 토론하면서 드러날 것이다.

3) 이 책의 구성

1부의 목표는 내가 '다원론적 상대주의'(pluralistic relativism)라고 부르는 더욱 설득력 있는 상대주의의 대강을 그려내는 것이다. 이 이론이 상대주의인 까닭은 유일한 참된 도덕률이 없다고 주장하기 때문이다. 이 이론이 다원론적인 까닭은 참된 도덕률이라고 간주될 수 있는 것에 제한이 있다는 것을 인정하기 때문이다. {사실 이 명칭은 오해의 소지도 있다. 다원론은 보통 하나의 원리로 모든 것을 설명할 수 없기 때문에 다수의 원리를 인정해야만 한다는 입장으로 이해되므로, 다원론적 상대주의는 하나나 둘이 아니라 다수의 원칙을 인정하는 상대주의라는 의미가 된다. 저자는 이것을 자기가 생각하는 몇 가지 제한된 원칙만을 인정하는 상대주의로 생각하지만, 다른 사람들은 다원론적 상대주의의 다수를 무제한이라고 해석하여 주관주의적 상대주의와 같은 의미로 받아들일 수도 있다.} 하만(Gilbert Harman)은 한때 자연주의적인 도덕률 개념은 (언제나 그렇지는 않다고 해도) 상대주의적 입장에 이르는 경향이 있고, 비자연주의적 개념은 (또 언제나 그렇지는 않다고 해도) 보편주의적 입장에 이르는 경향이 있다고 시사하였다.3) 자연주의적 접근으로부터 상대주의적 입장에 도달하느냐 보편주의적 입장에 도달하느냐는 어떤 방식으로 그러한 접근을 하느냐와 사람들이 가지는 도덕률에 대한 견해 양쪽에 달려 있다. 1장에서 나는 내가 도덕적 애매성이라고 부르는 도덕적 갈등에 대한 하나의 특수한 견해를 제시할 것이다. 2장에서 나는 도덕적 애매성이 도덕률에 대한 자연주의적 접근에 의해서 가장 잘 설명된다고 주장할 것이다. 그러한 접근의 결과는 다원론적 상대주의인데, 이는 도덕적 판단들의 잠재적 객관성에 대한 우리의 많은 직관들을 잘 설명할 수 있다. 3장에서 나는 다원론적 상대주의의 주목표들에 대해 이야기하고 이 이론이 우리와 심각한 불일치를 보이는 다른 사람들에 대해 우리가 판단하고 행동하는 방식에 어떻게 중요한 의미를 갖는지를 제시할 것이다.

2부는 2장에서 소개된 문제를 좀더 자세히 다룰 것이다. 도덕률의 자연주의적 기능들, 인간 본성, 인간 조건, 그리고 어떤 시기의 어떤 집단의 더 특정한 환경, 이 모든 것들이 함께 모여서 그 집단의 적합한 도덕률에 가하는 일반성에 대한 다양한 수준의 제약들을 더 자세히 다룰 것이다. 4장에서 나는 도덕률이 인간 존재의 효율적인 도덕적인 활동력 (effective moral agency)을 증진시키기 위하여 취하여야만 하는 일반적

---

3) Gilbert Harman, "Is There a Single True Morality?" Michael Krausz, ed., *Relativism: Interpretation and Confrontation* (Notre Dame: University of Notre Dame Press, 1989), pp.365-366.

인 모습에 대해 논의한다. 그러한 제약이 가족 구성원과 같은 특정한 타인들에 대한 특별한 의무의 보편성을 설명하는 데에 도움이 될 것이다. 나는 또 무엇이 효율적인 활동력에 필요한지에 대한 나의 결론을 이용하여 특수한 도덕적 의무들이 통용되는 그러한 관계의 삶이 삶을 번창(flourishing)시키는 데 필요한 부분임을 보여줄 것이다. 그러므로 4장은 부분적으로 최근의 공동체주의 운동과 네오 아리스토텔레스 운동이 발전시킨 어떤 주제들을 긍정할 것이다.

공동체주의(communitarianism)는 보통 (그것의 옹호자들이나 비판가들에 의해) 자유주의(liberalism)에 대립된다. 5장에서 나는 공동체주의에 중심적인 어떤 주제들은 자유주의에 의해서도 받아들여져야만 하고 받아들여질 수 있다고 주장함으로써 이러한 대립에 이의를 제기할 것이다. 나아가 나는 가족생활(family life)이라는 만족스러운 도덕적 이상이 상호지원적인 공동체주의적 주제들과 자유주의적 주제들을 통합시킬 수 있음을 제시할 것이다.

6장에서 나는 인간 존재들에게 실제로 무엇을 기대할 수 있는가에 대한 고려로부터 도덕률에 대한 제약들을 도출하려고 하는 현대의 시도들에 대해 논의할 것이다. 나는 그러한 고려들이 적합한 제약들을 어떻게 제시할 것인가에 대하여 좀더 자세한 설명이 필요하다고 본다. 특히 나는 우리가 인간 본성으로부터 가해지는 제약들과 우리의 특별한 문화적 환경이나 그것이 우리를 빚어내는 즉 성형하는 방식에 의해 비롯되는 제약들을 구분할 것이다.

6장에서의 실제적인 가능성에 대한 토론은, 또 우리가 우리 자신의 가치들을 충족시키지 못하는 것을 (아마도 무의식적으로) 정당화시키기 위하여, 인간 존재들에게 실제적으로 기대할 수 있는 것을 논의하면서 부지불식간에 종종 하게 되는 가정들을 밝혀줄 것이다. 그렇게 함으로써 다원론적 상대주의가 어떻게 자기 자신의 도덕률에 대하여 근본적인 비판을 허용하고 있는가를 또한 보여줄 것이다. 여기에서 다시 나는 평등이라는 자유주의적인 도덕적 가치를 실현하기 위하여 필연적으로 전제되는 공동체 함양의 필요성을 주장할 것이다.

3부는 1장에서 제기된 문제들 즉 여러 참된 도덕률들이 있다는 것을 인정함으로써 생겨나는 도덕적 신봉의 어려움들을 더 자세히 검토할 것이다. 7장은 이러한 문제들을 부분적으로 해결할 수 있는, 도덕적이어야 할 이유들에 대한 한 이론을 제시할 것이다. 내가 옹호하는 이 이론은 "왜 도덕적이어야 하는가?"라는 물음으로 우리가 뜻하는 일반적인 의미를 거부한다. 이러한 질문에 실제적인 대답이 없다. 왜냐하면 그것은 도덕적 가치에 대한 인정이 도덕에 앞서 있는 합리성으로 정당화될 수 있음을 전제하고 있는데, 이것이 거짓이기 때문이다.

"왜 도덕적이어야 하는가?"라는 물음에는 도덕철학자가 일반적으로 생각하는 그러한 의미에서의 답은 없다. 그러므로 나는 우리가 답을 결코 기대하지 말아야 한다고 지적할 것이다. 그럼에도 불구하고 우리는 도덕적 신봉의 합리성에 대한 심각한 도전에 대하여 대응해야만 한다. 나는 윌리엄스(Bernard Williams)의 용어를 빌려서 우리가 어떻게 우리의 도덕적 신봉에 대한 '확신'을 가져야 하는가라는 문제를 다룰 것이다. 8장은 이러한 확신의 문제를 특히 자유주의적 가치에 대한 도덕적 신봉과 관련하여 다룰 것인데, 또 어디에나 권력관계가 있다는 푸코(Michel Foucault)의 통찰이 이러한 자유주의적 태도에 제기하는 비판에 대해서도 다룰 것이다. 나는 어느 정도까지는 이러한 도전에 대응하는 것이 가능하지만, 어떤 주된 요점들에 대해서는 자유주의가 완전히 답할 수 없음도 지적할 것이다.

푸코의 이러한 도전에 대응할 수 있다고 하더라도, 여전히 우리는 다양한 대안적인 적합한 도덕률들이 우리가 특정한 도덕률에 대하여 가지는 신봉을 잠식하는지에 대해 의문을 가질 수도 있다. 9장에서 나는 이 문제를 장자의 철학을 가지고 다루어 보고자 한다. 결국 우리는 비록 우리 자신의 도덕적 태도에 대한 확신을 기른다고 하더라도 또 다른 이들과의 도덕적 갈등도 다루어야만 한다. 9장은 이러한 심각한 도덕적 불일치를 다루려는 우리의 시도에서 타협(accommodation)이라는 가치의 역할을 자세히 그려내고자 한다. 나는 이러한 가치가 임신중절이나 분배적 정의와 같은 도덕적 갈등에 적용되는 방식들을 예를 들어 살펴볼 것이다. 마지막으로 나는 중국의 전통을 생각해 봄으로써 얻게 되는 어떤 종류의 의례의 역할을 제안하고자 한다. 이러한 의례는 타협이라는 가치에 입각하여 행동하는 시민들의 기질을 강화시켜 줄 것이다.

제 1 부

어떻게 자연주의와 다원주의가
자연적인 도덕률들을 만드는가?

제 1 장
다원론과 애매성

저자는 우선 1절에서 네이글과 테일러의 논의를 인용하며 도덕 가치가 다원적이라는 점을 보여준다. 하지만 2절에서는 이러한 다원성을 극단적 차이 상대주의나 온건한 문화 상대주의로 해석하려고 할 때 생겨나는 문제점을 지적하고 불완전하지만 대안으로서 데이빗슨의 자비의 원칙을 제시하는데, 이때 자비의 원칙을 최대화가 아니라 최적화로 이해해야 한다고 주장한다. 3절에서는 이러할 때조차도 여전히 남게 되는 도덕적 애매성이 있음을 실례를 통해서 보여주면서 다른 도덕적 전통 간에는 물론이고 하나의 도덕적 전통 내에도 도덕적 애매성이 존재한다는 것을 보여준다. 4절에서는 이러한 다원론적 현상을 보편론적으로 설명하려는 다양한 시도들을 검토하면서 각각 그 한계를 지적하고 있다.

제1부에서 나는 도덕률에 대한 자연주의적 개념이 내가 '도덕적 애매성'이라고 부르는 특별히 문제가 되는 도덕적 현상을 가장 잘 설명한다는 것을 보여주고자 한다. 이 장에서 나는 도덕적 애매성을 도덕 가치 다원론(moral value pluralism)에 의하여 설명하고자 한다.

1. 도덕 가치 다원론

'도덕 가치 다원론'은 다양한 기본적인 도덕 가치들이 존재하며, 그러한 가치들은 다른 도덕적 가치들로부터 도출되거나 환원될 수 없다는 주장이다. 나는 여기서 '가치'라는 말을 아주 넓은 의미로 사용하고 있는데, 이는 여러 유형의 책무(obligation)와 의무(duty) 그리고 도덕적으로 바람직한 목적(end)들을 모두 포함한다. 어떤 사람들에게는 다수의 도덕적 가치들이 존재한다는 것은 너무도 명백하지만, 근대 서구 도덕 철학사는 이러저러한 하나의 가치의 지고성을 이론적으로 신봉하는 입장들로 채워져 있다. 도덕 가치 일원론(moral value monism)을 결정적으로 반박하는 것은 불가능하다. 그러나 다양한 종류의 일원론들이 설득력이 없다고 할 상당한 이유들은 있다.

1) 도덕 가치의 보편적인 다원성: 네이글

우선 도덕적 요구와 책무의 본질과 출처는 다양하고 쉽게 환원되지 않는다. 네이글(Thomas Nagel)은 가치의 출처를 다섯 가지로 분류하였다.[1] 첫째, 어떤 사람이나 제도와 특별한 관계에 있는 다른 사람이나 제도에 대한 특정한 책무들, 둘째, 모든 사람이 가지는 일반적인 권리로부터 도출되는 행동에 대한 제한들, 이러한 권리에는 이러저러한 것을 할 자유나 폭력이나 억압으로부터의 자유 등을 들 수 있다.[2] 셋째, 공리성, 이는 모든 사람의 복지를 위하여 수행해야 하는 어떤 일이다. 넷째, 과학적이거나 예술적인 성취나 창조가 지향하는 완전주의(perfectionism)적 목적이나 가치, 다섯째 자기 자신의 계획이나 일에 대한 신봉.

각각의 가치가 환원 불가능하게 근본적인 것으로 보이는 한 까닭은 그들 각각을 실현하려는 기도들 사이에 심각한 긴장이 있음을 쉽게 확인할 수 있기 때문이다. 잘 알려진 벌린(Isaiah Berlin)의 다원론 명제를 이용하여 말하자면, 이러한 **다양한 종류의 가치들이 서로 모순 없이 최대한으로 실현되는 그러한 유토피아를 우리는 생각할 수 없다.**[3] 그러므로 도덕률이 인간의 삶에서 실현되거나 준수되어야 할 한 벌의 가치들을 처방하는 것이라면, 이러한 가치들이 서로 갈등을 일으킬 경우 그것을 조정할 우선순위(priority)를 규정해야만 한다.

인류학자 베네딕트(Ruth Benedict)는 덕(virtue)들이 극단적으로 다른 방식으로 평가되고 있다는 것을 발견하고, 이러한 사실을 인정하여, "최선의 사회라고 하더라도 하나의 사회적 질서 속에서 인간의 삶에서 우리가 존중하는 모든 덕들을 강조할 수는 없을 것이다"라고 결론지었

---

1) Thomas Nagel, *Mortal Questions* (Cambridge: Cambridge University Press, 1979), pp.128-131.

2) 가치의 근본적이지 않은 출처로서의 권리는 공리를 증진시키거나, 관계나 공동체를 증진시키는 도구가 된다는 것으로 정당화될 수 있다. 이에 대해서는 3장에서 검토할 것이다.

3) Isaiah Berlin, *Four Essays on Liberty* (London: Oxford University Press, 1969), p.168.

다.4) '우리가 존중할 덕'이라는 베네딕트의 표현에서 '우리'를 주목하라. 이는 인간에 공통적인 덕들의 세계가 있고 이로부터 문화들이 몇몇을 선택하여 강조한다는 것을 의미한다. 베네딕트가 옳다면, 그래서 어떤 문화도 인간이 존중하는 어떤 덕들을 희생하지 않고서 나머지 다른 덕들을 강조할 수 없다면, 다원적인 다양한 문화들은 각각 나름대로 인간 존재들에게 정당한 만족과 생활을 제공할 수 있을 것이며, 바로 그런 의미에서 존중될 가치를 가질 것이다.

2) 도덕 가치의 문화적이고 시대적인 다원성: 테일러

네이글에 의해서 언급되지 않은 다른 근본적인 갈등이 있다. 그는 인간이 자연 세계와 가지는 관계(one's relation to the natural world)와 관련된 그러한 덕들을 목록에 포함시키지 않았다. 아잔데(Azande)와 같은 그러한 부족들이 시행되는 마술적 의례들(magical rites)을 어떻게 해석할 것인가에 대해 인류학자들은 서로 대립하고 있다. 이러한 예언적 의례들에는 닭에게 독을 준 다음 어떤 물음을 묻고 그것이 사는지 죽는지를 보는 그러한 일도 포함된다. 이러한 일은 중요한 문제들, 예를 들어 건물을 지을 것인지 여부, 씨를 뿌릴 땅을 개간할 것인지 여부, 무당이 어떤 재난을 풀어내는 것이 언제 가능할 것인가 여부 등을 결정하는 데에 사용된다.

초기의 해석들은5) 이러한 의례들을 과학에 대립하는 것으로서 자연을 예언(predict)하고 통제(control)하려는 잘못된 시도로 보았다. 후기의 해석들은 의례들을 전체적으로 다른 목적을 가지는 것으로 즉 어떤 사회적 가치들을 표현(express)하거나 상징(symbol)하는 것으로 보았다. 예를 들어 비티(J. M. Beattie)는 트로브리안(Trobriand) 카누 마술이 트

---

4) Ruth Benedict, *Patterns of Culture* (New York: Penguin, 1934), p.229.

5) 예를 들면 다음을 보라. Sir James Frazer, *The Golden Bough*, third ed. (London: MacMillan, 1936).

로브리안 사람들에게 카누를 짓는 일의 중요성을 표현하고 있으며 피로써 협약하는 의례는 당사자들 간의 상호적인 지원의 필요성을 강조하는 것이라고 주장한다.6) 후기 해석에 따르자면, 우리는 아잔데(Azande) 사람들이 믿음들을 합리적으로 수용하고 있다는 것을 인정해야만 하는데, 이러한 수용은 예언과 통제라는 목적이 아니라 상징과 표현이라는 목적과 관련이 있는 것으로 이해 가능하다. 윈치(Peter Winch)는 잔데{'아잔데'는 '잔데'의 복수형인데, 이는 많은 땅을 가진 사람이라는 뜻이다} 의례가 '표현의 형식'이며 개인들에게 "그가 살고 있는 삶, 동료들과의 관계들, 선하거나 악한 일을 할 기회들, 이 모든 것들이 어떻게 자신과 수확물들과의 관계로부터 나오는지"를 반성할 기회를 제공해 준다고 주장하였다. 좀더 정확히 말하자면, 잔데 의례들은 "인간의 삶이 우연에 종속되어 있다"는 인식을 표현하고 있으며, "불행들과 그것들이 가져오는 동료들과의 부정적 관계들을"7) 상징적으로 처리하는 방식이 들어 있는 드라마이다.

테일러(Charles Taylor)는 이러한 전기 해석과 후기 해석 간의 갈등에 대하여 그럴듯한 평가를 제시하였다. 그의 주장에 따르면, 이러저러한 해석이 옳다고 생각하는 것은 모두 잘못이다. 또 잔데 의례가 실천과 표현이라는 두 목적을 모두 가진다고 지적하는 것조차도 잘못이다. 왜냐하면 그들은 실천과 표현이라는 두 목적을 구분하지 않기 때문이다. 이렇게 두 가지 목적을 구분하는 것은 **우리**가 생각하는 합리성의 구성물이지 그들의 것이 아니다. 그들이 생각하는 합리성은 우주에 대한 이해(understanding)와 우주와 조율(attunement)되는 것을 구분하지 않는 그러한 합리성이다. 이러한 관점에서부터 테일러는 다음과 같이 말하였다.

---

6) J. M. Beattie, *Other Cultures* (New York: Free Press of Glencoe, 1964).

7) Peter Winch, "Understanding a Primitive Society," *Rationality*, ed. Bryan Wilson (New York: Harper, 1970), pp.100, 104-105.

우리는 사물들의 질서 속에서의 우리의 위치를 이해하지 않고서 사물들의 질서를 이해할 수 없다. 왜냐하면 우리가 이 질서의 한 부분이기 때문이다. 그리고 질서를 사랑하지 않고서는, 다시 말해 질서와 조율됨이라고 내가 이름 하고자 하는 질서의 좋음을 보지 못하고서는, 질서와 질서 속에서의 우리의 위치를 이해할 수 없다. 질서와 조율되지 않음은 질서를 이해하지 못할 충분조건이다. 왜냐하면 진짜로 이해하는 사람은 누구나 그것을 사랑해야만 하기 때문이다. 그리고 그것을 이해하지 못함과 그것과 조율됨은 양립될 수 없다. 왜냐하면 조율됨은 이해함을 전제하기 때문이다.[8]

테일러는 플라톤이 조율을 추구하였으며, 또 유럽의 문화적 전통이 근대과학이 출현하기까지 그것을 구현하고 있었다고 믿었다. 중앙아프리카의 음부티(Mbuti) 족의 신념은 이러한 추구의 생생한 현대적인 예이다. 이 수렵채취인들은 숲을 신성한 것으로, 자신들의 존재의 출처, 모든 좋은 것들의 출처로 간주한다. 그들은 숲에게 말하거나 고함치거나 속삭이거나 노래하며, 숲 자체의 좋음과 그것이 가지고 있는 치료하거나 '좋게 만드는' 능력을 가리키면서 숲을 어머니나 아버지 혹은 부모라고 말한다.[9]

근대과학은 세계를 조율 가능한 대상으로 보는 이러한 세계관을 위안이 되는 환상으로 간주하고 배격하였다. 이러할 때에만 실천적 목적(practical purpose)과 표현적 목적(expressive purpose)을 명석하게 구분하는 것이 가능하다. 테일러는 이해와 조율의 이러한 단절이 적어도 물리적 세계에 대해서는 탁월한 이해를 낳았다고 스스로도 믿었다. 그러나 그가 조심스레 지적한 것처럼, 근대과학적 사고의 절대적 우월성을 입증하는 것은 어렵다. 자연으로부터의 소외는 자연에 대한 우리의

---

8) Charles Tayor, "Rationality," *Rationality and Relativism*, ed. Martin Hollis and Steven Lukes (Cambridge: MIT Press, 1982), pp.95-96.

9) Colin Turnbull, *The Human Cycle* (New York: Simon and Schuster, 1983), p.30을 보라.

기술적 통제와 더불어 생겨나고 증대되었다.

아잔데와 근세 이전의 유럽에서, 이해와 조율 간에 긴밀한 관계가 있었다는 테일러의 말은 맞는 말이다. 우리의 탁월한 이해(superior understanding)가 조율을 희생양으로 하여 달성된 '잔인한 딜레마'(cruel dilemma)였다고 지적한 것도 또한 맞는 말이다. 선 즉 좋음을 담고 있어 사람들이 사랑할 수 있는 그러한 세계에 자신이 살고 있다는 것을 아는 것이 이상적이라는 것을 이해한다면, 잔데 사람들이 자신들의 믿음을, 근대적인 인식론에서 볼 때 경험적으로 맞지 않기 때문에 이를 변호하기 위해 광대하고 임신변통적인 변론을 요구하는 그러한 믿음을 유지한다는 것이 더 이상 이치에 맞지 않는다고 말할 수 없다.

우리는 우리 자신의 방법이 세계에 접근하는 좀더 믿을 수 있는 방법이라고 생각하는 한편, 그러한 우리의 접근이 우리가 귀중하다고 여기는 여러 일들 중의 하나일 뿐이라고 인정할 수 있다. 사실 조율은 근대과학이 지배하는 사회에서 살고 있는 많은 사람들이 여전히 귀중하게 생각하는 여러 일들 중의 하나이다. 상당한 숫자의 과학자들을 포함하여, 어떤 사람들은 세계의 좋음의 기초가 경험적 불일치가 문제가 되지 않는 곳에 있으며 그래서 희망이 있다는 그러한 믿음을 유지하고 있다. 이것은 서구문화 속에서 전통적으로 조율의 가치와 함께 해온 오래된 믿음들에 대하여 예를 들자면 창조(Creation)와 같은 믿음에 대하여 비축어적인 즉 글자 그대로가 아닌 해석을 요구한다. 어떤 사람들은 축어적인 해석을 유지하고 그러한 믿음들이 경험적인 불일치에 의해 위협을 받는다는 생각을 거부한다. 다른 한편으로 아잔데나 음부티 사람들은 그들의 세계 속에서 살아가며 그들의 목적을 달성한다. 그들은 일상생활의 수준에서 인과관계를 아주 확실히 파악한다.

그러므로 아잔데 사람들은 우리가 완전히 이해할 수 있는 방식으로 세계에 대한 믿을 만한 접근을 수행한다. 우리는 또 현재 서구문화의 뿌리가 있는 전근대적인 양식의 사유를 유추하여 그들의 마술적 의례도 이해할 수 있다. 우리는 문제가 되고 있는 가치들의 상대적인 우월성과 관련하여 아잔데 사람들과 우리들 사이의 차이점을 이해할 수 있다. 그렇지만 두 가지 가치의 상대적인 우월성의 차이를 설명하면서, 우리가 그것들을 분리하고 구별하고 있으며 또 그들과 우리 간의 차이를 이해하는 우리의 방식 그 자체도 또 다른 차이라는 점을 또한 이해해야만 한다.

2. 도덕 가치 다원론은 어떻게 도덕률들의 같음과 다름을 모두 설명하는가?

상대주의에 대한 나의 이전의 책에서, 나는 두 유형의 도덕률을 대비시켰다. 한 도덕률은 공동체(나는 공동체라는 말로써 다른 사람들과의 관계는 물론이고 다양한 크기의 특정한 집단들과의 관계를 모두 가리킨다)라는 가치로부터 생겨나는 의무(duty)를 중심으로 하는 것이며, 다른 도덕률은 순순하게 개인으로서 사람들이 가지는 권리(right)를 중심으로 하는 것이었다.[10] 전자의 경우 관계(relation)들은, 예컨대 유교적인 도덕률에서 가족관계들이 그러하듯이, 개인들의 좋음의 중심적인 부분이며, 개인들의 가장 중요한 의무들 중의 많은 것들은 그러한 관계를 유지하기 위한 것들이다. 후자의 경우 개인은 다른 사람들에 대립하여, 비록 그가 그들과 중요한 관계를 맺고 있다고 하더라도 그들에 대항하여, 보호될 필요가 있는 이익(interest)을 가지고 있는 것으로 간주된다. 이러한 도덕률들 간의 차이는 전자에서는 관계(relation)가 지배적인 초점이 되고, 후자에서는 자율(autonomy)이 지배적인 초점이 된다고 요약할 수 있다.

10) David B. Wong, *Moral Relativity* (Berkeley: University of California Press, 1984), chapter 9를 보라.

하지만 이러한 대비는 관계와 공동체라는 가치 또한 서구의 도덕적 전통의 한 부분이었다는 사실과 배치되지 않는다. 실제로 자유주의(liberalism) 정치철학에 대한 많은 공동체주의(communitarianism) 비판은 이러한 주제들이 서구 전통의 부분들이 아니었다면 설득력을 가질 수 없었을 것이다. 이러한 전통들은 자율성이나 개인의 권리와 같은 가치들이 없을 때가 아니라 그러한 가치들을 중심으로 삼을 때 더욱 뚜렷해진다. 관계라는 가치와 자율성이라는 가치가 상충될 때, 자율성에 더 큰 우선성을 부여하는 경향이 상대적으로 더 강하다.

좀더 일반적으로 말하자면, 실제 **도덕률들 간의 전형적인 차이는 어떤 가치들을 전부 공유하지는 않는다고 하더라도 적어도 어느 정도까지는 공유함으로써 생겨난다고 나는 주장한다.** 도덕률들은 보통 다른 도덕률들과 완전히 다른 가치들을 가지지는 않는다.

1) 형식적 상대주의로서의 극단적인 차이 상대주의의 문제점

이 책에서 제시되는 견해와 달리, 보통 사람들은 상대주의가 도덕률들 간의 극단적인 차이를 주장한다고 생각한다. 그래서 상대주의적 사유에 따르면 다른 도덕률을 자신의 도덕률에 기초하여 판단하는 것은 합당하지 않은 일이라고 생각한다. 하지만 **극단적으로 다른 것을 비교하는 것은 의미가 없다.**

상대주의에 대한 이러한 설명은 거북한 문제에 봉착한다. 도덕률들 간의 차이가 그렇게 강력하고 완전하다면, 왜 우리가 다른 규칙들을 **도덕적** 규칙이라고 불러야 하는지 명백하지 않다. 하나의 규범체계가 자기 자신의 도덕률과 완전히 다름에도 불구하고, 그것을 도덕률이라고 생각하려면, 무엇이 도덕률인지에 대하여 완전히 형식적인 관념(formal notion)을 채택해야만 하는데, 그러한 설명에서 도덕률이란 단순히 그 구성원이 동의하는 규범체계일 뿐이다. (예들 들어, 구성원들은 그 체계가 자신의 행동과 태도를 판단하는 데에 적합한 기초가 된다고 인정하며, 구성원들이 체계가 요구하는 것들을 충족시키고자 하는 동기를 가지고 있다.) 이러한 규범의 내용에는 아무런 제한이 없다. 그렇지만 도덕률에 대한 이러한 형식적인 설명이 가지는 한 가지 문제가 있다. 그것은 한 종류 이상의 규범체계가 그러한 서술을 만족시킨다는 것이다. 법적 체계들, 에티켓들, 신중한 합리성, 그리고 더 쉽게 '도덕'이라고 부르는 것들이 모두 이러한 서술을 충족시킨다. 이러한 문제와 관련하여 제기될 수 있는 다른 문제는 어떤 도덕적 규범체계가 다른 도덕적 규범체계들과 갈등이 있을 경우 사람들이 그것을 최우선적인 체계로 간주해야 한다는 것이다. 그렇지만 이와 관련해서는 그러한 도덕적 규범체계가 통용되는 집단의 모든 사람들이 그 체계를 최우선적인 규범체계라고 인정하지는 않는다는 반론을 또한 받을 수 있다.

극단적인 차이 상대주의(radical difference relativism)가 의존하는 형식적인 설명의 더욱 근본적인 문제는 그러한 설명이 단지 필요한 설명을 지연시킬 뿐이라는 것이다. 한 집단의 모든 구성원이나 대부분의 구성원이 그러한 규범체계에 동의하고 그것이 최우선적인 체계라고 인정한다고 할지라도, 왜 구성원들이 이러한 규범들이 어떤 내용을 가진다고 하더라도 그러한 규범에 동의하는지를 우리는 여전히 이해해야만 한다. 다른 집단이 최우선적인 것으로 인정하는 체계가 우리가 최우선적인 것으로 인정하는 체계와 실질적인 내용에서 거의 같은 것이 없다면 우리는 의문을 갖게 된다. 그러한 다른 규범들을 추종하는 사람들이 추구하고 있는 것들이 우리가 추구하고 있는 것들과 그렇게 다르다는 것을 알게 된다면, 우리는 당연히 우리가 이 사람들을 제대로 이해했는지 의심하게 될 것이다. 사실 이러한 점은 다른 사람들을 해석하고 이해하는 일에서 본질적으로 중요한 어떤 것을 보여준다. 우리는 이러한 일에서 어쩔 수 없이 우리 자신을 모델로 삼아, 우리의 상상을 확장하면서, 그리고 우리의 경험을 유추하여, 아주 다른 환경에서 살고 있고 빚어진 사람들을 이해할 수밖에 없다.[11] 그러므로 극단적인 차이 상대주의를 취하는 것은 아주 많은 것을 설명해야 하는 그러한 짐을 지는 것이 된다.

2) 온건한 문화 상대주의의 공통성에 대한 무시: 플라이새커

우리는 때로 다른 사람들을 이해하지 못한다. 문제는 그러한 이해의 실패가 상대주의를 지지할 강력한 실례가 될 수 있느냐 하는 것이다. 문제는 우리가 다른 사람들을 덜 이해하면 할수록 그들의 삶의 방식이 우리의 것의 **호적수**가 되지 못하는 것으로 보인다는 것이다. 우리가 그들의 삶의 방식이 인간 존재에게 매력적일 수 있는 까닭을 이해하지 못한다면, 그것을 우리의 것과 **대적할 만 것**으로 보기가 어렵다.

몰이해를 상대주의의 기초로 사용하려고 하면 플라이새커(Samuel Fleischacker)가 보여준 어려움에 직면하게 된다. 그는 우리가 다른 사람들을 충분히 잘 이해할 수 있어야만 우리가 그들을 이해하지 못한다는 것을 알게 된다고 지적하였다.[12) 그의 '온건한 문화 상대주의' (modest cultural relativism)는 비트겐슈타인(Ludwig Wittgenstein)의 통찰에 의거하고 있는데, 비트겐슈타인은 지식이 사람들이 공유하는 가정들과 증거기준들을 배경으로 하고 있다고 보았다. '세계상들'은 문화라는 묘판에 박혀 있다. 우리의 세계상은 세계에 대한 독특한 신념들을 포함하고 있을 뿐만 아니라 우리가 믿을 만한 신념들을 가지려고 어떻게 열심히 애써야 하는지를 결정하는 관심의 순서(ordering of interest)를 또한 포함하고 있다. 한 문화의 관심의 순서는 다른 문화의 지배적인 순서와 다르다. 서구에 살고 있는 우리는 '평등주의적 지식'(사람들이 대체로 진리에 대하여 동등한 이해를 가진다는 믿음과 요청)에, 그리

---

11) *Moral Relativity*의 8장과 나의 "Three Kinds of Incommensurability," *Relativism: Interpretation and Confrontation*, ed. Michael Krausz (Notre Dame: University of Notre Dame Press, 1989), pp.140-158을 보라.

12) Samuel Fleischacker, *Integrity and Moral Relativism* (Leiden: E. J. Brill, 1992).

고 세속적인 사물들에 대한 예언과 통제에, 우선적인 관심을 가지고 있다. 반면에 다른 사람들은 영원한 삶에, 그리고 어떤 사람들이 지식에 대하여 특별한 이해를 가진다는 믿음과 요청에, 우선적인 관심을 가진다. 그러한 차이가 우리로 하여금 다른 사람들에게 그들이 틀렸다는 것을 입증하지 못하도록 만들고, 또 실제로 왜 그들이 우리에게 귀중하지 않게 보이는 것을 귀중하게 여기는지를 이해하지 못하도록 만든다. 그럼에도 불구하고 우리는 그들이 어떤 것에 큰 관심을 두고 있다는 것을 이해하고, 그들이 그렇게 하는 것이 나쁜 일이라고 판단한다. 우리가 비록 단지 부분적으로 이해할 수밖에 없다고 하더라도 우리는 그러한 판단을 한다. 왜냐하면 "우리는 어떤 특정한 관심들을 최소한의 적당하고 합당한 인간다운 삶의 적절한 기준이라고 보는 경향이 있기"[13) 때문이다.

우리가 다른 사람을 충분히 이해하지 못한다는 것을 알 정도로 그들을 이해하는 것이 완전히 가능하다고 생각하지만, **우리가 충분히 이해하지 못하는 일과 관련하여** 그들이 **분명히** 실수를 저지르고 있다는 판단을 경솔하게 하는 것은 여전히 당혹스럽다. 서구에서 교육받은 여인이 이슬람 근본주의로 개종한 경우를 다룬 플라이새커의 예를 살펴보자. 개종하기 위하여 그녀가 자신의 반성적 사유(reflectiveness)를 포기했다는 비난에 대하여, 그녀는 우리가 반성적 사유와 그것을 유지하고 있는 제도들에서 무엇을 얻고 있는지를 묻고 있다.

삶에서 어떠한 목적을 가질 수 없어 절망한 나머지, 도덕적 고려에 의해 억제되지 않는 과학, 결국에는 폭력적인 청년문화, 결혼생활의 파탄, 핵무기들이 생겨난다. 그러한 기록들을 가지고 있으면서, 나의 전통에서 비롯된 폭력에 대하여 불만을 갖는 너는 어떻게 된 사람이냐? 그리고 텔레비전 앞에서, 마음을 황폐하게 하는 조립라인 작업대에서, 컴퓨터 단말기에서, 너

---

13) Fleischacker, p.71.

희들이 적어도 사회 전체로 볼 때, 우리보다 지적으로 우월하다는 의심스러운 주장을 너희들은 심지어 하고 있다.[14]

서구적인 방식으로 반성적 사유를 하지 않음으로써 얻게 되는 가치를 그 여인이 왜 높이 평가하는가를 우리가 이해한다는 플라이새커의 가정을 받아들인다면, 그녀가 **잘못했다고** 판단하는 것은 주제 넘는 일로 보인다. 아마도 그녀는 우리가 이해 못하는 어떤 것을 이해하고 있다.

그렇지만 플라이새커의 예는 그가 가지고 있었던 부분적인 이해만을 {즉 문화가 다른 사람은 다른 세계관을 가지고 서로가 잘못된 세계관을 가지고 있다고 비난한다는 이해만을} 예시하고 있지는 않다. 서구적 비판에 대한 이슬람 여인의 반론은 우리를 밀어붙인다. (진짜로 대적할 만한 삶의 방식을 제시한다.) 그래서 그러한 반론은 우리가 그것을 **이해하고** 그것의 밑바닥에 놓여 있는 가치들 중의 어떤 것을 **공유하기를** 요청한다. 우리가 우리 자신의 삶의 방식이 가지는 반성적 사유를 그것에 **동반되는 온갖 대가와 잘못에도 불구하고 선호하더라도, 그 여인이 다른 삶의 방식을 택할 실질적인 이유를 가지고 있다고 생각할 수 있다.** 같은 것이 앞에서 언급된 조율의 가치를 강조하는 다른 문화에 대해서도 적용될 수 있다.

3) 자비의 원칙의 차별성에 대한 무시: 쿠퍼 & 무디-애담스

두 예에 대한 그러한 이해는 데이빗슨(Donald Davidson)의 자비의 원칙(principle of charity)을 지지한다. 데이빗슨의 영향력 있는 해석에 따르면, 자비의 원칙이란 우리가 다른 사람들을 해석할 때 우리는 그들이 합리적인 존재이고 우리가 같은 세계에 대하여 말하며 살아가고 있다고 전제해야만 한다는 것이다. 그렇지 않다면, 그들을 이해 가능한 이야기나 신념을 가지고 있는 것으로 해석할 수 없게 되기 때문이다. 자

---

14) Fleischacker, pp.18-19.

비는 그들과 우리가 일치하는 것이 그럴듯한 경우에는 그러한 일치를 '최적화'(optimize)하도록 한다. 이러한 생각은 그들을 "가능한 한 자주 우리가 말할 수 있는 데까지 옳게"[15] 만든다.

데이빗슨이 설명하는 자비는 우리로 하여금 이해 가능한 잘못을 범하지 않도록 충고한다. 다른 사람에 대해 우리가 해석을 하게 되었을 때, 그들이 대상들과 상호작용을 어떻게 한다는 것을 알게 되고, 그럴 때 그들이 잘못했다고 말하는 것이 훨씬 의미가 있다고 생각할 수 있다. 하지만 이렇게 말하는 데에는 제한이 있다. 그들이 전체적으로 잘못하고 있다고 말하는 것은 해석의 근본적인 전제 즉 그들이 우리와 마찬가지로 같은 세계에 대한 신념을 형성하고 있다는 전제를 붕괴시킨다. 우리가 고대인들이 지구가 평평하다는 신념을 가졌었다고 하면서, 나아가 우리가 지구에 대하여 가지고 있는 다른 신념들 중의 어떤 것도 실제로 그들이 가지고 있지 않았다고 가정한다면, 우리는 그들이 지구에 대하여 제대로 된 신념을 갖고 있다는 전제를 붕괴시키는 셈이 된다.[16]

데이빗슨은 최근에 그가 해석의 문제를 다룬 초기 저술에서 자비를 신념의 '최대화'(maximize)된 일치로 보고자 했으나, 그가 내내 마음에 품고 있었던 더욱 명쾌한 진술은 신념의 일치가 '최적화'(optimize)되어야 한다는 것이었다고 말하였다.[17] 우리에게 필요한 것은 '대부분의' 일치보다도 오히려 다른 사람에 대한 이해를 가능하게 만드는 '올바른 종류의' 일치이다.

자비의 초기의 '최대화' 버전은 쿠퍼(David Cooper)의 도덕 상대주의에 대한 반대논의에서 나타났다. 쿠퍼는 "우리가 타자의 신념을 X에 대

---

15) Donald Davidson, "Radical Interpretation," *Inquiries into Truth and Interpretation*, 2nd edition (Oxford: Clarendon Press, 2001), p.136.

16) Donald Davidson, "Thought and Talk," *Inquiries into Truth and Interpretation*, 2nd edition, p.168.

17) Donald Davidson, "Introduction," *Inquiries into Truth and Interpretation*, 2nd edition, p. xix; "Radical Interpretation," p.136.

한 도덕적 신념이라고 확인할 수 있기 위해서는 그의 신념과 우리의 신념 사이에 커다란 정도로 일치가 있어야만 한다"고 주장하였다. 그의 결론은 자비의 원칙이 유의미한 형태의 도덕적 상대주의를 배격한다는 것이었다.

도덕적 신념이 "복지, 행복, 고통, 안전, 그리고 좋은 삶"18)과 관련된 어떤 주제를 가져야 한다는 쿠퍼의 주장을 부정하기는 어렵다. 다른 사람의 신념들이 그러한 것들과 관련이 **없다고** 우리가 생각한다면 그러한 신념들을 도덕적 신념들이라고 해석하는 것은 매우 의심스러운 일이 **될 것이다.** 하지만 이것은 이러한 주제들과 관련한 신념들에 중요한 차이가 있다고 주장하는 도덕적 상대주의를 거부하는 것은 아니다. 우리의 도덕적 신념들과 다른 사람들의 도덕적 신념들 사이에 '커다란 정도의 일치'가 있어야 한다는 쿠퍼의 요청을 어떻게 적용하느냐에 따라 많은 것이 달라진다. 다른 사람들의 신념에 대한 여러 해석들 중에서 최선의 것이 단순히 신념들이 **최대한** 겹쳐지게 하는 것이라고 말하는 것은, 비록 어떤 이가 나와 달리 신념들을 헤아리는 일에 재주가 있다고 하더라도, 자의적으로 보인다. 이것이 내가 알기로 데이빗슨이 자비의 원칙에 대한 초기의 진술을 최대화에서 최적화로 수정한 올바른 이유이다.

무디-애덤스(Michele Moody-Adams)는 쿠퍼의 논의의 더욱 최근 판을 보여주고 있는데, 그녀의 논의는 타자를 이해하는 일은 "도덕적 반성과 관련한 많은 기초적인 개념들과 관련하여 상당한 실질적인 일치"19)가 있을 것을 요구한다는 전제로부터 출발한다. 이로부터 그녀는 '궁극적인' 혹은 '근본적인' 도덕적 불일치는 가능하지 않다는 결론으로 비약한다.20) 이러한 결론을 정당화하기 위하여, 그녀는 도덕적 반성과

---

18) David E. Cooper, "Moral Relativism," *Midwest Studies in Philosophy* 3 (1978), pp.101, 104. 나는 이러한 종류의 논의를 나의 *Moral Relativity* (Berkeley: University of California Press, 1984), pp.114-116에서 다루었다.

19) Michele M. Moody-Adams, *Fieldwork in Familiar Places: Morality, Culture, & Philosophy* (Cambridge, MA: Harvard University Press, 1997), p.55.

관련된 개념들에 대한 불일치는 '궁극적이지 않은' 또는 '근본적이지 않은' 개념들에 한정된다고 주장할 수밖에 없다. 이것은 있을 수 있는 일관성 있는 입장으로 보이기는 하지만, 무디-애담스가 시도하는 것처럼 타자에 대한 자비로운 해석이라는 원칙에서부터 선험적인 형태로 도출될 수는 있는 것은 아니다. 왜 다른 집단들이 우리가 가지는 것과 같은 '기초적인' 도덕적 개념들을 가질 때에만 오직 틀림없이 도덕적 신념을 갖고 있다고 보는가? 기준선이 어디에 그어지든, 어떤 결정적인 대부분과 관련하여 일치를 이루는 것만으로 왜 충분하지 않은가? 정의와 같이,21) 도덕적 반성에 중요한 어떤 하나의 기본적인 개념과 관련하여, 같은 개념을 갖는다는 것은 어떤 것인가? 또 말하자면 정의에 대한 아주 다른 두 개념은, 언제는 같은 개념에 대한 두 개의 다른 해석으로 이해되며, 또 언제는 하나의 개념에 대한 부분적으로 같으면서도 다른 해석으로 간주되는가? 정의와 동정과 같은 그러한 기본적인 개념들이 가리키는 가치들이 서로 충돌할 때 우리가 이러한 가치들에 대해 부여하는 서열과 같은 서열을 다른 모든 사람들이 설정해야만 하는가? 그들이 같은 서열을 설정하지 않는다면, 그들 간의 불일치는 어떤 환경 아래서의 근본적인 불일치로 간주될 수 있는가?

데이빗슨의 자비의 원칙이 최대화보다 최적화를 요구하는 것으로 제대로 해석되더라도 그 자체로서 이러한 물음들을 해결할 수는 없을 것이다. 왜냐하면 최적화의 요구 자체가 해석을 요구하기 때문이다. 이러한 점을 보여주면서, 리차드슨(Henry Richardson)은 철학적 텍스트를 해석하는 것은 저자가 텍스트를 쓸 때 가지고 있었던 인지적 목적을 설명해야 한다고 지적하였다. 리차드슨은 이렇게 묻고 있다. 마키아벨리

---

20) Moody-Adams, p.56.

21) 정의와 동정은 Moody-Adams가 1998년 12월 워싱턴 D.C.에서 열린 미국철학회 동부 모임에서 읽은 "The Idea of Moral Progress"에서 기본적인 개념들로 제시한 예들이다.

(Machiavelli)의 『군주론』(*The Prince*)의 번역자가 애매성을 해소시켜 마키아벨리와 독자들 사이에 일치를 최대화하는 것이 더 자비로운가? 아니면 마키아벨리를 의도적으로 도발적으로 만들거나 일부러 신비하게 만드는 것이 더 자비로운가?[22] 이러한 질문에 대한 답은 더욱 큰 탐구의 맥락(a larger context of inquiry) 즉 어떤 사람이나 그 사람의 행동을 설명하려는 의도 내에서만 답해질 수 있다. 그러한 더 큰 맥락에서, 우리와 다른 신념을 그가 가지고 있다고 말하는 것은 그것이 그 사람에 대한 합리적인 설명으로서 얼마나 적합하냐에 따라서 더 합리적이거나 덜 합리적일 수 있다. 무엇이 특정한 사람에 대한 합리적인 설명이냐는 무엇보다도 사람들이나 사회들에 대한 더 큰 이론들의 맥락 내에서 정해질 것이다. 한 사람에 대한 하나의 설명이 '근본적'이라고 간주될 수도 있는 수없이 많은 중요한 문제와 관련하여 그가 잘못되거나 그릇된 신념을 가지고 있었다고 합리적으로 말할 수 있는 경우는, 우리가 구성한 그의 인지적 상황에서 그러한 과오를 그가 저질렀다고 말하는 것이 그럴듯하게 보이는 경우뿐이다.

이와 비슷하게, 다양한 문화들에 사용되는 도덕적 개념들의 동일성(identity)을 주장하지 않고도, 다양한 문화들의 도덕적 개념들 간에 상당한 중복(overlap)이 있다고 보는 것도 합리적일 수 있다. 두 도덕적 개념들이 어떤 중복되는 의미를 가지고 있다고 하더라도, 그러한 공통된 부분들이 전체 개념들이 동일하다고 말하는 것은 아니다. '근본적인' 도덕적 불일치라고 불릴 수 있는 것에 대한 일반적인 공격은, 중요한 가치들 간에 갈등이 있을 때 우선순위가 다르게 매겨진다는 것이다. 우리가 중요하다고 생각하는 가치들 간의 익숙한 충돌들이 다른 사람들의 도덕적 규칙들에서도 있다고 이해할 수 있다. 그러나 이들 다른 사람들이 이러한 충돌에서 우리와 같은 방식으로 우선순위를 부여할 것이라고

---

22) Henry S. Richardson, *Practical Reasoning about Final Ends* (Cambridge: Cambridge University Press, 1997), pp.268-269.

생각할 필요는 없다. 이것은 그들이 우리와 정확히 같지 않다는 증거가 있는 한, 그들과 우리 간의 최적화된 일치와 어긋나지 않는다.

3. 도덕적 애매성

다른 사람을 이해한다는 것은 다른 사람이 중요한 방식으로 나와 다르다는 것을 이해하는 것과 상통한다. 다른 도덕적 규율과 그것에 입각한 삶의 방식을 이해한다는 것은 그러한 것들을 낯선 것이나 이해할 수 없는 것으로 간주하는 것이 아니라 이런저런 점에서 우리 자신의 규율과 삶의 방식에 대해 도전하고 있는 것으로 간주하는 것이다. 우리 자신이 복잡하고 애매한 도덕적 존재이기 때문에 우리는 적어도 우리 자신과 마찬가지로 점잖고 지적인 사람들이 다른 규칙과 삶의 방식을 합리적으로 채택했을 것이라고 생각할 수 있다. 플라이새커의 논의와 달리, 우리는 문화들 간에 가치들이 상당히 중복되고 있음을, 또 무다-애덤스의 논의와 달리, 그렇다고 그 모든 것이 하나로 귀결되지 않음을 알 수 있다. 다른 사람들이 우리와 같지도 않고 다르지도 않다는 것이 다른 사람들을 제대로 보지 못하게 만든다.

1) 생명의 보호 대 자율성의 보호

여러 개의 가치들 간의 갈등이 있을 때 어떤 것을 우선할 것이냐 하는 문제와 관련된 이러한 복잡성(complexity)과 애매성(ambivalence)은 우리 자신의 도덕적 전통에서도 마찬가지이다. 예를 들어, 임신중절의 도덕적 허용 가능성에 대한 미국 내에서의 싸움은 대립하고 있는 진영들이 가지는 궁극적인 도덕 원칙들의 차이에서 비롯된 것이 아니라고 보인다. 이는 어느 정도로는 다 같이 지지하는 **인간 생명의 보호**를 요청하는 원칙의 적용(applicability)상의 차이이며, 또 어느 정도로는 마찬가지로 광범위하게 수용되는 원칙인 개인의 **자율성의 보호**에 부여하는 상대적인 비중(weight)의 차이에 기인한다.

풋(Philippa Foot)은 개인들의 이익들이나 공동체의 이익들이 충돌할 때 어떻게 해야 할 것인가에 관련해서는 보편적으로 수용되는 유일한 도덕 원칙은 없다고 시사하였다. 예를 들어, 한 암 환자를 그가 살아남을 기회가 최대가 되도록 다루는 경우와 그로 하여금 어떤 과정을 겪게 하여 지식을 얻음으로써 결국에는 의사가 대부분의 환자를 구할 수 있도록 그렇게 다루는 경우 중에서 선택하는 때를 생각해 보자. 풋의 믿음에 따르면, '우리 자신들은' 다른 사람들의 이익을 위해 환자를 이용하는 것에 대해 강력히 반대할 것이다. 하지만 그러한 일을 허용하는 공리주의적 견해를 어떻게 배격할 것인지도 명백하지 않다.[23] 이는 개인의 **권리**라는 가치와 **공리**라는 가치 사이의 갈등으로 보인다. 풋은 우리가 반대할 것이라고 전제하고 있지만, '우리 자신들'이 그렇게 만장일치를 할 것인지 나는 확신할 수 없다. 보건에 대한 최근의 논의가 강조하고 있는 것처럼, 의사들은 의료기술 가격의 상승 때문에 치료를 '아껴야' 하는 그러한 상황에 직면하였다. 우리들 중에 많은 사람들은 어쩔 수 없이 그러한 움직임을 인정하고 있다. 나로서는 우리가 더 많은 사람이나 더 오래 살 사람이 도움을 받아야 한다는 공리주의적 근거 외에 어떻게 그러한 움직임을 합리화할 수 있을지 모르겠다. 그러므로 심각한 가치 갈등은 하나의 도덕적 전통 내에서도 일어나는데, 이는 그 전통의 다양한 경향들 간의 갈등이라는 의미에서가 아니라 개인들이 두 경향을 모두 수용할 수 있고 수용하며 그들 자신들 내에서 갈등을 느낀다는 그런 의미에서 일어난다.

---

23) Philippa Foot, "Morality and Art," *Proceedings of the British Academy* 56 (1970): 133.

2) 비개인적 가치 대 개인적 가치

또 다른 예는 한편으로는 네이글이 **비개인적 가치**(impersonal value)라고 부른 권리나 공리 같은 것과 다른 한편으로 특정한 사람이나 공동체와의 특별한 관계에서 또는 개인적 신봉이나 계획에서 유래되는 의무들{즉 **개인적 가치**(personal value)들}과의 갈등이다. 이러한 가치들 간의 갈등이 그렇게까지 날카로운 것은 아니지만, 실제에서 우리는 한편으론 우리의 에너지와 시간을 우리나라와 세계에서의 인간의 권리에 대한 심각한 박탈과 침해를 지적하는 데에 쏟아 넣는 일과 다른 한편으로 특별한 타자들이나 우리 자신의 계획이나 신봉에 기인하는 우리의 특별한 책무를 수행하는 일 사이에서 갈등한다.

이러한 종류의 갈등은 특별히 해결하기가 어려운데, 왜냐하면 우리는 양쪽을 모두 이해할 수 있기 때문이다. 비록 우리가 어떤 쪽을 확실히 편든다고 할지라도, 우리가 그 쪽에 서서 행동할 때 어떤 다른 도덕적 가치가 희생된다는 것을 이해할 수 있다. 그리고 그러한 희생은, 비록 우리의 결심이 옳았고 정당화 가능한 결과가 나왔다고 하더라도, 우리가 간단히 유감스러운 것으로 무시할 수 없는 그러한 것이다. 이것은 가치 갈등에 접근하는 다양한 방식들 사이에서 상처를 입는 단순한 심리적 현상(psychological phenomenon)이 아니다. 그것은 도덕적 인식론(moral epistemology)의 문제이다. 우리는 합리적이고 지적인 사람들이 다양한 결정을 할 수 있음을 알고, 또 우리가 하는 결정이 우월성을 가진다는 어떤 애초의 확신도 흔들릴 수 있다는 것을 안다. 우리 자신의 도덕적 전통들 내에 있는 가치들 간의 그러한 갈등에 비추어 볼 때 다른 전통들이 비슷한 갈등들에서 다른 위계를 보여줄 것이라는 것을 이해할 수 있다.

이러한 종류의 애매성이 근대 서구 민주주의의 이질성(heterogeneity)과 다원성(pluralism)의 결과일 뿐이라고 생각하지 않기 위해, 인류학자 쇼어(Brad Shore)가 제시한 사모아(Samoa) 섬의 예를 살펴보자. 아버지가 잔인하게 살해된 후, 한 젊은이는 마을의 지도자로부터 공식적인 어투로 아버지의 죽음을 복수하려는 유혹을 참아내야 하며 평화와 조화와 용서의 가치를 새겨야 한다는 공적인 충고를 받았다. 그러나 나중에 같은 지도자는 이번에는 일상적인 어투로 그 젊은이에게 그가 아버지의 살해자를 죽이지 **못하면** 그는 아버지의 아들이 아닐 것이라는 경고를 하였다. 쇼어는 그 지도자가 위선적이거나 혼돈에 **빠졌다**고 결론을 내리지 않았다. 오히려 그는 그 지도자의 두 벌의 대립적인 충고는 상충하는 가치들 중에서 엄격한 선택을 할 때 어떤 사회든지 가질 수밖에 없는 어려움을 보여주고 있다고 결론지었다. 그 지도자는 내전으로 위협받을 공동체의 사회적 조화라는 가치와 효심과 원수 갚음이라는 가치를 모두 표현하였다. 문화적으로 구별되는 것은 각각의 사회가 이것이나 저것을 강조함으로써 가치들 간의 그러한 갈등을 어느 정도로 해결하고자 시도하는 방식이다. 강조되지 않는 가치는 배경으로 물러나지만, 그럼에도 불구하고 윤리적 논의에서는 다시 나타날 수 있다.24)

3) 자율성 대 공동체

또 다른 예는 가치의 기본적인 출처를 권리로 보고 이를 지향하는 도덕률들과 가치의 기본적인 출처를 관계와 공동체로 보고 이를 지향하는 도덕률들 간의 대비와 관련되어 있다. 권리는 서구에서는 개인에게 속하는 것으로 간주되고 있으며 이는 어떤 공동체에 대한 그의 잠재적 기여와는 무관하다. 이런 까닭으로 개인의 중심적인 권리는 다른 사람들로부터의 간섭을 받아서는 아니 된다. 권리에 대한 독특한 정당화는 개인의 합법적인 이익이 공동체의 이익과 갈등할 경우 개인의 이익이 보호되어야 한다는 생각이다. '자율성'(autonomy)이라는 가치는 권리가 공동체에 대한 개인의 기여와 무관하게 독립적인 정당성을 가진다는 생각

---

24) Brad Shore, "Human Ambivalence and the Structuring of Moral Values," *Ethos* 18 (1990): 165-179.

48

그리고 권리는 공동체의 이익과 개인의 도덕적으로 합법적인 이익이 갈등할 때 개인의 이익을 보호하기 위해 필요하다는 생각과 관련이 있다. 자율성과 달리, **공동체**(community)라는 가치는 관계된 사람들의 공유된 삶을 중요시하고 공유된 삶을 유지하기 위하여 개인에게 요청되는 의무를 강조한다. 공동체라는 가치를 중심으로 하는 도덕률이 개인이 도덕적으로 합법적인 이익을 가진다는 것을 부정할 이유는 없다. 그러나 개인의 복지는 공동체와의 적절한 관계에 달려 있는 것으로, 다시 말해 개인과 공동체 간의 일종의 조화에 달려 있는 것으로 간주된다.

자율성과 공동체는 그것들이 하나의 문화 내에 함께 존재할 때 자주 **서로** 대립적으로 기능한다. 다시 말해, 하나가 다른 하나에 대항하여 주장되는데, 왜냐하면 하나를 주장하는 것은 다른 하나를 강하게 주장하는 경향을 불러일으키기 때문이다. 자율성은 개인적인 필요(individual need)에 대한 집단적인 대응(collective responsiveness)에 대항하여 주장된다. 집단적인 대응은 공동체에는 큰 이득이 될 수도 있겠지만 이것은 좋은 위치에 서지 못하는 사람에게는 억압적인 질식이나 소외적인 배제가 될 수도 있다. 반대로 공동체는 자율성에 의해 야기되는 중재의 장벽에 대항하여 제기된다. 왜냐하면 자율성이라는 이익이 개인적 필요에 대한 집단적인 대응을 막아버리기 때문이다. 나는 미국의 도덕적 전통이 자율성과 공동체 간의 이러한 역동성(dynamic)을 보이고 있다고 생각한다. 미국의 전통은 많은 아시아적인 전통들과 비교할 때 개인의 자율성의 표현인 권리에 더 큰 우선순위를 준다. 그러나 그럼에도 불구하고 공동체라는 가치의 존재는 비록 상대적으로 열세이기는 하지만 그래도 실재한다. 실제로 미국적 전통에 대한 공동체주의자들의 비판이 많은 호응을 받는 것은, 그러한 비판이 공동체의 본질이 후퇴하고 있으며 그러한 후퇴가 개인적 필요에 대한 대응이 감소하고 있음을 지적하고 있기 때문이다.

때때로 사람들은 '문화들'을 아주 간단한 일로 생각한다. 사람들은 문화 속에서 그들의 세계에 대하여 같은 가치들, 관행들, 그리고 의미들을 만든다고 생각한다. 내가 주장하고자 하는 것은 하나의 문화는 어느 정도까지는 공통적으로 인정되는 가치들로 구성되어 있지만, 이러한 가치들이 서로 대립하고 있다는 것이다. 문화의 정체는 어느 정도는 어떤 가치가 가장 현저한가, 어떤 것들이 다른 것들에 대립자로서 작동하는가에 달려 있다. 공유된 문화 내에서도 가치들이 {정태적으로 즉 고정적으로 배치되는 것이 아니라} 이렇게 역동적으로 배치되기 때문에, 이러한 가치들 간의 갈등이 어떻게 해결될 것인가에 대해서는 상당한 수준의 개방성과 애매성이 있게 된다. 이것이 **도덕적 애매성이 다른 도덕적 전통들 간에만 존재하는 것이 아니라 단일한 도덕 전통 내에서도 존재하는 이유이다.** 가치들은 어찌할 수 없는 인간의 욕구들과 관련되어 있으며, 이러한 욕구들의 만족으로부터 그 힘의 많은 부분을 얻어낸다. 그러나 인간 존재는 다면적이고 그들 욕구와 관련하여 반드시 전적으로 조화로운 것이 아니기 때문에 그러한 욕구와 관계되는 가치들이 서로에 대하여 어떻게 균형을 이룰 것인가와 관련해서는 언제나 불확실성과 불안정성이 있다.

4. 도덕적 애매성이 어떻게 보편주의에 문제를 야기하는가?

1) 행위 결과론을 통한 다원론에 대한 대응과 그 한계: 레일턴

도덕적 애매성을 보여주는 갈등들은 유일한 참된 도덕률(a single true morality)을 주장하는 보편주의 도덕 이론들에 도전이 된다. 보편주의(universalism)의 주된 반응은 도덕 가치 다원론(pluralism)이라는 근원적인 현상을 부정하는 것이다. 예를 들어, 칸트주의자들과 공리주의자들의 많은 작업들은 겉으로 볼 때 환원될 수 없고 잠재적으로 갈등하는 가치 출처들이 하나의 출처로 환원될 수 있다는 것을 보이고자 한다.

그러한 갈등 하나를 살펴보자. 비개인적인 관점에 기초해서, 그러니까 어떤 사람이든 다른 사람보다 더도 덜도 중요하지 않다는 생각에 기초해서 행동해야 한다고 생각하는 철학자들은 {개인적인} 특별한 의무들을 비개인적인 관점에 포섭시킨다. 그들은 비개인적인 가치들이 개인적인 책무들을 인정하고 수행함으로써 가장 잘 충족될 수 있다고 주장한다.

레일턴(Peter Railton)은 가족에 대한 특별한 책무를 정교한 행위 결과론(act consequentialism)에 포섭시켰다. 그는 어떤 선들(goods)은, 최선의 결과를 가져오도록 행위하는 것을 때때로 넘어서는 (사랑하는 사람의 선을 위하여 행위하는 것 속에 포함되는 것과 같은) 어떤 지속적인 동기, 특징, 혹은 신봉을 가지고 있을 때만, 확실하게 달성될 수 있다고 주장한다. 그는 주말부부의 예를 들었다. 남편은 울적해 하는 그의 아내를 만나기 위하여 예정에 없는 여행을 할지 말지를 결정해야만 한다. 그가 가지 않는다면 그는 남는 돈을 자선기관에 기부할 수 있을 것이고 그렇게 함으로써 전체적으로 더 좋은 결과를 가져올 수 있다. 행위 결과론자들은 남편의 그러한 여행을 허용할 수 있다. 만약 그가 그의 아내에게 덜 헌신적이라면, 결국에는 인간의 복지에 대한 그의 전체적 공헌 또한 덜할 것이다. "아마도 왜냐하면 그가 더 냉소적이고 자기중심적인 인간이 될 것이기 때문이다."[25] 나아가, 이러한 비개인적인 선에는 서로 환원될 수 없는 많은 선들 즉 지식, 우정, 연대, 그리고 자율성 등이 포함된다.

가치의 다양한 출처들을 하나의 최고의 출처로 환원시키고자 하는 그러한 시도는, 우리가 다양한 가치 주장에 대하여 반드시 부여하게 마련인 그러한 종류의 정당화 시험을 이겨내어야 한다. 우리에게 도덕적으로 아주 중요하게 보이는 생각을 근본적으로 고치고자 하는 이론에 대

---

25) Peter Railton, "Alienation, Consequentialism and Morality," *Philosophy and Public Affairs* 13 (1984): 134-171, 159.

해서는 설득력 있는 검토가 있어야 한다. 이렇게 본다면 다음과 같이 물어보는 것이 중요하다. 우리들 중에 얼마나 많은 사람들이 자신의 관심과 자원을 사랑하는 사람들에게 더 많이 주는 것이 인간의 복지 일반에 대한 기여라는 장기적인 결과 때문에 올바르다고 생각하는가? 우리들 중에서 얼마나 많은 사람들이 우리 아이들을 특별히 돌보는 일이 우리가 그러한 일을 하는 것이 모든 사람에게 실제로 더 좋은 일이 되기 때문에 **올바르다**고 생각하는가? 레일턴의 이론은 이러한 일들이 환원될 수 없는 선이라고 인정하면서도, 이러한 일들의 정당성이 모든 사람을 위한 선을 궁극적으로 증진시키는가 여부에 달려 있다고 본다. 그러나 가족 구성원이나 친구와 같은 그러한 특별한 타인들과의 도덕적 유대에서 비롯되는 일의 도덕적 정당성은, 모든 이의 좋음에서 비롯되는 일의 도덕적 정당성보다 더욱 근본적인 것이다. 전자가 우리에게 미치는 영향력은 비개인적인 선(impersonal good)을 증진시킨다는 목표를 통해 획득되는 정당성과는 무관한 것으로 보인다. 반면에, 우리가 비개인적인 관점을 취하는데, 그러한 관점이 우리가 귀중하게 여기는 {다른} 모든 가치들을 어떻게 정당화하느냐에 특별한 관심을 갖지 않는다면, 우리가 우리에게 특별한 다른 사람들에게 부여하는 세속적인 관심과 헌신들 중의 많은 것들은 정당화가 불가능한 것으로 보이게 될 것이다. 우리에게 가까운 사람들에게 중요한 것과 세계의 그 밖의 수백만의 사람들에게 중요한 것, 즉 목숨 그 자체나 위기에 처한 어떤 조그만 인간의 존엄 등을 비교할 때 우리의 개인적인 관점은 정당화가 불가능할 것이다.[26] 도덕 가치 다원론을 부정하는 것은 **다양한 가치 주장이 보통 다양한 방식으로 정당화되어야 한다**는 일반적인 상식을 부정하는 것이 된다.

좀더 일반적으로 말하자면 레일턴의 이론은 도덕적 정당성을, 상황을

---

26) Peter Singer가 이러한 관점에 대하여 "Famine, Affluence, and Morality," *Philosophy and Public Affairs* 1 (1972): 229-243에서 우아하고 명쾌한 옹호를 하고 있다.

완전히 (그리고 아마도 생생하게) 알 수 있을 때 동등한 존재로 간주되는 잠재적으로 영향을 받을 모든 사람의 (자연주의적으로 생각된) 이익과 연결시키고 있다.[27] 특별한 의무(special duty)에 대한 그의 접근방식에 대해 바로 앞에서 제기된 이의는 공리(utility)가 경쟁하는 가치들 중의 하나에 불과하며, 우리가 공리를 다른 것들과 비교할 때 그것에 애매한 순위를 부여한다는 것을 보여준다. 나아가 내용이 풍부한 도덕률을 제시하기 위해서, 레일턴의 견해는 인간의 복지나 복리에 대하여 다소간 논쟁의 여지가 있는 생각을 가정할 필요가 있으며, 또 이러한 생각은 갈등하는 도덕적 가치들 간에 설정된 어떤 특정한 우선순위와 관련된다. 내가 보기에, 일원론적 이론들이 참으로 논쟁거리가 되는 규범적 문제의 해소에 거의 도움을 주지 못하는 것은 우연이 아니다. 그들이 제시하는 애매한 충고는 이 편도 저 편도 충족시키지 못하기 때문이다. 또 소위 최고의 가치에 대한 의심스러운 해석을 이미 받아들이지 않기로 한 사람들은 합리적으로 그러한 충고를 거리낌 없이 거부할 것이기 때문이다.

2) 가치서열화를 통한 다원론에 대한 대응과 그 한계: 셰플러

이러한 갈등을 다루려는 다른 시도는 도덕 가치 일원론을 더 이상 전제하지는 않지만 다수의 가치들 사이에 정확한 우선순위가 수립될 수 있다는 것을 보여주고자 한다. 셰플러(Samuel Scheffler)는 이러한 갈등과 관련이 있는 두 도덕적 이상을 구분하였다. 한편으로 '인간성이란 이상'(Ideal of Humanity)은 우리가 우리 자신의 개인적(personal) 삶을 살고 다른 사람의 필요와 관련해서는 적당히 대처할 공간을 제공해 준다. 다른 한편으로 '순수성이란 이상'(Ideal of Purity)은 우리에게 우리의 삶이 다른 인간 존재의 삶보다 더 중요하지 않다는 비개인적(im-

---

27) 이러한 견해의 한 예가 Peter Railton, "Moral Realism," *Philosophical Review* 95 (1986), pp.163-207에 있다.

personal) 관점에서 행동할 것을 요구한다. 이러한 두 가지 이상은 모두 우리의 도덕성에 뿌리를 가지고 있지만, 인간성이 '더 넓고 더 깊은' 뿌리를 가지고 있다고 셰플러는 인정했다. 그의 논의에 따르면, 인간성이란 이상은, 우리 자신의 {개인적} 삶을 살아갈 공간이 정당한 것이라는 우리의 신념과 더 잘 맞는다. 또 우리가 절박한 필요를 충족시키는 데 사용될 수 있는 돈으로 사치품을 구입할 때를 제외하고, 우리는 거의 이러한 공간을 가질 권리에 대하여 의문을 제기하지 않는다. 나아가 우리 자신의 {개인적} 삶을 사는 것은 특별한 인간관계를 만들어내고, 이것이 이번에는 특별한 의무를 만들어낸다. 그러므로 인간성이란 이상이 개인에게 도덕적 허용의 공간을 만들어낼 뿐이라고 말하는 것은 옳지 않다. 공간을 허용하는 것은 필연적으로 그 나름의 의무를 만들어낸다. 또 셰플러는 인간성이란 이상은 어느 정도까지는 순수성이란 이상과 조화될 수 있지만, 그 역은 아니라고 주장하였다. 인간성이란 이상에 의해 규정된 관점에서 보면, 순수성이란 이상은 하나의 추가적인 이상(a supererogatory ideal)으로 간주될 수 있다.[28]

그러나 셰플러는 둘 다를, 즉 우리의 특별한 의무가 인간성이란 이상에 입각할 때 더 중요한데, **또** 순수성이라는 이상도 추가적이라고 둘 다를 주장할 수는 없다. 한편으로 우리의 특별한 의무가 다른 의무에 앞설 수 있다면, (예를 들어 나의 아이를 잘 돌볼 의무가 실제로 절대적인 궁핍한 세계의 많은 다른 어린이들을 돌보기 위해 나의 자원의 대부분을 기부해야 하는 그러한 의무에 앞선다면) 순수성은 추가적인 것이 될 수 없기 때문이다.[29] 다른 한편으로 타자에 대한 우리의 비개인적인

---

28) Samuel Scheffler, *Human Morality* (New York: Oxford University Press, 1992).

29) 실제로 Scheffler는 그러한 있을 수 있는 갈등에 대한 정교한 논의를 "Families, Nations and Strangers"와 "Relationships and Responsibilities"라는 두 글에서 제공하였다. 두 글은 모두 *Boundaries and Allegiances: Problems of Justice and Responsibility in Liberal Thought* (Oxford: Oxford University Press,

의무가 특정한 사람들에 대한 우리의 특별한 {개인적} 의무에 앞선다면, 그때는 인간성이라는 이상의 우선성이 의심스럽게 보이게 된다. 나아가 사람들은 우리 자신의 {개인적} 삶을 살 우리의 권리에 대하여, 사치품을 사는 것이 문제가 되는 때가 아니어도, 의문을 제기하게 될 것이다. 우리는 인간의 삶에 결코 필수적이지 않거나, 아니면 적당히 최소한으로 필수적인 재화들을 제멋대로 사용하고 있는데, 사람들은 다른 사람들이 절대적인 궁핍에 있을 때 그렇게 해도 되는가를 묻게 된다.[30] 실제로 우리는 초기 기독교에 깊은 뿌리를 가지고서 물질적 안락과 당파성에 근본적으로 도전하는 그러한 도덕적 전통들이 이러한 질문을 던질 것이라고 기대할 수 있다.

그렇지만 셰플러가 순수성이란 이상에 우선권을 주지 않으려 했던 것은 옳은 일이다. 순수성에 우선권을 주면 그것은 그가 지적한 사실 즉 사람들이 자신의 {개인적} 삶을 살아갈 공간을 가지고 있다고 우리가 믿고 있으며, 그러한 공간에서 사는 것이 특별한 의무를 만들어낸다는 사실과 갈등을 일으킨다. 문제는 우리의 전통이 두 종류의 생각을 모두 가지고 있고 각각의 생각이 다른 생각에 종속당하려고 하지 않는다는 점이다. 내가 보기로, 이 두 가지 **가치들에 순서를 정해 줄 확정된 서열이 우리 전통 내에는 있지 않다.** 때때로 우리는 어떻게 갈등이 해결되어야 하는가에 대한 옳은 답이 있다고 생각하고, 그 답이 어떠한 것이 되어야 할지에 대하여 상당한 확신을 가진다. 그렇지만 우리가 너무 자주 문제 많은 애매성에 봉착하기 때문에 어떤 일반적인 해결책을 제시하고자 하는 이론적인 시도들은 설득력 없게 보인다.

2001)에 있다.

30) 예컨대, Railton의 "Alienation, Consequentialism and Morality"와 Singer의 "Famine, Affluence, and Morality."

3) 균형을 통한 다원론에 대한 대응과 그 한계: 보이드

다수의 가치들 사이의 어떤 종류의 균형(balance)이 도덕적 판단이 참이 되기 위한 핵심적 조건이라는 보이드(Richard Boyd)의 견해를 살펴보자.[31] 문제는 경쟁하는 가치들 간의 **균형**이 모든 사회들과 문화들의 도덕률이 **추구**하는 바로 그것이라는 주장을 받아들여야만 한다는 것이다. 어떤 가치의 최대화가 다른 가치의 최대화와 병립할 수 없다면, 강조되어야 할 가치의 선택이 이루어져야 한다. 그렇지 않다면 우리는 어떻게든 모든 가치를 적당히 만족시키기를 시도해야 한다. 그러한 것이 설혹 가능하다고 하더라도, 모든 사회들이나 문화들이 **그러한 것**을 추구할 것처럼 보이지 않으며 그렇게 **해야만 한다**는 것도 전혀 명백하지 않다.

4) 지각을 통한 다원론에 대한 대응과 그 한계: 맥도웰

이제까지 나는 가치들에 일반적인 우선순위를 부여함으로써 도덕적 애매성을 부정하려는 견해들을 검토해 왔다. 그러한 접근법들은, 특정한 경우의 가치 갈등에 대해 해결책들이 발견된다면, 이러한 해결책들은 일반적인 원칙들로부터 도출될 수 있을 것이고, 이러한 일반적인 원칙들은 상당히 많은 경우의 가치들에 우선순위를 정해 줄 수 있을 것이라고 전제한다. 일반적인 원칙들로부터 특정한 경우들에 대한 결론 도출을 이처럼 강조하는 것은 근대 도덕철학의 지배적인 추세이다. 갖가지 차이점에도 불구하고, 칸트주의자들과 공리주의자들은 둘 다 가장 일반

---

31) 다음을 보라. Richard Boyd, "How to Be a Moral Realist," *Essays on Moral Realism*, ed. Geoffrey Sayre-McCord (Ithaca: Cornell University Press, 1988), pp.181-228. Boyd의 견해도 Railton의 견해와 마찬가지로 일종의 결과론이다. 그러나 그는 촉진되는 것이 사랑과 우정, 자율성, 지성과 예술적 평가와 표현과 같은 선의 덩어리인데 이는 항상성을 추구한다고 보았다. 항상성을 추구한다는 것은 그것들이 적어도 적당한 수정에서 상호적으로 지지한다는 뜻이다. p.203을 보라.

적이고 추상적인 원칙들이 위에서부터 아래로 윤리적 추론을 지배해야 한다고 생각한다. 내가 다른 곳에서도 '위에서 아래로 추리'(top-down reasoning)[32]라고 불렀던 방식은 윤리적 판단이 일반적 원칙으로부터 연역되거나 적어도 그러한 원칙들과의 일관성에 의해서 타당성을 얻으며, 결코 다른 길을 가지 않는다고 주장한다. 칸트의 정언명법(categorical imperative)은 현실적이거나 특정한 행위의 격률들을 가지고 있지는 않지만, 그러한 격률에 따르는 행위는 그것들이 정언명법과 일치할 경우에만 도덕적으로 용납될 수 있다. 정언명법은 순수 실천 이성이라는 개념 아래 선험적으로 모든 합리적 존재에 적용된다.[33] 밀에게서는, 특정한 도덕적 판단은 더 일반적인 목표들로부터, 그리고 궁극적으로는 사회적 공리(social utility)를 증진시킨다는 가장 일반적인 목표로부터 연역되어야 한다. 그는 보편적인 목적으로부터 특정한 판단에로의 윤리적인 정당화 방향을 특정한 관찰로부터 일반적인 이론에로의 과학적 정당화와 대비시킨다.[34]

최근에 특정주의(particularism)에 대한 새로운 관심은 위에서-아래로 모델의 단점을 알아채고 그에 대응하여 생겨났다. 다양한 이론적 설득을 시도하는 특정주의자들은 특정한 경우들에 대한 도덕 판단이 일반적인 원칙들로부터 주로 도출되는 것이 아니라는 견해를 공유하고 있다. 많은 특정주의자들은, 경험을 통하여 얻어지는 특정한 것들에 대한 지식에 크게 의존하는 프로네시스(phronesis) 즉 실천적 지혜라는 아리스토텔레스의 개념으로 거슬러 올라간다. 그들의 주장에 따르면, 좋은 도

---

32) 다음을 보라. David B. Wong, "Crossing Cultures in Moral Psychology," *Philosophy Today*, v. 3 (2002): 7-10; "Reasons and Analogical Reasoning in Mengzi," *Essays on the Moral Philosophy of Mengzi* (Indianapolis: Hackett Publishing Company, 2002), pp.187-220.

33) Immanuel Kant, *Grundlegen*의 서문.

34) John Stuart Mill, *Utilitarianism*, 4th edition (Longmans, Green, Reader, and Dyer, 1871), p.205, University of Toronto edition.

덕적 판단은 옳은 원칙으로부터의 연역(deduction)이라기보다는 좋은 지각(perception)에 더 가깝다. 이러한 견해의 영향력 있는 대변자들 중의 한 사람인 맥도웰(John McDowell)은 우리가 다양한 행위들이 포함되는 환원 불가능한 도덕적 속성들과 요청들을 지각할 때 그것들 간의 우선순위를 지각한다고 주장한다.[35] 도덕적 속성들과 요청들이 환원될 수 없다고 말하는 것은 주어진 상황의 비도덕적 측면들을 도덕적으로 중요한 것으로 지각한다는 것을 부정하는 것이 아니다. 아리스토텔레스를 쫓아서, 맥도웰은 규정될 수 있는 규칙들(articulable rules)이 좋은 도덕적 성격을 가진 사람의 도덕적 감성(moral sensibility)을 파악할 수는 없다고 주장한다.

우리가 단순히 도덕적 속성들과 요청들을 지각한다는 생각은, 윌리엄스(Bernard Williams)의 표현대로,[36] 지각이 '두터운' 윤리적 개념(thick ethical concept)을 문제없이 적용하는 것이라면, 아주 부정하기 어렵다. 우리는 친절함과 용감함과 같은 개념들을 복잡한 사실들을 고려하여 적용할 수 있다. 그러한 것들은 우리가 좋아하는 아무것에나 붙일 수 있는 지시적인 표식이 아니다. 이러한 개념들을 적용할 때, 우리는 이러한 사실적 고려들에 수반되는 속성들을 지적하고 있는 것으로 보인다. 상황을 숙고하여 친절함이 요구된다는 결론을 내릴 때, 이러한 요구는 실제로 우리가 그러한 상황에서 지각하는 어떤 것이라고 보는 것이 그럴싸하다.

그렇지만 주어진 상황에서 중요한 윤리적 고려 사이에 심각한 갈등이

---

35) McDowell은 그러한 실재론의 만만찮은 현대판을 "Virtue and Reason"과 같은 논문들에서 공식화하였다. *The Monist* 62 (1979): 331-350; 다음도 보라. Mark Platts, *Ways of Meaning* (London: Routledge & Kegan Paul, 1979); David McNaughton, *Moral Vision: An Introduction to Ethics* (Oxford: Basil Blackwell, 1988), chapter 5.

36) Bernard Williams, *Ethics and the Limits of Philosophy* (Cambridge, MA: Harvard University Press, 1985), p.129.

있다면, 이는 앞에서 내가 묘사한 그러한 종류의 도덕적 애매성을 산출할 수 있다. 이 책의 나머지에서 드러날 것이지만, 나는 특정주의에 대하여 상당한 공감을 가지고 있다. 하지만, 그것이 도덕적 애매성과 관련하여 어떻게 우리를 도울 수 있을지는 명백하지 않다. 윤리적 고려들이 갈등을 일으키고 있는 경우에 충분한 도덕적 경험을 가지고 있고 안목이 감정이나 자기 이익에 의해 흐려지지 않는 어떤 사람이 지각할 수 있는 정확한 우선순위가 있다고 말할 수도 있다. 그러나 **갈등하는 가치들 간의 우선순위가 사회들과 문화들에서 체계적으로 다르다**는 점을 고려하면, 더 깊은 설명이 필요하다. 물론 사회들이나 문화들 전부가 그러한 서열을 정하는 데에서 근본적인 실수를 하고 있다고 주장할 수도 있다.

그렇지만 도덕적 애매성은 어떤 사회가 실수를 하고 있는지 판단하는 것을 어렵게 만든다. 보편주의자들이 주로 주장하듯이, 많은 도덕적 문제들의 해결과 관련된 인간 본성과 인간의 일들에 대한 지식을 우리가 결여하고 있는 것은 사실이다. 게다가 사람들은 어떻게 도덕적 문제들이 결정되는가에 대하여 강한 실천적 관심(interest)을 가지고 있고 이러한 관심이 감정(passion)을 낳고 이러한 감정이 판단(judgement)을 흐리게 한다.[37] 의심할 여지없이 도덕적 지식에 대한 그러한 장애가 존재하고 있기는 하지만, 문제는 위에서 언급된 갈등을 해소시킬 우리가 갖고 있지 못한 지식이 어떤 종류의 것인지를 모른다는 것이다. 예를 들자면, 어떤 종류의 지식이 특별한 타자에 대한 우리의 집착과 비개인적인 가치들 간의 갈등을 해소시킬 것인가? 인간 본성과 인간의 일들에 대한 어떤 추가적인 지식이 필요한가? 일반적인 용어로라도 그러한 갈등을 해소시킬 길을 제시하지 못한다면, 그러한 입장은 다음과 같은 조야한 주장을 하는 셈이 된다. 즉 어떤 가치가 우선성을 가지는가에 대해서

---

37) Nagel이 이러한 설명을 다음에서 제시하고 있다. Thomas Nagel, *The View from Nowhere* (New York: Oxford University Press: 1986), pp.185-188.

더 이상 소급될 수 없는 보편적 도덕적 진리들이 있는데, 이러한 진리들은 우리가 이러한 가치 갈등들에 대하여 서로 갈등을 하거나 애매한 판단을 하더라도 존재하며, 이러한 애매성은 어떤 추가적인 지식에 의해서도 해결되지 않으며, 게다가 우리들 중의 어떤 이들만이 이러한 진리들에 다른 사람들보다 더 잘 접근할 수 있다. 실제로 참일 수도 있는 어떤 주장을 정당화할 수 없는 경우도 있을 수 있지만, 가치 갈등의 경우에 올바른 우선성을 단순히 지각할 수 있다는 생각을 받아들이는 것은 사람들로 하여금 도덕적 애매성에 대한 더 만족스러운 설명(a more satisfying explanation)을 추구하는 대신 믿음상의 가능성(possibility on faith)을 받아들이도록 하는 것이다. 다음 장에서 나는 도덕성에 대한 상대주의적이고 자연주의적인 설명이 더 만족스러운 설명을 제공한다는 것을 보일 것이다.

제 2 장
다원론적 상대주의

저자는 1절에서 자신이 말하는 자연주의가 방법론적 자연주의 즉 경험에 의해 계속 교정되는 잠정적인 진리의 파악을 주장하는 자연주의라고 밝힌다. 2절에서 저자는 자신의 자연주의가 도덕적 속성이 아니라 기준과 이유와 같은 도덕적 용어들이 물리주의적으로 환원 불가능하다고 보는 자연주의라고 지적하면서, 인간의 필요, 욕망, 목표와 관련된 기준들과 이유들을 통해서 도덕률을 설명할 수 있다고 주장한다. 3절에서는 이러한 입장의 역사적 예들을 들면서 도덕률이 사회적 구성물이라고 지적한다. 4절에서는 도덕률이 사회적 협력이라는 개인 간의 일치기능 뿐만 아니라 이상적인 삶이라는 개인 내적인 일치기능도 갖는데 이는 서로 연결되어 있다고 지적한다. 5절에서는 개인 내적인 일치기능으로부터 도출되는 적합한 도덕률에 대한 제약이 필요나 이익과 같은 인간적 성벽에 대응하는 것이라고 지적한다. 6절에서는 개인 상호적인 일치기능으로부터 도출되는 적합한 도덕률에 대한 제약이 자기 이익의 효과적인 전략인 상호성이라고 지적한다. 7절에서는 이러한 상호성이라는 전략이 효율적이기 위해서 도덕률은 타자 이익적 행위의 비용을 낮출 필요가 있다고 지적한다. 8절에서는 도덕률이 자발적 수용에 의해 작동하기 때문에 그 정당화가 거짓에 근거하지 말아야 하며, 특히 특정인들에게 유리한 도덕률일 경우에는 더욱 그러하다는 것을 지적한다. 9절에서는 도덕률에는 인간의 본성이나 도덕률의 기능에 의거하는 보편적인 요소가 있지만, 그 밖의 것들은 사실적으로 보편적이지 않다. 하지만, 상호작용을 위해서는 그러한 집단 내적인 원칙을 집단 외에 적용하려는 보편주의적 경향을 가지지 않을 수 없으며 이것이 바람직하다고 지적한다. 10절에서는 윤리적 문화 내외적인 갈등 때문에 타협이라는 제약이 또한 요청된다고 지적하면서, 이러한 제약들 또한 다양한 모습을 가질 것임을 지적하고 있다. 11절에서는 다양한 도덕철학이 나름대로 도덕적 정당성을 가지기 때문에 하나의 도덕률만이 정당성을 가진다는 주장은 성립할 수 없다고 지적한다. 12절에서는 도덕률들이 공통점과 차이점들을 모두 가질 수 있으며 이런 의미에서 도덕적 용어들의 비서술적 의미와 서술적 의미를 함께 논의하는 비인지주의적 입장이 타당성을 갖는다고 또한 지적한다.

이 장에서 내가 말하려고 하는 것은 도덕률에 대하여 자연주의적으로 접근하여, 상호 환원될 수 없는 다수의 근본적인 도덕적 가치들을 진지하게 수용하면, 다원론적 상대주의(pluralistic relativism)에 이르게 된다는 것이다. 우선적인 과제는 내가 자연주의적 접근(naturalistic approach)이라는 말로 의미하는 것을 설명하는 것이다.

1. 자연주의의 다양한 갈래들

1) 자연주의의 근본의미

자연주의는 수많은 주제들과 관련이 있으므로, 여기서는 단지 몇 개의 주제들만 살펴보고자 한다. 자연주의의 가장 일반적인 근본적인 의미는 초자연적 것(the supernatural) 즉 자연을 넘어서 있어 자연의 법칙에 종속되지 않는 것에 대한 믿음을 거부하는 것이다. 이와 관련된 자연주의의 다른 한 의미는 다양한 형태의 존재론적 이원론(ontological dualism) 즉 무생물이나 인간이 아닌 '더 낮은' 형태의 생명들(바위, 나무, 벌레, 개와 고양이)을 {자연적인} 하나로, 인간과 '더 높은' 형태의 생명들(정신, 영혼, 신들과 하느님)을 {반자연적인} 다른 하나로 나누는 것에 대립하는 것이다. 사유적 실체와 연장적 실체를 구분하는 데카르트적이 이원론은 이러한 의미에서 반자연주의적인 패러다임이다. **초자연적인 것**이나 존재론적으로 **반자연적인 것**에 반대하는 자연주의의 이러한 근본적인 의미는 하나의 유일한 자연 세계(one single natural world)에 대한 믿음, 즉 인간들과 인간들과는 근본적으로 다른 것으로 생각되는 존재들은 자연이라는 하나의 세계에 함께 자리해야만 한다는 믿음이다. 나는 하나의 세계라는 이러한 근본적인 의미를 받아들인다.

2) 실체론적 자연주의

자연주의의 이러한 근본적인 의미로부터 더욱 세세한 형태의 자연주의들이 도출된다. 자연주의의 이러한 근본 의미는 종종 어떤 종류의 사물이 존재하는가에 대한 견해로 해석된다. 하나의 자연 세계라는 생각을 연장하면, 기본적인 한 종류의 사물만이 있게 된다. 실체론적이고 존재론적 견해로서의 자연주의는 오직 **물리적인 사물들**(physical things)만이 있다고 주장한다. 이러한 견해는 예를 들자면 수학적 속성이나 수학적 존재에 대한 인정과 잠재적으로 갈등을 일으키는데, 이 점은 충분히 토론되었지만 적어도 물리주의적 자연주의(physicalistic naturalism)에게는 만족스럽게 해결되지는 않았다. 수학은 논리적이거나 개념적인 진리로 즉 물리적 사물에 관한 진리로 환원되기를 거부한다. 게다가 20세기와 21세기의 물리학은 물리적인 사물들이 어떤 것인지에 대한 우리에게 직관적으로 익숙한 생각들을 흔들어 버렸다. 현대 물리학은 우리가 일상에서 사용하고 있는 '물리적 대상'에 관한 이야기를 대신할 어떤 것도 남겨두지 않았으며, 물리적인 것과 물리적이지 않은 것 간의 대비도 흐리게 만들었다. 만약 오직 한 가지의 기본적인 사물이 있다면, 그것이 어떤 종류의 것인지 명확하지 않게 되었다.

3) 방법론적 자연주의

여기에서 다루어지는 더욱 세부적인 자연주의적인 주제는 실체론적이고 존재론적인 견해가 아니라, 오히려 방법론(methodology)적인1) 성격의 것이다. 그러한 방법론적인 한 주장은 **철학이 특유의 선험적 즉 경**

험에 앞서는 방법론(a priori method)을 채택하여 실체론적인 진리를 제시함으로써 경험적인 시험(empirical testing)을 가로막지 말아야 한다는 것이다. 다른 한 주장은 인식론(epistemology)과 심리과학(science of psychology) 사이에는 날카로운 구분선이 없다는 것이다. 자연주의의 이러한 두 방법론적 갈래는 서로 연결되어 있다. 선험성에 대한 거부는 강력한 설명적인 경험적 이론들이 그 당시에는 논리적으로나 개념적으로 참으로 보이는 주장들을 자주 전복시켰다는 통찰로부터 나온다. 예를 들어 충분이성의 원칙, 유클리드적인 공간구조, 그리고 국부적 접촉에 대한 기계적 상호작용의 제한 등을 생각해 보라.2) 그러한 주장들이 과학적 이론에 의해 침식된 것은 논리적이고 수학적이고 개념적인 분석에 근거하고 있는 주장들의 중요하고 독특한 역할을 배제하는 것은 아니지만 이러한 주장들이 자명하고, 영구적인 지식의 토대를 구성한다는 생각의 비중을 줄여주었다.3) {다른 한편으로} 어떤 주장이 우리의 합리

---

1) Peter Railton, "Naturalism and Prescriptivity," *Social Philosophy & Policy* 7 (1989): 153-174, 특히 155-157.

2) Railton, p.156을 보라.

3) Jean Hampton은 *The Authority of Reason*, ed. Richard Healey (Cambridge: Cambridge University Press, 1998), p.21에서 방법론적인 자연주의보다는 실체론적인 자연주의가 자연주의의 더 그럴듯한 버전이라고 주장하고 있는데, 왜냐하면 전자가 아니라 후자가 "과학적 관행 내에서 수학과 논리학이라는 비경험적 방법들을 성공적으로 사용하는 일을 잘 받아들이기 때문이다." 그렇지만 방법론적 자연주의가 비경험적 방법의 사용을 배제하는 것은 아니다. 오히려 그러한 방법들의 사용이 자명하거나 영구적일 수 없다고 주장한다. Philip Kitcher는 논리학자나 수학자가 공리를 이해하거나 증명을 구성하는 과정들이 그러한 과정들에 대한 의존 가능성을 명시적으로 문제 삼고 있는 경험이라는 배경에 대립하여 지식생산의 기능을 충족시키지 못할 것이라고 지적하고 있다. Philip Kitcher, "The Naturalists Return," *The Philosophical Review* 101 (1992), p. 72를 보라.
Michael Friedman은 "Philosophical Naturalism," *Proceedings and Addresses of the American Philosophical Association* 71 (1997): 7-21에서, 수학의 일종의 선험적 위상을 옹호하고 있다. 그는 굳건한 수학적 이론들까지도 개정 가능

성 개념에 의해 구성된 것처럼 보여도, 합리성 개념 바로 그것이 다양한 탐구 공동체에 따라 변화되고 변용된다. 자연주의자들은 지식이 단지 논리적이거나 개념적인 진리에 의존한다고 생각하기보다는 인과관계학(etiology)에 의존하며, 따라서 대상에 대한 심리적 사실에 의존한다고 생각한다.[4] 예를 들어, 지각적 지식은 아는 사람과 알려지는 사실의 올바른 관계에 달려 있으며, 이런 경우 인식론의 과제는 그러한 관계가 어떠한 것인가를 규정하는 것이다. 심리학도 이러한 과제에 명백히 공헌을 한다.

방법론적 자연주의도 하나의 세계가 있다는 자연주의의 근본적인 신념으로부터 나온 것이다. 후커(C. A. Hooker)에 따르면, 우리가 지금 가지고 있는 최선의 과학은 우리에게 다음과 같은 사실을 일러준다. 즉 우리가 하나의 세계 내에 자리하고 있는데, 우리는 이러한 하나의 세계 내에 살고 있는

하며, 뉴턴 물리학에 의해 전제되어 한때는 흔들릴 수 없는 것으로 간주되었던 것과 같은 특정한 수학적 틀까지도 대체될 수 있다는 것을 인정한다. 하지만, 그는 수학적 틀이 여전히 경험과학적 이론의 엄격한 형성과 확정을 가능하게 하는 독특한 구성적 기능을 수행하고 있음을 또한 지적한다. 예를 들어, 뉴턴 물리학에 의해 전제된 수학적 틀은 아인슈타인의 일반 상대성 이론에 전제된 클라인의 변환군론(the Kleinian theory of transformation groups)과 리만의 다양체론(the Riemannian theory of manifolds)에 대체되었다. 일반 상대성 이론의 전제로서 이러한 새로운 수학적 틀은 콰인이 말한 '경험의 법정'에 서게 되었지만, 이는 아인슈타인의 특정한 질량-에너지 밀도와 시공간 곡률을 조정하는 특수장 방정식들과 같은 방식은 아니었다. 오히려 새로운 틀은 근대적인 공간-시간 개념을 가능하게 하였으며, 그것 없이는 아인슈타인의 이론은 정식화될 수도 없고 엄격한 경험적 시험을 거칠 수도 없었다. 내가 볼 때, 합리적인 자연주의는 이러한 종류의 독특한 역할에 대해서는, '구성적인' 수학적 틀조차도 경험에 의거하여 더 간접적으로 개정 가능하다는 것이 전제되는 한, 논박할 필요가 없다.

4) Kitcher, p.60을 보라. '인과적' 지식이론은 다음에서 영향력 있는 모습을 드러내었다. Alvin Goldman, *Epistemology and Cognition* (Cambridge, MA: Harvard University Press, 1986); Fred Dretske, *Knowledge and the Flow of Information* (Cambridge, MA: MIT Press, Bradford Books, 1981).

많은 것들 중에서 진화된 종이다. 하지만, 우리가 이 세계를 만들 수는 없으며, 우리는 이 세계를 오직 불완전하게만 이해한다. 그런 가운데 우리는 아주 오류 가능성이 높은 감각운동 기관을 마찬가지로 오류 가능성이 높은 이론과 조화시키면서 우리의 길을 찾고 있다. 이러한 이론들은 우리가 만든 것으로서 우리의 경험이 더 넓은 환경으로 확장됨에 따라 끊임없이 재구성된다. 이러한 관점에서 보면 아무것도 확실한 것은 없다. 인식은 세계와 마찬가지로 불확실하다.[5]

실체론적 자연주의(substantive naturalism)와 방법론적 자연주의(methodological naturalism)는 콰인(Willard Van Orman Quine)의 초기 논문에서 함께 나타난다. 그러나 나는 방법론적 자연주의를 더 개방적이고 확장적인 것으로 받아들이고, 이를 가지고서 실체론적 자연주의의 논의의 여지가 있는 가설들을 평가하는 것이 최선이라고 생각한다. 그것이 우리 자신을 여러 종류들 중의 한 종류로 보면서, 세계를 검토해 가면서 세계에 대하여 더 배우고, 그래서 존재하는 것이 무엇인지에 대하여 확정된 경계선을 고집하지 않은 오류가능주의(fallibilism)와 더 잘 들어맞는다. 이러한 경계선은 탐구의 과정에서 확장될 필요가 있으며, 세계에 존재하는 모든 것이 의미 있기 위하여 필요한 것이 무엇이냐에 따라 변화한다.[6] '정당화'와 같은 인식론적 용어들은 물리적인 용어로

---

5) C. A. Hooker, *Reason, Regulation, and Realism: Toward a Regulatory Systems Theory of Reason and Evolutionary Epistemology* (Albany: State University of New York Press, 1995), p.15. Hooker는 '방법론적인 자연주의'라는 표현을 사용하지는 않는다. 그러나 그의 자연주의는 이러한 정의에 들어맞는 것으로 보인다. 그리고 하나의 세계에 대한 믿음이라는 자연주의의 근본의미와 방법론적인 자연주의가 그의 저술에서 결합되는 방식은 특히 유익하다.

6) 다음을 보라. Barry Stroud, "The Charm of Naturalism," *Proceedings and Addresses of the American Philosophical Association* 70 (1995-96), p.53. Stroud는 자연주의의 가장 그럴듯한 핵심 이론을 이러한 종류의 개방성이라고 보면서, 단순히 개방성만으로 독특한 견해라고 말할 수 있는가라고 물었다. 자연주의를 개방성으로 이해하면 자연주의는 실제로 사소하게 보일 수 있다. 하지

환원 불가능하기 때문에 반드시 제거 가능한 것은 아니다. 이는 말하자면 생물학적 어휘들이 화학이나 물리학의 용어로 환원 불가능하기 때문에 반드시 제거 가능한 것이 아닌 것과 같다.7)

4) 도덕적 애매성에 대한 한 자연주의적 접근의 불충분성: 맥도웰

앞장에서 서술된 도덕적 애매성이라는 현상은 유일한 참된 도덕률이 있는가를 물을 이유를 제시한다. 탐구자들이나 공동체들에 그러한 도덕률의 존재가 자명하다고 해도 상황은 마찬가지이다. 보통 자신의 유일한 참된 도덕률과 갈등을 일으키는 것이 있으면 그것을 부정하기 마련이지만, 방법론적 자연주의는 우리로 하여금 그러한 자명한 주장들에 대해 의문을 제기하게 하여 도덕적 애매성에 대한 설명을 시도하게 만든다. 선험적인 것이 경험적으로 전개되는 이론들에 의해 종종 전복된다는 생각에 따라서 시도되는 도덕적 애매성에 대한 설명은, 인간에 대한, 그리고 인간과 세계의 관계에 대한, 근거가 충분한 과학적 이론들을 이용해야 할 것이며, 따라서 그러한 이론들과 부합될 것이다.

방법론적 자연주의는 도덕적 속성들이나 사실들이 독자적인 것(sui generis)이어서 세계를 구성하고 있는 환원될 수 없는 한 부분이라는 견

만 얼마나 많은 철학자들이 지식이나 선험적 진리의 확실한 근거를 제공하기를 시도하는 가운데 그러한 개방성에서 벗어났는지를 보면 결코 사소하지 않다. 방법론적 자연주의는 선험적인 추론방법과 자명하고 영구적인 것을 거부한다는 의미에서 결코 사소하지 않다. 직관적으로 아주 자명한 것조차도 그것을 진리로 간주하는 것이 어떤 사실적 경험을 설명하기 어렵게 만든다면 문제로 삼을 수 있다. 이것은 선험적인 형식논리학에 대해서도 마찬가지이다. 예를 들어 Hooker 는 배중률에 대한 다양한 접근 즉 고전적, 직관주의적, n값의 상관성, 초상위 값 매기기, 그리고 다양한 양자 논리들을 지적하면서 근본적인 증거를 발견하는 것 외에 근본적인 추론규칙을 발견할 희망이 더 이상 없다고 주장하고 있다. 그의 *Reason and Regulation*, p.23을 보라.

7) 이러한 유비는 다음에서 볼 수 있다. Robert G. Meyers, "Naturalizing Epistemic Terms," *Naturalism and Rationality*, ed. By Newton Garver and Peter H. Hare (Buffalo: Prometheus Books, 1986), p.142.

해를 적어도 의심한다. 그러한 견해는, 도덕적 속성들이나 사실들을 믿음직하게 지각하는 것으로 되어 있는 사람들이 가치들 간의 심각한 갈등을 우선 지각하지 못하거나, 아니면 그러한 갈등에 대해 명쾌한 해결책에 도달하게 되면, 도덕적 애매성을 부정하게 된다. 그들이 가족에 대한 특별한 의무와 급박한 궁핍에 처한 타인들에 대한 의무 간의 심각한 갈등에 대하여 독특한 올바른 해결책을 지각한다면, 다른 사람들이 잘못 생각할 때 그들은 어떻게 이렇게 정확한 지각을 하게 되는가라고 묻지 않을 수 없다.

앞장에서 특정주의 도덕 지각 이론을 논의할 때 인용했던 맥도웰은 자연주의적 관점에서 그러한 설명에 대하여 비판하였다. 그러므로 여기서는 왜 그가 이러한 비판에서부터 충분히 벗어나지 못했으며 도덕적 애매성을 충분히 진지하게 받아들이지 못했다고 내가 생각하는지를 이야기하는 것이 좋겠다. 맥도웰은 색채적 속성이 인간의 감각에 의해 드러나게 되는 것과 유사한 방식으로 도덕적 속성도 인간의 감각에 의해 드러나게 된다고 주장하면서, '유령 같은 플라톤주의'(ghostly Platonism)로부터 벗어났다.8) 맥도웰 자신이 지적한 것처럼, 하지만 **색채와 도덕 간에는 중요한 비유사성이 있다.** 색채적 속성들은 단순히 반응들을 일으킬 뿐이지만, 도덕적 속성들은 찬미와 같은 그러한 반응을 받는 어떤 것이다. 규범적인 것이 도덕적 속성들에 내재하여 색채적 속성들과의 유사성을 붕괴시킨다.

블랙번(Simon Blackburn)은 맥도웰과 같은 그러한 견해를 비판하면서 도덕 속성들과 색채 속성들 간의 중요한 다른 비유사성을 지적하였다. 한편으로, 색채 속성들이 대상들의 일차 성질들에 수반(supervene)된다는 것은 확고한 과학적 사실이기는 하지만, 이것을 알아채지 못한

---

8) John McDowell, "Values and Secondary Qualities," *Morality and Objectivity: A Tribute to J. L. Mackie*, ed. Ted Honderich (London: Routledge & Kegan Paul, 1985), pp.110-129.

다고 해도, 그것이 색채 속성들에 대한 파악을 불가능하게 하는 문제는 아니다. 이에 반해 다른 한편으로, 도덕 속성들이 다른 속성들에 수반된 다는 것을, (예를 들어 고양이를 고문하는 일의 잘못은 고양이가 감각이 있는 존재여서 고통과 공포를 느낀다는 사실에 달려 있다) 우리에게 말 해 줄 아무런 과학도 없지만, 이것을 알아채지 못하는 것은 도덕화를 기준상 불가능하게 만들게 된다. 색채 속성들은 마음에 달려 있지만, 도 덕 속성들은 마음에 달려 있지 않다는 것도 언급해야 할 중요한 비유사 성이다. 블랙번은 만약 인간들의 색채 감각들이 바뀌어서 이전에 파란 색으로 보이던 것이 모두 붉은색으로 보이게 되면, 결과적으로 모든 파 란 사물들이 사라지겠지만, 이와 다르게, 만약 우리의 도덕 감각들이 바 뀌어서 우리 모두가 동물을 학대하는 것이 허용 가능하다고 생각하게 되면, 동물 학대가 허용 가능하게 되는 것이 아니라, 오히려 우리의 도 덕 감각들이 떨어진 것이 된다.9)

도덕 지각 이론을 제시했던 글 다음에 나온 글에서 맥도웰은 도덕적 속성들에 대한 논의를 색채적 속성들과의 유비보다는 환원될 수 없게 규범적인 것, 특히 규범적인 이성 쪽으로 옮겨갔다. 그는 여전히 인간을 부분적으로는 자연 속에 그리고 부분적으로는 자연 바깥에 놓는 완전한 플라톤주의를 피하고자 한다.10) '이성의 공간들' 즉 정당화와 이유의 공 간은11) 자연의 법칙에 의해 지배되는 영역은 아니지만 여전히 자연의 부분이다. 맥도웰에 따르면, 아리스토텔레스가 그러한 자연 개념을 가지 고 있었으며, 이에 따르면 윤리의 합리적 요구는 윤리적 교육과정 중에 획득되는 인간의 '제 2의 자연'의 한 부분이다.12)

---

9) Simon Blackburn, "Errors and the Phenomenology of Value," *Essays in Quasi-Realism* (New York: Oxford University Press, 1993), pp.159-160.

10) John McDowell, *Mind and World* (Cambridge, MA: Harvard University Press, 1996).

11) McDowell, *Mind and World*, pp.4-5.

12) McDowell, *Mind and World*, p.84.

맥도웰의 플라톤주의와 자연주의 사이의 타협의 어떤 측면에 대해서는 나도 공감한다. 아래에서 논의될 것처럼, 나 또한 **도덕적** 이성의 환원 불가능성(the irreducibility of moral reasons)은 아니라고 하더라도 이성의 환원 불가능한 규범성(irreducible normativity of reasons)은 받아들인다. 그렇지만 나는 왜 단순히 윤리적 교육이라는 이념을 주장하는 것이 윤리적 요구들을 자연의 일부로 만드는지 알 수 없다. 플라톤도 아리스토텔레스에 못지 않게 윤리적 교육이 인간이 윤리적 이성의 공간에 제대로 들어가기 위하여 필수적인 것이라고 생각하였다. 맥도웰이 윤리적 교육의 본질에 대한 자세한 말을 하지 않았기 때문에 도덕적 애매성을 다루고자 할 때 그의 논의는 도움이 되지 못한다. 앞에서 지적한 것처럼, 독자적인 도덕적 속성들(혹은 이성들)에 대한 믿음직한 지각을 인정하는 것은 도덕적 애매성과 갈등에 대한 단호한 부정이 된다. 호네트(Alex Honneth)도 비슷한 지적을 하면서, 사람들의 도덕적 지각{내용}에 심각한 차이가 있다는 것을 생각할 필요가 있다고 주장하였다. 그러므로 그에 따르면, 우리는 '제 2의 본성'이라는 도덕적 확실성을 넘어서서 자신의 윤리 교육에 대한 더욱 원칙적이고 반성적인 검토를 수행함으로써 다소간 다른 교육을 받은 사람과 대화를 할 수 있어야 한다.[13] 이러한 호네트에 대하여, 맥도웰은 더 많은 주장을 포함하는 것은 "존중될 가치가 없는" 주장들도 포함되는 까닭에 자신은 "더 큰 포괄성"이라는 이념에 의해서 설득당하지 않는다고 반박하였다.[14] 내가 볼 때, 맥도웰의 이러한 대응은 설득력이 없다. 호네트는 모든 윤리적 주장들이 동등한 고려를 받을 필요가 있다고 주장하지 않았다. 그의 요점은 우리의 윤리적 교육에서 충분히 고려되지 않고 있는 그럴듯하거나 심지

---

13) Axel Honneth, "McDowell and the Challenge of Moral Realism," *Reading McDowell: On Mind and World*, ed. Nicholas H. Smith (London: Routledge, 2002), pp.262-263.

14) John McDowell, "Response to Axel Honneth," *Reading McDowell*, p.302.

어 받아들이지 않을 수 없는 그러한 주장이 있다는 것이었으며, 또 우리의 윤리적 교육 내에도 중요한 가치들 간에 긴장이 있고 이것이 부분적으로 해결되어 있지 않기 때문에 적어도 우리들 중에 어떤 사람들에게는 그러한 긴장을 해결하는 다른 양립할 수 없는 방식들이 있다는 것이었다.

그렇지만 맥도웰 식의 접근법의 더 포괄적인 버전이 아마 있을 수 있을 것이다. 독자적인 도덕적 특성들에 대한 믿음직한 지각자들이 도덕적 애매성을 경험하고, 다양한 도덕적 속성들 사이에 심각하고 아마도 해결 불가능할 갈등이 있음을 보았다고 가정해 보자. 이러한 일은 도덕적 애매성을 보존하지만, 그 이상의 것은 하지 않을 것이다. 다시 말해 그것이 왜 존재하는지 설명하려고 시도하지는 않을 것이다. 맥도웰의 자연주의의 미지근함이 멋진 설명을 방해하는 것으로 보인다. 이 책에서 옹호하고 있는 그러한 자연주의적 접근법은 바로 그러한 설명을 자아내어 우리의 애매한 도덕적 상황을 더 명백하게 만든다. 이렇게 더 명백하게 만드는 과정 중에서 나는 도덕적 속성들을 독자적인 것으로 간주해서는 아니 된다는 점을 또한 제시하고자 한다.

2. 도덕률에 적용되는 방법론적 자연주의

1) 환원 불가능한 자연주의적 도덕용어들: 규범, 기준, 이유

이 책에서 말하는 방법론적 자연주의에 의하면, 도덕률에 대한 설명은 도덕적 속성들을 욕망의 만족과 같은 자연적 속성들로 환원시킬 필요가 없다. 도덕적 지식을 제공하고자 하는 세계와의 상호작용에 대한 그럴듯한 설명이나 도덕률에 대한 그럴듯한 설명에 환원이 반드시 들어가야 할 이유는 없다. 하만(Gilbert Harman)은 도덕적 용어들에 대한 지시주의적(prescriptivist) 설명들이나 정서주의적(emotivist) 설명들은 그것들이 비록 도덕적 용어들에 대해 자연주의적 **정의**를 내리지 않는다고 하더라도 도덕률에 대한 자연주의적 설명과 완전히 일치한다고 지적하였다.15) 또 자연주의적 설명과 일치하는 것은 사회적 협력을 증진시키기 위하여 수립된 **기준**(standard)이나 **규범**(norm)이라는 개념을 사용하는 도덕적 용어들에 대한 분석인데, 이것이 여기 이 책에서 옹호하고자 하는 것이다. 기준이나 규범이라는 개념 그 자체는 비규범적 속성들에 의거하는 자연주의적 정의에서는 수용할 수 없는 것일 수 있다. 그러나 그러한 수용 가능성은 방법론적 자연주의라는 관점에서 볼 때는 문제가 되지 않는다. 결국 과학적 활동은 과학적인 기준과 규범에 의거하는 이론들과 자료들에 대한 평가(evaluation)이다. 기준이나 규범 외에 평가라는 어휘에 결정적인 다른 개념은 **이유**(reason)라는 개념이다. 이는 가설을 받아들이거나 반대하는 이유, 욕망이나 활동에 반대하거나 동조하는 이유 등으로 사용된다. 스캔론(Thomas Scanlon)은 이유라는 개념은 어떠한 비순환적 정의도 허용하지 않을 것이라고 주장하였는데, 나는 이것이 옳다고 생각한다. 이유와 연관시킬 수 있는 유일한 표현은 "어떤 것을 선호하는 고려"와 같은 것이다.16)

평가의 언어는 자연주의적 환원을 거부한다. 왜냐하면 그것은 인간의 내적이고 주관적인 관점에서부터 나오기 때문이다. 그러한 주관적인 관점은 물리주의적 용어로 충분히 번역 가능하지 않을 수 있다. 적어도 **우리**는 그것을 충분히 번역하지 못할 것이다. 왜냐하면 세계에 대한 우리의 주관적인 관점이 어떻게 구성되는지 알 우리의 인지적 능력에 한계가 있고 또 물리적이고 주관적인 것들을 표현하기 위해 사용할 우리의 언어에 한계가 있기 때문이다. 세계에 대한 우리의 주관적 관점을

---

15) Gilbert Harman, "Is There a Single True Morality?" Michael Krausz, ed., *Relativism: Interpretation and Confrontation* (Notre Dame: University of Notre Dame Press, 1989), pp.365-366.

16) T. M. Scanlon, *What We Owe to Each Other* (Cambridge, MA: Harvard University Press, 1998), p.17.

표현하기 위하여 우리가 사용하는 언어가 물리주의적 언어(하지만 그러한 언어도 첨단 물리학에서는 이상하게 발전하며 진화한다)로 환원될 수 없다는 것이 사실이라고 해도, 이것은 평가의 언어 내에서 참되게 서술되는 모든 것이 같은 때의 세계에 대한 완전히 물리적인 서술에서도 드러날 수 있다는 주장과 모순되지 않는다. 우리는 단지 한 종류의 보고가 다른 종류의 보고와 어떻게 일치하는지를 설명하지 못할 수도 있다는 것뿐이다. 네이글이 관찰한 대로, 감각은 물리적인 과정이지만, 우리가 어떻게 이러한 물리적 과정이 감각이라는 현상학적 느낌에 해당하는지 설명할 수 없을 뿐이라고 믿을 어떤 이유가 있다.[17] 아마도 우리는 결코 그러한 설명을 할 수 없을지도 모른다. 하지만 그럼에도 불구하고 우리는 감각이 물리적 과정이라고 설명할 수 있다. 왜냐하면 어떠한 다른 가설도 우리 몸의 안팎에서의 감각과 물리적 사건들 간의 밀접한 상관관계를 설명하는 일에서 더 합리적인 것으로 보이지 않기 때문이다. 이와 유사하게, 우리는 평가의 언어가 비평가적인 용어로 환원될 수 없지만 그럼에도 불구하고 평가의 언어로 참되게 보고되는 모든 것은 세계에 대한 완전한 물리주의적 서술에서도 드러날 수 있다고 볼 수 있다. 여기서 주장되고 있는 도덕률에 대한 자연주의적 설명은 순전히 비평가적인 용어로 주어지는 배제적이거나 환원적인 설명일 필요가 없다. 사실 나는 자연주의적 설명의 기본적인 용어들에 근본적인 수준에서 기준, 규범, 그리고 이유라는 말이 포함될 것이라고 생각한다.

2) 도덕적 속성들을 독자적이지 않은 것으로 설명하는 방법

그렇다면 우리는 도덕적 속성들을 독자적인 것으로 간주하는 설명상의 난점을 어떻게 피해 갈 수 있을까? 나의 **전략**은 도덕적 평가를 그 **성격에서는 여전히 평가적이고 규범적이지만 환원 불가능하게 도덕적**

---

17) Thomas Nagel, "What is it like to be a bat?" *Mortal Questions* (Cambridge: Cambridge University Press, 1979), p.178.

이지는 **않은** 평가적 용어를 통하여 설명하는 것이다. 이는 **도덕률을 인간의 필요, 욕망, 그리고 목표와 관련된 기준들과 이유들로 설명하는 것이다.** 이 책의 설명에 따르자면, 도덕률은 특별한 종류의 평가로부터 생겨난다. 방법론적인 자연주의에 따라서, 그러한 설명은 인간에 대한 우리의 최선의 이론에 대응하는 것이 될 것이다. 그것은 자명하거나 근본적인 것으로 간주되는 선험적인 도덕적 진리들에 의존하지 않을 것이며 논리적이고 개념적인 분석으로부터 순수하게 도출되지도 않을 것이다.

이러한 출발점을 취함으로써, 나는 자연주의적 설명이 애초부터 도덕률에 대한 유일한 합당한 설명일 수 있다고 말하려는 것은 아니다. 그러한 가정은 맥도웰이 말하고 있는 것처럼 일종의 '과학주의'가 될 수 있다.18) 도덕적 지식이, 말하자면, 사회적 조절이나 사회적 조절과 인간 욕구와의 관계에 의해서 전적으로 설명될 수 없다고 생각하는 것은 일관성이 없는 이야기도 아니고 우스운 이야기도 아니다. 하지만 또 네이글이 주장하는 대로, 세계에 대한 최선의 인과이론에 포함되는 것만이 실제적이라고 가정하는 것은, 세계의 나머지와 관련해서 어떻든 인과적으로 설명될 수 없는 환원 불가능한 도덕적 진리들이 있다는 견해에 반대하여 의문을 제기하는 것이다.19) 여기서 제시되는 다원적 상대주의는 자연주의적 접근방법으로 얼마나 멀리 나갈 수 있는가를 보여주고자 하는 마음에서 전개되는 하나의 설명 노선이다.20) 도덕률에 대한 옳은 설명으로 자연주의적 설명이나 반자연주의적 설명을 선택하는 것은 그렇게 간단한 일이 아니며, 적어도 어느 정도는 각각의 이론이 가지고 있

---

18) 다음을 보라. John McDowell, "Virtue and Reason," *Mind, Value & Reality* (Cambridge, MA: Harvard University Press, 1998).

19) Thomas Nagel, *The View from Nowhere* (New York: Oxford University Press, 1987), p.144.

20) Railton도 그의 자연주의를 비슷한 입장에서 제시하고 있다. "Naturalism and Prescriptivity," *Social Philosophy & Policy: Foundations of Moral and Political Philosophy* 7 (1989): 151-174.

는 설명력에 근거하여 이루어질 것이다. 예를 들자면, 그러한 선택은 대립되는 설명이 도덕적 논의와 담론의 중요한 특징들과 얼마나 잘 조화되느냐에 따라야 할 것이며, 만약 그러한 특징들과 약간 맞지 않는 설명은 왜 그러한 불일치가 생기는지에 대하여 자신의 중심적인 주장과 일치하는 그럴듯한 이야기를 제시하여야만 할 것이다.

3. 도덕률을 사회적 구성으로 보는 이전의 설명에 기초 놓기

앞장에서 나는 도덕적 애매성이 왜 보편주의 이론에 문제를 일으키는지 설명하였다. 도덕률에 대한 자연주의적 접근은 아주 명쾌한 방식으로 도덕률에 대한 상대주의적 이론을 수립하여 도덕적 애매성을 보편주의 이론들보다 훨씬 잘 설명할 수 있다. 여기에서 옹호되고 있는 자연주의적 개념에서 보면, **도덕률은 어느 정도는 인간이 함께 일하고 살기 위하여 발전시켜 온 규범과 이유의 체계이다.** 도덕률의 한 기능은 협력, 이익갈등, 분업을 조절하고, 협력적 활동을 수행하기 위하여 어떤 사람이 다른 사람에 대하여 권위를 가질 조건을 규정하는 것이다.

1) 프로타고라스의 도덕기원론

도덕률이 어느 정도는 사회적 발명품이라고 보는 이러한 설명은 오랜 전통을 가지고 있다. 플라톤(Plato)은 프로타고라스(Protagoras)에게 그러한 설명을 전개하는 역할을 맡겼다. 덕이 가르쳐질 수 있는 것이라는 자신의 명제를 옹호하는 가운데, 프로타고라스는 인간 존재의 창조에 대한 신화를 이야기한다. 인간들은 야수들로부터 자신을 보존하기 위하여 도시에 모여 살 필요가 있었다. 사람들이 자연적으로는 다른 사람들과의 관계를 통제할 수 없었기 때문에, 제우스(Zeus)는 그들에게 존경(reverence)과 정의(justice)의 덕을 주어 도시를 질서 있게 하고 우정과 화해의 묶음줄로 기능하게 하였다. 모든 인간은 이러한 덕을 받아들여야만 한다. 왜냐하면 단지 몇 사람만 이것을 가지고 있을 경우에 도시는 유지될 수 없기 때문이다. 덕의 교육 가능성에 찬성하는 논의는 인간 모두가 어느 정도까지 도덕적 규범들을 수용하지 않는다면 인간과 도시가 살아남을 수 없다는 주장이다.

2) 순자의 도덕기원론

고대 중국에서는, 철학자 순자(Xunzi)가 도덕률이 사회의 발명품이라는 설명을 제시하였다. 그의 이야기에서는, 이례적으로 현명했던 철인왕(sage-king)들이 프로타고라스 이야기의 신들의 역할을 대신한다. 그들은 인간들이 긴급한 욕망을 충동적으로 충족시키려는 경향 때문에 자기 파괴적인 갈등에 쉽게 빠진다는 것을 알았다. 철인 왕들은 의례적 관행(practice)과 올바른 규범(norm)들을 고안하여 충동적 행동을 억제할 뿐만 아니라 인간 본성 자체를 재교육시켜 다른 사람들의 이익을 고려할 내적인 동기를 가지게 하고 그러한 동기들에 따라 올바르게 행동하도록 하였다. 여기에서도 또한 인간의 자연적 성향에도 불구하고 인간들이 도덕적 덕을 교육적으로 최소한 수용한다고 가정하고 있다.

프로타고라스와 순자가 덕이 교육 가능한 것이라고 보고 있는 이면에는, 인간학자 기어츠(Clifford Geertz)의 표현을 빌면, **인간 존재가 '자기-완성적' 동물**(self-completing animal)이라는 개념이 깔려 있다. 우리에게 생물학적으로 주어진 본성에 따르면 충동들은 그 방향이 아주 비확정적이고 확산적이다. 대부분의 다른 동물들과 달리, 인간의 충동은 자극에 반응하여 아주 특정한 행동을 수행하도록 되어 있지 않다. 오히려 "인간의 천성적 반응 능력의 극단적인 일반성, 확산성, 그리고 변화 가능성은 문화적 잣대"에 의해서 변경된다.[21] 진화론적 심리학은, 문화적

---

21) Clifford Geertz, "Ideology as a Cultural System," Geertz, *The Interpretation of Cultures* (New York: Basic Books, 1973), pp.217-218. 호모 사피엔스에 가

잣대에 의한 통제를 우리가 수용할 때 포함되는 사회적 규범들이 집단
적인 행위를 가능하게 하고 그것의 성과를 증대시킨다는 실질적인 증거
를 제시하고 있다.[22]

3) 흄의 도덕기원론

그렇지만 프로타고라스와 순자의 설명에는 도덕률에 대한 그럴듯한
자연주의적 설명에서는 대치될 필요가 있는 어떤 요소들 즉 제우스와
철인 왕들이 도덕률을 고안했다는 이야기가 들어 있다. 나중에 서양에
서는 흄(David Hume)이 사회적 발명품으로서의 도덕률에 대한 다른
자연주의적 설명을 제시했는데, 여기서는 물론 발명자로 신들이나 철인
왕들을 들지 않았다. 흄은 인간들이 자연 속에서 안전한 장소를 가지지
못했으며 자신들의 사회적 삶을 통하여 유일하게 안전한 한 곳을 만들
었다는 초기의 이야기는 유지하였다.[23] 그렇지만 행운이나 노력을 통하

장 가까운 자매종족인 침팬지는 최근의 연구에 의하면 호모 사피엔스를 제외한
어떤 다른 종족들보다 행위 패턴에서 많은 변용을 보여주었다. 도구를 사용하거
나 털을 다듬거나 구애하는 것과 같은 행위 패턴은 어떤 침팬지 공동체에서는
관습적이고 습관적이지만, 다른 침팬지 공동체에서는 그렇지 않았다. 이러한 차
이는 그 집단들의 환경상의 차이로는 설명될 수 없다. 다음을 보라. A. Whiten,
J. Goodall, W. C. McGrew, T. Nishida, V. Reynolds, Y. Sugiyama, C. E. G.
Tutin, R. W. Wrangham, and C. Boesch, "Cultures in Chimpanzees," *Nature*,
399 (1999): 682-685. 비슷한 내용이 오랑우탄에서도 발견되었다. 다음을 보라.
Carel P. van Schaik, Marc Ancrenaz, Gwendolyn Borgen, Birute Galdikas,
Cheryl D. Knott, Ian Singleton, Akira Suzuki, Sri Suci Utami, and Michelle
Merrill, "Orangutan Cultures and the Evolution of Material Cultures,"
Science 299 (200): 102-105.

22) 다음을 보라. Leda Cosmides and John Tooby, "Cognitive Adaptations for
Social Exchange," *The Adapted Mind: Evolutionary Psychology and the
Generation of Culture*, ed. Jerome H. Berkow, Leda Cosmides and John
Tooby (New York: Oxford University Press, 1992), pp.163-228.

23) David Hume, *A Treatise of Human Nature*, ed. L. A. Selby-Bigge (Oxford:
Oxford University Press, 1888, second revised edition by P. H. Nidditch,

여 얻게 된 외적 재화들을 안전하게 소유하기 위해서는 '약간의 경험'과 '최소한의 반성'을 통해서 인간들은 서로 관습을 만들어야만 했다.[24] 이러한 기본적인 교훈은 가족생활을 통해서 얻을 수 있다. 가족생활 속에서 "모든 부모는 자신의 아이들 간의 평화를 유지하기 위하여 소유의 안정을 기할 수 있는 규칙을 만들어야만 한다."[25] 그리고 가족들은 다른 가족들에 대항하여 자연적으로 가족에 대한 충성심과 강력한 당파성을 발달시키며, 또 가족들 간의 마찰에 대처하기 위한 정의 규칙들 또한 만든다.[26]

비록 흄이 이 문제에 대하여 언제나 일관성이 있었던 것은 아니지만, 어떻게 정의라는 관습이 만들어졌는가에 대한 흄의 탁월한 견해는 진화론적이었다. 이는 그것이 합리주의적으로 만들어졌거나 계약에 의해서 즉 어떤 의미에서 한 사회의 모든 구성원의 동의에 의해 만들어졌다는 견해와는 대립된다. 흄의 입장은 관습(convention)이 관행(practice)들로부터 성장하고 천천히 포섭영역을 넓혀왔다는 것이다. 이러한 관행들이 널리 받아들여지고 있었던 반면, 관행들의 '조항들'에 대한 동의가 조항들이 규범적 힘을 가질 조건이라는 전제는 없었다. 하컨쎈(Knud Haakonssen)이 지적하였듯이, 정의에 대한 흄의 논의의 전체적인 맥락은 진화론적 설명과 더 일치하는 것으로 보이며, 분명히 이 책에서 제시하고자 하는 것과 같은 종류이다.[27]

1978), p.485. Hume에 대한 나의 설명은 특히 Aaron Garrett와 Knud Haakonssen에 힘입고 있다. 특히 Haakonssen, *The Science of a Legislator: the Natural Jurisprudence of David Hume & Adam Smith* (Cambridge: Cambridge University Press, 1981).

24) Hume, pp.492, 489.

25) Hume, pp.492-493.

26) Hume, pp.488-489.

27) Haakonssen은 또 Hume이 왜 때때로 자신의 설명에 대하여 혼동에 빠졌는가에 대해 그럴듯하고 흥미로운 해석을 제시하고 있다. *The Science of a Legislator: the Natural Jurisprudence of David Hume & Adam Smith* (Cambridge: Cam-

4) 게임이론의 도덕기원론

앞에서 본 것과 같은 이전의 구성주의적인 설명들에서 보면, 현대의 게임이론(game theory)은 관습들이 어떻게 참여하고 있는 구성원들에게 상호적으로 이익이 되는 관행들로부터 발전해 나왔는지를 서술하는 개념적인 장치들을 제공하고 있다. 스카이름(Bryan Skyrms)[28]은 어떤 게임 시나리오를 만들었는데, 그것에 따르면 어떤 참여자들이 특정한 전략을 채택하게 되면, 많은 예들을 관찰함으로써 다른 참여자들이 그들이 그렇게 하고 있음을 알게 되고, 그들이 그렇게 한다면 자신들도 그렇게 함으로써 더 나은 상황에 처할 수 있게 된다는 것을 알게 되어, 상호간에 같은 전략을 취하는 그러한 관계에 있게 된다. 그러한 시나리오는 '상관적 균형'(correlated equilibrium)이라는 시나리오이다. 예를 들어 이렇게 가정해 보자. 교차로에 신호등이 없다. 다른 방향으로 가고 있는 두 운전자가 교차로에서 동시에 만났다. 한 사람이 보니 상대방이 오른쪽에 있었고, 다른 사람이 보니 상대방이 왼쪽에 있었다. 운전자에게 상대방이 왼쪽에 있거나 오른쪽에 있는 것은 동전을 던져서 앞이 나오거나 뒤가 나오는 것처럼 무작위적인 것이다. 하나의 상관적 균형은 오른쪽에 있는 운전자가 먼저 간다는 규칙을 따르는 것이다. 미국에서는 이 규칙을 운전학교와 운전교본에서 가르친다. 그러나 그러한 규칙이 표준적인 관행으로 가르쳐지지 않는데, 어떤 운전자들이 단순히 이러한 규칙에 따라 행동하기 시작했고 다른 사람들이 그들이 그렇게 하고 있음을 알아채었다고 가정해 보자. 만약 다른 사람들도 그 규칙을 따른다면 그러한 규칙을 따르는 것이 더 낫다는 의미에서 이것은 상관적 균형이다. 왼쪽에 있는 운전자가 먼저 간다는 것도 또 다른 완전히

bridge University Press, 1981), pp.20-25.

28) Bryan Skyrms, *Evolution of the Social Contract* (Cambridge: Cambridge University Press, 1996). Alex Rosenberg가 나에게 Skyrms의 책이 지금의 논의와 이 장에서 나중에 전개되는 이타주의에 대한 진화론적 이론에 대한 논의에 관련이 있다고 지적해 주었다.

받아들일 수 있는 상관적 균형이다. 요점은 상대방들의 전략이 무엇인가를 배우고 믿게 되면 사람들 사이에서 이러한 일치 균형(coordinated equilibrium)이나 저러한 일치 균형이 수립될 수 있다는 것이다. 이러한 과정에는 어떤 의미로든 명시적 계약이 있을 필요는 없고 단지 자신들의 행위를 상호적으로 이익이 되는 방향으로 다른 사람들의 행위에 일치시키기만 하면 된다. 그러한 균형은 새로운 세대에 의해 학습되는 습관이나 관습이 된다.

4. 도덕률의 개인 내적 기능과 개인 상호적 기능의 관계

여기에서 옹호하고 있는 자연주의적 설명은 인간들이 이익이 되는 **사회적 협력**(social cooperation)을 가능하게 하는 도덕적 규범들과 이유들의 체계를 진화시켜 나감으로써 자신들을 완전하게 만들어 나간다고 주장한다. 이것은 사회적 협력을 촉진하는 것이 도덕률의 유일한 기능이라는 뜻은 아니다. 어떤 도덕적 규범들은 **이상적인 성품과 좋은 삶**(ideal character and good life)이라는 개념을 가지고서 어떤 것들이 개인들이 되어야 하고 추구해야 하는 가치 있는 것인지를 규정하고 있다. 도덕률의 개인 내적인 기능은 '좁은 의미에서 도덕적'이라고 불릴 수 있는 것에 대립되는 '윤리적'이라고 불리는 것을 포괄한다. {과거에 사용되었던 '국민윤리'라는 표현에서 볼 수 있듯이 우리의 언어적 용법과 여기에서의 용법은 대립된다.} 이 책에서 사용되는 넓은 의미의 도덕률에는 윤리적인 것도 포함된다. 도덕률의 이러한 부분은 인간들로 하여금 더 넓은 의미에서 자신들의 삶을 함께 구성하도록 돕는다. 즉 서로 일치하도록 할 뿐만 아니라 자기 자신들 내부에서도 일치하도록 한다. 인간들의 자연적인 충동들은 확산적이고 일반적이기 때문에, 그리고 다양하여 서로 갈등을 일으키기 쉽기 때문에, 이러한 충동들을 {그렇지 않도록} 성형할 필요가 있다. 도덕률의 많은 부분들은 사람들이 어떻게 이러한 충동들을 성형하는지, 그리고 어떻게 내적인 갈등들을 조절하고 해결하는지에 대해 서로 이야기하는 것에서 나온다.

도덕률의 개인 내적(intra-personal) 기능과 개인 상호적(inter-personal) 기능은 필연적으로 연결되어 있다. 도덕률이 개인 내적 이상들을 고려하지 않고 개인 상호적 기능들을 적합하게 충족시키는 것은 불가능해 보인다. 사람들 사이의 올바른 관계라는 도덕적 개념이 특정한 이상적 성격이나 특정한 목적들을 일러주지는 않는다고 하더라도, 그것은 분명 허용 가능한 이상들과 목적들에 경계선을 그을 것이다. 다른 쪽에서 보면, 개인의 훌륭한 성품이라는 도덕적 개념도 정의나 올바름의 개념에 경계선을 그을 것이다. 그럼에도 불구하고 개인 내적 기능들은 가치 있고, 권장될 수 있고, 심지어는 다른 사람들의 갈망이나 칭송을 받을 만한 것으로 요청되는 그러한 존재방식과 삶의 방식을 알고 추구하고자 하는 인간의 독특한 욕망으로부터 나온다.

5. 개인 내적 기능으로부터 도출되는 적합한 도덕률에 대한 제약들

나의 자연주의적 설명의 독특한 특징은 도덕률의 기능과 인간 본성을 고려하여 적합한 도덕률로 간주될 수 있는 것에 대하여 중요한 제약 (constraint)을 가한다는 것이다. 성격을 성형하거나 살 가치가 있는 삶을 규정하는 것과 같은 도덕률의 개인 내적인 기능에 대하여 생각해 보자. 인간의 본성이나 잠재성에서 볼 때 인간이 추구하는 선은 제한된 숫자의 것이다. 신체적 필요들, 친밀성, 사회성, 그리고 사회적 위치와 인정과 같은 선들, "다소간 다양하고 도전적 활동을 하는"[29] 공격적 에

---

29) Barrington Moore, Jr., *Injustice: The Social Bases of Obedience and Revolt* (White Plains, N.Y.: Sharpe, 1978), p.7.

너지를 감소시킬 기회,30) 그리고 물리적 세계나 인간적 세계에 대한 지식 등은 많은 다양한 문화들에서 추구되는 선 즉 좋음들이다. 도덕률은 이러한 깊은 인간적 성벽들에 의해 **결정되지** 않는다. 그렇지만 **도덕률이 행위의 효과적인 안내자가 되려고 하면, 도덕률은 이러한 성벽들에 의해 제약되지 않으면 아니 된다.** 도덕률이 인간이 추구하기 마련인 긍정적인 선을 확인할 수는 있지만, 인간이 추구하는 성벽을 가지고 있지 않는 어떤 것을 확인할 수는 없다.31)

---

30) Barrington Moore, Jr.는 공격성은 "만약 본능적이지 않다면 어떻게든 표현되어야만 하는 그러한 종류의 좌절에 의해 야기되는 인간의 능력"이라고 시사하였다. Moore, p.7.

31) 이러한 제약은 Flanagan의 최소 심리적 실재주의의 원칙, 즉 도덕이론을 구성하거나 도덕이상을 기획할 때 예정되는 성격이나 의사결정 그리고 행위는 우리와 같은 피조물에게 가능해야 하며 가능한 것으로 간주되어야 한다는 것과 같은 것이다. '가능한 것으로 간주'되어야 한다는 것은 그러한 이상이 엄밀하게 현재 세대의 도덕적 주체들에 의해 실현될 수 있어야만 한다는 것이 아니라 현재 세대에 의해서 시작된 변화과정에 의해 그러한 능력을 가지게 되는 먼 후손 세대에 의해서 실현될 수 있으면 된다는 의미이다. 다음을 보라. Owen Flanagan, *Varieties of Moral Personality: Ethics and Psychological Realism* (Cambridge, MA: Harvard University Press, 1991), p.32.
내가 제안하고 있는 그러한 제약은, 여기서는, 어떤 도덕적 주체가 어떤 선이 실제로 좋은 것이라고 설득당하여 그것을 추구하는 성향을 갖게 될 수도 있을 전망을 배제하지 않는다. 이 문제는 행위들이 언제나 우리가 일반적으로 신념과 대립되는 욕망이라고 부르는 것에 의해서 동기화되는가라는 더 큰 문제를 포함한다. 이 문제와 관련하여 자신을 흄주의자라고 생각하는 사람들은 신념에 의해 동기화된 행동이 나타났을 때는 그러한 신념이 어떻게 동기를 부여했는가를 설명할 수 있는 신념에 동반하는 관계되는 욕망이 언제나 있게 마련이라고 주장한다. 예를 들자면, 시를 읽지 않으면 좋은 어떤 것을 잃게 될 것이라는 충고에 따라 내가 시를 읽기 시작했다고 가정해 보자. 흄주의자들은 내가 시를 읽는 것이 가치가 있는 것이라는 신념에 의해 동기화되기 위해서는 이미 내가 욕망을 가지고 있어야만 한다고 지적한다. 즉 내가 시를 읽음으로써만 얻을 수 있는 인간 조건에 대한 어떤 지식에 대한 욕망을 가지고 있어야 시를 읽는 것이 가치가 있다는 신념에 의해서 동기화될 수 있다는 것이다. 흄주의자들에게 반대하는 사람들은 내가 이러한 종류의 앞서 존재하는 욕망을 가질 필요가 없다고 주장

실제로 이상적인 성품이나 살 가치가 있는 삶이라는 개념에 효과적으로 기여하는 도덕률들은 강력한 인간의 필요(need)에 대응한다. 그러한 필요는 종종 강한 반대 동기가 있을 경우에도 행동의 동기가 된다. 나아가 그러한 필요는 아주 다양한 문화에 걸쳐서 동기부여적 힘으로 드러난다. 이러한 필요가 좌절되면, 개인적인 삶을 통하여 가지를 쳐서, 거꾸로 다른 더 높게 평가되는 목적을 달성하는 능력에 영향을 끼친다. 나아가 필요는 비록 인간의 본성에 뿌리하고 있고 본성상 동기부여적인 힘을 가지고 있지만 어떤 일상적인 의미로는 욕구되지 않는 것일 수도 있다. (예를 들어 그것의 소유자가 인정하지 않을 수도 있다.)

톰슨(Garett Thomson)은 '이익들'(interests)을 욕망과 욕망의 동기부여적인 힘의 근저에 있는 것과 연결지어 생각한다. 그러한 구별의 직관적 기초는 다음과 같은 주장들로 이루어져 있다. ① 욕망은 이 대상에서 저 대상으로 옮겨 다니는 것으로 보인다. 하지만 그것에는 톰슨이 동기부여적 힘이라고 부르는 것과 연결된 어떤 것이 있는데, 이것은 항상적이며 실제로 어떻게 그러한 옮김이 서로 연결되어 있는지를 설명한다. ② 욕망을 일으키는 것으로 보이는 것이 꼭 욕망의 대상과 부합되는 것은 아니다. 친구에게 강한 인상을 심어주기 위하여 열심히 일하는 사람을 생각해 보자. 우리는 그가 실제로 원하고 있는 것은 칭찬이라기보다는 지속적인 애정이라고 말할 수 있다. 그는 애정을 **욕망**하지 않을 수도 있다. 왜냐하면 그는 거절을 두려워하여 가까운 유대를 피할 수도 있기 때문이다. 그는 부지런한 작업과 성공으로부터 나오는 칭찬을 욕망하고, 그것이 그를 다른 사람들로부터 거리를 두게 한다고 생각한다.

한다. 이 문제는 7장에서 논의될 것이지만, 여기서는 이러한 문제에 대하여 어떤 입장도 취하지 않는다. 지금으로서는 흄적인 문제에 대하여 중립적인 그러한 단순한 도덕률에 대한 제약 즉 도덕률은 인간 존재가 추구하고자 하는 성벽을 보이지 않는 것을 추구하기를 요구할 수 없다는 것을 뜻할 뿐이다. 사람들이 어떻게 그러한 성벽을 가지고 되는가라는 문제는 지금으로서는 열어두고 문제 삼지 않는다.

그렇지만 우리는 그의 행위를 해석하면서, 그가 애정이라는 이익이나 필요를 가지고 있다고 말할 수 있다. 이익이 욕망을 일으킨다.

이상적 성품이나 살 만한 가치가 있는 삶을 추구하는 것은 인간 본성에 깊이 뿌리하고 있는 이익을 중심으로 한다. 이러할 때 인간 본성이란 인간들이 진정으로 원하는 것, 다른 이익들에 앞서서 동기부여적인 힘을 가지는 것, 그리고 그것의 충족이나 좌절이 한 인간의 성품과 삶에 전체적으로 넓게 영향을 끼치는 그러한 것이다. 이러한 것들이 바로 필요들, '진짜' 필요들, 그것이라고 말할 수 있을 것이다.

6. 개인 상호적 기능으로부터 도출되는 적합한 도덕률에 대한 제약들: 왜 강력한 자기 이익이 상호성의 규범을 필요로 하는가?

이제 협력적인 활동을 증진시키고 조정하는 개인 상호적인 기능에 대하여 생각해 보자. 이 절과 다음 두 절에서의 나의 논의는, 현재 가장 그럴듯한 어떤 이론들이 주장하고 있는 인간의 본성적 특징을 인정하게 되면, 이러한 기능이 적합한 도덕률이 취할 수 있는 어떤 형태에 중요한 제약을 가한다는 주장이다.

1) 도덕률의 기능을 적합한 도덕률의 정당화 근거로 보는 일에 대한 비판과 재비판

적합한 도덕률이 개인 상호적 기능을 증진시키려 한다면 그러한 도덕률이 어떤 모습을 가져야만 하는지를 결정하는 절차에 대한 일반적인 반론을 우선 검토해 보자. 도덕률들이 사실적으로 이러한 기능을 수행하고 어떤 도덕률이 다른 도덕률보다 더 잘 이러한 기능을 수행할 수도 있다는 것은 받아들일 수 있다. 그렇지만 도덕률들에 대한 사회학적 관찰이 주어진 도덕률의 적합성을 평가하기 위한 규범적 기준으로 타당하게 전환될 수는 없다는 반박이 있을 수도 있다. 도덕률들이 사회적 협력을 조정하고 증진시키는 기능을 가지고 있다는 하나의 사회학적 사실(sociological matter)에 대한 관찰이 어떻게 적합한 도덕률은 이러한 기능을 증진시킬 의무들을 가지고 있다는 규범적 기준(normative crite-rion)을 지지하는가?

이러한 반론에 대한 나의 대답의 첫 부분은 그러한 규범적 기준은 여러 문화에 걸쳐 나타나는 **도덕적 신념체**(the body of moral beliefs)들의 밑바닥에 있는 **규범적 구조**를 잘 분석하면 드러나는 그 일부분으로서 지지받을 수 있다는 것이다. 그러한 신념들이 어떤 것들인지 보자. 다양한 형태의 살인에 대한 금지, 다양한 형태의 물리적 공격에 대한 금지, 생명을 유지하는 데에 필요한 기본적 자원의 배당과 분배의 권리, 앞장에서 제시했던 대로, 선에 대해 선으로 갚아야 한다는 요구 등이 이에 해당한다. 이러한 신념들이 어떻게 특정한 내용들로 채워지는지, 또 특정한 제약이나 분배가 어떤 성질을 갖는지에는 수많은 변용이 있지만, 이러한 신념들이 기여하고 있다고 말할 수 있는 공통적인 것은 사실 사회적 협력의 증진과 조절이다. 도덕률들이 사회적 협력을 증진시켜야 한다는 원칙은 이러한 도덕적 신념들을 조직하고 체계화한다. 나아가 이러한 원칙은 도덕적 애매성이란 현상과도 또한 일치한다. 왜냐하면 우리가 도덕적 애매성을 경험하는 그러한 가치들에 기초한 판단들을 제쳐놓고 보면, 규범적 기준을 마찬가지로 잘 만족시키는 것으로 보이는 사회적 협력의 다양한 구성방식들이 있을 수 있기 때문이다.

내가 지금 하고 있는 논증은 순수하게 규범적인 논증이고자 한다. 나는 사회 기능주의적 기준(social functionalist criterion)이 많은 널리 공유되어 있는 아주 강력한 도덕적 신념들에 대한 그럴듯한 기본적인 정당화를 제공하고 있다고 지적하고 있다. 또 나는 그러한 기준이 애매한 도덕적 반응을 하는 경향이 있거나 올바른 길이 어떤 것인가에 대하여 내적 갈등을 경험하는 그러한 가장 문제되는 많은 경우들과도 일관성이 있다고 지적하고 있다. 이러한 기준의 정당화는 오직 '도덕적으로 규범적인 이유들이라는 공간' 내에, 도덕적 정당화와 입증의 공간 내에 있다. 일반적인 기준에 대한 정당화는 '반성적 평형'(reflective equilibrium) 분석이라는 형태를 취한다. {반성적 평형이란 우리가 믿고 있는 여러 신념들이 정합성을 가질 수 있도록 검토하여 개정하는 그러한 분석을 의미한다. 저자는 개인 상호적 기능을 충족시키는 도덕률이라는 개념이 여러 문화에서 발견되는 도덕률들 간의 반성적 평형을 이루는 데 기여하고 있다고 지적하고 있다.} 이는 아주 다양한 사회에 걸쳐 있는 다양한 도덕적 신념체를 체계적으로 유의미하게 만드는(make systematic sense of the body of moral beliefs) 도덕적 적합성의 일반적인 기준을 확인하는 방법이다. 이것을 여기서는 도덕률에 대한 기능주의적 설명의 '내적' 이야기라고 부르겠다.

'외적' 이야기도 있다. 그것은 **도덕적 신념들을 정당화하려는**(justify) **시각**이 아니라 그러한 **신념들**이 어떻게 생겨나는가를 설명하려는(explain) **시각**에서 전개되는 이야기이다. 이것이 '외적'인 까닭은 우리가 이러한 이야기를 할 때 **도덕적으로** 규범적인 이유들의 공간 바깥에 자리를 잡기 때문이다. 물론 그러한 자리도 규범적인 이유의 더욱 일반적인 공간 내에 있기는 할 것이며, 특히 그러한 이유들이 우리에게 이론을 선택할 규범적인 기준을 제공하기는 할 것이다. 어떻게 도덕적 규범들이 생겨나는가(how moral norms developed)라는 외적 이야기를 하게 되면, 우리는 인간들이 생물학적으로 그리고 문화적으로 진화하여 사회적으로 협력적인 피조물이 되었다고 이야기하게 된다. 우리가 사회적 규범들의 발달에 대한 그럴듯한 외적 이야기를 만들었는데, 그것에 따르면 사회적 규범들이 사회적 협력을 증진시킨다고 가정해 보자.

어떻게 이 내적 이야기와 외적 이야기를 관계시킬 것인가? 나는 외적 이야기로부터 내적 이야기를 연역하지는 않는다. 그러나 둘은 관계되어 있다. 둘 사이에는 잘 맞는 것이 있다. 내적인 규범적인 이야기는 기능주의자들의 기준이 도출되는 외적인 설명적인 이야기에 의해서 강화되고 지지된다. 내적인 규범적 이야기가 도덕률의 적합성에 대한 기준이 도출되는 그럴듯한 외적 설명과 일치할 수 없다면, 그것은 서로 일치되지 않을 뿐만 아니라 서로 지지되지도 않을 것이다. 내적 이야기와 들어맞고 지지하는 외적 이야기를 목표로 삼는 것은 여기서 옹호되고 있는 자연주의적 접근의 한 부분이다.

내가 외적 이야기로부터 내적 이야기를 연역하는 것(deducing)과 내적 이야기와 외적 이야기가 잘 들어맞기를 요구하는 것(requiring a good fit)을 구분하고 있음을 주목하라. 전자는 결국 '존재'로부터 '당위'를 도출하는 결과가 되겠지만, 후자는 외적 이야기로부터 내적 이야기를 도출하는 것이 아니라 외적 이야기가 어떻게 내적 이야기의 규범적인 기준이 진화되고 수용되게 되었느냐를 보여줌으로써 내적 이야기를 지지하도록 요구하는 것이다. 이것은 도덕률에 대한 한 설명이 규범적인 것을 비규범적인 것으로 환원시키지 않으면서도 어떻게 자연주의적일 수 있는가를 보여주고 있다. 그것은 내적인 규범적인 이야기와 외적인 서술적이고 설명적인 이야기 사이에 이러한 종류의 좋은 들어맞음을 요구하고 있다는 점에서 자연주의적이다. 그러나 그것은 내적 이야기의 규범성을 비규범적인 것으로 환원시키기를 시도하지는 않는다.

내적 이야기를 지지하기 위하여, 외적인 이야기는 내적인 이야기의 규범성을 붕괴시키지 말아야 한다. 즉 도덕적 규범에 대한 설명을 믿는 것이 우리로 하여금 내적 이야기에 의해 정당화되는 도덕적 신념들을 받아들이는 것을 낮추지 말아야 한다. 어떤 좋은 설명적 이야기는 설명하고 있는 바로 그 도덕적 신념의 규범성을 붕괴시킬 수도 있다. 흑인과 여성의 열등성에 대한 도덕적 신념이 어디서 나왔는지에 대한 좋은 설명적 이야기를 생각해 보라. 물론 어떤 그럴듯한 외적 이야기가 대부분의 혹은 모든 도덕적 신념들의 규범성을 붕괴시킬 가능성을 인정해야만 한다. 그러나 나는 그러한 붕괴시키는 이야기를 하고 있는 것이 아니다.

2) 자기 이익의 전략으로서의 상호성

이 절의 나머지에서는 인간 본성에서 자기 이익이 아주 강력하기 때문에, **도덕률이 개인 상호적 기능을 효과적으로 수행하려면 상호성(reciprocity)이라는 규범을 필수적으로 포함해야만 한다**는 것을 살펴보고자 한다. 인간 본성은 협력적인 활동을 더 낫게도 더 나쁘게도 만들 수 있을 정도로 아주 가변적이기는 하지만 동시에 결정적이다. 인간 본성에는 자기 이익이 다른 사람의 이익과 갈등할 때 적어도 자기 이익이 다른 사람의 이익과 대략 마찬가지로 중요하다면 자기 이익의 충족을 우선하는 강력한 경향이 포함되어 있다. 여기에서 말하고자 하는 것은 자기 이익이 유일한 인간 동기가 아니라 아주 강력한 동기로서 성공적인 협력적 활동이 취할 수 있는 형태를 제약한다는 것뿐이다. 어떤 형태의 상호성이 우리가 알고 있는 모든 문화들의 규범이라는 것을 생각해 보자. 여러 문화들에서 상호성은 선에 대하여 적합하고 비례적으로 선을 돌려주는 것으로 이해된다.[32] 상호성이 보편적인 것을 보면, 자기 자신의 이익에 대한 선호가 인간의 협력적 활동에서 중요한 역할을 하고 있음을 알 수 있다. 어떤 인간에게나 필요한 도움을 도움으로 갚는 것 즉 보답은, 그것이 사회적 상호작용의 일반적인 특징이 되면, 돕는 행동을 강화(reinforce)시키게 된다. 우리에게 필요한 도움을 유지하고 있는 강력한 요소가 보답(reciprocation)이라는 사실은 강력한 자기 이익이 하나의 인간 동기임을 보여준다. 베커(Lawrence Becker)가 보았던 대로, 보답을 하지 **않게** 되면, 그래서 그것이 사회적 상호작용의 일반적인 특징이 되면, 도움을 주는 행위는 재빨리 소멸될 것이다.[33]

---

32) 물론 이는 특정한 형태의 상호성이며, 적합하고 비례적인 것이 무엇인지는 문화에 따라 아주 다양하다.

33) 다음을 보라. Lawrence Becker, "Public Goods Provision in an Experimental Environment," by R. Mark Isaac, Kenneth McCue and Charles Plott, *Journal of Public Economics* 26 (1985): 51-74. 이 연구는 협력이 상호적이지 않게 되면, 협력은 시간이 감에 따라 신속하게 소멸된다는 것을 보여준다. 다음도 보라.

한 사람의 도움이 특정한 사람과의 상호작용 속에서 상호적인 것이 되지 않는다면, 그 특정한 사람에 대한 도움은 쉽게 중단될 것이다. 이는 인간의 사회적 협력을 촉진시키는 데 상호성이 중요한 다른 이유이다. 도움을 받은 사람이 도운 사람을 돕는 것은 도운 사람의 돕는 행위를 강화시키는 것으로 끝나지 않는다. 도움 받은 사람이 도움을 되돌려 주지 않아서 도움을 주는 사람이 더 이상 도움을 주지 않게 되는 것은 일반적으로 그러한 무보답에 대한 부정적인 강화로서 작용한다. 도움을 중단하는 것은 보답을 하지 않은 데에 대한 일종의 '처벌'이다.

다른 사람과 협력하거나 협력하지 않을 기회가 있는 소위 '죄수의 딜레마'(Prisoner's Dilemma) 게임에서 가장 성공적인 전략이 무엇인가에 대한 연구가 이러한 생각을 뒷받침한다. 두 사람이 서로 협력하면 그들은 상호적으로 이익을 얻을 것이지만, 각자는 상대방은 협력하더라도 자기는 협력하지 않으려는 유혹을 받게 된다. 이는 상대방의 협력에 '무임-승차'하여, 자신의 협력이라는 대가를 치르지 않고 상대방의 협력이라는 보상을 얻는 것이다. 고전적인 '죄수의 딜레마'에서 두 도둑 밥(Bob)과 에이아이(AI)는 절도현장에서 붙잡혔으며 경찰에게 따로 심문을 받고 있다. 각자는 죄를 자백하고 상대방을 연루시킬 수도 있고 그렇게 하지 않을 수도 있다. 만약 아무도 자백하지 않는다면 (자백을 거부하는 것은 상대방과 '협력'하는 것이다) 두 사람은 은닉무기 소지죄로 1년을 감옥에서 보내어야 하지만, 만약 각자가 자백을 하고 상대방을 연루시키면, 두 사람은 10년을 감옥에서 보내어야 한다. 그렇지만 만약 한 사람이 자백을 하고 다른 사람을 연루시키는데, 다른 사람이 자백을 하지 않으면, 경찰에 협력한 사람은 풀려나고 다른 사람은 감옥에서 최대 20년을 보내야 한다. 이 게임을 한 번 하면, 게임 참가자 각자에게

Lawrence Becker, *Reciprocity* (London: Routledge & Kegan Paul, 1986), pp.90-91. 다양한 문화에서의 상호성의 출현에 대한 인간학적, 사회학적, 그리고 심리학적 작업들에 대한 훌륭한 서지목록을 보려면 pp.347-359를 보라.

가장 자기 이익이 되는 합리적 전략은 자백을 하는 것 즉 상대방에 협력하기를 거부하는 것이다. 물론 최종 결과는 상호 협력했을 때의 결과보다 더 나쁜 것이기는 하지만 그렇다.

죄수의 딜레마는 사회적 협력을 할 어떤 기회가 있을 때 개인적인 합리성에 부과되는 문제를 예시한다. 그러한 상황은 모든 사람이 모든 사람에게 협력하면 모든 사람이 배반할 때보다 낫게 되는 그러한 상황이다. 그렇지만 어떤 개인도 모든 사람이 같은 방식으로 행동**할 것**이라고 가정할 수 없다. 나아가 각자는 생각해 보면 자신은 협력하고 다른 사람이 협력하지 **않으면** 자신에게 가장 나쁜 결과가 돌아올 것이라는 것을 알 수 있다. 자신도 협력하지 않고 다른 사람도 협력하지 않으면 최악보다는 나은 결과가 나오게 된다. 그래서 비협력은 각 개인적 관점에서 보면 최선의 전략으로 보인다.

액설로드(Robert Axelrod)와 해밀턴(William D. Hamilton)은 이러한 실망스러운 결론이 그 게임이 한 번 이루어지기 때문에 나온다고 추측하고 반복된 죄수의 딜레마(iterated Prisoner's Dilemma)에서, 다시 말해, 각자가 각각 다른 상대방과 여러 번에 걸쳐서 게임을 한다면 어떤 결과가 나올 것인지를 물었다.[34] 반복되는 게임은 개인들이 서로를 자주 만나는, 상대적으로 안정되고 작은 사회집단에서의 상호작용과 더 유사하다. 반복되는 게임의 참가자들에게는 많은 전략이 가능하다. 언제나 협력하거나, 결코 협력하지 않거나, 어떤 사람을 다시 만났을 때 그 사람이 지난번에 자기에게 했던 것을 똑같이 해주는 보복적 협력 등이 가능하다. 수많은 가능한 전술들이 컴퓨터에서 수백 번 수행되었을 때, **보복적 협력**(tit for tat cooperate)이 게임의 마지막에서 볼 때 가장 큰 이익을 낳는 것으로 판명되었다. 적당한 횟수의 게임을 하고 난 다음, 가장 가능성 없는 전술을 빼버리는 방식으로 게임을 진행하게 되면, 보

---

34) Robert Axelrod and William D. Hamilton, "The Evolution of Cooperation," *Science* 211 (1981): 1390-1396.

복적 협력이라는 전략의 승리는 더욱 명백해진다. 그것을 자기 이익적 합리성이라는 관점에서 보면, 개인들 간에 반복되는 일련의 협력 기회가 있을 때는 어떤 형태의 상호성을 예시하는 전략이 최선의 것임이 드러난다.

그러한 결과에 따라서 사회생물학자 트라이버스(Robert Trivers)는 인간들은 다른 사람들과 상호적인 교환 제도에 참여하는 유전적인 기질을 가지고서 진화한다고 제안하였다. 몇 번 해보고서 가장 가망 없는 전략을 제거하는 방식으로 반복되는 게임{에서 제거되는 전략}은 상호작용 하는 유전적 기질을 결여하고 있어서 자손을 번식시킬 가능성이 낮은 사람의 경우와 상통한다. 보복 전략의 최종적인 우월성은 모든 사람들에게 보답하는 유전자를 가진 개인의 번성과 상통한다.35)

다른 연구는 인간 본성의 다른 특징들이 상호작용을 하는 기질의 효율성을 높이도록 어떻게 진화하였을까라는 의문에 대해 흥미로운 시사를 하고 있다. 예를 들어, 상호작용의 기질은 그것의 소유자가 다른 사람이 협력을 할 것 같은지 아닌지를 아주 잘 탐지하면 그에게 훨씬 더 많은 이익을 가져올 것이다. 코스미디(Leda Cosmides)와 투바이(John Tooby)가 한 실험은 상호적인 교환 제도에서 있을 수 있는 사기꾼을 탐지하는 인지적 능력의 중요성을 긍정하는 것으로 보인다.36) '사기꾼

---

35) 다음을 보라. Robert Trivers, "The Evolution of Reciprocal Altruism," *Quarterly Review of Biology* 46 (1971): 35-56. Trivers가 '이타주의'라고 이름한 것은 내가 볼 적에 아주 잘못되었다.

36) Cosmides와 Tooby는 '사기꾼 감지' 가설이 왜 상호적인 교환제도에 들어 있을 때, 비슷한 상황이기는 하지만 그러한 제도 속에 있지 않은 때보다 더 잘 추리 작업을 하는지를 설명해 준다고 주장한다. 그들은 이러한 결론에 따라서 순전히 형식적이고 그 기능이 일반적인 그러한 단일 추리 능력은 인간에게 없다는 훨씬 일반적인 주장에 찬성하였다. 그러므로 인간의 추리는 진화된 메커니즘의 다양한 종합에 의해서 영향을 받는데, 그 중에서 많은 것들은 기능적으로 전문화되고 특정영역에 한정되며, '내용주입적'이고 '내용전달적'이라고 다음에서 말하였다. "Cognitive Adaptations for Social Exchange," J. Barkow, L. Cosmides,

감지'(cheater detection) 가설은 실제 사람들이 한 번이나 여러 번 죄수의 딜레마 게임을 하는 실험으로부터 발견한 다른 사실들과 결합되어 있다. 면대면(fact-to-face) 의사소통은 협력률을 상당히 높인다.37) 아마

and J. Tooby, eds., *The Adapted Mind: Evolutionary Psychology and the Generation of Culture* (New York: Oxford University Press, 1992). 이러한 주장은 형식적 논리규칙에 대해 특별한 근본적 위상을 부여하기를 거부하는 2장 1절의 방법론적 자연주의적 주제와 상통한다. 사기꾼 감지 가설에 찬동하는 한 연구는 두뇌손상(extensive bilateral limbic system damage, affecting orbitofrontal cortex, temporal pole, and amygdala) 환자로부터 증거를 제시했는데, 여기에 따르면 상호적인 교환과 관련된 추리는 다른 영역에 대한 추리가 그대로 있을 때에도 선택적으로 손상될 수 있다. 그 환자는 사기꾼 감지 문제와 형식적으로 동일한 추리과제에 대해서는 완전히 정상이었다. 그가 손상을 입지 않은 문제와 그가 손상을 입은 사기꾼 탐지 문제의 차이점은 다만 인간 삶의 다른 영역(우연한 일들에 주의를 기울이는 그러한 영역)을 다루고 있다는 점에서만 달랐다. 어떤 다른 이론도 이러한 표면적 내용의 차이에 기초하여 문제를 구분하는 추리작용에 대하여 제안하고 있지 않다. 다음을 보라. Valerie E. Stone, Leda Cosmides, John Tooby, Neal Kroll & Robert T. Knight, "Selective Impairment of Reasoning About Social Exchange in a Patient with Bilateral Limbic System Damage," *Proceedings of the National Academy of Sciences*, #3529 (August 2002). 한 인간학 연구는 사기꾼 탐지 능력이 아주 다양한 문화들에 걸쳐서 발견된다고 보고하고 있다. 사기꾼 탐지 능력을 시험하는 추론과제가 길도 배도 닿지 않는 아마존 오지의 사냥원예부족인 Shiwiar 사람들에게 주어졌을 때, 진화적으로 안정된 전략이 중요한 기능을 하는 사기꾼 탐지의 측면에서는 그 사람들의 능력이나 하버드대학 학부생의 능력이나 동일하였다. 하지만 추론수행에 일반적으로 중요한 요소들에서 그들 두 그룹의 사람들이 다를 것이라고 상상하기는 어렵다. 다음을 보라. Lawrence S. Sugiyama, John Tooby, and Leda Cosmides, "Cross-Cultural Evidence of Cognitive Adaptations for Social Exchange among the Shiwiar of Ecuadorian Amazonia," *Proceedings of the National Academy of Sciences*, #3529 (August 2002).

37) David Sally, "Conversation and Cooperation in Social Dilemmas: A Meta-Analysis of Experiments from 1958 to 1992," *Rationality and Society* 7 (1995): 58-92; Elena Rocco and Massimo Warglien, "Computer Mediated Communication and the Emergence of 'Electronic Opportunism," Working paper RCC #13659 (Venice, Italy: Universita Degli Studi di Venezia, 1995)

도 면대면 의사소통의 이득들 중의 하나는 얼굴 표정이나 몸짓 언어를 읽을 기회가 증대된다는 것일 것이다. 물론 사기꾼을 감지하는 능력의 다른 측면은 협력자에 대한 증대된 신뢰이다. 연구자들이 면대면 의사소통의 효율성을 설명할 때 지적하는 다른 요소는 그것이 '우리-집단' (we-group) 느낌(다른 구성원과의 연대감, 집단 바깥의 사람보다 그들을 더 선호하는 것)을 강화하도록 한다는 것이다.[38] 다른 실험들은 '우리-집단' 느낌이 아주 자의적인 방식의 집단구분에 기초하여 쉽게 생성된다[39]는 것을 보여준다. 모든 이러한 요소들이 상호적으로 작용하여 보복 게임 속에서 서로를 강화시킬 가능성은 아주 높다. 그리고 이것들

는 컴퓨터화된 의사소통에 답해야만 하는 주체들이 면대면으로 의사소통을 하는 사람들처럼 협력률이 그리 높지 않았다고 보고하고 있다.

38) John M. Orbell, Alphons van de Kragt and Robyn M. Dawes, "Explaining Discussion-Induced Cooperation," *Journal of Personality and Social Psychology* 54 (1988): 811-819; Elinor Ostrom and James Walker, "Neither Markets Nor States: Linking Transformation Processes in Collective Action Arenas," *Perspectives on Public Choice: A Handbook*, ed. Dennis C. Mueller (Cambridge: Cambridge University Press, 1997), pp.35-72.

39) H. Tajfel, "Experiments in intergroup discrimination," *Scientific American*, 223 (1970): 96-102. 그는 학교에서 서로를 아는 한 무리의 아이들을 실험실로 데려왔다. 아이들에게 스크린에서 번쩍이는 점들의 숫자를 세라고 요청하였다. 의도적으로 그들의 반응에 기초하여 (하지만 실제로는 무작위적으로) 실험자는 아이들을 두 그룹으로 나누었다. 아이들 반에게는 그들에게만 그들이 '많이 찾은 사람들'이라고 알려주고, 나머지 반에게는 '적게 찾은 사람들'이라고 알려주었다. 그 다음에 각각의 아이들에게 실험실에 있는 다른 아이들에게 수고비로 어떻게 주어져야 할지를 정하라고 요청하였다. 비록 그들 자신의 수고비를 문제 삼지는 않았지만, 또 그들은 누가 어떤 그룹에 속하는지 몰랐지만, 자기 자신의 집단에 다른 집단보다 더 많은 돈을 주어야 한다고 주장하였다. 나중에 실험이 또 행해졌다. M. Billig and H. Tajfel, "Social categorization and similarity in intergroup behavior," *European Journal of Social Psychology* 3 (1973): 27-52. 이 실험은 집단을 나누기 위하여 가상적인 기준을 참조할 필요가 없음을 보여주었다. 즉 실험의 참가자들에게 그룹으로의 분류가 무작위적이라고 명백히 알려주었지만, 그들은 여전히 자기 그룹을 선호하였다.

은 보복적 형태로 상호작용을 하는 특정한 유전적 기질이 없다고 하더라도 마찬가지의 효과를 보일 것이다. 실제로 이러한 다른 요소들의 존재가 왜 어떤 형태의 상호성이, 그렇게 상호작용을 하는 특정한 유전적 기질이 없다고 하더라도, 최선의 전략이 되는지를 설명해 준다.

3) 자기 이익의 표현으로서의 도덕률

도덕률에 대한 구성주의적 설명은 종종 도덕률이 발명된 일차적인 목적이 자기 이익의 파괴적 효과(예, 홉스)나 다른 사람에 대한 동정심의 제약(예, 워녹, 매키)에 대항하기 위해서라고 말한다.[40] 상호성이라는 규범의 필요성에 대한 우리의 논의는 더욱 복잡한 기능적 그림을 보여 준다. 도덕적 규범은 강력한 자기 이익을 고려할 필요가 있다. 이렇게 함으로써 그러한 동기를 조정할 수 있으며 자기 이익이 다른 사람을 위하는 행동을 더 직접적으로 이끌 {이타적} 동기들과 통합되도록 북돋울 수 있다. 그렇다면, 도덕률들은 자기 이익으로부터의 행동을 제약하거나 반대적인 동기의 개발을 북돋기만 하는 것이 아니다. 이렇게 하기도 하지만, **도덕률들은 자기 이익의 표현을 위한 출구를 마련해 주며, 이것은 또 다른 사람을 위하는 동기의 표현과 일치될 수도 있다.**

7. 자신에 대한 관심과 타자에 대한 관심을 균형 잡는 필수적 과제와 관련한 제약들

강력한 자기 이익적 동기에 기초한 상호성의 중요성에 대한 강조는 참된 이타주의적 관심, 즉 자기의 이익의 도구로서 고안되지 않는 타자

---

40) 다음을 보라. Thomas Hobbes, *Leviathan*, Part 2, chapters 13-17; G. J. Warnock, *The Object of Morality* (London: Methuen, 1971); J. L. Mackie, *Ethics: Inventing Right and Wrong* (London: Penguin, 1977), chapter 5.

의 복지에 대한 직접적인 관심에 대한 긍정과 일치할 수 있다. 이 절에서 나는 이타주의의 존재를 옹호하는 최근의 과학적이고 철학적인 논의들을 살펴보고, 아주 다양한 형태의 이타주의들을 구분할 필요가 있음을 지적하고자 한다. 내가 주장하고자 하는 것은 개인 상호적 기능을 달성하기 위해서는 여러 가지 형태로 자기에 대한 관심과 타자에 대한 관심의 균형이 필요하다는 것이다.

1) 이타주의에 대한 최근의 논의들

최근에 와서 이타적 관심을 설명하는 데에 진전이 있었는데, 심지어는 온갖 이타주의를 환상으로 치부하던 진화론적 이론에서조차도 그러하다. 자연 도태 또는 자연 선택(natural selection)은 자신의 생존을 추구하고 자신의 생식적 적합성을 희생하여 타자의 복지를 추구하지 않는 피조물의 진화를 선호하는 것으로 보였다. 그러나 가족 구성원들이 중요한 희생을 치르면서 서로를 위하고 상대방의 복지를 추구한다는 것은 명백하다. 또 널리 받아들여지는 포괄적인 적합성(inclusive fitness)이나 친족 선택의 가설(kin selection)이 이러한 현상을 설명하기 위하여 제시되었다. 이러한 가설들은 진화가 개인이 아니라 유전자나 친척관계에 있는 복사본의 생식적 적합성을 최대화하는 방향으로 움직인다는 생각이다. 그러한 '포괄적 적합성'을 최대화한다는 관점에서 보면, 충분한 숫자의 다른 친척들을 구하기 위하여 자신을 희생하는 개인은 자기 자신을 구하는 개인보다 더 잘 하고 있는 것이 된다.[41]

하지만 친족 선택은 개인의 심리적 동기에 대한 직접적인 이론은 아니다. 소버(Elliott Sober)와 윌슨(David Sloan Wilson)은 그 빈틈을 채울 한 방식을 제공하고 있다.[42] 그들은 자신의 친척에 대한 직접적인

---

41) 다음을 보라. W. D. Hamilton, "The Genetical Evolution of Social Behavior," *Journal of Theoretical Biology* 7 (1964): 1-52.

42) Elliott Sober and David Sloan Wilson, in *Unto Others: The Evolution and*

관심이 진화되어 왔다고 주장한다. 왜냐하면 친척의 복지에 대하여 궁극적인 욕망을 갖는 것이 개인이 자신의 친척을 돌볼 것은 보장하는 가장 효과적이고 믿을 수 있는 방식이기 때문이다. 더욱 논쟁적으로, 소버와 윌슨은 친척이 아닌 사람들끼리의 협력과 이타적 행동을 설명하기 위하여 **집단 선택**(group selection)이라는 생각을 옹호하였다. 집단 선택이라는 생각은 자연 선택이 유전자나 개인 유기체 수준에서만 작동되는 것이 아니라 벌떼나 가축떼와 같은 유기체들의 떼거리 수준에서도 일어나는데, 여기에는 인간들의 집단이나 종족도 해당된다는 것이다. 다윈 자신도(『인류의 유래』) 자연 선택이 때때로 꼭 개인 단위에서가 아니라 집단 단위에서도 일어나며, 그래서 인간의 경우 다른 구성원들을 위해 기꺼이 희생할 구성원들로 구성된 종족이 그러한 구성원들을 가지지 않은 다른 종족과의 경쟁에서 이기거나 어려운 자연 환경 속에서 잘 살아나갈 것이며, 그리하여 다른 인간 종족들을 제압하게 될 것이라고 생각하였다. 다윈의 생각에서 문제가 된 것은, 심지어는 거의 모든 이타주의자들의 집단에서도 희생을 거부하는 동의하지 않는 소수가 있다는 것이다. 다른 사람의 이타주의를 착취하려고 하는 순수하게 자기 이익 추구적인 개인이 오직 하나만 있다면, 그때는 그 개인이 살아남아 후손을 퍼트릴 가능성이 가장 높은 것으로 보인다. 이 아이들 각자는 그 사람의 이기적 특징을 유전 받을 것이고, 자연 선택이 몇 세대 동안 진행되면, '이타적 집단'은 이기적인 개인들에 의해 추월당해, 이기적 집단밖에 남지 않을 것이다. 이러한 문제에 대응하여, 소버와 윌슨은 이타주의는 개인의 희생이 그 집단의 이익에 의해 상쇄되는 한에서만 진화한다고 주장하였다.

그들이 주요한 예로서 제시한 것이 사막 잎 자르기 개미(desert leaf-cutting ant, *Acromyrmex versicolor*)이다. 이들은 짝짓기 후 몇몇의 암

Psychology of Unselfish Behavior (Cambridge, MA: Harvard University Press, 1998).

놈들이 함께 새로운 군체를 형성하는데, 이들이 떼를 형성하기 전에, 잎을 모아서 그 위에 새끼들이 먹을 균류가 자라도록 준비할 필요가 있다. 각각의 새로운 군체에는 암놈 중의 한 놈이 먹이를 모으는 특별히 위험한 일을 담당하고 잎을 찾아 여기저기를 돌아다닌다. 이것은 새로운 군체에게는 좋은 일이지만 그 암놈에게는 나쁜 일이다. 왜냐하면 그 암놈은 새끼를 가지기 전에 잡혀 먹힐 가능성이 높기 때문이다. 소버와 윌슨은 이것이 집단 선택이 개인 선택(individual selection)보다 앞서는 경우라고 지적한다. 그리고 친족 선택은 이것을 설명할 수 없다고 하는데, 왜냐하면 여왕개미가 관계되어 있지 않기 때문이다. 물론, 군체 내의 여왕개미는 다른 방식으로 서로 경쟁할 수는 있다. 소버와 윌슨은 개인들 간의 경쟁이라는 생각에 시비 걸지 않았다. 오히려 그들은 그것이 자연 선택의 전체 이야기가 아니라고 주장했다. 그들의 이론에 따르면, 자연 선택의 단위들은 중국 상자들(Chinese boxes)처럼 서로 속에 들어 있다. 유전자는 동물 내의 다른 유전자와 경쟁하고, 동물들은 집단 내의 다른 동물들과 경쟁하며, 집단들은 다른 집단들과 경쟁한다. 집단들로 구성된 거대집단은 다른 거대집단들과 경쟁한다. 집단 선택에 대해 제기되었던 원래 문제로 되돌아가 보면, 다른 사람들에 관심을 갖는 개인들이 진화라는 전쟁에서 순수하게 자기 이익적인 사람에 의해 멸종되지 않는 한 이유는 타자에 관심을 가지는 개인들은 타자에 관심을 가지는 다른 사람들을 찾아서 성공적으로 집단을 형성하기 때문이다.43)

---

43) 최근의 연구는 인간이 이타적인 행동에 단단히 얽매이는 것이 가능한 메커니즘을 제시하고 있다. 죄수의 딜레마 게임을 하는 주체들에 대하여 자기공명촬영을 수행한 연구자들은 다른 인간들과 협력하는 사람들에게서 보상을 추구하는 행동과 연관된 두뇌의 부분들이 활성화되는 것을 발견하였다. 연구자들은 이 사람들이 컴퓨터와 협력할 때는 이와 비교할 만한 두뇌 활동을 보지 못했다. (그래서 보상적인 두뇌 활동을 일으키는 것이 협력의 보수로 주어지는 금적적인 이득이라는 설명은 배제된다.) 대략 말하자면, 우리가 다른 인간들과 협력할 때 기분이 좋도록 강하게 묶여 있다고 할 수 있다. 다음을 보라. James K. Rilling, David A. Gutman, Thorsten R. Zeh, Guiseppe Pagnoni, Gregory S. Berns,

이것은 타자 관심적인 개인들로 구성된 성공적인 집단이 오직 그러한 개인들로만 구성되어 있다는 뜻이 아니다. 그 집단의 성공은 부분적으로 집단 내에서 무임승차의 파괴적인 효과를 최소화함으로써 성취되었고 그렇게 하여 경쟁하는 집단들과의 관계에서 성공적이었다는 뜻이다. 그러한 가설은 앞에서 언급된 사기꾼 탐지 가설이나 집단의 단결을 지지하는 천성적인 경향, 예컨대 집단 내의 공통의 행위로부터 이탈하는 사람들을 추방하거나 처벌하는 경향이나 이와 관련하여 추방당할까 두려워하는 경향 등을 가정하는 그러한 보충적인 가설들과 연결될 수 있다.44)

집단 선택 이론에 대해서는 여전히 논쟁이 진행되고 있으며, 친족 선택이나 상호적인 이타주의와 같은 다른 이론으로 인간의 본성에 존재하는 이타주의적 경향을 설명하는 데에 충분하다고 주장하는 사람들은 이를 거부하고 있다. 친족 선택, 상호적 이타주의, 집단 선택에 덧붙여, 넷째 대안적 설명은 **성적 선택**(sexual selection)이다. 이는 타자에 대한 진정한 관심이 생식적 적합성(reproductive fitness)의 표식이라는 주장이다. 이러한 설명의 근거가 되는 생각은 인간의 선조들은 좋은 유전자를 가진 짝을 찾으려고 했다는 것이다. '적합성 지시자'(fitness indicator)는 동물의 일반적인 건강과 복지 상태를 표시하는데, 이것은 또 진화적인 적합성을 가리킨다. 수컷 공작의 크고, 밝고, 많은 눈 무늬를 가진 꼬리는 암컷에 대해 적합성 지시자로서 기능한다. 왜냐하면 그러한 꼬리를 가지기 위해서는 자라고 다듬고 유지할 많은 에너지가 필요하기 때문이다. 건강하지 않고 적합하지 않은 공작새는 그러한 여유가 없다. 이런 까닭으로 그러한 비용(cost)이 그러한 꼬리를 가진 공작새의 적합성을 드러내준다. 놀랍게도, 동정과 친절도 인간에게는 적합성 지시자로

---

and Clinton D. Kilts, "A Neural Basis for Social Cooperation," *Neuron*, v. 35 (2002): 395-405.

44) 이탈하는 소수에 대하여 행위규범을 집단적으로 강요하는 집단 내의 다수의 경향은 Christopher Boehm의 도덕의 기원에 대한 이론에서 결정적인 역할을 하는데, 이것은 다음 절에서 곧 다루어질 것이다.

서 기능한다. 왜냐하면 개인이 그러한 일을 하는 데는 잠재적 비용이 들기 때문이다. 물론 이타주의와 양립할 수 없는 특징도 그러한 특징을 가진 자가 부담해야 하는 비용 때문에 적합성 지시자로서 기능을 할 수도 있다. 그러나 이타주의의 이점은 다른 적합성 지시자가 할 수 없는 방식으로 이타주의적인 구성원을 가진 집단에 이득이 된다는 것이다. 예를 들어, 고기를 집단의 다른 사람들과 나누는 사냥꾼은 짝을 매료시킬 적합성을 과시한다. 그러나 그들은 또 그들이 속한 집단에 이득을 주는데, 이러한 이득은 적합성을 경쟁상대를 때려눕힘으로써 과시하는 그러한 개인이 속한 집단은 가질 수 없는 것이다.[45] 놀랍게도 부스 (David Buss)는 '친절'이 그가 연구한 37개의 문화들 모두에서 남자나 여자나 간에 성적 상대방에게 요구하는 유일한 가장 중요한 특징임을 발견했다.[46]

끝으로, **문화 선택**(cultural selection) 또한 이타주의적 행동을 설명하는 데에 도움이 될 가능성이 아주 크다. 즉 집단들은 다른 집단 간의 경쟁에서 그들이 공유하고 있어 다른 집단과 그들을 구분하게 하는 그러한 문화적 특징 덕분으로 다소간 성공적일 수 있다. 이러한 경쟁에서 선택되는 것은 유전자가 아니라 집단의 구성원들 간의 협력과 이타주의를 증진시키는 문화적 특징들이다. 자연적 집단 선택 이야기에서와 같이, 그러한 특징들은 복사되는데, 왜냐하면 그러한 특징들이 그것들을 소유한 집단들을 좀더 성공적이게 하기 때문이다. 하지만 재생산의 방식은 생물학적인 것이 아니라 문화적 전달이다. 물론, 문화적 특징들이 집단의 구성원에 의해 일반적으로 공유되는 방식은 유전적 기초를 가지는 개인적인 특징에 달려 있다. 예를 들면, 보이드와 리차드슨은 집단이

---

45) 성적 선택 이론과 그것의 도덕적 특징에의 적용에 대한 훌륭한 진술이 다음에 있다. Geoffrey Miller, *The Mating Mind* (New York: Anchors Books, 2000).

46) David Buss, "Sex differences in human mate selection: Evolutionary hypotheses tested in 37 cultures," *Behavioral and Brain Sciences* 12 (1989): 1-49.

공통적인 문화적 특징들을 취득하는 것은 개인이 다수(the majority)의 행위를 채택하는 경향에 의해 이루어지는데, 이러한 경향은 개인적인 인간 존재의 수준에서는 유전적으로 선택된 것이라고 주장하였다.47)

2) 이타주의적 동기의 실재성에 대한 증거들

앞에서 언급된 개인의 자연 선택, 집단의 자연 선택, 성적 선택, 그리고 문화적 집단 선택, 모두의 힘이 인간의 본성과 행위를 형성하는 데에 각각의 역할을 한다고 말하는 것이 그럴듯해 보인다. 이타적인 경향과 관련하여 자연적 집단 선택이나 성적 선택에 어떤 역할을 부여하게 되면, 상식적으로 관찰할 때 개인들에서 심리학적으로 실재하는 것으로 보이는 이타적 경향들을 긍정하고 설명하는 이점이 있게 된다. 사람들은 이유 없는 잔인성으로 우리를 때때로 놀라게 하고 공포에 사로잡히게 하는 것처럼, 또 이웃 사람들을, 동포들을, 때로는 완전히 낯선 사람들을 돕기 위해 희생을 아끼지 않는데, 이것은 바로 이러한 이타적 경향 때문이다. 어떤 이타적인 행위도 심리학적 이기주의(psychological egoism, 인간 본성이 순수하게 자기 이익적이라는 견해)라는 가정을 가지고는, 옹호하기 위해 상당한 노력을 하거나 사변적인 가정을 하지 않고서는, 완전하게 설명될 수 없다.48) 상식적 관찰은 수정할 여지가 있

---

47) 다음을 보라. R. Boyd and P. Richerson, *Culture and the Evolutionary Process* (Chicago: University of Chicago Press, 1985).

48) Sober와 Wilson은 심리학적 이기주의에 직접적으로 대항하는 어떠한 논의도 결정적이지 않다고 지적하면서 훨씬 좋은 논의는 집단 선택 이론으로부터 심리학적 이기주의에 대한 거부를 끌어내는 것이라고 주장하였다. 그들은 심리학적 이기주의의 쾌락주의적 형태를 옹호하기까지 했는데, 이는 사람들이 추구하는 선은 궁극적으로는 자신의 쾌락이고 고통의 회피라는 것이다. 철학의 주된 견해들 중에서 이제까지 어떤 엄격한 의미에서든 '결정적으로' 붕괴된 이론은 별로 없다. 하지만 단순히 결정적인 붕괴를 피하기 위해서도 엄청난 노력을 해야 하는 이론들이 있는데, 예를 들자면 '쾌락'과 같은 필연적으로 얇고 추상적인 실재를 인간 욕망의 엄청나게 다양한 영역의 궁극적 긍정적 대상으로 삼는 이론이다.

는 것으로 악명 높지만, 실험적 증거가 드물고 경쟁하는 이론들이 단단한 이론과 설명으로 무장하여 다소간 양립하고 있어 선택할 수 없는 상황에서는 어떤 비중을 가질 수 있다.

나아가, 어떤 실험 연구는 결정적이지는 않다고 하더라도 이러한 문제와 관련하여 상식을 지지하기도 한다.[49] 밧슨(C. Daniel Batson)은 정교한 개념 분석 방법에 기초하여 흥미로운 실험적 결과를 얻었다. 심리학적 이기주의는, 곤경에 처한 사람의 필요에 감정이입적으로 초점을 맞춤으로써 생겨나는 외관상 이타적인 행동이 참된 이타적 행동이 아니라고 지적한다. 예를 들어, 그들은 그러한 행동이 감정이입에 의해 생겨난 불쾌한 감정을 제거하고자 하는, 또 돕지 않을 경우 갖게 될 부끄러움이나 죄스러움과 같은 불쾌한 감정을 피하고자 하는, 아니면 타자에 의해서 가해질 사회적 처벌을 피하고자 하는, 또 아니면 도왔을 때 고양되는 자존감이나 칭찬이나 신망과 같은 사회적 보상을 얻고자 하는, 이기적 필요에 의해서 동기화된다는 일반적인 주장들을 한다. 밧슨은 자기의 실험을 곤경에 빠져 있다고 생각하는 사람을 꼭 돕지 않고도 사람들이 도왔을 때 얻게 되는 이기적 필요들을 충족시킬 기회를 갖도록 설계하였다. 그 결과는 이타주의적 동기가 실재한다는 것이었다.

인간 존재와 가장 밀접하게 관련되어 있는 **영장류**에 대한 최근의 **연구** 또한 이타주의적 동기의 실재성에 대한 간접적인 증거를 제공하고 있다. 드 발(Frans de Waal)은 소형 원숭이와 대형 원숭이에서 대립하고 있는 어느 편도 들지 않고 싸움을 중단시키는 것과 같이 집단 내 갈

Sober와 Wilson은 자연 집단 선택을 옹호하는 강력한 주장을 하였는데, 나에게는 그들의 이론이 이타주의의 존재를 설명으로서는 진실성을 획득한 것으로 보이지만, 그 밖으로는 아니다.

49) 다음을 보라. C. Daniel Batson, *The Altruism Question: Toward a Social-Psychological Answer* (Hillsdale, N.J.: Lawrence Erlbaum Associates, 1991). 다음에서 Sober와 Wilson 그리고 Batson 간의 의견교환도 보라. *Evolutionary Origins of Morality*, ed. Leonard D. Katz.

등을 감소시키는 동기를 발견했다. 그는 그러한 공평무사한 간섭은 심리적 이기주의자들에 의해서 제시되는 표준적인 방법으로는 만족스럽게 설명이 되지 않는다고 지적한다. 드 발은 친척이 아닌 어려움에 빠진 개체를 돌봐주고 어려움을 들어주는 구호행위를 보고서, 이러한 종류의 행위는 타자에 대한 애착과 관심, 그리고 때때로는 타자의 필요와 감정에 대한 이해까지도 포함하고 있다고 주장하였다. 드 발은 인간이 아닌 영장류가 도덕률을 가지고 있다고 말하고 있는 것이 아니라, 영장류가 인간 사회의 도덕률을 구성하는 어떤 의지적이고 인지적인 구성요소를 가지고 있다고 주장하고 있다. 만약 하나의 전체로서의 공동체적 삶에 대한 관심과 타자에 대한 공감과 애착의 능력을 구성하는 그러한 요소들이 다른 영장류에게 있다면, 인간들이 그러한 구성요소들을 결여하고 있다는 것은 놀라운 일이 (마찬가지로 극히 실망스러운 일이) 될 것이다.[50]

3) 이타주의의 다양한 형태들

또 이야기해 두어야 할 것은 이타주의적 동기가 대단히 다양한 형태를 띨 수 있다는 것이다. 긴티스(Herbert Gintis)는 **경제인**(Homo economicus) 즉 자기에게 이익이 될 때만 협력하고 기본적으로 다른 사람의 복지에 대하여 무관심한 그러한 인간상에 대하여 경험적으로 확정된 하나의 대안은 **상호인**(Homo reciprocans)라고 주장하였다. 상호인은 협력하고자 하는 경향을 가지고 새로운 사회적 상황에 접근하며, 다른 사람들이 친사회적 행동을 하면 (즉 사회적 협력에 긍정적으로 기여하지만 행동하는 사람이 반드시 비용을 지불하거나 희생을 해야 하는 것은

---

50) 다음을 보라. Frans B. M. de Waal, *Peacemaking Among the Primates* (Cambridge, MA: Harvard University Press, 1989); Jessica C. Flack and Frans B. M. de Waal, "Any Animal Whatever," *Evolutionary Origins of Morality*, ed. Leonard Katz. 다른 사람들의 이들에 대한 논의와 이들의 반론도 보라.

아닌 그러한 행동을 하면) 자신의 협력 수준을 유지하거나 상승시킴으로써 대응하고, 다른 사람들이 이기적이고 무임승차적인 행동을 하면 그러한 위반자들에게, 비록 비용을 치르는 한이 있더라도 또 보복을 통해서 미래에 개인적인 이익을 얻을 것이라고 합리적으로 기대할 수 없더라도, 보복을 함으로써 대응한다.51) 긴티스는 세금의 자진납세나 위험에 처한 환경 자원의 사용을 제약하는 것과 같은 문제들을 밝히기 위하여 고안된 '공공선 게임'(public-goods game)이라는 실험의 결과를 지적하고 있다. 그 게임의 초기 단계에서 사람들은 일반적으로 완전히 협력적이지도 완전히 이기적이지도 않은 중간 정도의 기여를 한다. 하지만 게임의 나중 단계에서 그러한 기여는 결국 그들이 경제인 수준에 가까워질 때까지 저하한다. 추가적인 분석은 그러한 저하의 이유가 협력자들이 무임승차자들에게 복수하기를 원하기 때문이며, 그들이 그렇게 할 수 있는 유일한 길은 전체적으로 협력을 하지 않는 것임을 보여준다.

이타주의를 제대로 이해하는 일에서 중요한 것은 **이타주의가 극단적이고 무조건적인 형태를 가질 필요가 없다**는 것을 인정하는 것이다. 비슷한 맥락에서 다음과 같이 말할 수 있다. 인간에게 가장 긴급한 관심들 중의 어떤 것은 자신에게게만 명백히 이익이 되거나 순전히 다른 사람만을 위한 것이 아니라는 것이다. 사람들이 자신의 가족에 대해서 가지는 **애정**과 사랑은 예를 들자면 확실히 강한 타자중심적 차원을 가지지만, 전형적으로 또 때로는 분리할 수 없도록 이러한 타자들과 함께 하

---

51) Herbert Gintis, *Game Theory Evolving* (Princeton, N.J.: Princeton University Press, 2000). Robert Trivers는 "The Evolution of Reciprocal Altruism"에서 '도덕주의적 공격성'(지각된 상호성의 위반에 대한 부정적인 반응)이 무임승차의 발생률을 줄이는 것을 돕는 중요한 역할을 한다고 지적하였다. 그렇지만 Gintis는 많은 경우들에서 무임승차자들에 대해 자발적으로 복수하려는 이타주의적 요소가 있음을 정확하게 지적하였다. De Waal은 어떤 영장류에서 도덕주의적 공격의 전조로서 징벌과 복수의 능력을 보았다. 다음을 보라. Flack and De Waal, "Any Animal Whatever."

는 삶으로부터 사람들이 끌어내는 **만족**과도 뒤섞여 있다. 예를 들어, 부모들이 원하는 것은 그들의 아들과 딸이 성공하는 것만이 아니다. 그들은 그들의 아이들이 성공하도록 돕는 사람이기에 또 아이들이 그것을 인정하고 있기에 **스스로도** 깊은 만족을 또한 느낀다. 자신과의 깊은 일체감을 느끼는 공동체의 복지를 향상시켰을 때도 이러한 종류의 이익을 또한 얻는다. 사람들이 그러한 공동체에 기여함으로써 얻게 되는 만족은 전형적으로 순수하게 타자중심적 이익으로 환원될 수 없는 것이다. 자신보다 큰 어떤 것에 변화를 일으켰고 그리하여 자신의 존재가 더 큰 의미를 가지게 되었음을 아는 그러한 만족과 부분적으로 연결되어 있다.

4) 이타주의와 이기주의의 생산적 균형이라는 도덕률의 과제

개인이나 집단의 자연 선택이 인간의 본성을 형성시켜 왔다면, 직관적으로 그럴듯한 결과는 동기의 다원성만이 아니라 인간 본성에서의 심각한 애매성이다. 개인 수준에서의 선택의 힘은 약간의 강력한 이기주의적 동기, 다른 사람들의 복지를 고려하고 다양한 수준에서 자신이 비용을 치르면서 그러한 복지에 기여하는 중요한 능력, 그리고 순수한 형태의 이기주의와 이타주의 사이에 있을 것으로 보이는 다양한 아주 익숙하고 자주 생겨나는 동기들을 산출하였으리라 기대할 수 있다. 규범체계가 효과적으로 사회적 협력을 증진시키고 촉진시키려고 하면 인간본성의 그러한 특징들을 따라 어떤 모양을 갖출 필요가 있다. 자기 이익적 동기는, 그것이 무임승차나 다른 사람들에 대한 공격의 동기가 될 경우, 사회적 협력에 파괴적 효과를 분명히 가질 수 있다. 이것이 다른 사람의 이익을 그 자체로서 고려하라는 익숙한 도덕적 명령이 개인 상호적인 기능의 관점에서 전적으로 필요한 이유이다. 하지만 제대로 된 환경에서는 자기 이익도 타자 이익적 동기를 반대한다기보다는 오히려 지지할 수도 있다. 맨스브리지(Jane Mansbridge)는 감정이입으로부터 생겨나는 것과 같은 그러한 타자 이익적 동기가 대부분의 개인에 존재하기는 하지만, 그것들이 극히 중요한 가치를 갖는 것은 아니라고 지적하였다. 긴티스의 상호인에 대한 서술도 같은 이야기를 하고 있다. 타자를 이롭게 하는 데 큰 비용이 들면, 많은 사람들은 단순히 포기한다. 타자 이익적 행동으로부터 자기 이익적 보상이 오게 하는 제도들은 '생태학적인 보금자리'(ecological niche)를 만들 수 있다. 맨스브리지는 그것이 타자 이익적 행위를 유지하도록 할 것이라고 주장하였다. **타자 이익적 행위의 비용을 낮춤**으로써, 이러한 제도들은 개인들이 타자에 대한 관심을 즐길 여유가 있다고 더 많이 느끼게 할 수 있다.[52] 효과적인 도덕률이 언제나 자기 관심을 제약하고 타자 관심을 강화해야 한다고 말하기보다는 이러한 두 유형의 관심 사이에 생산적인 균형이나 조화를 달성하려고도 자주 시도하는 것이 좋을 것이다.

상호성을 요구하는 도덕적 규범들은 그러한 조화에 결정적인 역할을 한다. 그리고 이것이 그러한 규범들이 적합한 도덕률들의 보편적인 요소가 되는 까닭이다. 자기 관심과 타자 관심을 조화할 필요성은 우선 가족관계에서 나타난다. 아주 다양한 문화들에는 모두, 젊은이들을 키우고 먹이는 역할을 하는 부모나 다른 사람들을 존경하고 존중하는 의무가 있다. 그러한 의무를 수행하는 것은 일종의 좋은 일에 대한 좋은 보답이다. 물론 돌아오는 것이 반드시 원래 주었던 것과 같은 것은 아니다. 예컨대 어린이들이 나이든 부모를 돌보는 것처럼 때때로 보답이 원래 주었던 것과 비슷할 수도 있다. 그러나 대부분의 다른 경우에는, 돌보고 키우는 사람과 수혜자들과의 관계에 적합한 어떤 좋음이 보답으로 주어진다. 예를 들자면 복종과 가르침의 수용과 같은 것들이다. 어떤 사람들은 복종 그 자체는 돌보고 키우는 사람에게 좋은 보답이 아니라고 생각할 수도 있다. 복종은 돌보고 키우는 사람에게 언제나 선이 되는

---

52) Jane Mansbridge, "On the Relation of Altruism and Self-Interest," *Beyond Self-Interest* (Chicago: University of Chicago, 1990), pp.133-143.

것은 아닐 수도 있다. 하지만 복종은 다른 사람에게 행사할 권력을 즐기는 사람에게만 좋은 것도 아니다. 우리가 아이들에게서 독립성을 아무리 높게 평가하더라도 우리가 그들에게 하라고 하는 것을 단순히 하는 것을 크게 중요시해야 할 때도 자주 있다. 그들이 그렇게 복종하거나, 우리가 그들에게 주는 것에 대하여 감사를 표현한다면, 그것은 우리가 그들에게 주도록 되어 있는 돌봄을 계속 주도록 우리를 돕는다. 완전하게 이기심이 없는 부모에게는 그러한 강화가 필요하지 않을 것이다. 그러나 심원하게 애매한 존재들인 인간들은 강화 없이는 비이기적인 일을 할 수 없을 수도 있다.

5) 다양한 이타주의 도덕적 규범에 대한 설명력

이외에도, 다양한 형태의 이타주의를 가져오는 다양한 메커니즘들은 즉 친족 선택, 집단 선택, 성적 선택, 문화 선택 그리고 상호적 이타주의는 다양한 기초적인 가치들이 존재하는 까닭을 설명해 준다. 친족 선택과 상호적인 이타주의 그리고 문화 선택은 특별한 관계에 기초한 다른 사람들에 대한 책무를 설명해 주며, 특별한 관계나 상호성에 대한 기대에 의거하지 않는 그러한 종류의 이타주의는 일반적인 권리나 사회적 공리의 증진과 같은 그러한 비개인적인 가치들을 설명해 준다. 이러한 다양한 형태의 이타주의와 그에 따르는 책무와 가치들은 사회적 협력을 조절하고 촉진시키는 기능을 잘 수행한다. 많은 제약을 가지는 조건적인 형태의 이타주의와, 순수한 자기 관심과 순수한 타자 관심 사이에 정확히 가운데 위치하는 그러한 형태의 이타주의는, 응집력이 있는 더 작은 집단을 형성하기 위하여, 도덕적 규범과 이유들에 의해 생성되고 발달될 수 있는 그러한 종류의 동기들이다. 순수한 타자 관심에 가장 근접한 그러한 형태의 이타주의는 더 작은 집단들 사이의 협력을 촉진시키거나 그러한 집단들 간의 갈등을 제한하기 위하여 생성되고 발달될 수 있는 그러한 것이다.

8. 피통치자에 대한 정당화 가능성이라는 제약

1) 도덕률 준수의 자발성이 요청하는 도덕률 정당화의 진실성

개인 상호적 기능, 인간 동기의 강력한 자기 이익적 요소, 그리고 널리 공유되는 도덕률 개념으로부터 나오는 도덕률에 대한 다른 제약을 생각해 보자. 협력을 증진시키는 시스템인 도덕률은, 그것이 제공하고 있는 지시적인 규범들과 이유들에 대한 상당한 수준의 자발적인 수용을 통하여 작동된다. 규범들과 이유들에 따르도록 하는 일이 오직 물리적 협박이나 강요에 의존한다면, 그 비용은 사회적 협력의 이익을 크게 손상시킬 것이다. 인간들이 협박과 강요를 통하여 통치하는 협력 조절 및 증진 시스템을 진화시켜 왔다는 것은 맞는 말이다. 자신의 행동을 서로에게 설명하고 정당화하는 존재들에게서는 도덕률이 그 다음 단계로 진화하는 것도 가능하다. 도덕규범은 통치를 받는 자들에게 정당화 가능하기 때문에 자발적으로 수용된다. 그러므로 도덕률에 대한 또 다른 제약은 적합한 **도덕률의 규범들과 이유들을 따르도록 하는 정당화가 결정적으로 거짓에 근거해서는 안 된다**는 것이다. 특히 도덕규범들과 이유들이 어떤 사람의 이익보다 다른 사람의 이익을 앞세우도록 요구할 경우에, 그러한 규범들과 이유들의 정당화는 결정적으로 거짓에 근거해서는 안 된다.

2) 지배규범으로서 도덕률이 갖는 상호성

이러한 제약이 특히 중요한 경우는, 종속되는 자들이 다른 사람들의 이익들에 종속됨에도 불구하고 종속되는 자들의 이익들이 만족스럽게 고려되고 있다는 그러한 전형적 논증의 형태를 통하여, 종속시키는 규범들과 이유들이 정당화되고 있을 때이다. 자기 이익이 인간의 유일한 동기는 아니라고 하더라도 강력한 동기인 것이 사실이라면 이는 놀랄 일도 아니다. 종속시키는 규범들과 이유들을 옹호하는 논증은 종속되는 자들과 종속시키는 자들 간의 상호성이라는 주제를 보통 포함한다. 어떤 사람이 다른 사람에 비하여 훨씬 많은 권력과 물질적 수단을 가진 극단적으로 위계적인 체계조차도 어떤 종류의 상호성을 포함하고 있다. 무어(Barrington Moore, Jr.)가 관찰한 대로 지배자와 피지배자를, 권위를 가지는 자와 권위에 복종하는 자를 일반적으로 묶는 어떤 상호적인 책무가 있다. 지배자는 일반적으로 지배받는 자에게 외부와 내부의 공격으로부터의 안전과 관습적인 일상적인 삶에 필요한 물질적인 지원을 빚지고 있다.53) 왈쩌(Michael Walzer)도 다음과 같은 관련되는 이야기를 하고 있다. 마르크스주의적 설명에 의하면, 모든 지배계급은 "어쩔 수 없이 자신을 보편적인 계급으로 제시한다." 심지어 한 사회에서 현재 통용되는 사회적 규범이 다른 사람들의 이익보다 자신들의 이익을 선호한다고 해도 이러한 규범도 **공공의 이익**에 기여하는 척한다.54)

워턴버그(Thomas Wartenberg)는 정치적 권력의 본성에 대한 자신의 책에서 지배받는 집단에 대해 억압적인 권력을 행사하는 지배적인 집단도 그러한 관계를 '영향'(influence)에 기초하는 관계로 만들려는 관심을 가진다고 지적했다. 워턴버그가 '영향'이라는 말로써 의미하는 것은 지배자가 하는 말을 피지배자가 수용하기 때문에 피지배자가 무엇인가를 하게 되는 그러한 권력관계이다. 영향은 지배자가 해를 준다는 두려움을 가지고 지배하는 순전히 억압적인 권력관계와 대비된다. 지배자가 순수하게 억압적인 관계를 유지하는 한, 피지배자는 저항하려는 경향을 갖게 되고, 따라서 지배자는 억압적인 힘이 근거하는 협박을 실감하도록 힘을 사용할 필요를 갖게 된다. 워턴버그의 관찰에 따르면, 힘을 그렇게 사용하는 것은 자원의 측면에서 보면 비용이 많이 난다. 그러므로 지배자는 저항을 피하고자 하는 관심을 갖는다.

---

53) Barrington Moore, Jr., p.22.

54) Michael Walzer, *Interpretation and Social Criticism* (Cambridge, MA: Harvard University Press, 1987), pp.40-41.

3) 사이비 정당화

영향의 어떤 경우들은 도덕적으로 정당화되지만, 어떤 경우들은 정당화되지 않는다. 인간 존재들은 잔인한 복종을 수용해 온 길고도 비극적인 기록을 가지고 있다. 하지만 인간 존재들이 복종을 도덕적으로 요청되는 것으로 받아들일 때, 그들은 어떻게든 자신들의 이익을 만족스럽게 고려한다고 보이는 정당화에 기초하여 그렇게 한다. 종속은 종종 일종의 **간섭주의**(paternalism)적 필요, 즉 어떤 사람이 다른 사람이 돌볼 필요가 있다고 지적함으로써 정당화된다. 이러한 간섭주의는 종속되는 자의 윤리적인 이성사용 능력이나 자기통제 능력에 대해 거짓말을 함으로써 정당화된다. 워턴버그가 관찰한 대로, 지배자에게는 "피지배자들이 자신들에게 무슨 일이 일어나고 있는지를 잘못 이해하게 하고, 어떻게든 종속된 집단이 지배되고 있지 않다는 확신을 가지게 함으로써 그들의 지배적 위치를 확고히 하려는 내적인 경향"이 있다.[55] 종속에 대한 다른 종류의 정당화는 **형이상학적 주장**에 근거할 수도 있다. 예를 들어 인도의 카스트 제도(caste system)는 어떤 사람의 사회적 위치가 업(karma)에 의해서, 즉 그의 전생에서의 행위에 의해서 필연적으로 정해진다는 주장에 근거한다. 이러한 종류의 정당화는 종속을 일종의 형이상학적이고 도덕적인 필연으로 만듦으로써 종속되는 자들의 이익을 만족스럽게 고려할 필요를 회피한다.

4) 도덕적 정당화의 기원과 필요성

문화인류학자 보엠(Christopher Boehm)은 종속을 정당화하는 도덕적 요청과 관련하여 앞에서 서술된 것과 일치하는 도덕기원에 대한 이론을 제시하였다. 보엠은 수렵채취를 하던 유목집단 내의 초기 도덕률은 집단 내부의 갈등을 일으킬 것 같은 행위를 집단적으로 억압하는 그런 모

---

55) Thomas Wartenberg, *The Forms of Power: From Domination to Transformation* (Philadelphia: Temple University Press,1990), p.127.

습을 가졌을 것이라고 가정하였다. 보엠은 그러한 집단은 적어도 {다수가} 주요한 정치적 행위자라는 점에서 상대적으로 평등주의적이었다고 생각한다. 그는 이러한 집단구조를 소수의 우두머리 자리에 대하여 실제적인 사회적 경쟁이 있고 지도자가 자신이 마음대로 할 수 있는 실제적인 합법적인 권위나 억압적인 힘을 가지는 사회구조와 대비시킨다. 도덕률은 처음에는 이탈자를 지적하고 집단 내에 갈등을 일으킬 위험이 있는 개인의 경쟁적이고 얄미운 행동을 집단적으로 제재(collectively sanction)하기 위하여 생겨났다. 못된 행동을 일탈적인 것으로 규정하고 제재하는 것은 도덕률을 통한 사회 통제의 특히 중요한 예이다. 왜냐하면 보엠에 따르면 인간들은 다른 사람을 지배하고자 하면서 다른 사람의 지배를 피하려는 강한 자연적 경향을 가지기 때문이다. 보엠은 이와 비슷한 자연적 경향과 못된 짓에 대해 집단적으로 제재하는 약간의 경우를 침팬지(chimpanzee)와 보노보(bonobo)들에서 보았는데, 이들은 우리와 같은 조상에서 나왔다. 예를 들어, 인간에 사로잡힌 암컷 침팬지들이 개인적으로 그들을 지배하고 있는 수컷들에 대해서 그러한 통제를 집단적으로 행사한 것으로 알려져 있다.56) 만약 보엠이 옳다면 우리들 대부분은 우리 조상들의 평등주의로부터 출발하였으며, 우리는 여전히 종속에 대한 정당화를 요구하면서 지배를 피하려는 욕구를 가지고 행위하고 있다. 도덕률이 지배의 {한 방식으로} 규범에 기초한 제재로서 시작되었다면, 대개의 경우 더욱 더 위계적인 형태를 가지는 인간의 사회

---

56) 다음을 보라. Christopher Boehm, "The evolutionary development of morality as an effect of dominance behavior and conflict interference," *Journal of Social and Biological Sciences* 5 (1982): 413-422; 다음도 보라. "Conflict and the Evolution of Social Control," *Evolutionary Origins of Morality: Cross-Disciplinary Perspectives*, ed. Leonard D. Katz (Bowling Green: Imprint Academic, 2000). 여기서 Boehm의 논문에 대하여 다양한 사람들이 아주 유용한 언급을 하고 있는데, 마지막에는 Boehm이 이러한 언급에 대해 또 답하고 있다.

적 구조로서의 종속은 계속 정당화 요청을 받게 될 것이라고 생각할 수 있다.

내가 피지배 집단의 이익을 고려함으로써 지배를 정당화해야 할 필요성에 대해 해온 이야기는 필연적인 것이 아니라는 반론을 받을 수 있다. 즉 인간은 지배에 저항하는 충분히 강력한 경향을 가졌기 때문에 지배자들이 피지배자들의 협력을 충분히 확보하기 위해서는 야만적인 힘 외에 어떤 다른 것에 의존하는 것이 결국에는 필수적이라는 나의 주장이 필연적이지 않다는 반론을 받을 수 있다. 이러한 우연성에 근거하는 나의 이야기 방식을 사람들은 받아들일 수 없다고 생각할 수도 있다. 복종에 저항하는 경향을 가지지 않는 사람이 있다면 어떻게 할 것인가? 피지배자들이 '저항'할 입장에 있지 않으면 피지배자들을 그들의 이익에 의거하여 정당화하지 않고 종속시키는 도덕률은 그럼에도 불구하고 적합할 수 있을 것인가?[57] 그렇지만 지배를 붕괴시킬 수 있는 저항이 무장봉기일 필요가 없다는 점을 기억하라. 그것은 지배자나 감독자가 쳐다보고 있지 않을 때 가능한 한 아무 일도 하지 않는 수동적 저항일 수도 있고, 사보타지일 수도 있고 탈출시도일 수도 있다. 더 넓은 의미의 저항이라는 입장에서 보면, 인간 존재 일반은 그들이 그들의 입장을 받아들여만 한다고 설득당하지 않는 한 저항할 수 있는 능력을 가지고 있다. 복종을 정당화할 필요를 인정하지 않는 도덕률은 인간에게 적합한 도덕률이 아닐 것이다.

---

57) Nicholas Sturgeon은 그의 "Moral Disagreement and Moral Relativism," *Cultural Pluralism and Moral Knowledge*, ed. Ellen Frankel Paul, Fred D. Miller, Jr., and Jeffrey Paul (Cambridge: Cambridge University Press, 1994), p.93, note 40에서 이러한 반론을 하고 있다고 할 수 있다.

9. 보편적인 범위를 가진 도덕률과 그렇지 않은 도덕률

1) 도덕률의 현실적인 비보편성과 보편주의적 경향

이제 모든 도덕률들이 보편적으로 적용 가능한 원칙을 가지는가라는 다른 문제를 살펴보자. 몇몇 서구의 도덕적 전통들에서는 행위원칙들이 모든 인간에 적용될 수 있다고 주장된다. 이 책에서 취하고 있는 자연주의적 접근에 의하면 그러한 보편적인 원칙은, 그러한 원칙들이 ·인간의 본성이나 도덕률의 기능으로부터 도출된 제약들을 넘어선다면, 생각할 수 있는 모든 적합한 도덕률들에 요구되는 것은 아니다. 결국 도덕률은, 어떤 집단이나 사회 그리고 그 속의 내적인 관계에 적용되는 원칙들에 의해서만 기능한다. 집단이나 사회 내의 구성원들은 서로의 관계에서 도덕적인 지시들을 수용할 수 있지만, 집단 바깥 사람들과의 관계에서는 그렇게 하지 않을 수도 있다. 그렇지만 대부분의 실제적인 도덕률들은 보편주의적 요소를 가진다.

2) 도덕률의 보편성을 주장하고자 하는 두 이유

그러한 보편주의적 요소가 있다는 것은 자연주의가 거부해야만 하는 도덕률의 일반적인 개념 즉 도덕적 속성들은 어떻든 세계를 구성하고 있는 환원될 수 없는 부분이라는 것과 관계가 있을 수 있다. 도덕적 속성들이 우주적 질서의 환원될 수 없는 부분으로서 '저기 바깥에' 있다면, 그것이 그것에 따라 행동할 수 있는 모든 사람에게 적용된다고 생각하는 것은 자연스러운 일이다. 나아가 그러한 도덕적 질서가 사회 내의 한 집단에 이득이 된다면, 그러한 도덕적 질서라는 견해를 유지하는 것이 그들의 이익이 될 수도 있다. 또 덜 비관적으로 말하자면, 유동적인 경계를 가지는 집단들이나 다른 집단과 아주 정기적인 의미 있는 **상호작용**을 하는 집단들은 그들의 도덕적 규칙들을 바깥으로 확장할 상당한 이유를 가진다.

원래 가족관계나 친족관계를 조절하기 위해 만들어진 도덕규칙들을 보자. {이제 하나의 가족이나 씨족이 아니라} 여러 가족들이나 씨족들이 그들의 필요를 충족시키기 위해 협력하는 경우, 그들은 그들의 협력을 구성하고 갈등을 해결할 규칙들을 가져야만 한다. 자연스런 해결책은 전에는 오직 하나의 가족이나 친족 **내에서**만 적용되던 어떤 도덕적 규칙들을 다른 가족들이나 친족들과의 관계로 확장시키는 것이다. 비슷하게 더 큰 집단들이 상호작용을 하게 되면, 전에는 오직 각 집단 내에서만 통용되는 도덕적 규칙들이 더 큰 집단들과의 관계에 확장된다. 두 집단이 자발적으로 협력하는 만큼, 그들은 그들의 상호작용을 양자가 구속적인 것으로 인정한 규칙(예, 정해진 협약을 지키는 것, 상호적으로 돕는 것)에 의해서 조절할 필요가 있다. 한 집단이 다른 집단을 정복한 경우에도, 지배 집단이 피지배 집단으로부터 어느 정도의 자발적인 협력을 필요로 하는 때가 보통 오게 된다. 앞에서 지적한 것처럼, 완전히 힘만 가지고 지배하는 것은 질서유지를 위해서 너무 많은 자원을 소모시키기 때문에 강제할 수 없으므로 지속적이고 (적어도 어느 정도는) 자발적인 참여를 필요로 하는 그러한 중요한 과제가 있게 된다.

비관적이고 낙관적인 두 이야기가 아마도 모두 참일 것이며, 그리고 사실 둘은 서로 꼬여 있을 것이다. 지배 집단은 그들이 지배하고 있는 자들의 자발적인 협력을 필요로 하기 때문에, 그들은 그들의 내적인 도덕규칙을 외적 집단으로 확장한다. 그러나 이러한 규칙들은 보통 집단 외부의 이익이 종속적인 것이 되도록 해석된다. 그렇지만 이러한 역동성은 도덕적 전통을 재검토하도록 만든다. 전통의 수립자들은 도덕적 규칙의 적용을 그들 자신의 집단에 한정하는 데에 만족했다. 반면에, 전통의 계승자들은 적어도 어떤 도덕적 규칙들이 집단 외부에 적용되어야 한다는 것을 인정한다. 계승자들은 보통 우월한 위상을 유지하기를 원하며, 일단 **약간의** 도덕규칙들을 집단 외부에 불리하도록 해석하여 적용한다. 이렇게 되면 도덕적 위상에서의 그러한 차이를 정당화하는 것이 무엇인가라는 질문이 생겨날 수 있다. 지배 집단이 자신의 위치를 단순히 힘에 의해 정당화하지 않았기 때문에 그러한 차이를 변호해야만 한다. 집단 내부에 속한다거나 친척관계라는 것은 그 자체로는 더 이상 타당한 정당화가 되지 못한다. 왜냐하면 그러한 것들이 집단 외부의 부분적인 포함을 막지 못하기 때문이다. 지배 집단을 편드는 우월성 주장은 (그들이 도덕적으로 우월하다거나 선진적이기 때문에 다른 사람들을 동굴에서 인도해 내어야 하는 의무가 있다는 주장은) 두 종류의 집단이 모두 인정할 수 있는 근거에 기초해야 할 때는 자세히 검토되고 배격될 수 있다. 이러한 과정과 같은 것이 많은 근대 도덕률들의 비개인적인 요소들을 불러왔다고 나는 생각한다. 이러한 과정은 역사적으로 우발적인 것이며, 적합한 도덕률이 어떤 것인가 하는 생각에 의해 이끌어진 것은 아니다. 왜냐하면 한 집단이 집단 경계를 넘어서 다른 집단과 상호작용을 해야 할 필연성이 없으며, 또 도덕적 규칙들을 집단 외부에 우선적으로 적용할 필요도 없기 때문이다. 우선적인 필요가 있다고 해도, 그것은 도덕적 필요가 아니라 실용적인 필요, 즉 그 집단이 다른 집단과 상호작용을 하거나 그들을 지배하기 위해 가지는 목적과 관련된 실용적인 필요이다.

3) 보편성과 비개인성에 대해 부정하면서 긍정하는 이유

내가 도덕률의 보편주의적이고 비개인적인 요소들의 기원에 대하여 한 이야기는 그것들을 높게 평가하지 않는 것으로 보일 수도 있다. 이러한 요소들을 좀더 많은 숫자의 사람들에게 왜곡되지 않게 적용하는 것이 우리가 도덕적 진보라고 부를 많은 것들을 달성할 것이라고 믿는 사람들에게는 만족스럽지 않게 보일 수도 있다. 그러나 나의 이야기와 같은 것만이, 정의(definition)에 따를 때 도덕률이 단순히 보편적인 적용범위를 가진 한 벌의 원칙일 **뿐이라고** 선언하거나 아니면 그러한 보편주의적 요소들이 적합한 도덕률의 다른 기준들로부터 도출된 것이라고 주장하는 것을 방지할 수 있다. 나아가 이러한 이야기는 우리가 보편주의적 요소를 유지하는 것을 '선택적'이지 않은 것으로 만든다. 다양한 지구촌 공동체들 사이의 상호작용으로부터 이제 되돌아갈 수는 없다. 우리는 예전보다 훨씬 상호의존적이 되었으며, 어떤 공동체든 합의적인 규범들을 배경으로 하지 않고서는 다른 공동체를 지배하는 것이 전보다 훨씬 많이 불가능하게 되었다.

10. 타협을 요구하는 제약

1) 윤리적 갈등의 전통 내외적인 보편성

보아야 할 마지막 제약은 다소간 예상 밖일 것이다. 나는 도덕적 갈등이 다원적 가치로부터 유래되며, 도덕적 애매성에 동반되는 현상은 사회들이나 사회들의 도덕적 전통들 내에서 생겨난다고 이야기해 왔다. 우리는 문화들 내에 어떤 선택을 할 것인가에 대하여 심각한 갈등이 있을 것을 예상해야 한다. 물론 하나의 문화 내에는 이러한 문제에 대한 상당히 큰 일치도 있을 수 있다. 이것이 우리가 문화를 구분하는 기준들 중의 하나이다. 문화들은 다른 문화들과 구분되기에 충분할 정도의 일치를 가지면서도 또 내부적인 불일치를 이룰 많은 여지를 남겨둘 수도 있다. 매킨타이어(Alasdair MacIntyre)가 지적한 대로, 도덕적 전통은, 정태적인 명제들의 체계가 아니라 계속적인 대화와 논쟁에 의해 구성된다.[58] 하나의 도덕적 전통 내에서의 불일치는 다른 전통들 간의 불일치처럼 극적일 필요는 없다. 하지만 그것도 마찬가지로 심각할 수는 있다.

예를 들어, 미국에서 평등이라는 사회적 가치의 의미와 요청에 대해

---

58) 예를 들어 다음을 보라. Alasdair MacIntyre, *Whose Justice? Which Rationality* (Notre Dame: University of Notre Dame Press, 1988), chapter 28.

서 심각한 불일치가 있으며, 이러한 불일치는 자유주의(libertarianism), 자유주의적 복지주의(liberal welfarism), 사회주의(socialism)와 같은 대립되는 철학적 이론들에서 표현되고 있다. 물론 근대 서구 사회에서 심각한 불일치는 놀라운 일이 아니라고 말하는 사람들도 있다. 왜냐하면 이들 사회들은 그들의 정합성을 상실했으며, 그들의 전통들은 이제 다양한 문화적 갈래들의 불가해한 복합체이기 때문이다. 그러나 {이 말이 꼭 맞는 것은 아니다. 왜냐하면} 고대 중국의 유가적 전통은 어떻게 보든지 간에 정합적이고 안정적이었지만, 지배자가 백성들에게 힘을 행사하는 데에 얼마나 제약을 두어야 하는가, 또 아버지가 아들에게 그릇된 어떤 일을 하라고 요구할 때조차 아들은 아버지에게 복종해야 하는가 등의 문제에 대하여 심각한 불일치를 보였{기 때문이}다.

2) 윤리적 갈등이 요청하는 타협이라는 가치

어느 정도의 복합성을 가지고 있는 온갖 종류의 도덕적 전통들 내에서 심각한 불일치가 있다면, 하나의 특정한 종류의 윤리적 가치가 이러한 전통들이나 사회들의 안정성과 통합성에 특히 중요하게 된다. 바로 이러한 가치가 '타협'(accommodation)이다. 이러한 가치를 갖는다는 것은 타자가 우리의 윤리적 신념들과 갈등하는 윤리적 신념들을 갖는다고 하더라도 그들과 비억압적이고 건설적인 관계를 갖고자 함을 의미한다. 왜 이런 가치가 중요한가? 한 사회의 통합성이나 안정성이라는 관점에서 볼 때, 이러한 가치는 심각한 윤리적 불일치가 일어나는 빈도에 따라 그 만큼 중요하다. 그러한 불일치가 사회가 언제나 분리될 수 있을 정도로 위협적으로 되면, 어떤 사회도 야만적인 억압 없이는 그리 오랫동안 유지될 수 없을 것이다.

3) 도덕률에 대한 제한들과 이것들의 현실적 다양성

도덕률의 기능, 인간 심리학, 그리고 협력이라는 인간 본성으로부터

이 장에서 도출된 적합한 도덕률에 대한 제약들을 생각해 보자. 인간 존재에게 자기가 추구하려는 성벽을 가지고 있는 것만을 추구하도록 요청하기, 강력한 자기 이익을 고려한 상호성이란 규범의 도입, 규범과 이유들을 규정할 때 결국 자기 이익에 도움을 줌으로써 다른 사람들에 대한 관심에서 덜 압력을 받도록 하는 방식으로 자신의 관심과 타자의 관심의 균형 잡기, 이익들을 거짓 없이 제시함으로써 통치받는 자에게 규범과 이유들을 정당화 가능하도록 하기, 끝으로 도덕적 불일치에 대한 타협이라는 가치. 이것들은 다양한 제약들로서, 그 각각의 타당성은 다양한 요소들에 따르는 우연적인 것이다. 이러한 기준들이 {구체적으로} 어떤 것들인가를 탐구할 때 그러한 기준들이 도덕성 자체의 내적인 복잡성과 다양성 때문에 다양한 본성을 가질 것이라는 것을 예상하는 것이 중요하다고 나는 생각한다. 오늘날 도덕률로 간주될 수 있는 신념체계라면 어떤 것이든지 길고 복합적인 (생물학적이고 문화적인) 진화과정의 산물이다. 사회의 환경이 변화함에 따라, 개인 내적 갈등과 개인 상호적 갈등을 조절하던 옛 관행들과 관습들은 소멸되거나 변형되며, 새로운 것들이 출현한다. 이주자와 이민자들은 새로운 장소에 관습들과 관행들을 가져오며, 그곳에서 그것들을 변경하기도 하고 다른 전통들과 결합시키기도 한다. 미국과 같이 크고 이종적인(heterogeneous) 사회들에서 살고 있는 사람들은 길고 복합적인 도덕 전통의 계승자들이며, 이러한 복합적인 전통은 다양한 장소들과 문화들로부터 생겨나 다양한 길이의 역사를 가진 많은 다양한 갈래들을 포함하고 있다.

도덕철학의 일반적인 실수는 도덕률을 한 **종류**의 기준에 기초하여 적합한 것으로 정당화할 수 있는 동종적인(homogeneous) 전체로 보는 것이다. **도덕률의 내적인 복합성과 다양성을 고려하면, 비록 보편적으로 타당한 적합성의 기준들이 있다고 하더라도, 우리가 오직 한 종류의 논증을 가지고 도덕적 삶이라는 개념을 정당화할 수 있다고 기대하는 것은 비현실적일 것이다.** 우리가 보아온 것처럼, 우리를 돌보는 사람들에 대한 특별한 의무는 인간 조건이나 인간 본성의 보편적 측면에 그 유래를 가질 수도 있다. 보편주의적이고 비개인적인 요소들은 그 뿌리들을 역사적으로 우연한 과정에 두었지만 현재라는 역사적 순간에는 우리에게 굳건하게 뿌리 내리고 있을 수도 있다. 우리가 6장에서 보게 되듯이, 비개인적인 요청이 우리에게 취하는 특정한 모습은 우리가 이러한 역사적 과정에서 어디까지 도달하였는가와 더 많이 관계되어 있는 반면 인간의 조건이나 인간 본성 그 자체와는 덜 관계될 수도 있다.

11. 제약들 내에서의 다원주의

다원론적 상대주의는 적합한 도덕률들에 대한 보편적인 제약들이 그러한 도덕률들의 영역을 단 하나로 좁게 만들지 않는다고 주장함으로써 가치의 다원성과 도덕적 애매성을 설명한다. 이익의 개인 상호적인 갈등을 조정하거나 개인에게 좋은 삶에 대한 방향을 제공해 주는 다양한 방식이 있기 때문에 가치들에 대해 다양한 우선순위를 설정할 가능성이 있게 된다.

1) 의무론적 윤리 대 공리주의 윤리

개인적인 권리에 우선성을 두는 도덕률과 영향받는 모든 개인의 전체적 총합인 **사회적 공리**에 우선성을 두는 도덕률을 비교하여 생각해 보자. 사회적 협력을 증진시키는 하나의 효과적인 방식은 각각의 개인들에게 자신의 기본적인 이익들이 보호될 것이라고, 비록 그러한 이익들을 침해함으로써 더 큰 사회적인 공리가 얻어질 수 있다고 하더라도 보호될 것이라고 확신시키는 것이다. 이렇게 의무론적인 가치에 높은 우선성을 두는 도덕률은 앞에서 서술된 강력한 인간적 동기와 일치한다. 인간에게 일반적으로 기대될 수 있는 자기 이익의 실제적인 정도가 일반적으로 다른 사람을 위하여 큰 희생을 할 의도에 한계를 (물론 이는 문화에 따라서 그리고 또 개인적인 유전적 성품에 따라서 아주 다양하기는 하지만) 짓는다. 나아가 이기적인 동기들도 또 도덕적 사회화를 통하여 각각의 개인이나 모든 개인을 동일시하거나 각각의 개인이나 모든 개인에 대한 관심으로 쉽게 변화된다. 반면에 사회적 공리에 더 높은 우선성을 두는 도덕률은 숫자를 따지는 추론과 일치한다. 예를 들자면, 최대 다수의 최대 행복을 증진시키는 것은 사회적 협력을 증진시키는 효과적인 길이 될 수 있다. 공리주의 도덕률은 개인들이 자신들의 근본적인 이익에 대한 불가침적인 보호를 확신할 수 없을 때 그들의 안전과 그들의 협력하고자 하는 의도에 가해지는 부정적인 영향을 고려하여야만 할 것이다. 이것이 사회적 협력을 불안정하게 하는 것으로 드러나면 물론, 어떤 공리주의자들이 시사한 것과 같은, 조정이 또한 이루어져야 한다. 비록 그렇다고 하더라도, 개인의 권리를 기본적인 가치로 보고 그것에 높은 우선성을 부여하는 도덕률들과 사회적 공리에 높은 우선성을 부여하는 도덕률들 간에는 중요한 차이가 있을 수밖에 없다. 나로서는 적합한 도덕률들에 대한 보편적인 제약들이 어떤 종류의 도덕률이든 배제할 수 없다고 생각한다.

2) 공동체-기반 윤리 대 권리-기반 윤리

물론 가치의 우선순위에 대한 다른 종류의 차이들과 관련하여, 우리는 왜 특정한 사회가 어떤 우선순위를 채택하는지를 경제적으로 사회적으로 그리고 인간학적으로 설명할 수 있다. 그리고 그러한 설명은 그러한 사회가 '올바른' 우선순위를 가지는 다른 사회와 비교하여 도덕적 진보에서 더 낮은 단계에 있다는 콜버그(Kohlberg)주의자들의 논증의 기초가 될 수도 있다. 예를 들어, 도넬리(Jack Donnelly)는 저개발국가에 보편적인 인간 권리를 적용할 것을 주장하였는데, 그는 종종 공동체의 가치들을 강하게 강조하는 전통적인 사회들이 전근대적인 생산양식과 연결되어 있으며, 이러한 생산양식은 많은 사람들의 불안한 생존만을 보장할 뿐이라고 보았다. 그는 긴밀한 공동체라는 이상이 그러한 조건에 대응한다고 인정했다. 나아가 그는 그러한 공동체들의 최선의 형태들이 물질적이고 비물질적인 지원을 제공하는 개인적이고 사회적인 관계 영역을 사람들에게 제공한다는 것도 인정했다. 이러한 관계들을 통하여 공동체의 구성원들은 서구 사회에서는 개인의 인간적이고 법적인 권리를 통하여 보장받는 많은 개인의 이익들과 가치들을 사회적으로 보장받을 수 있게 된다. 그렇지만 도넬리는, 전통적인 형태의 공동체가 어떤 이유로든 붕괴되면 그리고 근대화가 어떤 형태든 또 어떤 정도든 자본주의적인 곳에서는, 개인적인 권리가 필요하게 된다고 주장하였다.59)

그렇지만 그러한 주장은 **공동체-기반의 윤리**와 **권리-기반의 윤리**를 도덕적 이상향에 이르는 하나의 길에 차례로 완전히 세울 수는 없다. 공동체-기반 윤리는 기본적인 물질적인 필요를 충족시킬 자원의 수준이 적합한 상황에서 번창해 왔다. 그리고 그러한 수준이 적합한 곳에서, 공동체의 구성원들이 근대화라는 변화를 도입할지 말지를 선택하는 경우, 그러한 선택은 공동체-기반의 윤리에 대한 지지를 붕괴시킬 것임을 알고서 하는 것이 되기에 윤리적인 선택이 된다.

예를 들어, 국가가 근대화됨에 따라 많은 아시아인들에게 결정적으로 중요한 문제는, 서구 스타일의 민주주의가 관계와 공동체를 정향하고 있는 그들의 고유한 전통을 고려할 때 그들에게 적합한 것인가 여부이다. 물론 이러한 물음을 묻고 있는 사람들 중에는 이기적이고 독재적인 정치 지도자들도 있다. 그러나 그렇다고 해서 이것이 다양한 아시아 사람들에게 실제적인 문제가 덜 되는 것은 아니다. 예전에 정치범이었던 대만의 야당 지도자는 자신조차도 예를 들자면 미국인들이 귀하게 여기

---

59) Jack Donnelly, *Universal Human Rights in Theory and Practice* (Ithaca: Cornell University Press, 1989), p.59.

는 "그렇게 많은 권리들을 주장하지는 않을 것"이라고 말했다. 그는 "조화가 우리 사회에서는 더 중요하며, 그래서 사람들은 평등이나 개인 적 자유에 너무 많은 가치를 두지 말아야 한다"고 주장했다.60) 어떤 아 시아인들은 서구의 개인주의가 그들이 받아들이고 싶지 않은 비용을 지 불하게 한다고 생각한다. 홍콩의 한 야경꾼은 이 점을 생생하게 지적했 다. "만약 뉴욕이나 로스앤젤레스가 민주주의의 예라면, 나는 그것을 원 하지 않는다."61)

나에게는 개인의 권리에 대한 도덕적 강조가 많은 아시아 사회들에서 점차적으로 커지고 있는 것같이 보인다. 만약 그렇다면 관계와 공동체 에 대한 전통적인 더 많은 강조와 그러한 새로운 강조에 어떻게 우선순 위를 부여하면서 균형을 맞추느냐 하는 것은 어려운 선택이 될 것이다. 나는 많은 아시아 문화가 서구의 정치적, 경제적 형태와 나아가 개인의 권리에 대한 관심과 언어들을 받아들인다고 하너라도 그들이 말하는 공 동체적 가치와 필요에 부여하는 강조는 그들에게 독특한 것으로 남을 것이라고 생각한다. 동시에 권리라는 가치틀이 공동체적 가치에 대응하 여 어떻게 균형을 잡을 것인가에 대한 반성과 논쟁이 있어야만 할 것이 다. 서구 전통에서 나타나는 어떤 것과 반드시 같을 필요는 없지만 독 특한 균형이 결과적으로 나타날 것이라고 나는 생각한다. 가능한 변형 에 대한 추가적인 논의와 권리에 공동체적 기초를 부여하는 그러한 변 형에 대한 논의는 다음 장에서 이루어질 것이다.

---

60) 대만의 야당 민진당의 지도자인 Yao Chia-wen에 대한 인용은 "Asia's Different Drum," *Time*, June 14, 1993.

61) *Ibid.* 물론 야경꾼이 뉴욕과 로스앤젤레스와 관련하여 거부하는 모든 것이 서구 인들이 기꺼이 옹호하고자 하는 가치들에 필수적인 속성들은 아니다.

12. 도덕률들의 공통점들과 차이점들

1) 공통점들

나의 다원론적 상대주의는 여러 사회들 사이에 또 그들 내부에 도덕률들에서 공통점들과 차이점들이 있다는 그러한 주장이다. 많은 도덕적인 것들이 말하자면 아시아 사회나 서구 사회나 같을 것이다. 왜냐하면 **도덕률들의 기능이 같고, 인간의 본성이 같고, 인간의 사회적 조건이 비슷하기 때문이다.** 공통점들이 {도덕률들의} 공유된 핵심을 이루는데, 여기에는 특별한 관계로부터 생겨나는 의무들, 젊은이들을 돌보고 교육하여 그들이 성숙한 도덕적 주체들이 될 수 있도록 하는 의무들, 상호성의 규범들, 그리고 도덕률이 기능을 수행하는 데에 필요한 다른 규범들과 이유들이 포함된다.

공유된 핵심에는 또 도덕률들을 전달하고 도덕적 문제들에 대하여 숙고하는 공통적인 개념적 장치들도 포함된다. 도덕률을 가지고 있는 모든 사회는 도덕적으로 해야만 하는 것과 도덕적으로 올바른 것에 대한 개념을 가지고 있다. 앞장에서 서술된 도덕적 가치들의 다양한 출처가 어떤 유형의 행위를 하거나 하지 말아야 할, 어떤 종류의 사물을 추구하거나 하지 말아야 할 다양한 종류의 이유의 출처로 생각될 수 있다. 사람이 무엇을 하거나 하지 말아야 하며 사람이 하는 어떤 일이 옳거나 그른지에 대한 도덕적 진술들은, 중요한 도덕적 이유들이 그 사람에 대해 어떤 것을 요구하는지에 대한 진술이라고 생각될 수 있다. 때때로 이러한 진술들은 균형을 이룬 중요한 모든 도덕적 이유들이 그 사람에 대해 어떤 것을 요구하는지에 대한 결정적이고 숙고된 진술이다. 또 때때로 이러한 진술들은 균형을 이룬 중요한 모든 도덕적 이유들이 요구하는 것에 대한 전체적인 판단을 제공하는 체하지 않고 어떤 한 종류의 이유들에 의해서 지지되는 행동이나 태도가 어떤 것인지에 대한 것이기도 하다. 도덕적 이유들은 살 가치가 있는 삶에로 개인을 인도하거나 개인 상호적인 협력을 증진시키거나 유지시키는 기능과 관련된 어떤 것에 대한 긍정적이거나 부정적인 고려이다.62) 우리는 도덕률을, 어떤 이유들이 중요한 도덕적 이유들인지, 그리고 그러한 이유들을 올바르게 균형 잡는 것이 무엇인지를 규정하는 (부분적으로) 위계적인 가치들의 배치라고 생각할 수 있다.

2) 차이점들

중요한 이유들과 이유들의 올바른 균형은 반드시 한 사회에서 일반적으로 받아들여지는 것은 아니다. 일반적으로 받아들여지는 견해들에 대한 비판은 부분적으로 내가 먼저 논의한 적합한 도덕률들에 대한 보편적인 제약에 의거한다. 그러나 그러한 비판은 또 어떤 사회에 특정하거나 여하튼 보편적으로 주장되지 않는 가치의 우선순위에 기초해 있을 수도 있다. 달리 말해, 적합한 도덕률들에 대한 내가 서술한 그러한 종류의 **보편적인 기준**들만이 있는 것이 아니라 **국지적으로 우연한 기준**들도 있다. 공동체-중심적 전통이라는 관점에서 보면, 그러한 국지적 기준들은, 무엇이 되었든, 어떤 공동체를 가장 잘 증진시키고 유지하는 것과 관련되어 있다. 이렇게 무엇이 도덕적인지를 결정할 우연한 기준을 가지고 있다는 것은, 개인의 자율성과 권리를 강조하는 가치들과는 공동체적 가치들이 쉽지 않은 다소간 비확정적인 관계를 갖는다고 하더라

---

62) 『도덕 상대성』에서 나는 'A가 X를 해야만 한다'는 진술을 올바른 도덕규칙체계를 따라 X를 수행하는 것으로 분석하였다. 이제 나는 '당위' 판단을 이러한 특정한 방식으로 분석하는 것은 일반적인 규칙으로부터 불변적으로 특정한 결론을 연역하는 도덕적 분석에 대한 특정한 모델에 (그리고 이제 나는 이것이 잘못된 것이라고 생각한다) 너무 집착하는 것이라고 생각한다. 행위나 사람과 그 특징, 그리고 행위를 하거나 않을 이유 혹은 이러하거나 저런 사람이 될 이유들을 평가하는 기준들은 일반적인 것에서 특정한 것으로의 단순한 연역에 의해 포착되지 않은 그러한 방식의 도덕적 숙고 속에서 검토된다. 이유들의 균형이나 중요한 기준들에 의해 허용되거나 요청되거나 금지되었다는 나의 현재의 말들은 도덕적 추리에 대한 이러한 개정된 개념에 따른 것이다.

도, 그러한 공동체적 가치들을 독특하게 강조한다는 의미이다.

다원론적 상대주의는 그러한 제약들이 참된 도덕률들을 오직 한 종류의 도덕률로 (예를 들어, 공동체에 반대되는 권리를 일차적으로 강조하는 도덕률로) 좁게 만들지 않는다고 주장한다. 다양한 참된 도덕률들은 개인 상호간의 이익갈등을 조절하거나 개인 내적인 이상들과 실천적인 방향들을 제공하는 도덕률의 기능을 만족시키는 다양한 방식들이다. 왜 이 다양한 종류의 도덕률들이 모두 참된가? 왜냐하면 그들이 도덕률들의 보편적인 기준, 즉 사회적 협력을 적절하게 증진시키고 촉진시키기 위하여 어떤 도덕률이든지 만족시켜야 하는 그러한 제약들을 만족시키기 때문이다. 각각의 그러한 적합한 도덕률들은 그것들이 가지고 있는 가치들의 독특한 위계에 근거하여 사회적 협력과 살 가치가 있는 삶이 어떠해야만 하는지에 대해서 추가적인 조건들을 제시한다. 결과적으로 무엇이 행해져야 하며, 무엇인 올바른 것인가 하는 물음에 대한 참된 답은 다양한 도덕률들 내에서 다를 수도 있다. 왜냐하면 진리 조건을 성립시키는 의미들이 다를 수 있기 때문이다. 그 결과는 일종의 개념적인 상대성이다. 다양한 사회들이나 다원적인 사회 내의 다양한 집단들에서, **참된 도덕률들이 갖는 개념들의 의미들은** 그것들을 같은 개념들이라고 부르는 것이 합리적이도록 **충분히 중복되지만** 동시에 상당한 영역의 문제들에서 도덕적으로 참인 것이 무엇인가가 다를 정도로 **충분히 다르다.** 우리가 도덕적 개념 그 자체에 부여하는 의미에서 우리에게 참인 것이 다른 사람들이 그러한 개념에 부여하는 의미에서 그들에게 참이 아닐 수도 있다. 도덕적 진리의 상대성은 결국 우리가 도덕적 개념들이나 그러한 개념들을 표현하기 위하여 사용하는 용어들에 다소간 다른 의미를 부여한다는 것을 뜻하게 된다.

3) 도덕적 의미들의 비인지성 내지 비서술성

그렇다면 어떻게 사람들이 다른 도덕률들을 가지고 같은 것을 이야기할 수 있는지 물을 수 있다. 예를 들어 무엇이 도덕적으로 행해져야만 하는지 혹은 무엇이 도덕적으로 옳은지를, 이와 같은 개념들과 용어들에 대하여 다소간 다른 의미를 부여한다면, 어떻게 논의할 수 있겠는가? 대답은 도덕적 개념들에 대한 비인지주의적인 분석들(noncognitivists analyses)이 어느 정도는 옳다는 것이다. 도덕적 개념들이 각각 진실하게 적용될 수 있는 다소간 다른 의미들을 가지기 위해서는, 진리 조건들과는 다른 어떤 차원에서 의미의 보존이 있어야만 한다. 그 다른 차원이란 발화수반적이고 화용론적인(illocutionary and pragmatic) 것이다. 모든 도덕률들은 행위를 인도하고, 수용할 수 있는 형태의 사회적 협력을 규정하며, 그리고 적어도 어느 정도까지는 어떤 삶이 살 가치가 있는 삶인지를 규정한다. 이들 모두는 사회적 협력과 살 가치가 있는 삶을 사는 것과 관련된 중요한 이유들을 규정한다. 또 이들 모두는 이러저러한 조건하에서 이유들의 올바른 균형이 어떤 것인지를 규정한다.

헤어(Richard Mervyn Hare)와 스티븐슨(C. L. Stevenson)과 같은 비인지주의자들은 도덕적 의미의 비서술적 차원(nondescriptive dimen-sion)을 일차적인 것으로, 그리고 올바른 적용을 위한 조건을 구성하는 서술적 내용(descriptive content)을 이차적인 것으로 다루는 경향이 있다.63) 사실 그들의 분석의 의미는 도덕적 용어가 일차적인 **비서술적 의미**(헤어의 경우에 의미는 지시적인 것이고, 스티븐슨의 경우에 의미는 청중의 태도에 찬반양론적인 영향을 주는 경향이다)를 유지하고 있는 한에서 그것에 거의 어떠한 **서술적 의미**도 붙여질 수 있다는 것이다. 그들이 설명할 수 없었던 것은 어떻게 의미의 비서술적인 차원이, 도덕적 용어가 (헤어가 강조했듯이) 지시적으로 사용되는 것을 가능하게 하거나 (스티븐슨이 강조했듯이) 청중의 태도에 영향을 주는 데에 사용되는

---

63) 다음을 보라. R. M. Hare, *The Language of Morals* (Oxford: Clarendon Press, 1952); C. L. Stevenson, *Ethics and Language* (New Haven: Yale University Press, 1944).

것을 가능하게 하는, 서술적인 의미에 뿌리를 내리고 있는가 하는 것이다. 도덕적 용어들은 사회적 협력을 증진시키거나 촉진시킬 조건들과 관련되고 사람들이 자신들의 삶을 살도록 안내하기 때문에 그러한 종류의 지시적(prescriptive)이고 정서적(emotive)인 힘을 갖는다. 풋(Philippa Foot)이 주장한 대로, 바로 그것이 한 용어에 {문화초월적인} 정확한 사용 조건들을 제시하면서 그 용어의 도덕적 용어로서의 위상을 유지할 수 없는 까닭이다.[64] 다양한 도덕률들이, 사회적 협력과 개인의 고유한 삶의 효과적인 안내에 필요한 조건들과 관련하여 중복되는 서술적 의미라는 공통된 핵심을 가지고 있기 때문에, 그것들 모두는 **도덕률들**일 수 있고 태도에 영향을 주고 지시할 수 있다.

이로써 다원적 상대주의에 대한 나의 예비적인 스케치는 완료되었다. 다음 장에서는 상대주의라면 어떤 형태의 것에도 가해지는 전형적인 반론에 대해 재반론을 전개하고자 한다.

---

64) 예를 들어, 그녀는 한 시간에 손뼉을 세 번 치는 것이 좋은 행위라고 유의미하게 말할 수 없다고 주장했다. 왜냐하면 이러한 행위를 중요한 형태의 이익이나 손해와 연결시키는 특별한 배경이 주어지지 않았기 때문이다. 다음을 보라. Philippa Foot, "Moral Beliefs," Philippa Foot, ed., *Theories of Ethics* (London: Oxford University Press, 1967), p.91.

제 3 장
반론들과 재반론들

저자는 자신의 다원론적 상대주의에 대한 비판들을 다루는 제 3 장의 1절에서 그러한 비판들을 여섯 가지로 정리하여 제시한다. 2절에서는 첫째, 다원론적 상대주의가 도덕적 불일치에 대한 설명을 불가능하게 한다는 반론에 대하여 많은 불일치가 실제로는 진리에 대한 불일치가 아니라 화용론적 불일치임을 보이면서 자신의 이론이 이러한 불일치의 성격을 오히려 정확하게 드러내 보인다는 점을 지적한다. 3절에서는 둘째, 지역적 기준이 받아들일 만한 기준이 되지 못한다는 반론에 대하여 구체적 도덕적 실천을 위해서는 지역적 기준이 필요하다는 것을 보이면서 이러한 다양한 기준들에 대해 우리가 복잡한 반응을 보여야 한다고 지적한다. 4, 5, 6, 7, 8절에서는 이러한 복잡한 반응의 내용을 구체적으로 보여주고 있는데, 공동체-중심 도덕률과 권리-중심 도덕률을 비교하면서 외관과 달리 내적으로는 권리가 공동체적 근거를 가질 수 있으며, 공동체가 반드시 위계를 포함하는 것도 아니고, 결국 권리와 공동체는 상호의존관계에 있으며, 이러한 점들을 고려하여 우리는 다른 지역적 기준들에 대하여 적절한 태도를 취해야 한다는 점을 지적하고 있다. 9절에서는 셋째, 저자의 입장이 단순다원론이라는 반론에 대응하여 다원론적 상대주의가 제한된 상대주의라는 저자의 입장을 표현하는 가장 적합한 용어라고 반박한다. 10절에서는 넷째, 다원론적 상대주의가 고정된 인간 본성을 전제하고 있다는 반론에 대하여 인간의 본성에 대한 어떤 전제가 위험하다는 것은 사실이지만 인간의 본성이 전적으로 가소적이라거나 오직 권력관계의 산물이라는 주장은 받아들일 수 없다고 주장한다. 11절에서는 다섯째, 결과론적인 다원론적 상대주의가 의무론적 입장을 수용할 수 없다는 반론에 대하여 의무론 그 자체의 입장은 아니라고 해도 의무론적 윤리를 충분히 인정한다고 지적한다. 12절에서는 여섯째, 다원론적 상대주의가 윤리적 확신을 약화시키거나 다른 도덕률로부터 배움을 불가능하게 할 것이라는 반론에 대하여 이러한 반론이 유일한 도덕률이나 상대주의에 대한 일반적인 견해에 근거하고 있으며 다원론적 상대주의에는 적용되지 않는다고 반박한다.

1. 제기되는 반론들

이 장에서는 다원론적 상대주의에 대한 몇 가지 반론을 살펴보겠다. 첫째 반론은 다원론적 상대주의가 도덕적 경험의 중요한 특징들, 특히 도덕적 담론과 논의에서 드러나는 **도덕적 불일치**(moral disagreement)의 본성을 설명할 수 없다는 것이다. 둘째 반론은 적합한 도덕률들의 **지역적 기준들**(local criteria)이라는 생각을 공격하여 이러한 것은 전혀 기준으로 간주될 수 없다고 주장한다. 이러한 반론들에 답하는 중에, 나는 개인의 권리를 강조하는 도덕률들과 관계와 공동체를 강조하는 도덕률들 간의 갈등에 대해 논의할 것이다. 이러한 논의로부터 드러나는 주요 주장 즉 권리와 공동체의 상호의존성이 제 2 부를 이루고 있는 세 장의 주제가 될 것이다. 셋째 반론은 내가 나의 견해를 상대주의의 한 형태라고 잘못 규정하고 있으나 나의 견해는 오히려 **단순 다원론**(pluralism simpliciter)의 한 형태라고 하는 것이 더 정확하다는 것이다. 넷째 반론은 **고정된 인간 본성**(a fixed human nature)이라는 관념은 잘못된 것인데 다원론적 상대주의가 여러 적합한 도덕률들에 가하는 제한들의 한 근거가 바로 이러한 고정된 본성이기 때문에 다원론적 상대주의에 문제가 있다고 비판한다. 다섯째 반론은 나의 기능적인 도덕률 개념이 실제로는 **결과론**적 도덕률 개념(a consequentialist conception)이며 그래서 의무론적 형태의 도덕률의 요청을 설명하지 못하기 때문에 의무론적 형태의 도덕률을 적합한 도덕률들의 범위 안에 두고자 하는 나의 의

도와 갈등을 일으킨다는 것이다.

끝으로 여섯째 반론은 다원론적 상대주의를 받아들였을 때 생겨날 실천적인 결과에 대하여 걱정하는 것이다. 그러한 걱정들 중의 하나는 어떤 형태든 상대주의는 도덕적 가치에 대한 **확신**(confidence)을 붕괴시킨다는 것이다. 나는 '확신'이라는 용어를 윌리엄스[1])에게서 빌려왔는데, 이는 어떤 도덕적 태도의 기원들과 근거에 대하여 합리적으로 반성하고 검토하고서도 여전히 자신의 도덕적 태도를 유지하는 것을 일컫는다. 상대주의에 대해 널리 퍼져 있는 한 걱정은 {상대주의를 수용하면} 우리가 어떤 특정한 도덕적 태도를, 마찬가지로 타당할 수 있는 다른 태도에 반하여, **가져야만 하는** 이유가 무엇인가라는 물음에 제대로 대답할 수 없다는 것이다. 나는 이 장에서 나의 입장의 대강을 밝히고, 제3부를 이루는 세 장에서 좀더 자세히 나의 입장을 개진하려고 한다. 다른 걱정은 하나 이상의 도덕률들을 참이라고 받아들이면, 수용되는 도덕률들 중의 어떤 도덕률들에 의거하여 수용되는 다른 도덕률들을 **비판**할 수 없게 되며 또 다른 도덕률들로부터 **배울** 수도 없게 된다는 것이다. 이러한 걱정에 대해서도 마찬가지로 이 장에서 대강을 제시하고, 제2부와 제3부의 여러 곳에서 자세히 논의할 것이다.

2. 근원적인 도덕적 불일치의 본성에 대한 설명

1) 도덕적 불일치의 설명 불가능성을 지적하는 반론

첫째 반론은 다원론적 상대주의가 다른 도덕률들을 가진 사람들 간의 갈등이나 불일치를 설명할 수 없다는 것이다. 즉 다원론적 상대주의에 따르면, 어떤 의미에서, 서로 다르면서도 모두 참된 도덕률들을 가지는

---

1) Bernard Williams, *Ethics and the Limits of Philosophy* (Cambridge, MA: Harvard University Press, 1985), pp.170-173.

사람들은 다소간 다른 일들에 대하여 이야기하는 것으로 보이는데, 왜냐하면 그들이 그들의 도덕적 개념들과 용어들을 적용하는 진리 조건들이 다소간 다르기 때문이다. 이 문제가 서로 말을 주고받는 사람들 수준으로 내려오면 아무런 실제적인 불일치는 없다. 다만 실제적인 불일치가 있다는 반대가 있을 뿐이다. 이러한 반론에 답하기 위해서는 우선 도덕적 갈등이나 불일치의 두 종류를 구분해야 한다.

2) 도덕적 불일치의 두 종류: 진리에 대한 불일치와 화용론적 불일치

한 가지 갈등은 어떤 도덕 판단이 참(true)이라고 주장되는가에 대한 것이다. 이러한 종류의 갈등은 불일치하는 사람들이 도덕적 용어를, 적어도 당면한 불일치와 상관하여, 같은 것을 가리키도록 사용할 때 (전체적으로 다르지만 중복되는 그러한 가리킴이 있는 경우) 생기는 그러한 종류의 갈등이다. 다른 갈등은 발화수반적(illocutionary)이거나 화용론적인 것으로서 도덕률의 행위-안내 기능에 의해 생겨난다. 즉 이는 어떤 일을 하거나 어떤 종류의 인간이 되라는 지시들 사이에서 한 지시를 수용하게 되면 필연적으로 다른 지시를 이행할 수 없다는 그러한 의미에서 생길 수 있는 갈등이다. 이러한 갈등은 지시들이 모두 참일 때 일어날 수 있다.

일반적인 도덕적 담론에서, 사람들이 서로 전형적으로 불일치를 보이는 경우는 화용론적인 것뿐만이 아니라 도덕용어들이 제대로 사용되고 있는가에 대한 것도 있다. 다원론적 상대주의에 따르면, 불일치가 **화용론적**이고 **진리에 대한** 것이 아닐 경우에도 사람들은 **불일치**를 진리에 대한 것으로 해석할 수도 있다. 예를 들어, 임신중절의 도덕률에 대하여 불일치를 보이는 두 사람이 그 문제에 대하여 '그릇되다'라는 말을 다른 기준으로 사용하기 때문에 불일치를 실제로 해결할 수 없는 경우를 가정해 보자. 그들 쌍방이 태아가 발전의 중요한 단계에서 가지는 것으로 보는 잠재적 감정, 자의식, 그리고 추리능력에 다른 도덕적 비중을 두기

때문에 그들이 태아의 생명에 부여하는 도덕적 위상이 다르다고 가정해 보자.[2] 상대주의적 분석에 따르면, 그들은 사실은 **화용론적 갈등**에 처해 있다. 그러나 그들이 그들 자신들이 **참인 것이 무엇이냐**에 대하여 불일치하고 있다고 생각한다면, 그리고 그러기가 십상인데, 그들은 오류를 범하고 있는 것이다. 상대주의자들은 어떻게 그러한 오류를 범할 수 있는지 그럴듯한 설명을 제시해야만 한다.

3) 화용론적인 불일치를 진리에 대한 불일치로 보는 이유

어떤 설명이든 도덕률에 대한 오래된, 하지만 자주 이야기되지는 않는, 가정을 부분적으로 언급해야만 한다. 그러한 가정은 **세계라는 직조물**을 구성하고 있는 환원될 수 없는 지시적인 부분에 관한 것이다. 이는 우리가 삶에서 어떤 자연적인 목표들을 가지고 있고 이것들이 무엇이 우리에게 옳은 행위인지를 정해 준다는 가정이다. 그러한 가정들은 많은 개인들의 도덕적 추론에서 여전히 명백히 작용하고 있다. 그러한 가정들이 다른 많은 사람들의 추론에서는 작동하지 않음에도 불구하고, 모든 사람이 동의하지는 않는다고 하더라도 널리 퍼져 있는 기대, 즉 모든 혹은 거의 모든 도덕적 문제들은 유일하게 참된 해결책을 가진다는 기대를 만들어내는 데에 한 역할을 해왔다. 그러한 기대에 특정한 기초를 제공할 수 없다면 그러한 기대를 가질 수 없을 것이다.

도덕적 용어를 적용하는 기준이 근본적으로 다르지만 그러한 기준들

---

2) 어떤 사람들은 어떤 종류의 잠재적 특징들에 대하여 주어질 비중에 대한 그러한 불일치는 임신중절에 대한 도덕적 용어를 사용하는 일에서의 근본적인 불일치를 반영하지 않을 수도 있다고 주장할 것이다. 그들은 저울질하고 있는 주어진 양쪽 모두가 정확히 판단할 기준들이 있다고 주장할 수도 있다. 나는 그러한 견해를 거부하지 않으며 내가 서술하고 있는 불일치가 너무 근본적인 것이어서 추가적인 연구에 의해 결정될 수 없는 것이라고 생각하지도 않는다. 나는 그러한 종류의 주장은 존재하지 않는다고 생각하며, 이 문제에 대한 어떤 사람의 입장은 주어진 주장의 적합성에 대한 반성에 궁극적으로 달려 있다고 생각한다.

이 아주 유사하고 중복되는 그러한 경우들을 좀더 생각해 보자. 기준들의 유사성과 중복성은 그러한 기준의 사용상의 화용론적인 유사성과 함께 차이를 애매하게 하고, 화용론적인 불일치와 도덕적 용어를 정확히 사용하는 일과 관련된 불일치를 쉽게 하나로 만들어 버린다. 같은 용어에 대한 적용 기준들이 상당한 정도로 중복되면, 도덕적 불일치는 자주 도덕 진리에 대한 불일치가 **될 것이며**, 기준에 대한 상당한 정도의 일치가 어떤 근본적인 차이와 일관성이 있다는 것을 아는 것은 쉽지 않은 일이 된다. 사실, 중복성 때문에, 사회 상호적인 불일치를 진리의 확정을 통하여 해결할 수 있는 것인지 없는 것인지를 판단하기가 어렵다. {이러한 예를 무고한 인명을 해치는 일에 다 같이 반대하면서도 세 달된 태아에 대한 중절과 관련해서는 대립하는 임신중절 찬성론자들과 반대론자들에게서 찾아볼 수 있다.}

이것이 두 사람이 무엇이 참인지에 대하여 불일치하고 있는 것이 아니라 그들이 세계가 어떻게 되기를 원하는가라는 화용론적인 수준에서 불일치하고 있다는 것을 깨닫기 어렵게 만든다. 이것이 사람들이 화용론적인 불일치(pragmatic disagreement)를 도덕적 진리에 대한 불일치(disagreement over moral truth)로 잘못 생각하게 되는 한 이유이다. 이렇게 잘못 생각하는 까닭은 공통적으로 받아들이는 기준들을 언급함으로써 어떤 문제를 해결하는 것이 가능한 경우가 자주 **있는데**, 이를 다른 경우에, 아니 아마도 모든 경우에, **지나치게 일반화**하기 때문이다. 모든 도덕적 불일치가 이러한 방식으로 해결 가능하다고 가정하게 되면, 쉽게 도덕률을 세계의 {환원될 수 없는} 구성부분으로 간주하게 된다. 왜냐하면 그것이 모든 불일치를 해결하는 공통의 기준을 제시하기 때문이다. 상대주의적 분석에서 지적되는 이러한 오류가 모든 유능한 도덕언어 사용자에게 반드시 적용 가능한 것은 아니다. 왜냐하면 별로 많은 사람들은 아니지만, 특히 미국과 같은 그러한 다원론적인 사회들에 사는 아주 약간의 사람들은, 도덕적 용어를 사용하는 기준이 보편적으로 타당하다고 가정하지 않기 때문이다.

대립되는 쌍방이 도덕적 용어를 바르게 적용하는 다른 기준들을 가지고 있다는 점에서 다르고 또 공통된 기준을 적용하는 방식에서 다를 가능성에 덧붙여 때때로 제 3의 가능성이 있다. 때때로 상대방들에는 중요한 기준이 **없다고**, 비록 상대방들이 그러한 기준을 가지고 있다고 생각한다고 해도, 그러한 기준이 없다고 합당하게 생각할 수 있는 때가 있다. 이러한 마지막 가능성은 도덕적 문제에 대한 **신념들이 혼돈**에 빠져 있거나 정합적이지 못한 것으로 보여서, 관련되는 적용 기준들을 부여하여 그러한 문제들에 어떤 질서를 수립하는 것이 불가능할 때에 나타난다. 예를 들어, 오늘날 미국에서 많은 사람들이 분배적 정의(distributive justice)에 대한 신념들을 유지하고 있는지 결정하기 어려울 수 있다. 이는 롤즈의 차별원칙(difference principle)과 같은 어떤 것이나 혹은 구성원들의 가장 긴급한 물질적 필요의 충족을 사회가 보장할 책임이 있음을 인정하는 최소한의 자유주의적 복지주의(liberal welfarism)와 상통한다. 이러한 신념들 중의 어떤 것들은 이런 가능성을 가지고 있고 다른 것들은 저런 가능성을 가지고 있다. 아니면 사람들의 신념들이 너무 애매하고 일반적이어서 어떤 문제에 대한 두 가능성들 중에서 하나를 선정하지 못할 수도 있다. 그러한 비일관성이나 애매성을 모르고 있는 것은 너무도 인간적인 일이다. 더 인간적인 것은 분배적 정의의 더욱 세부적인 문제들에 대한 자신의 입장이, 다른 요소들 예를 들자면 이러한 문제와 관련된 자신의 이해관계에 의해 좌우되게 하는 것이다. 그러므로 특정한 문제의 도덕적 진리에 대해서 실제로 불일치하고 있지 않은 쌍방은 그럼에도 불구하고 그 문제가 어떻게 해결되기를 그들이 바라는지에 대하여 화용론적으로 갈등할 수도 있고 그러면서도 그들의 갈등이 진리에 관한 것이라고 잘못 생각할 수도 있다.

4) 도덕적 절대주의의 참된 도덕적 판단들을 부정한다는 반론과 재반론

도덕적 불일치에 대한 앞의 분석으로부터 제기되는 다른 반론이 있다. 사람들이 도덕적 불일치에 대한 유일한 참된 해결책으로 {환원될 수 없는} 세계라는 직조물을 가리키려 하거나 어떻든 어떤 도덕적 사실을 가리키려고 한다면, 그러한 신념을 주장한다는 점에서뿐만 아니라 도덕적 용어를 사용하여 어떤 것을 언급하려고 시도하는 점에서 그른 것이 아닌가? 이러한 반론은 더 나아가, 나의 주장이 옳다면 나의 주장은 도덕적 진리에 대한 다원론적 상대주의가 아니라 도덕적 허무주의 (moral nihilism) 즉 어떤 도덕적 진리도 없다는 입장에 빠지게 된다고 주장한다.

이러한 반론에 대해서 우선 도덕률에 대한 잘못된 견해로부터 반드시 잘못된 도덕적 판단이 나오는 것은 아니라는 점을 지적해야 하겠다. 도덕적 판단이 참이냐 거짓이냐를 가리는 조건들에는 이러한 판단을 하는 데에 동반되는 모든 신념들이 포함되는 것은 아니다. 그러한 진리 조건들은 사회적 협력을 증진시키고 조절하는 규범체계에 대한 제한들의 충족을 중심에 둘 수도 있다. 많은 사람들이 이러한 규범체계들이 우주라는 직조물에 깊은 뿌리를 가지고 있다고 믿기 때문에, 그들은 유일한 참된 도덕률이 있다고 믿을 수도 있다. 그러나 그러한 잘못이 있다고 하더라도, 참일 수 있는 도덕적 판단을 할 수는 있다. 달리 말하자면, **하나의 도덕률이 유일한 참된 도덕률이라는 잘못된 생각이 그 도덕률을 반드시 거짓이게 하지는 않는다.**

도덕적 판단의 진리 조건과 유일하게 옳은 도덕률이 있다는 신념 사이가 산뜻하게 분리된다는 보장이 있을 수 없다. 그것은 하나의 참된 도덕률에 대한 신념이 한 사람의 도덕률 개념에서 얼마나 중심적이냐에 달려 있다. 이러한 질문에 대하여 모든 사람에 대하여 일률적인 답은 아마도 없을 것이다. 도덕률의 본성에 대한 반성이나 그것의 보편타당성에 대한 반성은 직업적인 철학자들이나 다른 학자들만의 일은 아니다.

좀더 중요한 질문은 유일한 참된 도덕률을 믿는 거짓된 신념이 참된 도덕적 판단을 하게 하는 도덕률의 본성에 대한 다른 신념들과 **구분될 수 있느냐** 하는 것이다. 아마도 비교할 만한 경우는 (적어도 미국과 세계의 다른 부분들의) 많은 사람들이 가지고 있는 종교와 윤리를 연결시키는 신념들이다. 적어도 이러한 사람들 중의 어떤 사람들에게, 참된 도덕적 명령은 하느님의 명령이다. 그들은 이러한 명령들의 진리성이 그러한 명령들이 하느님으로부터 나왔다는 것과 관련이 있다고 생각할 수 있다. 그들에게는 그러한 연결이 아마 너무 밀접할 것이기 때문에, 그들은 도덕적 명령들이 하느님으로부터 온 것이 아니라면 거짓된 것들로 생각할 것이다. 어떤 도덕적 신념들이 거짓된 전제 위에 기초하고 있는 것으로 판명되면 우리는 그러한 도덕률에 대하여 회의적이거나 허무주의적인 태도를 취해야만 하는가? 나는 왜 그래야 하는지 모르겠다. 내가 제안하는 것과 같이 도덕률에 대해 자연주의적 설명을 할 수 있다면 그러한 입장을 취할 필요가 없다. 이러한 자연주의적 설명은 사람들이 지금 가지고 있는 많은 도덕적 신념들을 승인할 수 있으며, 심지어 종교와 윤리가 밀접한 관계를 가지고 있다고 주장하는 사람들의 신념들까지도 승인할 수 있다. 그러한 설명은 그러한 종교적인 사람들이 가지고 있는 어떤 도덕적 신념들을, 예를 들자면 동성애의 비도덕성과 같은 신념들을 붕괴시키기도 할 것이다. 실제로, 많은 사람들이 종교적 신념의 변화나 상실과 더불어 자신들의 중심적인 도덕적 신념들 중의 어떤 것들에서 깊은 변화를 겪는다는 것을 기억하는 것이 좋을 것이다. 하지만 우리는 그들의 **도덕적** 신념이 바뀌었다고 말한다. 유일한 참된 도덕률에 대한 신념을 나머지 도덕적 신념들로부터 구분 가능하다고 보는 것은, 도덕적 명령들에 대한 신념을 그것들이 하느님으로부터 나온다는 신념과 구분 가능하다고 보는 것과 같은 것일 수 있다.

3. 적합성의 지역적 기준이라는 생각에 대한 반론

1) 지역적 기준을 반대하는 입장

둘째 비판은 도덕률들의 적합성을 판단하는 보편적 기준들과 지역적 기준들이 모두 있다는 나의 주장에 대한 의문이다. 어떤 기준들은 모든 도덕률들이 수행해야만 하는 여러 가지 기능들, 인간의 본성, 그리고 인간의 조건에 그 뿌리를 두고 있다. 다른 기준들은 그러한 공통적인 특징들에 뿌리하고 있다기보다는 하나의 도덕률을 다른 도덕률과 구분하게 하는 우연적인 가치 우선순위에 뿌리하고 있다. 나의 주장에 대한 의문은 왜 이러한 지역적인 적합성 기준을 도대체 기준으로 간주해야만 하는가라는 것이다. 왜 도덕률들의 적합성에 대한 유일한 기준들이 모든 도덕률들이 수행해야 하는 기능들과 인간 본성에 기초하여 정당화될 수 있다고 주장하지 않는가? 만약 하나 이상의 도덕률들이 그러한 **보편적으로 타당한 기준**들을 충족시킨다면 하나 이상의 도덕률들이 채택 가능하다. 그렇다면 그 결과는, 도덕률들에 대한 보편적으로 타당한 제한들 내에서 '선택할 수 있는' 다수의 도덕률들이 있다는 것이라는 점을 제외하고 나면, 내가 주장하고 있는 도덕적 진리들과 상충되지 않는다. 그렇지만 도덕률의 기능, 인간 본성, 그리고 인간 조건을 언급함으로써 다양한 도덕적 규범들 중에서 **하나를 선택하는 것이 충분히 정해지지 않는다면, 왜 그러한 선택이 개인들의 선택이 되어서는 안 되는가?**

2) 재반론: 지역적 기준이 필요한 이유와 그 장점

이러한 반대의 결정적인 전제는 도덕적 규범이 개인들에게 적용될 때 그러한 적용은 어떤 행동을 해야 할 합리적으로 강제적인 정당화를 제공해야만 한다는 것이다. 물론 그러한 정당화는 사람들이 도덕적으로 행위하는 데에 관심이 없다면 그들을 강제할 수가 없다. 그러나 그러한 정당화는 사람들이 적어도 도덕적으로 행위하는 데에 우선적인 관심을

갖는다면 그것이 합리적으로 강제적이라는 것을 인정할 수 있는 그러한 것이어야 한다. 그렇지만 다원론적 상대주의라는 입장에서 보면, 이러한 가정은 선결문제를 요구한다. 이러한 가정은 도덕적 진술들의 진리 조건들이 도덕률의 본성이나 인간 조건들로부터 유래한 보편적으로 타당한 적합한 도덕률들의 기준들에 의해서만 반드시 구성되어야 한다는 선결문제를 요구한다. 다원론적 상대주의에 따르면, 도덕적 진술들에 대한 그러한 진리 조건들은 지역적 기준들을 또한 포함한다. 그리고 이러한 지역적 기준들은 합리성이라는 근본원칙을 침범하지 않는 인간 가치들의 특정한 우선순위이다. 그렇지만 왜 진리 기준들이 그러한 지역적 기준들을 포함해야 하는지를 설명하는 것은 다원론적 상대주의자들의 의무이다.

지역적 기준들이 포함되어야 하는 이유는 보편적으로 타당한 기준들이 오직 도덕률의 뼈대만을 제공할 뿐이며 이러한 뼈대만으로는 행위를 이끌기에는 불충분하기 때문이다. 앞에서 언급된 여러 가치들에 부여되는 우선순위의 문제를 생각해 보자. 완전주의자의 가치와 평등주의자의 가치, 개인적 권리와 집단의 번영, 개인적 권리와 공리, 그리고 특별한 관계에서 생기는 책무들과 권리에 대한 존중이나 공리의 증진과 같은 비개인적 책무들. 이러한 대립적인 가치들과 관련해서는 하나의 도덕적 전통 내에도 우선순위를 정하는 데에 상당한 정도로 여지가 있어 비확정적이다. 나는 오늘날의 미국 전통 내에서도 권리와 공리의 문제와 관련하여 이러한 측면이 있다고 생각한다. 그렇지만 어떤 사회도 이러한 문제들을 완전히 '선택적'인 것으로 처리하여 개인들이 이렇게 갈등하는 가치들에 마음대로 우선순위를 정하도록 맡겨둘 정도로 여유를 가질 수는 없다. 사회적 협력을 촉진하고 조절하는 도덕률은 개인들 간의 기대들을 실질적으로 조화시키는 기능을 한다. 그리고 이러한 조화는 이번에는 중요한 가치들이 갈등할 때 다른 사람들이 어떻게 결정하고 행동할 것인지에 대해서 공통적으로 기대할 수 있어야 가능하다. {아래에서 곧 보게 되듯이 우리나라에서 운전자는 다른 운전자가 우측으로 차를 몰 것이라고 기대한다.} 그렇지만 **갈등하는 가치들 중에서 무엇을 우선시킬 것인가 하는 문제**는 도덕률의 일반적인 기능이나, 인간 본성이나 인간 조건의 상관되는 특징들에 의해서는 완전히 결정되지 않는다. 이것이 특정한 우선순위가 도덕적 판단을 위한 진리 조건 내에서 **지역적 기준들에 의해 정해져야** 되는 이유이다.

이쯤 해서, 자연스럽게 다음과 같은 의문이 제기된다. 도덕적 적합성을 결정해 주는 지역적 기준들의 논리적 근거가 무엇인가? {이에 대한 대답은 특별한 논리적 근거가 있는 것이 아니라 단순히 삶의 방식의 차이라는 것이다.} 지역적 기준들이 행위를 이끌 충분한 내용을 가진 도덕률을 만들기 위하여 필요하면, 왜 이들 도덕률들은 개인들은 아니라고 해도 사회들이 선택할 수 있는 다른 삶의 방식으로 단순하게 간주될 수 없는 것일까? 우리는 우리의 방식이 있고 로마인들은 그들의 방식이 있다. 이 두 방식이 보편적 기준을 충족시키고 조화기능을 하기에 충분한 내용을 가지고 있다면, 로마인들이나 우리나 다른 방식에 대하여 합리적으로 이의를 제기할 수 없다. 자동차의 통행을 통제하는 법률을 유비적으로 생각해 보자. 자동차가 진행할 때 어떤 쪽이 '바른' 쪽인지를 정하는 어떤 아주 특정한 법률을 가질 이유는 글자 그대로의 의미에서 '보편적'이다. 사람들은 다른 사람들이 어떻게 운전할 것인지에 대해서, 예를 들어 교차로에서 오른쪽으로 운전할 것인지 왼쪽으로 운전할 것인지에 대해서 공통적인 기대를 가질 필요가 있다. 그렇지만 우리는 이러한 특별한 법률을 다른 나라들이 다르게 정하는 것을 개의하지 않는다. 영국법이 운전자가 왼쪽으로 운전하도록 정하고 미국법이 오른쪽으로 운전하도록 정하는 것이 어떤 것이 진짜 바른 쪽일까에 대하여 생각하도록 하지 않는다. 이러할 때 도덕률들의 영역은 지역적인 기준들에, 그리고 그러한 기준들을 채택한 공동체에 한정된다. 달리 말해서, 허용 가능성은 개인적인 수준 대신에 사회적인 수준으로 옮겨진다.

다원론적인 상대주의는 다른 도덕률들과 그것들을 채택한 다른 사회들에 대하여 이러한 종류의 태도를 허용한다. 나는 다른 삶의 방식에 대하여 이러한 종류의 태도를 허용하는 것을 다원론적 상대주의의 한 덕목이라고 생각한다. 다양한 역사적 시기들과 사회들 내에 있는 사람들은 어느 정도까지 허용 가능한 도덕률들의 영역을 넓혀 **왔으며**, 많은 경우에서 이것은 아주 합리적이고 계몽적인 태도를 취하는 것이었다. 어떤 사람이 '서구 유럽 문명'이 그 대부분의 특징들에서 모든 인간들이 갈망해야 할 그러한 삶의 방식이라고 무반성적으로 가정하는 그러한 시기를 벗어나는 것은 분명 좋은 일이다.

3) 도덕적 다양성의 수용이 문제가 될 경우가 있다는 재재반론과 재재재반론

그렇지만 다른 반론은 {통행방법의 선택을 허용하는 것과 같은} 도덕적 다양성의 이러한 수용을 그 중요성이 다른 삶의 방식들, 예를 들자면 개인적 권리 대 집단의 번창, 바람직한 목표의 달성을 위한 수단 채택의 제한 대 결과주의라는 대립적인 방식들에까지 확장하는 것은 곤란한 일이 된다는 것이다. 이러한 경우들과 관련한 우리의 기준들을 단순히 지역적인 것이라고 생각하기는 어려울 수 있다. 이러한 대립적인 기준들 중에서 어떤 것을 선택하는 것은 중요한 것으로 보인다. 이것이나 저것을 선택하게 되면 그 결과는 **아주 심각한 손해나 이익**이 된다. {이러한 경우에} 어떤 것을 우선적이라고 보는 우리의 기준이 행위를 이끌기에 충분한 내용을 가지기 위하여 한 문화가 우연히 가지게 된 방향의 문제일 뿐이라고 생각하는 것은 너무 어려워 보인다. 하지만 다원론적 상대주의에는 한 도덕률을 다원론적으로 확장시키는 것이 상대적으로 별 문제를 일으키지 않는 경우와 지역적 기준의 상대적 타당성을 받아들이기를 아주 꺼려하는 경우를 구분하는 원칙이 없다. 그러므로 다원론적 상대주의가 가지는 하나의 문제로 이것이 제시되어야만 할 것이다.

이러한 명백한 문제를 다루기 위하여 무엇보다도 먼저 수용을 꺼려하는 다양한 까닭들을 구분할 필요가 있다. 가치들 중에서 어떤 것이 우선되느냐에 따라 많은 것이 달라진다는 사실은 가치들에 대한 선택이 도덕적 적합성에 대한 지역적 기준보다는 보편적 기준을 제시함으로써 정당화되어야 한다는 가정을 생겨나게 할 수 있다. 일이 이렇게 되는 것은 앞에서 언급한 기대 때문이다. 다시 말해, 참이라고 인정되는 도덕적 판단은 적어도 어떤 사람이 도덕률을 행위의 기준으로 인정하는 한 그러한 행위의 충분한 기준이 되어야 하기 때문이다. 이러한 기대를 갖게 되면, 특별히 중요한 도덕적 선택들이 실천적으로 양립할 수 없는 다양한 참된 해결책을 갖는다는 것을 받아들이기를 꺼려하게 된다. 만약 이것이 꺼려하는 이유라면, 우리는 먼저 우선순위의 **선택이 실제로 보편적인 기준을 언급함으로써 해결 가능한 것인지**를 살펴보아야 한다. 그런 것이 아니라면 우리는 단순히 다른 삶의 방식도 수용 가능한 것이라고 **우리의 견해를 넓혀야만 할 것이다.** 아무리 우리가 그것을 받아들이기를 꺼려한다고 해도, 도덕적 애매성이라는 현상에 대한 그럴듯한 자연주의적 설명으로서 우리는 그러한 확장된 견해를 받아들여만 할 것이다.

4) 도덕적 다양성에 반응하는 다양한 현실적 방법들

다른 삶의 방식을 수용하기를 꺼려하는 다른 이유는 단순히 이들 다른 삶의 방식이 우리 자신이 귀하게 여기는 삶의 방식의 규범들을 심각하게 침해하고 있기 때문이다. 다원론적인 상대주의라는 교리에 의하여 규정된 순수하게 메타 윤리적인 관점에서 보면, 왼쪽으로 차를 모는 것과 같은 비록 그러한 다른 태도를 취하는 것이 합리적으로 **허용되기** (permitted)는 하지만 그러한 태도를 취하도록 합리적으로 **요구되지** (required)는 않는다. 메타 윤리학적 관점에서 보면 다른 삶의 방식을 그것이 참된 (즉 보편적 기준을 충족시키면서 동시에 그 지역적 기준도 충족시키는) 도덕적 판단에 기초한 것으로 인정한다는 의미에서 수용할 수 있다. 그러나 일차적으로 규범적인 관점에서 보면 다른 삶의 방식을 그것의 규범들 중에서 어떤 것들이 도덕적으로 불쾌한 것이라는 것을 근거로 거부할 권리가 있다. 사람들은 자기 자신의 기준들 중의 어떤 것들이 아무리 지역적이라고 하더라도 자신의 기준에 기초하여 그러한 판단을 한다. 이것이 그러한 판단을 하는 유일한 방식인 자신의 가치에 기초해서만 할 수 있는 일차적 규범적 판단(the first-order normative judgement)이다.

다른 삶의 방식에 대하여 도덕적으로 어떻게 반응해야 하는가에 대해 판단하려면, 갈등하고 있는 가치들의 중요성과 우선순위들을 고려할 필요가 있다. 가능하고 합리적인 반응의 영역은 다양하며 그때 그때의 특정한 경우에 따라 변한다. 어떤 경우에는 자신의 가치가 다른 가치에 의해 너무 심각하게 침해당하기 때문에 자신이 그러한 가치를 가지고 있다고 생각하면서 그러한 가치를 옹호하지 않을 수 없다고 느낄 수도 있다. 내가 중요하게 여기는 가치를 다른 사람이 부정할 수 있다는 사실이 합리적으로 **나에게** 이러한 가치를 덜 중요시하도록 요청하지는 않는다. 다른 한편으로 다른 집단의 도덕적 관점을 이해하는 것이 나의 도덕적 가능성을 풍요롭게 하는 그런 경우도 있을 것이다. 그 다른 관점을 승인할 수 없을 수도 있지만 또한 그것을 멸시하기를 꺼릴 수도 있다. 내가 1장에서 주장한 것처럼, 도덕적 차이는 상호적으로 이해할 수 없는 삶의 방식들 사이의 야만적인 대면이 전형적인 것이 아니다. 오히려 전형적인 것은 어떤 중요한 가치들에서 상당한 중복이 있는 삶의 방식들 간의 대면이다. 게다가 어떤 사람이 자기 비판을 위하여 다른 도덕적 전통의 능력들을 이해하려고 노력한다면, 자신의 전통에서 가장 중요한 관심사들 중의 어떤 것을 최소한 인정하는, 비록 그러한 인정의 근거가 다른 전통에서 다르다고 하더라도 여하튼, 그러한 이유를 그것이 가지고 있다는 것을 알 수도 있다. 그러므로 그러한 사람이 취하는 태도는 완전한 인정이나 완전한 거부보다는 더 복잡한 어떤 것이 될 것이다. 다음 절에서 이야기되는 경우가 적어도 어떤 독자들에게는 이 마지막 범주에 속할 수 있다.

4. 공동체-중심 도덕률 대 권리-중심 도덕률의 경우

1) 다원론적 상대주의로부터 발생되는 문제들

공동체의 선을 강조하는 도덕률들과 개인으로서의 인간의 권리를 강조하는 도덕률들 간의 갈등을 생각해 보자. 이것이 아마도 가장 심각한 갈등들 중의 하나인 것으로 보인다. {이러한 갈등과 관련하여} 다원론적 상대주의에 대한 반론은 일련의 질문들로 제시될 수 있다. 개인의 권리를 깊게 신봉하는 사람들이 어떻게 공동체에 기초한 도덕률들이 적합한 도덕률에 대한 자신들의 **지역적 기준**에서 볼 때만 잘못된 것이라고 인정할 수 있겠는가? 어떻게 그들이 생각의 자유와 표현의 자유라는 권리가 오직 지역적인 기준에서만 요청된다고 받아들일 수 있겠는가? 다른 한편으로 공동체의 선을 신봉하는 사람들이 어떻게 개인의 권리가 다른 도덕률들의 지역적 기준에서는 공동체의 선에 앞선다는 것을 받아들일 수 있겠는가?

2) 공동체 중심과 권리 중심의 특징들과 권리의 공동체적 근거

나는 이러한 종류의 갈등이 공동체주의 도덕률들이 이의와 비판의 권리(right to dissent and criticism)의 필요성을 인정할 때 완화될 수 있다고 생각한다. 유교와 같은 공동체주의적 도덕률들은 공동의 선(common good)이라는 핵심 가치를 그 중심에 가지고 있다.3) 이러한 공동의 선은 **공유된 삶**(shared life)인데, 이는 그러한 삶을 유지하기 위하여 각각의 구성원의 기여를 규정하는 역할의 그물망에 의해 규정된다. 이러한 유형의 도덕률은 권리-중심적 도덕률과 대비된다. 후자는 공동의 선에 대하여 전자와 같은 정도의 강조를 하지 않는다. 오히려 후자는 각각의 개인이 개인으로서 다른 구성원들에게 요구할 권한이 있다고 강조한다. 권리-중심적 도덕률들은 공동체에서의 개인의 역할로부터 독립된 개인의 도덕적 가치를 인정함으로써 생겨난다. 내가 '권리-중심적'이라는 용어를 사용할 때, 그것은 일반적인 권리는 물론이고 개인적 권리를 인정해야만 하는 특별한 근거라는 생각을 포함한다. 우리는 개인의 일반적인 도덕적 권리들을 개인이 다른 사람들에 대하여 자신의 권한이라고 합법적으로 주장할 자격을 가진 것들이라고 생각할 수 있다. 권리-중심적 도덕률은 개인이 공적인 선이나 집단적인 선이라는 목표와 갈등할 수도 있는 **도덕적으로 적법한 개인적인 이익**(morally legitimate personal interest)들이라는 실질적인 영역을 가지며, 이것이 그러한 개인적 권리의 근거라고 가정한다. 권리는 개인의 개인적인 이익들이 공적인 선이나 집단적인 선을 위하여 희생될 수 있는 정도에 제한이나 제약을 가한다. 권리 인정의 이러한 근거를 나는 '자율성 근거'(autonomy ground)라고 부르고자 한다.

하지만 권리를 인정할 다른 가능한 근거가 있는데, 이는 자율성 근거와 나란히 존재할 수도 있을 것이다. **권리는 공동의 선을 증진시키기 위하여 필요하다**는 근거에서 인정될 수도 있다. 공동체-중심적 도덕률들은 권리에 대한 이러한 '공동체적 근거'(communal ground)를 인정할 수 있

---

3) 『도덕 상대성』에서 나는 공동체주의 도덕률을 '덕-중심적' 도덕률이라고 이름하였다. 왜냐하면 역사적으로 덕이라는 개념은 구성원이 공동체의 공동의 선에 기여하기 위해 필요한 성질로 생각되어 왔기 때문이다. 그러나 이제 나에게는 적어도 이론적으로는 덕이 공동의 선과 분리될 수 있는 것으로 그리고 공유된 삶에 필요한 것이라는 것 외의 기준에서도 바람직한 성질로 여겨질 수 있다고 본다. 그래서 나는 공동체주의적 도덕률 혹은 공동체-중심적 도덕률들과 덕-중심적 도덕률들을 연관시키는 것을 피한다.

고 인정해야만 한다고 나는 주장한다. 권리-중심적 도덕률들과 공동체-중심적 도덕률들은 그렇다면 하나는 권리를 인정하고 다른 것은 권리를 인정하지 않는다는 점에서 다를 필요가 없다. 그들은 그들이 권리를 인정해야 할 근거로서 제시하는 것이 다르다는 점에서 달라야만 한다. 유교의 경우를 생각해 보자.

5. 권리의 공동체적 근거

1) 중국의 전통에서 본 권리의 공동체적 근거

뢰츠(Heiner Roetz)[4]는, 내가 말하는, 이의를 제기하고 자유롭게 표현할 권리의 공동체적 근거를 뒷받침할 몇 가지 주장을 유교 경전에서 찾아내었다. 뢰츠가 번역한 『순자』 29장 자도(子道)의 구절들을 검토해 보자.

> 자공이 말했다. "아들이 아버지의 명을 따른다면, 그것은 이미 효심이고, 신하가 군주의 명을 따른다면, 그것은 이미 충성입니다. 선생님께서는 어떻게 생각하십니까?"
>
> 공자가 말했다. "너는 얼마나 비천한 인간인가? 너는 다음과 같은 사실을 모르는구나. 옛날에 일만의 전차를 가진 나라에 네 사람의 정직한 대신이 있으면 그 강토는 결코 축소되지 않았다. 일천의 전차를 가진 나라에 세 사람의 정직한 대신이 있으면 그 나라는 결코 위험에 처하지 않았다. 일백의 전차를 가진 부족에 두 사람의 정직한 부하가 있으면 그 부족의 사당은 결코 무너지지 않았다. 아버지에게 정직한 아들이 있으면 그 아버지는 올바르지 못한 일을 하지 않을 것이며, 선비에게 정직한 친구가 있으면 그 선비는 정당하지 못한 일을 하지 않을 것이다. **그렇다면 아들이 아버지**

---

4) Heiner Roetz, *Confucian Ethics of the Axial Age: A Reconstruction under the Aspect of the Breakthrough toward Postconventional Thinking* (Albany: State University of New York Press, 1993).

의 명을 따른다고 어떻게 효자가 되며, 신하가 군주의 명을 따른다고 어떻게 충신이 되겠는가? 효나 충을 이야기하는 것은 그들이 명을 따른 이유를 검토한 다음에 가능한 일이다."5)

이 구절의 의미는 정당하지 못하거나 정의롭지 못한 일이 문제가 되는 경우에는 그 일을 군주가 하려고 하더라도 {잘못되었다고} 솔직하게 말할 의무가 있다는 것이다. 이 구절이 의무에 반하는 언론의 자유를 이야기하고 있지는 않지만, 우리는 그러한 **권리를 의무의 필요 전제로서 추리할** 수 있다. 잘못에 대하여 이야기하고 동의하지 않는 것이 의무일 때는 그러한 일을 하는 것이 허락되어야 한다고 정당하게 주장할 수 있다. 이 구절에서 재미있는 것은 이 구절이 자유롭게 말하고 이의를 제기할 권리의 공동체적 근거를 시사하고 있다는 점이다. 정당성과 공정함을 실현하는 공동체를 이루기 위하여 우리는 그러한 권리를 인정해야만 한다. 더 재미있는 것은 오늘날 서구의 공동체주의자들과 권리-중심 이론가들 간의 논쟁도 순자와 마찬가지로 자유롭게 이야기하고 이의를 제기할 권리의 공동체적 근거를 제시하고 있다는 점이다.

… 개인의 권리는 무엇이 공동의 선인가에 대하여 만장일치적인 동의가 있고 보편적으로 그것을 추구하고 있는 그러한 사회들에서조차 소중한 역할을 할 수 있다. 왜냐하면 그러한 사회에서조차도 어떻게 공동의 선이 구체적으로 그리고 자세히 규정되어야 하는지 그리고 그것을 성취하기 위하여 어떤 적당한 수단과 전략을 취해야 하는지에 대하여 심각하고 또 강력한 불일치가 있을 수 있기 때문이다. 개인의 권리, 특히 정치적 참여와 표현의 자유 그리고 결사의 자유와 관련된 권리는 그러한 불일치를 수용하고 접근하는 데에 그리고 그러한 불일치에도 불구하고 공동체를 유지하는 데에 기여한다.6)

---

5) Xunzi, Wang Xianqian, *Xunzi jijie*, chapter 29, in *Zhuzi jicheng*, vol. 2 (Hong Kong: Zhonghua, 1978), pp.347-348; trans. Roetz, pp.63-64.

6) Allen E. Buchanan, "Assessing the Communitarian Critique of Liberalism,"

달리 말하자면, 공동의 선을 근거로 기본적인 시민적 권리와 정치적 권리를, 아니면 적어도 표현, 종교, 결사, 정치적 참여의 자유라는 권리를 인정해야 한다고 주장할 수 있다. 이러한 주장은 **"공동체를 지키고 공동체의 평화로운 변형을 허용하기 위한 필요성"**[7]에 기초해 있다. 비슷한 생각이 인류학자 터너(Victor Turner)의 글에서 언급되는 "통제되는 '경계성' 공간"(controlled 'liminality' spaces)이라는 개념의 바탕이 된다. 이러한 공간은 확립된 사회적 구조 내의 일상적인 입장 바깥에 제공되는 공간으로서 여기에서 사람들은 그들의 삶의 방식의 여러 특징들에 대하여 비판적으로 반성할 수 있다. 이러한 경계성은 문화가 생존하는 데에 필수적인데 왜냐하면 문화적으로 유익한 개혁과 현존하는 기준의 개정을 가져올 비판의 공간을 남겨 놓기 때문이다.[8]

유교에 대한 맥락주의적 해석과 포스트모던적 해석도, 그러한 해석이 전통에 대한 비판의 공간을 남겨 놓는다는 의미에서, 권리의 공동체적 근거를 또한 제시하고 있다. 홀(David Hall)과 에임스(Roger Ames)는 유교를 강력하게 옹호했음에도 불구하고, "공자의 철학에 대한 가장 심각한 오해는 그의 사상을 제도화할 때 어쩔 수 없이 생겨나는 것으로 보이는 지역주의나 지방주의에 기인한다." 그들이 비판하는 지방주의는 "문화 교차적인 의사소통"을 지체시키고 "가정에서 시작되는 사회적 질서와 족벌주의를 구분하고, 개인적 충실성을 특별한 권리와 구분하고, 뛰어난 이에게 복종하는 것을 엘리트주의와 구분하고, 적절한 존경을 부정 이득과 구별하며" 그리고 끝으로 "전통에 대한 적절한 존중을 아주 자주 특정한 집단의 이익에만 기여하는 문화적 독단주의와 구분하는 섬세한 선"을 가로질러 공자의 사상을 오용한다.[9] 이러한 잘못을 적절

Ethics 99 (1989): 877.

7) Buchanan, p.881.

8) Victor Turner, *Dramas, Fields, and Metaphors: Symbolic Action in Human Society* (Ithaca, N.Y.: Cornell University Press, 1974).

히 치료하기 위해서는 자유롭게 말하고 이의를 제기할 권리를 인정하고 그러한 권리를 강력히 보호하는 것이 필요하다고 또한 주장할 수 있다.

사실 공동의 선을 촉진시키는 수단으로서의 권리라는 생각은 이미 중국 전통의 한 부분이라고 이야기할 수 있다. 이것은 뢰츠가 순자의 구절을 읽을 때에만이 아니라 전개되어 온 전통을 역사적으로 읽을 때에도 확인된다. 나탄(Andrew Nathan)은 중국의 민주주의 개념에 대한 연구에서 바로 이러한 권리라는 생각이 중국의 민주주의에 대한 사유에 있음을 확인했다. 20세기 초의 영향력 있는 정치 사상가 양계초(梁啓超, Liang Qichao)는 권리는 시민에게 적합한 것이라고 보았다. 나탄은 그의 생각을 이렇게 서술하고 있다.

> 시민의 의무는 나라를 사랑하고 걱정하는 것이다. 그러므로 정치적 참여는 집단의 복지에 기여할 에너지를 풀어놓을 것이다. 그것은, 서구인이 생각하는 것처럼, 개인으로 하여금 집단의 복지와 경쟁할 수도 있는 개인적 이익을 추구하도록 하지 않을 것이다.10)

20세기 후반에, 어떤 민주주의적 사상가들은 양계초를 쫓아 중국의 근대화 과정에서 나타난 문제는 "권력의 체계적인 과도집중"에서 나온다고 주장했다. 하지만 그들은 서구의 민주주의 전통에서 중심적인 사고방식을 거의 추구하지 않았다. 즉 "개인의 이익이 집단의 이익과 구분되며, 개인의 이익들 중의 어떤 것들은 아주 기초적이어서 '권리'라는 위상을 가지며, 민주주의는 무엇보다도 이러한 권리를 보호하는 체계"11)라는 노선을 추구하는 경우는 매우 드물었다.

---

9) David Hall and Roger Ames, *Thinking Through Confucius* (Albany: State University of New York Press, 1987), pp.308-310.

10) Andrew J. Nathan, *Chinese Democracy* (Berkeley: University of California Press, 1985), p.51.

11) Nathan, p.104.

2) 공동체주의와 공리주의의 차이점

공통체적 근거를 가진 민주주의적 권리의 가능성을 대략 살펴보았으므로, 이제 이러한 공동체적 근거와 공리주의적 근거가, 비록 그 성격이 모두 결과주의적이라는 점에서는 같지만, 서로 다르다는 것을 살펴보도록 하자. 권리의 공리주의적 근거는, 공리의 총합이 개인의 복지의 함수이기 때문에, 권리가 공리적이라는 것이다. 대부분의 공리주의자들에게는 어떻든 **개인 간의 관계**(relations between individuals)라는 특성 그 자체는 증진되어야만 하는 전체적인 선의 한 부분으로 간주되지는 않는다.12) 이에 반해 공동체-중심적 도덕률들의 최우선적인 초점은 개인들 간의 관계라는 특성에 놓인다. 이러한 초점의 바탕에 있는 규범적이고 서술적인 생각은 인간은 다른 사람들과의 관계에 의해 구성되며 또 인간의 선은 상호적인 관심과 적합한 존경이라는 도덕적 이상을 충족시키는 관계에 의해 구성된다는 것이다. 공동체-중심적 도덕률은 물론 공리주의가 관심을 가지는 선들 중의 어떤 것에 마찬가지로 관심을 가질 것임에 틀림없다. 예를 들어, 맹자와 순자는 둘 다 그들의 도덕적인 이상적인 공동체가 사람들의 최소한의 물질적인 안정 없이는 첫발자국을 내디딜 수 없다는 것을 충분히 잘 알고 있었다. 그리고 그것은 오늘날까지도 유가들에게 전제로 남아 있다. 그러나 공동체-중심 도덕률은 개인의 복지의 중요성을 공동의 선이라는 더 큰 맥락 내에 위치시킨다. 실제로 개인의 선과 공동의 선은 떼어낼 수 없게 얽혀 있다.

---

12) 한 예외는 Moore가 주장한 '이상적' 형태의 공리주의일 것이다. 이러한 형태의 공리주의는 어떤 성격의 일이나 관계의 상태를 증진되어야 할 전체적 선의 일부분으로 생각한다. 좀더 최근에는 Railton이 어떤 점에서 Moore의 이상적 공리주의와 비슷한 입장을 이론을 전개하였다. 그 또한 어떤 종류의 관계를 선의 일부분으로 간주한다. Peter Railton, "Alienation, Consequentialism and Morality," *Philosophy and Public Affairs* 13 (1984): 159.

3) 공동체주의와 자유주의의 차이점

권리에 대한 공동체적 근거를 제시할 수 있다는 점을 지적하기는 하였지만, 공동체적 근거가 제공할 수 없는 것이 무엇인지도 지적해야 한다. 공동체에 근거한 권리는 분명 자율성에 근거한 권리와 같지 않다. 부캐넌(Buchanan)이 지적한 것처럼, 개인의 권리를 단지 자율성이라는 도덕적 요청에 의해서만 정당화하려고 한다면, "더 넓고 실질적으로 **제한되지 않는 표현의 자유라는 권리**"를 정당화할 수 있을 것이다. 그렇지만 우리가 공동체라는 가치를 "독립적인 비중을 갖는 것으로서 표현의 자유라는 권리의 영역을 결정하는 요소로 간주한다면, 우리는 단지 **더 제한된 표현의 자유**라는 권리를 정당화할 수 있을 뿐이다." 이런 까닭으로 부캐넌은 이렇게 결론을 내린다. "개인의 권리를 정당화하는 데에, 전통적 자유주의자들과 [권리를-고려하는] 공동체주의자들은 얼마 동안은 같은 길을 갈 수 있다. 그러나 결국에 길은 나누어지고, 헤어져 나갈 수밖에 없다."[13] 실제로, 권리를-고려하는 공동체주의자와 전통적 자유주의자들은 그리 머지 않아 헤어질 것이다. 그리고 이는 공동체주의자들이 공동의 선에 필요한 것이 무엇이라고 생각하느냐에 따라 극적으로 일어난다.

4) 자유주의자가 공동체주의에 대하여 할 수 있는 일

그렇지만 이러한 맥락에서 주목해야만 하는 중요한 것은 공동체-중심적 도덕률들과 권리-중심적 도덕률들 간의 간격이 처음에 보이는 것처럼 그렇게 넓지 않다는 것이다. 순수하게 공통체적인 근거를 가지는 권리가 강력한 자율성 근거를 가지는 권리와 같이 넓은 영역을 가지지 않는다고 하더라도, 중복되는 영역이 무의미하지는 않을 것이다. 권리-중심적 도덕주의자는 공동체-중심적 도덕률에서 권리의 심각한 침해를 비

---

13) Buchanan, p.881.

난할 근거를 비록 자신의 것과는 다르다고 해도 찾을 수도 있다. 이러한 권리들이 옹호되어야 한다고 주장하면서 권리-중심적 도덕주의자는 공동체-중심적 도덕률이 권리를 개인의 자율성에 기초하여 옹호하지 못하기 때문에 필히 결함을 가지고 있으며 자기만이 옳다고 생각할 필요는 없다. 오히려 **권리-중심적 도덕가는 공동체적 근거를 가지는 도덕 용어들에서 권리침해를 비난할 근거를 성공적으로 발견할 수도 있다.**

  이러한 토론의 목표는 권리-중심적 도덕률들을 신봉하는 사람들로부터 공동체-중심 도덕률들에 대한 완전한 승인을 얻거나 그 반대의 경우의 것을 얻으려는 것이 아니다. 이러한 토론의 목표는 완전한 승인이나 거부와는 다른 더 복합적인 태도가 실제로 더 적합한 것으로 보인다는 점을 시사하는 것이다. 결국 다른 집단의 도덕률의 수용 가능성에 대하여 일차적인 규범적인 판단을 한다면, 우리는 이러한 판단을 우리 자신의 가치들을 근거로 하게 된다. 그러나 그러한 판단은 차별성과 더불어, 도덕적 불일치가 아주 심각한 경우들에서도 자주 함께 발견되는, 공통성을 인정하면서 그러한 뉘앙스를 가지고 이루어질 수 있다. 예를 들어, 권리-중심적 도덕률을 신봉하는 사람이 공동체라는 선을 중요한 인간적 가치로 인정할 수 있으며, 실제로 내가 다음에서 제시하고 있는 것처럼, 공동체의 선이 개인적 권리에 대한 신봉을 강화하는 데 반드시 기여한다고 인정할 이유가 있다. 하지만 그러한 사람은 동시에 공동체-중심의 도덕적 전통 내에서 그러한 선에 부여되는 우선순위를 거부할 수도 있다. 그리고 또 그러한 사람은 더 자세히 보면 전에는 오직 권리-중심적 전통과 연관시켰던 개인에 대한 어떤 보호가 어느 정도까지 다른 근거에서 다른 종류의 전통과 더불어 제공된다는 것도 발견할 수 있다. **다른 전통에 대한 더욱 복합적인 태도가 합리적으로 요구되지는 않지만,** 그러한 사람이 다른 전통과 갖는 연결점들과 단절점들을 고려할 때 그러한 태도는 아주 합리적인 것으로 보인다.

6. 공동체-중심적 도덕률들과 위계의 문제

1) 비위계적인 공동체 도덕률의 예

비위계적인 공동체적 도덕률은 공동체-중심적 도덕률들과 권리-중심적 도덕률들 간의 간격이 사람들이 생각하는 것처럼 그렇게 크지 않을 수 있는 다른 방식이다. 어떤 사람들은 공동체-중심적 도덕률들을 부정적인 위계질서 즉 어떤 집단이나 어떤 사회적 역할을 맡은 사람들의 타자에 대한 지배를 '공동의 선'이라고 가장하는 것과 연관시킨다. 그러나 인류학은 비위계적인 공통체적 도덕률들의 예를 제시하고 있다. 보츠와나 공화국의 중앙 칼라하리 사막의 지/위(G/wi, 사선은 찰칵하는 자음을 가리킨다) 부시먼은 평등주의적인 공동체-중심적 도덕률을 가지고 있다. 실버바우어(George Silberbauer)는 "지/위 사람들의 교환에서 다른 사람에 대한 용역이나 재화는 수용자의 필요에 따라 평가되며 주는 자의 능력에 의해 할인된다"고 지적하고 있다. 그러한 교환은 조화로운 관계들을 수립하고 유지하는 데에 기여한다. 나아가 수렵 채취를 하는 지/위 씨족들에게 "사람 수만큼이나 많은 소중한 사회적 위치들이 있으며, 이러한 위상들에는 순위가 부여되지 않는다. (부모가 자신의 아이들에게 가지는 문화적으로 제한된 권위는 예외이다.)"[14] 물론 지/위와 같은 조그만 사회의 도덕률을 큰 사회의 도덕률로 일반화하는 데에는 제한이 있다. 그러나 큰 사회들에 어떤 위계질서가 필요하든 간에 그러한 위계질서가 사람들 간에 자연적인 위계질서나 천부적인 차이에 근거하는 정당화를 반드시 요구하지는 않는다.

2) 변화 중에 있는 전통적 공동체

나아가 많은 전통적인 형태의 공동체가 갖가지 의도와 목적으로 파괴

---

14) George Silberhauer, "Ethics in Small-Scale Societies," *A Companion to Ethics*, ed. Peter Singer (Oxford: Basil Blackwell, 1991), p.20.

되었다는 것을 주목하는 것이 중요하다. (이러한 파괴는 때때로 근대화
된 공동체가 전통적 공동체들을 경제적으로, 군사적으로, 그리고 정치적
으로 침략함으로써 가속화되었다.) 근대 민족국가와 자본주의 경제관행
이 생겨남에 따라 전통적 공동체들은 붕괴되었고 많은 공동체들은 더
이상 개인들에게 그것들이 한때 제공했던 그러한 보호와 충족을 제공하
지 못한다. 이러한 경우에, 인간의 권리를 옹호한다는 것은 개인이 개인
의 권리가 제공하는 보호를 필요로 한다는 것이 된다. 나아가 이러한
공동체들은 자율성 근거를 가지는 개인적인 권리라는 개념을 신봉함에
따라 내적으로 다양화되었다. 다른 공동체들은 어떤 근본적인 변화가
필요하다고 믿고 있지만, 서구의 도덕적 관념을 전체적으로 수입한다는
생각에는 저항하고 있다. 전통적인 공동체가 제공했던 것과 같은 보호
와 충족을 제공할 수 있으면서도 옹호할 수 없는 형태의 위계질서에 의
존하지 않는 새로운 형태의 공동체가 전개될 수 있을지는 아직 알 수
없다. 명백한 것은 전통적인 형태의 공동체가 파괴된 그러한 지역의 어
떤 사상가들은 그러한 **제 3의 가능성**을 생각하고 있다는 것이다. 그들
은 **근대화와 양립할 수 있으면서도** 그들이 보기에 서구 자유주의의 **과
도한 개인주의가 없으며 전통적인 구조의 억압도 없는** 새로운 형태의
공동체의 전개에 기여하기를 희망한다.

　이미 일본이나 인도에 그러한 증거가 있다. 비록 이러한 증거가 지금
대규모로 만들어지고 있는 중이라고 이야기해야 하지만,[15] 이들 나라들

---

15) 인도에서의 이러한 작업에 대한 서술로는 다음을 참조하라. Alan Roland, *In
Search of Self in India and Japan: Toward a Cross-Cultural Psychology*
(Princeton, Princeton University Press, 1988), pp.90-104. 공동체-중심적 태도
와 근대화의 관계에 대한 일본에 대한 서술로는 다음을 참조하라. George
DeVos, *Socialization and Achievement* (Berkeley: University of California
Press, 1973); "Dimensions of the Self in Japanese Culture," *Culture and
Self: Asian and Western Perspectives*, ed. A. J. Marsella, G. DeVos, and F.
L. K. Hsu (London: Tavistock Publishers, 1985), pp.141-184. 다음도 보라.
Roland, pp.130-137.

에선 경제를 근대화하는 것이 공동체-중심적 도덕률을 지지하는 전통적 태도들의 전체적인 배제를 의미하지 않는다. 인간의 권리라는 개념적인 틀이 현재 중국 상황에 적합한가의 여부를 검토한 로즈먼트(Henry Rosemont)의 논의를 살펴보자. 그는 고전적인 유교적 유산이 여전히 중국인의 특징이라고 주장한다. 그가 생각하기에 인간의 권리라는 개념적 틀은 정치적 신념들을 이유로 투옥하고 고문하는 그러한 악에 대항하기에는 더 좋은 것이다. 서구의 대부분의 사람들에 의하면 그러한 악들이 있기 때문에 인간의 권리에 대한 주장이 요청된다. 고전적인 유교적 유산이 가부장제의 승인과 같은 결점들을 가진다는 것을 인정하면서도, 로즈먼트는 그러한 결점들을 전통으로부터 잘라내는 것이 가능하다고 주장한다. 그는 중국적 전통의 핵심인 가족중심성이 성적인 평등이라는 이상이나 다양한 성적 정향들의 수용과 결합될 수도 있다고 주장한다. "유교라는 개념적 틀은 확실히 그들 즉 동성애자들을 배제함으로써 빈약하게 되고, 수용함으로써 풍부하게 된다."16)

3) 공동체-중심적 전통에서의 평등의 근거

이의를 제기하고 자유롭게 이야기할 권리의 경우처럼, 우리는 공동체-중심적 전통 내에서 평등이라는 가치를 옹호할 근거를 발견할 수도 있다. 평등한 개인적 권리가 자율성 근거를 갖는다고 본다면 강력한 공동체-중심적 전통에서는 그러한 권리에 대한 어떤 근거도 있을 수 없다. 그러므로 그러한 전통 내에는 여성의 종속을 비난할 근거가 있을 수 없다. 다른 한편으로 그러한 전통 내에서라도 여성의 종속이 불필요하게 여성이 공동체의 공통적인 도덕적 목적에 기여할 수 있는 길을 제한하고 있으며, 그러한 기여로부터 생겨나는 존엄을 박탈하고 있다고 강력하게 주장할 수도 있다.

---

16) Henry Rosemont, Jr., *A Chinese Mirror: Moral Reflections on Political Economy and Society* (La Salle: Open Court, 1991), p.76.

킹스턴(Maxine Hong Kingston)의 '흰 호랑이' 이야기[17]는 바로 그러한 점을 아주 명백히 하고 있는 것으로 볼 수 있다. 킹스턴은 나이든 아버지가 군대에 가야 했기 때문에 아버지를 대신하여 군대에 간 젊은 여인에 대한 중국의 전통설화를 다시 서술하였다. 다시 서술하는 과정에서 그녀는 여성 전사의 용감성과 재치를 전통적 문화에서 여성에게 부여된 종속된 위치와 나란히 제시하였다. 다른 아시아 출신의 미국 작가들은 대부분 남성들인데 그들은 킹스턴이 전통을 저버렸다고 비난했다. 하지만 그녀의 이야기는 전통 내에 뿌리하는 항변으로 생각할 수 있다. 그러한 항변은 여성들에게는 여성들이 충분히 다양한 방식으로 공동체에 기여할 수 있도록 허용되지 않았다는 것이다. 이 이야기의 매력은 한편으로는 '완벽한 효심'[18]을 과시하는 과거의 여성 전사의 만족과, 다른 한편으로는 오늘날 그 이야기를 하고 있는 사람의 세속적인 성취들 중의 어떤 것도 그녀의 가족으로부터 평가를 받지 못하고 있음을 나란히 제시하고 있는 데에 있다. 이러한 호소는 공동체와 효심이라는 중국의 전통적인 핵심가치에 의거하고 있지만 요구하고 있는 것은 여성들에게도 그러한 가치를 실현한 충분한 기회를 주어야 한다는 것이다. **도덕적 전통을 유지하는 것은, 중요한 변화가 적어도 핵심 가치들 중의 어떤 것들과 일치할 때, 그러한 변화를 허용하는 내적인 복합성을 가지는 것이다.** 이성관계에 대한 아시아인의 태도에 대한 최근의 연구는 그러한 변화가 일어나고 있는 중임을 보여주고 있다. 한 심리학자와 한 역사가는 중매결혼에 반하는 연애결혼과 가부장적, 위계적 가족에 반하는 평등주의적 가족[19]이 아시아에서 토대를 확보하고 있는 중임을 발견했다.

---

17) Maxine Hong Kingston, *The Woman Warrior: Memoirs of a Girlhood Among Ghosts* (New York: Alfred A. Knopf, 1976).

18) Kingston, p.45.

19) Elaine Hatfield and Richard Rapson, the American Psychological Association in Toronto, August 1993의 모임 연설 중에서..

공동체-중심적 전통 내에서의 더욱 평등주의적인 방향으로의 변화의 다른 예를 살펴보자. 아물리아니(Ammouliani)라는 그리스 공동체에 대한 인류학적 연구는 그 공동체가 전통적인 결혼과 가족 개념을 근대화라는 새로운 조건에 재미있는 방식으로 적응시키고 있음을 보여주고 있다. 이제 여성은 가족 사업에서 종속적인 동료가 아니라 필수적인 동료로서 존경받게 되었다. 이 공동체의 윤리적 이상은 각 가정의 (임금 노동과 대립되는) 경제적 독립이다. 이 공동체의 남녀 모두는 전통적인 믿음을 유지하고 있다. 즉 그들은 개인의 일차적 자아실현은 가족 내에서 이루어지며 결혼, 자손양육, 아이들을 위해 미래를 준비하는 일과 같은 사회적으로 바람직한 목적과 연결되어 있다고 생각한다. 그 공동체에서 비전통적인 것은 자영업에서의 여성의 역할이라는 개념에서부터 시작되었다. 여성은 자영업에서 돈을 사용하는 데에 동등한 목소리를 내며, 그들 자신의 비용을 주도하고 관리한다. 간단히 말해서, 남편과 동등하거나 더 큰 특권과 힘을 가지고 있다. 그 공동체의 남녀 모두가 여성이 필수적으로 소유해야 한다고 생각하는 것은 미모, 지성, 영리함, 또는 가사의 총명함이 아니라 재정적이고 경영적인 기술이다. 그리고 여성의 이러한 유별한 위상은 여성이 가족이나 남편에 대립하여 가지는 권리의 인정을 통하여 얻어진 것이 아니다. 그 반대로 남녀 모두에게 일차적인 자아실현이 되는 자영업에 여성이 기여할 수 있는 능력을 인정받아서 그렇게 된 것이다. 이 공동체의 한 여성은 이 점을 이렇게 말하고 있다.

여성이 가정이나 남편이나 아이를 가지고 있다면, 그녀의 아이가 건강하다면, 그것이 그녀의 삶 전체이다. 그러한 것들이 그녀에게 가장 중요한 일들이다. 그녀가 나가서 재미있는 일만을 하다가 돌아와 그녀의 남편이 큰 실수를 했다든지 그녀의 딸이 나가 어디에 있는지 모른다면 그녀의 삶은 어떤 것이 되겠는가?20)

20) Stephen D. Salamone의 인터뷰, "Tradition and Gender: The Nikokyrio: The

이러한 심정은 종종 남성에 대한 종속과 연관된다. 하지만 이 인류학적 연구는 이번 경우에는 그렇게 연관되어 있지 않다는 것을 보여준다.

7. 권리와 공동체의 상호의존성

이제까지 나는 공동체-중심적 도덕률들이 개인에 대한 중요한 보호와 기회를 제공한다는 점에서 비록 그러한 보호와 기회의 도덕적 근거가 같지 않다고 하더라도 권리-중심적 도덕률들에 접근해야만 한다고 이야기해 왔다. 그러나 이는 다른 방식으로도 이야기될 수 있다. 즉 권리-중심적 도덕률들이 공동체의 중요성을 인정해야만 한다는 것이다. 어떤 미국 정치이론가들은 한편으로 가족과 지역 공동체와 다른 한편으로 정부라는 국가수준 사이에서 의사소통과 영향력 교환의 통로로 기능할 정치적으로 효과적인 연합체(association)가 없다는 점을 최근에 염려하고 있다.21) 이들 이론가들은 토크빌(A. C. H. Clerel de Tocqueville)을 원자론적 개인주의가 시민들을 고립시켜 그들 자신의 순수하게 사적인 이익만을 추구하게 하고 그들 모두가 한 사람에 불과하기 때문에 정치적 영역에서 효과적으로 발언할 수 없게 만들 위험성을 가지고 있다고 선구적으로 통찰한 사람으로 꼽고 있다.

미국적 전통에서 문제가 되는 것은 일반 시민들이 정치적 과정에서 소외되는 문제를 넘어선다. 토크빌의 개인주의에 대한 정의를 살펴보자.

Economics of Sex Role Complementarity in Rural Greece," *Ethos* 15 (1987): 216. Jill Dubisch도 Tinos 섬의 여성의 위치에 대하여 비슷한 결론에 도달했다. "The Domestic Power of Women: Appearance and Reality," *Studies in European Society* 1: 24-32.

21) 예를 들면 Robert N. Bellah, Richard Madsen, William M. Sullivan, Ann Swidler, and Steven M. Tipton, *Habits of the Heart* (Berkeley: University of California Press, 1985).

그는 개인주의를 "각각의 시민을 동료대중으로부터 분리시켜 가족과 친구의 테두리 내로 물러나게" 하여 "자신의 입맛대로 만들어진 이 조그만 사회를 돌보기 위하여 더 큰 사회를 떠나도록 만드는 조용하고 사려 깊은 느낌"이라고 정의하였다. 토크빌의 관찰에 따르면 그러한 사람은 "고립된 자신들만을 생각하는 습관"을 만들고 "그들 자신의 운명 전체가 그들 자신의 손에 달려 있다고 상상한다." 그들은 자신들을 그들의 동시대인들로부터 격리시키는 것은 물론이고 "그들의 조상들을 잊게" 되고 또 그들의 후손들도 잊게 된다. "각각의 사람은 영원히 자신 혼자에게로 되돌아가 그는 그 자신의 가슴이라는 고독 속에 감금될 수도 있다."22)

우리가 우리의 동시대인과 후손들로부터 고립되고 있다는 점에 대한 토크빌의 통찰은 가난과 범죄와 마약에 의해 포위되어 심각하게 불리한 잠재적으로 영구적인 계층의 문제에 대하여 이야기하는 것을 국가적으로 꺼려하고 있다는 점에서 드러난다. 여기에서 문제가 되는 것은 정치적 참여만이 아니다. 좀더 기본적으로 도덕적 활동력(agency)과 무결성(integrity)의 문제이다. (이 문제에 대해서 나는 4, 5, 6장에서 좀더 자세히 이야기할 것이다.) 이러한 사실은 공동체-중심적 도덕률들이 권리-중심적 도덕률들에 더 가까이 가야 한다는 사실의 대칭상을 보여준다. 즉 권리-중심적 도덕률들이 공동체-중심적 도덕률들에, 적어도 가장 근본적인 민주주의적 권리를 인정한다는 점에서, 더 가까이 가야 한다는 생각을 하게 한다. 그래서 권리-중심적 도덕률들 또한 자기 통치와 사회적 정의라는 민주주의적 가치를 실현하기 위하여 **공동체의 필수불가결성**을 인정해야만 한다. 권리와 공동체는 상호의존적이다.

---

22) Alexis de Tocqueville, *Democracy in America*, trans. George Lawrence, ed. J. P. Mayer (New York: Doubleday, 1969), pp.506, 508.

8. 도덕적 차이에 반응하는 다양한 방식들

1) 일방적인 우열을 이야기하는 어리석음

나는 앞에서 이야기해 온 것들이 정치적 반대자에 대한 고문이나 한 집단이 다른 집단을 열등하다는 이유로 지배하는 일을 비난하는 데에 자율성 근거를 가지는 권리만을 필요로 하지 않는다는 것을 보여주었기를 바란다. 도덕적 진보가 서구의 자유주의 가치를 채택함으로써 이루어질 수 있다고 가정하는 것은 건방진 잘못이다. 그러한 서구의 가치에 의해 요청되는 것과 같은 개인에 대한 보호와 개인의 기회가 증진되기를 진짜로 원하는 사람이 그렇게 생각한다면 그것은 어리석은 일이다. 다양한 적합한 도덕률들이 자기 이익을 위한 지배와 잔인성을 금지한다. 다른 한편으로 많은 제도화된 권리-중심적 도덕률들은 공동체의 결여 때문에 비난받아 마땅하지만, 그러한 비판의 정당성을 인정한다고 해서 유가가 될 필요는 없다.

2) 비난의 근거를 그 사회의 지역적 기준에서 찾을 수 없을 때

물론 우리가 비난하고자 하는 모든 것을 모든 적합한 도덕률들이 또한 잘못된 일이라고 지적하고 있지는 않다. 우리가 다른 사회의 행위나 정책이나 관행을 비난하기를 원하는 그런 경우도 있을 것이지만, 그러한 경우 비난의 근거가 그 사회의 적합한 도덕률을 구성하는 것 속에는 없을 수도 있다. 그러한 경우에 우리는 선택을 해야만 하지만, 선택의 영역이나 고려의 영역은 상대주의에 대한 비판가들이 보통 생각하는 것보다 일반적으로 훨씬 복잡하다. 한편으로 모든 적합한 도덕률들에 공통적으로 있어야만 하는 타협(accommodation)이라는 가치가 있다. 그러한 가치는 관련되는 우리의 가치에 일치하거나 순응하도록 강요하기 위하여 다른 사회의 일에 대하여 일방적인 **간섭**을 하는 것을 반대한다. 다른 사람에 대한 존경(respect for other peoples)이라는 가치도 있다.

우리와 마찬가지로 그들의 문화와 도덕적 가치가 특히 그들의 삶에 의미와 존엄을 줄 수도 있다는 것을 인정하는 것은 물론, 그러한 가치는 또한 일방적인 간섭을 반대한다. 우리가 가지고 있는 관련된 가치는 다른 사람의 자유에 대한 존중(respect for freedom of other peoples)이다. 우리는 그들에게 그들 자신이 정당화되거나 요청된다고 볼 수 없는 것을 **강요**하기를 원하지 않는다.

『도덕 상대성』에서 나는 합리적 동의 없이는 강요하기를 원하지 않는다는 이러한 주장이 서구의 도덕적 전통의 한 부분을 강력하게 구성하고 있는 자유주의 계약 윤리에 소급된다는 것을 추적하였다. 플라이새커(Samuel Fleischacker)는 토마스 아퀴나스(Thomas Aquinas)에서 비슷한 주장을 발견하였다. 그는 '무적의 무지'(invincible ignorance)라는 이론을 제시했는데, 이것은 문제의 사람이 문제를 해결하기 위하여 자신이 할 수 있는 모든 것을 했다는 것을 알지 못하는 것을 가리킨다. 아퀴나스에 따르면, 무적의 무지는 모든 잘못들, 자연법을 범하거나 기독교를 받아들이지 못하는 것 등 모든 잘못들에 대한 완전한 변명이 된다.23)

다른 한편으로 문제가 되고 있는 가치가 우리에게는 아주 중요하고 그러한 가치에 대한 다른 사회의 침해가 매우 심각해서 우리가 아무것도 하지 않는다면 그러한 가치에 대한 우리의 신봉이 수치가 되거나 자신을 실망시키는 일이 된다고 느낄 수도 있다. 플라이새커가 관찰한 대로, 다른 개인이나 집단의 행위가 "우리의 특별한 규범에 대한 심각한 모욕이 되어 … 우리가 그러한 행위를 관용한다면 우리가 인간에 대한 존경과 동정을 가진다는 우리의 신념을 유지할 수 없을" 수도 있다. "이러한 경우에 관용이란 다른 경우에 불관용이 그러한 것처럼 우리의 가치를 파괴하게 될 것이다."24)

---

23) Samuel Fleischacker, *Integrity and Moral Relativism*, p.193, cites Aquinas xxx I-II, Question 94, Article 4 (1953), pp.49-50.

우리의 가치를 깊이 침해하는 관행에 반대하여, 우리는 정직하게 우리의 관심의 이유가 우리 자신의 가치와 우리 자신의 무결성에 대한 관심 때문이라고 말할 수 있다. (실제로, 이것은 다른 사람들의 관행을 교정하여 그들이 잘못되었음을 알게 한다는 주장보다 다른 사람들에게 덜 불쾌할 수 있다.) 예를 들어, 어떤 사회에는 여성의 종속을 비난할 이유가 되는 동등한 개인적 권리라는 개념의 근거가 없을 수도 있다. 다른 한편으로 우리는 그러한 사회 내에서 여성의 종속이 실제로 그 사회의 공통적인 도덕적 목표에 손실이 되며, 그 사회가 불필요하게 여성들이 그러한 목적에 기여할 수 있는 길을 제한하고, 그러한 기여로부터 생겨날 존엄을 여성에게서 뺏고 있다고 주장하는 사람들을 **지원**할 수 있다. 나아가 앞에서 말한 대로, 어떤 비서구 공동체는 더욱 다양하게 변화되어 어떤 구성원들은 개인의 권리라는 서구적인 개념을 주장하기도 한다. 그러한 경우에, 한 공동체의 일에 대한 어떤 종류의 간섭은 전적으로 외부로부터의 간섭은 아니다. 비록 그것이 외부로부터 온 사람에 의해서 주로 추진되었을 때라도 그 사회의 도덕적 전통으로부터 도출되는 이유에 근거할 수도 있다.

심각한 도덕적 차이에 대한 반응은 완전히 수동적으로 다른 사람이 믿고 하는 것을 받아들이는 것일 필요도 없고 그들이 믿고 하는 것에 의미를 부여하기를 절대적으로 거부하는 것일 필요도 없다. 무엇을 해야 할지를 정확히 결정해 줄 단순한 일반적 원칙은 없다. 그러나 그러한 경우에 필요한 심사숙고는 한 사람이 가지고 있는 가치들이 서로 갈등할 때 하는 심사숙고와 비슷한 성격의 것이다.

---

24) Fleischacker, *Integrity and Moral Relativism*, p.186.

9. 다원론적 상대주의는 과연 상대주의인가?

1) 상대주의의 상식적 의미에 따르는 반론

서론에서 지적한 것처럼, 상대주의는 전형적으로 어떤 도덕률이든 다른 도덕률과 마찬가지로 좋은 것(즉 참되고 정당화되는 것)이라는 견해로 규정되어 왔다. 그러므로 나의 이론에 대한 가능한 한 반론은 나의 이론이 '진짜' 상대주의가 아니며 단순다원론(pluralism simpliciter)이라고 하는 것이 더 적합하다는 것이다. 실제로 내 이론을 일종의 상대주의라고 이름함으로써, 별 볼일 없는 평판을 가지는 이름과 내 이론을 연결시켜 불필요한 논의를 유발시켰다고 말할 수도 있다.

2) 여러 가지 다원론들: 네이글, 롤즈, 벌린

만약 어떤 사람이 상대주의를 더 좋은 도덕률들과 더 나쁜 도덕률들 간의 어떤 판단을 거부하는 극히 주관주의적인 도덕률에 대한 견해라고 정의하고자 한다면, 그때는 물론 나의 견해는 우선 당연히 상대주의가 아니다. 그렇지만 나의 견해에 '다원론'이라는 딱지가 붙어 있다는 것만으로도 잠재적 혼동을 불러일으킨다. 그 딱지는 그 나름의 문제를 가지고 있고 너무 자주 경계선이 명백하지 않은 양립될 수 없는 의미영역들을 포함하고 있다. 내가 1장에서 '도덕 가치 다원론'이라고 이름했던 주장을 생각해 보자. 그것은 **여러 개의 도덕적 가치들**이 있는데 이들은 기본적인 것들이어서 **다른 가치들로 환원되거나 도출될 수 없는 것들**이라는 주장이다. 이것이 내가 '다원론적'이라고 부르는 모든 견해가 주장해야만 하는 최소한의 핵심 의미이다. 도덕 가치 다원론에는 이러한 **다양한 종류의 가치들의 최대 실현은 서로 간에 양립할 수 없다**는 벌린(Isaiah Berlin)의 주장이 덧붙여진다. 이러한 주장과 첫째 주장 사이에 논리적인 함의 관계는 없지만 다원론자들은 일반적으로 이러한 주장을 받아들인다. 이러한 두 기준과 널리 받아들여지는 다원론의 다양한 의미 외에도, 많은 애매성이 있다.

첫째 두 의미에서 다원론자인 네이글도 가치 실현 간의 갈등은 판단을 통하여 일반적으로 해결 가능하다고 주장하고 있다. 말하자면 권리와 공리 사이의 모든 갈등을 해결할 최고의 규칙은 없다. 그러나 이러한 가치들이 갈등하는 개별적인 경우에 어떻게 갈등이 해결되어야 하는지에 대해 객관적으로 옳은 판단(judgement)을 내릴 가능성이 있다. 어떤 판단들이 객관적으로 옳은지는 그 특정한 가치 갈등의 본성과 환경에 달려 있다. 그것은 판단을 하는 개인들의 정체성의 문제도 아니고 그들이 실제로 사용하는 판단의 기준들의 문제도 아니다. 네이글의 다원론은 보편주의의 한 형태와 상통한다.25)

다원론이라는 딱지를 받을 만한 다른 견해는 칸트의 견해인데, 그것에 따르면 추구되어야 할 궁극적인 (비도덕적) 선은 다원적이며 올바른 행위에 대해 보편적으로 타당한 원칙들이 존재한다. 선에 대한 '두꺼운' 개념들을 제시하는 롤즈(John Rawls)의 다원론은 어떠한 특정한 선의 개념을 지정하지 않는 선에 대한 자유민주주의적인 해석을 옹호하고 있어 한때는 이러한 칸트적인 보편주의의 한 변형으로 보였다.26) 그렇지만 그의 견해가 전개되어 감에 따라 그는 그의 정의론을 정치이론화하는 것으로 보인다. 그의 이론에 따르면 권리와 선에 대한 다양한 합당

---

25) Thomas Nagel, "The fragmentation of value," *Mortal Questions* (Cambridge: Cambridge University Press, 1979), p.139. 그렇지만 Nagel은 "실제 가치들이 상호적으로 비일관적인 순서를 제기할 가능성이 있고, 이러한 갈등하는 선택에 기초하여 자신이 한 선택을 정당화하고 자신들의 삶과 자신들의 사회를 질서 잡으려고 하는 사람들이 갈등에 이를 가능성이 있음"을 인정했다. 다음을 보라. "Pluralism and Coherence," *The Legacy of Isaiah Berlin*, ed. Ronald Dworkin, Mark Lilla, and Robert B. Silvers (New York: New York Review of Books, 2001), p.109.

26) Rawls의 『정의론』은 무리 없이 이렇게 읽힐 수 있다. Rawls 자신도 이를 다음에서 인정했다. *Justice as Fairness: A Restatement* (Cambridge, MA: Belknap Press, 2001), pp. xvii, 186.

한 이론들은 다원론적 사회에서 사회적 협력의 기본구조를 지배하는 원칙들에 동의한다는 점에서 중복된다. 이러한 원칙들은 '포괄적인 이론들'의 주제인 도덕적 진리에 대한 궁극적인 질문을 다루지 않는다. 실제로 롤즈가 생각하게 된 정치적 자유주의의 전체 요점은, 갈등하는 포괄적인 이론들이 **수렴되는 하나의 정치적 강령(doctrine)**을 제공하는 것이다.

도덕적 진리에 대하여 궁극적인 질문을 제기했던 가장 영향력 있는 다원론자인 벌린은 다원론의 특별한 문제점을 지적하였다. 그는 다원론의 기본적인 생각은 플라톤적인 이상 즉 모든 참된 질문은 하나의 유일한 참된 답을 가지고 있으며, 이러한 진리를 발견할 수 있는 의존할 만한 길이 있어야만 하고, 또 참된 답들은 필연적으로 다른 답들과 양립가능하며 하나의 전체를 형성한다는 플라톤적인 생각에 대한 거부라고 보았다.[27] 플라톤적인 이상에 대한 벌린의 거부는 두 핵심 의미를 넘어서는 다원론을 제시하고 있다. 그러나 그는 다원론이 상대주의는 아니라고 주장하였다. 그는 도덕적 판단의 진리값을 박탈하는 도덕 판단에 대한 정서주의(emotivism)나 주관주의(subjectivism)를 상대주의라고 규정하였다.[28] 비코(Giambattista Vico)와 헤르더(Johann Gottfried von Herder)에 대한 논의에서 벌린은 다원론을 다음과 같은 주장과 연관시키는 것으로 보인다. 즉 많은 종류의 인생의 행복, 미, 선, 그리고 전망은 "모두 일반적인 인간의 실제적 필요와 소망에 대응하는 것이며, 이들은 각각의 환경, 나라, 사람들에 적합하다. 이러한 적합성은 이들 모든 경우에서 같다."[29] 벌린은 어떤 16세기 개혁가의 견해에 공감하며 인용하고 있다. "특정한 사회와 특정한 삶의 형태에 특정한 규율이 적합하

---

27) Isaiah Berlin, *The Crooked Timber of Humanity*, ed. Henry Hardy (Princeton, N.J.: Princeton University Press, 1990), pp.5-6.

28) Berlin, *The Crooked Timber of Humanity*, p.80.

29) Berlin, *The Crooked Timber of Humanity*, p.84.

다는 것은 보편적으로 타당하고 비상대주의적인 사실적이고 논리적인 고려에 의해서 증명될 수 있다."[30]

그러한 견해는 모든 실제적인 규율과 모든 삶의 형태에 대하여 무차별적으로 관대한 것이다. 분명, 규율이나 삶의 방식이 규범적 개념으로서 그 적합성이 평가의 대상이 된다고 하면 어떤 규율이나 삶의 방식은 적합성 시험을 통과하지 못해야 한다. 나아가 벌린은 각각의 실제적인 규율의 적합성이 순전히 논리적이고 사실적인 고려에서 수립될 수 있다는 그의 주장과 관련하여, 완전히 조화될 수 없는 가치들에 기초한 판단들과 그러한 사실적 고려들이 어디에서 구별되는지를 설명하지 못했다. 그러한 결정적이고 보편적으로 타당한 고려는 어떤 것을 보여주는가? 한 사회의 환경이 그 사회의 규율을 그 사회에 적합한 것으로 만들고 다른 사회에 대해서는 적합하지 못한 것으로 만든다면, 다른 환경들때문에 다른 규율들이 두 사회에 대하여 **같은 바람직한 상태**를 가져오는가? 이러한 최종적인 상태가 바람직하다는 것은 어떻게 판단하는가? 각각의 모든 실제적 규율이 그들 사회에 '같은 방식으로 적합'하다면 그러한 적합성을 결정하는 규범적 틀 내에는 어떤 걸쳐지는 아치(arch)가 있어야만 할 것으로 보인다. 이러한 경우에 벌린 식의 다원론은 더 높은 수준의 보편주의로 변형된다. 벌린은 그러한 걸쳐지는 틀이 어떤 것인지에 대하여 아무런 단서도 제공하지 않았다. 각각의 그리고 모든 도덕 규율이 그 사회에 적합하다는 벌린의 주장을 진지하게 받아들인다면 그의 다원론은 그가 강하게 거부하는 일종의 상대주의가 되고 마는 것으로 보인다. 그는 보편주의와 상대주의 간의 공간을 성공적으로 확보한 것으로 보이지 않는다. 벌린의 다원론은 이치에 맞는 대안이라기보다는 이 두 견해의 혼동된 혼합체이다.

벌린에게는 관계되는 문제가 또 있다. 때때로 벌린은 같은 질문에 대

---

30) Berlin, *The Crooked Timber of Humanity*, p.83.

한 참된 대답이 여럿 있다는 것이 다양한 참된 대답들 중에서의 선택을 의미하는 '소극적 자유'(negative liberty)라는 이상의 최고형태라고 말하는데, 이것이 혼동을 더한다. "나에게는 다원론이 그것이 포함하고 있는 '소극적' 자유라는 척도와 더불어, 위대하고 원칙적이고 권위적인 구조 속에서 계급이나 인간이나 인류 전체의 '적극적인' 자기 지배라는 이상을 추구하는 사람들의 목표보다 더 참되고 더 인간적인 이상으로 보인다."[31] 문제는 이러한 적극적인 이상이 벌린이 논리적이고 사실적인 고려에 기초하여 그들 사회에 분명히 적합하다고 말하고 싶은 많은 실제적인 도덕적 규율을 구현하고 있다는 것이다. 소극적인 자유를 지지하는 삶의 방식은 그러한 자유를 허용하지 않는 다른 삶의 방식과 경쟁한다. 벌린에 대한 많은 비판은 참된 답이 여럿 있다는 다원론을 그가 받아들이면서도 동시에 자유주의의 우월성과 소극적 자유라는 이상을 신봉함으로써 생겨나는 명백한 긴장에 초점을 맞추고 있다.[32] 사실 벌린은 그의 견해의 정합성에 대한 이러한 의심에 대하여 결코 적절한 대답을 하지 않았다. 그가 다원주의를 상대주의와 구분한 방식은 일을 명백하게 하기보다는 혼동되게 한 것으로 보인다. 그리고 일이 이렇게 된 것은 부분적으로는 다원주의를, 보편주의와 보통 연관되는, 유일한 진리나 정당화 가능한 삶의 방식이라고 주장하고자 하는 다원론자들의 이해 가능한 욕망 때문이다.

3) 다원론적 상대주의라는 명칭의 옹호

여기 이 책에서 옹호하려고 하는 이론은 그러한 유일성을 말하지 않

---

31) Isaiah Berlin, "Two Concepts of Liberty," *Liberty: Incorporating Four Essays on Liberty* (Oxford: Oxford University Press, 2002), p.216.

32) 예를 들어 다음을 보라. John Gray, *Berlin* (Fontana, 1995); Richard Rorty, *Contingency, Irony, and Solidarity* (Cambridge: Cambridge University Press, 1989); Michael Sandel, ed., *Liberalism and its Critics* (Basil Blackwell, 1984).

는다. 나의 이론은 도덕률들의 적합성에 대한 보편적 판단들에 객관적이고 자연주의적인 기초를 제공하고자 한다. 사실 나의 이론은 어떤 사회에 의해 채택되는 어떤 도덕적 규율에 대해서도 무차별적인 관대하고자 하는 유혹을 회피하고자 한다. 그리고 그것은 소극적 자유라는 자유주의 도덕률이, 같은 기능을 하고 있어 적합하다고 판단될 수 있는 다른 도덕률들보다 조금이라도 더 참되다고 주장하지 않는다. 이러한 의미에서 나의 다원론은 벌린의 다원론보다 더 상대주의적이다.

이제 내 이론에 대한 명명이 잘못되었다는 반론에 대한 나의 대답 즉 다원론이라는 딱지가 결코 문제가 되지 않는다는 나의 기본적인 입장으로 돌아가자. 너무 취약해서 상대주의자들과 보편주의자들 사이의 근본적인 문제에 답할 수 없는 다원론의 핵심 의미들을 일단 넘어서게 되면, 다양한 견해에 봉착하게 된다. 어떤 것은 네이글처럼 **보편주의**적이라고 이름할 만하고, 또 어떤 것은 벌린처럼 개념적 혼동에 빠지기도 한다. 나로서는 '다원론'에서 '상대주의'를 뺌으로써 문제를 명백히 하는 데 어떤 도움을 주는지 알 수 없다.

나아가 단순 '다원론'이라는 용어가 극단적으로 **주관주의**적인 형태의 상대주의를 거부하는 것이 우리에게 우리의 도덕적 신봉들과 관련하여 문제없는 근거를 제공할 것이라는 의미로 사용된다면 그러한 사용은 기만적인 것이 될 수 있다. 어떤 사회에서 채택된 도덕 규율이 그 사회에 독특하게 적합한 것으로 판명된다는 생각이 그럴듯하지 못한 것이라고 거부한다면, 나는 우리가 그렇게 해야만 한다고 생각하는데, 우리는 우리가 어떤 특정한 때에 하는 특정한 선택에 대한 걱정스러운 질문에 답해야만 한다. 아마도 상대주의에 대한 많은 우려는 이러한 걱정스러운 질문에 대한 예상으로부터 생겨날 것이다. 만약 그렇다면 참된 혹은 수용할 수 있는 도덕률들의 영역을 제한할 수 있다는 것이 이러한 질문에 대한 답이라고 가정하는 사람은 바람직한 생각을 하고 있는 것이다. 그러한 질문들은 극단적인 주관주의적 형태의 상대주의를 거부하는 것으로 해결할 수 없다. 그러한 질문들은 더 부드러운 견해를 단순'다원론' 이라고 이름함으로써 해결되지 않는다. 이러한 의미로 '다원론'과 '상대 주의'를 결합시켜 놓는 것이 나에게는 더 정직한 선택으로 보인다.

4) 다원론적 상대주의와 유사한 입장들: 브랜트 & 누스바움

나의 견해를 무엇이라고 부를 것인지에 대한 문제는 한 쪽으로 제쳐 놓고, 내가 일반적으로 아주 공감하는 넓은 주제들을 이야기한 다른 사 람들의 이름들을 들어야 하겠다. 특히 햄셔(Stuart Hampshire), 케커스 (John Kekes), 테일러(Charles Taylor), 왈쩌(Michael Walzer)가 벌린의 주제 즉 환원될 수 없는 다수의 가치 출처들이 있으며 이러한 가치들을 결합하는 정당화 가능한 다수의 삶의 방식이 있다는 생각을 아주 깊고 유려하게 논의하였다. 그들이 이러한 주제를 이야기한 방식들과 그들이 도출한 결론들은 나의 것과는 다르다. 나의 접근은 명백히 도덕률에 대 한 자연주의적 이해를 따르고 있으며, 내가 2장에서 제시하였듯이, 도덕 적 애매성과 자연주의적 접근을 결합함으로써 왜 유일한 참된 도덕률이 없는지를 이해하고 참된 도덕률들에 어떤 넓은 제한을 가할 근거를 제 공할 특정한 방식을 제시한다.

브랜트(Richard Brandt)의 많은 작업들이 다양한 문화에 걸쳐서 다양 한 도덕적 관행들이 수용되고 있음을 보여주고 있는데,『윤리 이론』에 서 그는 메타 윤리적 상대주의(metaethical relativism)의 더 강한 형태 와 더 약한 형태를 구별하였다. 그가 조심스럽게 수용하는 **약한 형태의 상대주의**는 윤리학에 하나의 '독특한 합리적 방법'이 있으며, 이것이 갈 등하는 판단들 사이에서 우리가 결심하지 못하게 만든다고 주장한다. 강한 형태의 상대주의는 그러한 독특한 합리적 방법은 없다는 것이 다.[33] 공통의 합리적 방법이라는 말은 내가 별로 사용하고 싶지 않는

---

33) Richard Brandt, *Ethical Theory* (Englewood Cliffs, N.J.: Prentice-Hall, 1959), pp.274-275. 다음도 보라. Judith Wagner DeCew, "Moral Conflicts and

말이지만, 브랜트가 제안한 취지는 여기서 옹호되고 있는 다원론적 상대주의라는 입장과 양립 가능하다. 불행하게도, 브랜트는 더 제한된 종류의 상대주의가 좀더 고려될 필요가 있다는 점을 혼자서 고독하게 주장하고 있는 것으로 보인다.

누스바움(Martha Nussbaum)은 인간의 능력들이 실현되어야만 한다는 아리스토텔레스적인 생각에 기초한 윤리학을 주장하였다. 그러므로 그녀는 실질적으로 공통의 인간성이 있다는 것을 부정하는 인간 본성에 대한 반-본질주의적 견해를 반대하였지만, 그녀 자신의 본질주의를, 생명체가 인지적인 능력을 이용하여 해석적인 작업을 할 수 있다는 것을 고려하지 않고, 세계가 존재하는 어떤 결정된 방식이 있다는 것을 가정하는 형이상학적 실재론에 기초하기는 거부하였다. 오히려 그녀는 다양한 인간의 사회들과 역사적 시기들에서 인간들의 일반적이고 공통적인 능력들이 나타났다는 것은 경험적 사실이라고 강조하였다. 이것이 경험적 사실이기 때문에, 그녀는 **공통적인 능력들의 목록**(the list of common capabilities)은 잠정적이고 개방적이라고 강조하였다. 게다가 다양한 사회들은 어느 정도까지 그러한 목록에 있는 항목들을 **다르게 구성**할 수도 있다. 그러한 능력들은 애매하고 일반적이어서 여러 종류의 지역적인 특수화를 가능하게 한다. 여러 종류의 특수화는 지역적인 전통이나 개인적인 취향에 따라 그러한 능력들을 실현하고 구현하는 다양한 방법에 따라 이루어진다. 지역적인 특수화는 맥락이나, 행위자의 성격이나 그들의 사회적 상황에 따라서 능력들을 실현하는 다양한 방식을 허용한다.

나는 이미 내가 누스바움의 주장 즉 인간 본성 일반과 특징들이 참된 도덕률들의 영역을 제한하는 데에 기여하며, 이러한 영역 내에서 다양

Ethical Relativism," *Ethics* 101 (1990): 27-41, 다음 사람들에서 상대주의의 의미에 대한 명쾌한 논의를 볼 수 있다. Brandt, Hampshire, Harman, 그리고 Wong.

한 도덕률들의 내용은 그러한 공통의 인간적 특징들에 대한 다양한 방식의 대응이라는 주장에 동의하는 내 자신의 이유를 이야기하였다. 내가 그녀와 의견을 달리하는 것은 그녀의 목록에서의 세목들과 그러한 세목들로부터 그녀가 도출하고 있는 도덕적 요청들이다. 내가 그녀와 이견을 보이는 하나의 대표적인 경우에 대하여 약간 자세히 이야기하고자 한다. 이렇게 하는 이유는 이 특정한 경우가 중요하고 또 넓은 실천적 관심의 대상이 되기 때문이기도 하지만, 더 크게는 그것이 더 일반적인 사실 즉 많은 흥미로운 이론적인 작업들이 일반적인 견해들 즉 상대주의, 보편주의, 다원주의와 같은 아주 추상적인 논쟁들로부터 어떤 삶의 방식이 실제로 정당화 가능하고 참으로 허용 가능한 삶의 방식인가라는 특정한 경우들로 내려올 필요가 있다는 것을 보여주고 있기 때문이다.

내가 염두에 두고 있는 경우는 개인의 인간적 삶이 강력한 형태의 구별성(seperate)을 특징으로 하고 있다는 누스바움의 주장과 관련된 것이다. 사람은 누구나 다른 사람의 죽음이 아니라 자신의 죽음을 죽으며, 대상, 장소, 역사, 특정한 친구들, 지역, 성적 유대의 형태로 특정한 맥락과 주변을 가지며, 그 사람이 가지는 이러한 것들은 어느 누구의 것과도 다르다. 구별성은 사람들이 자기 자신의 삶을 살며 어느 누구 다른 사람의 삶을 살지 않는다는 것을 의미한다. 이러한 특성으로부터 누스바움은 개인적이고 명확한 자신, 결혼, 출산, 성적 표현, 언어, 그리고 고용의 선택에 대한 불간섭을 보장할 것을 도출하였다. 누스바움에게 강력한 구별성은 연대의 자유와 더불어 부당한 검사와 체포로부터의 자유를 의미한다.

이것은 누스바움의 다원론이 아주 엄격한 보편주의와 닮기 시작하는 결정적인 지점들 중의 하나이다. 개인적인 인간 삶의 구별성이 서구의 자유주의적 권리들의 익숙한 목록들을 의미할 때 그러한 삶에 대한 다원적이고 지역적인 특수화의 여지는 거의 없어 보인다. 1장에서 나는 공동체주의적 가치들에 대하여 다른 강조를 하고 있는 도덕률들 간의 차이들을 지적하였다. 이러한 가치들에 대하여 상대적으로 높은 강조를 하고 있는 도덕률들은 자아와 다른 사람들로부터의 구별성을 보충적인 개념으로 가지는 경향이 있다. 사람이 자신의 죽음을 죽는다는 것은 글자 그대로 딱 맞는 말이다. 그러나 특정한 타자나 공동체에 대한 관계도 아주 중요하여 타자의 죽음이나 공동체의 죽음도 더는 아니라고 하더라도 자신의 죽음과 마찬가지로 그 사람의 복지에 큰 손실을 가할 수 있다. 또 맥락이나 주변이나 개인적인 유대는 아주 독특할 수 있지만 그러한 독특함의 상당한 부분은 어떤 타자나 어떤 공동체와의 관계가 가지는 성질에 달려 있을 수 있다. 여기서 요점은 자신의 죽음을 죽는 것이나 주변이나 유대의 독특함은 관계와 공동체에 큰 중요성을 두는 것{도덕률}과 양립할 수 있으며, 이러한 {공동체-중심적} 우선순위는 누스바움이 언급하고 있는 그러한 종류의 개인적인 권리들을 필연적으로 강조하게 하지는 않는다는 것이다.

누스바움이 여기에 대하여 대답할 수 있는 한 가지 방식이 있는데, 그것은 권리란 보장되는 것이기는 하지만 개인이 다르게 선택하면 반드시 실행되어야만 하는 것은 아닌 그러한 종류의 것이라는 것이다. 그렇지만 문제는 권리가 개인의 가장 중요한 이익들과 개인이 속하는 공동체의 이익들 사이의 양립 가능성을 강조하는 전통에서 어떻게 근거를 가질 것이냐 하는 것이다. 누스바움은 그녀가 강한 구별성으로부터 개인적인 권리를 도출한 방식에 대하여 명백히 하지 않았지만, 그녀가 도출한 권리의 목록으로부터 보면 개인적 이익과 공동체적 이익의 잠재적인 양립 불가능성을 강조하는 구별성의 개념을 마음에 두고 있다고 보인다. 만약 어떤 사람이 인간 능력들의 '여러 종류의 지역적인 특수화'를 위한 공간을 만들려고 하면, 내가 보기에는, 구별성을 다양하게 해석할 더 많은 공간을 만들어 놓아야 한다. 이것은 공동체적 도덕률들이 개인적인 권리에 대하여 아무런 근거를 가질 수 없다는 것이 아니라, 이 장에서 나중에 설명할 것처럼, 그러한 권리의 근거와 보호 영역이 다를 수 있다는 것이다.

10. 적합한 도덕률들에 대한 제한의 근거로서의 고정된 인간 본성에 대한 반론들

1) 인간 본성을 고정된 것으로 보는 생각에 대한 한 반론: 호르크하이머

호르크하이머(Max Horkheimer)의 고정된 인간 본성에 대한 반론을 살펴보자.

여기에서 '인간 본성'이라는 용어는 원래적이거나 영원하거나 일정한 본질을 가리키지 않는다. 사회의 움직임이나 개인의 삶을 근본적이거나 비역사적인 통일체의 드러남이라고 보는 모든 철학적 교리들은 정당한 비판을 받을 수밖에 없다. 그러한 이론들과 그것들의 변증법적이지 않은 방법은 새로운 개인과 새로운 사회적 특성들이 역사적인 과정에서 등장한다는 사실을 제대로 파악할 수 없다. 이러한 사실에 대한 그들의 한 반응은 기계적 진화의 방식으로 즉 나중에 등장하는 인간의 특성은 원래 그 씨앗 속에 있었다고 설명한다. 아니면 다양한 철학적 인간학의 방식으로 즉 이러한 특성들은 존재의 형이상학적 '근거'로부터 나타났다고 설명한다. 이러한 상호 대립적인 설명들은 생명적 과정이 계속적인 발전과 마찬가지로 구조적인 변화를 특징으로 한다는 방법론적인 원칙을 제대로 알지 못한다.34)

개인과 사회의 새로운 특성들이 역사적 과정 속에서 생겨나며 나중에 드러나는 모든 인간적 특성들이 모두 원래 씨앗 속에 있었던 것은 아니

---

34) Max Horkheimer, "Authority and the family," *Critical Theory*, trans. M. J. O'Connell (New York: Herder & Herder, 1972), p.66.

174

라는 호르크하이머의 지적은 맞는 말이다. 내가 인간 본성이라는 개념을 사용할 때도 이것을 부정하지 않는다. 하지만 인간의 본성이 전적으로 가소적(plastic)이라는 즉 변형 가능하다는 주장은 거부한다. 호르크하이머도 이것을 믿지 않는다. 예를 들어, 그는 "인간의 충동과 열정, 인간의 성격적 기질과 반응 양식들은 어떤 시점에 사회적 삶의 과정을 전개시키고 있는 권력-관계에 의해 억눌려지며" 이것이 인간들이 권위를 수용하는 경향이 있는 이유이고, "역사적 서술이 다루고 있는 전체 시간적 길이"35)에 걸쳐서 그러한 경향이 나타나는 이유라고 믿었다. 호르크하이머는 권위를 수용하는 불변적인 경향이 있다는 가정적인 배경에 대립하여 참된 새로운 특징들이 어떻게 나타나는지를 설명하였다. 동시에 호르크하이머는, 역사적 서술이 포괄하는 기간 내에 마찬가지로 존재하는 것으로 보이는, 그러한 경향에 대한 제한을 받아들였다. 어린 이를 키우면서 어느 정도의 강제가 있어야만 한다고 주장하면서, 호르크하이머는 "자기 중심적 유아로부터 사회의 성원으로의 모든 인간의 발달은 모든 변화에도 불구하고 본질적으로 강제라는 요소 없이는 생각할 수 없는 천 년 간의 문명화과정의 단축된 반복"36)이라고 지적하였다. 실제로 호르크하이머의 부르주아 가족에 대한 많은 비판은 인간 본성에 대한 프로이트의 이론을 전제하고 있다.37)

호르크하이머가 인간의 영원한 본질에 대하여 부정하는 그러한 영감을 얻은 철학사 상의 인물 즉 니체를 생각해 보자. 호르크하이머는 『도덕의 계보』에서의 주장 즉 약속과 공통의 삶의 규칙들 일반을 따르는

---

35) Horkheimer, *Critical Theory*, p.69.

36) Horkheimer, *Critical Theory*, p.111.

37) 그는 이렇게 말하고 있다. 일부일처제는 순전히 감각적인 쾌락의 평가절하와 아들의 어머니에 대한 부드러움에서 모든 감각적 요소를 추방해 버린다. 이것이 이상적인 헌신과 성적 욕망 사이의, 부드러운 마음씀과 단순한 자기 이익, 천국적인 내성과 세속적인 열정의 '강제적인 분리'를 가져온다. *Critical Theory*, p. 121을 보라.

능력은 자연적인 것이 아니라 끔찍한 고통을 통하여 기억 속에 각인되어야만 하는 어떤 것이라는 주장에 대해 언급하였다.38) 그렇지만 바로 이러한 주장은 인간에게 자연적인 어떤 것이 **있으며** 그것이 조건화나 고통에 의해서 극복되어야만 한다는 것을 전제하고 있다.

2) 인간 본성을 고정된 것으로 보는 생각에 대한 다른 반론: 푸코

인간 본성에 구조가 있다는 주장에 대한 다른 반대는 인간 본성의 내용은 결코 순수하게 공평무사할 수 없으며 언제나 권력과 지배의 관계에 의해서만 이해될 수밖에 없다고 주장하는 푸코(Michel Foucault)의 통찰에 기초하고 있다. 도덕적 존엄성이 어떤 인간의 권력이나 특징에 기초해 있다는 주장은 다른 사람들이 그러한 권력이나 특징을 전혀 가지고 있지 않거나 덜 가지고 있다는 것을 근거로 그 사람들을 종속시키는 것을 합리화하는 데에 언제나 기여하거나 기여하기 쉽다. 인간들이 인간들의 존엄을 합리성이라는 권력으로부터 도출하게 되면 노예, 일시적인 실업자나 복지혜택 수혜자, 그리고 비합리적인 여성들은 이러한 인간적 합리성을 덜 가지고 있다고 말하게 된다. 그리고 합리성에 대한 특정한 기준들과 모델들은 그러한 기준들과 모델들과 가장 많은 관계를 가진 사람을 분명히 편드는 것으로 판명될 것이다. 이러한 반대에 즈음하여, 나는 먼저 여기에서는 인간 본성에 대한 그러한 주장을 하지 않고 있다는 것을 지적해야 하겠다. 나는 도덕적 존엄을 특정한 권력이나 특징에 근거하려고 시도하지 않는다.

다른 아마도 너무 쉬운 대답은 인간 본성에 대한 하나의 주장이 때때로, 심지어 자주 사용되는 그러한 방식과, 그러한 주장이 사용될 **수 있거나** 때때로 사용**되는** 더 광범위한 방식들 사이에 차이가 있다는 점을 지적하는 것이다. 다음과 같은 것이 그런 경우들일 것이다. 합리성이라

---

38) Horkheimer, *Critical Theory*, p.56. 『도덕의 계보』 3장 2절을 언급하고 있다.

는 권력을 포함하는 불쾌한 비교가, 자주 그리고 아주 파괴적으로, 복종을 합리화하기 위하여 사용되어 왔다. 또 그러한 비교의 증거에 대한 비판들은 복종에 대한 투쟁에 기여해 왔다. 그러한 비판들은 합리성이 도덕적 존엄과 무관하다고 전제하지 않는다. 반대로 그것들은 자주 관계가 있다고 전제하고, 복속되는 집단들의 합리성에 대한 판단이 단순히 거짓이라고 전제하거나 아니면 거꾸로 자신들을 지지한다고 전제한다. 왜냐하면 이러한 판단을 수용하는 것은 복속되는 집단이 그들의 합리성이라는 권력이 결코 충분히 발휘될 기회를 가지지 못했다는 것을 확신하는 데 도움이 되기 때문이다. 동시에 합리성이라는 권력이 어떻게 정의되든지 간에, 다양한 사람들이 다양한 정도로 소유하고 있다는 것을 인정해야만 한다. 물론 그것이 어떤 집단이 복속되거나 억압되는 근거가 될 정도는 아니다. 도덕적 존엄을 합리성에 기초하는 것은, 우리가 이러한 생각을 명백히 부정직하게 사용하는 경우를 한 쪽으로 제쳐 놓았을 때조차도, 위험한 일이다.

일반적으로 인간 본성에 대한 주장은 위험한 방식으로 사용될 수 있고 그러한 사용이 어떤 것인지 우리가 언제나 알고 있는 것도 아니다. 나는 인간 본성을 인간 존엄의 근거로 사용하지 않지만, 나는 그것을 도덕률들의 적합성과 그래서 문화의 적합성이라는 관념을 옹호하기 위하여 사용하고 있다. 어떤 문화가 적합성의 기준에 맞지 않다는 취지의 주장은 억압적인 목적에 이용될 수 있고 또 이용되어 왔다. 나는 이 점에 동의하며 또 "진리는 권력 바깥에 있지 않으며 권력을 결여하고 있지도 않으며" 신화와 반대로 진리는 "자유로운 정신의 보상, 오랜 고독의 자식이 아니며 자신을 해방시키는 데에 성공한 사람의 특권도 아니다"라는 푸코의 경고에도 동의한다. 그가 진리를 "진술의 생산, 조절, 분배, 순환, 그리고 작동을 위한 질서 잡힌 과정 체계"[39]라고 정의하는

---

39) Michel Foucault, Alexxandro Fontana and Pasquale Pasquino와의 인터뷰에서, "Truth and Power," *The Foucault Reader*, ed. Paul Rabinow (New York:

한 나는 그에 동의한다. 그러한 시스템을 구성하고 있는 우리의 제도와 관행은 권력 바깥에 있지 않다. 하지만 그가 자신이 진리를 정의하는 방식으로만 진리가 있다고 생각한다면 나는 그에 동의하지 않는다. 하지만 그의 요지가 "모든 것이 나쁘지는 않지만, 모든 것이 위험하며"40) 그래서 우리는 우리의 진술이 어떤 목적으로 사용되는지에 대하여 늘 방심하지 말아야 한다는 것이라면 그에 동의하지 않을 수 없다.

우리가 다른 문화를 판단할 때 있게 되는 어떤 특정한 위험들에 대하여 더욱 조심한다면 우리는 푸코의 경고를 좋게 사용할 수 있다. 공통적인 함정은 문화가 어떤 것인가에 대한 반성 없이 유기적이고 전체론적인 견해를 전제하는 것이다. 어떤 사람이 하나의 문화에 대하여 공감적이지 않으면, 그는 자기가 볼 때 그 문화 전체를 반영하는 것으로 보이는 정당화할 수 없는 관행을 거론하는 경향이 있다. 반면에 그 문화를 옹호하는 데 관심이 있는 사람이라면 정당화할 수 없는 관행을 돌연변이나 적어도 분리될 수 있는 그 문화의 부분으로 보는 경향이 있다. 예를 들어, 자주 거론되는 여성을 종속시키거나 억압하는 관행들은 어떤 쪽으로도 보일 수 있다. 그러한 관행들은 그 문화에 구현되어 있는 더 일반적이고 널리 퍼져 있는 억압의 징후로 볼 수도 있고, 또 그 문화의 정체를 구성하고 있는 대부분을 보존하면서도 교정될 수 있는 것으로 볼 수도 있다. 어떤 판단이든 문제가 되고 있는 문화와 관행에 대한 계속적인 연구와 반성에 의해서 입증될 수 있을 것이지만, 요점은 세련된 판단을 하기 위해서는 보통 상당한 연구와 반성이 필요한데, 사람들은 보통 전적으로 부적합한 근거를 가지고 {논리적으로} 비약하여 판단한다는 것이다.

Pantheon, 1984), pp.72-74.

40) Michel Foucault, Paul Rabinow and Hubert Dreyfus와의 인터뷰에서, "On the Genealogy of Ethics: An Overview of Work in Progress," *The Foucault Reader*, p.343.

11. 도덕률에 대한 기능적 개념이 의무론적 도덕률들을 수용할 수 있는가?

이 절의 제목과 같은 반론은 도덕률이 (부분적으로) 사회적 협동을 촉진하고 조절하는 기능을 한다는 생각은 도덕률을 결과론적인 용어로 생각하는 것이라는 반론이다. 내가 그러한 기능주의적이고 결과론적인 개념을 사용하여 적합한 도덕률들에 대한 보편적인 제한을 도출한다면, 오직 결과론적인 도덕률들만이 합당할 수 있을 것으로 보인다. 반대하는 사람들은 이러한 결과가 내가 다원론적 상대주의를 옹호하고 적용해 온 방식과 어긋난다고 지적한다. 나는 다양한 참된 도덕률들이 있다는 나의 논의의 일부분으로서 개인적 권리라는 개념을 중심으로 하는 의무론적 도덕률들과 공리에 기초한 도덕률들 간의 갈등을 지적하고 있다.

각각의 사람들을 목적으로 대하고 각각에게 집단 전체의 복지나 만족의 전체 총량을 극대화하는 것과 상관없이 어떤 행동 방식을 허용하라는 칸트(Immanuel Kant)의 명법을 살펴보자. 이러한 반대에 대한 나의 대답의 한 부분은 그러한 명법에 입각하여 행위하는 것은 분명히 사회적인 협력을 촉진시키고 조절하는 방식이라는 것이다. 사회적인 협력이라는 관념 속에는 도덕률이 집단적인 만족이나 복지, 혹은 인격에 대한 존중과 같은 형태를 취하도록 요구하는 것은 없다. 사회적 협력은 이기적 동기가 제한되고 협력에 대한 관심이 강화될 때 촉진되는데, 칸트의 명법을 가르치게 되면 이러한 목적을 달성할 수 있다. 2장에서 설명되었듯이, 의무론적 특성을 갖는다고 생각되는 기본적인 권리들이 효과적으로 강한 자기 이익과 이타심 모두에 관계될 수 있다.

칸트의 명법에 대하여 지금 막 제시된 옹호가 넓은 의미로 결과론적이라는 것은 사실이다. 그리고 이것은 분명 도덕률이란 무엇인가에 대한 칸트의 이론과는 일치되지 않는 옹호이다. 그러나 칸트의 도덕 이론은, 비록 그 자신은 그것을 정언 명법의 내용을 도출하는 과정에 엮어

넣었지만, 도덕률의 규범적 내용에 대한 그의 개념과는 구분될 수 있다. 제시된 옹호를 칸트가 거부할 것이라는 것은 맞는 말이고, 권리에 대한 표준적인 의무론적 이론이 권리에 대해 이야기하는 방식이 결과론적이지도 않다. 표준적인 목적론적 이론은 권리와 독립적으로 충분히 규정될 수 있는 선의 관념과 더불어 시작하여 무엇이 그러한 선에 공헌할 것인가와 관련하여 권리를 규정한다. 여기에서 제시되는 옹호는 적합한 도덕률로 사용될 수 있는 것에 제한을 가하는 도덕률의 기능이란 관념을 전제한다. 이러한 옹호는 권리의 충분한 내용과 닮은 어떤 것이 그러한 기능으로부터 도출될 수 있다고 주장하지 않는다. 사실 각각의 사람에게 집단의 만족이나 복지를 위하여 제쳐놓을 수 없는 행위방식이 있다는 **칸트의 생각은 도덕률의 적합성에 대한 지역적 기준들을 표현하고 있는 생각이다.** 여기에서 옹호되고 있는 설명은 흄의 설명이 그러하듯이 기능주의적인 깃이지만, 벤담의 설명처럼 고전적인 공리주의적 방식은 아니다. 흄이 도덕률을 사람들이 함께 살아가는 중에 서로가 가지게 된 관습으로부터 발생했다고 생각했다는 점을 기억하라. 그의 이야기는 또 도덕률의 기능을 전제하고 있지만 그러한 기능은 어떤 궁극적인 선규정된 윤리적 선을 증진시키는 것이 아니라 사람들이 이미 가지고 있는 이익들의 상호 만족을 증진시키는 것이다. 이것이 사회적 협력을 촉진시키고 조절한다. 그러나 그렇게 하는 중에 벤담과 같은 방식으로 권리에 표준적인 목적론적 이론을 전제하는 그러한 방식은 아니다.41)

---

41) 흄의 도덕률 이론에 대한 자세한 논의는 다음을 참조하라. Knud Haakonssen, *The Science of a Legislator: the Natural Jurisprudence of David Hume & Adam Smith* (Cambridge: Cambridge University Press, 1981), chapter 2; Geoffrey Sayre-McCord, "Hume and the Bauhaus Theory of Ethics," *Midwest Studies in Philosophy* 20 (1995): 280-298.

12. 다원론적 상대주의의 결과에 대한 걱정들: 확신과 타자로부터의 배우기

1) 다원론적 상대주의가 윤리적 확신을 붕괴시킬 것이라는 반론

다원론적 상대주의를 수용함으로써 나타나는 결과에 기초하여 제기할 수 있는 하나의 반론은 상대주의가 도덕적 확신을 붕괴시킬 것이라는 것이다. 우리가 기본적인 가치들의 갈등을 해결하기 위하여 사용하는 기준들이 다른 기준들보다 더 옳도록 하는 심층적인 정당화를 갖지 못한다면 **우리가 사용해 온 기준을 지킬 이유가 없는 것이 아니겠는가?** 교통법규에 유비하여 이러한 반론을 살펴보자. 도덕률이 행위를 이끌기 위해서는 지역적 기준이 필요하기 때문에 참된 도덕률에 대한 지역적 기준이 있어야만 한다고 말하는 것은 이러한 기준들이 길의 오른편으로 차를 몰아야 한다는 규칙과 같은 것이라고 말하는 것과 같다. 그러한 규칙이 필요하다. 그러나 왼쪽으로 운전하는 영국의 규칙보다 그러한 규칙이 궁극적으로 더 나은 정당화를 갖지는 못한다. 유일한 정당화는 그것을 이렇게 정할 수도 있고 저렇게 정할 수도 있다는 것이다. 나는 앞에서 도덕률들에 대한 보편적인 기준을 만족시키면서도 지역적 기준에서는 다른 그러한 타자의 삶의 방식에 대하여 일차적인 규범적 판단을 여전히 할 수 있다고 주장하였다. 이러한 판단들은 완전한 수용, 완전한 거부, 혹은 어느 쪽도 아닌 상당히 복합적인 어떤 것이 될 수 있다고 나는 주장했다. 그러나 어떤 경우든 판단은 우리 자신의 도덕적 가치에 기초해 있다. 그렇지만 지금 토론하고 있는 반론은 우리 자신의 가치에 대한 우리의 신봉을 유지하는 데에 문제가 있다고 지적하고 있다. 근본적인 가치들 간의 깊은 갈등을 해결하기 위하여 우리가 제시해야 하는 우선순위가 그것을 이러한 방식이든 저러한 방식이든 가져야만 한다는 것 외에 아무런 정당화를 가지지 못한다면, 바로 이러한 생각이 우리의 도덕적 신봉을 붕괴시키지 않겠는가?

2) 확신이 붕괴되는 이유

위와 같은 생각은, 어떤 도덕적 신봉이 도덕률이 세계를 구성하고 있는 한 부분이고 모든 사람이 그것에 따라 행위해야 할 **객관적이고 보편적으로 타당한 이유**라는 그러한 견해를 전제하고 있다면, 그러한 신봉을 분명 붕괴시킨다. 도덕적 가치에 대한 신봉이 기본적으로 그러한 도덕률에 대한 추구라면, 그러한 신봉은 헛된 것이다. 내가 이미 주장했듯이, 그러한 전제는 드문 것이 아니며 도덕률에 대한 아주 강한 형태의 객관주의적 견해에서는 물론이고 가장 근본적인 형태의 주관주의적 견해에서도 반영된다. ("옳고 그른 것은 한 사람이 느끼고 선택하는 것의 문제이다.") 근본적인 주관주의는 단지 아주 강한 형태의 객관주의라는 동전의 다른 면일 뿐이다. 도덕률이 세계를 구성하고 있는 환원될 수 없는 어떤 부분으로서 자신에게 행위할 객관적이고 보편적으로 타당한 이유를 제공해 준다는 믿음에 근거하여 어떤 사람이 그것을 신봉하는데, 그가 그러한 개념에 대한 환상을 잃게 된다면, 그는 다른 극단으로 치달을 것 같다. 그렇지만 근본적인 주관주의를 반박하고자 하는 전적으로 정당화 가능한 욕망 때문에 우리가 전통적인 견해를 채택할 필요는 없다. 우리에게 필요한 것은 이렇게 마찬가지로 유지할 수 없는 견해에 대한 그럴듯한 대안이다.

3) 확신이 유지되는 한 이유: 핀코프스

그럴듯한 대안을 수립하기 위한 첫 발자국은 **모든 사람이 하나의 이상을 신봉할 필요가 없다고 생각하면서도 우리가 하나의 이상을 깊게 신봉할 수 있다는 것**을 아는 일이다. 이러한 점을 지적하면서 핀코프스(Edmund Pincoffs)는 우리에게 이런 상상을 해보라고 말한다. 그가 한 친구와 같이 연주회에 가기로 약속했는데, 이 친구와의 약속을 지키지 못했다. 그에게 그 약속을 지키는 것은 중요했다. 그러나 이웃사람이 그에게 전화를 걸어 그가 교육위원회에 제출될 인종차별철폐 계획이 적합하지 못하다는 점을 논의하기 위한 모임에 참석하기로 했다는 것을 깨우쳐 주었다. 이 모임이 그 연주회와 같은 시간에 있었다. 핀코프스가 주장하고 있는 것은, 그가 결정을 할 때 어떤 의미에서는 개인적이지만 그러나 도덕적으로 해야만 하는 일이 무엇인가라는 질문과 관련된 고려를 그가 해야만 한다는 것이다. 이러한 고려들은 "행위자가 자신에게 무엇을 하도록 하고 그가 자신의 도덕적 특성이라고 생각하는 것을 따르기 위해서 희생을 치르도록 하는 것"[42]과 관련이 있다. 핀코프스가 말하고자 하는 것은, 만약 그가 친구와의 약속보다 모임에 참석하기로 결정했다면, 그는 그것을 "자신이 자신에 대해서는 세웠지만 다른 사람들에 대해서는 요구하지 않는, 나는 가지고 있지만 다른 사람이 꼭 가지고 있다고 생각하지는 않는 도덕적 이상"[43]을 이용하여 그 친구에게 자신의 결정을 정당화하려고 시도해야만 한다는 것이다. 요점은 그가 자신의 결정을 어느 누구든 같은 상황에서 그렇게 하였을 것이라고 이야기함으로써 자신의 결심에 대한 정당화를 시도할 수 없다는 것이다. 예를 들자면, 그는 그가 평생 동안 인종차별철폐를 신봉해 왔다든지 자신의 마을에 있는 학교 정책의 발전에 특별한 관심을 가지고 있다든지 하는 이야기를 해야만 한다는 것이다. 그는 자신이나 다른 사람들이 자신에 대하여 이러저러하게 생각하기 때문에 자신이 모임에 참석하지 않는다면 자신의 인격체로서의 일관성 내지 무결성에 의문을 제기할 수밖에 없다고 말할 수도 있다.

핀코프스의 예에서 얻는 교훈은 도덕적 이상이나 원칙에 대한 한 사람의 신봉은 그 사람이 모든 사람에게 강제적이라고 믿을 그러한 방식의 신봉일 필요가 없으며, 그럼에도 불구하고 그러한 가치에 대한 더욱 특정한 관계에 의거하여 자신의 신봉을 유지한다고 여전히 생각할 수

---

42) Edmund Pincoffs, *Quandaries and Virtues: Against Reductivism in Ethics* (Lawrence: University Press of Kansas, 1986), p.21.

43) Pincofffs, p.22.

있다는 것이다. 이것은 그 가치가 순전히 개인적이라는 의미는 아니다. 그러나 그 가치가 그 사람의 삶에서 가지는 위치, 그 사람이 그 가치가 자신의 삶에서 가지는 것으로 인정하는 우선순위는 그 사람이 그 가치가 다른 사람의 삶에서 가지기를 기대하는 어떤 것이 아니며 그 가치가 다른 사람의 삶에서 당연히 같은 위치를 가져야만 한다고 꼭 생각하는 것도 아니다. 하지만 여전히 이렇게 물을 수 있다. "우리 자신의 신봉에 대한 우리의 확신은 운전규칙의 유비에 의해 붕괴되지 않는가?" 우리 문화가 가지는 관습 외에 아무것도 우리의 특정한 신봉을 확정해 주는 것이 없다는 것을 인정하는 것이 우리의 확신을 붕괴시키지 않겠는가? 나는 이러한 신봉을 확정해 주는 것이 관습만은 아니라고 대답한다. 근본적으로 갈등하는 가치들이 있을 때 이 길이나 저 길을 선택하는 것은 깊은 만족과 더불어 명확한 도덕적 책임을 갖는다. 다른 길을 선택한다는 것은 다른 책무와 만족을 갖는다는 의미이다.

4) 확신이 유지되는 다른 이유와 그 한계: 테일러

운전규칙 유비에 의해서 제기되는 염려에 대하여 다른 대답도 있다. 우리는 쉽게 운전 방향을 바꾸는 것을 상상할 수 있다. 하지만 1장에서 언급된 우리에게 도덕적 애매성을 일으키는 가치들 중의 어떤 것을 우리가 갖지 **않는다**고 상상하는 것이 불가능하지는 않지만 그것은 상당한 정도로 어려운 일이다. 이러한 가치들이 삶의 방식의 경계선의 일부를 형성한다. 다른 사람들이 다른 종류의 신봉을 가진다고 상상하는 것이 완전히 가능하고 심지어 그들이 그러한 것을 가지고 있는 것을 관찰할 수 있기까지 하더라도, 우리의 삶이 우리가 신봉하는 가치들로부터 의미와 취지를 취하는 정도만큼 실제로 우리 **자신이** 다른 종류의 신봉을 가진다고 상상할 수는 없을 것이다. 우리의 많은 기본적인 기준들과 관련하여 우리가 다른 기준을 채택할 수 있을지 아니면 아무것도 채택하지 않을 수 있을지 여부에 대하여 심리적으로 아무런 실제적인 의문이 없다. {즉 불가능하다.} 나아가 우리가 서로에 대하여 주장할 수 있다는 의미에서 우리가 공유하는 신봉의 실제적인 실체도 있다.

테일러(Charles Taylor)는 이 점을 잘 지적하고 있다.

우리는 서구 문명 내에서 어떤 것이 되었다. 우리의 인도주의, 우리의 자유 관념은— 개인적 독립과 집단의 자치는— 우리가 공유하고 있는 정치적 정체를 규정하는 것을 도와 왔다. 이러한 정치적 정체는 외관상 정치보다 더 깊이 있는 우리의 더 기본적인 이해 즉 개인이 된다는 것, '내적' 깊이를 가지는 존재로서 인격체가 된다는 것이 무엇인가에 대한 이해에 깊이 뿌리하고 있다. 이러한 모든 특징들은 우리가 보기에 아주 밑바닥에 있어 거의 인간의 생물학적 속성에 해당하는 것으로 보인다. 하지만 이것은 우리가 외부를 쳐다보지 않을 때, 다른 문화를 만나는 충격을 경험하지 않을 때까지만 그렇다. … 내가 중국의 송 왕조에 태어나기를 원하는가, 아니면 바빌론의 함무라비 왕의 신하로 태어나기를 원하는가, 또 아니면 20세기 미국에서 태어나기를 원하는가? 앞서 정체를 갖지 않고서는 선택을 시작할 수조차 없을 것이다. (적어도 깊은 비교연구 이전에, 그리고 아마도 그 이후조차도) 그것들은 같은 기준으로 잴 수 없는 각각의 선을 체현하고 있다. 그러나 이것은 나나 우리의 상황이 아니다. 우리는 이미 무엇이 **되었다.** 진리와 자유에 대한 물음이 우리에게 제기되는 것은 우리가 우리의 정체성의 변화를 겪거나 계획할 때이다. 간단히 말해서, 우리는 **역사**를 가지고 있다. 우리는 시간 속에서 현재에 갇혀 있는 것이 아니라 본질적으로 우리의 정체를 규정하는 것을 돕는 과거와 우리의 정체를 다시 문제 삼는 미래와 관련되어 있다.[44]

그렇다면 이러한 주장은 우리의 신봉이 우리가 누구인가에 깊이 뿌리하고 있어 우리의 도덕적 정체들의 우연성을 인정하는 것이 그것을 붕괴시킬 필요가 없다는 것이 된다. 이러한 주장에는 주목할 만한 어떤 것

---

44) Charles Taylor, "Foucault on Freedom and Truth," *Philosophy and the Human Sciences: Philosophical Papers*, volume 2 (Cambridge: Cambridge University Press, 1985), pp.181-182.

이 있다. 사실 나는 7장에서 도덕적 가치들은 실천적 합리성(practical rationality)에 깊이 박혀 있다고 주장할 것이다. 도덕적 가치들은 우리가 저울질하는 가장 중요한 이유들 중의 일부이며 실천적인 숙고에 작용한다. 그렇지만 나는 그러한 주장이 도덕적 확신의 문제에 대한 논의를 그만큼 더 멀리 가져갈 뿐이라고 생각한다. 한편으로 우리의 신봉은 우리가 어떤 가치를 실현하기 위하여 행동한다는 것을 의미하며, 이것은 피할 수 없이 다른 참된 도덕률들에 체현된 다른 가치의 실현을 붕괴시키는 것을 의미한다. 우리 자신의 신봉을 실현하려는 기획과 다른 도덕률들이 우리 것과 마찬가지로 참될 수도 있다는 인정을 우리의 행위 속에서 표현하는 것 간에는 갈등이 있어 보인다. 그렇다면 그러한 갈등을 어떻게 다룰 것인가 하는 문제가 여전히 있다. 이것은 9장에서 다루어질 것이다. 그곳에서의 나의 논의 중 일부를 먼저 보자. 나는 이미 그 문제를 논의할 기초를 놓았다. 왜냐하면 나는 우리가 다른 사람들이 우리 자신이 중요하다고 인정하는 가치들을 구현하고 있다는 것을, 다시 말해 우리가 이해하기로 비록 우리의 것과는 다르다고 하더라도 인간이 설정할 수 있는 가치 우선순위를 구현하고 있다는 것을 이해하게 되면, 다른 사람의 삶의 방식이 우리의 삶의 방식에 도전할 것이라고 주장했기 때문이다. 다른 사람들의 가치와 우선순위에 직면하여 우리는 낯선 어떤 것과 함께 익숙한 어떤 것을 보게 되며, 이들 **다른 것들에 대하여 어떻게 행동한 것인가를 결정하는 과제는 우리가 우리 자신의 도덕률들 속에서 다수의 가치를 매일매일 저울질하는 과제와 상당히 닮은 과제가** 된다.

테일러의 논의가 다른 문화를 대면하는 충격으로 인하여 도덕적 확신이 축소되는 것을 전적으로 반박하지 못하는 다른 이유가 있다. 심리학적 불가능성을 근거로 하는 그의 논의는 바빌론이나 중국의 송 왕조의 특정한 신봉을 우리가 채택할 가능성을 배제시킬 수는 있지만, 심리적으로 가까운 가능성들을 분명 대안들로 고려할 수 있는 가능성을 배제시키지 못한다. 완전히 사해동포주의자인 세속적인 부모는 아이를 낳아 기르면서 자신들이 도망쳐 나온 전통적인 삶의 방식을 채택하도록 할 수도 있다. 내가 6장에서 주장할 것처럼, **심리실재론(psychological realism)으로부터의 논증은 종종 비확정적으로 끝난다.** 그리고 우리가 우리의 현재의 신봉과 심리적으로 실제적일 수 있는 다른 신봉들 양쪽을 모두 고려할 때 우리는 계속하여 문제를 가지는 것으로 보인다. 다시 우리 자신의 가치에 근거하여 행동하는 것과 다른 사람들의 타당성을 인정하는 것 간의 갈등이 문제가 된다. 나는 이 문제를 9장에서 다룰 것이다.

5) 확신에 대한 다른 도전들과 대응들: 이데올로기, 프로이트, 푸코

이밖에도 우리가 우리의 도덕적 신봉에 대한 확신을 확보하기 위하여 대면해야 할 다른 도전들도 있다. 한편으로 우리는 우리가 특정한 신봉을 가지는 일에서 다른 사람이나 우리 자신에 의해 속임을 당하고 있지 않다고 믿을 수 있어야만 한다. 우리는 우리의 신봉과 그것을 실현하려고 시도하는 방식들이 (지배를 숨기거나 신비화하려는 경멸적인 의미에서) '이데올로기들'에 근거하고 있는지 알아보아야만 한다. 우리는 다른 사람에 대한 우리의 지배나 그들에 대한 우리의 관심의 결여를 정당화할 무의식적인 목표를 가지고서 속아서 그러한 것들을 수용하고 있는지도 모른다. 우리는 우리가 가지고 있는 근본적인 도덕적 가치 즉 다른 사람들의 삶이 우리의 삶보다도 더 중요하지도 덜 중요하지도 않다는 신념에 근거하여 행동할 가능성과 관련하여 아주 잘 **자신을 속일 수 있을 것**으로 보인다. 자신의 삶과 자신과 가까운 사람들의 삶에 대하여 강력한 관심을 가지는 인간에게 '현실적으로' 기대할 수 있는 것이 무엇인지를 물음으로써 우리의 그러한 근본적인 도덕적 가치에 근거하여 행동하려고 할 때 기울여야 하는 최대의 노력보다 훨씬 적은 노력을 충분한 것으로 정당화하려고 시도한다. 이러한 문제를 나는 6장에서 다룰 것이다.

우리의 도덕적 확신에 대한 다른 도전은 프로이트의 자연주의적 도덕률 개념 즉 도덕률은 개인으로서의 우리 자신을 위해서가 아니라 문명을 위하여 우리의 가장 깊고 가장 기본적인 충동들을 길들이는 데에 필요한 규범체계라는 생각에 의해 제기된다. 볼하임(Richard Wollheim)의 관찰에 따르면 도덕감의 성장에 대한 프로이트의 설명은 도덕률에 대한 우리의 관계를 다소간 불행하게 그려낸다. 어린이로서 우리는 부모나 우리가 전적으로 의존하고 있는 어떤 사람에게서 걱정과 공포를 경험한다. 우리는 그러한 사람이 우리의 감각적 욕구의 만족을 가로막거나 위협하는 것으로 지각한다. 우리는 **외적** 인물의 **요구**를 우리가 공포를 다루는 방식으로 **내면화**시킨다.

평안을 얻는 것이 만족의 부분적인 상실보다 더 중요하다. 그러나 희생은 그것을 추천하기 위하여 독립적으로 가지고 있는 것이 없다. … 공포를 피하고자 하는 것 외에 다른 심층적인 욕구나 필요가 있다는 것을 그리고 그것에 입각하여 초자아의 수립이 이루어진다는 것을 보여줄 수 있다면 도덕률에 대한 더 행복한 해석도 있을 수 있을 것이다.

이러한 도전에 대응하기 위하여, 우리는 '초자아'를 수립함으로써 어떻게 심층적인 필요가 충족되는지 그리고 도덕률이 단순히 사회가 개인에게 부과하는 것이 아님을 보일 필요가 있다. 어떤 유형의 도덕적 의무들은 우리가 일반적으로 번창시켜야 할 필요가 있는 삶의 방식의 한 부분이며, 이것이 4장의 결론이다. 4장에서 나는 **효과적인 인간 활동가는 당사자들 사이에서 성립하는 특별한 도덕적 의무들에 의해 지배되는 특정한 관계의 맥락 내에서 길러지고 양육되어야** 한다고 주장한다. 나의 주장은 우리가 사회적 존재라는 명백한 진리에 근거해 있다. 이때 사회적 존재란 우리가 우리의 목표를 효과적으로 추구할 수 있는 활동가로 발전하기 위해서는 상당히 많은 양육과 교육을 받아야만 한다는 그러한 의미이다. 그러한 진리는 어린아이들에게만 적용되는 것이 아니다. 우리 문화에서 보통 인정되듯이 우리 어른들에게도 적용된다. 이는 {예를 들어 인터넷이라는} 새로운 사회적 세계들을 항해하기 위하여 우리가 {많은 것을} 배워야 하는 것과 같다.

이러한 주장은 특정한 타자에 대한 특별한 의무가 있음을 합법화하기 때문에, 다른 인간이 나 자신이나 자신과 특별한 관계에 있는 사람보다 더도 덜도 중요하지 않다는 도덕적 주장에 의해서 동기화되는 '비개인적' 가치들이라고 불리는 것들의 위상에 의문을 제기한다. 나는 모든 적합한 도덕률들이 그러한 가치들을 포함해야만 한다고 주장하지는 않았다. 그러나 그러한 가치들은 오늘날 **우리들**에게 그리고 점차로 상호의 존적으로 되어 가는 세계의 거의 모든 지역에서 근거가 충분한 가치들일 수 있다. 우리가 볼 때 근거가 충분한 모든 가치들이 모든 나이, 모든 지역의 인간 모두에게 근거가 충분한 가치가 될 필요는 없다. 우리가 볼 때 근거가 충분한 가치들은, 생각할 수 있는 모든 환경은 물론이고 이보다 훨씬 좁은 역사적으로 알려진 모든 환경에 처한 인간에 적합한 것은 반드시 아니라고 하더라도, 어떤 넓게 규정된 환경의 인간들에게 적합하다는 그러한 방식으로 근거를 가진다고 나는 6장에서 주장할 것이다.

그렇지만, 도덕적 가치를 채택하는 것이 삶을 번창시키는 한 방식임을 보이기 위해서는 우리는 푸코가 제기한 것과 같은 그러한 반론에 대응해야 한다. 푸코는 사회적 현실을 {비판적으로} 보면 서구의 자본주의적 민주주의가 이전에 존재했던 사회들보다 더 자유롭고 더 평등하고 풍요로운 개별성을 허용한다는 주장은 거짓임을 알 수 있다고 주장하였다. 한 중요한 의미에서, 푸코는 우리의 삶의 방식이 우리가 주장하고 있는 이득을 가지고 있다는 믿음에 반론을 제기하였으며, 그것이 우리가 수용하려고 하는 대가보다 더 큰 대가를 요구한다고 주장하였다. 나는 그의 비판에 수용해야만 하는 많은 것이 있다고 생각한다.

그렇지만, 그의 확고부동한 **염세주의**는 어디에나 있어 {피할 수 없는} 비인격적인 권력이 사람들을 억누르고 있는 방식에 대한 너무 광범위하고 무차별적인 이론에 근거해 있다. 이러한 주장들은 나중에 7장과 8장에서 검토될 필요가 있다. 여기에서의 나의 요점은 **도덕 가치를 채택하는 것이 삶을 번창시키는 한 방법**임을 보이는 것은 우리가 우리의 도덕적 신봉에 대한 확신을 유지하기 위해 우리가 완수해야 할 그러한 종류의 과제라는 것이다. 그것은 많은 도덕철학자들이 도덕률에 대한 아주 추상적이고 보편주의적인 정당화를 채택하면서 우리의 도덕적 확신과는 무관한 것으로 생각해 온 과제이다.[45] 내가 옳다면, 도덕철학은 다른 방향을 취할 필요가 있다. 그러한 방향은 정치이론이나 어떤 종류의 후기구조주의와 비판이론과 아주 가까운 관련을 가진다.

6) 상대주의가 타문화로부터의 학습을 방해할 것이라는 반론과 재반론

상대주의적 견해를 받아들임으로써 생겨나는 결과에 기초하는 다른 반론은 상대주의가 우리와 경쟁하고 있는 관점이 옳다는 것을 우리로 하여금 수용할 수 없게 하거나 최소한 매우 자주 수용하지 못하게 한다는 것이다. 상대주의는 다른 관점과 관련하여 옳은 것이 무엇인지 묻도록 강제하지 않는다고 비난을 받는다. 왜냐하면 상대주의는 우리에게 판단을 유보하고 다른 도덕률들을 그 자체로 수용하도록 장려하기 때문이다. 도덕적 진리를 파악하는 일과 관련하여 다른 도덕률들이 우리의 도덕률과 경쟁하고 있다고 볼 때에만 우리는 이들 다른 도덕률들에서 우리가 인정해야 하고 우리 자신의 관점에 수용해야 할 것이 무엇인지 물어보게 될 것이다. 나는 이것이 많은 **상대주의적 견해에 대해서는 상**

---

45) 예를 들어, Alan Gewirth, *Reason and Morality* (Chicago: University of Chicago Press, 1978).

당한 설득력을 갖는 비난이라고 생각하지만 다원론적 상대주의에 해당하는 것은 아니라고 본다.

다원주의적 상대주의자들은 객관적으로 유일한 해결책이 있는 문제들이 있다고 지적할 수 있다. 그들은 사람들이 지금의 문제가 그런 경우인지 아닌지를 찾아보도록 격려한다. 나아가 하나의 판단이 지역적으로 더 참되거나 덜 참되게 되는 방식들이 구별되면, 그러한 불일치가 쌍방이 공유하는 어떤 기준에 근거해서, 비록 그 기준이 도덕률의 본성에서 도출되는 것은 아니라고 해도, 그러한 기준에 근거해서 해결될 수 있는지 여부를 결정하는 것은 중요한 일이 된다. 셋째 답은 다른 사람들의 견해의 근거에 대해 토론하고 이해하기를 시도하는 것은 중요하다는 것이다. 왜냐하면 우리는 깊은 불일치에도 불구하고 서로 함께 지내야 할 필요가 있기 때문이다. 종종 우리는 정치적 과정에서 다른 사람들의 견해와 타협을 시도함으로써 함께 지낸다. 이 점에 대해서 나는 9장에서 좀더 자세히 이야기할 것이다.

끝으로 노예적으로 흉내만 내거나 자기 자신의 가치를 거부하지 않고도 다른 문화로부터 배우는 한 방식이 있다. 어떤 적합한 도덕률이든 필연적 요소들은 중복되기 때문에, 우리는 다른 사회가 이러한 요소들을 자신들의 문화에서 구현한 방법들을 배울 수 있다. 6장에서 나는 우리가 인간에게 '현실적으로 가능한' 행위와 존재가 어떤 것인지를 평가하는 데에 또 우리의 도덕적 요청들을 이러한 평가에 맞추어 재단할 때에 조심해야만 한다고 주장할 것이다. 우리는 다른 문화로부터 현실적인 가능성의 한계에 관하여 배울 수 있다. 더 자세히 말하자면, 우리는 이들 어떤 다른 문화들로부터 공동체의 구성원이라는 자격에 근거한 도덕적 정체성이 수행하는 구성적 역할에 대해 또 그러한 정체성이 우리 자신이 가지고 있는 다른 종류의 도덕적 신봉의 수행을 얼마나 효율적으로 지지하는지에 대해 배울 수 있다고 나는 주장한다.

제 2 부

자연적인 도덕률들에 대한 제한들

제 4 장
정체, 번창, 그리고 관계

저자는 1절에서, 도덕률이 개인적인 관점을 포함해야 하는데 그 이유는 인간이 사회적 본성을 갖기 때문이라고 지적하면서, 자유주의 또한 이러한 공동체주의적 통찰을 수용해야 한다고 주장한다. 2절에서는 인간이 사회적 본성을 갖는다는 것의 의미들을 검토한 후 삶의 번창은 효과적인 활동력을, 효과적인 활동력은 어떤 종류의 관계를, 어떤 종류의 관계는 어떤 종류의 도덕적 의무를 요청한다는 사실을 지적한다. 더 구체적으로는 어떤 종류의 관계로부터 효과적인 정체성이 나타나고 효과적인 정체성으로부터 효과적인 활동력이 나오는데, 3절에서는 우선 정체성의 의미를 설명하고, 4절에서는 이러한 정체성을 구성하는 여러 측면들과 그것들 간의 관계를 보여주고, 5절에서는 문화에 따라 정체성의 여러 측면들이 다양한 중요도를 보인다는 것을 또한 보여준다. 6절에서는 번창을 가져올 효과적인 활동력을 위해서는 효과적인 정체성이 필요함을 지적하고, 7절에서 효과적인 정체성이란 규범을 이해하고, 여러 측면의 균형을 잡으며, 자기 존중을 수행하는 정체성인데, 이는 타자와의 관계로부터 나온다고 지적한다. 8절에서는 효과적인 정체성이 어떻게 타자로부터 나타나는지를 보여주는 여러 실험적 증거들을 제시하면서 효과적인 정체성의 각 구성요소가 구체적으로 어떻게 타자로부터 나타나는지 지적한다. 그리고 이러한 효과적인 정체성을 위하여 개인적 의무와 중간단위의 연합체가 필요하다는 것도 지적한다. 9절에서는 이런 까닭으로 사회적 본성에 적합한 도덕률이 효과적인 활동력을 촉진한다는 것을 지적하면서 이런 의미로 자유주의는 중요한 결점을 갖지만 자유주의적 이상 또한 적합한 도덕률에서 배제되지는 않는다고 또한 지적한다.

제2부는 도덕률의 기능, 인간의 본성, 그리고 특정한 때 한 집단이 처해 있는 특정한 환경, 이러한 것들이 함께 그 집단에 적합한 도덕률의 일반성에 다양한 수준의 제약을 가하는 방식을 좀더 자세히 살펴보고자 한다.

1. 우리의 사회적 본성이 가지는 도덕적 함의

1) 개인적 관점과 비개인적 관점의 갈등

논의를 1장 3절의 주제 즉 개인적 관점(the personal point of view)에 뿌리를 두는 가치들과 비개인적인 관점(the impersonal point of view)에 뿌리를 두는 가치들 간의 갈등으로부터 시작해 보자. 비개인적인 관점에서 볼 때, 모든 사람의 이익은 동등한 것으로 간주되어야 하며, 이러한 관점을 취한다면 행위하는 사람은 자신의 특정한 정체(identity)에 따르는 이유에 입각하여 행위해서는 아니 된다. 개인적 관점에서 볼 때는 자신의 이익과 특정한 사람들과의 개인적인 관계(relation)를 중하게 여겨야 하며 자신의 특정한 정체성에 의해 정당화되고 동기화된 방식으로 행위해야 한다. 1장 3절에서 나는 가족이나 친구에 대한 개인적 관점에서부터 비롯된 특별한 의무들이 비개인적 관점에서부터 비롯된 협력과 대치되며, 두 관점에서부터 생겨난 갈등이 어떤 보편주의적인 요구와도 맞지 않는다고 지적하였다. 다원론적 상대주

의는 이러한 관점들 간의 갈등을 해결할 적합한 해결책들이 있다고 주
장한다.

2) 인간의 사회적 본성에 기인하는 개인적 관점의 필수성

이 장에서 나는 왜 개인적 관점과 그러한 관점에서 비롯되는 의무들
이 있어야만 하는가를 설명하고자 한다. **도덕률들이 개인적 관점과 개
인적 관점에 따르는 의무들을 가져야만 한다는 것은 적합한 도덕률들에**
대한 보편적인 제약이다. 그러한 제약은 우리 **인간의 사회적 본성(social
nature)**에 근거한다. 두 철학적 전통이 특히 이러한 주제를 조명하고 있
는데, 그것은 중국의 유교 윤리와 아리스토텔레스(Aristotle)와 헤겔(G.
W. F. Hegel)에 뿌리를 두는 서구의 공동체주의 전통이다.[1] 두 전통
모두에서 사회적 존재로서 우리가 어떤 정체를 갖고 번창(flourish)하기
위해서는 어떤 관계들을 가져야만 한다고 주장된다. 다른 사람과의 이
러한 관계의 성격은 우리가 그들에 대해 가지는 어떤 의무에 의해 부분
적으로 규정되고 유지된다. 그러므로 우리의 가장 중요한 윤리적 의무
들 중의 어떤 것들을 우리가 수행하는 이유는 우리의 자신의 정체와 우
리의 번창 때문이다. 이러한 주장이[2] 내게는 그럴듯하게 보이기는 하지

---

1) 4장은 내가 발표했던 몇몇 글들에서 그 내용을 가져왔다. "On Flourishing and
Finding One's Identity in Community," *Midwest Studies in Philosophy* 13;
Ethical Theory: Character and Virtue, ed. Peter A. French, Theodore E.
Uehling, Jr., and Howard K. Wettstein (Notre Dame: University of Notre
Dame Press, 1988), pp.324-341; Amlie Rorty and David Wong, "Aspects of
Identity and Agency," *Identity, Character and Morality: Essays in Moral
Psychology*, ed. by Amlie Rorty and Owen Flanagan (Cambridge: MIT
Books, 1990), pp.19-36; "Moral Relativism," *the Encyclopedia of Ethics*, ed.
by Lawrence Becker (New York: Routledge, 2001), pp.1164-1168; Bernard
Williams의 *Ethics and the Limits of Philosophy*에 대한 서평, *Philosophy and
Phenomenological Research*, 49 (1989): 721-732. Owen Flanagan과 Ruth
Anna Putnam가 내가 *Midwest Studies*에 발표한 글에 대하여 좋은 논평을 해
주었다. 그것도 4장에 포함되어 있다.

만, 우리가 사회적 본성을 가지고 있다는 그 의미를 좀더 명백히 할 필요가 있다.

3) 인간의 사회적 본성과 관련된 자유주의의 한계

공동체주의자들이나 네오 아리스토텔레스주의자의 생각은 보통 자유주의 윤리 이론에 대한 비판과 연결된다. 내가 '자유주의' 이론이라고 말하는 것은 세 가지 기본적인 주장을 가지고 있다. 첫째, 좋은 삶이란 아주 다양한 것이며, 이들 각각의 좋은 삶은 동등하게 타당하다. 아니면 적어도 합리적인 사람들이 받아들일 수 있는 아주 다양한 좋은 삶이 있다. 둘째, 옳은 행동의 원칙들이나 정의의 원칙들은 이러한 다양성에 대하여 중립적이다. 왜냐하면 그러한 원칙들의 정당화는 특정한 어떤 하나의 좋은 삶에 근거하지 않기 때문이다. 셋째, 옳고 정의로운 사회질서의 필연적인 특징은 사회가 그 사회 구성원들의 자율성을 존중한다는 것인데, 이러한 자율성에는 다양한 좋은 삶에 대한 견해들 중에서 하나를 선택하고 자신이 선택한 견해에 근거하여 정당성과 정의의 원칙이 정해 주는 범위 내에서 행동할 자유가 포함된다. 자유주의 이론에 대한 비판은 자유주의가 좋은 삶에 대한 다양한 견해를 용납하고 좋음과 옳음을 분리하며 자율성을 존중함으로써, 인간의 사회적 본성이 인간 존재에게 좋은 삶을 결정해 준다는 것과 그러한 좋은 삶의 사회적 내용이

---

2) 이러한 논의의 일부 내지 전부를 Alasdair MacIntyre, Charles Taylor, 그리고 Michael Sandel의 글들에 볼 수 있다. 다음들을 보라. Alasdair MacIntyre, *After Virtue* (Notre Dame: University of Notre Dame Press, 1982), 그리고 "Is Patriotism a Virtue?" *Lindley Lecture* (University of Kansas, 1984); Charles Taylor, *Hegel* (Cambridge: Cambridge University Press, 1975), 그리고 "The Nature and Scope of Distributive Justice," *Justice and Equality Here and Now*, ed. Frank S. Lucash (Ithaca: Cornell University Press, 1986); Michael Sandel, *Liberalism and the Limits of Justice* (Cambridge: Cambridge University Press, 1982). 이는 공자와 맹자에서도 볼 수 있다. 곧 나오는 구절들을 보라.

다른 사람들에 대한 우리의 가장 중요한 의무들을 기초하고 있다는 것을 보지 못한다는 것이다. 나는 인간의 사회적 본성이 적합한 도덕률이 어떤 것이어야 하는가에 대해 제약을 가하고 있다고 생각한다. 특히 인간의 사회적 본성에 대한 공동체주의자들의 통찰이 자유주의 이론에게 권리와 정의에 대한 자유주의의 원칙과 일치할 수 있는 그러한 종류의 공동체를 양성할 필요성에 대해 더욱 큰 관심을 가지도록 요청하고 있다고 4장과 5장에서 주장하고자 한다.

2. 사회적 본성을 갖는다는 것의 의미는 무엇인가?

1) 우리의 성격이 관계의 산물이라는 주장과 그에 따르는 문제들

인간이 사회적 본성을 갖는다는 것은 우리의 성격이 '사회적 산물'이라는 것을 의미할 것이다. 다시 말해서, 우리의 성격을 구성하고 있는 특징들, 습관들, 인지적이고 행동적인 기질들, 목적들, 필요들, 그리고 욕망들이 특정한 다른 사람들과의 상호작용, 더 일반적으로는 우리가 속하는 공동체들이나 전통들과의 상호작용의 결과라는 것이다. 그렇지만 이러한 주장이 왜 좋은 삶에 대한 어떤 제한된 견해들만을 타당한 것으로 만드는지 명백하지 않다. 아마도 이러한 주장이 번창에 대한 특정한 견해를 전제하지 않고 다른 사람들에 대한 우리의 의무를 기초하기 때문일 것이다. 다시 말해 이렇게 생각하기 때문일 것이다. 우리는 우리를 형성시킨 사람들에게 감사해야 하며 어떤 방식으로든 그들에게 빚을 갚아야 한다. 그러나 여전히 이런 의문이 남는다. 왜 감사가 다른 사람이 우리를 형성시켰다는 단순한 사실에 대해 요청되는 반응인가? 우리가 이익을 얻었을 때 감사해야 하는 빚을 갖게 된다고 말하는 것은 아주 자연스럽다. 특정한 타자나 심지어는 공동체의 문화가 우리의 성격을 이익이 되도록 형성시켰을 수 있지만, 모든 형성이 다 이익이 되는 것은 아니다. 다른 사람이 우리를 형성시켜 준 것에 대하여 단순히 감사하는 것은 이러한 타자들이나 우리를 에워싸고 있는 문화의 **규범들을 비판적으로 평가해야 할 우리의 책임을 포기**하는 것이라고 반박할 수 있다.

2) 우리의 정체가 관계에 의해 구성된다는 주장과 그에 따르는 문제들

우리가 사회적 본성을 가졌다는 주장의 다른 가능한 의미는 **우리가** 적어도 부분적으로 **다른 사람들과의 우리의 관계에 의해 '구성되었다'**는 것이다. 자유주의 이론에 대한 비판가들은 대체로 자유주의가 '원자론적'이며 우리의 정체가 적어도 부분적으로 공동체와 관련되어 규정된다는 사실을 무시한다고 지적한다. 구성하거나 규정한다는 말은 우리의 성격들이 사회적 산물들이라는 인과론적 주장보다 더 강한 어떤 것을 포함하고 있다. 사람들이 자신의 어떤 성격이 조상들의 것이라고, 즉 유태인이나 중국인이나 남부인의 것이라고 말한다는 사실에 비추어 볼 때, 이러한 주장에는 어떤 그럴듯한 것이 있다고 보인다.

그렇지만, 어떤 종류의 정체성이 문제가 되는지는 명백하지 않다. 한 가지 가능한 의미는 특정한 개인적 나로서의 나의 형이상학적 정체가 부분적으로 다른 사람들과의 나의 관계에 의해 규정된다는 것이다. 다시 말해서, '정체'라는 말의 의미는 현대 형이상학의 일반적인 주제인데, 이는 우리가 어떤 사람을 그 사람이 살고 있는 각각의 시간에서 같은 개인으로 재확인하도록 해주는 속성들이다. 그렇다면 정체를 확인하는 속성들에는 어떤 집단의 한 구성원이라거나 다른 사람과의 관계에서 어떤 역할을 한다는 관계적 속성이 포함된다. 이렇게 해석되면, 정체에 대한 주장은 아주 논란이 많고 결코 당연한 것으로 여겨질 수 없다. {왜냐하면 정체가 오직 관계에 의해서만 규정되는 것이라고 보는 것은 정체를 오직 부분적으로만 해명하는 것으로 보이기 때문이다.} 나아가 '나의 정체성' 내로 들어오는 그러한 타자들에 대해 나에게 의무가 있다는 주장으로부터 어떤 것이 도출되는지도 또한 명확하지 않다. 아버지가 된다는 것은 자신의 아이들에 대하여 어떤 의무를 갖는 것이고, 일반적으로 말해서 사회적 역할을 갖는다는 것은 어떤 의무를 갖는 것이라고 생각할 수 있다. 그렇다면 그러한 주장은 나를 나이게 하는 속성들에는 타자에 대해 의무를 가진다는 속성이 들어 있다는 말이 되는데, 이것은 우리가 쉽게 동의할 수 있는 전제가 아니라 논의의 결론인 것으로 보인다.

때때로 '정체'라는 말은 비형이상학적 의미로 개인들이 세계를 이해하고 해석하는 방식들, 그들이 다른 사람들과 관계하고 처신하는 특별한 방식들, 그리고 그들의 삶에서 가장 중요하고 가치 있는 것이 무엇이고, 실제로 가장 중요한 목적들과 욕망들이 무엇인가에 대한 견해들을 의미한다. 이러한 경우에, '정체'라는 말의 의미는 아주 산만하고 애매하기는 하지만 문제는 없다. 하지만 정체가 다른 사람들과 관계에 의해서 **규정되고 구성된다**고 하는 것의 의미를 설명하는 문제는 여전히 남는다. 이러한 의미로는 정체가 다른 사람들, 단지 특정한 다른 사람들뿐만 아니라 우리 공동체의 문화적 전통들까지를 포함하는 그런 의미의 다른 사람들에 의해 근본적으로 성형된다고 이야기하는 것이 그럴듯하다. 그러나 성형한다는 말은 앞에서 논의된 문제를 가지고 있는 인과·원인적 주장을 환기시킨다. 그리고 또 다른 문제가 있는데, 그것은 다른 사람에 대한 우리의 **의무들이** 우리가 어떻게 정체를 규정하든지 간에 **직접적으로 도출되는** 것으로 보이지 **않는다**는 것이다. 미국에서 자신의 정체를 남부인이라고 규정하는 사람은 남부연맹의 깃발을 게시할 의무를 가졌다고 느끼고 중앙 정부 침범에 대항하는 지방 정부의 권리를 지지할 수도 있다. 아니면 그는 남부인이 된다는 것이 노예제도와 분리제도에 의해 만들어지는 도덕적 부담을 인정하는 것이라고 생각할 수도 있다. 아니면 또 남부인이 된다는 것에는 아무런 특별한 도덕적 의미가 없다고 생각할 수도 있다.

3) 우리에게 관계가 필요하다는 주장과 그에 따르는 문제들

우리가 사회적 본성을 갖는다는 주장의 또 다른 가능한 의미는 **우리의 가장 중요한 필요들 중의 하나가 타자와의 어떤 종류의 관계들을 갖는 것**이라고 보는 것이다. 이러한 가능한 의미는 우리의 번창이 본성적으로 사회적이어야만 한다는 주장과 큰 관련이 있어 보인다는 이점이 있다. 이러한 가능한 의미 아래서 번창이 본성적으로 사회적이라고 주장하는 것은 번창의 사회적 본성을 긍정하는 것으로 보인다. 이러한 가능한 해석은 그것이 번창에 대한 주장과 **너무** 가깝다는 불리한 점도 가진다. '중요한 필요'라는 표현은 인간 복지를 위한 어떤 객관적인 요청을 가리키는 것으로 보이는데, 그래서 그것은 '**번창**'이라는 말과 더불어 **순환적 정의의 한 부분을 형성**하게 된다. 한 인간은 인간으로서의 중요한 필요들이 충분히 충족될 때 번창하며, 중요한 필요들은 번창하기 위해서 충족되어야만 하는 다양한 조건들이다{라는 식으로 순환적으로 정의될 것이다}. 이러한 순환이 있게 되면, 필요에 대한 주장은 우리의 번창이 타자와의 어떤 종류의 관계를 요청한다는 주장에 아무런 독립적인 지원을 제공하지 못한다.

추가적인 설명 없이, 번창에 대한 주장은 바로 수용될 수 없다. 어떤 추가적인 설명도 우리에게 필요한 관계가 어떤 종류의 것인지에 대한 규정을 포함해야만 한다. 여기에서의 과제는 요청되는 관계를 아주 일반적인 것으로 만들어 별다른 의미가 나오지 않도록 하는 것과 요청되는 관계를 아주 특수한 것으로 만들어 번창의 의미를 터무니없이 일원론적인 것으로 만드는 것 사이에서 방향을 잡는 것이다. 후자가 공동체주의자들이나 네오 아리스토텔레스주의자들이 가질 수 있는 일반적인 위험성이다. 번창의 넓은 의미를 받아들이는 자유주의는 많은 다양한 문화적 흐름들을 포괄하는 문화에 깊이 뿌리하고 있다. "그것이 문제의 한 부분이다"라고 대답할 수도 있다. 이러한 대답에 대한 반박은 좋은 삶에 대한 다양한 경쟁적인 여러 견해들과 관련하여 중립적 입장을 가지고자 하는 권리와 정의에 대한 이론들을 대체할 실천적이고 도덕적으로 수용 가능한 대안을 요구하는 것이다. 다원론적 상대주의의 관점에서 보면, 좋은 삶에 대한 다양한 견해를 허용하는 것이 합리적으로 보인다. 왜냐하면 (2장 11절에서 논의한 것처럼) 적합한 도덕률들에 대한 보편적인 제약들은 사람들 사이의 이익갈등을 조절하고 살 만한 가치가 있는 삶들을 추구하는 개인들에게 방향을 제공하는 다양한 방식들을 여전히 허용할 것이기 때문이다.

4) 우리의 효과적인 활동력은 관계와 그에 따르는 의무에 의해 규정된다는 주장

하지만 우리의 사회적 본성에 대해서 더 명백하고 더 생생하게 생각하게 되면 아마도 모든 적합한 도덕률들에서 우리가 타자들에 대하여 의무들을 가질 어떤 근거를 발견할 수도 있을 것이다. 물론 앞의 분석이 시사하는 것처럼 그러한 근거는 자유주의에 대한 공동체주의자들의 비판이 종종 제시하는 것보다는 더 간접적이고 복합적이고 세밀한 것이 될 것이다. 이러한 근거들은 여전히 번창에 대한 여러 견해를 허용할 것이다. '효과적인 활동력'(effective agency)을 우리가 통제할 수 없는 조건들에도 불구하고, 우리의 목적들의 명백한 우선순위들을 합리적으로 세우고, 우리의 목적을 실현할 합리적인 기회를 가지도록 계획을 수립하고 행위를 해나가는 능력으로 규정해 보자. 이러한 전략은 사회적 본성이라는 주장을 다음과 같은 의미로 해석하고자 할 것이다. 즉 효과적인 활동력의 필요조건들은 타자와 어떤 관계를 갖는 것인데, 이러한 관계는 다시 우리가 그들에 대하여 갖는 의무에 의해서 부분적으로 규정되고 유지된다는 것이다. 이렇게 추리를 해나가면, **번창은 효과적인 활동력을 요청하고, 효과적인 활동력은 어떤 종류의 관계를 요청하고, 이러한 관계는 또 어떤 종류의 도덕적 의무를 요청한다.** 이러한 연쇄적 추리는 위에서 논의된 어떤 주장들을 합체시킨다. 이러한 추리는 인간의 성격이 원래부터 사회적인 기원을 갖는다는 생각을 이용하고 있다. 나는 또 요청되는 그러한 종류의 관계가 어떻게 효과적인 활동자들로 하여금 타자와 관계에서 정체들을 갖도록 하는지를 설명하려고 한다. 물론 이러할 때의 '정체들'은 형이상학적으로 논의의 여지가 있는 것도 아니고 단순히 성격의 사회적 기원에 대한 주장도 아니다. 우리가 번창하기 위하여 어떤 종류의 관계를 가져야 할 필요가 있다는 주장을 나는 긍정할 것이다. 하지만 그러한 긍정은 번창에 대한 의견을 달리하는 여러 견해들과 관련하여 합리적인 다원론을 허용하는 그러한 방식의 긍정이다.

3. 실천적 정향으로서의 정체성

1) 정체성의 위기에서 보이는 정체성의 의미

효과적인 활동력이라는 관념과 정체성이라는 관념이 어떻게 연결되어 있는지를 보이기 위하여, '정체성'의 의미를 명백히 해야 할 필요가 있다. 개인들이 세계를 해석하고 이해하는 방식, 다른 사람들과 관계하고 행동하는 특징적인 방식, 삶에서 가장 중요하고 가치가 있는 것이 무엇인지에 대한 그들의 견해, 그리고 실제로 그들의 가장 중요한 목적과 욕망들을 포괄하는 정체성으로부터 논의를 시작해 보자. 이러한 정체성이 효과적인 활동력이나 비효과적인 활동력과 연결되는 것으로 보이는 방식을 주목해 보자. 사람들이 '정체성 위기'(identity crisis)를 경험하게 될 때, 그들은 혼동, 불확실성, 그리고 방향감 상실을 보인다. 자신이 누구인가에 대한 혼동은 자신이 무엇을 지지하는지, 다른 사람들에게 어떻게 행동해야 하는지에 대한 혼동이다. 자신에게 중요한 것들이 무엇인지, 자신에게 가장 중요한 목적과 욕망이 무엇인지도 명백하지 않을 수 있다. 다른 가능성은 그들이 자신들의 행위(직업, 가족생활, 학교출석)와 자신에게 중요한 것이라고 자신이 **믿고** 있는 것을 연결시킬 수 없는 것이다. 그들이 '자신이 누구인지를 알' 때 그들은 그들이 지지하는 것이 무엇이고 가장 중요한 목적과 욕망이 무엇인지에 대하여 더 큰 명료성과 확실성을 얻을 수 있다. 또 그들은 자신들이 실제로 하고 있는 일과 그들의 삶이나 그들에게 중요한 것 간의 연결에 대하여 더 잘 이해할 수도 있다.

2) 실천적 정체성의 특징들과 그것들의 중심성

나의 제안은 실천적인 목표에 비추어 볼 수 있는 이러한 넓은 의미의 정체성이, 세계에 대한 사람들의 실천적인 정향을 고정시키는 성격적 특징들에 의하여 구성된다고 볼 수 있다는 것이다. 이러한 특징들을 '실천적 정체성'(practical identity)이라고 부르자. 실천적 정체성에 들어가는 특징들은 한 개인의 삶 전체를 통하여 항상 일정할 필요는 없다. 그렇지만 이러한 특징들은 한 개인의 삶의 과정에, 그리고 그가 신봉하는 습관 형성적이고 행위-지도적인 사회적인 범주에, 또 그가 행동하고 반응하고 상호작용하는 방식에, 법칙 같은 체계적 차이를 전형적으로 만든다. 정체성을 구성하는 이러한 종류의 특징들은 문화적으로 또 계급과 성에 따라 그리고 실제로 개인적으로 다를 수 있다. 하나의 특징이 수많은 차원들에 걸쳐 정체성에 중심적일 수 있고 또 다른 차원들에서는 중심적이지 않고 오직 한 차원에서만 중심적일 수도 있다. 로티(Amélie Rorty)와 나는 다른 곳에서 하나의 특징이 다음과 같은 것들과 관련하여 정체성에 중심적일 수 있다고 더 자세히 규정하였다.

-- 그것이 객관적으로 널리 퍼져 있는 정도, 다른 특징들(즉 신념들, 욕망들, 습관들, 태도들, 행동들의 경향들)이 그것에 의존하는 정도
-- 그것이 맥락적으로나 영역적으로 널리 퍼져 있는 정도, 즉 하나의 특징이 (예컨대, 공적이거나 사적인 영역들, 일과 여가와 같은) 다른 영역들과 (성이나, 위치나, 계급이나, 나이 등에 의해서 차별화되는) 다른 유형

의 관계들에서 예시되는 정도

-- 사람들이 그러한 특징을 변경하기 어려운 정도 (이것이 종종 그것의 시간적 지속성의 함수이다)

-- 그것이 사회적으로 널리 퍼져 있는 정도, 사람이 타자에 의해 범주화되고 다루어지는 방식에 그 특징이 영향을 끼치는 정도

-- 억압이나 갈등을 다루기를 요청하는 상황에서 그것이 지배적인 정도

-- 그것이 다른 특징들과 갈등할 때 (예컨대, 관대함이 보복과 갈등할 때) 그것이 지배적인 정도

-- 만약 그 특징이 상실되거나 변경되면 그 사람이 자신이 극단적으로 바뀌었다고 생각한다는 점에서 그것을 중요하게 채택하는 정도. 그러한 채택들은 명백히 표현될 수도 있지만 그래야만 할 필요는 없다. 채택들은 산발적이거나 맥락적일 수도 있다. 습관적으로 그러한 특징을 가지고 성공적으로 행동하지 않고도 그러한 특징을 채택할 수 있다. 때때로 한 사람의 정체성에서 중요한 것은 그가 하나의 특징을 강화하고 단련시키려고 중점적으로 노력한다는 점이다. 중요한 특징들은 종종 자기 평가와 자기 존중의 초점이 또한 된다.3)

한 특징이 중심적이게 되는 이러한 차원들 중에서 많은 것들은 서로 상관될 수 있는 반면, 그들 간에 필연적인 연결이 있는 것은 아니다. 예를 들어, 한 특징이 중요하게 간주되지 않고도 아주 널리 퍼져 있을 수 있다. 한 특징이 한 사람의 자기 평가에서 중심적이 되지 않고도 대항 전략으로서 지배적일 수 있다. 한 특징이 한 개인의 성격을 규정하는 일에서 주관적이거나 객관적으로 상당히 높은 수준의 중심성을 가지지 않고서도 한 문화에서 아주 높은 중심성을 가질 수 있다. 예를 들어 실제적으로 강하게 널리 퍼져 있지 않고도 칭찬이나 비난이라는 문화적 관행에서 한 특징이 중요하게 간주될 수 있다.

---

3) Amlie Rorty and David Wong, "Aspects of Identity and Agency," *Identity, Character, and Morality: Essays in Moral Psychology*, ed. Owen Flanagan and Amlie Oksenberg Rorty (Cambridge, MA: MIT Press, 1990), p.20.

4. 실천적 정체성의 여러 측면들과 그것들이 행위에 영향을 미치는 방식

다양한 중심적 특징들이 어떻게 행위를 형성시키며, 어떻게 행위들을 개별화하는가? 그러한 특징들이 한 사람의 가치들, 믿음들, 동기들, 다시 말해 실천적 숙고의 형식에 어떻게 영향을 끼치는가? 이러한 질문에 답하기 위해서는 정체성과 행위의 독특한 측면들을 구분해야만 한다.

1) 신체적 측면

신체적인, 신체 내적인, 그리고 근육적인 기질들, 예컨대 솜씨가 좋거나 나쁜 것, 다혈질적인 것과 조용한 것, 재빠르거나 느릿느릿한 것과 같은 그러한 것들은, 본래가 언어 이전적인 것이며 표현되거나 채택될 필요가 없다. 하지만 행위의 양태를 점잖거나, 느려터지거나, 무뚝뚝한 것으로 개별화할 수 있다. 신체적 기질은 한 사람의 신념들, 동기들, 그리고 계획들에도 영향을 줄 수 있다. 신체적으로 낮은 자신감을 가진 사람은 비사교적이거나 비활동적일 수 있고, 잠정적이고 조심스럽게 행동하며, 욕망을 제약하고 상황을 직면하기를 회피하고, 실패를 예감하는 등의 특징을 보인다.[4]

2) 심리적 측면

기질적 혹은 **심리적으로** 중심적인 특징들에는 공격성이나 친밀성, 수줍음과 사교성, 관대함과 인색함, 잘 믿는 것과 의심이 많은 것 등이 있다. 이러한 것들은 행동들이 수행되고 서술되는 방식을 수식함으로써 행동을 개별화하는 데 영향을 끼친다. 예를 들자면 "그는 문을 쾅 하고 (살며시, 기다리는 듯이) 닫았다"나 "그녀는 열정적으로 (냉소적으로,

---

4) 다음을 보라. Hilda Bruch, *Conversations with Anorexics*, ed. D. Czyzewski and M. A. Suhr, (New York: Basic Books, 1988).

부주의하게) 투표하였다"와 같이 부사적인 수식어에 의해 행동들이 수식된다. 중심적, 기질적 특징들은 또한 사람들로 하여금 어떤 종류의 동기들과 습관들을 발달시키게 하지만, 욕망과 대립하여 행동에 직접적으로 영향을 끼치기도 한다.5) 수줍은 사람들은 예를 들자면 사회적인 경우들을 피하기를 좋아하는 반면, 그들은 또한 진지한 교제를 욕망하지만 자신이 그러한 방향으로 나아갈 수 없다는 것을 안다. 기질적 특징들이 표준적으로 그리고 광범위하게 특별한 유형의 사회적 반응을 끌어내기 때문에 그러한 특징들은 종종 널리 퍼져 상호적으로 강화하는 기질들의 덩어리를 형성한다. 예를 들어, 공격적인 사람은 다정하거나 부드러운 사람들이 표준적으로 보이는 것보다 아주 다양한 종류의 상호적인 행동 시나리오들을 보이는 경향이 있다. 그러나 기질적인 특징들은 또한 갈등적이고 변덕스러운 행동양식도 보이는데, 공격적인 사람이 또한 수줍음을 탈 수도 있다.

3) 사회적 역할 측면

사회적인 **역할** 특징들(role traits)은 사람들이 사회적으로 규정된 제도적 역할에 배치되거나 (또는 스스로 배치함으로써) 아니면 사회적인 드라마가 전개될 때 어떤 역할을 하도록 배역을 받음으로써 획득되고 굳어진다. 사회적 역할의 길들이기는 가족적 배역 내에서 일찍이 이루어지는 경향이 있다.6) 신체적 요소들은 종종 역할 부여에 영향을 끼친

---

5) 철학적 용어로서 '욕망들'은 넓은 의미도 가지고 있고 좁은 의미도 가지고 있다. 넓은 의미로 또는 철학적 전문 의미로, 그것은 모든 동기화하는 상태들이나 기질들을 가리킨다. 좁은 의미로 또는 상식적인 의미로 그것은 특정한 만족을 지향하는 동기들이나 바람들이나 소망들의 특수한 하위분류를 가리킨다. 반성적이지 않은 습관으로부터 행동하는 것은 좁은 의미가 아니라 넓은 의미의 욕망으로부터 행위하는 것으로 간주된다. 습관들과 정체성 특징들이 신념들이나 욕망들과 무관하게 행동을 형성할 수 있다고 주장할 때, 우리는 좁은 의미의 '욕망'들을 가리키고 있다. 7장에서 욕망이라는 주제와 관련하여 자세한 논의를 할 것이다.

다. 키고 크고 목소리가 굵고 낮은 사람들은, 그들이 원래 지도력에 대한 욕망이나 기술을 가지고 있든 않든 간에 종종 다른 사람들을 안심시키는 것으로 보인다. 사람들이 세세한 협력이나 상호작용에 의해 끊임없이 길들여지면, 그들은 그들이 맡은 역할에 적합한 지각적인 현저함, 감정, 그리고 동기를 형성하는 경향이 있다. 사람들이 강하게 사회화되거나 강화되거나 보상을 받으면, 그러한 습관들은 중심적인 특징들이 된다.[7] 하지만 사회적 역할 부여와 사람들의 신체적 혹은 기질적 특징들이 극적으로 안 들어맞는 경우도 있을 수 있다. 이러한 종류의 부적합이 인지적인 부조화나 정체성의 갈등과 같은 병리현상을 생산할 수 있는 반면, 그러한 부적합이 또한 현존하는 사회적 관행을 비판적으로 평가하거나 새로운 상응하는 특징들을 발달시킬 수도 있다.[8] 사회적인 역할 부여는 또한 숙고라는 규범을 제공할 수도 있다. 예를 들어 부모들은 자신의 아이들의 복지에 책임을 지도록 기대되기 때문에 사회적으로 규정된 형태의 실천적인 생각들, 신념들, 그리고 욕망들을 갖도록 압력을 받는다.

4) 사회적 집단 측면

사회적으로 규정된 **집단** 특징들(group traits) 즉 인종, 계급, 나이, 성, 국적, 민족, 혹은 직업 등은 정형화된 특징들과 연관되는 경향이 있는데 이것들이 역할 부여의 방향을 종종 정해 준다. 역할 부여처럼 집단적 정체성도, 주관적으로 채택되거나 객관적으로 중심적이 되지 않고도, 사

---

6) 다음을 보라. M. Bowen, *Family Therapy in Clinical Practice* (New York: Jason Aronson, 1978).

7) 다음을 보라. Sara Ruddick, *Maternal Thinking* (Boston: Beacon Press, 1989); Nancy Chodorow, *The Reproduction of Mothering: Psychoanalysis and the Sociology of Gender* (Berkeley: University of California Press, 1978).

8) 다음을 보라. L. Festinger, *Theory of Cognitive Dissonance* (Stanford: Stanford University Press, 1965).

회적으로 부여될 수 있다. 민족 집단은 종종 특징적인 어린이 양육 관행을 가지고 있는데, 이들 중의 많은 것들이 또한 성에 따르는, 또는 계급에 따르는 특징들과 습관들의 형성을 좌우한다. 집단의 구성원들은 종종 특정한 종류의 습관-형성적인 제도적 역할을 갖도록 사회적으로 길들여진다. 예를 들면, 여성들은 특정한 종류의 행위를 해야 하는 제도적 위치(간호원이나 비서)로 길들여지며, 이주자들은 종종 어떤 종류의 민족적으로 정형화된 직업들로 유도된다. 한 사람의 집단적 정체는 나아가 특정한 사회적 상호작용들도 발생시킨다. 예를 들어, 노인이나 장애인은 신념들이나 욕망들에 영향을 끼칠 정도로 강력한 습관을 가지도록 정형적으로 제약되고 길들여진다.

5) 사회적 이상 측면

이상적인 특징들(ideal traits)이 실제적인 특징들이 발달되는 방향을 정한다. 때로 여기에는 이상화된 인물 즉 루즈벨트(Eleanor Roosevelt)나 간디(Mahatma Gandhi)를 모방하는 것도 포함된다. 때때로 그것은 도덕적 원칙이나 이데올로기를 수용하는 것으로 그려지기도 한다. 사람들의 이상적 자아상은 그들이 수행하는 행동유형과 그들이 그러한 행동을 수행하는 방식 모두에 영향을 끼칠 수 있다. 이상적인 자아가 일반적인 목적들이나 가치들을 규정하기 때문에, 이상적인 자아는 중요한 것이 무엇인가를 정함으로써 실천적인 숙고의 세목과 선택의 방향에 영향을 끼친다. 이상적인 정체성을 실현하기 위하여 요청되는 습관들과 한 사람의 중심적인 나머지 특징들을 통합하는 것이 자주 쉽지 않다. 특히 그러한 이상이 상대적으로 불확정적인 광대한 계획에 대한 신봉을 포함할 때는 더욱 그렇다. 사람들이 자신들의 행위-형성적인 정체의 한 부분으로서의 이상을 채택하는 정도는 일반적으로 그들의 이상에 대한 신봉, 이상이 그들에 가지는 매력에 달려 있으며, 그러한 이상을 실현하기 위하여 습관이 요청되는 정도는 그들의 성격의 나머지와 관련될 수 있다. 때때로 하나의 이상이 완전히 또는 성공적으로 실현될 수 없을 경우, 그들의 정체성의 초점은 이상을 향한 지속적인 노력에 놓일 수 있다. 예를 들어, 합리성이라는 이상은 비애매성이라는 지적인 습관을 지속적으로 강화시키려는 노력으로 나타날 수 있다. 이와 비슷하게, 감정이입이라는 이상은 상상의 습관을 풍부하게 하는 시도로서 나타날 수 있다.

6) 여러 측면들의 관계들

정체성의 이러한 측면들이 독립적인 반면, 이러한 측면들은 종종 상호적으로 강화하고, 제약하고, 갈등한다. 신체적이고 기질적인 특징들은 사람들이 담당하는 사회적 역할의 영역에 영향을 미친다. (예를 들어, 공격적인 사람은 평화를 가져오는 사람보다는 탐험가 역할을 부여받기 쉽다.) 반면에, 부여되는 사회적 역할이 그렇시 않았더라면 상대적으로 박약했을 특징들을 강한 특징들로 발달시킬 수 있다. (예를 들어, 특별히 잘 보살피지 않던 사람도 그가 아버지로서 중심적인 역할을 맡게 되면 잘 보살피게 된다.)

이와 비슷하게, 사람들은 자신의 중심적인 특징들 간의 관계들에 대하여 알지 못하거나, 심지어 때때로 잘못 생각하고 있을 수도 있다. 예를 들어, 인기 가수 마돈나(Madonna)를 정체적 이상으로 채택한 젊은 여성은 그녀 자신의 신체적 기질과 그녀가 담당하고 있는 사회적 역할(예, 계급)이 그녀가 마돈나와 같이 되려고 하는 시도에 저항할 것이라는 것을 알지 못하거나 착각하고 있을 수도 있다. 개인들은 정상적인 경우라면 그들의 사회적 역할들과 사회적 집단들에 의해 규정된 상대적으로 제약된 적합한 이상들의 목록을 갖게 된다. 자신들의 초기 특징들의 전개와 사회적 상호작용의 동적인 힘이 마돈나에의 갈망을 다른 방향으로 길들인다. 그녀가 만약 꾸준하고 독립적인 기질을 가지고 있다면, 그녀는 실제로 마돈나에로 움직여 나갈 수도 있다. 그러나 자신을 사회적 규범으로부터 자유롭게 하려는 시도나 이러한 규범을 변경하려는 시도는 종종 사회적인 비용, 때로는 심리적인 비용을 강요한다.

7) 실천적 정체성이 행위에 영향을 끼치는 다양한 방식들

실천적인 정체성의 특징들이 얼마나 그리고 어떻게 중심적이냐에 따라서 이러한 특징들이 행위에 영향을 끼치는 수많은 다양한 방식들이 있다.

-- 그러한 특징들은 행위자들에게 (지각적으로, 상상적으로, 정서적으로, 그리고 인지적으로) 중요한 것이 무엇인가에 영향을 끼친다. 상황에 대한 해석을 지시하고 그러한 해석에 의해 생겨나는 연상들에 영향을 줌으로써, 중심적인 정체성 특징들은 경험의 문제(라고 부를 수 있는 것)들을 정돈한다. 어떤 종류의 상황들과 문제들에 당면하게 하고, 어떤 주어진 상황에서 끌어내어질 수 있는 상대적으로 무한한 행위 과정들 중에서 타당한 것을 선택하게 한다.
-- 그러한 특징들은 때때로 지원적이고 협력적인 반응을 이끌어냄으로써 또 때때로 대립적인 반응들을 이끌어냄으로써, 행위자의 행위에 제약과 방향을 정해 주어, 사회적 상호작용의 역학에 영향을 끼친다.
-- 어린이를 기르고 사회화시키는 형태에 영향을 줌으로써, 그러한 특징들은 습관의 형성을 좌우한다.
-- 그러한 특징들은 신념들과 욕망들의 체계에 영향을 끼친다. 이상들은 종종 한 사람이 어떤 욕망을 획득하고 발달시키는 일에 대한 최선의 설명이 된다. 이러한 이상들이 처음에는 사회적으로 가르쳐진 경우에도 그렇다. 이와 비슷하게, 집단 정체성이나 역할 정체성도 한 사람이 가지고 있는 어떤 신념에 대한 최선의 설명을 종종 제공한다.
-- 이러한 특징들은 실천적인 숙고를 좌우하는 목적들이나 가치들을 설정할 수 있다.

5. 문화에 따르는 정체성의 여러 측면들의 상대적인 중심성

한 개인 내에서 특징들의 중심성이 다양한 것과 꼭 마찬가지로, 정체성의 다양한 측면들도 상당히 개인별로 그 중심성이 다르다. 어떤 사람은 자신의 역할 정체성을 교사로 강조하고, 자신의 교육적 특징들을 아주 다양한 맥락에 부과하며 갈등이 있을 경우에 그러한 특징에 우선순위를 부여할 수도 있다. 다른 사람은 기질적인 특징들을 강조하여 역할을 상대적으로 열세적인 것으로 만들 수도 있다. 이와 비슷하게, **문화가 다름에 따라 다양한 특징들이 상대적인 중심성을 가질 수 있다.** 한 문화가 소박함이나 금욕주의와 같은 그러한 기질적 특징의 확산을 강조하는 반면 다른 문화는 사회적 역할의 길들이기를 강조할 수 있다.

1) 역할 측면이 중심성을 갖는 예들

인류학자들은 사회들이 정체성의 어떤 측면들을 중심적인 것으로 보느냐에 체계적인 차이가 있다고 주장하고 있다. 어떤 사회에서는 사회적 역할의 측면이 다른 사회에서는 보통 그렇지 않은 중심성을 가진다. 리드(K. E. Read)는 이렇게 보고 있다. 뉴기니아(New Guinea)의 가후쿠-가마(Gahuku-Gama) 사람들에서 "사회적 역할은 각 개인의 정체성의 내적인 구성요소이다." 이 종족집단의 구성원은 사회적 역할 속으로 들고나는데, "이렇게 함으로써 다소간 역설적인 의미로 [소위] 자신의 정체성을 잃거나 혹은 몰수당한다." 그들은 다른 사람 각각의 고유성을 알고 서로를 구별되는 인격체들이라고 생각한다. 그러나 이러한 차이는 "사회적 정체성에 놓이는 흐린 빛과 같은 것이다." 그들은 주로 서로와 자신을 "사회적 패턴 속의 인물"로 간주한다.[9]

---

9) K. E. Read, "Morality and the Concept of the Person among the Gahuku-Gama," *Oceana* 25 (1955): 278, 276; 다음의 책에 수록되어 있다. John Middleton, ed., *Myth and Cosmos* (New York: Doubleday, 1967).

리드는 가후쿠-가마 사람들의 도덕적 추리가 "주로 맥락적이며 특정한 사회적 유대의 성질에 의존하고 있으며 …"라고 강조하고 있다. 예를 들어 살인에 대한 비판은 죽인 자와 죽은 자의 사회적 위치에 따라 달라진다. 자신의 씨족에 속하는 사람을 죽이는 것은 심각하게 잘못된 일이다. 하지만 적대적인 부족의 구성원을 죽이는 것은 평화시에도 칭찬할 만한 일이다.10) 리드는 가후쿠-가마 사람들의 견해와 인간이 그의 사회적 위치나 역할과 상관없이 고유한 가치를 갖기 때문에 존중되어야 한다는 서구인의 생각을 대비시키고 있다.11) 그는 이렇게 역할 정체성에 문화들이 중심성을 다르게 부여하기 때문에 이 점과 관련한 체계적인 문화적 차이가 생기게 된다고 결론짓는다.

기어츠(Clifford Geertz)도 서구인들의 정체성과 발리(Bali) 섬 사람들의 정체성을 대비시키면서 비슷한 지적을 하고 있다. 발리 사람들은 사람들 간의 관계를 관습과 소유의 아주 발달된 체계를 통하여 통제하며, 그 사람의 역할에 의해서 "그 자아의 실체"를 규정한다.12) 발리의 공적인 삶에서 정체성과 사회적 역할 간의 관계를 언급하면서, 기어츠는 정치적 지도자들과 종교적 지도자들은 그들의 역할 속에 몰입된다고 말하고 있다.

심리적 특징을 개인적 정체성의 핵심으로 보게 되면, 우리는 그들이 그들의 참된 자아를 그들의 역할에 희생시킨다고 말할 것이다. 사회적 입장을 핵심으로 보게 되면 우리는 그들의 역할이 그들의 참된 자아에 본질적인 것이라고 말할 것이다.13)

---

10) Read, pp.262-264.

11) Read, pp.263, 260, 259-261.

12) Clifford Geertz, "From the Native's Point of View: on the Nature of Anthropological Understanding," Richard Shweder and Robert Levine, eds., *Culture Theory: Essays in Mind, Self, and Emotion* (Cambridge: Cambridge University Press, 1984), p.129.

드 보스(George de Vos)는 일본 사회가, 특히 억압이나 갈등의 경우에, 역할 정체성에 높은 수준의 주관적이고 객관적인 우월성을 부여하고 있다고 주장한다. 그는 역할들이 사회적으로 길들여지고 광범위하게 확산되는 사회에서는 다양한 정체성들이 역할 정체성 속으로 흡수된다고 믿는다.14) 슈위더(Richard Shweder)와 버른(Edmund Bourne)은 전통적인 '사회 중심적' 인격 개념은 개인을 그의 집단이나 역할로부터 구분하지 않는 반면, 근대 서구의 '자아 중심적' 개념은 개인들에게 그들의 사회적 역할과 무관하게 가치를 부여하고 의무를 부담시킨다고 주장하고 있다.15)

2) 상대적 중심성에 대한 균형 잡힌 평가의 필요성

앞에서 본 정체성의 차원들과 측면들 간의 차이는 많은 인간학자들이 전통적 사회 중심적(sociocentric) 정체 개념과 근대의 자아 중심적(egocentric) 정체 개념 사이에 부각시키고 있는 도매값적인 비교가 너무 강력한 것임을 보여준다.16) 슈위더와 버른 그리고 다른 인류학자들이 강조하고 있는 날카로운 대비는 정도의 차이로서 더 잘 이해될 수도 있을 것이다. 전통적인 문화들도 사회적 역할과는 무관하게 보편적으로

---

13) Clifford Geertz, "Person, Time, and Conduct in Bali," *The Interpretation of Cultures* (New York: Basic Books, 1973), p.386.

14) 다음을 보라. George de Vos, *Socialization for Achievement* (Berkeley: University of California Press, 1973).

15) Richard Shweder and Edward Bourne, "Does the Concept of the Person Vary?," Richard Shweder and Robert Levine, eds., *Culture Theory: Essays in Mind, Self, and Emotion* (Cambridge: Cambridge University Press, 1984), pp.166-168.

16) Alasdair MacIntyre가 *After Virtue*, 2nd edition (Notre Dame: University of Notre Dame Press, 1983)에서 하고 있는 구별도 마찬가지로 강력한 대비로 보인다. 그의 최근 저서 *Whose Justice? Which Rationality?* (Notre Dame: University of Notre Dame Press, 1988), 특히 제20장은 이러한 대비를 부드럽게 하고 있다.

처방되는 이상과 의무를 규정하는 어떤 정체성을 가지고 있다. 인도에서도 부처를 모델로 한 어떤 이상적 정체성들은 사회적으로 규정된 계급이나 계층의 구분을 가로질러서 처방된다.[17] 더욱 최근의 일본인의 자아에 대한 연구는 더 복합적이고 균형 잡힌 모습을 보여준다. 예를 들면, 로젠버거(Nancy Rosenberger)는 일본인의 자아가 사회 중심성과 자아 중심성 모두에 연관되는 사유, 감정, 행동의 차원들 사이를 자유롭게 이동할 수 있다고 보고 있다. 다른 행동양식들도 (예를 들어, 집단적 목표를 위한 훈련된 노력, '내적인 감정들'의 자유분방하고 자발적인 표현) 다양한 맥락에서 (예를 들어, 직장, 집에서) 적합한 것으로 존중된다. 일본인들이 개인화되었느냐 아니면 집단 정향적이냐라고 묻는 것은 잘못된 질문이라고 로젠버거는 결론짓는다.[18]

다른 한편으로, 근대 서구 사회의 사회적 유동성이 전통적인 사회보다 더 큰 반면, 20세기 북미는 또 여러 사회적 정체성들을 가지고 있다. 그들 또한 인종, 계급, 그리고 성을 따라서 집단화된다. 서구 사회가 역할 정체성이나 집단 정체성보다는 역할과 무관한 기질적이고 이상적인 특징들에 큰 주관적인 중심성을 부여하는 경향이 있지만, 역할 정체성이나 집단 정체성은 보통 주관적으로 인정되는 것보다 더 큰 객관적인 중심성을 일반적으로 갖는다. 이것은 서구에서 사회적 정체성에 아주

---

17) 예를 들면, 비살생, 진리, 순수성, 비절도, 자선, 조심, 자제, 내정, 관대, 그리고 금욕이 Arthasastra에서 이야기되고 있다. 역할 규정적 의무와 공통적 의무 간의 갈등을 해결하고자 하는 흥미로운 논의로는 다음을 보라. Wendy Doniger O'Flaherty, "The Clash Between Relative and Absolute Duty: The Dharma of Demons," Wendy D. O'Flaherty and J. Duncan M. Derrett, eds., *The Concept of Duty in South Asia* (New Delhi: Vikas Publishing House, 1978).

18) Nancy R. Rosenberger, "Dialectic Balance in the Polar Model of the Self: The Japan Case," *Ethos* 17 (1989): 88-113. 다음도 보라. Jane M. Bachnik, "The Two 'Faces' of Self and Society in Japan," *Ethos* 20 (1992): 3-32; Hisa A. Kumagai and Arno K. Kumagai, "The Hidden 'I' in Amae: 'Passive Love' and Japanese Social Perception," *Ethos* 14 (1986): 305-320.

적은 중심성을 부여한다는 것을 부정하는 것은 아니다. 탈근대적인 서구에서 많은 전통적인 공동체적 유대가 해체되었고 결과적으로 사회적 유동성이 생겼기 때문에 사회적 정체성의 비중이 낮아질 수밖에 없다. 하지만 1장에서 지적된 것처럼, 어떤 차이가 있다면 그것은 공통적으로 공유하고 있는 주제를 상대적으로 다르게 강조하는 데에 있다. 하지만 많은 미국인들은 그들의 사회적 정체성을 인정하기를 꺼려하는 것으로 보이는데, 이는 아마도 다음과 같은 사실, 즉 미국 사회 내에서 지속되고 있는 아주 강력한 사회적 정체성들 중의 어떤 것들이 (계급 정체성이나 인종적 정체성이 이러한 범주들 중에서 가장 으뜸 가는 것들일 것이다) 존재하지 않는다고 생각한다는 사실의 반영일 가능성이 더 많다.19)

이상적인 특징들이 어떤 특정한 사회적 역할들과 상관없이 규정될 수 있을 때에도, 사회적 맥락들이 그러한 특징들의 발날과 실천에 중요한 객관적이고 주관적인 제약들을 가한다. 집단적 정체성의 중심성을 덜어내려는 개인들의 시도는 종종 실패한다. 인종, 민족, 혹은 성의 중요성을 줄이려는 시도는 종종 그 자체로서, 덜 중심적으로 만들고자 하는 그러한 정체들이 오히려 주목받고 있다는 것을 드러낸다. 예를 들어, 미국의 흑인들은 그들의 정체성의 다른 측면들보다 인종을 상대적으로 지배적인 것으로 보도록 이제는 종종 요청받고 있다.20) 흑인 개인이 주관

---

19) 다음을 보라. Samuel Bowles and Herbert Gintis, *Schooling in Capitalist America* (Boulder: Preseus Books. 1977). 이는 노동계층과 중산계층의 학교 아이들이 작업 습관, 권위에 대한 태도, 인생에서의 목표와 관련하여 그들의 계층에 따라 길들여지는 특징적인 방식들을 이야기하고 있다.

20) 용어들이 종종 집단 정체성에는 핵심적으로 중요하다. 어떤 사람이 자신의 인종적 정체성에 중심성을 부여할 준비가 되어 있느냐 여부는 물론 그 인종이 어떤 특징을 가지고 있고 다른 집단 정체성과 (예컨대, 계급이나 하위문화와) 어떻게 관계되느냐에 달려 있을 것이다. '흑인', '아프로-아메리칸', '아프리칸-아메리칸'의 차이는 중요하다. 그러한 용어들은 인종을 자신의 정체성에 중심적으로 것으로 채택할 것이냐 에누리할 것이냐를 개인적으로 결정하는 데에 영향을 끼친다.

적으로 인종을 덜 중심적으로 만들고 그들의 이상적인 정체성들을 강조하려고 시도할 때조차도 인종 정체성에 특권을 부여하기를 거부하는 것이 사회적으로는 종종 인종주의의 한 형태로 해석된다. 그들은 억압자들과 똑같다는 비판을 받는다. 그들은 그들이 이상적인 정체성에 부여하려고 시도하고 있는 중심성을 능가할 수 있는 역할을 계속 부여받기 십상이다.

정체성의 다양한 측면들 간에는 깊은 갈등들이 있을 수 있다. 4장 4절에서 본 것처럼, 여러 측면들은 몇 가지 직접적이고 간접적인 방식으로 행위에 영향을 끼친다. 다양한 측면들은 행위자들을 양립할 수 없는 행위 과정으로 이끈다. 어떤 사람의 이상들은 그를 그의 기질이나 사회적 역할들과 맞지 않는 행위 과정으로 이끈다. 이와 비슷하게, 사회적 길들이기의 결과로서 널리 퍼진 특징들은 이상적인 자아의 특징들보다 더욱 지배적일 수 있다. 관찰자나 이론가들은 다양한 측면들에 부여되는 독특한 형태의 중심성을 추적함으로써 그러한 갈등들을 진단할 수 있다. 그러나 행위자 또한 자신의 정체성 특징들의 독특한 설정에 의해 발생될 수도 있는 다양한 행위 계획들 사이에서 갈등을 겪고 있는 자신을 발견하고 그것들을 경험할 수 있다.

6. 실천적 정체성의 사회적 본성

나는 암묵적으로 몇 가지 의미에서 **실천적 정체성이 사회적**이라는 점을 이야기해 왔다. 즉 어떤 사람의 사회적 역할 정체성들과 집단 정체성들은 그 사람의 실천적 정향을 지배적 방식으로 그리고 광범위하게 확산된 방식으로 결정한다. 그러한 정체성들은 그 사람이 인정하지 않거나 주관적으로 채택하지 않을 때조차도 객관적으로 중심적일 수 있다. 하지만 어떤 사람이 이러한 정체성들이나 그것들의 중요한 부분들을 채택한다면, 그 사람의 이상적인 정체성은 사회적 역할 정체성들과 집단 정체성들에 박혀 있는 가치들과 목적들을 합체할 것이다. 확립된 사회적 역할들은 의무들, 특권들, 권력들, 그리고 권리들을 동반한다. 그러한 역할들은 또 그러한 역할들을 잘 수행하는 사람이 가져야만 하는 이상적인 동기들과 특징들을 동반한다.

집단 정체성들은 실제로 사회적 역할 정체성들과 중복될 수도 있다. 그러나 집단 정체성들은 역할 정체성들과 무관하게, 객관적으로 중심적이거나/이고 주관적으로 채택되기도 하는, 공유된 습관들, 지각적인 현저성들, 일반적인 목적들과 가치들을 갖는다. 때때로 공동체주의자들은 '개인주의적인' 포스트모던한 서구에 살고 있는 우리조차도 사회적 정체성들을 갖는다고 주장하는데, 이는 맞는 말이다. 그러나 그리고 나서 그들은 사회적 역할이나 사회적으로 규정된 집단 특징들이 있다는 것이 번창이 어쨌든 그 본성에서 사회적이라는 것을 보이는 데 충분한 듯이 이야기한다.

그렇지만, 이러한 사회적 정체성들을 가지는 것이 '개인주의적인' 사회들에서조차도 진짜로 불가피하다는 단순한 사실이 이러한 정체성들이 우리의 번창을 위해 필요하다는 것을 의미하지는 않는다. 사회적 정체성들은 앞에서 언급된 것과 같은 정체성의 다른 측면들과 심각하게 갈등할 수 있다. 사회적 정체성들과 이상적 정체성들의 심각한 갈등은, 예를 들자면, 번창에 거의 기여할 것 같지 않다. 중심적인 기질적이거나 심리적인 특징들과 사회적 역할 정체성의 요청들 간의 갈등도 마찬가지이다. 우리의 번창이 우리의 사회적 본성들의 충족을 요구한다면, 이는 번창을 위한 전제조건들과 그러한 전제조건들이 우리의 사회적 정체성들과 갖는 관계에 대한 좀더 자세한 검토에서 드러나야만 한다. 다음 절에서 나는 효과적인 활동력에 필요한 세 속성들을 그것들이 유일한 속성들인 양 가장하지 않고 논의할 것이다. 그러나 세 전제조건은 서로가 더해질 때 더욱 효과적으로 된다는 의미에서 한 벌을 이루고 있다.

이러한 필요한 속성들을 가지기 위해서는 단순히 하나의 사회적 정체성이 가지는 것이 아니라 어떤 특정한 **종류의** 사회적 정체성을 가져야만 한다.

7. 효과적인 정체성이라는 개념

1) 효과적인 정체성의 속성 하나: 규범의 이해

'효과적인 정체성'(effective identity)은 적합한 정도의 효과적인 활동력을 가지는 실천적 정체성이다. 그러한 정체성은 사회적 규범들이 요구하는 것이 무엇인지를 알 수 있는 능력적 특징을 포함한다. 사회적 규범들을 가진 사람은 그러한 규범들에 일치하고자 하는 변함 없는 의도를 가지지 않으며 대신에 그러한 규범들을 조작하고 이용하여 그들의 목적을 달성하도록 한다는 것이 사실일 것이다. 결국 어떤 주어진 맥락에서 사람들이 가지는 기대가 무엇인지를 모르는 사람은 사람들의 기대를 이용하여 사람들을 조작할 수 없다.

2) 효과적인 정체성의 속성 둘: 여러 측면의 균형

효과적인 정체성은 그러한 정체성을 구성하고 있는 **여러 측면들의 적합한 균형**(appropriate balance)을 또한 포함한다. 균형은 정체성의 다양한 측면들 간의 어느 정도의 일치를 포함한다. 앞에서 보았던 것처럼 다양한 측면들의 심각한 갈등은 목적을 효과적으로 추구하는 것을 방해하거나 완전히 가로막는다. 그렇지만 적합한 균형이라는 생각은 합당한 일치(reasonable congruence)라는 개념보다도 더 넓은 것이다. 왜냐하면 때때로 어느 정도로 **갈등하는** 정체성의 여러 측면들을 갖는 것보다 더 효과적인 대안은 없기 때문이다. 그러한 갈등하고 있는 정체성들이 적합하게 보이는 한 맥락은 개인들이 아주 다양한 요구들을 수용하는 역할들을 수행해야만 하는 복잡한 사회이다. 이러한 요구들을 효과적으로 수행하기 위해서는 다양한 기질적 특징들, 다양한 이상적 정체성들, 혹은 앞의 둘 중의 어느 것과 갈등하는 사회적 정체성들을 요구한다. 어머니이자 아주 경쟁적인 사업의 책임자인 한 여성을 생각해 보자. 아니면 전통적인 공동체들과 가정구조들이 새로운 산업적 기업들과 공존하고 있는 근대화를 겪고 있는 그러한 사회들을 생각해 보자. 두 영역 내에서 살고 일해야 하는 사람들은 각각에서 요구되는 특징들, 태도들, 그리고 경험들 사이를 왔다 갔다 하는 능력을 보인다.21) 사람들은 정체성의 다양한 측면들의 어떤 {대립적} 영역에 대한 확산을 어느 정도 제약하여 맥락화시킴으로써 그것들 사이의 갈등을 완화시킬 수 있다. 그렇지만 이러한 측면들의 확산에 제약을 가하는 것이 언제나 쉬운 일도 아니고 적어도 때로는 갈등을 일으키기 마련이다. 하지만 행위의 다양한 영역들을 항해하는 데 필요한 정체성의 여러 측면들을 가지지 못하는 것보다는 어느 정도의 제약된 갈등을 가지고 사는 것이 나을 수 있다. 이것이 정체성의 여러 측면들 간의 적합한 균형이라는 관념이 일치와 갈등의 방책이어야만 하는 이유이다.

3) 효과적인 정체성의 속성 셋: 자기 존중

효과적인 정체성의 다른 속성은 그것이 **자기 존중**(self-esteem)이라는 특정한 특징을 포함하고 있다는 것이다. 자기 존중이란 자신의 가치 있음에 대한 믿음이고 자신의 일차적인 목표들과 욕망들의 우수함에 대한 믿음이며, 또 그러한 목표들과 욕망들을 충족시킬 합리적인 기회가 주어진다면 그것을 할 능력에 대한 확신이다. 롤즈(John Rawls)가 『정의론』에서 강조한 것처럼,22) 우리의 목적들이 만족시킬 가치가 있다고 우

---

21) 인도가 이런 경우라고 보인다. 다음을 보라. Alan Roland, *In Search of Self in India and Japan: Toward a Cross-Cultural Psychology* (Princeton: Princeton University Press, 1988).

리가 자신을 받아들이지 않는다면 그리고 그러한 것을 달성할 우리의 능력에 대한 확신을 갖지 않는다면, 우리는 우리의 목적들을 실현할 수 없을 것이다. 자기 존중은 적어도 부분적으로는 이미 언급한 정체성들의 가능한 속성들에 의존하는 것으로 보일 수 있다. 한편으로 우리의 규범적 신념들과 다른 한편으로 우리의 일차적 목표들, 욕망들, 그리고 특징들 간에 심각한 불일치가 있다면 자기 존중은 우리 내부에서 붕괴할 것이다. 우리 자신의 특징들에 대한 긍정적이고 자기 수용적인 태도에 의하여 자기 존중은 지지될 것이다.

4) 효과적인 정체성의 출처: 타자와의 관계

사회적 규범들에 대한 적합한 지식, 합당한 일치, 그리고 자기 존중을 가지고 실천적 정체성들을 만들어내는 일에 포함되어 있는 것을 더 자세히 들여다보면, 우리는 타자와의 어떤 특정한 관계의 필요성을 보기 시작할 수 있다. **어떤 형태든지 간에 실천적 정체성을 가지기 위해서, 우리는 그것을 우리를 기른 다른 사람들로부터 취해야 한다.** 다른 사람을 흉내내는 아이들의 경향은 잘 알려져 있지만, 그러한 경향은 행동을 외적으로 흉내내는 것을 넘어서는 것으로 보인다. 그것이 유가들이 그들의 윤리에서 가족을 아주 강조하는 이유이다. 유가 윤리는 사람은 마땅히 모든 사람들에 관심을 가지고 돌봐야 한다고 가르친다. 그러나 이러한 돌봄이 어떻게 현실화되어야 하는 것을 고려할 때 유가들은 가족에 초점을 맞춘다. 가족이라는 이 제도가 다른 사람에 대한 사랑을 배우는 최초의 맥락을 제공한다. 사랑을 구성하는 이러한 생각과 느낌과 행위의 습관이 개인의 성격의 많은 기초를 형성한다. 맹자는 우리가 다른 사람을 사랑하고 돌보는 타고난 능력을 가지고 있다고 믿었다. 그러나 그 또한 그러한 능력에 적당한 영양이 주어지지 않으면 그것이 아주

---

22) 다음을 참조하라. John Rawls, *A Theory of Justice* (Cambridge, MA: Belknap Press, 1971), p.440.

다른 것으로 변할 수 있다고 믿었다. 안정이 필요하다. 맹자는 '안정' (security)이라는 말로 단순히 기본적인 물질적 필수품의 공급을 의미하지 않았다. 맹자의 관련 구절에 대한 진영첩(陳榮捷)의 탁월한 번역은 다음과 같다. "안아 키운 모든 아이들은 그들의 부모를 사랑할 줄 안다."23)

8. 효과적인 정체성들을 양육할 필요성에 대한 증거

1) 원숭이 실험으로부터 증거들

많은 상식들이 그러한 견해를 긍정한다. 과학적 증거는 제약적이다. 왜냐하면 인간에 대한 통제된 실험은 수행하기 어렵고 혹은/그리고 윤리적으로 허용될 수 없기 때문이다. 그렇지만 아주 가까운 유전적 친척들{즉 원숭이}에 대한 실험은 맹자의 견해를 지지하고 있다. 해로우(H. F. Harlow)의 유명한 실험에서, 어린 붉은털원숭이(Rhesus monkey)들은 부드러운 천으로 덮인 나무나 철사로 만든 '인공적인' 어미로부터 젖을 먹었다.24) 이들 어린 원숭이들에게서는 자신을 할퀸다든지 끊임없이 앞뒤로 오간다든지 과도한 공격성이나 잘못된 공격성을 보이는 등 비정상적인 행동패턴이 나타났다. 이들이 커서 어미가 되었을 때에도, 이들은 자신들의 새끼에 대하여 무관심하거나 학대하였다.

많은 연구들은 성인에게서 혈액 속의 혈관 수축성 물질인 세로토닌(serotonin)의 수준이 낮은 것과 공격성, 알코올 남용 그리고 정신질환

---

23) Wing-Tsit Chan, *A Sourcebook in Chinese Philosophy* (Princeton: Princeton University Press, 1963), p.80.

24) H. F. Harlow and R. R. Zimmermann, "Affectional responses in the infant monkey," L. D. Houck, L. C. Drickamer, et al., eds., *Foundations of Animal Behavior: Classic Papers with Commentaries* (Chicago: University of Chicago Press, 1996), pp.376-387.

과 관계가 있다는 것을 발견하였다. 수오미(Stephen Suomi)와 히글리(Dee Higley)가 이끈 한 팀은 붉은털원숭이의 행동, 세로토닌, 그리고 환경 간의 관계를 연구하였다. 그들은 5% 내지 10%의 야생 원숭이들과 실험실의 원숭이들은 특별히 충동적이고 공격적이며, 이들 원숭이들은 또한 나머지 원숭이들과 비교할 때 아주 낮은 세로토닌 수치를 보인다는 것을 발견하였다. 이들 원숭이들은 남과 사귀지 않았고, 그들이 들어가려고 하는 집단에서 승인을 받을 수 없었으며, 짝짓기도 성공적이지 못했고 자주 일년 이내에 죽었다.

낮은 세로토닌 수준은 가족들을 통해 전달된다. 수오미와 히글리의 연구는 낮은 세로토닌 수준이 유전과 환경의 복합체일 것 같다고 지적하고 있다. 어린 원숭이를 어미로부터 분리하여 거의 완전히 또래의 다른 원숭이들 사이에서 길렀을 때, 이들 또래끼리 자란 어린 원숭이들은 새로운 상황이 아닌 경우에는 정상적인 것으로 보였다. 새로운 상황을 만나게 되면, 그들은 사회적으로 적합하지 않은 유별난 공격적인 행동을 보였다. 사회적으로 적합하지 않은 행동에서 그들은 어미가 키우기는 했지만 수줍고 쉽게 놀라는 그런 원숭이들과 닮았다. 게다가 그들은 공격성과 관계가 있는 낮은 세로토닌 수준을 보이기 시작하였다. 수오미와 그의 동료들은 이러한 많은 특성들이 또래가 서로를 어미처럼 편안하게 해주지 못하고, 새로운 상황에서 그들은 다른 원숭이들과 마찬가지로 겁을 집어먹는다는 사실로부터 나타난다고 보았다.

게다가 연구자들은 직접적인 환경이 또한 세로토닌 수준보다 더 강하게 영향을 줄 수 있다는 것을 발견하였다. 또래끼리 자란 원숭이들은 어미가 키운 원숭이들보다 아주 많은 알코올을 마셨는데, 낮은 세로토닌과 술고래 사이에는 연관이 있다. 하지만 연구자들이 모든 원숭이들을 그들의 사회적 집단에서부터 분리시켰을 때 이러한 차이는 사라졌다. 즉 원숭이들에게 아주 긴장이 높은 상황이 주어지면, 두 집단 모두 심하게 술을 마셔 대었다.[25]

이 팀은 양육하는 어미가 새끼들의 유전적 성질에 대하여 완충 역할
도 할 수 있다는 것을 발견하였다. 붉은털원숭이에서 세로토닌 변화를
조절하는 두 유전자가 있는데, 하나는 긴 형태의 '5-HTT'이고 다른 하
나는 짧은 형태의 '5-HTT'이다. 어미가 키운 원숭이들은 어떤 형태의
유전자를 가졌던 간에 아주 정상적인 세로토닌 대사를 보였다. 그러나
또래끼리 자란 원숭이들에서는 유전자 유형이 큰 차이를 일으켰다. 긴

25) 이 마지막 문단에서 서술된 발견들에 대해서는 다음을 참조하라. J. D. Higley,
P. T. Mehlman, R. E. Poland, D. T. Taub, S. J. Suomi, M. Linnoila,
"Aggression, social dominance, serotonin, and causal relationships," *Biolo-gical Psychiatry* 42 (1997): 306-307; J. D. Higley, S. J. Suomi, M. Linnoila,
"Excessive alcohol consumption, inappropriate aggression, and serotonin: A
nonhuman primate model of alcohol abuse," *Recent Development in Alcoholism* 13 (1997): 191-219; J. D. Higley, S. J. Suomi, M. Linnoila, "A
nonhuman primate model of Type II alcoholism? Part 2: Diminished social
competence and excessive aggression correlates with low cerebrospinal fluid
5-hydroxyindoleacetic acid concentrations," *Alcoholism: Clinical and Experi-mental Research* 20 (1996): 643-650; J. D. Higley, S. J. Suomi, M. Linnoila,
"A nonhuman primate model of Type II excessive alcohol consumption? Part
1: Low cerebrospinal fluid 5-hydroxyindoleacetic acid concentrations and
diminished social competence correlate with excessive alcohol consumption,"
Alcoholism: Clinical and Experimental Research 20 (1996): 629-642; J. D.
Higley, "Use of nonhuman primates in alcohol research," *Alcohol, Health & Research World* 19 (1996): 213-216; J. D. Higley, P. T. Mehlman, D. T.
Taub, S. B. Higley, B. Fernald, J. Vickers, S. J. Suomi, M. Linnoila,
"Excessive mortality in young male nonhuman primates with low CSF
5-HIAA concentrations," *Archives of General Psychiatry* 53 (1996): 537-543;
J. D. Higley, P. T. Mehlman, R. E. Poland, I. Faucher, D. T. Taub, J.
Vickers, S. J. Suomi, M. Linnoila, "A nonhuman primate model of violence
and assertiveness: CSF 5-HIAA and CSF testosterone correlate with different
types of aggressive behaviors," *Biological Psychiatry* 40 (1996): 1067-1082;
J. D. Higley, S. J. Suomi, "Effect of reactivity and social competence on
individual responses to severe stress in children: Investigations using non-human primates," C. R. Pfeffer, ed., *Intense Stress and Mental Disturbance in Children* (New York: APP, 1996), pp.3-57.

형태의 유전자를 가진 원숭이는 정상적으로 보였다. 그러나 짧은 형태의 유전자를 가진 원숭이는 공격성에 문제가 있었다. 다른 실험에서 그 팀은 걱정거리가 될 것 같은 아주 반항적인 어린 원숭이들을 데려다가 아주 양육을 잘하는 수양어미들에게 맡겼다. 이들 어린 원숭이들 대부분은 자라서 그들 집단의 지배적인 위치를 차지하였고, 암컷 원숭이들은 또 아주 양육을 잘하는 어미들이 되었다. 그 원숭이들은 다른 아주 반항적인 원숭이들보다 훨씬 빨리 진정하였다. 예를 들자면, 심장 박동수를 빨리 내렸으며, 긴장 호르몬인 코르티솔(cortisol) 수치를 빨리 내렸다. 잘 보살피는 어미와의 생활경험들이 그들의 행동 성향뿐만 아니라 그들의 생리적인 형태도 마찬가지로 변화시키는 것으로 보인다.[26]

수오미는 이 모든 결론들을 바로 인간에게 적용하기를 기대하지는 않았다. 하지만 그는 이들 원숭이들이 언어나 구전적 전통도 없이 어린 시절의 경험에 그렇게 민감하고 그러한 경험으로부터 일생 내내 영향을 받을 수 있는데도 불구하고 인간들은 그렇지 않을 것이라고 믿기는 어렵다고 생각한다.[27]

2) 인간 연구로부터의 증거들

인간에 대한 통제된 실험적 증거는 없지만, 어린이의 발달에서 보살핌의 영향을 강조하는 몇몇 이론들이 있다. 심리치료사의 임상적인 경험에 뿌리를 둔 고전적인 심리분석 이론의 한 분파인 대상-관계 이론(object-relations theory)에서 클라인(Melanie Klein)은 어린이가 자신을 돌보는 다른 사람을 내면화하거나 통합하게 되는 방식에 대해 서술하였다. 볼하임(Richard Wollheim)은 클라인의 작업으로부터 그가 '정체화'(identification)라고 부르는 통합의 한 결정적 단계를 약술하였다. 이것은 어린이가 다른 사람을 '중심적으로' 생각하는 상상적인 활동이다. 이

---

26) 그들의 후기 작업들을 참조하라.
27) 그와의 웹 인터뷰를 참조하라.

러한 활동은 연극의 어떤 인물에 공감하는 관객과 활동과 유사하다. 관객들이 마치 자신이 그 인물인 것처럼 그 인물의 생각들, 느낌들, 그리고 경험들을 재현하듯이, 어린이들은 다른 사람을 "중심적으로 상상한다." 어린이들은 부모들이 어떤 종류의 상황에 직면하였을 때 어떻게할 것인지를 상상한다. 그들은 그러한 상황에서 부모들이 무엇을 생각하고 느끼고 경험할 것인지를 상상한다. 그리고 그들은 이러한 것들이마치 자기들의 것인 양 상상한다. 이렇게 함으로써 그들은 그들의 내적인 삶을 변경시킨다. 왜냐하면 그들에게 그러한 일들을 생각하고 느끼고 경험하는 일이 맡겨져 있기 때문이다. 다시 말하자면, 어느 정도까지는, 어린이들은 자신의 내적인 삶을 상상된 타자의 내적인 삶을 따라서형성한다. 그들은 이러한 방식으로 그들의 정서적 영역을 확대하고 새로운 돌봄의 대상, 새로운 이상들을 획득한다.[28]

보울비(John Bowlby)는 유아가 자신을 주로 돌보는 사람에게 가지는태도는 인간의 중심 신경 체계의 핵심에 담겨져 있는 '애착 행동 통제체계'(attachment behavior control system)의 통제하에 있다고 주장하였다.[29] 여기에 대한 가능한 진화론적 설명은 우리 인간의 조상들이 포

---

28) 다음을 보라. Richard Wollheim, "The Good Self and the Bad Self," *Rationalism, Empiricism, and Idealism*, ed. Anthony Kenny (Oxford: Clarendon Press, 1986), pp.151-176. 그의 다음 책도 참조하라. *The Thread of Life* (Cambridge: Harvard University Press, 1984), pp.78-82, 123-125. 최근의 한 연구는 한 살밖에 안 된 아이들도 텔레비전에서 어른에 의해 영향을 받으며 그 감정을 흉내낸다고 보고하고 있다. 그 연구는 한 살배기 어린이들에게 한 어른 여자 배우가 한 장난감에 대하여 긍정적이거나 부정적인 정서를 보이는 비디오 테이프를 보게 했다. 이것을 보고 난 다음, 아이들은 같은 장난감에 대하여 비슷한 반응을 보였다. 그들은 또 비디오에서 보지 못한 다른 장난감들에 대해서는 다른 반응을 보였다. 그러므로 그들이 비디오의 여자 배우로부터 받아들인 신호는 아주 특정한 것으로 보인다. 다음을 보라. Donna L. Mumme and Anne Fernald, "The Infant as Onlooker: Learning from Emotional Reactions Observed in a Television Scenario," *Child Development* 74 (2003): 221-237.

29) J. Bowlby, "The nature of the child's tie to his mother," *International*

식자들의 공격에 노출되어 있었는데, 유아가 어느 정도 어른에 가깝게 접근하도록 유지하는 타고난 체계가 이러한 공격의 희생물이 될 가능성을 줄여준다는 것이다.

보울비의 이론에 영감을 얻은 앤스워스(Mary Ainsworth)와 그녀의 동료들은 유아들이 어머니와 잠시 떨어져 있은 다음에 다시 만났을 때 하는 행동에 기초를 둔 세 가지 주요 애착 형태들을 제시하였다.30) 어머니가 있어 '안정된'(secure) 유아들은 적극적으로 탐험을 하며 어머니를 그들의 모험의 '안정된 기지'로 사용한다. 어머니와 분리되면 심란해하며 다시 만났을 때 육체적 접촉과 안정을 시도한다. 어머니가 돌아와도 '불안하고/애매한'(anxious/ambivalent) 유아들은 가까이 가고자 하는 욕망을 보이지만 또한 화를 내고 저항을 하기도 한다. 그들은 강력한 정서적 항의를 보이며 일상적인 안락함으로 돌아가지 않는다. '회피적인'(avoidant) 유아들은 어머니와의 상호작용을 무시하거나 회피하고 장난감을 가지고 노는 것과 같은 다른 일을 한다. 앤스워스와 그녀의 동료들은 또 어린이들의 애착 유형에 따르는 부모들의 행동들도 발견하였다. 안정된 어머니는 민감하고 반응이 빠르다. 불안한 어머니는 일관성이 없고 예측 불가능하며 강압적이다. 회피적인 어머니는 거부적이고 무관심하다.

어머니 쪽의 특징들과 아이들의 특징들은 둘 다 안정된 기본 애착의 성취에 기여한다. 어머니 쪽에서 가장 강력한 요소는 빠르고 민감한 돌봄인데 이는 유아의 몸짓과 신호를 정확히 읽고 해석함으로써 가능하다. 이렇게 하기 위해서는 부모들의 필요나 소망을 앞세우기보다는 어린이의 신호가 어린이가 원하는 내용이나 일관성과 예측 가능성을 가리키도록 내버려두어야 한다.

Journal of Psycho-Analysis 39 (1958): 350-373.

30) Mary D. Ainsworth, *Infancy in uganda: Infant care and the growth of love* (Baltimore: Johns Hopkins Press, 1967).

실버만(Silverman)과 라구사(Ragusa)는 부정적인 (불안하거나 회피적인 유형의) 어머니의 행동과 두 살부터 네 살까지의 어린이가 지연된 만족 행동(delayed gratification behavior)을 통제하지 못하는 일이 관계가 있음을 발견하였다. 로드리게즈(Rodriguez)와 미셸(Mischel)은 취학 전 아동들의 지연 행동과 부모-아이 상호작용의 질을 연관시켰다. 야곱슨(Jacobsen), 에델슈타인(Edelstein), 그리고 호프만(Hofmann)은 (부모들과 잠시 떨어져 있는 것을 받아들일 수 있는 것과 같은) 안정된 애착이 없는 아이들은 좌절을 인내하거나, 행동을 통제하거나, 공격성에, 그리고 나중에는 반성적인 사유에도 문제를 가지는 것을 발견하였다.[31]

안정된 애착 유아들은 일반적으로 또래 집단의 다른 유아들과도 더 가까운 애착관계를 형성한다. 스루프(Sroufe)와 플리슨(Fleeson)은 일차적인 어머니와의 관계 형성이 또래 관계에 영향을 미친다고 주장하였다. 결과적으로 애착 유형이 알려지면 미래의 또래 관계 영역에 대한 예언이 가능할 수 있다. 컨스(Kerns)는 아이들의 초기 관계가 조화된 상호관계의 형성을 목표로 하고 있다고 보았다. 어린이들은 다른 사람에 반응하고 갈등을 해결하는 능력을 가져야만 한다. 디시언(Dishion)은 반감을 일으키는 돌봄이 초등학교 아이들의 반사회적 행동으로 반영된다는 것을 발견하였다.[32]

---

31) 이 문단의 모든 연구들은 다음에서 인용되었다. M. Fendrich, M. Huss, T. Jacobsen, M. Kruesi, and U. Ziegenhain, "Children's ability to delay gratification: Longitudinal relations to mother-child attachment," *Journal of Genetic Psychology* 158 (1997): 411-427; Jonathan C. Wildman, Jr., "Elements of Infant-Mother Attachment," http://www.ycp.edu/besc/journal2000/article.html

32) 이 문단의 모든 연구들은 다음에서 인용되었다. B. Fagot, "Attachment, parenting, and peer interactions of toddler children," *Developmental Psychology* 33 (1997): 489-500; Jonathan C. Wildman, Jr., "Elements of Infant-Mother Attachment," http/www.ycp.edu/besc/journal2000/article1.html

물론 어떤 성격적 특징들이 결국에 한 사람에게 나타나는가에 대해서는 유전자가 중요한 영향을 끼친다고 가정되고 있다. 다른 가족들에서 길러진 일란성 쌍둥이에 대한 연구는 아이를 기른 환경의 중요한 차이에도 불구하고 태도와 기호에서 때로 상당한 유사성을 보인다고 보고하고 있다. 다음을 보라. Thomas J. Bouchard Jr., David T. Lykken, Matthew McGue, Nancy L. Segal, and Auke Tellegen, "Sources of human psychological differences: the Minnesota study of twins reared apart," *Science*, 250 (1990): 223-229. 때때로 그러한 연구들이 성격이나 행동을 결정하는 일차적인 요인이 환경이라기보다 자연이라는 증거로 인용된다. 하지만 Bouchard의 연구와 같은 쌍둥이 연구는 대부분의 가족들이 '충분히 좋은' 돌봄을 제공하며 이러한 돌봄의 유사성이 함께 하는 차별성보다 더 중요하다는 것을 오히려 가리킬 수도 있다. '충분히 좋은' 돌봄에 대해서는 다음을 보라. D. W. Winnicot, *The Family and Individual Development* (London: Routledge, 1989). 게다가 환경보다 자연이라는 결론은 앞에서 인용된 연구들과 배치되며 또 쌍둥이 연구에 근거한 극적인 결론이 서둘러 내려졌다는 것을 간과하고 있다. Wendy Doniger는 다음과 같이 지적하고 있다. "함께 길러진 쌍둥이는 따로 길러진 쌍둥이들보다 종종 자신들을 다르게 하려는 의식적인 노력을 한다. 반면에 따로 길러진 쌍둥이들은 그들의 신체적 유사성 때문에 (추하다고 놀리거나 예쁘다고 칭찬하는 등) 그의 양부모들에 의해서 비슷하게 다루어진다. 그리고 또 개성이나 능력이 유사한 사람들 간에는 종종 부정적인 상관성이 있다. 즉 가장 비슷하게 생긴 쌍둥이들이 행동에서는 가장 다르다. 그 외에도 '분리되었다'는 요소가 종종 공유된 환경에 의해서 붕괴된다. 자궁은 언제나 공유되고 (출생 이전의 영향) 종종 초기 어린 시절도 공유된다. 그리고 성인이 된 후 시험 기간에 기록되지 않은 만남도 그렇다." 다음을 보라. Wendy Doniger, "What did they name the dog?" a review of *Twins: Genes, Environment and the Mystery of Identity* by Lawrence Wright in *The London Review of Books* 19, March 1998. Simon Blackburn도 Steven Pinker의 책 *The Blank Slate: The Modern Denial of Human Nature*에 대한 서평에서 다음과 같이 지적하고 있다. 유전 가능성의 측정은 맥락에 많이 달려 있다. 무성생식의 세계에서 속성들의 유전 가능성은 0%인 반면, 환경이 절대적으로 같은 세계에서는 100%까지 올라간다. 그는 또 유전 가능성과 어떤 특성의 변경 가능성은 거의 관계가 없거나 전혀 관계가 없다고 지적하였다. 그는 스웨덴의 쌍둥이 연구를 인용하고 있고 있는데, 이 연구는 세 명의 다른 나이의 여성들의 일반적 끽연율의 유전 가능성이 0에서 60%라고 보고하고 있으며 이는 아마도 여성 흡연에 대한 변화하는 문화적인 압력 때문일 것이라고 보고 있다. 다음을 보라. "Meet the Flintstones," *The New Republic*, November 25, 2002, Issue 4, 584, pp.28-33.

이러한 경험적인 작업들은, 우리가 다른 사람들과 갖는 관계에서 그리고 우리의 가장 중요한 목적을 달성하는 기획에서 우리가 견지하는 많은 근본적인 태도들을 형성하는 데에 다른 사람들이 깊은 영향을 준다는 상식적 견해를 지지하고 있다.[33] 이러한 사실은 미국의 사회학자 쿨리(Charles Horton Cooley)에게서도 드러난다. 쿨리는 개인적인 인간 본성의 형성과 규범과 목표의 발달에서 집단과 개인 간의 상호작용 과정의 중요성을 강조하였다. 그는 가족이나 집안이나 예전의 이웃과 같이 그러한 상호작용 과정에서 가장 영향력 있는 집단을 '일차적' 집단이라고 이름하였다. 그러한 집단들은 다른 사람들의 기분이나 마음의 상태에 대한 통찰을 촉진하여 "개인들을 공통의 전체라는 어떤 용융상태에 들어가게 하여 자신의 자아가 적어도 많은 목적들과 관련해서 집단의 공통적 삶이고 목적"이 되게 한다.[34]

3) 사회적 규범에 대한 이해의 획득에서의 타자의 역할

사람들이 효과적인 활동력에 필요한 그러한 속성들을 획득하는 데에 타자들이 영향을 끼치기 때문에 사람들의 정체 속으로 타자들이 침투해 들어온다. 사회적 규범에 대한 지식을 얻는 방식을 생각해 보자. 유가들은 특정한 상황에 대하여 옳게 반응하는 지식과 능력이 오직 우리 삶을

---

33) 모델링의 중요성에 대한 아리스토텔레스의 견해에 대한 해석으로는 다음을 참조하라. Martha Nussbaum, *The Fragility of Goodness: Luck and Ethics in Greek Tragedy and Philosophy* (Cambridge: Cambridge University Press, 1986), p.363. 공자의 견해에 대한 해석으로는 나의 다음 글을 참조하라. "Universalism versus Love with Distinctions: an Ancient Debate Revived," *Journal of Chinese Philosophy.*

34) Charles Cooley, Robert C. Angell, and Lowell J. Carr, *Introductory Sociology* (New York: 1933), pp.55-56, 이는 다음 책의 서문에서 Charles P. Loomis와 John C. McKinney에 의해 인용되고 있다. Ferdinand Tonnies, *Community and Society* (*Gemeinschaft und Gesellschaft*) (New Brunswick, N.J.: Transaction, 1988), pp.14-15.

성형하고 있는 일상적인 관행과 제도에서만 얻어질 수 있다고 믿었으며, 가족이야말로 이런 점에서 으뜸 가는 영향력을 가진다고 또한 믿었다. 일반적인 원칙이나 개념의 적용을 가르치는 최선의 방법은 종종 학생이 어떻게 옳은 길로 갈 수 있는지를 알 때까지 예들을 제시하는 것이다. 그러한 옳은 길이 아주 일반적이고 애매한 방식으로만 진술될 수 있을 때는 이것이 크게 도움이 된다. 가족 내에서 어린이는 옳은 길로 가는 것이 상황에, 관계되어 있는 당사자들의 특성에, 그리고 그들이 가지는 관계의 성질에 달려 있다는 것을 배운다. 어린이들은 이것을 가족 구성원 간의 상호작용을 통하여 그리고 가족 구성원들이 옳고 그르게 행위하는 특정한 예들을 통하여 배운다. 그러한 경험을 풍부하게 획득한 후에는, **올바른 길**에 대한 명백하거나 특수한 앎이 없이도, 라일 (Gilbert Ryle)의 구분[35]을 사용하여 올바른 길을 **어떻게** 갈지를 알 수도 있다. 이러한 활동들은 계속되고 있기 때문에 가르치고 배운다는 명백한 의식이 없이 진행될 수도 있다. 좋은 행위거나 나쁜 행위거나 간에, 우리가 다른 사람을 따라하거나 다른 사람에게 모델이 되는 많은 방식은 의도적이지 않다.

부모들은 아이들이 어떤 기본적인 사회적 규범을 너무 글자 그대로 적용하는 것을 고쳐야만 했던 경험들을 모두 가지고 있다. 부모들은 어린이들의 적용이 왜 너무 글자 그대로였는지에 대한 명백한 설명이 그 특수한 경우에만 한정된다는 것을 안다. 아이들에게 이방인에 대한 수용 가능한 우정과 지나치게 가까운 우정 간의 구분선을 가르치는 과제를 생각해 보자. 때때로 일반적인 규범을 가르치는 최선의 방법은 이러저러한 상황에서 무엇을 해야 하는지 예를 제시하거나 어린이가 특정한 상황에서 옳은 일을 하거나 그른 일을 할 때 지적하는 것이다. 스테어스(Arlene Stairs)는 이누이트(Inuit)의 정체성의 개념에 대한 연구에서

---

35) Gilbert Ryle, *The Concept of Mind* (Chicago: University of Chicago Press, 1984), chapter 2.

주류 문화의 형식적인 학교교육과 전통적인 학습의 대비점을 논의하고 있다. 전통적인 학습은 "일상적인 가족 활동과 공동체 활동에 뒤얽혀 있는 관찰과 모방을 통해서 지식을 전달한다. 그러한 전달의 주요 목표는 직접적이고 공유된 사회적 구조와 생태계에로의 통합이다."36) 화이팅(Beatrice Whiting)과 에드워즈(Carolyn Edwards)는 다양한 문화에서의 아이 기르기에 대한 비교연구에서 어머니나 돌보는 다른 사람의 보편적인 과제는 사회적 행위의 규범을 가르치는 것이라고 결론지었다. 스테어스와 같이, 그들도 형식적인 학교교육과 '훨씬 덜 합리화된' 형태의 사회적 역할에 대한 피드백과 정보를 대비시켰다. 그들의 관찰에 따르면 사회적 역할들은 명시적 가르침에 의해서는 덜 전달되고, "어린이들이 일상적인 사회적 상호작용으로부터 추상할 수 있고 해야만 하는" 암묵적인 도덕적 메시지에 의해서 더 전달되었다. 상호작용에는 어른들이나 다른 어린이들로부터의 잦은 명령들, 제안들, 협박들, 그리고 처벌들이 있다. "이러한 피드백으로부터 어린이들은 인간 상호적인 공격, 자원의 배분, 사회적 역할들, 임무 부여, 재산의 손실, 예절, 위생 그리고 다른 적절한 사회적 행동들과 관련하여 할 것과 하지 말 것을 둘러싸고 있는 복합적인 조건들에 대한 실무적인 지식을 구성하는 것으로 보인다."37)

그렇다면 사회적 규범에 대한 최소한의 적합한 지식을 갖기 위해서 우리는 다른 사람들과의 학습관계에 들어가야만 한다. 그러한 관계 중에 우리 삶의 다양한 시기와 다양한 상황에 따르는 '옳은 방식'이 드러난다. 옳은 길로 가는 방법을 배우는 것은 판단을 획득하는 것이다. 판단능력이 길러지는 관계는 일반적인 것으로 광범위한 사회적 규범을 포

36) Arlene Stairs, "Self-Image, World Image: Speculations on Identity from Experience with Inuit," *Ethos* 20 (1992): 116-126.

37) Beatrice Blythe Whiting and Carolyn Hope Edwards, *Children of Different Worlds: The Formation of Social Behavior* (Cambridge, MA: 1988), p.253.

함하면서 우리 삶의 많은 영역들에 뻗어 있다. 학습과 교수가 의도적이고 자의식적인 곳에서는, **교사와 학생 간의 어느 정도의 신뢰(trust)가** 전제된다. 학생은 교사가 대체로 중요한 능력들을 길러주고자 의도하며 실제로 그렇게 하고 있음을 믿어야만 한다.

4) 정체성의 여러 측면들 간의 적합한 균형감의 획득에서의 타자의 역할

이제 정체성 측면들 간의 적합한 균형을 생각해 보자. 우리는 단순히 하나의 특성만을 가진 실천적 정체성을 갖는 것이 아니다. 우리는 우리의 중요한 신봉을 우리의 다른 특징들과의 균형을 생각하면서 형성해야만 한다. 우리가 우리 자신의 특징들을 변화시키거나 발달시키는 정도만큼이나 우리는 다른 목적들과의 일치를 생각하면서 그러한 변화나 발달을 해야 한다. 그러므로 효과적인 정체성은 우리의 신봉들과 다른 정체성 구성요소들과의 일치 여부를 판단할 수 있는 능력을 가져야 하며 이는 자신에 대한 상당한 수준의 지식을 요구한다. 이러한 종류의 지식을 획득하는 데에 다른 사람들이 필수적인 역할을 한다. 이것은 우리 자신이 우리가 우리의 바람과 달리 실제로 어떤 사람인지를 판단하기가 어렵기 때문만이 아니라, 우리가 종종 우리의 실패를 우리가 달성하기를 원하는 것과 그러한 성취를 가능하게 할 우리의 특성 간의 갈등에서 비롯되었다고 생각하지 않고 다른 사람이나 세계의 탓으로 돌리기 쉽기 때문이기도 하다. 우리의 정체성 내에서 적합한 균형을 이루어 우리의 신봉을 바꾸려면, 우리는 종종 그러한 신봉이 우선 우리에게 왜 중요한지를 이해할 필요가 있는데, 이것은 어려운 과제일 수 있다. **우리는 자신의 자기 기만이나 자기 관점의 부족을 교정하기 위하여 다른 사람의 관점을 필요로 한다.** 그리고 그러한 도움을 얻어서 사용하기 위해서는 다시 **상당한 수준의 신뢰가** 전제되어야 한다. 우리는 다른 사람들이 자신에 대한 객관적인 정보를 제공하고 있다는 것을 믿어야 한다. 게다가,

때때로 우리는 우리에게 정보를 주고 있는 사람이 또 우리에 대하여 잘 알고 우리에게 좋은 일이 일어나기를 원하는 사람이라는 것을 믿지 않고서는 부정적인 정보를 받아들일 수 없다.

타자는 균형을 잡는 기획에서 자기 지식(self-knowledge)만을 제공하는 것이 아니라 우리의 가장 중요한 목적들과 특별히 일치하는 특징들과 욕망들을 형성하고 결정화하는 것도 돕는다. 더 정확히 말하자면, 증대된 자기 지식이 특징이나 욕망의 결정화와 섞이는 때가 종종 있다. 예를 들자면, 자신을 더 잘 이해하는 것은 동시에 어느 정도는 미완성인 자신의 성격 내에서 경향들과 충동들을 더 확정적이게 만드는 때가 있다. 우리의 '실제' 감정과 동기가 무엇인지에 대한 통찰을 통하여 타자는 우리를 돕는다. 그러한 타자의 통찰은 부분적으로는 이미 내 감정과 동기 속에 있는 것에 대한 정확한 묘사이며 그것은 또 그러한 감정과 동기가 무엇인지를 더 확정적이게 한다. 내가 생각하는 것보다 내 자신이 훨씬 동정심 많은 사람이라고 그러한 동정적인 행동의 반복적인 예들을 증거로 들면서 지적하는 친구는 이미 나에게 있는 것이 무엇인지를 지적한 것에 그치지 않는다. 그것은 나의 그러한 특징을 결정화하고 더욱 탁월한 동기로 만든다.

5) 자존감의 획득에서의 타자의 역할

자신감과 자존감을 획득하는 문제를 생각해 보자. 대상-관계 이론과 고전적인 심리분석 이론의 다른 분파인 '자아 심리학'(self psychology)은 건강한 자기 평가의 원천이 개인의 타자와의 상호작용, 특히 어린 시절의 상호작용에 있다고 본다. 이는 (프로이트의 많은 초기 저술들이 그러하듯이) 자기 평가의 원천을 개인적 충동의 순수하게 내적인 역동성에 두는 그러한 입장으로부터의 변경이다. 분명히 이전의 견해와 같은 것은 수정되어야만 한다. 예를 들어 자아심리학자 코후트(Heinz Kohut)는 어린이가 '거울작용'(mirroring)을 필요로 한다는 것을 강조하였다.

거울작용이란 어린이의 능력발달에 기쁨을 표현하고 어린이의 꿈을 수용하는 것이다. 부모들이 그들 자신의 자신감의 문제 때문에 어린이에게 적절하게 거울작용을 해주지 못할 수 있다. 코후트는 학교에서 한 훌륭한 일을 어머니에게 자랑스럽게 이야기하려고 집으로 뛰어온 한 소녀의 예를 들고 있다. 그러나 어머니가 자랑스럽게 이야기를 들어주는 대신 어머니가 자신의 이야기를 하게 되면, 이 어린이는 '거울작용 결핍적인' 성격을 갖게 된다. 이러한 성격은 내적인 무가치감을 보상하기 위하여 때때로 타자로부터 배타적인 관심이나 반복적인 칭찬을 요구한다. 이러한 성격의 소유자는 자신의 많은 심적 에너지를 자신의 어린 시절의 부적합한 거울작용을 보충하는 데에 소모할 것이다. 코후트는 적절한 때에 어린이의 커다란 꿈과 자기 영상을 부모들이 제약할 필요도 또한 강조하고 있다.38) 이렇게 하지 못하면 어린이가 자신의 커다란 자기 영상에 맞추어 사는 데에 불가피하게 실패할 때 자존감의 붕괴를 경험하게 된다.

여기에서 다시 거울작용 관계는 **신뢰**를 요구한다. 어린이는 자신의 꿈과 자신의 특징의 불일치를 부모가 지적할 때 부모의 교정을 받아들일 준비가 되어 있어야만 한다. 이렇게 하기 위해서 어린이는 부모의 동기나 판단을 신뢰해야만 한다. 우리가 다다른 곳은, **개인이 타자와 관계 속에서 자신의 실천적 정체성뿐만 아니라 효과적인 활동력에 필요한 정체성들의 속성들도 발달시킨다**는 통찰이다. 이러한 개인과 타자의 관계는 그것이 효과적인 활동력에 최선으로 기여하려면 신뢰를 포함해야만 한다.39) 어디에서 우리는 그러한 신뢰할 수 있는 타자를 발견하는

---

38) Heinz Kohut and Ernest Wolf, "Disorders of the Self and Their Treatment: An Outline," *International Journal of Psycho-Analysis* 59 (1978): 403-425.

39) 효과적인 정체성을 기르는 관계에서 신뢰의 중요성을 강조하면서 나는 신뢰가 윤리적 이론에서 중심적이지만 무시되고 있다는 Annette Baier의 주장을 긍정하게 된다. 다음을 보라. Annette Baier, "What Do Women Want in a Moral Theory?" *Nous* 19 (1985), pp.53-63.

가? 그러한 타자란 필요한 보살핌을 제공하는 데에 아주 헌신적이고 그러한 돌봄에 피할 수 없이 있게 되는 많은 좌절들과 방해들에도 불구하고 굴복하지 않는 사람이어야만 한다.[40] 나아가 인간이 돌봄을 받는 사람으로부터 어떤 보답을 받지 않고서는 그러한 헌신을 할 것이라고 합리적으로 기대할 수 없다.

6) 효과적 정체성의 발생과 개인적 의무의 관계

이것이 부모의 돌봄의 의무와 어린이의 감사와 복종의 의무가 효과적인 정체성을 형성시키는 관계를 규정하고 유지하는 이유이다. 어린이가 돌봄에 대하여 보답하는 것이 복종의 형태를 띨 필요는 없다. 그러나 돌본다는 바람직한 행위에 대한 추가적인 이유가 없을 때에는, 단순한 복종도 종종 중요하며 필요하다. 다행스럽게도, 돌봄에서 얻어지는 깊은 만족이 있고 보답을 하는 심원한 경향이 있다. 비록 이러한 경향이 다른 것에 의해 무력화될 수 있고 된다고 하더라도 그렇다. 화이팅(B. B. Whiting)과 에드워즈(C. P. Edwards)는 어린이 기르기에 대한 비교문화적 연구에서 여러 문화에 걸쳐서 어린이와 어른들이 아주 어린 아이에게 반응하는 데에 놀라운 유사성이 있음을 발견하였다. 애착 이론에 동의하면서, 그들은 아주 어린 아이들이 "긍정적인 반응과 보살핌을 심지어는 두 살 된 남자나 여자 아이 모두에게서 끌어내는 힘을 가졌다"고 결론지었다. 이러한 형태의 보편성을 보고서 화이팅과 에드워즈는 유아가 어른과 어린이들로부터 긍정적인 행동과 보살핌을 촉발시킬 신체적 특징과 행동 체계를 갖추고서 태어난다고 생각하게 되었다. (보울비의 애착 이론에 일치하는 생각)[41] 이러한 것은 어린것들이 상당히 오

---

40) Alasdair MacIntyre의 "Is Patriotism a Virtue?"은 도덕적 가치를 길러주는 데 그러한 헌신이 필요하다는 것을 지적하고 있다. 그의 글을 읽고서 여기에서 제시되는 결론에 이르게 되었다.

41) Beatrice Blythe Whiting and Carolyn Pope Edwards, *Children of Different Worlds: The Formation of Social Behavior*, p.270.

랫동안 완전히 무력한 그러한 종에서는 그렇게 놀라운 일은 물론 아닐 것이다. 하등동물에서 발견되는 특수한 본능적 행동이 인간에게서는 사회적 협동을 가능하게 하는 문화적 형식들을 배우는 능력으로 대치된다. 그래서 돌봄의 의무와 감사와 복종을 통한 보답의 의무는 인간 본성에서 알맞은 토양을 발견한다.

그렇지만 2장 7절의 결론을 돌이켜 생각해 보자. 인간은 심원하게 애매한 존재여서 강력한 자기 이익이 다양한 형태의 타자에 대한 관심과 뒤얽혀 있다. 게다가, 다른 사람을 돌보고 기르는 일에서 불가피하게 마주치게 되는 좌절이 있기 때문에 돌봄과 보답의 의무가 공동체 내에서 긍정되어서 개인들이 만족과 보답하려는 충동에 초점을 맞추도록 동기화될 필요가 있다. 돌보고 가르치는 역할은 개인들의 정체성에서 상대적으로 중심적이어야만 한다. 오직 그러할 때만 그들의 돌봄을 받는 사람이 지속적이고 의지할 수 있는 도움을 받을 적절한 기회를 가지고 자신의 효과적인 정체를 성취할 수 있다. 돌봄의 의무와 돌봄에 대한 보답의 의무는 사실 1장에서 다루어진 주제 즉 상호적인 원조가 필요하다는 주장의 특별히 중요한 경우이다. 인간은 그러한 본성을 가지고 있기 때문에 그러한 도움에 보답하지 못한다면 사람들로부터 도움을 확실히 기대할 수 없다.

우리가 도달한 결론은 다음과 같은 것이다. 한 개인에게서 효과적인 정체성을 길러내는 것은 타자와의 관계를 요구하는데, 이는 부분적으로 상호적인 의무에 의해서 규정되고 유지된다. 우리는 효과적인 활동력을 갖는 중에 타자에 대한 의무를 또한 갖게 된다. 특히, 사람들은 자신이 효과적인 활동력을 갖기 위하여 필요한 조건을 실현하도록 돕는 사람에 대하여 의무를 갖는데, 이러한 효과적인 활동력이 그의 번창의 필요조건이다. 다양한 문화를 살펴보면 이러한 의무의 특정한 내용에는 상당한 차이가 있다. (그리고 이런 이유로 다원론적 상대주의가 더 타당하다.) 하지만 그러한 차이의 영역은 이러한 의무의 수행이 그러한 관계를 유지하는 데에 기여한다는 조건에 의해서 제약된다. 우리는 이러한 의무들이 자신을 돌보는 사람들의 복지에 대한 관심을 반영할 것을 기대할 수 있다. 이러한 논의는 왜 특정한 타자에 대한 특별한 의무가 우리에게 그렇게 강력하게 영향을 주는가를 이해할 수 있는 방식을 제공한다. **도덕적 행위자는 특정한 타자에 대한 특별한 의무에 의해 통제되는 관계의 맥락 속에서 성장해야만** 하기 때문이다.

7) 계속적인 성격 형성의 필요성

내가 지금 하고 있는 이러한 종류의 논의는 가족이나 더 일반적으로는 어린이를 기르는 임무를 띠는 소집단 내에 관계가 있어야만 한다고 요구하는 것으로 보인다. 앞에서 언급한 것처럼, 유가는 가족의 가치를 인정하고 공표하였으며 왜 가족이 효과적인 도덕적 행위자를 낳게 되는가에 대한 이유도 제시하였다.[42] 오늘날 서구에서 심리학적 용어와 설명이 침투된 문화와 더불어 사는 우리는 쉽게 어린이를 기르는 일의 중요한 효과를 또한 인정할 수 있다.

아주 어릴 때의 돌봄의 효과는 심각할 수 있지만, 필연적으로 영구적인 것은 아니다 브랜트(Brandt)와 미첼(Mitchell)은 (1973년의 그들의 작업은 1980년 매코비(Eleanor. E. Maccoby)에 의해 인용되었는데) 붉은털원숭이에 대한 수오미와 해로우의 작업을 확장하여 따로 길러진 어린 원숭이를 무리들 속에 복귀시키는 데 성공하였다.[43] 브랜트와 미첼은 어린 원숭이의 애초의 반사회적 행동을 용납한, 나이 든 (그렇지만 여전히 사춘기 이전인) 암컷 원숭이를 이용하였다. 그 다음에 그 원숭이를 다른 원숭이들 사이에 풀어놓아 성공하였다. 이러한 연구는 고립된

---

42) 나의 다음 글을 보라. "Universalism versus Love with Distinctions: an Ancient Debate Revived," *Journal of Chinese Philosophy*.

43) Eleanor. E. Maccoby, *Social Development: Psychological Growth and the Parent-Child Relationship* (New York, Harcourt Brace Jovanovich Inc., 1980), pp.35-114 재인용.

기간 동안 어린 원숭이에 가해진 충격과 긴장을 부정하는 것은 아니며 또 복귀를 위한 기간이 필요하다는 것을 부정하는 것도 아니다. 그렇지만 그들은 심각한 고립의 장기적인 효과가 역전될 수 있음을 보여주었다. 인간에 대해서도 같은 결론을 지지하는 경우가 있는데, 메리(Mary)와 루이스(Louise)는 각각 2살 반, 3살 반 때 그들의 어린 시절을 정신지체인 어머니와 함께 극단적으로 고립된 상황에서 살았다. 하지만 광범위한 언어교정과 수년 간의 상호작용 끝에, 커다란 개선이 있었다. 스쿠즈(Skuse)는 유전적이거나 선천적인 비정상이 없는 경우 이러한 수준의 고립의 희생자는 여전히 상당한 전망을 가진다고 결론지었다.[44]

아주 어린 시기 경험의 효과가 과대평가되는 다른 방식이 있다. 우리들 중 많은 사람들은 **사람이 성숙해지고 더 넓은 사회적 제도들과 관행들을 접함에 따라 그의 효과적인 정체성이 유지되고 계속적으로 발전될 필요가 있다**는 것을 제대로 인식하지 못한다. 우리와 같이 아주 심리학적인 문화를 가지고 있으면서 이것이 어느 정도나 사실인지를 우리가 모른다는 것은 조금 놀라운 일이다. 이러한 무지는 자율적 개인이라는 이상과 관련이 있는 인기 있는 믿음, 즉 잘 자라나게 되면 독립적인 인간이 되는데 이러한 인간은 자신의 번창이라는 개념을 충족시킬 특징들을 많든 적든 잘 구비하고 있다는 믿음과 관련이 있을 수 있다.

그러나 우리가 효과적인 정체성의 속성들로 되돌아가 보면, 그러한 믿음을 유지하는 것이 얼마나 어려운지 알 수 있다. 가장 이상적인 돌봄도 가족을 넘어서는 제도들과 관행들 내에서 효과적으로 행동하는 데에 필요한 **규범에 대한 지식**을 확실히 제공해 주는 것은 분명 아니다. 미국에서 자라나는 일본 아이들에 대하여 연구했던 미노우라(Yasuko Minoura)는 이들 어린이들의 심리적 발달에서 일본 부모들과 미국 또래들의 영향을 비교하였다. 그는 문화적 규범들과 기대는 (프로이트 이

---

44) R. Gross, *Psychology — The Science of Mind and Behaviour*, 3rd ed. (London: Hodder & Stoughton, 1996), pp.548-573 재인용.

론에 따르면 한 사람의 개성이 기본적으로 형성되는 나이인) 여섯 살이 훨씬 지나서 정착된다는 것을 발견하였다. 나아가 그는 또래가 부모들 보다 '문화적 학습'에서 훨씬 큰 힘을 가진다는 것도 발견하였다.45)

나아가 **정체성의 여러 측면들 간의 적합한 균형**은 가족들 내에서 영구히 성취되는 것이 아니다. 실제로 정체성이 복합적이고 앞에서 서술된 갖가지 종류의 소모적인 갈등이 있기 때문에, 합리적인 균형은 달성하기 어렵고 깨어지기 쉽다. 이것은 우리의 목적이 변하기 때문만이 아니고, 다른 관계가 다른 기술이나 능력을 요구하기 때문만도 아니다. 우리는 때때로 성격 특성들을 마치 우리가 이 맥락에서 저 맥락으로 옮겨갈 때도 우리에게 '고착되어 있는' 전반적인 속성들인 것처럼 이야기한다. 그러나 많은 우리의 특성들은 관련되는 행동을 끌어내거나 억압하는 상황들을 암묵적으로 고려하며 서술되어야만 한다는 점에서 훨씬 지역적인 것으로 드러난다. 우리가 보통 자신감이 있다고 특징짓는 사람들도 익숙한 공동체에서 분리되어 새로운 사회적 맥락에 놓이게 되면 그렇지 않을 수도 있다. 가족이나 가까운 친구들에게 온화함이나 관대함을 보이는 사람이 그와 함께 일하는 사람들에게는 매우 다른 사람으로 보이는 그런 경우를 보는 것도 드문 일이 아니다.46)

---

45) Yasuko Minoura, "A Sensitive Period for the Incorporation of Cultural Meaning System: A Study of Japanese Children Growing Up in the United States," *Ethos* 20 (1992): 304-339.

46) Gilbert Harman은 보편적 성격에 대한 사람들의 기대가 있는 경우, 성격 특징 전체에 대한 이야기를 하지 말아야 한다고 주장하였다. 다음을 보라. Gilbert Harman, "Moral philosophy meets social psychology: virtue ethics and the fundamental attribution error," *Proceedings of the Aristotelian Society* 99 (1998-99): 315-331; "The nonexistence of character traits," *Proceedings of the Aristotelian Society* 100 (1999-2000): 223-226. 말을 하지 않는 것이 행동에 대한 상황적 요소의 영향력을 주목하게 만들 것이라고 생각하였다. 나도 분명 이것이 유익한 결과일 것이라고 생각한다. 그러나 성격 특징 전체라는 관념을 가지지 않는 것은 상황적 요소만을 강조하게 할 것이다. 물론 Harman은 우울증이나 분열증 같은 심리적 장애의 존재와 수줍음과 같은 기질적인 특성들의

결국 많은 우리의 특징들이 맥락 의존적(context-dependant)이라는 것은 놀랄 일은 아니다. 우리는 상대적으로 복합적인 존재로서 우리 스스로 복잡한 사회적 세계를 만들어낸다. 특징들의 맥락 의존성은 행위의 환경과 관련하여 한 개인의 효과적인 활동력을 증진시키는 가족 내

선천적 측면들은 예외로 보기를 원했다

그렇지만 심리학적 장애나 선천적 기질의 바탕에 있는 체계적인 질서의 존재는 성격적 특징이라는 표제 아래에 있는 흥미롭고 유용한 규칙성이 있음을 시사한다. 물론 이는 내가 앞에서 논의한 것처럼 보통 생각되는 것보다 훨씬 맥락 의존적이기는 하다. 천성적인 기질은 복합적인 방식으로 상황적인 요소들과 상호작용을 하며 종종 개인 자신에 의해서 자의식적으로 변경된다. 하지만 어떤 종류의 상황에 관계된 행동과 지각의 규칙성은 생길 수 있다. 사회심리학자 Ziva Kunda는 전반적인 성격 특성들의 존재에 대하여 회의를 표시하고, 그러한 특징들이 존재하지 않음이 어떤 사람이 일대일 상호관계에서는 완전히 외향적이다가 조그만 집단에서는 조금 그러하고 큰 집단에서는 전혀 그렇지 않는데, 다른 사람은 또 그와 정반대를 보이는 것과 같은 그러한 개인들 간의 체계적인 차이와 일치한다고 지적하였다. 다음을 보라. Ziva Kunda, *Social Cognition: Making Sense of People* (Cambridge, MA: MIT Press, 1999).

John Doris는 최근에 '지역적 성격 특성들'이라는 생각을 옹호한 철학자이다. 이러한 특성들은 그가 '상황적 민감성'이라고 말한 맥락 의존성과 일치한다. 다음을 보라. John Doris, *Lack of Character: Personality and Moral Behavior* (Cambridge: Cambridge University Press, 2002). 그렇지만 Doris는 그가 지역적 특성들을 옹호하여 전반적 성격적 특성들을 거부했기 때문에 설명되지 않는 덕의 윤리의 가능성에 대해서는 일종의 회의적인 태도를 취했다. 그가 그렇게 하는 주된 이유는 대부분의 사람들에게서 발견되는 지역적 특징들이 윤리적으로 바람직하지 않거나 반대할 만한 일종의 상황적 민감성을 보이기 때문으로 보인다. 길에 떨어진 동전을 주웠을 때 기분이 좋으면 대부분의 사람들은 낯선 이에게 많은 도움을 줄 것 같다. (다음을 보라. A. M. Isen and P. F. Levin, "Effect of Feeling Good on Helping: cookies and Kindness," *Journal of Personality and Social Psychology* 21 (1972): 384-388.) 일반적으로 윤리적 행동의 표현에 큰 차이를 만드는 많은 상황적 요소들은 윤리적 관점에서 보면 그러한 차이를 만들지 말아야 할 요소들이다. 내가 보기에, 이것은 덕의 윤리의 전망에 대해 회의적일 이유는 아니다. 오히려 그것은 이상적인 덕과 우리가 보는 대부분의 사람들 사이의 거리에 대해 더 잘 이해하게 한다. 그것은 또 우리가 윤리적으로 바람직한 맥락 의존적인 특징들을 계발하고 유지하는 것을 돕는 그러한 지역적 환경을 더욱 특별히 확인하고 증진시킬 이유를 제공한다.

에서 계발된 성질들이 가족 바깥의 사회적 맥락이나 그러한 성질들이 발달된 것과 같지 않은 행위 영역으로 전이될 것이라고 생각할 수 없다는 것은 의미한다. 이러한 성질들이 다른 맥락이나 다른 영역에서도 효과적인 활동력을 위하여 필요하다면, 그곳에서는 다른 사람들과의 추가적인 상호작용을 통하여 발달될 필요가 있을 것이다. 우리 행위의 특정한 형태가 다른 사람과의 상호작용과정을 통하여 결정된다는 사실을 또한 주목하자.47) 확정된 성격적 특징들로부터 나오는 많은 이러한 행위들은 또한 우리가 상호작용하는 사람들에 의해 끌어내어진 행위들이다. 왜냐하면 우리의 성격들은 배치된 특징들이기 때문이다. 다양한 행위들이 다양한 사람들과의 다양한 상호작용과정에 의해 끌어내어질 수 있다. 그러므로 우리 자신으로부터 최선의 것을 끌어내기 위해서 최선의 동료를 가져야만 하는 까닭이 종종 바로 이것이다. 우리의 성격적 특징들이 맥락에 의존적인 중요한 이유는 다양한 사람들이, 그리고 그들과 우리가 가지는 관계의 본질이, 다양한 맥락을 만들어내기 때문이다.

이것이 왜 우리가 다른 사람들과 같이 알고 있는 어떤 사람에 대해 토론할 때 심지어는 우리가 다른 사람에 대해 이야기하는 것으로 의심할 정도로 놀랄 수 있는 까닭이다. 다른 사람의 성격은 우리 자신의 특징들에 상당한 정도로 침투하여 그것들을 성형하고 있으며, 이것은 효과적인 활동력에 필요한 특징들에도 적용된다. **자존감**과 관련하여, 많은 심리학자들이 강조한 대로, 적합하게 보살피는 것이 아이들에게 자기 존중의 기초를 제공하고 그것이 전 생애에 걸쳐 지속된다는 것은 아마도 참일 것이다. 그러나 또래들의 의견에 전혀 바뀌지 않는 그러한 사람을 만나기는 매우 드문 일이다. 더 중요한 것은, 또래에 의해 의견이

---

47) 다음을 보라. Amlie Rorty, "Virtue and Its Vicissitudes," *Midwest Studies in Philosophy* 13; *Ethical Theory: Character and Virtue*, ed. Peter A. French, Theodore E. Uehling, Jr., and Howard K. Wettstein (Notre Dame: University of Notre Dame Press, 1988): 314-324.

바뀌지 않는 그러한 사람은 건강하지 못한 자기 존중을 가지고 있다는 것이다. 왜냐하면 타자의 의견에 대한 그의 무관심은 그 자신의 강함과 약함을 결정하는 데에서 잘못을 범할 가능성을 그가 모르고 있다는 것을 의미하기 때문이다.

8) 중간단위 연합체의 필요성

이제까지의 모든 관찰은 효과적인 활동력에 필요한 성질들이 우리가 어른이 되어 감에 따라 지속적인 유지와 발달을 요구한다는 결론을 강화한다. 우리는 그러한 유지와 발달을 제공하는 관계의 **본성**이 어린이들이 부모에 대해 가지는 관계와 다를 것이라고 생각한다. 그러나 여기서도 신뢰는 또한 요청된다. 타자로부터 배우고 그들의 교정과 지원을 받기 위해서, 우리는 그들을 믿어야만 한다. 물론 그러한 믿음은 부모와 자식 간에 이상적으로 성립하는 그러한 종류의 것보다는 훨씬 더 제약되고 한정된 것이기는 하다. 그러므로 **어떤 이유에서든 우리가 필요로 하는 것을 우리에게 제공하고자 하는 가족 외의 다른 사람들이 있어야 한다.** 사람들이 도울 수 있는 사람을 발견할 수 있는 기회나 능력을 가지는 정도는 다양하다. 의심할 여지없이 어떤 변화는 오직 운 좋은 환경이나 천성적인 기질에 뿌리하고 있으나, 또 사람들이 가족 내에서 길러지는 방식의 차이에도 또한 뿌리하고 있다. 어떤 사람들은 다른 사람들로부터 배우거나 성과 많은 상호작용을 하도록 잘 준비되어 있는 반면, 다른 사람들은 이러한 점들에서 둔하다.

공동체주의자들이 가족과는 다르나 국가보다는 작은 그러면서 개인들을 공통의 목적으로 묶어주는 연합체의 필요성을 주장하는 것이 아주 그럴듯한 이유가 바로 여기에 있다. 그러한 '중간단위' 연합체(intermediate association)는 적당히 작아서 그 구성원들 사이의 중요한 면대면 상호작용을 허용하는 곳인데, 이런 곳에서는 (보장되는 것은 아니지만) 각각이 각각의 효과적인 활동력에 기여하는 그러한 방식으로 각각에 관심을 가질 수 있게 되는 그러한 연대를 형성할 많은 기회들이 있다. 우리 사회에서는 비공식적인 사회집단, 즉 교회, 사업연합체, 노동조합, 대학, 협동집단이나 상호부조 집단들이 이에 해당한다. 그리고 나아가 성격적 특징들이 맥락 의존적이라는 점을 기억한다면, 우리는 그러한 연합체의 구성원들이 효과적인 활동력에 필요한 특징들을 발달시킴으로써 서로를 도울 수도 있을 것이라고 지적할 수 있다. 왜냐하면 이러한 특징들은 어떤 종류의 사회적 맥락에 관계하여 형성될 필요가 있기 때문이다. 대학원생이 자신의 특정한 능력에 적합한 유형의 교수를 찾으려고 노력하고 교수나 동료에게 도움을 받는 경우를 생각해 보라.

끝으로 그러한 연합체들의 공통적인 기능은 사회적 규범들의 소통(communication)이며, 이러한 규범들은 종종 가족으로부터 분리된 제도나 관행과 관련이 있다. 쿨리에 의해 개발된 일차적 집단이라는 개념으로부터 작업을 계속하여 실스(Edward Shils)는 어떤 고전적 연구들이 군대 사기에 일차적 집단에의 충성심이 중요하다는 것을 보이고 있다고 서술하고 있다. 이러한 연구의 결과는

군사조직 전체, 국가, 전쟁의 이유가 되는 정치적 명분이라는 전체적 상징을 가지고 정체성의 방향을 잡는 것은 상대적으로 중요하지 않다. 이런 것들은 군사적 일차 집단 내의 안정감과 자신감이나 자신의 직접적인 동료에의 충실감과는 대립되는 것이다. 군인들의 싸우고자 하는 동기는 어떤 전략적이거나 정치적인 목적을 지각하고 성취하려고 노력하는 것으로부터 나오지 않는다. 그것은 자신의 일차 집단을 보호하고 그들의 기대에 일치하려는 필요로부터 나온다. 그러므로 군사적 기구는 … 중복되는 일차적 집단 체계를 통해서 그 내적인 정합성을 획득한다. 형식적인 권위 체계를 따르는 명령의 효과적인 전달과 수행은 그것이 이러한 비형식적인 집단 체계와 일치할 때만 성공적일 수 있다.[48]

---

48) Edward Shils, "The Study of the Primary Group," *The Policy Sciences: Recent Developments in Scope and Method,* ed. Daniel Lerner and Harold D.

더 큰 구조들에서의 일차 집단들의 기능에 대한 이러저러한 연구들을 반영하면서, 실스는 다음과 같이 주장한다.

더 큰 사회적 구조들의 구성원인 개인들은 그러한 구조 내에서 결정을 하고 행동을 계획할 때 최고권위나 그러한 권위를 상징하는 사람에 관심을 직접 집중시키는 것이 아니라 오히려 자신들과 일차 집단 관계를 가지면서 더 큰 구조로부터의 생각을 그들에게 전달하는 데에 기여하는 사람과의 동일시에 의해서 그렇게 한다.[49]

9. 적합한 도덕률이 어떻게 효과적인 활동력을 촉진하는가?

1) 효과적인 활동력을 촉진하는 신뢰와 돌봄의 관계를 수용하는 도덕률과 유의점들

이러한 논의들로부터 참된 도덕률에 대해 어떤 제약이 가해지는지를 보기 위하여 우리는 도덕적 활동력이 효과적인 활동력의 한 종류임을 보아야만 한다. 나는 도덕적 활동력을 도덕적 목적들 가운데 합당하게 명백한 우선순위를 세우고 그러한 목적을 실현할 합리적인 기회를 가질 그러한 행위 과정을 계획하고 수행하는 능력이라고 정의한다. 하나의 도덕률이 내가 모든 도덕률들의 기능이라고 규정한 것 즉 사회적 협력의 조장과 개인들을 살 가치가 있는 삶으로 이끄는 과제를 달성하기 위하여 동기를 효과적으로 불러일으킬 지침을 제공하려고 한다면, 그러한 **도덕률은 정체성들, 신뢰, 그리고 상호적 돌봄을 포함하는 관계를 촉진시켜야만 한다.** 그러므로 그러한 도덕률은 내가 앞에서 서술한 그러한 유형의 의무들을 포함해야만 한다. 신뢰와 돌봄의 관계를 필수적인 것으로 만드는 **효과적인 활동력**을 기르는 일의 특징을 생각해 보자. 사람

Lasswell (Stanford: Stanford University Press, 1951), p.64.

49) Shils, p.67.

들은 사회적 규범들을 타자와의 지속적인 관계라는 맥락 내에 적용하는 것을 배울 필요가 있다. 이러한 타자들은 특정한 경우에 무엇이 옳은 적용이고 무엇이 그른 적용인지를 보여준다. 인격을 존중하는 것과 같은 그러한 도덕규범들은 이러한 방식으로 배울 필요가 있다. 존경을 보이는 것이 무엇인지, 어떻게 그리고 언제 일정한 상황에서 보일 필요가 있는 것인지 등을 배울 필요가 있다.

아리스토텔레스에 대한 최근의 관심의 부활이나 더욱 최근의 유가에 대한 비교연구적 관심은 내가 보기에는 부분적으로 그러한 인정에 의해 점화되었다. 효과적인 정체성의 이러한 차원은 효과적인 도덕적 정체성을 성취하는 데에 특히 뛰어나다. 도덕률은 사람들에게 때때로 그들의 가장 일차적인 자기 존중적 관심을 다른 사람을 위해 제쳐놓도록 요청함으로써 사회적 협력을 부분적으로 촉진한다. 이렇게 하기 위하여, 사람들은 자신들이 그렇게 할 수 있도록 하는 특징들을 발달시킬 필요가 있다. 열정, 관심, 존경 그리고 복종은 이러한 기능을 충족시키는 다양한 도덕률들에 의해 요청되는 특징들이다. 그러한 특징들이 동기적으로 효과적이기 위해서는 효과적인 정체성의 다른 요소들과 합리적으로 균형이 잡힐 필요가 있다. 나아가 최소한의 자존감 또한 효과적인 활동력에 필요하다고 나는 주장한다. 적합한 자존감이 없을 경우 있음직한 하나의 결과는 과도한 자기 관심이라고 나는 지적하였다. 예를 들자면 거울작용 결핍적인 사람은 배타적인 관심이나 반복적인 칭찬을 요구한다. 효과적인 도덕적 정체성을 달성하기 위하여 이러한 상황을 피할 필요가 있다는 것은 명백하다.

그렇지만 효과적인 도덕적 활동력에는 어떤 종류의 관계와 또 그에 상관되는 유형의 의무들이 함께 해야만 한다는 주장은 세밀하고 명백하게 규정될 필요가 있다. 필요한 관계에 대한 나의 대략의 서술이 제시하는 제약들과 상관되는 의무들의 내용에서는 상당한 변화가 있을 수 있다. 그것은 다원론적 상대주의자에게는 마땅히 그래야 하는 것이다.

나아가 이러한 논의는 효과적인 활동력에 필요한 그러한 종류의 정체로 부터 나오는 **어떤** 의무에도 무조건적인 타당성을 부여하지 않는다. 그 러한 의무들 중 특정한 것들이 어떤 특정한 도덕률의 관점에서 타당한 가 여부는 적합한 도덕률로 간주되는 것에 가해지는 다른 제약들과의 일관성에 달려 있다. 그리고 이러한 제약들은 어떤 도덕률에는 보편적 인 것일 수도 있고 특수한 것일 수도 있다. 하지만 예를 들어 우리가 가 지고 있는 특수한 의무들과 정체들이 도덕적으로 받아들일 수 없는 것 이라면, 우리가 그렇다는 것을 발견하는 것이 **도덕적으로** 필요하다.

2) 공동체주의와 자유주의에 대한 부분적인 긍정과 부정

끝으로, 우리의 정체들과 번창들로부터 나오는 어떤 중요한 의무들이 때때로 어떤 자유주의 개념을 붕괴시키는 데 사용될 수 있다는 주장을 기억하라. 앞에서 규정된 대로, 자유주의는 권리가 선에 앞선다고 주장 한다. 올바른 행위나 정의라는 개념은 인간의 선이라는 어떤 특정한 개 념과 독립적으로 정당화되고 되어야만 한다.50) 어떤 공동체주의자들은 어떤 의무들이 사회의 본성이나, 인간의 번창들이나 정체들로부터 나온 다고 할 때, **권리란 선에 앞설 수 없다**고 주장한다. 나는 자유주의자들 에 반하는 이러한 공동체주의자들의 주장을 긍정하였다. 왜냐하면 정당 화 가능한 도덕률의 필수적인 요소로 번창하는 삶의 부분적인 도식을 옹호하였기 때문이다.

그러나 나는 단지 **부분적인** 도식만을 제공하였기 때문에 공동체주의 자들의 주장에 대하여 단지 부분적인 긍정을 할 뿐이다. 분명히, 많은 다양한 종류의 번창하는 삶이 대략적으로 서술된 관계들, 정체들, 그리 고 내가 옹호하는 유형의 의무들과 양립할 수 있다. 이러한 요소들이 성립 가능한 도덕률에 필수적이라고 생각하는 자유주의는 선의 아주 넓

---

50) 예를 들어 다음을 보라. Michael Sandel, *Liberalism and the Limits of Justice* (Cambridge: Cambridge University Press, 1998).

은 개념들을 받아들인다는 의미에서 여전히 상당히 다원론적이다.

번창하는 삶이 어떻게 보일 것인가에 대한 중요한 제약들이 또한 드러났다고 나는 이제 생각하며, 여기서 다시, 나의 상대주의는 제한된 상대주의라고 생각한다. 즉 번창하는 삶에 대한 모든 정합적인 개념들이 동등하게 타당한 것은 아니다. 나의 주장은 단지 선이라는 개념에 대하여 완전한 중립성을 주장하는 그러한 자유주의 이론가들에 반대하는 반면, 모든 자유주의 이론가들에게 어떤 사회적, 정치적인, 그리고 경제적인 구조가 효과적인 도덕적 활동력의 성장에 더 호의적인 조건을 제공하느냐라는 물음을 던지도록 요청한다. 내가 이야기하는 어떤 것도 개인적인 권리나 부나 수입의 공정한 분배의 정당화 가능성을 붕괴시키려는 의도를 갖지 않는 반면, 내가 이야기해 온 것은 형식적으로는 개인의 권리와 정당한 분배와 일관성을 갖지만 이러한 자유주의적 가치 위에서 효과적으로 행위할 수 있는 사람을 기르는 데에는 호의적이지 않을 수 있는 사회적, 정치적, 경제적 구조들의 효과들을 검토할 필요성을 강조하려는 의도를 갖는다. 나는 다음 장에서 이러한 것들에 대하여 좀 더 자세히 이야기하고자 한다.

제 5 장

공동체와 자유주의 이론

저자는 우선 1절에서 자유주의 이론들 중에서 인간의 사회적 본성을 가장 잘 고려하고 있는 롤즈의 이론을 통하여 자유주의의 인간의 본성에 대한 소홀한 처리를 지적하겠다고 선언한다. 2절에서는 롤즈의 도덕발달 3단계를 소개하고 롤즈의 표명과 달리 자유주의 이론에는 2단계가 자리할 곳이 없으며, 2단계에서 3단계로의 자연스러운 전이도 일어날 수 없다고 지적한다. 3절에서는 돌봄의 윤리나 공동체주의 이론들이 가족적 삶을 통하여 자유주의에 가하는 비판을 소개하고 그 한계를 지적한다. 4절에서는 돌봄의 윤리도 정의를 요구한다는 점을 지적하고, 이런 의미로 정의에는 자유주의적 개념과 더불어 공동체주의적 개념도 있다고 주장하면서, 이들 두 개념이 상보적이면서 또한 대립적이라고 지적한다. 5절에서는 자유주의적 관점을 가족에 적용하는 일의 장단점을 지적하고, 특히 대상에 따라 태도를 달리해야 한다는 점을 주장하면서, 돌봄과 정의는 상보적이며 우리의 의지에 따라 양립 가능하다고 주장한다.

1. 자유주의 이론은 공동체를 더 진지하게 고려할 필요가 있는가?

나는 인간의 사회적 본성이 적합한 도덕률 안에 개인적 관점(personal perspective)이 있을 것을, 또 이에 따르는 타자에 대한 개인의 특별한 의무들(special duties)이 있을 것을 요구한다고 주장하였다. 따라서 자유주의 이론이 선호하는 것과 같은 비개인적 관점을 중요시하는 도덕률들도 개인적 관점과 특별한 의무들을 위한 여지를 남겨놓아야만 한다. 이렇게 되면 개인적 관점들과 비개인적 관점들 사이의 심각한 갈등 가능성이 있게 된다. 하지만 나는 또 비개인적인 관점을 실현하려는 바로 그러한 기획이 특별한 의무들을 인정할 필요가 있으며 그러한 의무들이 효과적인 도덕적 활동력(effective moral agency)을 촉진시킨다는 사실도 인정할 필요가 있다고 주장하였다.

나는 또 중간단위 연합체(intermediate association)가 효과적인 활동력의 양성에 결정적인 역할을 하며, 이런 까닭으로 자유주의 윤리이론이 비판을 받게 된다고 주장하였다. 왜냐하면 **자유주의 윤리이론은 중간크기의 연합체와 그러한 연합체들을 유지하는 일에 내포된 문제들에 대한 관심을 보통 가지고 있지 않기** 때문이다. 이러한 비판이 이루어지는 방식을 예시하기 위하여, 나는 어떤 자유주의 이론들보다 이러한 연합체에 대하여 많은 설명을 하고 있는 자유주의 이론 즉 롤즈의 정의론에 대해 토론하고자 한다. 나는 그러한 주제에 대한 자유주의적인 접근들 중에서 최선의 경우를 가지고 이러한 경우에서조차도 심각한 관심의 결여가 있다는 것을 보이고자 한다. 나는 이러한 관심의 결여가 자유주의(liberalism)적 가치들과 공동체주의(communitarianism)적 가치들이 공존할 수 없다는 가정에 의해서 생기는 것이 아닌가 하고 의심한다. 그래서 나는 가족을 공동체적이고 관계적인 돌봄의 가치가 적용되는 패러다임으로 삼아서 이러한 가정을 반대할 것이다. 나는 정의라는 자유주의적 가치 또한 가족에 적용되며 실제로 공동체적이고 관계적인 가치들과 관계되어 있다고 주장하고자 한다.

2. 롤즈의 공동체에 대한 진지한 고려

1) 롤즈의 도덕발달의 3단계

이상적으로 정의로운 사회에서의 도덕발달을 논의하는 『정의론』의 한 부분에서, 롤즈는 도덕발달의 세 단계를 구분하였다. 첫째 단계는 개인에게 '권위의 도덕률'(morality of authority)을 주입하는 단계인데, 이는 본질적으로 부모가 아이들을 사랑하고 돌보며 아이의 가치감을 확인해 주는 가족 내에서 학습되는 도덕률이다. 아이는 사랑과 신뢰 속에서 화답한다. 둘째 단계는 개인에게 '연합체의 도덕률'(morality of association)을 주입하는 단계이다. 개인은 자신이 한 집단의 구성원임을 알게 되고 자신이 집단에서 하는 역할로부터 비롯되는 자신에게 적용되는 도덕규범을 알아챈다. 셋째 단계는 '원칙의 도덕률'(morality of principles)을 개인이 이해하게 되는 단계인데, 개인은 (정의의 두 원칙을 포함하는) 사회를 다스리는 가장 일반적이고 기본적인 원칙들의 이유들을 이해하게 된다.[1] 세 단계의 도덕률의 발달을 통해 분명히 롤즈는 내가 앞장에서 서술했던 양육과 성장이라는 과정의 필요성을 최소한 인정하고 있다.

---

1) John Rawls, *A Theory of Justice* (Cambridge, MA: Harvard University Press, 1972), pp.462-479.

2) 2단계와 관련한 문제점들

그렇지만 그의 입장이 가지는 한 가지 문제는 필요한 **중간단위의 연합체들이 정의의 두 원칙을 충족시키는 사회 내에 존재할 것이라고 그가 가정하고 있다는** 것이다. 하지만 롤즈가 정의로운 사회의 정치적이고 경제적인 중요한 제도를 서술하고 있는 방식을 자세히 보면, 위에서 서술된 기능을 수행할 수 있는 연합체가 있을 것이라는 보장이 없다고 보인다. 또 롤즈는 자본주의적이고 자유주의적인 민주주의 내에 전형적으로 존재하는 그러한 힘들이 사회적이고 문화적인 동질성과 비개인적인 대규모의 정치적이고 경제적인 실재들의 충만한 힘을 증대시켜 중간단위의 연합체들을 **붕괴**시킨다는 비판을 전개한 사회비판가들에 대해 아무런 말을 하지 않고 있다. 또 이러한 사회비판가들은 모든 사회적 관계를 계약적인 것으로 다루려는 경향이 증대하고 있으며, 이것이 가족들이나 이차적인 연합체들 내에서 획득되어야만 하는 그러한 종류의 신봉과 신뢰를 붕괴시키고 있다고 주장한다. 결과적으로 사람들이 자신과 동일시할 수 있는 그러한 연합체들은 거의 없어진다.[2] 이러한 경향은 롤즈의 둘째 단계를 특징짓는 그러한 역할 도덕률(role morality)을 붕괴시키는 것으로 보이는데, 이는 롤즈가 셋째 단계로 나아가기 위한 필수조건이라고 본 것이다. 앞장에서의 논의에 따르면, 롤즈가 둘째 단계가 필요하다고 본 것은 옳다. 그것은 효과적인 활동력에 필요하며, 그러기에 효과적인 도덕적 활동력에 필요한 것이다. 정의론이 효과적인 도덕적 활동력에 관심을 가져야만 한다면, 그만큼 정의론은 사람들의 효과적인 활동력을 양육하고 유지하는 집단들과 자신을 동일시하는 사람들의 능력에 관심을 가져야만 한다.

효과적인 활동력의 조건들에 대한 관심은 롤즈 자신이 실제로 보이고 있는 관심보다 그 초점이 넓을 필요가 있다. 그의 정의의 두 원칙은 주

---

2) 예를 들어 다음을 보라. Robert Putnam, *Bowling Alone: The Collapse and Revival of American Community* (New York: Simon & Schuster, 2000).

로 자유, 부, 수입과 같은 재화들의 분배에 관한 것이다. 이러한 재화들은 분명히 효과적인 활동력과 관련이 있다. 그러나 사람들 간의 관계의 본성과 내용도 효과적인 활동력의 양육과 유지에 영향을 미친다. 이것은 복합적인 방식으로 분배의 문제와 관계가 있지만, 분배의 문제로 환원되지는 않는다. 롤즈에 대한 공동체주의자들의 비판은, 분배의 문제로 환원될 수 없는 활동력에 영향을 미치는 사회적 구조들을 우리가 잃고 있는지 여부에 대해 롤즈가 침묵하고 있다는 것이며, 이는 정당하다. 롤즈가 자기 존중에 대하여 말하고 있는 것은 사실이다. 그러나 그것은 주로 다른 재화의 분배가 어떻게 그것에 영향을 미치는가의 문제와 관련한 것이다.

나는 롤즈가 이러한 붕괴적인 힘들이 가져온다고 일컬어지는 효과들을 **승인**하고 있다고 공격하는 것은 아니다. 내가 말하고자 하는 것은 그의 정의론의 성립 여부에 영향을 미칠 결과를 가져올 힘에 대해 **이야기하기를 소홀히 했다**는 것이다. 공정한 사회라는 이상은 효과적인 도덕적 행위자를 요구한다. 그리고 어떤 이론이 롤즈의 것처럼 평등주의적인 경향을 갖는다면, 그만큼, 더 넓은 효과적인 도덕적 활동력을 요구한다. 이런 점에서 보면, 롤즈는 다른 이론들보다, 심지어는 어떤 공동체주의 이론들보다도, 효과적인 활동력을 양육하고 유지하는 연합체의 붕괴에 대하여 걱정할 더 많은 이유를 가지고 있다.

나의 요점은 자유주의 이론가들의 잘못은 효과적인 활동력을 {얻고 유지하기} 위하여 우리가 다른 사람들에게 의존하는 어떤 방식들과 **모순**되는 개인에 대한 어떤 '원자론적' 모델을 주장한다는 것이라기보다, 그러한 방식들과 그러한 방식들의 실현 가능성 여부에 충분히 주의를 기울이지 않았다는 것이다. 이러한 반대에 대한 하나의 표준적인 대답은 이러한 잠재적 문제들의 심각성에 대한 평가는 철학자의 임무가 아니라, 말하자면, 사회학자나 사회심리학자나 경제학자의 과제라는 것이다. 하지만 철학자들이 이러한 문제들과 관련하여 도울 필요가 있다는 것은 의심의 여지가 없으며, 과제들을 그처럼 너무 많은 경우들로 구획화(compartmentalization)하게 되면, 철학자들은 자기네들의 이론이 가지는 잠재적으로 심각한 문제들을 실제로 간과하고 말게 될 것이다. 그렇게 구획화하는 것은 다른 측면에서도 또한 옳지 않다. 즉 그러한 문제들이 순수하게 경험적인 것처럼 그러한 문제들을 다루는 것은 사회학이나 사회심리학, 그리고 경제학 이론들의 바닥에 깔려 있는 가치와 인간심리에 대한 실질적인 가정들을 무시하는 것이다.

3) 2단계에서 3단계로 넘어가는 과정에서의 문제점들

그러한 거짓된 구획화는 다른 잠재적으로 심각한 문제들도 무시하게 만든다. 다시 롤즈에게로 돌아가서, 우리가 둘째 단계의 역할 도덕률의 증진에 필요한 중간단위의 연합체를 가지고 있다고 가정해 보자. 롤즈는 셋째 단계로의 전이를 다음과 같이 특징지었다. 즉 둘째 단계에서 우리는 우리가 속한 연합체의 다른 구성원들과 신뢰와 충성의 유대를 발달시킨다. 우리가 정의의 두 원칙이 모든 사람의 가치를 인정하고 모든 사람에게 이익이 되도록 작동되는 방식을 이해하게 되면, 우리는 두 원칙이 우리와 유대를 갖는 사람들에게 어떻게 이익이 되는지를 실감하게 된다. 우리는 원칙 그 자체에 대한 애착을 발달시킨다.

이것이 셋째 단계로의 전이를 건강하고 문제없고 자연스럽게 만든다. 그렇지만 사람들이 자신에게 특별한 다른 사람들에 대해서 가지는 충성이 모든 사람에 대한 공정하고 정당한 대우를 해야 한다는 생각과 갈등을 일으키는 것은 드문 일이 아니다.[3] 연합체의 역할 도덕률은 무지의 베일(veil of ignorance) 아래서의 선택으로부터 생겨나는 원칙들에 그

---

3) 이러한 종류의 갈등에 대해서는 다음을 보라. Alasdair MacIntyre, "Is Patriotism a Virtue?" 고대 중국 철학에서 이러한 갈등이 다루어진 방식에 대해서는 나의 "Universalism versus Love with Distinctions: an Ancient Debate Revived," *Journal of Chinese Philosophy* 16 (1989): 252-272를 보라.

렇게 쉽게 포함되지 않는다. 역할 도덕률이 실천적 정체성들에 침투하면, 그것은 **특정한** 사람들이 자신에게 보여주는 돌봄과 신뢰에 보답하는 경향과 의무감 때문에 사람들을 묶게 된다. 하지만 두 원칙은 그러한 특별한 관계와 무관하게 어떤 사람이 다른 사람에게 어떤 일을 해야만 한다는 생각에 근거하고 있다. 특별한 충성(special loyalty)과 공평무사(impartiality)라는 이념이 언제나 갈등할 필요는 없다. 하지만 갈등하는 경우가 충분히 있기 때문에 **공평무사한 정당성에 대한 신봉을 특별한 충성이 바닥에 있는 그러한 신봉의 확장이라고 문제없이 볼 수 없다.** 나아가 특별한 타자들과의 유대가 효과적인 도덕적 활동력을 증진시키고 유지시키지 못한다면, 갈등이 있을 때 사람들이 정의의 원칙을 앞세울 것이라고 가정할 수 없다. 나는 갈등들이 통제 불가능하다고 말하고 있는 것은 아니다. 그러한 갈등들은 인간 존재의 도덕적 풍경에서 하니의 중요한 특징이다.

자유주의자들은 활력 있고 상대적으로 자율적인 연합체들의 시대는 또한 위계질서와 특권이 지금보다 훨씬 크게 수용되는 때였다고 늘 반박하는데, 이는 맞는 말이다. 이러한 연합체들이 구성원들의 효과적인 활동력을 유지하고 증진시키는 기회를 제공한다면, 이들 중 어떤 연합체들은 구성원들에게 어떤 사회적 역할을 하도록 규정함으로써 그들의 삶의 관점을 제한하는 결과를 낳게 된다는 것도 사실이다. 다른 연합체들은 자기 구성원들에 대하여 이런 결과를 갖지 않을 수도 있지만 그 힘이 너무 강력해서 다른 연합체의 구성원들의 삶의 관점에 제한을 가할 수도 있다. 하지만 이러한 경향들이 더 국지적인 형태의 공동체가 인간 존재에게 행사하는 긍정적 힘을 무효로 하지는 않는다. 그러한 힘은 효과적인 인간의 도덕적 활동력을 기르기 위한 요구들에 근거를 두고 있다. 근대 자유주의 이론들에 대한 반대가 네오 아리스토텔레스적이고 공동체주의적 전환을 하고 있는 것은 우연이 아니다. 그것은 자유주의 이론들이 결여하고 있는 것의 본성을 보여주고 있다. 자유주의자들은 결국 번창에 대한 대립적인 개념들에 대하여 완전히 중립적일 수 없다는 것을 때때로 인정한다. 왜냐하면 자신들의 원칙들이 자율성을 우선시키고 있기 때문이다. 자율성이 효과적인 활동력과 결합되어야만 한다면, 그러한 중립성은 우리 인간의 본성이 사회적이라는 점을 고려하여 좀더 타협을 해야 한다.

4) 가족법과 이혼법을 통해 본 자유주의와 공동체주의의 대립과 통합 가능성

효과적인 활동력의 사회적 조건에 대해 이야기하기 위해서는 평등주의적 가치들이 가족법과 이혼법에 어떻게 구현되고 있는가에 대하여 더욱 학문적인 주의를 기울여야 한다. 셀즈닉(Philip Selznick)은 협의이혼에 대한 최근의 경향은 여성의 평등과 독립을 주장하는 운동을 반영하고 강화하고 있다고 인정한다. 결혼을 평등한 사람들 사이의 계약이라고 보는 생각은 부부 재산의 분할에서 동등한 몫으로 나타난다. 하지만 셀즈닉은 이러한 종류의 평등이 종종 여성의 경제적 취약성이라는 사회적 현실, 어린이들의 필요, 전남편이나 아버지가 책임을 회피할 기회와 대립한다고 지적하고 있다. 셀즈닉은 이렇게 하여 우리의 법이, 남성이 가족에 대해서 책임을 지도록 만드는 역사적 기능을 가진 제도에 대하여, 그리고 책무가 계약으로부터 비롯되는 것이 아니라 '정체성과 관계성'[4]에서 비롯되는 그러한 {사회적} 단위들을 만들어내는 일에 대하여, 특별한 관심을 가져야만 한다는 생각으로부터의 후퇴한다고 결론짓는다. 중간단위의 연합체들의 영향력이 약화되면, 가족이 효과적인 활동력을 기르고 유지하는 기능을 수행하라는 압력을 더 많이 받게 될 것이다. 동시에 성적 평등의 진보, 경제적 필요의 압력, 그리고 혼자인 아버지나 어머니가 일을 하도록 요구하는 복지개혁들은 모두 한결같이 이러한 과

---

4) Philip Selznick, "The Idea of a Communitarian Morality," *California Las Review* 75 (1987): 445-463.

제를 수행하는 데 사용할 수 있는 가족 자원들을 줄어들게 만들 것이다.

내가 제안하고 있는 것은 **자유주의적인 도덕률이 그것 자체의 가치들을 증진시키는 데 필요한 효과적인 활동력을 증진시키기 위해서는 공동체라는 가치를 자유주의 도덕률 속에 통합해야만 한다**는 것이다. 많은 공동체주의자들과 자유주의자들은 똑같이 이러한 생각을 거부하려고 한다. 양쪽의 옹호자들은 그들 각자의 가치들이 양립 불가능한 것으로 보고 있다. 어떻게 공동체의 가치가, 넓은 제한 내에서 개인이 스스로 생각할 때 자신에게 좋은 것을 채택하고 추구할 자유와 권리를 강조하는 도덕률과 결합될 수 있겠는가? 그러한 자유는 자신의 좋음이 다른 사람들의 좋음과 뒤섞여 있다고 보는 생각과 양립할 수 없지 않겠는가? 현대의 이혼법에 대한 셀즈닉의 지적은 어떻게 두 윤리가 양립 불가능하게 보이는지에 대한 한 예를 제공하고 있다. 자유주의 페미니스트들은 확실히 전남편이나 아비지가 가족을 돌보지 않는 것을 공격할 것이다. 그러나 그들은 가족이라는 가부장적 개념의 재건을 인정하려고도 하지 않을 것이다. 그들에게 올바른 방향은 가족 내에서의 공동 책임의 윤리를 강화하려는 어떠한 시도도 하지 않고 그들이 지지하는 여성의 권리를 더 강력하게 시행하는 것이다. 다른 한편으로 샌델(Michael Sandel)과 같은 공동체주의자들은 가족에 대한 이상적 개념을 사용하여 정의라는 자유주의 원칙은 그러한 종류의 공동체에는 적합하지 않다고 주장한다.

나는 가족과 관련하여 자유주의적 가치와 공동체주의적 가치의 양립 가능성이라는 문제를 검토해 보고자 한다. (전통적으로 이상적인) 가족은 구성원의 개인적인 좋음(individual good)과 밀접하게 연결된 공통의 좋음(common good)을 가지는 공동체의 패러다임적 맥락이었으며, 그래서 자유주의적 가치와 일치하지 않는 고향으로 생각되어 왔다. 나는 자유주의적 가치와 공동체주의적 가치 사이에 각각을 주장하는 사상가들이 생각하는 것보다 더 큰 양립 가능성이 있다고 주장하고자 한다.

이러한 주장은 이 책에서 옹호하고 있는 다원적 상대주의에 반하는 것
으로 간주될 수도 있다. 결국에는 공동체와 관계의 가치라는 한 쪽과
개인적 권리와 이방인과 친구와 가족에 대한 똑같은 비개인적 관심이라
는 다른 한 쪽 사이의 갈등에서 내가 도덕적 애매성의 중요성을 옹호하
면서 의존해 온 다원적 상대주의가 반박을 받을 수도 있다. 각각의 옹
호자들이 생각하는 것보다 이들 가치들이 더 큰 양립 가능성을 가진다
고 주장하면서 나는 또 그러한 양립 가능성을 전적으로 긍정할 수는 없
다. 그러나 나는 적합한 도덕률 내에서 가치들이 어떻게 서로 얽히며
그들이 다른 점에서 갈등하기는 하지만 또 다른 점에서는 상호적으로
지지하는가를 보이고자 한다.

3. 돌봄과 공동체주의적 관점들로부터 자유주의적 정의에 대한 비판

1) 돌봄의 윤리와 공동체주의로부터의 비판: 길리건 & 샌덜

가족에 대한 많은 최근의 문헌들은 길리건(Carol Gilligan)이 규정한
'돌봄의 윤리'(care ethic)라는 말로 이야기되고 있다.[5] 이러한 윤리는
특정한 타자들의 복지와 그들과의 관계에 대한 관심을 포함하고 있다.

---

5) Carol Gilligan, *In a Different Voice: Psychological Theory and Women's Development* (Cambridge, MA: Harvard University Press, 1982); Carol Gilligan, et al, eds., *Mapping the Moral Domain: a Contribution of Women's Thinking to Psychological Theory and Education* (Cambridge, MA: Center for the Study of Gender, Education, and Human Development, Harvard University Graduate School of Education, distributed by Harvard University Press, 1988); Carol Gilligan, Nona Lyons, and Trudy Hanmer, eds., *Making Connections: the Relational World of Adolescent Girls at Emma Willard School* (Cambridge, MA: Harvard University Press, 1990). 돌봄이라는 관점의 명확한 특징에 대한 분석으로는 다음을 글을 보라. Lawrence Blum, "Gilligan and Kohlberg: Implications for Moral Theory," *Ethics* 98 (1988): 472-491.

또 이러한 윤리는 타자의 복지와 타자와의 관계를 유지하고 보수하는 일에 대한 매우 맥락적인 사유를 포함하고 있다. 그러한 윤리는 가족에 대해서는 적당해 보인다. 왜냐하면 가족 구성원들은 자주 그들의 관계를 중요한 좋음 즉 선이면서 자신의 정체성에 필수적인 것으로 보기 때문이다. 우리가 가족 내에서 하는 많은 일들은 바로 그 특별한 타자들과의 관계를 유지하고 보수하는 것이며, 이러한 활동은 어떤 일반적인 도덕 원칙들로부터 직접적으로 언제나 연역되는 것은 아니다.

길리건은 돌봄의 윤리를 공정성, 정의 그리고 옳음을 강조하고 일반적인 원칙들로부터의 연역적인 사유를 요구하는 윤리와 대비시켰다. 정의가 가족에 적용될 수 있느냐 여부에 대하여 질문이 제기될 수 있다. 어떤 사람들은 정의가 가족에 잘 맞지 않으며, 정의가 가족 내의 조화와 애정에 대한 강조와 갈등한다고 주장한다. 바로 이곳이 공동체주의자들과 돌봄의 윤리학자들이 힘을 합하는 곳이다.

샌델(Michael Sandel)은 정의가 가족에 맞지 않는다는 주장의 한 버전을 전개했다. 롤즈의 자유주의적인 정의론6)이 가족에 적용되어야 하느냐 여부에 의문을 제기하면서, 샌델은 우리에게 다음과 같이 묻고 있다.

예를 들어, 다소간 이상적인 가족 상황을 생각해 보자. 이런 곳에서는 관계가 대체로 자발적인 애정에 의해서 통제될 것이고, 결과적으로 정의의 요인들은 상대적으로 적게 퍼져 있을 것이다. 개인적인 권리나 공정한 의사결정과정은 거의 발동되지 않을 것인데, 그 이유는 부정의가 날뛰어서가 아니라 내가 나의 정당한 몫을 거의 주장하려고 하지 않는 관용의 정신에 의하여 이러한 요구가 사전에 봉쇄되기 때문이다. … 이제 어느 날 조화로운 가족에게 불화가 생겼다고 상상해 보자. 이익이 확산되고, 정의의 요인이 더욱 날카롭게 된다. 예전의 애정과 자발성은 공정함에 대한 요구와 권리의 준수로 대치된다. … 부모와 아이들은 동등한 것으로 간주되며 정의

---

6) John Rawls, *A Theory of Justice* (Cambridge, MA: Belknap Press, 1971).

의 두 원칙을 무뚝뚝하지만 충실하게 준수한다. … 하지만 우리가 정의의 출현이 그러한 상황을 완전히 도덕적으로 것으로 복원했다고, 유일한 차이는 심리학적인 것뿐이라고 말할 수 있겠는가?[7]

2) 이러한 비판의 문제점

오킨(Susan Okin)은 이러한 주장에 포함된 자발적 애정이라는 느낌은 어찌하였든 간에 정의의 두 원칙에 따라 행동하는 것과 양립할 수 없다는 전제를 간파했다. 그녀는 이러한 전제에 대하여 의문을 제기했는데, 이는 옳은 일이다.[8] 나는 샌델의 실수가 **가족의 조화**라는 감상적인 개념으로부터 비롯되었다고 생각한다. 그에 따르면, 애정은 이상적인 가족에서는 '자발적인'(spontaneous) 것이다. 가족 구성원의 이익은 연합되어 있기 때문에 공정성이나 권리라는 문제가 생기지 않는다. 가족들이, 설혹 최선의 가족이라고 하더라도, 이러한 방식으로 작동된다고 우리가 진지하게 믿을 수 있을까? 공정성과 권리에 대한 물음은 아주 건강한 가족 내에서도 자주 제기된다. 사실 건강한 가족관계를 유지하는 일이 정의에 대한 생각을 요구할 수도 있다고 나는 주장하고자 한다.

4. 어떻게 돌봄과 정의가 뒤섞이는가?

1) 돌봄의 윤리에서 정의가 문제가 되는 곳

샌델의 가족의 조화라는 개념에서 무엇인 잘못되었는지 알기 위해서, 우리는 관계를 돌본다(to care about a relationship)는 것이 무엇인지 알아볼 필요가 있다. 길리건의 돌봄의 윤리학에 따르면, 도덕적 행위는

---

7) Michael Sandel, *Liberalism and the Limits of Justice* (Cambridge: Cambridge University Press, 1982), p.3.

8) Susan Okin, Justice, *Gender, and the Family* (New York: Basic Books, 1989), p.32.

관계를 유지하고 보수하는 것을 의미한다. 우리가 관계를 유지하고 보수하기 위하여 행동할 때, 어떤 경우든 **좋은 관계가 무엇인가에 대한 생각**을 가지고, 즉 지금의 특별한 사람들 사이에서 무엇인 좋은 것인가에 대한 생각을 가지고서 행위해야 한다. 분명히 우리는 때때로 그렇게 한다.

바로 이곳에서 정의가 돌봄의 관점을 계몽한다. 프리드먼(Marilyn Friedman)9)이 지적하였듯이 친밀, 성원, 그리고 관심을 제공하는 개인적인 관계들은 참여자들의 노력을 요구하는 관계이다. 그러한 관계의 한 구성원이 이러한 노력에서 더 큰 짐을 진다면, 공정성의 문제가 생겨나게 된다. 프라이(Marilyn Frye)의 말대로 "남자들이, 여자들이 남자들에게 봉사하는 것처럼 여자들에게 봉사하지 않으면"10) 그러한 문제가 성별에 따라 일어나게 된다. 나아가 정의는 그러한 관계가 어떻게 운영되어야만 하느냐에 대한 외적인 통제로서만 중요한 것이 아니라, 돌봄의 관계에서도 중요하다. 정의는 그러한 관계 자체의 건강에도 필요할 수 있다. 그리고 이러한 의미로 정의는 돌봄의 관점에 **내재적**(internal)이다. 카드(Claudia Card)가 지적하였듯이, 상호성의 결여가 아마도 또래 사이에 우정이 깨어지는 주요 원인일 것이다.11) 또래 사이의 우정과 마찬가지로, 결혼도 부담을 지는 데에 상호성이 결여되면 위협을 받을 수 있다.

---

9) Marilyn Friedman, "Beyond Caring: The De-Moralization of Gender," *Canadian Journal of Philosophy* 13: 100.

10) Marilyn Frye, *The Politics of Reality* (Trumansburg, NY: The Crossing Press, 1983), p.9.

11) Claudia Card, "Gender and Moral Luck," *Identity, Character, and Morality: Essays in Moral Psychology*, ed. Owen Flanagan and Amelie Rorty (Cambridge, MA: MIT Press, 1990), p.205.

2) 정의에 대한 공동체주의적 개념과 자유주의적 개념

돌봄과 정의의 관계를 좀더 자세히 들여다보기 위하여, 우리는 정의의 두 개념을 구분할 필요가 있다. 정의의 한 개념{즉 **공동체주의적 개념**}에 의하면 상벌과 책임은 공통의 선을 달성한다는 목표에 따라 정해진다. 이러한 공통의 선에는 공통의 삶에 참여한다는 좋음, 모든 참여자의 번창의 필수적인 부분으로 생각되는 관계의 망이 포함된다. 이러한 개념에 따르면 정의의 덕은 공통의 선을 유지하고 증진시키는 데 요구되는 덕이다. 가족에서 공통의 선은 좋은 가족생활이라고 부를 수 있는 그 구성원들 간의 이상적인 관계를 포함한다. 그러한 삶을 유지하고 증진시키기 위하여 구성원들이 자신의 몫을 다하지 않을 때, 또 구성원들이 그러한 삶으로부터 기여에 따라 응당히 받을 이익보다 더한 것을 취할 때, 구성원들은 부정의 속에 있게 된다. 이러한 의미의 부정의는 가족의 공통의 삶을 위협한다.

공동체주의적 전통의 현대의 옹호자들은 이러한 전통이 사라지거나 약화될까 봐 두려워한다. 그들이 옳을 수도 있다. 하지만 가족에 적용되는 것과 같은 공동체주의적 전통은 여전히 우리를 사로잡고 있다. 우리들 중 많은 사람들은 여전히 우리의 가족적 삶을 우리의 번창에 필수적인 좋음이며, 모든 가족 구성원에게 공통의 좋음이라고 보고 있다. 이러한 공통의 선이 가족 내에서 이익과 수고의 배분의 공정성을 결정하는 문제의 기초를 제공하기 때문에, 많은 것이 가족적 삶이라는 이상에, 그리고 특히 수용되는 여러 가지 위계질서와 복종에 달려 있다. 공동체주의적 개념을 예시하고 있는 많은 전통들이 가지고 있는 좋은 가족적 삶이라는 개념에는 남자와 여자가 공통의 가족적 삶에서 다른 역할을 함으로써 기여하며, 여자의 역할이 체계적으로 평가절하되고 있다는 것을 기억하는 것이 중요하다. 이러한 개념을 우리는 더 이상 정당화할 수 없다. 하지만 좋은 가족적 삶이라는 공동체주의적 개념이 여성을 종속시키거나 여성에 대한 지배를 합법화할 필요가 없다는 것을 아는 것도 마찬가지로 중요하다. 우리는 남성과 여성의 평등한 관계, 상호적인 지원, 그리고 호혜성에 의해 구성되는 가족적 삶을 높게 평가할 수 있다.

정의에 대한 **자유주의적 개념**은 공통의 삶의 좋음에 초점을 맞추고 있는 것이 아니라 개인이 사회 내에서 인간 존재로서 소유하는 권리에 그리고 중요한 재화의 분배의 공정성 문제에 초점을 맞추고 있다. 여기서 분배는 궁극적으로는 공통의 삶(common life)과 공통의 선을 위해 요청되는 것에 의거하여 결정되지 않고 인간의 도덕적 평등(the moral equality of person)을 표현하는 원칙에 의해서 결정된다. 이러한 개념은 개인들의 정당한 이익들 간의 갈등에 초점을 맞추며, 이러한 갈등을 판결할 공정한 방법을 찾는다.

이러한 자유주의적 개념은 또한 가족에도 적용될 수 있다. 하지만 공동체주의적 개념이 가족과 관계되는 것과는 다른 방식으로 그렇다. 개인들이 자신들의 복지가 가족이라는 공통의 삶에 의존하는 것으로 보는 그러한 가족에서도, 무엇이 공통의 삶을 가장 잘 증진시킬 것인가라는 것을 물어서도 해결되지 않는 정당한 이익들의 갈등이 있을 수 있다. 가족 내에서 구성원이 보호를 필요로 할 때, 보호를 제공하는 한 방법은 그가 인간으로서 가지고 있는 권리를 인정하고 집행하는 것이다. 어린아이를 때리는 부모는 가족의 공통의 삶을 붕괴시킨다는 의미에서 부정의할 뿐만 아니라 어린이의 인간 존재로서의 권리를 침해하고 있다는 의미에서도 부정의하다.

3) 돌봄과 정의에 대한 두 개념의 상보성과 대립성

두 종류의 정의 개념은 가족에 대하여 각기 다른 도덕적 관점을 제공한다. 공동체주의적 정의는 가족관계가 가지는 도덕적 좋음에 초점을 맞춘다. 자유주의적 정의는 가족 구성원으로서가 아니라 인간으로서의 가족 구성원의 도덕적 위상에 초점을 맞춘다. 그러나 공동체주의적 정의가 돌봄이라는 관점을 계몽하는 것처럼, 자유주의적 정의도 공동체주의적 정의를 계몽할 수 있다. 예를 들어, 자유주의적 정의는 지배와 복종을 거부하는 좋은 가족적 삶이라는 개념을 지지할 수 있다. 자유주의적 정의가 돌봄이라는 관점을 계몽할 수도 있다. 예를 들어, 어린아이를 적절하게 돌본다는 관념에 우리가 어린아이들이 자신들의 권리를 알고, 주장할 수 있고, 효과적으로 행사할 수 있도록 길러야 한다는 생각이 포함되게 되었다. 우리가 그렇게 하지 않는다면, 우리가 그들을 잘 돌보는 것이 아닐 것이다.

거꾸로, 돌봄이 두 종류의 정의를 계몽하기도 한다. 돌봄은 개개인의 특징, 필요, 욕망 그리고 환경의 특수성에 대하여 애정 있는 관심을 요구한다.[12] 확실히 그러한 관심은 각각의 가족 구성원이 공통의 가족적 삶에 어떻게 기여했는지를 아는 데에 필요하다. 또 각각의 기여에 따라 어떤 대접을 받아야 하는지를 어떻게 정할지를 아는 데도 필요하다. 그리고 각각의 특정한 아이들이 다른 사람의 권리를 존중할 뿐만 아니라 자신의 권리를 알고, 주장하고, 행사하도록 키우는 최선의 방법을 알기 위해서도 필요하다. 자유주의적 정의의 관심, 공동체주의적 정의의 관심, 돌봄의 관심은 이러한 모든 방식으로 서로 얽힐 수 있고 얽혀야만 한다.

동시에, 가족에 대한 이러한 도덕적 관점들은 가족과 가족 구성원에 따라 긴장 관계에 있을 수도 있고 때때로 분명한 갈등 관계에 있을 수도 있다. 가족 구성원을 돌보는 것은 자유주의적 정의의 관점에서는 정당화되지 못할 수도 있는 간섭을 요구할 수도 있다. 자유주의적 정의는, 그것이 개인의 자유에 대한 권리를 강조할 때, 다른 가족 구성원이 어떤 개인에게 행하는 요구와 갈등을 빚을 수 있다. 이러한 요구는 가족의 공통적인 삶이라는 관점에서는 정당화될 수도 있다. 갈등이 있을 때

---

12) 다음을 보라 Sara Ruddick, "Maternal Thinking," *Feminist Studies* 6 (1980); 다음에 더 짧은 글이 있다. *Rethinking the Family*, ed. Barrie Thorne with Marilyn Yalom (New York: Longman, 1982); *Maternal Thinking: Towards a Politics of Peace* (Boston: Beacon Press, 1989).

한 종류의 고려가 지속적으로 다른 종류의 고려보다 더 중요하리라고 나는 생각하지 않는다. 많은 것이 무엇이 문제인가에 달려 있다. 돌봄을 위한 간섭이나 공동체적 정의를 위한 자유의 제한은, 문제가 되고 있는 것이 청소년의 마약 복용일 때에는 정당화될 수 있지만, 다른 문제에서는 설혹 부모가 청소년들이 하고 있는 그 일을 승인하지 않는다고 하더라도 정당화되지 못할 수도 있다.

여기에서도 우리가, 무엇이 간섭으로 간주될 것인가에 대하여 문화적으로 차이가 날 가능성이 아주 크다는 것을 허용하고 받아들여야만 한다고 나는 생각한다. 예를 들어, 전통적인 중국 가정에서는, 미국에서는 대개 정당화될 수 없는 것으로 간주될 수 있는 아이들의 일에 부모의 참여가 허용된다. 『만리장성』이라는 영화에서 중국계 미국인 가족이 북경에 있는 친척을 방문한다. 중국계 미국인의 아들은, 매우 전통에 동화되었지만, 중국인 어머니가 딸의 편지를 허락도 없이 뜯어 보는 것을 보고 충격을 받는다. 미국인 아들은 중국인 딸에게 미국식 사생활에 대해 가르친다. 사생활에 대한 침해에 대하여 딸이 항의하자, 어머니는 방어적이지도 않고 화를 내지도 않고 어리둥절해 한다. "사생활이라고?"라고 어머니는 묻는다. 어머니가 한 일은 딸에 대한 침해가 아니었고, 허락이 필요한 일도 아니었다. 다원적 상대주의에서 보면 그러한 차이는 적합한 도덕률의 범위에서 벗어나지 않는다.

돌봄, 공동체주의적 정의, 그리고 자유주의적 정의의 관점들은 그렇다면 서로 포개지고 서로 계몽한다. 때로 서로를 강화하며 때로 서로 갈등한다. 이들 관점들 각각은 그러나 가족에 대한 부분적 관점이며, 다른 관점에 의해 계몽될 필요가 있다. 이러한 주장을 강화하기 위하여 자유주의 정의론을 가족에 적용하는 일에 대한 비판을 살펴보자. 내가 적합한 결론이라고 간주하는 것은 그러한 이론이 가족에 적용될 수 없다는 것이 아니라 그러한 이론이 가족에 대한 불완전한 관점으로 간주되어야 한다는 것이다.

5. 자유주의적 정의는 가족에 잘 맞지 않는 것인가?

1) 자유주의적 관점의 가족 적용의 장단점

러딕(Sara Ruddick)은 자유주의 정의론이 가족에는 잘 맞지 않는다고 주장하였다. 왜냐하면 이러한 정의론은 가족 구성원의 특정한 정체를 추상화시키기 때문이다.[13] 롤즈의 원초적 입장(original position)이라는 이론을 생각해 보자. 이러한 입장이란 당사자들이 그들의 특정한 정체를 모르고서 정의의 원칙을 결정하는 입장이다. 그러나 이러한 종류의 추상화는 자유주의 정의를 가족에 맞지 않게 만든다. **추상화**(abstraction) 때문에 자유주의적 정의는 특정한 정체로부터 나오는 도덕적 요청을 설명할 수 없게 된다. 예를 들어서, 그러한 이론은 아버지로서의 나의 정체 때문에 나에게 요구되는 것을 설명할 수 없다. 이러한 요구들 중의 어떤 것들은 좋은 아버지라는 일반적인 개념에서, 좀더 일반적으로 말하자면, 좋은 가족이라는 일반적인 개념으로부터 나온다. 다른 것들은 리아나(Liana)의 아버지라는 나의 전적으로 특정한 정체성으로부터 나온다. 다시 말해, 이러한 요청들은 그녀가 누구이고, 내가 누구인가로부터, 그리고 우리의 관계가 전개되어 온 방식으로부터 나온다. 적합한 결론은 자유주의적 정의는 가족에 대한 부분적인 관점, 우리의 도덕적 의무와 책무 모두를 설명할 수는 없는 관점이라는 것이다.

그러나 자유주의 정의라는 이론은 가족에 대하여 독특한 관점을 제공한다. 왜냐하면 그러한 이론은 우리의 특정한 정체성과 적합한 가족적 역할이라는 공동체주의적 개념을 추상화하기 때문이다. 자유주의적 정의는 특정한 정체성과 공동체주의적 개념으로부터 독특한 종류의 **비판적 거리**(critical distance)를 제공한다.[14] 이러한 관점은 우리로 하여금

---

13) Sara Ruddick, "Justice within Families," *In the Company of Others: Perspective on Family, Community, and Culture* (Lanham, MD: 1996), pp.65-90.
14) 내가 3장 6절에서 주장한 것처럼, 나는 개인의 권리는 개념적 틀이 전통적 형태

가족 내의 어른 남자와 여자의 관계를 평등하고 호혜적인 관계 즉 남자와 여자 모두의 (자율성에 기초한) 권리를 존중하는 관계로 만들도록 이끈다.

2) 자유주의적 관점의 적용 대상의 문제: 아이들과 어른들

자유주의 이론이 도덕 전체는 아니지만, 근대 서구 도덕 전통의 필수적인 부분이어야만 하는 또 다른 방식이 있다. 자유주의 이론은 도덕적으로 평등한 사람들 사이의 관계라는 패러다임에 기초해 있다. 이러할 때 도덕적 평등의 근거는 어떤 특징이나 능력의 평등한 소유이다. 칸트의 이론에서 이러한 관계의 기초는 합리성의 소유였다. 사람들이 그러한 능력을 가지고 있는 정도에서 큰 차이가 있다는 것이 도덕적 평등이라는 생각을 붕괴시킬 것인가 아닌가라는 문제가 발생한다. 어떤 이론가들은 이 문제를 중요한 특징이나 성질이라는 관념을 넓힘으로써 해결하려 한다. 롤즈의 경우, 도덕적 평등의 중요한 기초는 실현될 필요가 없는 능력 즉 자신의 선이라는 개념과 정의감을 가지는 능력으로 구성되어 있다. 그는 정의감을 "적어도 어떤 최소한의 정도라도 정의의 원칙을 적용하고 원칙에 따라 행위하고자 하는 일반적으로 효과적인 욕망"으로 정의하고 있다. 롤즈는 어린이와 유아를 최소한의 요청을 만족시키는 것으로 보고 있다. 왜냐하면 그들이 그런 능력을 가지고 있기 때문이다. 그러므로 그들은 정의의 원칙의 완전한 보호를 받을 기본적인 권리를 가진다. 이러한 권리는 보통 그들을 대신하여 부모나 보호자에 의해 행사된다.15)

의 공동체로부터 필요한 비판적 거리를 얻는 **유일한** 방법이라고 생각하지 않는다. 공동체주의적 관점 그 자체로부터도 사람들은 남자와 여자가 가족적 선에 기여하는 동등한 능력을 가지고 있음을 지적함으로써 남녀 사이의 불평등이라는 전통적 개념을 비판할 수 있다.

15) John Rawls, *A Theory of Justice* (Cambridge MA: Belknap Press, 1971), pp.505-509.

충분히 넓은 방식으로 평등의 근거를 정의하는 전술을 사용함으로써, 롤즈는 다양한 능력을 가지는 넓은 영역의 인간 존재들이 같은 권리를 갖는다는 도덕적 평등의 관념을 보존할 수 있었다. 분명히 이러한 영역에서 어떤 권리들은, 예컨대 폭행을 당하지 않을 권리는, 그 권리의 침범자가 비록 가족 구성원이라고 해도, 불변적이다. 하지만 이처럼 인간 존재들이 동일하게 되는 방식에 초점을 맞추는 것이 우리로 하여금 그들의 차이점을 고려하여 그들을 다르게 대우해야만 한다는 방식을 무시하도록 오도해서는 안 된다.16) 유아와 어린아이가 정확히 같은 권리를 갖는다는 어떤 확장된 의미가 있을 수 있다. 그러나 나는 이러한 의미가 행위에 유용한 지침이 될 것인지 의심한다. 롤즈가 부모나 보호자가 어린아이들을 대신하여 권리를 행사한다고 말할 때 그가 의미하는 것이 정확히 무엇인지 확신하지 못한다. 그 의미가 무엇이든, 그것은 어린이들이 적어도 어떤 나이에 이르게 되면 정의감에 대한 능력을 가지고 있다는 사실과 일치해야만 한다. 이러한 능력은 어느 정도까지 실현되어 있지만 대체로 잠재적인 것으로서 이것의 발달은 다른 사람들과 나중에 갖는 관계에 크게 달려 있다. 어린아이들은 완전한 도덕적 행위자가 아니며, 이는 종종 우리가 대부분의 어른들이 행사하도록 간섭 않는 어떤 권리를 그들이 행사하지 못하도록 한다는 것을 의미한다.

어린아이들은 아주 어린 나이에 공정감(a sense of fairness)을 보이기 시작한다. 그러나 그것은 아주 미숙하고 효율성이 들쭉날쭉하기 때문에 부모나 보호자가 해야만 하는 일들 중의 많은 것은 그들의 정의감을 기르는 것이다. 이를 위하여 어린아이들은 지도를 받아야만 하고 때로는 단순히 명령을 받아야 한다. 실제로 부모들은 종종 자신의 아이들이 실제로 그들이 가진 것보다 이유를 제시하고 합리적인 고려를 하는 능력이 작다고 가정한다. 다른 한편으로 '선택지'를 제대로 고려할 수

---

16) Ruddick이 "Justice within Families"에서 이러한 주장을 하고 있다.

없어, 선택 대신에 지시를 필요로 하는 아이들에게 선택지를 제공함으로써 잘못을 범할 수도 있다. 어린아이를 다루는 데 중요한 다른 요소는 그들의 변화하고 있는 나이이다. 어린아이들에게는 적합한 간섭이 성숙의 나중 단계에서는 적합하지 못한 것이 될 수도 있다.

한 가족 내에서 종교적 전통을 전달하는 과정에서, 때때로 부모들은 아주 어린 아이들에게는 어른이나 다 자란 아이들에게 허락하는 선택지를 주지 않는 경우가 있다는 것을 생각해 보자. 예를 들어, 우리는 어른들을 주일학교에 가도록 만드는 것을 용납하지 않는다. 그러나 어린아이들의 경우에는 그들에게 최소한 하나의 종교적 가능성에 대해 구체적인 이해를 주고 그렇게 산다는 것이 어떤 것일지에 대한 어떤 생각을 줄 필요가 있어 보인다. 여기서 다시, 부모는 아이들이 종교와 갖는 관계가 아이들의 성숙과 더불어 변경되어야만 한다는 것을 또 종교와 관련하여 자신과 아이들과 갖는 관계도 또한 따라서 변경되어야만 한다는 것을 인정해야만 한다.

어린아이와 어른이 같은 기본적인 권리를 갖는다고 말하는 것은 가족 구성원들이 가족 구성원들의 중요한 불평등 즉 구성원의 위치에 따른 불평등과 각 구성원의 나이에 따르는 불평등을 고려하여 다른 구성원들에게 다르게 행위해야만 하는 이러한 복잡한 방식들을 조금도 포착하지 못한다. 평등한 권리라는 말은 이러한 문제를 다루기에는 너무 거친 도구로 보인다. 하지만 나에게는 자유주의적 정의가 가족 구성원들이 한결같이 대접을 받고 가족이 **잠재적으로** 평등한 사람들의 집단일 수 있는 방식을 고안해 내는 데에 여전히 중요한 것으로 보인다. 사실 어떤 가족 구성원의 일은 그러한 평등이 실제로 이루어지도록 돕는 것이다. 자유주의적 정의는 가족에 대해 필요한 관점을 제공한다. 그러나 그것은 돌봄의 관점의 핵심에 있는 각 개인의 특수성에 기울여지는 그러한 종류의 관심에 의해 계몽될 필요가 있으며, 또 개인이 가족이나 전통의 계승과 같은 제도를 통하여 의미 있는 정체성을 형성하게 되는 방식에 대한 공동체주의적인 이해에 의해서도 계몽될 필요가 있다.

3) 돌봄과 정의의 필연적 상보성과 현실의 변화 가능성

돌봄의 관점과 정의의 관점은 사람들이 보통 하고 있는 풍부하고 복합적인 도덕적 사유에 포함되어 있는 생각들을 보여주고 있다. 이러한 관점들은 다른 유형의 도덕적 고려들이 가족과 같은 맥락에서 어떤 행위를 하고자 결심할 때 영향을 주는 방식에 대해, 그리고 이러한 고려들이 어떻게 때로 얽히고, 서로 강화하고, 서로 갈등하는지에 대해, 더 명백하고 주의 깊은 사유를 하게 해준다는 의미에서 유용하다. 이러한 관점들이 만약 서로를 배제하는 것으로, 그리고 다른 유형의 도덕적 고려들이 서로 얽히고 중복되는 방식을 배제하는 것으로 간주된다면 그것은 잘못된 이해이다.

돌봄을 강조하면서 그것이 정의와 갖는 관계를 떼어내 버리게 되면 위험하다. 한 종류의 정의를 강조하면서 그것을 다른 도덕적 관점들로부터 떼어내 버리게 되면 위험하다. 자유주의 정의를 강조하고 돌봄과 공동체주의적 정의를 무시하면 가족적 삶을 메마르게 하고, 개인적 삶을 메마르게 할 수 있다. 우리가 인간 존재로서의 개인의 권리라는 개념에 의해서만 인도된다면, 우리는 우리의 가장 귀중한 관계가 번창하도록 도울 도덕적 고려를 잊게 된다. 관계가 번창하지 않으면 그것은 인간의 삶을 더욱 빈곤하게 할 뿐만 아니라, 우리가 앞장에서 본 것처럼, 자유주의 정의 자체에 입각하여 효과적으로 행위할 수 있는 개인들이 충분히 있을 것인가를 의심스럽게 만든다. 우리가 효과적인 정의감을 기르는 최선의 길은 우선 개인적 관계가 번창하고 정의로운 삶이 있어야 한다. 인간이 가지는 최초의 관계가 특별히 중요하며, 언제나는 아니지만 이러한 관계가 종종 인간이 다른 사람에 대해서 관심을 갖는 능력에 영향을 준다는 것을 우리는 알고 있다.

물론 내가 보여 온 것은 **공동체적 돌봄과 자유주의적 정의가 충분히**

양립 가능하다는 것은 아니다. 그러나 그것들은 우리의 다른 가치들이 양립 불가능하듯이 {그러나 그럼에도 불구하고 그런 가치들이 한 개인에게 모두 있는 것처럼} 그런 방식으로 양립 불가능하다. 그들의 실제적인 양립 가능 정도는 보통 그러하듯이 우리가 가지고 있는 제도나 관행과 그러한 것들을 변화시키려고 하는 우리의 의지와 능력에 크게 달려 있다. 다음 장은 공동체주의적 가치가 자유주의적 가치와 통합될 필요가 있다는 또 다른 주장이자, 적합한 도덕률에 대한 또 다른 종류의 제한에 대한 검토이다.

적합한 도덕률은 인간 존재의 본성을 고려하여 인간 존재가 될 수 있고 할 수 있는 것이 무엇인지를 고려해야만 한다고 때때로 말해진다. 우리가 앞으로 보게 되겠지만, 어떠한 형태의 이러한 주장은 논거가 박약하다. 그렇지만 이러한 형태의 주장이 아주 널리 퍼져 있고, 또 이러한 주장은 현재 우리의 도덕률이 우리 인간의 본성이 우리가 이고자 하고 하고자 하도록 허용하는 것을 잘못 이해하고 있다고 비판하고 있다. 내가 1장에서 지적한 것처럼, 현재의 사회적, 정치적, 경제적 장치들은 종종 우리가 자연스럽고 불가피하다는 인상을 준다. 그러나 그것은 그러한 장치들을 받아들이는 것이 그로부터 이득을 얻는 사람들에게 가장 편안하기 때문에 그러할 수도 있다.

제 6 장

심리실재론이 도덕률들의 내용을 제약하는가?

저자는 우선 1절에서 인간의 사회적 본성에 기초하는 개인적 관점이 비개인적 관점과 조화될 수 있다고 지적한다. 2절에서는 이를 부인하는 강한 실재론을 비판하고 대안으로 제시되는 약한 실재론까지 현실적 가능성을 들어 비판한다. 3절에서는 현실적 가능성의 이모저모를 검토한다. 4절에서는 개인적 관점과 비개인적 관점의 현실적 조화 가능성에 대하여 비관적인 견해를 제시하는 네이글의 주장을 소개하고 검토한다. 5절에서는 이러한 네이글의 주장에서 몇 가지 문제점을 지적한다. 6절에서는 공동체주의자들의 평등 전략을 소개한 다음, 이러한 입장이 자신의 입장과 일치하지만 다른 점도 있다는 것을 지적한다. 7절에서는 미국에서의 평등이라는 문제를 가지고 앞의 논의를 따라서 어떻게 이 문제에 접근해야 할 것인지를 논의한다. 8절에서는 이러한 논의의 결론으로, 자유주의자들이 개인적 가치를 인정할 필요가 있는 것처럼 공동체주의자들도 비개인적 가치를 요청할 필요가 있으며 이렇게 함으로써 소규모의 평등이 현실적으로 실현될 수 있다고 주장한다.

1. 인간 본성에 의거함으로써 개인적인 관점들과 비개인적인 관점들 간의 갈등을 해결하려는 시도

나는 개인적인 관점(personal perspective)이 인간 본성에 뿌리를 두고 있으며, 그래서 도덕적 활동력이 길러지고 유지되는 방식에 제약을 가한다고 주장하였다. 비개인적 관점(impersonal perspective)을 중요시하는 도덕률들은 그러한 제약들을 인정해야만 하며, 이것이 비개인적인 관점이 개인적인 관점과 갈등하고 있을 때조차도 개인적 관점을 전제해야만 하는 이유이다. 인간 본성은 우리가 개인적 관점과 비개인적 관점을 조화시키는 방식에 추가적인 제약을 가하는가?

어떤 사람들은 개인적 관점에 훨씬 큰 비중을 두는데, 그렇게 하는 한 이유는 인간 존재가 자기 자신의 이익들이나 개인적인 관계들에 **사소한** 비중을 둘 것이라고 생각하기 어렵기 때문이다. 인간 존재의 심리가 불변적으로 실재한다고 생각하는 실재론은 **도덕률들**이 개인적 동기들(personal motives)의 내용과 강도를 고려해야만 한다고 제안한다. 그렇지만 어려운 문제는 **어떻게** 도덕률들이 이러한 내용과 강도를 고려할 것인가 하는 것이다. 도덕률들이 개인적 동기들의 내용과 강도를 받아들이는 일반적인 방법이 적어도 두 가지 있다. 사람들이 다른 사람들의 이익에 대하여 비개인적인 고려를 하도록 요청받는 **방식**(manner)에 제약을 둘 수 있다. 그리고 사람들이 그러한 비개인적인 고려를 해야만 하는 **정도**(extent)에 제약을 둘 수도 있다. 나는 요청의 방식에 제약이 있다고 주장하고자 한다. 요청의 정도에 대한 제약이 있는지 여부는 덜 확정적이며 방식에 대한 제약과 복잡한 방식으로 얽혀 있다. 나는 도덕 이론을 심리실재론의 문제와 관계시키려는 최근의 시도들로부터 이야기를 시작하고자 한다.

2. 강력한 형태의 심리실재론과 최소한의 형태의 심리실재론

1) 강한 실재론과 그것에 대한 비판

윌리엄스(Bernard Williams)는 도덕 이론이 개인적 동기들(personal motives)을 충분히 고려하지 않는다는 이유로 도덕 이론을 비판하는 전형적인 예를 보여주고 있다. 윌리엄스는 개인적인 동기들에 삶을 유의미하게 만드는 개인들의 그러한 '근본적인' 기획들을 포함시키고 있는데, 장기적인 개인적인 목표들 그리고 특정한 사람들과의 개인적인 관계들이 이에 해당된다. 이러한 것들이 삶을 유의미하고 정합적이게 만들기 때문에, 이러한 것들이 비개인적인 원칙들(impersonal principles)과 갈등할 때 이러한 것들을 언제나 제쳐두라고 요구하는 것은 합당한 일이 아니라고 윌리엄스는 주장한다. 윌리엄스에 따르면 근대 도덕 이론들은 공리주의적인 형태든 칸트적인 형태든, 모두 그러한 합당하지 않은 요구를 하고 있다.[1] 그는 이러한 근대 이론을 거부하고 (고대 그리스에서 볼 수 있는 것처럼) 근대 도덕 이론의 아주 중요한 요소들인 자유나 사회정의와 같은 가치들과 함께 개인적인 목적들의 중요성도 포괄하는 그러한 윤리를 주장하고 있다.[2]

---

1) 다음을 보라. Bernard Williams, "Persons, Character, and Morality," *Moral Luck* (Cambridge: Cambridge University Press, 1981), pp.1-19.

2) Bernard Williams, *Ethics and the Limits of Philosophy* (Cambridge, MA: Harvard University Press, 1985), p.198.

플라내건(Owen Flanagan)은 윌리엄스를 '강한 심리실재론자'로 규정했는데, 그에 따르면 윌리엄스는 "최소한의 고상함 이상의 삶의 형태가 주어졌을 때" 자신의 "도덕적 고상함의 기준을 그 이론이 이미 다루고 있는 사람들의 개인성들로부터 더 멀기보다는 더 가깝게" 설정했기 때문이다.[3] 이러한 윌리엄스의 논의에 대응하여, 플라내건은 예를 들어 불교를 따르는 사람들이 아주 비개인적인 도덕적 관점을 신봉하는 일이 가능하고 그러한 신봉에 필연적으로 합당하지 않은 것은 아무것도 없다고 지적한다. 또 비개인적인 도덕률이 요청하는 것처럼 개인적인 관계들이나 개인적인 기획들을 멀리하는 것은 정상적이지도 않고 자연스럽지도 않다는 주장에 대해서도, 플라내건은 **자연스럽거나 정상적인 것은 때때로 억압되고 변화되고 초월될 필요가 있다**고 지적한다. 나아가, 플라내건에 따르면, 개인적인 것에 집착하는 정상적이고 자연스러운 방식이 **실제로** 무엇인지도 이야기하기도 어려운데, 왜냐하면 다양한 개인이나 문화나, 역사적 시기들을 비교해 볼 때 그러한 집착은 대단히 다양한 모습을 보이기 때문이다. 끝으로 플라내건은 다음 세대들에게 스스로 배울 수 없는 것을 가르치는 것이 때때로 가능하고 바람직하다고 주장한다. 예를 들어, 어떤 사람의 성장 조건이 가깝지 않은 사람들을 돌볼 수 있는 능력에 어떤 제약을 가하게 된다면, 그것은 비개인적인 도덕률이 우리에게 요구하는 것에 제약을 둘 이유가 아니라, 그 사람의 아이들을 다르게 키울 이유가 될 수 있다.[4]

2) 약한 실재론과 그것에 대한 비판

강한 실재론 대신에, 플라내건이 제안하고 있는 것은 자신의 '최소한의 심리실재론이라는 원칙' 즉 "도덕 이론을 구성하거나 도덕적 이상을

3) Owen Flanagan, *Varieties of Moral Personality* (Cambridge, MA: Harvard University Press, 1991), p.56.
4) Flanagan, pp.97-98.

기획할 때 **처방되는** 성격, 의사결정과정, 그리고 **행동이** 우리와 같은 피조물에게 **가능하거나** 가능한 것으로 인지되**도록 하라**"5)는 원칙이다. 플라내건은 이러한 원칙에 근거하여, 개인적인 모든 옹호할 수 있는 목표를 제쳐놓음으로써 많은 다른 사람들의 필수적이지 않은 욕망이 충족된다면 그렇게 하도록 요구하는 이론들을 배제했다.6) 실제로, 이러한 원칙은 아무런 의무론적인 제약 없이 완전히 양적인 무차별적인 만족의 최대화를 요구하는 극단적인 결과주의를 배제할 것이다.

플라내건의 원칙이 강한 심리실재론보다는 더 그럴싸하지만, 문제를 좀더 살펴볼 필요가 있다. 플라내건이 지역적으로 사회적으로 형성된 특징들을 보편적이고 자연적인 특징들로 혼동하는 것을 경계한 것은 옳다. 또 도덕 이론이 사회적으로 형성된 우리의 특징들 중에서 가장 확고한 것들에 대해 비판적인 관점을 제공해야 한다는 지적도 옳다. 인간 존재들이 의무론적인 제약에 의해 최소한으로 규정된 비개인적인 도덕적 이론에 일치하도록 동기화될 수 있다는 것도 어떤 의미에서 가능하다고 인정할 수도 있다. 이 모든 것을 인정한다고 하더라도 심리실재론에 대한 어떤 중요한 문제들은 다루어지지 않은 채 남게 된다.

이야기되지 않은 가장 중요한 문제는 **추상적으로 가능한 것과 실제로 혹은 실천적으로 가능한 것 간의 구별**이다. 플라내건이 불교를 인용한 것에 대하여, 가장 인기 있는 형태의 종교들은 평신도들에게 상당히 온건한 요청을 한다고 답할 수 있다. 어떤 형태의 불교가 아주 강하고 포괄적인 생명에 대한 관심을 요청할 수도 있다고 주장하는 것은, 대부분의 사람들이, 아마도 대부분의 불교 승려들조차도, 실제로 그러한 방식으로 살 수 있다는 것을 보여주는 것이 아니다. 나아가, 우리와 아주 다를 수 있는 다음 세대들을 가르치는 것은 어떻게 그러한 가르침이 실제로 사람들을 다르게 할 것인지가 확실히 될 수 없다면, 단순히 추상적

---

5) Flanagan, p.32.
6) Flanagan, p.73.

인 가능성에 머무를 수도 있다. 예를 들어, 우리가 우리 아이들에게 가깝지 않은 사람들에 대한 우리의 의무를 우리 부모들이 우리에게 했던 것보다 더 강력하게 더 일관성 있게 강조할 수 있다. 하지만 그것이 우리 아이들이 그런 사람들에게 더 많은 관심을 가지고 그러한 관심에 기초하여 행동할 현실적인 가능성이 **있음**을 의미하지는 않는다.

3. 현실적 가능성의 복합성

1) 현실적 가능성의 판단 근거

추상적 가능성(abstract possibility)과 현실적 가능성(realistic possibility) 간의 차이는 윤리적으로 중요하게 보인다. 하지만 동시에 현실적 가능성에 대하여 이야기하는 것은 위험하다. '현실적' 변화 가능성은 우리를 우리의 현재의 동기를 형성한 문화적, 정치적, 사회적, 경제적 제도들에 묶어버릴 수도 있다. 그러한 제도들은 우리의 동기를 형성시켰을 뿐만 아니라 무엇이 가능한가에 대한 우리의 생각도 형성시켰다. 이러한 위험성을 가장 넓은 가능한 정보들 즉 인류학, 사회학, 심리학, 그리고 역사학으로부터 정보들을 받아들여 현실적 가능성의 정도를 평가하는 기초로 삼음으로써 어느 정도까지는 완화시킬 수 있다. 이러한 정보들을 근거로 우리는 우리가 비개인적인 관점이 요청하는 실제 동기의 변화를 가져올 새로운 제도나 관행을 합당하게 실현할 수 있는가를 검토한다.

2) 현실적 가능성의 두 차원과 그 정도들

현실적 가능성이라는 관념에 두 차원이 있다는 것을 주목하자. 어떤 것을 그러한 가능성이라고 부르는 것은 첫째로 그것이 실현될 수 있는 **과정**에 대한 개념(a conception of the process)을 가졌다고 말하는 것이다. 그리고 둘째로, 관련된 행위자들이 그러한 과정을 시작하고 완성할 능력을 가졌다는 **증거**(evidence for the relevant agents' ability)가 있다고 말하는 것이다. 이에 반해서, 비현실적인 가능성은 우리가 그것을 실현할 과정에 대한 개념을 갖고 있지 않거나 행위자가 실현의 과정이라고 생각되는 길을 시작하고 완성할 수 있다는 증거가 없다고 말하는 것이다. (아주 강력하게 현실성 없다고 주장하는 비실재론에는 현실성이 없다는 강력한 반대 증거가 있을 것이다.) 물론 분명히, 실재론과 비실재론의 **정도들**(degrees)이 있을 것임에 틀림없다. 실현의 과정들이라는 개념들은 그 과정들의 세밀성의 정도가 다를 것이다. 우리가 실현의 과정이라는 개념에 대하여 애매하고 개략적인 개념만을 가지고 있다면, 우리는 관련된 가능성이 있다는 실재론을 옹호할 더 약한 입장을 갖게 된다. 아니면 시작하고 실행할 능력에 대한 증거가 개략적이고, 희박하고, 심지어는 모순적일 수도 있다. 어떤 가능성은 가장 비현실적인 것으로부터 가장 현실적인 것 사이에 해당될 것이며, 그래서 현실적이지도 비현실적이지도 않을 것이다.

3) 현실적 가능성의 다른 제약들: 환경과 우리

나아가, 인간 존재에게 어떤 환경에서 현실적으로 가능한 것이 우리의 환경에서 **우리에게** 현실적으로 꼭 가능한 것은 아니다. 우리의 변화 가능성을 제약하고 있는 환경들 중에서 어떤 것은 적어도 우리에 의해서는 변화될 수 없다. 다른 것들은 변화될 수 있지만 변화될 필요가 없을 수도 있다. 예를 들어, 우리 제도의 어떤 변경 가능한 특징들이 우리의 동기에서 바람직한 변화를 더욱 어렵게 만들 수도 있다. 그러나 그러한 특징들이 도덕적으로 아주 가치가 있거나 요청되는 것이어서 우리가 포기할 수 없는 것일 수도 있다. 나아가 우리에게 현실적으로 가능한 것은 '우리'들 중의 어느 우리가 문제가 되느냐에 달려 있다. 예를들어, 대부분의 사람들에게 현실적인 것으로 기대되는 것과 소수의 아마도 예외적인 사람들에게 현실적인 것으로 기대되는 것 사이에는 커다란 차이가 있을 수 있다. 간디(Gandhi)나 마더 테레사(Mother Theresa)의 존재는 비개인적인 도덕적 이상에 대한 전형적인 신봉이 인간적 가능성 안에 있다는 것을 보여줄 수 있지만, 그들이 존재한다는 것이 그러한 신봉이 대부분의 사람들에게 가능하다는 것을 보여주지는 않는다.

4. 현실적 가능성과 평등

1) 네이글의 개인적 관점을 거부하지 못하는 현실과 비개인적 관점을 요구하는 이상에 대한 논의

네이글(Thomas Nagel)의 논의는 현실적 가능성의 복잡성과 그것이 도덕 이론에서의 개인적 관점이나 비개인적 관점과 갖는 관계에 대한 좋은 재료를 제공해 준다. 그래서 그의 논의를 조금 자세히 요약해 보고자 한다. 네이글은 우리가 아직 수용할 만한 정치적인 이상을 가지고 있지 않다고 주장했다. 왜냐하면 우리는 아직 비개인적 관점과 개인적 관점을 모두 수용할 만한 통합 방안을 가지고 있지 않기 때문이다.[7] 문제는 개인에게 수용할 수 없는 요구를 하지 않으면서, 모든 사람들에게 동등한 중요성이 주어지도록 정의를 행사하는 제도를 디자인하는 것이다. "그러할 때 그러한 이상적인 제도 속에서, 사람들은 비개인적 관점의 공평무사한 요구를 충족시키는 집단적인 삶을 살면서, 동시에 강력한 개인적 동기를 가진 개인이 마땅히 해야만 하는 방식으로 처신할 수 있을 것이다."[8]

---

7) Thomas Nagel, *Equality and Partiality* (New York: Oxford University Press, 1991).
8) Nagel, p.18.

현실적 해결책을 찾아내는 과제를 특별히 어렵게 하는 것은 정치 이론에서의 우리의 궁극적인 목적이 "자신이 그 속에서 태어나고 힘으로 유지되고 있는 정치적 제도들을, 어떤 수준에서는, 가능한 한 거의 만장일치에 가깝게 지지해야 한다는 사실이다."[9]

만장일치에 이르는 것은 그 과제가 타자를 돕는 원칙에 동의하는 것일 때 특별히 어렵다. 타자를 돕는 것이 전체적으로 온당한 수준 아래로 떨어지는 것은 수용할 수 없다. 그러나 우리가 그 수준 위로 올라가게 되면, 우리는 우리가 "자신의 개인적 목표를 희생해 가면서 도움을 필요로 하는 사람을 반드시 도와야 **한다거나** 아니면 도울 **필요가 없다**는 것을 보편적 원칙으로 의욕할 수 없는"[10] 그러한 곳에 들어가게 된다. 우리는 반드시 도와야만 한다고 의욕할 수 없다. 왜냐하면 사람들이 다양한 방식으로 자신의 삶을 살도록 하는 것을 합당하다고 보는 개인적인 동기나 어떤 제도가 강력하기 때문이다. 그러나 우리는 적당한 수준을 넘어서서 도울 필요가 없다고 의욕할 수도 없다. 왜냐하면 비개인적인 관점에서 반성해 보면 사람들의 통제 바깥에 있는 이익이나 불이익을 교정할 우리의 의무를 인정하지 않을 수 없기 때문이다.

나쁜 것으로 보이는 것은 사람들이 이익이나 불이익에서 일반적으로 불평등하다는 것이 아니라, 자신들이 책임이 없는 이익이나 불이익에서 사람들이 불평등하다는 것이다. … 어떤 별로 그럴듯하지 않은 책임의 적극적 조건을 옳은 것이라고 보더라도, 삶에서 중요한 많은 것들은, 특히 사람들이 태어날 때 가지고 태어나는 이익과 불이익, 그리고 사람들이 자신의 삶을 살아가야만 하는 기본적인 틀을 형성하는 이익과 불이익은 그들에게 책임이 있는 좋음이나 나쁨으로 볼 수 없다. 그래서 평등주의 원칙의 저촉을 받는다.[11]

---

9) Nagel, p.8.
10) Nagel, p.50.
11) Nagel, p.71.

네이글은 평등으로의 중요한 진보가 의료혜택, 교육, 제대로 된 집, 실업보험, 아동보호허가, 퇴직수당, 그리고 심지어는 최소임금제도에서 구현되어 있다는 것을 인정한다. 그러나 강력하게 평등주의적인 체계는 헌법의 범위 바깥이며 법제화를 통하여 그것을 실현할 전망은 아주 희박하다. 전체적으로, 미국처럼 민족적으로 다양한 커다란 사회에서는 "평등과 자유와 민주주의가 정치적으로 안정되게 결합되기 위해서는, 그러한 결합을 기대하거나 요청할 이유가 있어야 한다기보다는 인간 본성에 큰 변화가 있어야 한다."[12]

이러한 기획에 인간 본성이 제약을 가한다는 증거로는 국가 소유와 생산수단의 통제를 통하여 계급 없는 사회를 만들려고 했던 시도의 실패도 들 수 있다. 다른 한편으로는 효능을 발휘하고 있는 경제적인 증거도 있다.

현재의 증거로 보면 근대 사회에서 경제의 주요한 사적인 부분의 이점이, 생산성, 혁신, 다양성, 성장에서 볼 때, 엄청나다. 경쟁적인 시장경제의 생산상의 이점은 우리가 잘 알고 있는 개인적인 획득 동기에 기인한다. 이것이 사람들을 다른 사람들이 필요로 하고 원하는 것을 자비로부터가 아니라 보상을 받을 것이라는 희망을 가지고 그리고 실패의 두려움을 가지고 아주 힘차게 생산하고 공급하도록 몰아붙인다.[13]

"사적인 삶은 말할 것도 없고 대부분의 노동하는 삶에서 모든 사람에게 좋은 것에 대한 관심이 동기가 된다는 것은 일반적으로 근대인의 사회화된 본성에 속하는 것이 아닌"[14] 까닭에, {이러한 비개인적 관심은 개인적} 동기들을 약화시키는 갈등을 일으킨다.

---

12) Nagel, p.90.
13) Nagel, p.91.
14) Nagel, p.91.

물욕을 가진 개인으로서 사람들은 자신들의 사회적인 양심 때문에 생산성, 효율성, 그리고 성장의 불가피한 대가로서 재능에 따르는 보상을 어쩔 수 없이 허용한다. 그러한 체제의 참여자로서 그들은 그러한 이익을 추구하도록 기대되고, 실제로 장려된다. 그러나 시민으로서 그들은 그러한 이익을 마지못해 허용하는 것은 기대된다. 그들은 그러한 이익을 원하는 것을 정당하고 자연스러운 것으로 간주해야만 한다. 하지만 다른 한편으로는 그러한 이익을 가지는 것을 정당하지 않은 것으로 간주한다.[15]

물욕을 다른 개인적인 동기로 대체할 가능성에 대하여, 네이글은 "사람들이 물론 일 그 자체에 관심을 가지고 어떤 일을 열심히 할 수도 있다. 그리고 때때로 이것이 다른 사람들이 또한 원하는 생산물을 낳는다. 그러나 그러한 것에 근거하여 움직이는 세계를 상상하는 것은 낭만적인 환상이다. 우리 모두가 창조적인 예술가, 연구하는 과학자, 전문적인 체육인일 수는 없다."[16] 나아가 그는 설혹 모든 사람이 자신의 일을 잘하려는 동기를 갖는다고 하더라도, 고안하고 생산하는 것은 경제적으로 표현된 요구에 의해 동기화될 수밖에 없다고 주장한다. 그러한 결정은 자기 표현의 형태로 동기화되지 않을 것이며, 자비가 그러한 일의 기초가 될 수도 없을 것이다. 시장 정보에 대응할 가장 효과적인 동기는 "대가가 지불되리라고 보이는 생산 활동의 **성공에 대한 개인적** 야심과 욕망이라는 강력한 투자이다. 수익을 올리고 경쟁에서 성공하려고 열심히 일하고 창의성을 발휘하는 그러한 개인들 없이는 그러한 일이 생겨나기 어렵다. 하지만 안정된 평등주의 사회에서 사람들은 이러한 **욕망을 이러한 목표들을 달성하는 것을 가능한 한 어렵게 만드는 체제 아래서 살고자 하는 욕망과 결합시켜야만 한다.**" 네이글은 그러한 태도의 결합이 모순적이지는 않지만, 그것이 '엄격하게 이해 가능한 것은 아님'을 인정한다.

---

15) Nagel, p.115.
16) Nagel, p.121.

2) 네이글의 논의의 정당성과 부당성

강한 형태의 평등을 요구하는 비개인적인 관점에서 보면 네이글의 주장이 설득력이 있다고 보인다. **사람들이 타고난 많은 이익과 불이익이 그리고 사람들이 그 속에서 살아갈 수밖에 없는 기본적인 틀이 그 사람들의 통제하에 있지 않다는 네이글의 지적은 옳다.** 물론 자유주의적인 관점을 취하고서, 중요한 것은 자유이며 특히 중요한 것은 정부의 포괄적인 간섭이 없는 경제적인 자유라고 주장할 수 있다. 그것은 정합적인 견해이다. 그러나 그러한 견해는 아주 많은 사람들이 현실적으로 배척하고 있는 견해이다. 또 하지만 그들 중의 약간은 그러한 견해가 자신들의 이익이 될 때는 반복하여 제시하는 견해이다. 사람들이 무엇을 했건 간에 사람들에게 중요한 재화의 결핍이나 해악이 있게 된다면 그것에 대하여 우리가 집단적인 책임을 가져야 한다는 것이 사실 미국의 근대적인 도덕적 전통의 핵심적인 신념이다. 현재의 많은 정치적인 논쟁들은 사람들에게 떨어지는 해악과 이익들에 대하여 사람들이 얼마나 많은 통제력을 가져야 하느냐라는 문제에 관한 것이다. 그러나 이 문제에 대한 많은 불일치들은, 내가 곧 지적할 것이지만, 신화에 근거하고 있다. 네이글이 계급 이익과 계급 불이익의 심각한 효과를 고려했더라도 더 옳을 수는 없었을 것이다.

네이글이 지각 있는 실재론과 부적절한 비관론 사이에서 가느다란 선을 찾아 결국 이미 자리 잡고 있는 제도와 동기를 합법화하려고 시도하고 있는 것은 분명 옳은 일이다. 그러나 그는 너무 자주 부적절한 비관론 쪽에 빠진다. 그는 인간 존재에게 무엇이 현실적인지, 특히 민주적인 정치 구조를 가지고 있는 산업화된 근대 경제에서 **인간 존재에게 무엇이 현실적인지에 대한 아주 광범위한 증거를 고려하지 않았다.** 그는 근대적인 인간 존재의 '사회화된 본성'에서 무엇이 현실적인가 하는 문제와 미국인들의 문화, 현재의 제도, 지배적인 동기에서 무엇이 현실적인가 하는 문제를 구분하지도 않았다.

5. 현실적 가능성의 복합성을 과소평가하는 일의 위험

1) 네이글의 문제점 하나: 획득과 경쟁만이 지배적인 동기가 아니다

나는 획득과 경쟁이라는 개인적 동기와 {정의라는} 비개인적인 동기를 결합시키는 일을 이해할 수 있을 것인가에 대한 네이글의 걱정이 설득력이 있다고 생각하지 않는다. 사람들은 충분히 복합적이어서 한편으로는 경제 체계의 현재 규칙들에서 최대의 것을 얻으려고 노력하면서, 다른 한편으로는 그 체계가 다른 규칙을 가져야만 한다고 생각할 수 있다. **사람들은 다른 태도들을 맥락화하는 데에 탁월한 능력을 가지고 있다.** 예를 들어, 근대 사회에 살고 있는 사람들은 자신들의 발전된 경제 체계 내에서 활동하고 있는 자신들과 양립할 수 없다고 생각되는 전통적인 태도와 신념을 유지할 수 있다고 조사연구들은 보여주고 있다. 그 술책은 분명 자신의 태도를 맥락화하는(contextualize) 능력이다. 즉 한 태도는 일할 때에 적합하고, 다른 태도는 가족의 삶이나 공동체의 삶에 적합하다.[17) 같은 맥락화 전술이 경제 체계에서의 자신의 역할과 시민으로서의 자신의 역할에 적용된다.

아마도 네이글은 가능한 한 많은 것을 얻으려는 물질적 욕망이 더욱 평등주의적인 체계에서 살려는 욕망을 침식한다고 생각하는 것 같다. 그러나 네이글의 강한 평등 개념도 추측컨대 능력이나 노력에 대한 모든 보상을 제거하려고 하지는 않을 것이다. 다만 보상이 더 작을 뿐이다. 아마도 네이글의 염려는 이득을 얻고 경쟁에서 성공하려고 창의성을 발휘하고 열심히 일하는 사람들이 그들에게 더 작은 보상을 하는 체계에서 살려고 하지 않을 것이라는 것이다. 그러나 사람들이 조그만 금전적 보상이나 경쟁에서의 성공이 의심스러운데도 불구하고 열심히 일

---

17) 인도에서의 이러한 현상에 대한 연구로는 다음을 참조하라. Alan Roland, *In Search of Self in India and Japan: Toward a Cross-Cultural Psychology* (Princeton: Princeton University Press, 1988).

하려는 동기를 갖는다면 학자는 놀라야만 할까? 때때로 네이글은 그러한 영역을 규칙에 대한 예외로 간주하는데, 예술, 오락, 스포츠 등이 그러하다. 이런 것들에는 일 자체의 내재적 만족이나, 인정이나, 어떤 종류의 **명예**가 커다란 노력을 촉발시키는 데에 충분하다. 그러나 이러한 영역을 다른 영역으로부터 그렇게까지 분리시키는 것은 사람들이 많은 다른 영역에서도 자신들의 일을 잘함으로써, 매우 작은 숫자의 동료나 부하나 상사가 자신의 업적을 인정함으로써 **실제로** 만족을 얻는다는 명백한 사실을 무시하는 것이다. 더 일반적으로 말하자면, 강한 평등주의의 현실적 가능성에 대한 네이글의 평가는 미국의 현재 상황에 대한 그의 인식에 의해 너무 많은 영향을 받은 것으로 보인다. 경제적인 생산에서의 일차적인 개인적 동기로서 획득을 그가 강조하는 것은 문화구속적인 (culture-bound) 것 즉 특정한 문화에서 비롯된 것이다. 많은 일본인들이 보여준 강력한 성취 동기는 획득에 닻을 내리고 있는 것이 아니라 부분적으로는 **가족과의 일체감**과 그들에게 **행복을 가져오려는** 욕망에 기초하고 있으며 또 부분적으로는 가족들의 돌봄에 대하여 가족들에게 빚을 지고 있다는 느낌에 기초하고 있다.[18] 가족과 공동체에게 행복을 가져오려는 욕망은 인도의 근대화된 경제에서의 높은 성취에서도 일차적인 동기인 것으로 보인다.[19] 다른 문화에 대한 그러한 연구들은 근대화와 경제적 경쟁이 있다고 해서 경쟁적인 개인주의 심리(the psychology of competitive individualism) 즉 미국에서만 훨씬 더 지배적이고 네이글의 비관론을 고무시킨 것으로 보이는 그러한 심리가 반드시 적용되는 것이 아니라는 점을 시사하고 있다.

---

18) 다음을 보라. George DeVos, *Socialization and Achievement* (Berkeley: University of California Press, 1973); "Dimensions of the Self in Japanese Culture," *Culture and Self: Asian and Western Perspectives*, ed. A. J. Marsella, G. DeVos, and F. L. K. Hsu (London: Tavistock Publishers, 1985), pp.141-184. 다음도 보라. Roland, pp.130-137.

19) 다음을 보라. Roland, pp.90-104.

2) 네이글의 문제점 둘: 보편적 원칙만이 합의의 근거가 아니다

강한 형태의 평등에 대한 합당한 합의의 전망에 대한 네이글의 비관론에 대해서도 생각해 보자. 비관론 뒤에 놓여 있는 것은 많은 이익을 가지는 자가 적은 이익을 가지는 자를 위하여 자신들의 개인적인 목적을 실질적으로 희생시킬 것을 요구하는 강한 평등주의적 원칙을 당연히 거부할 것이며, 이에 반해 적은 이익을 가지는 자는 당연히 많은 이익을 가지는 자의 더 작은 희생을 요구하는 원칙을 거부할 것이라는 생각이다. 이러한 종류의 합의가 보편적으로 타당한 이성의 원칙에 의해 이루어져 여하튼 어떤 합의를 합리적으로 강제할 수 있을 것이라고 네이글도 나도 결코 낙관하지 않는다. 그렇지만 나는 그러한 원칙이 특정한 시기와 장소에서 합의에 이르기 위한 필수조건은 아니라고 생각한다. 사실 개인적 관점과 비개인적 관점 사이에서 균형을 잡는 문제는, 다소간 해결하기 어려울 수 있고, 또 한 사회 내의 사람들 사이에게서도 이 문제에 대해 다소간 극단적으로 대립할 가능성도 있고, 한 사회에서 지배적인 개인적 동기의 내용과 강도가 어떠한가에 달려 있을 수도 있다. 궁극적으로 나는 우리가 **모든 종류의** 사회에 다 적용되는 보편적인 합의를 추구함으로써가 아니라 **미국**이라는 특정 사회에서 개인적 동기의 배열을 검토함으로써 분배적 정의의 원칙에 대한 **합의(나 우리가 성취할 수 있는 많은 합의점들)를 추구해야** 한다고 생각한다. 이렇게 함으로써 특정한 도덕적 불일치나 문제들을 토론할 때 보편적으로 타당한 도덕적 원칙들로부터 답을 도출하려는 시도를 하지 않는 다른 방법이 있음을 나는 보이고자 한다. 앞의 장들에서 이야기했듯이, 도덕률의 적합성에 대한 보편적인 제약은 실제로 존재하고 또 실천적인 문제에 대한 실질적인 결론을 실제로 제공한다. 그러나 그러한 제약이 있다는 것이 덜 보편적인 영역에 대한 유용한 다른 종류의 제약이 있다는 것을 배제하지는 않는다.

3) 네이글의 문제점 셋: 네이글은 너무 현재의 미국적 현실에 경도되어 있다

합의에 이를 전망에 대한 네이글의 비관론이 많은 이익을 가진 자가 마땅히 거부할 것과 적은 이익을 가진 자가 마땅히 거부할 것이 갈등한다는 생각과 관련이 있음을 기억하자. 하지만 우리는 무엇이 그러한 생각을 정당화하는지 그리고 그러한 생각이 {다른} 사람들의 필요에 대해 **어느 정도의 개인적 희생이 합당한 것인지에 대한 우리의 직관에 불과**한 것이 아닌지 물을 수 있다. 그리고 그것이 단지 우리의 직관에 불과하다면, 우리는 그러한 직관이 **여기 미국의 특정한 문화적 규범에 의해 크게 형성된 것이 아닌지** 물어야만 한다. 여기에서 다시, '근대인의 사회화된 본성'의 현실적 가능성을 평가하기 위해 우리는 현실적인 여러 태도들에 대한 아주 넓은 정보를 참조해야만 한다. 이러한 질문에서 중요한 것은 버바(Sydney Verba)와 그의 동료들의 미국, 일본, 스웨덴에서 엘리트 지도자들이 가지는 평등에 대한 태도 연구이다.[20]

(사업가, 노동자 집단, 여성운동가, 소수민족 대변가, 정당, 매체, 지적인 엘리트 등)의 지도자들에게 공정한 경제 체계에 대한 두 입장 중에서 하나를 선택하도록 요청했다. 하나는 모든 사람이 같은 수입을 올리는 것이었고 다른 하나는 수입이 능력에 비례하는 것이었다. 미국에서 조사된 모든 엘리트 집단은 수입의 어느 정도의 대강의 평등을 거부하는 보수주의적인 입장을 보였다. 이에 반해, 스웨덴에서는 그 문제가 더 개방적이었다. 두 지도자 집단은 평등하게 나눈다는 입장을 취했다. 일본은 미국과 스웨덴 중간쯤에 해당되었다. 흥미로운 것은 미국의 거의 모든 집단과 일본은 최고 연봉자와 숙련 및 비숙련 노동자 간의 수입

---

20) Sidney Verba and Steven Kelman, Gary R. Orren, Ichiro Miyake, Joji Watanuki, Ikuo Kabashima, G., and Donald Ferree, Jr., *Elites and the Idea of Equality: A Comparison of Japan, Sweden, and the United States* (Cambridge, MA: Harvard University Press, 1987).

차가 축소되기를 원했다는 것이다. (이것은 스웨덴에서는 덜 그러했다. 그러나 그 이유는 스웨덴에서는 수입이 일본보다, 특히 미국보다 훨씬 평등했기 때문이다.)

어떤 지도자 집단도 주로 효율성과 생산성이라는 익숙한 이유 때문에 수입의 차이를 완전히 축소시키려고 하지는 않았다. 미국에서는, 심지어는 가장 극단적인 집단도 이사와 비숙련 노동자 간의 수입의 비율이 8 : 1이나 10 : 1 정도라면 정당한 것으로 받아들였다. 일본에서는 더 좁은 수입 차이를 선호하는 경향이 있었다. 업계와 노동계의 지도자들은 미국의 업계와 노동계 지도자들이 선호하는 것의 반 조금 넘는 것을 선호하였다. 스웨덴의 지도자들이 생각하는 비율은 완전히 달랐다. 미국과 일본의 각 집단은 스웨덴의 각 집단들이 공정하다고 생각하는 몇 배의 비율을 선호하였다. 나아가, 스웨덴 집단들과 다른 두 나라 집단들의 선호도의 분포는 {너무 차이가 나서} 겹쳐지지 않았다. 미국과 일본의 **좌익** 정당 지도자들은 스웨덴의 **보수적인** 지도자들이 선호하는 수입 비율의 세 배의 비율을 선호하였다. 스웨덴에서 **가장 덜** 평등주의적인 집단인 업계의 지도자들이 선호하는 자신들과 비숙련 노동자들의 공정한 수입의 비율이 미국과 일본에서의 **가장** 평등주의적인 집단의 선호 비율과 거의 같았다. 일본 지도자들의 견해는 스웨덴과 미국 사이에 있었는데, 그래도 미국보다는 스웨덴과 더 비슷했다.[21]

물론, 스웨덴에서는 복지국가와 평등으로부터 '뒷걸음질'치는 현상이 많이 관찰되었다. 그렇지만, 버바와 그의 동료들은 우리들에게 이러한 뒷걸음질이 이미 잘 발달된 평등주의에 대한 신봉이라는 맥락 내에서 이해되어야만 한다고 환기시켜 주었다. 어떤 스웨덴의 지도자가 그러한 방향으로부터 뒤로 간다고 해도, 복지와 재분배에 대한 신봉의 수준은 일본이나 미국의 지도자 집단에서 가장 극단적인 사람들이 주장하는 것

---

21) Verba, p.146.

보다 여전히 클 것이다.22)

스웨덴에서는 네이글의 강한 평등보다 더 엄격한 극단적인 평등이 오히려 해결되지 않은 문제이고, 태도의 좌우측 극단 전체가 미국의 전체보다 상당히 좌측에 있다는 발견을 고려해 보자. 선호되는 수입 비율의 문제에서 스웨덴이 평등으로부터 뒷걸음질친다고 해도 스웨덴의 보수주의자들은 여전히 미국의 가장 극단적인 {좌파} 집단보다 왼쪽에 있다. 버바의 연구가 경제적인 하강기에 수행되었으며, 그것이 사람들을 보수주의 쪽으로 밀고 간 것으로 보인다는 점도 고려해 보자. 민주적이고 발달된 나라들 사이에서도 평등에 대한 **실제적인** (가능한 것은 생각하지도 마라) 태도가 이렇게 다르다는 것과 특정한 경제적 조건들이 이러한 태도들에 끼치는 영향이 아주 크다는 것을 고려하면, 많은 이익을 가진 사람들이 합당하게 희생해야 한다고 요구할 크기에 대한 어떤 특정한 직관을 받아들이는 데에 조심하지 않을 수 없다. 특히 이러한 문제와 관련하여 네이글이 직관하는 합당한 정도는 미국에서 볼 수 있는 경쟁적인 개인주의 심리에 의해 과도하게 영향을 받은 것으로 보인다.

심지어는 미국과 관련해서도, 네이글은 경쟁적인 개인주의 심리의 지배에 대하여 지나치게 비관적인 것으로 보인다. 돈을 버는 것이 좋기는 하지만 그것이 자신이 기여할 수 있고, 자신이 하고 있는 일에 긍지를 가질 수 있는 조직에 속함으로써 생기는 부산물이라고 생각하는 '조직인'(the organization man)이 중산층의 지배적인 성격 유형이라고 말했던 것은 그리 오래된 일이 아니다.23) 아마도 이러한 방식의 동기화는 뉴딜 협동조합(New Deal cooperation)을 통하여 세계 대공황과 싸우고 국가동원령을 통하여 제 2 차 세계대전을 치른 사람들에게는 자연스러운 것이다. 다른 한편으로, 그러한 성격 유형이 지배하는 시대가 끝났

---

22) Verba, p.146.

23) 다음을 보라. William H. Whyte, Jr., *The Organization Man* (New York: Simon & Schuster, 1956).

고, 네이글의 비관론은 현재 상황에 기초해 있다고 보인다. 그렇지만 지금조차도 과거의 그러한 조직인의 아이들은 주로 **획득에 의해 동기화되는 것이 아니라 자아 실현이나 자기 표현을 추구함으로써 동기화된다.**[24] 이것은 획득이 강력한 동기라는 것을 거부하는 것은 아니다. 그러나 그것이 일차적인 것이 아니고 단순히 몇 개의 일차적인 동기들 중의 하나라면, 강한 평등의 전망에 대한 비관론을 옹호하는 주장은 약화된다.

4) 네이글의 문제점 넷: 평등은 비개인적인 가치관만의 소산이 아니다

나아가, 스웨덴이나 일본이 미국보다 커다란 평등을 달성한 방식을 좀더 자세히 들여다보면, 개인적 가치에 대한 신봉 대 비개인적 가치에 대한 신봉이라는 네이글의 너무 단순한 대비에 의문을 제기하지 않을 수 없다. 버바와 그의 동료들이 이야기했듯이, 스웨덴이 어떤 산업화된 나라보다도 더 강력하게 평등으로 나아간 과정은 (충분히 역설적이게도) 위계질서를 받아들이고 정부의 권위에 복종하는 오랜 전통, 확립된 집단들과 노동계급 간의 협상과 타협을 증진시킨 산업화 과정, 사회민주당(Social Democratic Party)의 주도적인 정치적 역할, 그리고 강력한 사회주의 정당과 강력한 노조의 연합에 의해 이룩되었다. 스웨덴과 비교할 때, 일본 정부는 평등을 증진시키는 데에 상대적으로 거의 행정조

---

24) 다음을 보라. Paul Leinberger and Bruce Tucker, *The New Individualists: the Generation After the Organization Man* (New York: HarperCollins, 1991). 다음도 보라. Robert N. Bellah, Richard Madsen, William N. Sullivan, Ann Swidler, and Steven M. Tipton, *Habits of the Heart* (Berkeley: University of California Press, 1985); Charles Taylor, *The Ethics of Authenticity* (Cambridge, MA: Harvard University Press, 1992). 일본 문화가 더 많은 젊은 노동자들이 프리랜스 파트타임 노동을 선택하도록 만드는 경향을 가지고 있다는 보고들도 있다. 다음을 보라. Stephanie Strom, "A Shift in Japanese Culture Aids Some Workers Who Want to Go It Alone," *New York Times*, November 16, 2000.

치를 취하지 않았다. (예를 들자면, 일본 정부는 스웨덴에서 한 것처럼 재분배를 위하여 세금이나 양도 제도를 사용하지 않았다.) 오히려, 더 큰 평등은 부분적으로는 집단 정향적인 민족성으로 나왔으며 또 (비록 완전히 사라지지는 않았지만) 위계적인 위상을 받아들이는 경향의 약화로부터 나왔다고 보인다. 이러한 요소들은 개인 회사에서의 최저 봉급자와 최고 봉급자 간의 차이를 축소시키는 데에 기여하였다.[25]

우리는 스웨덴과 일본의 평등에 대한 신봉을 비개인적 가치에 대한 신봉이라고 말할 수 있는가? 비개인적인 요소가 분명히 그곳에 있다. 하지만 스웨덴의 경우에는 정부의 권위를 존중하는 경향이 보이는데, 그러한 경향이 네이글이 대비하고 있는 것에서 어느 쪽에 해당하는지 명백하지 않다. 그것이 어딘가에 속한다면, 그것은 개인적인 것에 속할 것이다. 일본의 경우에는 네이글이 개인적인 신봉이라고 분류한 어떤 것이 있다. '가족이나 친구라고 하기에는 너무 큰 …' 그러나 여전히 '보편적이라고 하기에는 너무 작은 이익 공동체'에 대한 개인의 충성이 그 것이다. 그렇지만 미국의 점령기로부터 평등이라는 가치의 흡수도 또한 있었다. 두 경우에 개인적 요소와 비개인적 요소는 평등을 증진시키는 실제적인 신봉에서 분리할 수 없는 것으로 보인다.[26]

강한 평등이라는 비개인적인 가치를 증진시키는 기획이 심리학적으

---

25) Verba, pp.20-57을 보라.

26) 아니면, 현재 보스턴에 살고 있는 한 아일랜드 사람인 Norman Sheehan을 고려 보자. 그는 수단, 라이베리아, 이라크, 그리고 소말리아에서 기아와 전쟁의 희생 자들을 돕는 난민 구제 활동가로 봉사하였다. 사람들은 그러한 사람을 비개인적 인 가치의 가장 순수한 신봉을 예시한다고 가정한다. 그러나 그는 그가 구제 활 동가가 되기로 처음 결심한 것이 비개인적인 관점, 그의 개인적인 목적, 그리고 공동체와의 그의 일체성이 뒤섞인 것이었다고 설명하고 있다.
"나는 종교적이지 않다. 나는 당신이 이제까지 만난 최고의 부랑자이다. 그것은 단순한 부름이었다. 당신은 당신이 무엇인가를 할 수 있다고 특별할 수 있다고 느낀다. 우리 아일랜드 사람들은 불쌍한 사람들을 사랑한다."(Kevin Cullen, "Haunted by death in Somalia," *The Boston Globe*, July 15, 1993, p.19)

로 현실적인 것인가 하는 문제로 되돌아가자. 이 문제는 어느 정도는 이제 비개인적인 가치와 충분히 강력한 '개인적' 가치를 연결시키는 현실적으로 가능한 **방식**들에 관한 문제 즉 충분히 강력한 개인적인 신봉을 통하여 비개인적인 관점에 대한 신봉을 매개하는 방식들에 관한 문제가 되었다. 달리 말하자면, 강력한 평등에 대한 강건한 신봉을 요구하는 것이 현실적인가는 그러한 요구가 실현되는 **방식**에 달려 있을 수도 있다는 것이다. {즉 어떤 방식을 취하느냐에 따라서 현실적일 수도 있고 비현실적일 수도 있다.} 나는 네이글이 이 문제의 이러한 측면을 고려하지 못했다고 생각한다. 왜냐하면 그는 비개인적인 가치(impersonal value)의 영역을 공적 도덕률(public morality)과 암묵적으로 동일시했기 때문이다. 내가 또한 생각하는 다른 이유는 그가 대부분의 사람들이 열심히 일하는 이유를 획득적인 동기라고 암묵적으로 가정하고 있었기 때문이나. 네이글이 자신의 비관론을 옹호하는 결정적인 자리에서, 획득적인 동기(acquisitive motive)가 개인적인 동기(personal motive)의 대역을 하고 있다. 하지만 여기에서 주장된 것은 비개인적 가치에 대한 신봉이 전형적으로 개인적인 가치에 대한 신봉에 의해 매개된다는 것뿐만이 아니라 개인적인 동기들 내에서도 중요한 구분들이 이루어져야 한다는 것이다.

6. 공동체주의자들의 평등에 대한 신봉?

1) 공동체주의자들의 평등 전략: 샌델

이제까지의 논의는, 어느 정도는 자유주의 정치 이론에 대한 공동체주의자들의 비판을 지지하였다. 특히 관련이 있는 것은 자유주의가 롤즈의 차별 원칙과 같은 강력한 평등의 원칙을 설득력 있게 정당화할 수 없다는 샌델(Michael Sandel)이 제시한 비판이다. 그의 주장에 따르면,

결국 더 잘 사는 사람은 자신들의 개인적인 좋음이 공통의 좋음과 뒤섞여 있음을 볼 때에만 그러한 원칙에 의해 요구되는 희생을 받아들이려고 할 것이다. 샌덜은 {개인적인 좋음이 공통의 좋음과 뒤섞여 있다는} 그러한 자기 이해 양식이 한 집단 내에 널리 퍼지게 되면, 그 구성원들은 서로를 덜 타자로 보게 되고 더 공통의 정체성을 가진 것으로, 즉 "가족이거나 공동체이거나 계급이거나 국민이거나 국가로" 보게 될 것이라고 예를 들며 지적한다. 그러한 자기 이해의 결과는 다음과 같다.

나의 재산이나 기회가 공통의 노력에 봉사하도록 요청되면, 나는 이것이 타자를 위하여 이용되는 경우라기보다는 오히려 내가 내 자신으로 간주하는 공동체의 목적에 기여하는 한 방식이라고 생각한다. 나의 희생의 정당화는, 그것이 희생이라고 생각될 수 있다면, 내가 모르는 타자가 내가 잃는 것보다 더 많은 것을 얻을 것이라는 추상적인 보장이 아니라 나의 노력에 의해서 내가 자랑스럽게 생각하고 나의 정체성과 밀접한 관계가 있는 삶의 방식의 실현에 내가 기여한다는 더욱 강력한 관념이다.[27]

희생이 "내가 모르는 타자가 무엇을 얻는다는 추상적인 보장"이 아니라 사람들이 자신과 동일시하는 공동체에 대한 기여가 된다는 샌덜의 요점은 여기에서의 결론 즉 강한 평등을 실현하는 현실적으로 가장 가능한 방법은 어떤 종류의 개인적 가치를 매개로 하여 강한 평등에 대한 신봉을 확립하는 것이라는 결론과 가깝다.[28] 이러한 일에서의 동기의

---

27) Michael Sandel, *Liberalism and the Limits of Justice* (Cambridge: Cambridge University Press, 1982), p.143.

28) 내게는 Jonathan Kozol이 그의 책 *Savage Inequalities* (New York: Crown Publishers, 1991)에서 다음과 같이 주장하였을 때 바로 이러한 신봉에 호소한 것으로 보인다.
국가의 공정성을 옹호하는 사람들은 그들의 적수들이 그러했던 것보다 훨씬 더 미국의 잠재성에 대하여 자신을 가졌던 것으로 보인다. 그들은 이렇게 말했다. "미국은 부유하고, 현명하고, 창의력이 있다. 우리는 **모든** 우리의 아이들에게 멋진 학교를 제공할 수 있다." … 보수주의자들은 일반적으로 애국심의 가치에

메커니즘은 2장 7절에서 서술된 메커니즘 즉 도덕률은 인간 존재의 아주 애매한 본성에 적합해야만 하는데, 이러한 인간 본성이란 타자 이익과 결합된 강력한 자기 이익이고, 이 둘은 아마 틀림없이 인간의 진화 과정에서 모두 선택되었을 것이라는 메커니즘과 비슷한 어떤 것이다. 이러한 애매성을 다루는 가장 효과적인 방식들 중의 하나는 자기 이익에 대하여 유인적인 호소를 함으로써 타자의 이익을 중심으로 행동하는데에 드는 부담을 줄이는 것이다. 다른 효과적인 방식은 도덕률이 어떤 동기들에 호소함으로써, 더 순수하게 자기 이익적인 동기와 타자 이익적인 동기 사이에 다리를 놓도록 하는 것이다.

2) 저자와 공동체주의가 같은 점과 다른 점

현재의 결론은 또한 개인의 좋음이나 번창을 타자에 대한 개인의 의무와 연결시키려는 그러한 유형의 윤리를 지지한다. 아리스토텔레스가 개인의 번창을, 인간 존재가 정치적 동물이라는 주장을 통하여 정치적 공동체에 대한 개인의 참여와 연결시키려고 했던 시도를 생각해 보자. 아니면 인간 존재가 자신의 실현을 타자와의 공동체에서 찾을 수 있다고 하는 유가적 관념을 생각해 보자. 유가에서의 공동체 관념은 그 본성에서 아리스토텔레스의 이론에서보다는 덜 정치적이다.[29] 그러나 이

대하여 더 열정적으로 이야기하는 사람들이다. 그들은 종종 국기에 대한 모욕에 항의하기 위하여 제일 먼저 일어나는 사람들이다. 그러나 이러한 경우에, 그들은 미국을 더 인색하고 비열하고 언짢은 것으로 축소시킨다. 그리고 그들은 국기를 원래보다 덜 아름답게 만든다. 그들은 우리에게 인종이 분리된 추악한 학교에서 망쳐진 아이들의 머리 위에 국기를 휘날리라고 말함으로써 국기를 더럽힌다. … 더러운 학교의 어린이들은 더러워진 국기에 대한 맹세를 하도록 요구된다. 그들이 애국심에 대하여 무엇을 배울지 명백하지 않다(p.173).

29) 유가에서의 이 문제에 대해서, 또 심리실재론과 관련된 문제들이 유가적인 윤리를 지지하는가라는 문제에 대해서, 나의 다음 글을 참조하라. "Universalism versus Love with Distinctions: An Ancient Debate Revived," *Journal of Chinese Philosophy*.

책에서 도달한 결론이 때때로 공동체주의 철학에서 발견되는 어떤 다른 주제들을 인정하지 않는다는 점을 주목해야 한다. 비개인적 가치에 대한 범주적 거부가 그런 주제에 속하고, 또 (내가 4장 2절에서 주장한 것처럼 이는 잘못된 것인데) 자유주의가, 자아가 공동체나 타자와의 관계로부터 독립적으로 존재한다는 순전히 형이상학적 자아 관념을 전제하고 있다는 주장도 그런 주제에 속한다. 물론 여기에서 도달한 결론이 개인적 가치를 통한 비개인적 평등의 매개를 우리가 어떻게 촉진시킬 것인가를 드러내 보여주지는 않는다.

미국에서 대부분의 사람들이 정부의 권위에 대한 스웨덴 식의 복종을 통하여 평등에 대한 더 강력한 신봉에 이를 것이라고 생각하는 것은 현실적으로 보이지 않는다. 우리들 대부분에게 그러한 길은 바람직하게 보이지도 않는다. 그러한 신봉에 이르기 위해서는 우리들 대부분이 높이 평가하는 정치 문화에서의 변화가 필요하다. 하지만, 버바와 그의 동료들이 지적한 것처럼, 확립된 권위에 대한 미국인들의 반감이 시민들이 더 강한 평등을 신봉하도록 시민을 이끌 국가의 능력을 제약하고 있다.30) 미국에서 평등에 대한 더 큰 신봉이 일어날 현실적 전망이 있다면, 그러한 전망은 공동체 정향적인 가치에 대한 더 강력하고 더 포괄적인 신봉에 달려 있는 것으로 보인다. 그러나 이것이 현실적인 전망인가?

7. 평등에 대한 공동체주의의 신봉이 현실적인가?

1) 미국에서의 평등의 강화

위에서 지적하였듯이, 평등에 대한 강화된 신봉은 어떤 역사적 시기에 등장했다. 제 2 차 세계대전 후에 "국가 전체의 도덕감에서 볼 때 충

---

30) Verba, p.55.

족되지 못한 주장을 해왔다고 오랫동안 생각했던" 소수민족들은 "그러한 도덕감을 탁월하게 거점으로 사용하여 법과 입법 과정에 그러한 도덕감이 영향력을 행사하게 하였다." 이러한 새로운 능력은 부분적으로는 이러한 소수민족의 구성원들이 공동의 전쟁 노력에 종종 아주 큰 희생을 치르고 기여했다는 점을 일반적으로 인정받은 것과 관련이 있다. 폴(J. R. Pole)의 관찰에 따르면, 이는 또한 미국의 사회적이고 정치적인 가치들의 명료화와도 관련이 있다. 이러한 명료화는 결국 "인종적이고 종교적인 증오, 국가의 명령을 따르기를 거부하는 모든 개인이나 연합체의 정신적인 지적인 신체적인 자유에 대한 폭정을 저지르는 적들과의 싸움에 이르게 되었는데, 이러한 일들은 미국이 자신들의 고유한 유산이라고 기꺼이 주장해 온 것들과는 아주 명백히 반하는 것이었다."31)

소수민족에 대한 변화된 태도는 스웨텐이나 일본이 평등으로 나아가는 과정 중에 있었던 개인적 가치와 비개인적 가치의 혼합과 같은 것을 보여주고 있다. 즉 소수민족이 최고의 중요성을 가지는 집단적인 노력에 기여한 구성원임을 인정하는 것과 국가 공동체의 도덕적 전통의 핵심에 있는 것으로 보이는 자유와 평등이라는 비개인적 가치의 명료화와 이에 대한 강화된 신봉의 혼합이 보인다.

2) 미국 사회에서 평등강화의 문제점 하나: 이질성과 그에 대한 평가

그렇지만 제2차 세계대전의 효과를 보게 되면 국가적 공동체에 대한 신봉을 매개로 강한 평등에 대한 신봉이 생겨난다는 새로운 문제가 생겨난다. 물론 우리가 국가에 대한 더 큰 공동체 정신을 촉진시키기 위하여 전쟁을 시작하자고 제안한다면 이는 어리석고 비뚤어진 것이다. 그러나 우리는 비교할 만한 효과를 가지는 다른 수단을 가지고 있는가? 정치 지도자들이 국민들에게 집단적인 목적을 위하여 어떤 희생을 요청

---

31) J. R. Pole, *The Pursuit of Equality in American History* (Berkeley: University of California Press, 1978), p.256.

할 때 그들이 종종 전쟁이라는 은유를 사용하고 있음은 주목할 만하다. 문제는 그러한 요청이 개인주의라는 강력한 문화적 맥락에서는, 다시 말해서 사람들이 자신과 비슷한 사람들만 생각하고 이익을 덜 가진 사람들의 상황에 대하여 이야기할 책무를 가진다는 것을 인정하기를 점점 더 꺼리게 되는 맥락에서는 비효과적이지 않은가 하는 것이다. 또 공동체 정향적인 윤리를 강화함으로써 평등을 증진시키려는 시도가 현실적인가 하는 문제와 관련하여 미국은 스웨덴이나 일본과 결정적으로 다르다. 스웨덴과 일본은 **윤리적이고 문화적인 점**에서 상대적으로 동질적인 (homogeneous) 반면, **미국은** 바로 그 점에서 **이질적(heterogeneous)**이다. ('크고 민족적으로 다양한' 사회에서 자유와 평등을 '정치적으로 안정적으로' 결합시키는 어려움에 대하여 네이글이 언급했다는 사실을 기억하라.) 그것이 강력한 공동체 정향적인 윤리(와 공동체로서의 국가)를 전망 없게 만들지 않겠는가?

이러한 것들이 미국적인 도덕적, 정치적 전통에서 공동체주의적인 경향을 강화하자는 요청에 대하여 가장 자주 표현되는 비판들이다. 다양한 비판들 사이에도 상당한 정도의 긴장이 있다. 한 쪽에서는 우리 사회가 너무 이질적이어서 참된 공동체일 수 없다고 하고, 다른 한 쪽에서는 하나의 공동체가 되기에는 너무 동질적이라고 말한다. 개인주의의 조류가 일어나자, 결국 사람들은 점점 더 **같은** 종류의 가치{즉 개인주의적 가치}를 채택하게 되었다. 이들 두 종류의 비판이 양립하든 않든 간에, 나는 점증하는 동질성에 의해 발생하는 갈등보다는 이질성에 의해서 발생되는 잠재적 갈등에 관심을 더 갖는다.

조화로운 사회를 가치의 공유와 연결시키는 사람들은 (공동체주의자들과 그들을 비판하고 있는 자유주의자들이 이런 연결을 하고 있다) 모든 것이 공유되는 가치가 무엇인가에 달려 있음을 알아야만 한다. 서로에 대한 관용과 타협을 포함하는 어떤 가치들을 공유한다면, 그렇지 않았더라면 이질적이었을 집단들이 함께 살 수 있고, 심지어는 공통의 기획에 참여할 수 있다.32) 반면에 많은 가치를 공유하고 있는 집단들도 심각하게 갈등할 수 있다. 개인주의와 연결된 가치들은 결국 권리, 기회, 그리고 물질적 자원들에 대한 경쟁적인 주장들을 하게 될 것이고 이러한 주장들 간의 갈등을 발생시킬 수 있고 발생시킨다. 미국에서 더 오래되고 더 확립된 민족 집단은 이러한 주장의 언어를 아주 잘 학습하였다. 새로운 집단들은 다른 정치적 문화와 관련된 다른 언어를 가져왔을 수도 있다. 그래서 어느 정도까지는 그렇게 한다고 하더라도, 그들은 경쟁적인 주장을 하는 정치적 과정에 참여하는 경향이 덜하거나 능력이 덜한 것으로 보인다.

3) 미국 사회에서 평등강화의 문제점 둘: 기회의 평등에 대한 선호와 그에 대한 평가

그럼에도 불구하고 강한 평등에 대한 공동체주의적 신봉이라는 이상을 실현시킬 현실적인 전망과 관련해서는 심각한 문제가 있다. 평등의 이유들이 아주 다르다. 그러한 전망이 의심스러운 한 이유는 미국인들이 가지고 있는 깊게 확립된 **도덕적** 신념 즉 **결과**의 평등보다는 **기회의 평등이라는 이상에 대한 선호** 때문이다. 블룸(Lawrence Blum)은 기회의 평등이 의미하는 것은 경쟁 기회의 평등 즉 아주 많은 경우에 소수의 바람직한 자리를 놓고서 아주 많은 다른 사람들과 **경쟁할** 기회의 평등이라고 지적하였다. 블룸은 이러한 관념이 얼마나 깊은 문제를 가지고 있는지도 지적하였다. 한편으로 경쟁은 승자와 패자를 낳는다. 그리고 경쟁의 이익과 불이익이 승자와 패자 그리고 그들과 밀접하게 관련된 모두에게 발생하는데, 이것이 경쟁의 평등을 침식한다.33) 그는 또

---

32) 나는 8장에서 타자와의 심각한 불일치에 대한 타협의 전략을 논의할 것이다.

33) Jonathan Kozol이 *Savage Inequalities*, p.83에서 하고 있는 다음의 진술을 고려해 보라. "'경쟁의 수단'을 부정하는 것은 아마도 커다란 도시의 학교에서 가난한 학생들에게 제공되는 교육의 유일하고 가장 일관적인 결과이다. …" 그는 1987년 뉴욕 시에서 학생당 평균적인 비용이 대략 5,500달러임을 지적하고 있

평등한 기회라는 이러한 현재의 관념이, 미국인들이 참된 미개척지를 가지고 있어 평등한 삶이라는 전망과 더 가까운 어떤 것이 실현 가능하게 보이는 그러한 때의 원래의 신화적 관념과 얼마나 다른지를 지적하였다.[34] 하지만 이제까지 블룸이 한 것과 같은 그러한 주장은 경쟁의 기회에 대한 믿음과 원래의 신화적 기회와 현재의 경쟁의 기회를 동일시하는 믿음을 붕괴시키지 못했다.

하지만 여기에서 우리는 현실적 가능성에 대한 다른 수준에 도달하였다. 우리는 인간 존재 그 자체에 대한 현실적 가능성에 대한 이야기로부터 근대의 산업화된 민주주의 국가의 사람들로, 다시 미국에 사는 사람들로, 그리고 이제 마지막으로 어떤 확립된 도덕적 믿음을 가진 미국의 사람들로 내려왔다. 여기에서 우리는 비록 문제가 있기는 하지만 어떤 확립된 도덕적 신념을 주장하면서 도덕률을 평가해야만 하는지 물어야만 한다. 우리는 사람들이 할 수 있고 될 수 있는 현실적 가능성에 적응해야만 하는 도덕률과, 합당하지 못하고 신화적이지만 확립된 그러한 신념을 수용하기 때문에 사람들에게 거의 아무것도 요구하지 못하는 도덕률의 차이를 무시하지 말아야 한다. 현실적 가능성이 확립된 도덕적 신념을 기초로 그러한 신념의 합당하지 못함과 무관하게 평가된다면, 그러한 평가는 도덕률을 평가하는 데에 사용할 수 없다.

이것은 이러한 종류의 현실적 가능성이 작은 이익을 가진 사람들의 상황에 대하여 이야기하기 위하여 지금 무엇을 할 것인가에 관한 우리

다. 뉴욕의 아주 소비적인 교외에서 학비 수준은 11,000달러 이상으로 올라가고 최고 높은 지역에서는 15,000달러이다. 뉴욕 시 내에서도 커다란 불평등이 있다. 가난한 수입을 가진 학교들은 펜과 종이와 같은 공급품을 사기 위해서 컴퓨터를 살 돈을 사용할 필요가 있었다. 그러한 학교들은 인원초과의 학급에서 다양한 필요에 대응할 탁월한 교사들이 필요할 때 최악의 교사들을 가지고 있었다(pp.84-85).

34) Lawrence Blum, "Opportunity and Equality of Opportunity," *Public Affairs Quarterly* 2 (1988), pp.1-18.

의 실용적이고 전략적인 토론에 영향을 줄 적당한 장소라는 것을 부정하는 것은 아니다. 예를 들어, 평등한 결과라는 이상에 대한 미국인들의 저항을 고려하면 {결과적으로 결과의 평등을 가져올} 이익을 적게 가진 사람을 특별히 겨냥한 프로그램 대신에 (결과적으로 기회의 평등을 가져올) 보편적인 자격 프로그램을 밀어붙이는 것이 더 유리할 수 있다. 그것을 고려하는 것이 짧은 기간 내에 더 포괄적이고 더 높은 최소한의 복지수준을 밀어붙이는 데에 유리할 수 있다. 네이글이 말한 대로, 강력한 평등과 같은 그러한 먼 목표에 이르는 우리의 길을 가는 것은 우리가 더 많은 중간 단계들을 취할 때까지 너무 어려울 수도 있다. 그러나 이제 우리가 강한 평등이라는 요구를 **이론적으로** 평가하고 있지 않다는 것은 명백하다. 말하자면 우리는 도덕적 이론의 현실적 가능성을 **외부**로부터 가져오는 대신 내부로부터 가져오고 있는 중이다. 이러한 현실적 가능성은 이론의 가치를 어떻게 가장 잘 전략적으로 실현할 수 있는가 하는 문제에 대한 우리의 고려에 대답을 준다.

4) 미국 사회에서 평등강화의 문제점 셋: 중간 단위의 연합체의 부재

하지만, 강한 평등에 대한 공동체주의적 신봉의 전망이 의심을 받는 다른 이유도 있다. 이러한 이유는 그러한 공동체주의적 신봉을 강화할 명백한 기초가 점진적으로 **약화**되고 있다는 것이다. 4장과 5장에서 이야기한 것처럼, **더 작은 형태의 공동체**가 효과적인 도덕적 행위자를 기르기 위하여, 그리고 자기 자신의 테두리를 훨씬 넘어 적용되는 평등과 같은 규범을 포함하는 사회적 규범에 대한 신봉을 강화하기 위하여 필요하다.

5) 미국 사회에서 평등이 강화될 현실적 가능성이 있는가?

이러한 점들이 평등에 대한 더 큰 공동체주의적 신봉이 실재한다는 주장을 약화시키는가? 이 장의 시작 부분에서의 나의 주장 즉 가능성이

실재하느냐 않느냐는 가장 현실적인 것과 가장 비현실적인 것의 연장선상의 어디에 떨어질 수 있으며, 이는 주어진 가능성이 실현될 수 있는 과정에 대하여 우리가 얼마나 세부적인 개념을 갖느냐와 우리가 그러한 과정을 시작하고 완수할 능력을 가진다는 증거나 반대증거에 달려 있다. 이러한 경우에, 우리가 충분하게 강력한 공동체주의적 신봉이 **여기 지금의 우리**에게 **명백히 현실적인 가능성**이라고 생각할 수 없다는 것은 확실하다. 그러나 우리는 그것이 **명백히 비현실적인 가능성**이라고 생각할 수도 없다. 그러한 강화된 신봉이 존재하는 지역이 있다. 그러한 신봉은 결국 테레사 수녀나 간디와 같은 도덕 수준을 요구하지 않는다. 상당히 많은 수의 사람들이, 다수가 되기에는 너무 적지만 예외적인 도덕적 영웅들보다는 훨씬 많은 사람들이 이러한 종류의 신봉을 보여주었다. 그러므로 우리는 어떤 환경 아래서는 그것이 가능하다는 것을 안다. 그러나 충분히 큰 크기로 우리의 환경과 같은 어떤 것 아래서 그것이 일어날 수 있을 것인가는 우리가 어떻게 답할지 알 수 없는 질문이다. 그렇다면, 적합한 결론은 무엇인가? 강한 평등이 현실적 가능성이라고 말할 능력이 우리에게 없기 때문에, 우리는 모든 사람에 대한 비개인적 관심을 가지라는 요청을 완화시켜야 할 것인가? 아니면 그것이 현실적이지 **않은** 가능성이라고 말할 수 없기 때문에 그러한 요청을 유지해야 할 것인가?

8. 도덕률의 내용에 대한 제약들: 요청의 방식과 보편보다 덜한 것에 대하여

이러한 방식으로 문제를 제기하는 것은, 우리는 도움을 필요로 하는 사람들을 (적당한 도움을 훨씬 넘어서는 희생의 수준에서) 도와야만 한다는 것을 보편적인 원칙으로 의욕할 수 없고 도울 필요가 없다는 것도 보편적인 원칙으로 의욕할 수 없다는 네이글의 주장을 생각나게 한다. 그렇지만 네이글과 달리, 나는 **우리가 도와야만 한다는 것을 보편적인 원칙으로 의욕할 수 있다고** 생각한다. 우리는 그렇게 해야만 한다. 왜냐하면 여기 미국에서 발견되는 물욕적이고 경쟁적인 동기들의 강도를 당연한 것으로 받아들일 수 없기 때문이다. 강한 평등에 대한 공동체주의적 신봉이 현실적이지 **않은** 가능성일지도 모른다는 사실이 비개인적 관심에 대한 요청을 유지할 이유가 된다. 다른 것이 아무것도 없다면, 그러한 요청을 유지하는 것은 변화의 참된 가능성을 계속 추구하고 우리의 지역적인 형태의 공동체가 강한 평등에 대한 소망과 더 일치하도록 만드는 노력을 계속할 박차로서 기능한다. 우리가 이제 **강한 평등을 대규모로 실현할 길을 알지 못한다고 하더라도, 실제로 수많은 사람들을 소규모로 도울 가능성은 충분히 현실적이다.**

4장에서 나는 인간의 본성이 효과적인 도덕적 활동력을 계발하기 위해 요구되는 것들을 통하여 적합한 도덕률을 제약하고 있다고 주장하였다. 5장에서 나는 자유주의적 도덕적 전통 내에, 자유주의 가치와 공동체주의 가치 간의 소위 양립 불가능성에도 **불구하고,** 그러한 제약을 충족시킬 길이 있다고 주장하였다. 그리고 이 장에서 나는 현실적 가능성이라는 제약이 개인적 가치를 통하여 비개인적 가치를 매개하는 것을 개인적인 차원에서 구현하고 촉진하는 제도와 관행을 요구한다고 주장하였다. 이러한 것들은 지역적인 제약들로서, 인간 본성이 다른 많은 특정한 환경과 결합할 때 도덕적 가치들을 실현할 수 있는 길들에는 제약들이 있다는 주장을 통하여 작동된다. 그렇지만 흥미롭게도 어떤 가능성이 **충분히 현실적임**을 보는 것도 또한 적합한 도덕률에 대한 제약으로서 작동한다. 수용되기 위하여 어떤 방식으로든 어떤 가능성의 실재성을 부정하는 도덕률은 부적합한 것으로 또한 배제되어야 한다.

제 3 부

우리의 도덕적 신봉들에 대하여
확신을 가지기

제 7 장
내적인 도덕적 이유와 외적인 도덕적 이유

저자는 우선 1절에서 의무 외내재론과 이유 외내재론이 어떻게 관계될 수 있는가를 보이고 자신은 개인적인 입장에서는 의무 내재론과 이유 외재론의 입장을 취하지만, 인류의 입장에서는 의무 내재론과 이유 내재론의 입장을 취한다고 밝힌다. 2절에서는 행위의 이유로 욕망을 내세우는 흄의 이유 내재론적 입장을 설명한다. 3절에서는 이러한 흄적인 입장에 대한 반론과 재반론을 소개하면서 이러한 갈등에 대안이 있음을 지적한다. 4절에서는 욕망 대신에 성향을 제시하고, 이유가 선-존재하는 성향을 확정적이게 만든다는 자신의 입장을 제시한다. 5절에서는 이러한 자신의 입장에 대한 반론들을 검토하고 성향과 이유가 상호적이라는 재반론을 제시한다. 6절에서는 성향이 시사나 패러다임 시나리오에 의하여 성형된다는 점을 지적하고, 7절에서는 이유들이 어떻게 성향을 성형하는가를 또한 지적한다. 8절에서는 자신의 이론이 직관이나 최근의 두뇌이론과 일치한다는 것을 주장한다. 9절에서는 자신의 외재론적 입장과 내재론적 입장을 제시하고 이것들이 자신의 이론에서는 생각처럼 모순적이지 않다는 점을 지적한다. 아울러 생물학적 적합성과 사회적인 협동성이 이유의 내용임을 지적하고, 10절에서는 이유들이 성향의 길들이기에 소용이 있음을 지적하면서, 따라서 이유는 합리성이 아니라 합당성을 갖는다고 주장한다. 11절에서는 이러한 까닭으로 도덕이나 도덕률에 대한 질문은 질문의 전제로서 질문의 대상이 될 수 없음을 지적한다.

이 장에서 나는 제3부에서 하고자 하는 일, 즉 참된 도덕률이 여럿 있다는 것을 인정하게 될 때 생길 수 있는 도덕적 신봉의 확고성과 안정성의 문제에 대한 이야기를 시작하고자 한다. 도덕적 이유들은 인간의 동기와 얼마나 깊이 관계되어 있는가? 도덕적이고자 하는 것은 얼마나 합리적일 수 있는가? 이러한 것들이 내가 이 장에서 다루고자 하는 물음들이다. 이러한 문제들에 대한 나의 접근은 윤리의 이유가 내재하느냐 외재하느냐에 대한 논쟁을 통하여 이루어진다.

1. 내재론-외재론 논쟁 소개

1) 폴크의 의무 외재론와 의무 내재론

현대의 논쟁은 도덕적 의무와 이익 사이의 관계에 대한 폴크(David Falk)의 글로부터 시작된다. 폴크는 {의무} 외재론(externalism)을 행위자가 그렇게 할 동기나 이유를 가지지 않음에도 불구하고 의무를 가질 수 있다는 입장이라고 보았다.[1] 동기는 자연발생적이거나 기질적일 수 있다. (즉 행위자가 문제의 행위를 하고 있는 때에 행위자가 가지고 있는 것이다.) 폴크는 {의무} 내재론(internalism)을 의무에 이유나 동기가 필연적으로 동반되는 입장이라고 규정했다. 그는 어떤 입장도 쉽게 포

---

[1] David Falk, "'Ought' and Motivation," *Proceedings of the Aristotelian Society* 48 (1947-48), p.116.

기되지 않는다고 주장하였는데, 왜냐하면 각각은 도덕적 의무의 원천에 대한 그럴듯하지만 대립적인 개념들에 뿌리하고 있기 때문이다. 외재론 개념에 따르면, 의무는 행위자 바깥에서, 그것이 하느님이든 사회이든 혹은 상황 그 자체이든 간에, 바깥에서 오며, 어떤 행위들을 적합하거나 요청되도록 만드는 것은 행위자를 움직이는 것{즉 동기나 이유}과는 무관하다. 역사적으로 최초의 도덕적 명령은 아마도 외부로부터의 요구였을 것이며, 사람들은 관습적으로나 무반성적으로 복종하였을 것이라고 폴크는 이야기하고 있다. 의무에 대한 다른 개념은 행위자의 합리적 선택이 계속하여 증가함에 따라 생겨났다. 반성적인 행위자는 외적인 요구를 충족시킬 아무런 동기나 이유를 가지지 않았을 때 그러한 요구를 거부했을 것이다. 폴크는 내재론와 외재론 간의 우리의 원래의 딜레마는 의무에 대한 두 개념 간의 차이를 명백히 하지 않음으로써 생기는 것이라고 결론 짓고, 그들 중에 하나를 택할 것을 촉구하였다.

2) 이유 외재론과 이유 내재론

폴크는 '이유'이라는 용어를 행위자의 자연발생적이거나 기질적인 동기와 동등한 것처럼 사용하였다. 최근에 우리의 관심은 이유 그 자체의 본성으로 향해졌다. 이렇게 이유에 관심을 가지게 된 것은 어느 정도는 실천적 이유(practical reason)라는 확실히 더 단단한 지반 위에 우리의 발을 먼저 내려놓음으로써 의무와 이유 간의 관계라는 문제를 논의할 추가적인 진지를 얻고자 하는 욕망 때문이었다. 우리는 먼저 행위의 이유가 행위자의 동기와 어떤 관계를 갖는가를 해명할 필요가 있다. 그러한 생각이 있고 난 다음에 의무와 이익의 관계에 대한 결론을 끄집어낼 수도 있다. 이렇게 하여 이유 자체가 내재적이냐 외재적이냐 하는 문제로 문제가 변경되었다. 이유 내재론자들은 행위자가 행위할 이유를 갖는다는 것은 행위자가 이미 가지고 있는 어떤 동기에 기초해야만 하는 것이라고 주장하며, 외재론자들은 이러한 관계의 필요성을 부정한다.

3) 의무 외내재론과 이유 외내재론의 여러 가지 조합 가능성

이유에 대한 논쟁과 도덕적 의무에 대한 논쟁 간에는 관계가 간단하지 않다. 이러한 관계를 보기 위해서, 의무 내재론과 외재론이 행위자가 의무를 수행해야 할 이유를 가져야만 하는가라는 물음에 대한 입장이라고 가정하자. {즉 의무 외재론은 의무와 이유가 무관하다는 입장이며, 의무 내재론은 의무와 이유가 관계가 있다는 입장이라고 가정하자.} 폴크는 이유와 동기를 같이 보았지만, 이를 내버려두고 그 대신 이유와 동기 간의 관계가 내재한다는 해석이나 외재한다는 해석이 모두 가능하다고 가정하자. {즉 이유 외재론은 이유와 동기가 무관하다는 입장이며, 이유 내재론은 이유와 동기가 관계가 있다는 입장이라고 가정하자.) ① 어떤 사람은 의무와 이유 양자에 대하여 내재론자일 수 있다. 그는 이렇게 주장한다. 이유는 동기에 기초해야만 하며, 행위를 해야 할 그러한 이유는 행위자가 그것을 해야 할 의무를 가질 때 어느 때나 있어야만 한다. ② 다른 어떤 사람은 의무에 대해서는 외재론자이면서 이유에 대해서는 내재론자가 될 수 있다. 이런 사람은 이렇게 주장한다. 이유는 동기에 기초해야만 하지만, 행위자는 그러한 이유를 가지지 않고서도 의무를 가질 수 있다. ③ 또 다른 어떤 사람은 의무에 대해서도 외재론자이고 이유에 대해서도 외재론자일 수 있다. 이러한 입장은 동기라는 한 쪽과 의무와 이유라는 다른 한 쪽 간의 어떤 필연적인 관계도 거부한다. ④ 마지막으로 또 어떤 사람은 의무에 대해서는 내재론자이고 이유에 대해서는 외재론자일 수 있다. 이러한 입장은 의무를 가지는 행위자는 그것을 할 이유를 갖는다. 그러나 그러한 이유는 행위자의 동기에 기초할 필요가 없다.[2] {이를 도식으로 나타내 보면 다음과 같다. 괄호

---

2) Philippa Foot은 그녀의 글들에서 보면 의무 외재론자이면서 이유 내재론자인 것으로 보인다. 다음을 보라. Philippa Foot, "Morality as a System of Hypothetical Imperatives," *Philosophical Review* 81 (1972), pp.305-316; "Reasons for Action and Desires," *Proceedings of the Aristotelian Society* 보충판 46 (1972), pp.202- 210. 나의 이전의 책에서는 나 또한 그러한 입장을 옹호했다.

로 묶어져 있는 것은 어떤 관계가 있다는 것을 의미한다. ① (의무-(이유)-동기) ② 의무-(이유-동기) ③ 의무-이유-동기 ④ (의무-이유)-동기. 이 책은 우선 ④의 입장을 취한 다음 이것은 개인적인 경우이고 인류의 경우에는 ①이 타당하다는 복잡한 입장을 취한다.}

4) 이 책의 입장으로서의 의무 내재론

먼저 의무와 이유의 관계라는 문제부터 살펴보자. 도덕적 의무와 그것을 할 이유 간에는 우연적이지 않은 연결이 있다는 증거가 있다. 결국 우리가 **도덕적** 이유에 대하여 말하는 것을 보면, 행위자가 어떤 것을 할 도덕적 의무를 가졌다는 주장과 그가 그것을 할 도덕적 이유를 가졌다는 주장 사이에 밀접한 관계가 있다는 것을 우리는 어떤 언어적 직관을 통하여 알 수 있다. 그들이 도덕적으로 어떤 일을 해야만 하는데, 그들이 그렇게 해야 할 이유가 없다고 말하는 것은 이상하다. 도덕적 이유가 무엇인가를 이해하는 한 가지 방식이 있는데 그것은 도덕적 의무와의 관계에 대한 이러한 가정을 지지한다. X를 할 도덕적 이유, 일반적으로 X를 할 어떤 종류의 이유는 행위자에게 X를 하도록 요청하는 상황의 특징(the feature of the situation)**이다**. 예를 들어, 행위자가 X를 하지 않으면 부정의하거나 잔인한 일이 될 것이라는 사실이다.3)

─────────

나는 이유에 대한 내재론을 주장했는데, 왜냐하면 행위자 A가 행위 X를 할 이유를 가지는데, 그러한 이유가 A의 동기에 아무런 근거를 갖지 않는다고 말하는 것이 무엇을 말하는지 내게는 확실하지 않았기 때문이다. 동시에 나에게는 사람들이 의무를 해야 할 아무런 동기를 가지지 않는다고 하더라도 의무를 가질 수 있는 것으로 보였다. 이유 내재론이라는 예전의 나의 입장은 의무 외재론을 요구한다. 예를 들어, 나는 우리가 비도덕적인 사람이나 나쁜 사람들에 대해서 그들이 동기에 기초한 이유를 가지지 않는 일을 의무로 가졌다고 말한다고 생각했다. 다음을 보라. David B. Wong, *Moral Relativity* (Berkeley: University of California Press, 1984), p.65; "On Moral Realism without Foundations," *Southern Journal of Philosophy* 보충판 24 (1986), p.112. 내가 아래에서 개괄할 이유들로 하여 나는 이러한 입장을 다시 생각하게 되었다.

도덕적 이유를 이야기할 때 매우 자주 행위자 바깥에 있는 어떤 것과 그것과 행위자와의 관계에 대하여 이야기하지만, 행위자로 하여금 그러한 이유로 그것을 하도록 동기를 준 행위자 안에 있는 것에 대해서는 별로 이야기하지 않는다. 도덕적 이유가 이러한 것이라면, 의무와 이유 간에는 간격이 거의 없어 보인다.

행위자가 X를 할 도덕적 이유가 **있는** 것과 행위자가 X를 할 도덕적 이유를 **가지는** 것 사이에는 결정적인 차이가 있을 가능성이 있다. 아마도 전자의 이유는 도덕적 의무에 내적인 것이지만, 후자는 그렇지 않을 것이다. 그렇지만 논리적 형태에서의 차이가 지금 이 문제에 중요한 것인지는 확실하지 않다. 어떤 사람이 X를 할 이유가 있지만 그 사람이 X를 할 이유를 가지고 있지 않다고 말하는 것은 이상하게 보인다. 이 책에서 행위할 의무와 이유는 필연적으로 연결된다고 가정하며, 행위자가 무엇을 할 도덕적 의무를 가진다는 진술은 행위자가 그것을 할 도덕적 이유를 가진다는 것으로 분석될 수 있다. 그러나 그러한 연결의 함축 의미가 무엇인지는 더 탐구해 보아야 할 과제이다. 그러한 연결이 인정되면, 문제는 도덕적 의무에 내재하는 이유 그 자체가 {동기와 관련하여} 내적인가 외적인가 하는 것이다.

5) 행위의 도덕적 이유와 일반적 이유

이 장에서 옹호되는 주요 결론들 중 많은 것은 도덕적 이유에만 적용되는 것이 아니라 행위의 이유 일반에 적용된다. 내가 그러한 결론을 특히 도덕적 이유에 적용되는 것으로 옹호하고자 할 때에는, 적합한 한정사를 사용하도록 하겠다. 혼동을 방지하기 위하여, 행위의 도덕적 이유와 행위의 일반적인 이유의 관계를 해명하는 어떤 기초적인 이야기를

---

3) 나는 다음을 읽고 이러한 이해에 의해 처음으로 깊은 인상을 받았다. Kwong-loi Shun, "Moral Reasons in Confucian Ethics," *The Journal of Chinese Philosophy* 16 (1989), pp.317-344.

해보자. 다른 개념들에서와 마찬가지로, 도덕적 개념은 모든 것을 고려하는 그러한 유형의 이유가 아니다. **도덕적 이유는**, 진실한 도덕률에 반하여 행동하는 것이 비합리적이라는 그런 의미에서 **합리성(rationality)에 의해서 요구되는 이유가 아니다.** 오히려 그러한 종류의 이유는 **합당성(reasonableness)과 연결되는 것**이며, 이 장의 말미에서 설명되듯이, 합당성이 없다는 것은 비합리적인 것이 아니다.

6) 이 책의 입장으로서의 이유 외재론, 그리고 내재론과 외재론의 화해 가능성

이유의 내재론와 외재론 모두 어떤 일차적인 설득력을 갖는다. 본드 (E. J. Bond)의 관찰에 따르면, 행위의 이유는 어떤 필연적인 방식으로 동기와 연결되어 있는 듯이 보인다. 왜냐하면 행위자를 행위하도록 움직이지 못하는 이유를, 그것이 비록 행위자에 의해 이유로 인정된다고 하더라도, 어떻게 이유라고 이야기할 수 있겠는가? 이것이 나로 하여금 예전에 이유에 대한 내재론으로 기울어지도록 만든 요점이었다. 하지만, 다른 한편으로, 자신이 행위할 이유를 가졌다고 보는 것은 그렇게 함으로써 어떤 가치나 보람이 있는 것이 실현된다거나, 그것을 하는 것이 좋겠다고 생각할 어떤 고려가 있다는 것을 포함하는 것으로 보이고, 그러한 말들은 우리가 실제로 갖는 어떤 동기와 그것의 단순히 느슨한 관계를 시사할 수도 있다.[4] 그러한 관점에서, 관련된 동기를 갖지 않는다는 것은 비난받을 만한 감수성의 결여를 의미할 수도 있다. 이유 외재론의 결정적으로 규범적인 기능은 이유를 갖는 것과 그러한 행위를 하도록 자극하는 그러한 동기를 이미 갖는 것 사이에 거리를 두는 것으로 보인다. 어떤 사람이 어떤 일을 할 도덕적 이유를 갖는다고 말하는 것은 행위자로 하여금 어떤 종류의 행위를 하도록 요청하는 상황을 주목하는

---

4) E. J. Bond, *Reason and Value* (Cambridge: Cambridge University Press, 1983), p.7.

것이다. 표면적으로 보면 그것은 행위자가 이미 가지고 있는 어떤 동기를 그러한 행위의 수행과 연결시키는 것이 아니다. 다음에서, 나는 글자 그대로의 정의대로 이유 **외재론**적 견해를 전개할 것이다. 그러나 이러한 견해는 **외적인 이유**와 그러한 이유에 입각하여 우리가 **행동할 가능성** 간의 이해 가능한 관계를 보여줄 것이다. 이러한 관계를 이해하게 되면, 의무 내재론과 외재론, 이유 내재론과 외재론이 강력하게 대립하고 있다고 생각하지는 않게 될 것이라는 것이 나의 주장이다.

2. 흄의 욕구에 기초한 이유 내재론

1) 이유의 두 의미: 정당화 이유와 동기화 이유

이유의 내재론 대 외재론 논쟁은 무엇을 정당화 이유나 규범적 이유라고 부를 수 있느냐에 관한 것이다. 이러한 것들은 **행위자가 무엇을 당위적으로 해야만 한다**는 이유들이다. 다른 한편으로, 우리는 **행위자의 실제적인 동기**를 지적하기 위하여 '이유'라는 표현을 종종 사용한다. '이유'의 두 의미는 물론 아주 다르다. 내가 X를 해야 할 정당화 이유가 있다는 것은 전혀 내가 X를 한 데에 대한 **설명**이 되지 못할 수도 있다. 정당화 이유(justifying reason)는 동기화 이유(motivating reason)일 필요가 없다. '이유'의 두 의미는 행위자가 X를 할 정당화 이유와 동기화 이유 모두를 가졌을 때 수렴한다.

이러한 마지막 경우가 가능하기 때문에, 내재론자와 외재론자들은 X를 할 정당화 이유를 인정하는 것이 X를 하도록 동기화되는 것과 어떤 관계에 있는가라는 문제에 대하여 각각의 입장을 취하게 된다. 내재적이거나 외재적이거나 간에 정당화 이유에 대한 이론은 행위자가 그러한 이유를 받아들일 때 행위자가 믿게 되는 것에 대한 설명을 할 것이다. 행위자가 믿는 것은, 정당화 이유가 또한 동기화 이유가 되었을 때, 어떻게 행위자가 정당화 이유에 입각해서 행동하게 되는가에 대해서 설명할 것이다. 그래서 내재론자와 외재론자 모두는 정당화 이유에 대한 자신들의 입장이, 행위자가 그러한 이유를 인정함으로써 그러한 행동을 하도록 어떻게 동기화될 수 있는가에 대한 그럴듯한 설명과 양립할 수 있다는 것을 보이기를 원할 것이다.

2) 흄주의자들의 입장

행위 X에 대한 정당화 이유를 인정함으로써 행위자가 행위 X를 하도록 어떻게 동기화되는가에 대해 명백하고 그럴듯한 설명을 제시하고 있다고 주장하는 정당화 이유에 대한 유명한 내재론적 이론들에 나는 초점을 맞추고자 한다. 이러한 이론들은 **이성이 동기적으로 적극적이지 못하며 선-존재하는 욕망(pre-existing desire)이 행위를 일으키는 데에 필요하다는 흄의 명제**에 의하여 고취되었다. 이러한 명제는 행위에 대한 설명이다.[5] 그것은 내재론-외재론 논쟁에 의미를 가지는데, 왜냐하면 그것은 행위자의 정당화 이유에 대한 인정이, X가 그의 선-존재하는 욕망에 적절하게 연관된다는 것이 그에게 드러나지 않는다면, (합리적인 과정을 통해서) 그에게 X를 하도록 할 수 없다는 것을 의미하기 때문이다. 정당화 이유가 행위자를 동기화할 수 없다면 정당화 이유는 아무런 소용을 가질 수 없다고 흄주의자들이 주장한다면 우리는 그들이 정당화 이유에 대한 내재론적 명제를 채택하고 있음을 알 수 있다. 만약 흄의 설명적 명제가 참이라면, 정당화 이유의 소용이 확보될 수 있는 유일한 방법은 정당화 이유가 행위자의 어떤 선-존재하는 욕망에 기초할 때뿐이다.

---

5) 다음을 보라. Michael Woods, "Reasons for Action and Desires," *Proceedings of the Aristotelian Society* 보충판 46 (1972), pp.189-201; Michael Smith, "The Humean Theory of Motivation," *Mind* 96 (1987), pp.36-61. 이 두 글은 모두 이러한 노선을 따라 구분하고 있다.

관련 있는 종류의 욕망이 '선-존재한다.' 왜냐하면 사유는 욕망을 일으키지 못하기 때문이다. 흄의 명제는 사유가, 욕망의 도움 없이, 욕망을 일으킬 수 있다는 것을 부정한다. 이때 도움을 주는 욕망은 적어도 그 어떤 부분은 사유에서 도출되지 않은 것이어야 한다. 나는 이러한 명제를 흄의 명제(Humean thesis)라고 부르는데, 왜냐하면 현대의 철학자들이 욕망이 행위에 필요하다고 말할 때 분명히 흄으로부터 영향을 받았기 때문이다. 그러나 그들의 명제는 흄이 생각했던 것과는 조금 다르다. 흄은 마음에 앞서 있어야만 하는 욕망과 열정을 동일시했다.[6] 현대의 흄주의자들은 흄이 생각했던 것과 같은 느껴지는 충동 내지 추동이나, 로크가 생각했던 것과 같은 결핍에 의해 생겨나는 불편함보다는 훨씬 넓은 동기를 포함하기를 원한다.[7] 비록 동기적 경향은 때때로 이러한 방식들로 나타난다고 해도, 그것이 의식이 바로 접근할 수 있는 방식으로 {즉 의식에} 언제나 드러나는 것은 분명히 아니다.

흄의 이론은 욕망(desire)과 믿음(belief)을 대비시킴으로써 분명히 그럴듯하게 되었다. 그러한 대비는 종종 욕망과 믿음이 세계와 '적합하게 하는' 다른 방향을 가지고 있다는 점을 언급함으로써 이루어진다. 믿음은 참된 것(the true)을, 세계에 적합한 것(fitting the world)을 목표로 하고 있는 반면, 욕망은 실현(realization)을, 세계가 자신에 적합한 것(world's fitting with them)을 목표로 하고 있다.[8] 내가 p 를 믿는데, p 가 아니라는 증거를 갖게 되면 그것은 나의 믿음을 붕괴시킬 것이다.

---

6) 흄에게서 가능한 예외는 아마도 자비와 같은 '조용한 열정'일 수 있다. 물론 이러한 열정이, 화와 같은 거친 열정과 특히 비교할 때, 그것을 가진 사람이 모른 채 지나가거나 거의 알아채지 못하게 지나가는지 않는지는 명백하지는 않다. 다음을 보라. Hume, Book II, Part III, section III. Geoffrey Sayre-McCord가 이 문제에 내가 주목하게 해주었다.

7) 흄의 이러한 개정 뒤에 숨겨진 동기에 대해서는 다음을 보라. Barry Stroud, *Hume* (London: Routledge & Kegan Paul, 1977), pp.163-168.

8) Elizabeth Anscombe, *Intention* (Oxford: Basil Blackwell, 1957), sec. 2.

그러나 p 에 대한 나의 욕망을 붕괴시키지는 못한다. 우리는 행위자가 세계를 변화시키고자 하는 어떤 목표를 가지고 있었다고 함으로써만 의도적 행위를 설명할 수 있으며, 욕망은 그러한 목표를 제공하는 데 필요한 적합성의 방향을 가지고 있다는 생각이 흄의 주장을 지지하게 한다.

3) 흄의 명제의 문제점

이러한 방식으로 욕망과 믿음을 대비시키는 것은 오직 욕망만이 동기화할 수 있다는 것을 입증하지 못한다. 플라츠(Mark Platts)가 지적한 것처럼,9) 이것은 다만 방향에 '적합한' 것들만이 직접 동기화할 수 있는 유일한 것들이라는 가정으로만 보인다. 나아가 맥노턴(David McNaughton)은 행위가 바람직하거나 요청된다는 믿음이 세계와 적합한 두 방향 모두를 가질 수 있을 가능성이 있다고 주장하였다.10) 흄주의자들이 직접적인 논증을 통해 이러한 가능성을 배제할 길은 없어 보인다. 내가 보기에는 흄주의자들의 내재론 이론들과 다양한 라이벌들과의 시합은 여러 문제들과 관련하여 훨씬 넓은 영역에서 이루어졌다. 이러한 시합은 각자의 전체적인 설명력을 비교함으로써, 그리고 마음과 행위에 대한 최선의 이론들과 각각의 이론들과의 적합성을 비교함으로써 이루어진다.

3. 도덕적 변화를 설명하기

한 이유 이론의 설명력에 대한 우리의 시험은, 행위자가 행위할 이유를 봄으로써 새로운 동기를 획득하는 경우를 설명하는 데 그 이론이 도

---

9) 다음을 보라. Mark Platts, *Ways of Meaning* (London: Routledge & Kegan Paul, 1979), pp.256-257.

10) 다음을 보라. David McNaughton, *Moral Vision* (London: Basil Blackwell, 1988), pp.106-110.

움이 되는지 여부이다. 흄주의자들의 내재론에 대한 비판가들과 외재론자들은 선-존재하는 욕망을 언급함으로써 그러한 경우를 설명하는 것은 임시변통적인 것이며 그래서 그러한 경우에는 그럴듯하지 못하다고 주장한다. 다올(Stephen Darwall)이 제시한 그러한 주장을 집중적으로 살펴보자. 그가 예로부터 끌어낸 결론에 동의하는 것은 아니지만, 나는 그의 주장이 흄주의자들의 설명에 문제를 제기한다고 생각한다.

1) 외재주의자의 주장: 다올

다올의 가상적 이야기는 다음과 같다. 로버타(Roberta)라는 여성은 보호된 환경에서 성장하였다. 그녀는 남부의 섬유 노동자에 대한 **영화를 보고** 그들의 고통에 충격과 실망감을 갖게 되었다. 그녀는 노조를 파괴하려는 한 회사의 제품에 대해 불매운동을 하기로 결심하였다. 다올의 예에서 결정적인 것은 로버타가 영화를 보기 전까지는 불매운동에 참여하려는 그녀의 결심을 설명한 아무런 욕망을 가지고 있지 않았다는 것이다. 그녀는 고통을 덜어주려는 일반적인 욕망을 갖지 않았으며, 예를 들자면 그녀가 부정의를 발견할 때마다 그것과 싸우겠다는 욕망을 가지고 있지 않았다. 불매운동에 동참하기로 한 그녀의 결심은 **이들** 노동자들의 정당화될 수 없는 고통에 대한 생생한 인정에 기초하고 있는 것으로 보인다. 이들 노동자들의 고통이 그녀가 그들의 주장을 지지하는 강력한 이유이다.[11)]

2) 내재주의자의 반론: 윌리엄스

내재적 이유에 대한 윌리엄스(Bernard Williams)의 이론은 다올에 의해 제기된 문제를 다루고 있는 것으로 보인다. 윌리엄스는 내재론을 이유가 행위자의 '주관적인 동기들'에 기초할 것을 요구하는 입장이라고

---

11) Stephen Darwall, *Impartial Reason* (Ithaca: Cornell University Press, 1983), pp.39-40.

정의하였다. 이러한 주관적인 동기에는 "평가의 경향, 정서적 반응의 패턴, 개인적인 충성심, 행위자의 신봉을 구현하는 … 다양한 기획들"이 포함된다.12) 윌리엄스의 내재론 모델을 로버타의 경우에 적용하면, 로버타가 고통을 덜어주거나 불의와 싸울 선-존재하는 욕망을 가지고 있지 않았다면, 노동자의 곤경에 대한 그녀의 각성은 어떤 방식으로든 그녀가 이미 가지고 있는 경향, 즉 평가의 경향이나 정서적 반응의 패턴과 같은 것과 관계될 수 있을 때에만 이해 가능하다. 만약 로버타가 보호된 환경 내에서라도 자기 주변 사람들의 고민에 전혀 반응을 보이지 않았다면, 다른 사람들에 대한 부당한 일에 전혀 반응을 보이지 않았다면, 그녀가 불매운동 활동가가 되기로 결심한 것은 그럴듯할 수 없을 것이다. 윌리엄스가 평가의 경향이나 정서적 반응의 패턴을 언급한 것은 요구되는 동기적 배경에 해당하는 것으로 보인다. 나아가 윌리엄스는 선-존재하는 행위자의 주관적 동기들인 S의 요소들로부터 어떻게 행위가 발생하는가에 대하여 비결정론적인 입장을 취했다. 행위자는 X가 S의 요소를 만족시키는 인과적 수단이라고 생각하기 때문에 X를 할 필요는 없다. 여기서 작동되고 있는 생각은 다음과 같은 생각일 수 있다.

S의 요소들의 만족이 어떻게 결합되는가에 대한 생각, 예를 들자면 시간 순서에 따라 결합될 수 있다. 어디에서 S의 요소들 간에 해결할 수 없는 갈등이 있게 되는가에 대한 생각, 이때 어떤 요소에 가장 큰 비중이 있는가에 대한 고려를 하고, (중요한 것은, 이것이 어떤 하나의 상품이 있고 그것을 여러 가지 양으로 제공한다는 그런 의미는 아니다) 아니면, 어떤 이가 즐거움을 원한다면 무엇이 즐거운 저녁을 만들 것인가를 결정하는 것과 같은 구성적인 해결책을 찾을 수도 있다.13)

---

12) 다음을 보라. Bernard Williams, "Internal and External Reasons," *Moral Luck* (Cambridge: Cambridge University Press, 1981), p.105.

13) Williams, "Internal and External Reasons," p.104.

어떤 사람의 S의 요소들로부터의 그러한 생각은 생생한 상상적 투사의 과정을 포함할 수 있는데, 로버타의 경우에서 작동하고 있는 그러한 과정도 그려볼 수 있다.

외적인 이유의 가능성을 반대하는 윌리엄스의 주장은 행위자에게 무엇이 정당화 이유를 참으로 만드는가라는 질문과 어떻게 그러한 이유에 근거하여 행위자의 행위를 설명하는가라는 질문 간의 연결을 이용하고 있다. 그의 주장에 따르면, 외적인 이유를 주장하는 이론가들은 본질적으로 다음과 같이 주장한다. 즉 "행위자가 이유 진술을 믿기 **때문에**" 행위할 이유를 가지는 일을 할 새로운 동기를 얻게 된다. "그리고 어떤 방식으로든 그가 그 일을 옳다고 생각하기 때문에 그가 그 일을 할 이유를 가지고 있다고 생각한다." 그러나 어떤 외적 이유를 믿게 되었다는 것을 근거로 행위자가 새로운 동기를 얻는 데 요구되는 것이 이것이라면, 모든 외적 이유 진술은 거짓이다. 왜냐하면 가설에 의하면 행위자가 외적 이유**로부터** 심사숙고할, 이러한 새로운 동기에 이를 동기가 없기 때문이다.[14] 로버타의 경우에 적용하면, 이러한 주장은 다음과 같은 결론을 제시한다. 즉 만약 그녀가 실제로 노동자의 복지를 돕고자 하는 **이유를 가졌다고 믿게 되었기 때문에 새로운 동기를 갖게 되었다면, 그녀의 S에는 그러한 동기를 가능하게 만드는 요소가 있어야만 한다.** 즉 그녀의 이유가 그러한 이유에 입각한 그녀의 행위에서 어떤 역할을 한다고 그녀가 믿기 위해서는 그녀의 이유가 내재해야만 한다.

3) 내재주의에 대한 반론: 스캔론

그렇지만, 변화라는 어려운 경우를 설명하기 위하여 욕망이라는 관념의 범위를 넓히는 윌리엄스의 전략에는 문제가 있다. '평가의 경향'(disposition of evaluation)이 주관적인 동기의 요소로서 발동되면, **믿음**

---

14) Williams, "Internal and External Reasons," pp.108-109.

과 욕망과의 원래의 구분이 완전히 모호해지는 것으로 보인다. 개인적인 충실성은 믿음이나 믿음 같은 요소들을 포함할 수 있다. 예컨대, 어떤 사람이 같이 돌아갈 친구에게 아주 많은 빚을 졌다는 믿음은 그러한 친구에 대한 충실성에 포함되어 있다. 이럴 경우, 문제는 욕망이라는 관념을 잘못 확대하는 것보다 더 심각할 수도 있다. '욕망'이라는 말의 더 일상적인 의미는 종종 믿음이나 믿음 같은 요소들, 예컨대 어떤 것이 매력적이라거나 바람직하다는 그러한 믿음을 포함할 수도 있다. 스캔론 (T. M. Scanlon)은 이러한 주장을 한 걸음 더 밀고 나가, (믿거나 행동할) 이유라는 관념을 근원적인 것으로 간주하고, 욕망이 어떤 것을 할 혹은 가질 **이유에 대한 지각**이기 때문에 욕망이 인간 행위자를 동기화시킨다고 주장하였다. 그는 음식이나 성에 대한 욕망이 이러한 욕망 모델에 적합하다고 주장하였다. 음식에 대한 욕망이나 성적 욕망은 음식이나 성이 행위자에게 좋은 것으로 보인다는 특징을 가진다. 인간의 주의는 집요하게 음식을 먹거나 성행위를 하는 데에 유리한 것을 고려한다. 이것이 우리가 이러한 일들에 대한 욕망이라는 말로써 의미하는 것이며, 우리는 그러한 욕망이 아무런 문제없이 인간을 동기화시킨다고 생각한다.

4) 윌리엄스의 내재론의 강점과 약점

이것은 윌리엄스가 규정하고 있는 대로 내재론와 외재론 간의 구별을 윌리엄스가 실제로 하고 있다는 것을 부정하는 것은 아니다. 스캔론이 관찰한 대로, 내재론자는 어떤 것이 그 사람의 동기와 관련하여 '이미 참'이라는 것을 근거로 어떤 고려를 이유로 인정하게 된다. 어떤 사람의 S가 주어지면, 그 사람은 제대로 된 심사숙고라는 올바른 과정을 거친다면 이러한 고려에 의해 움직여질 것이다. 외재론자는 "어떤 사람의 기질에 결함이 있어 관련된 그러한 종류의 고려에 반응할 수 없기 때문에 비록 그러한 사람이 최고로 완전하고 주의 깊은 반성과 숙고의 과정을 거치고 난 다음에도 그러한 고려에 의해 결코 움직여질 수 없다고 하더라도"[15] 그런 사람이 하나의 이유를 갖는 것이 참일 수 있다고 주장하기를 원한다. 이것은 분명히 내재론자들이 부정하는 것이다. 나아가, 윌리엄스의 내재론 정의는 내가 앞서 내재론자의 입장 뒤에 숨어 있는 직관들이라고 말했던 것들 중의 하나 즉 행위자가 가지는 이유는 그것이 행위자를 동기화할 가능성이 없다면 무의미하다는 직관에 대응한다. 윌리엄스가 이러한 직관에 일치한다는 것은 브리튼(Benjamin Britten)의 오페라에 등장하는 한 인물에 대한 토론에서 볼 수 있다. 윈 그레이브(Owen Wingrave)는 그의 S에 군인으로 봉사하는 자신의 가족의 전통에 일치할 근거를 갖지 않았다. 그럼에도 불구하고 그가 그렇게 할 이유를 가진다고 주장하는 것은, 윌리엄스에 따르면, 그를 위압하는 것이었다. 게다가 그가 그러한 이유를 갖는다고 주장하는 것은 그가 어떻든 비합리적이기 때문에 외적인 이유를 인정하지 않는다는 것을 의미하는데, 이것은 그의 주관적인 S와 그것이 발생시키는 이유를 고려하면 그저 잘못된 일로 보인다.

이제 윈그레이브와 같은 어떤 사람이 자신의 가족의 전통을 존중할 이유를 인정하지 않는 것은, 그의 주관적인 동기 속에 가족의 전통이나 자신의 나라에 대한 군사적 봉사를 높게 평가하는 경향을 가지고 있지 않다고 가정하면, 비합리적인 것이 아니라고 지적하는 것이 옳아 보인다. {내재론의} 정당화 이유에 대한 이론이 어떻게 행위자가 정당화 이유를 믿게 됨에 따라 새로운 동기를 갖게 되는가에 대한 그럴듯한 설명에 적합하다고 주장하는 것도 또한 옳아 보인다. 끝으로 이유가 그것을 가진 행위자를 동기화할 수 없다면 그 이유가 무슨 소용을 가질 것인지를 묻는 것도 옳아 보인다. 이러한 것들이 윌리엄스의 이론의 **강점들**로 보인다.

---

15) T. M. Scanlon, *What We Owe to Each Other* (Cambridge, MA: Harvard University Press, 1998), p.369.

약점들도 또한 있다. 먼저 윌리엄스의 정당화 이유에 대한 내재론 이론은, 누가 어떤 이유를 가지고 있다는 그런 경우에 어떤 것이 말해질 수 있는가라고 했을 때 적어도 공통적으로 주장되는 직관에서 인정되는, 그러한 이유의 충분한 규범적 기능을 제공하지 않는다. 어떤 사람이 자기의 아내를 때리는 것을 멈출 도덕적 이유를 가졌다고 말하는 것은 그 사람의 주관적인 S 내의 어떤 것에 대한 호소에 의거하지 않는다. 둘째로 이러한 이론의 설명력은 행위자의 주관적인 동기의 구성요소로 어떤 것들이 제시될 것인가 그리고 그것들이 어떻게 건강한 심사숙고의 과정을 통하여 새로운 동기를 발생시킬 것인가에 대한 윌리엄스의 논의의 불명확성 때문에 약화된다. 만약 주관적인 동기가 믿음이나 믿음이라는 묘판에 박혀 있는 복합적인 태도들을 포함한다면, 윌리엄스의 이론은 어떤 믿음의 형성이, 그것이 행위자의 S 속에 있는 어떤 요소로부터 적합한 방식으로 도출된다면, 새로운 동기를 발생시킨다는 것을 허용할 것이다. 그의 흄적인 이론은 흄의 동기에 대한 입장을 유지하지 못한다. 이제 우리는 위에서 흄의 입장이 (만약 스캔론의 주장이 옳다면) '욕망'에 대한 더 일상적인 관념에 따른다면 어떤 경우에는 문제에 봉착할 것임을 보았다. 그리고 그러한 문제는 주관적인 동기라는 관념에 **더 많은** 것들을 포함시킴으로써 악화될 뿐이다.

5) 내재론과 외재론에 대한 한 대안

여기서 제안되는 대안적 이론은 개인의 동기와 관련해서는 **외재론**이지만, 나중에 설명될 이유로, **인간 동기와 관련해서는 내재론**이다. 실제로, 인간 동기에 내재한다는 것은 왜 외재적 이유가 비록 이러한 이유가 적용되는 행위자가 그것에 입각하여 행위할 수 없을지라도 소용을 가질 수 있는지를 설명하는 데에 도움이 된다. 여기에서 옹호되는 이론은 참된 외적인 이유를 인정하지 않는 것이 반드시 비합리적인 것이라고 말하지 않는다. 그것은 단순히 존재하는 이유를 인정하지 않는 것일 뿐이다. 끝으로, 여기서 옹호되는 대안적인 이론은 어떻게 사람이 자신에게 적용되는 이유를 믿게 됨으로써 새로운 동기에 도달하게 되는지에 대한 설명을 제시한다. 이러한 설명은 어떤 사람이 X를 할 이유를 갖는다는 것이 그가 X를 하는 것에 대한 충분한 설명이라고 단순히 인정하지 않는다는 의미에서 넓게 보면 흄적인 정신을 가진다. 이러한 이론을 전개하기 위하여, 나는 마지막 특징을 가지고 이야기를 시작하고자 한다.

4. 성향, 내재적 대상들과 이유들

1) 스캔론의 외재론

스캔론은 X를 할 이유의 인정이 왜 그가 X를 하는지에 대한 설명으로 충분할 수 있다고 주장하는 이론가이다. 그는 이렇게 말한다. 갈증이 나서 무엇을 마시는 경우를 생각해 보라. 이러한 경우에 마시는 동기로서 작동할 수 있는 요소가 셋이 있다. 목이 마르다는 불쾌한 감각, (마신다는) 행위가 미래에 상쾌한 상태를 가져올 것이라는 믿음, 그리고 이러한 미래의 좋음을 행위할 이유로 생각하는 것. 이 셋째 것을 스캔론은 행위를 동기화하는 그러한 일상적인 욕망이라고 믿고 있다.

그는 그가 마시고자 하는 충동(urge)을 놓쳤고, 이것에 욕망이 달려 있다는 있을 수 있는 비판을 고려하였다. 그래서 그는 우리가 이러한 충동을 어떤 평가적인 요소와 분리할 때 욕망이라는 말로써 일반적으로 의미하는 것과 아주 잘 맞지 않는다고 대응하고 있다. 그는 자신이 보는 모든 라디오를 켜고자 하는 광포한 충동을 갖는 퀸(Warren Quinn)의 예를 지적하였다. 그러한 충동은 가장 일반적인 경우의 욕망에 필수적인 요소 즉 어떤 것을 좋거나 바람직한 것으로 보는 경향을 결여하고 있다. 스캔론의 주장에 따르면, 마시고자 하는 욕망을 갖는 것은 바람직한 것, 예를 들어 보면 즐거울 것을 보고자 하는 욕망과 비슷하다.[16) 대부분의 경우의 욕망은 어떤 것을 좋거나 바람직하다고 보는 평가적인 요소를 포함하고 있다고 보이는 반면, 그러한 점이 모든 동기화가 평가적인 요소에 의해서 이루어진다는 것을 입증하지는 않는다. 내가 취하는 흄적인 요점은 일반적인 욕망이 이러한 평가적인 요소를 가진다고 할지라도, 그것은 마시고자 하는 충동과 같은 것을 동반해야만 한다는 것이다. 실제로, 갈증이 나서 마시는 그러한 경우에 마시고자 하는 충동과 즐거움이라는 미래의 좋음은 동물 일반이나 특히 인간 존재의 생물학적 요청에 공통의 출처를 가지고 있다.

2) 이유와 성향의 구분

이유가 혼자서는 행위를 동기화하지 못한다는 내가 제안하는 흄적인 그림은 인간 존재를 동물로 보는 자연적인 견해와 잘 들어맞는다. 인간은 특히 놀랍고 복잡한 동물이기는 하지만 그럼에도 불구하고 원천적인 동기의 방향과 에너지를 우리의 생물학적 본질에서 비롯되는 명령으로부터 얻어낸다. 동기의 이러한 기본적인 방향은, 특히 우리가 어떤 일을 할 이유가 있다는 것을 알게 될 때, 놀라운 방식으로 재구축되고 재형성된다. 외적인 이유가 있다고 주장한다는 점에서 나는 스캔론과 일치하지만, X를 할 이유가 있다는 것을 인정하는 것만으로 X를 할 동기적인 성향(propensity)을 확보할 것이라는 데에는 동의하지 않는다. 이유의 인정은 궁극적으로 우리의 신체적인 본질로부터 도출되는 성향과 일치할 뿐만 아니라 그 속에 박혀 있다.

'성향'이라는 용어를 사용함으로써, 나는 스캔론이 의미한 것과 같은 일상적인 욕망에 있는 그러한 요소를 분리하고자 하는데, 이는 믿음 같은 평가적인 요소, 어떤 것을 좋거나 바람직하거나 가지거나 할 이유가 있는 것으로 간주하는 것과는 다른 것이다. 그것은 어떤 지향적 대상으

---

16) Scanlon, *What We Owe to Each Other*, p.38.

로의 충동이라고 느껴지는 그러한 형태를 취한다. 예를 들자면 갈증 속에서 시원한 물을 마시기를 추구하는 것과 같은 것이다. 그러나 성향은 그 실현을 목표로 삼고 있는 확정된 지향적 대상과 같은 어떤 것을 가질 필요는 없다. 지향적 대상이 어떤 명제적인 **현상학적** 내용일 수는 있지만 그럴 필요는 없다. 그러한 성향 혹은 충동 혹은 추동의 대상은 행위자의 의식적 대상일 필요가 없다. 예를 들자면, 성향이 어떤 환경 아래서 행동하거나 느낄 기질(disposition)을 기초하는 기능적 상태라고 해석될 때, 명제적 내용은 그러한 기질의 동기적 내용을 반영하면서 그러한 기질들이 행위나 느낌의 경향들의 이해 가능한 덩어리를 형성할 수 있는 방식으로 간주된다.

3) 로버타의 경우에서의 이유와 성향

로버타의 경우로 돌아가서, 그녀는 불매운동을 할 이유에 대한 그녀의 인정이 어떻게 그녀의 행위를 동기화했는지를 어느 정도는 설명할 어떤 종류의 동기적인 성향을 이미 가지고 있어야만 한다. 예를 들어, 흄의 입장은 우리로 하여금 로버타가 비록 그녀의 보호된 환경 내의 사람들에 대해서라도 과거에 다른 사람의 고통에 대하여 어느 정도의 감정이입이나 {관심을 보이는} 경향을 보였을 것이라고 기대하도록 만든다. 그러한 성향은 단지 부분적인 설명일 뿐이다. 왜냐하면 성향은 몇 가지 점에서 중요하게 비확정적일 것 같기 때문이다. 예를 들어, **누구의** 고통이 로버타로부터 반응을 일으키느냐라는 물음에 대하여 확정된 답이 있을 것 같지 않다. 또 반응을 일으키는 데에 충분한 고통으로 간주되는 것이 어떤 것일까에 대해서도 마찬가지이다. 또 그러한 반응의 본성이 어떤 것일까에 대해서도 또한 마찬가지이다. 사실 그녀의 선-존재하는 성향 그 어떤 것도, 노동자들의 정당화될 수 없는 고통에 대한 적합한 믿음이 자리하고 있을 때라도, 노동자를 돕는 행위를 지시하기에 충분할 정도로 확정적이지 않을 수 있다.17) 다올이 제대로 지적한 것처럼, 로버타가 이러한 고통을 생생하게 상상할 수 있었다는 것이 그녀의 반응과 큰 관계가 있다.

그녀가 영화를 보고 불매운동을 할 이유를 인정함으로써 생겨난 **결과**들 중의 하나가, 성향이 확정시키지 못했던 하나나 더 많은 점에서 지향적 대상의 더 큰 확정일 수 있다. 내가 제안하고 있는 설명에서 중요한 것은 다음과 같은 점이다. 즉 로버타는 불매운동을 할 이유가 그녀가 이미 가지고 있는 욕망에 어떻게든 기초해 있다고 보지는 **않는다**는 것이다. 불매운동을 할 이유는 내가 앞에서 서술한 의미로 외재적이다. 즉 그 이유 때문에 로버타는 노동자들의 고통이 어떤 종류의 행동을 요청하고 있다고 주목하게 되었다. 이렇게 노동자의 고통에 주목하게 함으로써, 그 **이유는 그녀가 가지고 있는 다른 사람의 고통에 대하여 반응하려는 선-존재하는 성향을 더 확정적이** 되도록 도왔다. 나의 요점을 표현하는 다른 방식은 로버타가 노동자의 고통을 인정한 것이 노동자들의 경우와 같은 그러한 경우와 관련 있는 성향을 **부각**시키고 더 확정적이게 만들었다는 것이다. 그녀는 고통을 덜어준다든지 부정의를 고친다든지 하는 그러한 일상적인 욕망에 (그러한 욕망이 일상적이라면) 더 가까운 어떤 것을 가지고서 자신의 경험으로부터 그렇게 되었을 수 있다. 선-존재하는 성향은 이유의 인정이 어떻게 동기적으로 효과가 있었는지를 설명하는 것을 돕는 반면, 이유의 인정은 동시적으로 성향이 노동자의 경우를 주목하도록 함으로써 성향을 추가적으로 성형하는 데

---

17) John McDowell이 자연스러운 동료애나 자비에 근거한 자선의 덕에 대한 흄적인 스타일의 설명에 반대하여 비슷한 논점을 전개했다. 어떤 그러한 자연적인 느낌이 자선에 특징적인 상황을 지각하는 특별한 방식에 의해 매개되지 않고서 자선적인 사람의 느낌에 일치하는 행동에서 나타난다는 것은 그럴 듯하지 않다고 그는 주장하였다. 다음을 보라. John McDowell, "Are Moral Requirements Hypothetical Imperatives?" *Proceedings of the Aristotelian Society* 보충판 52 (1978) pp.13-29, reprinted in *Mind, Value & Reality* (Cambridge, MA: Harvard University Press, 1998), p.84.

에 한 역할을 한다.

성향의 추가적인 성형(shaping)은 미래의 행위에 대하여 **확장된** 결과를 가질 수 있다. 그것은 로버타를 직물 노동자들 외에 다른 사람들의 정당화될 수 없는 고통을 반성하도록 동기화할 수도 있고 또 이전에 그녀가 그러한 고통에 대하여 반응하지 않았다는 것을 반성하도록 동기화할 수도 있다. 이유라는 개념은 고유한 일반성을 가지고 있다. 직물 노동자를 도울 이유는 상당히 유사한 상황에 있는 사람들을 도울 이유를 내포한다. 이러한 것에 대한 반성이 원래의 성향이 작동하는 영역을 더 넓힐 수 있고, 성향의 결과로 나타나는 욕망, 일반적인 의미의 욕망의 지향적 대상의 범위를 또 더 넓힐 수 있다. 그러한 변화는 그녀의 성격 전체를 통하여 가지를 뻗어나갈 수 있다. 좋은 문헌과 마찬가지로 좋은 영화는 감정이입이나 상상의 힘을, 영화가 그러한 힘들에 의존하는 것과 꼭 마찬가지로, 확장시키는 것을 도울 수 있다. 직물 노동자들의 경제적 배경이나 사회적 삶의 방식이 그녀와 같지 않다면, 그녀가 이러한 특징들을 넘어 그들의 삶에 침투했다는 것은 그녀가 그녀와 같지 않은 그러한 종류의 사람들에 반응할 수 있는 능력을 갖게 한다. 이러한 변화가 일어날 것인지 여부는 그녀의 성격의 다른 측면에 달려 있다. 정신의 개방성이나 관대성과 같은 특징들에는 어떤 사람이 어떤 상황이나 다른 사람들에게 반응하는 중에 무엇을 주목하게 되는가와 관련된 지각적 습관도 포함된다. 로버타가 그러한 특징을 가지고 있다면, 그러한 것들은 그녀의 감정이입과 상상력을 확장시키는 데에 기여하고, 또 그러한 것들 자체가 스스로 변화를 겪을 수도 있다.

4) 욕망에 의거한 동기화 설명과 성향에 의거한 동기화 설명의 차이

로버타의 경우에 대한 나의 서술들 중에서 어떤 것도 행위의 설명과 관련한 흄적인 자연주의의 일반적인 정신과 대립하지 않는다. 그렇지만, 로버타의 사전적인 동기적 성향들, 그녀의 영화에 대한 경험, 그리고 그녀가 불매운동을 할 이유를 인정한 것 등의 상호작용은 표준적인 흄주의자들의 설명이 그려내고 있는 것보다 훨씬 복합적이고 상호작용적인 것으로 보인다. 아마도 이러한 과정의 역동적인 성격이 동기에 대한 철학적 토론에서 '욕망'이라는 용어를 사용함으로써 무시되었을 것이다. 이러한 용어를 사용함으로써 생기는 위험들 중의 하나는 우리가 일상적인 용법으로부터 욕망이 다소간 확정적인 지향적 대상의 충족을 목표로 하고 있다는 가정을 넘겨받을 수 있다는 것이다. 이유의 동기적 힘에 대한 설명에서 극단적으로 일반적이고 형태를 갖지 않는 지향적 대상을 가지는 성향을 포함시키는 것이 합리적인 반면, 그러한 설명은 종종 확정된 지향적 대상을 가진 욕망의 경우에서처럼 그렇게 작동되지 않는다. 어떻게 욕망과 믿음이 결합하여 동기를 일으키는가에 대한 표준적인 설명이라고 할 그러한 경우에, 욕망은 실천적인 삼단논법의 대전제로 설정되고, 어떤 행위를 통하여 욕망을 충족시키는 수단을 규정하는 믿음이 소전제로 설정된다. 하지만 {나의 설명에 따르면} **믿음은 원래의 욕망의 동기적인 힘에 어떤 길들이기(channeling)를 한다.** 그러나 그러한 길들이기는 원래적 욕망의 지향적 대상과 그러한 대상의 실현을 촉진하는 행위에 대한 서술 간의 연역적 관계를 인정함으로써 생겨난다.

5. 있을 수 있는 반론들에 대한 검토

1) 이유의 인정과 관련한 흄적인 반론

하나의 있을 수 있는 반론은 로버타가 **영화를 보았다는 경험**이 그녀의 성향을 성형하여, {직접적으로, 즉} 행위할 이유에 대한 인정이라는 매개 없이, 고통과 부정의에 반응하게 만들었다는 것이다. 달리 말하자면, 그녀의 행위할 이유에 대한 인정이 영화를 봄으로써 이루어진 그녀의 성향의 성형에 논리적으로 **따라온다**고 주장될 수 있다. 영화를 본 것이 그러한 성향을 추가적으로 정의한 **다음에**, 그래서 성향에 직물 노동자를 돕는 것이 포함된 다음에, 그녀가 그러한 고통에 대응할 이유를 가지게 되었다는 것이다.

로버타의 것과 같은 행위가 때때로 반론이 그려내는 그러한 방식으로 일어날 수 있다. 그러나 그 반론이 일이 언제나 그렇게 되어야 한다는 것이라면, 이것은 이론적 편견에 불과한 것으로 보인다. 이러한 반론은 동기화 이유가 오직 선-존재하는 **확정적인** 성향에 기초할 수 있을 뿐이라는 주장에 대한 사전적인 신봉에 기초하고 있다. 그것은 노동자들에게 가해지는 고통과 부정의가 그녀가 그들을 도울 이유를 구성한다는 것을 보게 되는 심사숙고적인 경험으로부터 그녀의 성향을 추가적으로 성형할 그러한 경험 기회를 절연시킬 것을 요구한다. 그러한 절연은 인위적일 뿐만 아니라 우리에게 그녀의 **사회적이고 문화적인 환경들이 그녀의 성향을 성형하는** 데에 어떻게 작용할 것인가를 우리가 볼 길을 뺏어버린다.

로버타의 경우에 어떤 실제적인 배경이 있을 것인지를 그려보도록 하자. 그녀는 부정의와 다른 사람들의 고통에 대하여 그녀가 반응하도록 만드는 도덕적이고 문화적인 배경이 갖는 규범들을 이미 흡수하였을 것 같다. 그녀는 보호된 환경에서 길러졌고 전에는 그녀와 비슷한 아주 작은 규모의 타자들 내에서 타자에 대한 그녀의 돌봄과 관심을 행사하였을 것이다. 그러나 그녀가 그러한 범위를 넘어서는 타자에 대한 관심과 돌봄을 행사할 것을 그녀에게 요구할 믿음을 결여하고 있었을 것 같지는 않다. 그녀는 자신이 그렇게 할 **도덕적 이유**를 가지고 있다고 배웠을 것 같다. (그리고 여기서 나는 다시 그녀가 배운 것이 그러한 종류의 행위를 하도록 그녀에게 도덕적으로 요청하는 상황의 어떤 특징이라는 것을 명백히 해두기를 원한다.) 그녀가 영화를 보기 전에 결여되어 있던 것은 그러한 이유에 대한 그녀의 인정을 끌어들여 그것이 동기로서 작동되도록 할 경험이었다. 그러나 그렇게 끌어들여지는 바로 그 과정에서, 이유에 대한 인정은 노동자를 돕는 성향을 길들이는 데에 결정적인 역할을 할 수 있다. 우리의 사회적이고 문화적인 환경이 가지고 있는 규범들이 우리의 성향을 깊이 성형한다는 것은 두말할 필요가 없다. 그러한 규범의 영향은 종종 어떤 일이 어떤 방식으로 행위할 이유가 된다는 것에 대한 우리의 학습을 통하여 전달된다고 나는 생각한다. 사실, 이유주장의 구조는, 무엇이 성향을 활성화시킬 것이며 특정한 행위가 어떤 결과를 가져올 것인지를 더 확정적으로 만든다는 의미에서, 성향의 성형을 돕는 데 아주 적합하다. 이유주장은 A에 의해 수행되어야 할 행위 유형 X가 A가 처해 있는 상황 R의 특징에 의해 요청된다는 것을 보여준다. A가 R이 X를 할 이유가 된다는 것을 받아들이는 것은 관련된 성향을 R에 고정시켜 그러한 성향이 R에 대한 지각에 의해서 더욱 확고하게 활성화되도록 돕는다. 행위자가 이유주장을 받아들이는 것은 또 관련된 성향을 유형 X의 행위로 길들이도록 돕는다.

2) 비확정적인 성향과 관련한 흄적인 반론

비확정적인 성향이 내가 그러한 성향에 부여한 설명력을 가질 수 없다고 반론이 제기될 수도 있다. **성향이 초점이 맞추어지지 않고 산만한 바로 그만큼 성향은 행위들이 어떻게 산출되는지 설명하지 못할 것이라**고 말할 수도 있다. 그러나 우리가 **욕망이라고 부르는 그러한 종류의 성향도 전적으로 확정적인 지향적 대상을 갖는 것은 아니다.** 설명적이기 위해서는 어떤 성향이 설명되어야 하는 행위와 관련이 있다는 점에서 확정적이기만 하면 충분하다. 로버타의 경우에 대한 나의 이해에 따르면, 부정의와 고통에 반응하는 그녀의 성향은 그녀의 행동의 산출과 관련이 있다는 점에서 확정적으로 된다. 그러한 행위의 이유를 인정하는 경험을 통하여 그녀의 성향은 그러한 점에서 확정적으로 된다.

또 다른 있을 수 있는 반론을 미연에 방지하기 위하여, 비확정적인 성향이 존재한다는 것을 받아들이는 것이 행위의 설명에 대한 확정적인 자연주의와 완전히 양립 가능하다는 것을 지적하고자 한다. 비확정적인 성향이 있다고 말하는 것이 지향적인 대상의 산만하고 가변적인 경계에 대한 명확한 원인이 있다는 것을 부정하는 것은 아니며 이러한 경계의 추가적인 규정이 명확한 원인을 가질 것이라는 것을 부정하는 것도 아니다. 나아가, 지향적 대상의 확정이 무엇이 성향의 지향적 대상으로 **유의미**하냐에 대한 우리의 기대와 관련하여 평가된다는 것도 지적해 두자. 예를 들어, 타자의 고통에 반응하는 성향은 그것이 비슷한 경우의 고통에 반응하는 변덕스런 경향을 드러내는 만큼 비확정적이다. 그러한 성향을 가진 사람은 때로 반응하기도 하고, 때로는 반응하지 않는다. 그러한 반응은 그 사람이 사소한 장애에 의해서도 쉽게 도움을 단념한다는 의미에서 유약하다. 그러한 성향이 더 확정적으로 될 때, 그것은 덜 변덕스럽고 고통받는 사람들에 대한 반응과 관련하여 더 강하게 된다. 그러나 그것의 성향이 글자 그대로, 무엇이 지향대상으로서 유의미하냐에 대한 우리의 기대와 **분리되어 고려**될 때, 규정되지 않았다고 말하는 것은 아니다. 고통에 대응하는 것은 그냥 변덕스럽고 때때로 유약한 성향이다. 이것을 더 확정적인 성향으로 만드는 것은 적어도 그것을 구성하고 있는 어떤 대응 경향을 변화시키는 것이다. 이러한 의미로 성향을 더 확정적으로 만드는 것은 그러한 대응 경향의 **가소성**(plasticity)에 의해서 가능해진다.

3) 네이글과 영국의 실재론자들과 이 책의 입장의 차이점

여기서 옹호되고 있는 입장은 흄의 내재론에 대한 단순한 대안이 아니다. 이것은 네이글(Thomas Nagel)이 『이타주의의 가능성』에서 옹호한 그러한 종류의 칸트적인 내재론과도 대비된다. 네이글과 윌리엄스와 같은 흄적인 내재론자들은 행위가 동기화될 가능성이 이유주장의 진리성에 의해 보장된다고 주장한다는 점에서 일치한다. 그러나 네이글에게 이유가 동기화하는 까닭은 이유가 어떤 도덕적 요청을 대변하기 때문이다. 그는 어떤 기본적인 윤리적 원칙이 동기화 이론의 한 부분이며 동기의 가능성을 규정하는데, 이러한 규정은 행위의 이유들의 상호적 관계와 형태들의 구조적 조건들을 진술함으로써 이루어진다고 주장하였다.18) 영국의 도덕 실재론자들인 맥도웰(John McDowell), 플라츠(Mark Platts), 맥노턴(McNaughton) 등은 어떤 도덕적 신념들이 어떤 상황의 도덕적 요청을 지각함으로써 발생하는데, 이것들은 선-존재하는 욕망의 도움 없이도 동기화될 수 있다고 주장하였다. 물론 맥도웰 이론의 한 특징은 (나는 이에 대해 나중에 이야기할 것인데) 이유들이 개인적 행위자의 동기와 관련하여 외재적인 반면, 인간 본성과 관련해서는 내재적이라는 나의 주장과 중복되기는 한다.19) 앞에서 언급된 것처럼, 스캔론은 외적 이유의 실재를 옹호하였지만, 그러한 이유의 인정이 그러한 이유들에 입각하여 행위할 충분한 설명이 된다고 주장하였다.

여기서 옹호되는 이론은 흄적인 내재론의 일반적인 공식과 위에서 언급된 경쟁자들 모두와 다르다. 왜냐하면 나의 이론은 윤리적 원칙과는 독립적이라고 해명되는 선-존재하는 동기적 성향이 하는 역할을, 그것이 비록 표준적인 흄적인 역할은 아니지만, 포함하고 있기 때문이다. 이러한 이론의 바닥에 있는 것은 **선-존재하는 동기적 성향과 행위할 이유의 인정이 상호작용**을 하는 방식에 대한 그림이다. 이러한 그림은 상당히 산만하거나 비확정적인 지향적 대상을 가지는 성향에게 일반적으로 인정되는 것보다 동기화에서 훨씬 포괄적인 역할을 부여하고 있다.

---

18) Thomas Nagel, *The Possibility of Altruism* (Oxford: Clarendon Press, 1970), pp.7-17.

19) John McDowell, "Are Moral Requirements Hypothetical Imperatives?" *Proceedings of the Aristotelian Society* 보충판 52 (1978) pp.13-29; "Virtue and Reason," *Monist* 62 (1979), pp.331-350; Mark Platts, *Ways of Meaning*; "Moral Reality and the End of Desire," M. Platts, ed., *Reference, Truth and Reality* (London: Routledge Kegan & Paul), pp.69-82; David McNaughton, *Moral Vision*.

6. 동기적 성향의 가소성

1) 시사에 의한 성향의 성형

우리의 동기가 얼마나 비확정적이냐 하는 것은 어린아이들에게서 가장 명백하다. 이것은 모든 부모들이 아는 것, 즉 때때로 아이들의 욕망은 막무가내로 확실하고 확고하다는 것을 부정하는 것이 아니다. 그러나 우리가 아이들에게 취하는 어떤 전략은 그들의 경향이 어떤 영역 내에서는 가소적이고 길들이기를 할 수 있다는 것을 전제하고 있다. 예를 들어, 아이들에게 '진짜 원하는 것'이 무엇인지를 물을 때가 있다. 이러한 질문은 아이들에게 방향지시적인 요소를 가지고 있다. 그것은 예를 들자면 아이가 다른 아이와 놀기를 원하거나, 장난감을 공유하기를 원한다고 우리가 생각하는 것이 아니다. 그것은 우리가 아이가 그렇게 하기를 원하는 것이며, 그것이 아이가 원하는 것이라고 묻거나 시사함으로써 우리는 어느 정도는 그러한 일이 생기도록 유도할 수 있다.

이러한 종류의 길들이기는 애초에 아이의 마음에 없던 것을 그곳에 넣는 그러한 일일 필요가 없다. 그것은 오히려 어떤 경향을 활성화시키는 문제일 수 있다. 특정한 상황에서 그러한 경향의 실현을 고무함으로써, 그러한 경향을 지향적 대상과 관련하여 더 확정적으로 만들어, 행위 경향을 특수화하는 것이다. 물론, 소비심리학에 따르면 광고의 효과도 종종 선-존재하는 성향에 비슷한 과정의 길들이기를 함으로써 생겨난다.[20]

2) 패러다임 시나리오에 의한 성향의 성형

수사(Ronald de Sousa)는 본능적인 반응과 '패러다임 시나리오'를 연계시켜 감정이 발달하는 방식을 그려내었는데, 이것이 그러한 과정에

---

20) Geoffrey Sayre-McCord가 이를 나에게 지적해 주었다.

대하여 생각하는 다른 방식을 제공한다.[21] 패러다임 시나리오는 **문제가되는 감정의 특징적인 지향적 대상을 제공하는** 상황유형들이다. 예를 들자면, 동정(compassion)은 그러한 감정이 특징적으로 지향되는 상황들의 특징들에 의해 다른 감정과 구분된다. 동정의 이러한 특징적 상황은 다른 감성적인 존재의 고통이다. 동정의 발달은 다른 사람의 고통을 아이들이 주목하게 되는 과정을 포함한다. 패러다임 시나리오는 또 **그러한 상황에 대한 특징적인 반응도 포함**한다. 이러한 반응은 생물학적이고 본능적인 기초를 가지고 있지만 곧장 문화적으로 정교화되고 세련된다.[22]

동정을 느끼는 타고난 경향은 지향적 대상을 가질 수 있다. 하지만 반응과 대상 모두는 극단적으로 원시적이며 불완전하기 쉽다. 무엇이 고통으로 지각될 것인지, **누구의** 고통을 주목할 것인지, 이러한 점에서 {고통받는 사람을} 돕는 반응은 여전히 크게 비확정적이다. 문화적 정교화와 세련이 이러한 차원들의 확정성을 높인다. 그러한 과정은 예를 들면, 그들에게 읽어주는 동화 등을 통하여 어린아이가 일상적 삶에서 패러다임 시나리오에 반복적으로 노출됨으로써 진행된다. 그것은 또한 모델링을 통해서도 일어난다. 아이들은 그들을 돌보는 사람의 정신적 초점을 열심히 모방한다. 아이들은 자신들의 본능적 반응으로부터 시작하여 상황의 중요한 특징들에 대하여 어떻게 반응하는가를 배운다.

---

21) Ronald de Sousa, *The Rationality of Emotion* (The MIT Press; Reprint edition, 1990), 특히 다음을 보라. pp.181-183.
22) 이타주의의 생물학적 기초에 대한 가설로는 다음을 보라. Robert Trivers, "The Evolution of Reciprocal Altruism," *Quarterly Review of Biology* 46 (1971): 35-57; W. D. Hamilton, "The Genetical Theory of Social Behaviour, I, II," *Journal of Theoretical Biology* 7 (1964): 1-52.

7. 성향을 성형하는 데에서의 이유들의 역할

1) 정서적 반응과 실천적 사유의 통합으로서의 가치

나는 다른 곳에서 덕으로서의 동정의 발달에는 다른 사람의 고통이 도우려고 할 **이유**임을 학습하는 것이 포함된다고 주장하였다.23) 즉 윤리적 **가치**로서의 동정의 **발달에는** 사람들이 정서적으로 반응하는 상황의 현저한 특징인 고통에 대한 감수성이 증대하는 것이나 그러한 반응의 정규성이나 특정성만 들어 있는 것이 아니라, 그러한 **정서적 반응을** 행위자의 **실천적 사유에 통합**하는 것이 포함된다는 것이다. 이것은 우선 실천적 숙고의 개념적 도구를 배우는 것과 연계하여 일어난다. 우리는 우선 행위할 이유가 무엇이냐를 주로 어떤 종류의 이유가 있는가에 대한 예들을 봄으로써 배운다. 다른 사람의 고통은 주요한 예들 중의 하나이다. 개인의 동기 내에서의 이러한 발달에 대한 묘사에는 실천적 이유라는 '재료적인' 개념이 포함된다. 실천적 이유(practical reason)에는 보편성과 같은 형식적 원칙들이나 최소수혜자의 손실을 최소화하는 것과 같은 전략적 원칙들만 포함되는 것이 아니라 가치를 지니고 있는 어떤 실체(a value-laden substance)도 포함되는데, 이것은 개인이 어떤 방식으로 행위할 어떤 이유들이 있는가를 배울 때 주어지기 시작한다.

2) 실천적 이유의 성향에 대한 계속적인 길들이기

실천적 이유의 발달이라는 그림은, 기어츠(Clifford Geertz)의 표현을 빌리자면, 어떻게 인간 존재가 '자기 완성적인' 동물인가를 이야기하는 하나의 방식이다. 그것은 '인간의 타고난 반응 능력이 가지는 극단적인 일반성, 산만성, 그리고 가변성'이 '문화적 틀'에 의해서 어떻게 변화되는가에 대한 하나의 설명이다.24) 더 자세하게 말하자면, 그것은 행위할

---

23) David B. Wong, "Is There a Distinction between Reason and Emotion in Mencius?" *Philosophy East & West* 41 (1991), pp.31-44.

이유에 대한 학습이 동기적 성향들을, 그러한 성향들의 지향적 대상을 추가적으로 규정함으로써 성형하는 방식의 묘사이다. 지향적 대상들의 성형은 한 개인의 일생 내내 진행된다. 일반성, 산만성, 가변성은 타고 난 반응 능력들만의 특징이 아니고 문화적으로 성형된 성향들도 상당한 정도로 계속하여 가지게 되는 특징이기도 하다.

예를 들어, 로버타에게 돌아가 보자. 그녀가 적극적으로 반응하는 인간 존재의 범위가 확대되지만, 그러한 범위가 미래에 얼마나 넓어질 것인가, 그리고 그녀의 미래의 반응의 모습이 어떨 것인가는 아직 알 수 없다. 그녀는 불매운동의 분명치 않은 효과에 실망하여 적극적 관심이 축소되는 쪽으로 후퇴할 수도 있다. 그녀는 다양한 방식으로 자신의 신봉을 유지하며 자신의 관심을 직물 노동자의 범위를 넘어서 확대할 수도 있다. 의심할 여지없이 많은 것이 그녀의 성격의 다른 측면과 이러한 종류의 기획에 포함되는 다수의 외적 우연성에 달려 있다. 요점은, 어떤 이유가 동기적으로 현저하게 될 것인지, 그리고 있을 것 같은 반응이 어떠할 것 같은지와 관련해서는, 그녀의 **성향이 계속 성형될 무한히 많은 방식이 있다**는 것이다.

내가 이제까지 언급한 것과는 다른 성향이 로버타의 추가적인 경험과 반성에 관여하게 될 수 있다. 이러한 다른 성향은 원래의 성향을 변화시키거나 강화시킬 수 있다. 그녀가 불매운동에 참여하고 나아가 불매운동의 조직가로서 활동한다고 가정해 보자. 그녀는 점점 더 자신의 일을 신봉하게 된다. 그녀의 상황은 콜(Robert Coles)이 인터뷰한 정치운동가나 공동체 조직가의 것과 같을 수 있다. 콜이 인터뷰한 이 젊은 사람은 1960년대 남부에서 시민권리 운동가로 일을 시작하였다. 1970년대에 콜이 인터뷰를 할 시점에 그는 그가 가지고 있는 내적인 갈등을 반추하고 있었다. 조직가로서의 그의 삶을 계속할 것인가? 아니면 그의

---

24) Clifford Geertz, "Ideology as a Cultural System," *The Interpretation of Cultures* (New York: Basic Books, 1973), pp.217-218.

친구나 가족들이 말한 대로, "자신을 삶을 가지고서 자신의 어떤 것을 만들 것인가?" 그는 이렇게 말했다.

나는 이러한 삶에, 나와 함께 일하던 사람들의 삶에 빠져들었다. 나는 그들의 존재의 한 부분임을 느낀다. 내가 떠나게 되면 나는 정말로 그들을 그리워하게 될 것이다. 그것은 마치 나의 큰 부분이 떠난 것과 같을 것이다. 그리고 나는 허둥거리며 어찌할 줄 모른다. 내가 돌아오면, 나는 '그들'만을 보는 것이 아니라 내 자신을 본다. 나는 나의 삶이 되었던 것과 재결합한다. 여기서 사람들과 함께 일하며 그들에게 도움이 되려고 노력할 뿐만 아니라 그들로부터 많은 것을 얻는 나 … 그들을 떠난다는 것은 나의 많은 것에서 떠나는 것이다. 그것은 한 인간으로서 전체적으로 다시 시작하는 것과 같은 것이다.25)

이것은 부정의와 고통에 대한 반응으로서 시작되었을 신봉이 어떻게 한 개인의 삶의 다른 성향들이나 만족들과 연결되는지를 보여주는 예이다. 처음의 신봉이 하나의 기획이 되고 그러한 기획은 그 사람의 정체성이 된다. 이러한 경우에, 그는 현재의 삶이 공동체에 대한 소속과 기여를 추구하는 충동을 만족시키고 있음을 안다. 그러나 그가 조지아 남부에 가기 전에 그러한 충동을 가지고 있었다면, 그것의 지향적 대상은 아주 일반적이고 산만한 것이었을 것이다. 처음에 추구되었던 것은, 아주 일반적으로 생각되는 만족을 제공하는, 어떤 종류의 공동체였다. 그러한 특정한 공동체에서 살아감으로써 그는 자신이 추구하는 것이 무엇인지에 대해 더 확정적인 생각을 가지게 되었다. 그리고 이것이 또 그러한 추구의 대상을 더 확정적이게 **만들었다**고 나는 이야기하고 싶다.

---

25) Robert Coles, *The Moral Life of Children* (Boston: Atlantic Monthly, 1986), p.167.

3) 실천적 이유와 성향의 상호성

내가 이야기를 하고 있는 방식은 이유에 의거하여 행해진 행위에 대한 표준적인 흄적인 설명에 대한 비판을 긍정하고 있다. 행위할 이유에 대한 인정이 동기적 성향을 길들임으로써 그리고 지향적 대상에 대한 추가적인 규정을 해줌으로써 효력을 발휘한다면, 우리는 행위가 어떻게 선-존재하는 욕망의 도움 없이 이유의 인정으로부터 표준적인 길로 나아가는지에 대해 설명할 수 있게 된다. **성향이 이유의 인정을 통하여 길들여지기 때문에, 이유의 인정은 동기적 효과를 얻는다.** 성향의 동기적 힘은 성향에 생겨나는 길을 통하여 전이된다. 고통받는 다른 사람들을 도울 동기적 이유를 가질 수 있다는 것은 어떤 단순하거나 직선적인 의미에서 우리가 그들을 도움으로써 증진되는 선-존재하는 욕망을 가지고 있다는 것에 의존하지 않는다. 그리고 **이유도 우리의 선-존재하는 동기와 독립적으로 그 자체로 효과를 가지지 않는다.**

8. 이 이론이 경쟁 이론들보다 어떻게 나은가?

1) 철학적 논의들의 직관 의존성

이유에 대해 경쟁하는 이론들과 그러한 이론들의 이유에 입각한 행위에 대한 설명들 중에서 어떤 것이 나은지를 결정하는 유일한 방법은 어떻게 그것들이 우리가 가지고 있는 마음과 행위에 대한 최선의 과학과 잘 들어맞는지를 보는 것이다. 이유의 이론들에 찬성하고 반대하는 앞의 **철학적 주장들은** {로버타의 예와 같은} 다올의 이야기와 같은 이야기, 즉 중요한 동기적 과정에 대한 **직관적으로 그럴듯한 해석에 의거하**는 이야기들에 의존했다. 이러한 논쟁의 다른 측면은, 여기서 제시된 것처럼, 그러한 주장들이 자신들의 이야기와 자신들에게 유리한 동기적 과정에 대한 해석을 결여하고 있지 않다는 것이다. 나는 나의 해석이 직관적으로 더 호소력이 있거나 적어도 다울의 해석처럼 설득력이 있기를 희망하지만, 그 문제는 무엇이 심리학적으로 그럴듯한가에 대한 손쉬운 직관에 기초하여 결정되지도 않고 되어서도 안 된다. 물론 이러한 직관들이 서로 논쟁하는 이론들을 형성하는 것을 돕기는 한다.

2) 성향을 정당화하는 두뇌 이론: 다마시오

마음에 대한 과학은 하나의 이론이 지배하여 이유의 이론에 대해 명확한 시사를 하는 그러한 지점에 아직 도달하지 않은 것으로 보인다. 그러나 여기서 옹호되는 이론을 정당화해 줄 하나의 전망 있는 이론은 다마시오(Antonio Damasio)의 것인데, 어떤 종류의 두뇌 손상을 겪고 있는 사람들에게서 실천적 사유가 잘못되는 방식에 대한 연구에 그의 이론은 기초하고 있다. 예를 들어, 엘리엇(Elliot)이라는 환자는 자신에게 실천적으로 중요한 문제에 대하여 완전히 부적합한 의사결정을 보인다. 그는 진행 중인 과제의 한 요소에 의해서 주의가 흩어져서 혼란을 겪게 되었다. 그는 재앙이 될 것이라는 것을 알면서도 재앙을 불러일으키는 결정들을 했다. 그는 경험으로부터 배울 수 없었기 때문에, 그러한 일을 반복하고 또 반복했다. 그러나 그는 대상, 공간, 숫자, 그리고 언어에 대한 사유와 추리 능력에 대한 지능 검사에서는 정상이고 높은 점수를 받았다. 더욱 놀라운 것은, 윤리적 딜레마나 재정적인 문제에 대하여 시험했을 때, (그가 현금이 필요한데, 들키지 않을 가능성이 있다면 훔쳐야만 할까?) 엘리엇은 정상적인 윤리적 판단을 보였다. 그의 재정적인 결정은 추상적으로 이루어질 때는 합당한 것으로 보였다. 그러나 실제 삶에서 이러한 영역에서 행위해야 할 경우에, 그의 행위는 '온갖 위반의 예'를 다 보여주었다.

다마시오는 엘리엇의 장애를 사회적 지식의 결여나, 그러한 지식에 대한 충분하지 못한 접근이나, 사유의 기초적인 장애나, 심지어는 개인적이고 사회적인 영역에서 의사결정을 하는 데에 필요한 사실적 지식을 처리하는 것과 관련한 주의나 기억 작동 등에서의 기초적인 결함 탓으로 돌릴 수 없었다. 결함은 사유의 후기 단계에서, 선택을 하거나 반응을 선택해야만 하는 시점이나 그것에 가까이에서 드러났다.[26]

엘리엇과 같은 경우들은 또 하나의 놀라운 특징을 보여준다. 즉 환자는 감정의 결핍을 보여준다. 두뇌의 손상된 부분은 계획하고 결정하는 일에서만 영향을 주는 것이 아니라 정서적인 과정에도 영향을 주었다. 다마시오는, 합리성의 기관은 전통적으로 두뇌의 대뇌피질 구조에 있다고 생각되는데, 대뇌피질과 관계가 있을 뿐만 아니라 생물학적인 조절이나 기본적인 충동이나 본능 등과 관련이 있는 대뇌피질 아래에 있는 피질하부(subcortex) 구조하고도 관련이 있다는 결론에 도달했다. 실천적 합리성은 이러한 목적들과 관련이 있는 피질하부의 위쪽{즉 대뇌피질}에서만 성립되는 것이 아니고 피질하부 구조들로부터도 또 그것들과 함께 수립된다.[27]

이 장에서 내가 성향이라고 부른 그러한 것은 생존이나 생물학적 조절과 연결된 충동이나 본능에 대한 다마시오의 이론에 뿌리를 두고 있다. 여기서 옹호되고 있는 이론에 따르자면, 마시고자 하는 생물학적 충동이 마실 이유가 있다는 판단에 동기적인 힘을 제공하고 있다. 감정은 사물을 좋거나 바람직한 것으로 보는 것 혹은 어떤 일을 하거나 가질 이유를 보는 것과 같은 정신적인 평가 과정들과 피질하부 영역과 연결되는 충동과 본능에 뿌리를 갖는 신체의 기질적인 반응들 이 둘이 결합된 것이다. 다마시오는 두뇌의 이러한 영역들 사이에 중요한 다리를 놓는 것은 감정이며, 이러한 감정은 합리성의 기관들이 더 하위의 구조로부터 그리고 그것과 함께 수립되는 것을 가능하게 한다고 결론지었다.

---

26) Antonio Damasio, *Descartes' Error* (New York: Avon Books, 1994), p.50.
27) Damasio, p.128.

감정은 합리성의 중요한 부분이다. 왜냐하면 감정은 우리의 행위의 있을 수 있는 결과들에 순위를 매기는 것을 가능하게 만드는 값을 제공하기 때문이다. 감정들은 정신적인 평가 과정과 육체적 기질의 결합이기 때문에, 감정은 우리의 평가가 동기적으로 효과적일 수 있도록 보장한다. 그렇다면 다마시오의 이론은 여기서 말하고 있는 이야기와 광범위하게 일치한다. 합리성은 생물학적으로 기초적인 충동과 본능에 근거하고 그러한 충동과 본능의 동기적인 힘을 길들이는 데에 기여하는 감정과 신체적 기질을 동반할 때 더 높게 달성된다. 합리성의 기관과 충동과 본능 간의 다리 구조가 두절되면, 합리적인 판단은 행동을 인도하는 그 힘을 제대로 발휘하지 못하게 된다.

9. 외재론이냐, 내재론이냐?

1) 데이비드 왕의 외재론적 입장

앞에서 내가 한 이야기는, 한 개인은 상황의 어떤 특징이 어떤 방식으로 행위해야 할 이유가 된다는 것을 배울 수 있지만 이유에 대한 그러한 인정이 동기적인 성향과 관련되거나 그것을 길들이는 데 실패할 수도 있다는 의미에서 외재론적이다. 이유들이 윤리적인 것들이고 실패가 많아지면, 우리는 반사회적 인물을 갖게 된다. 중국적 전통에서 맹자가, 그리스적 전통에서 아리스토텔레스가 보았듯이, 성격 발달이 그렇게 그릇되게 진행되어 윤리적 고상함이 뿌리 내릴 아무것도 남아 있지 않을 수 있다. 부분적인 실패는 우리 모두에게 전형적인 것이다. 대부분에게 전형적인 부분적인 실패라는 현상은 도덕적 이유들에 비중을 두기는 하지만 다른 이유들이 때때로 도덕적 이유들을 능가하도록 허락하는 데서 생겨난다. (이렇게 이야기함으로써 나는 어떤 다른 평가적 관점에서 볼 때 도덕적 이유들을 부차적인 것으로 보는 것이 적어도 때로는 정당화될 수도 있다는 것을 부정하는 것은 아니다.)

그러므로 여기서 말해진 이야기는 동기적 성향이 어떤 사람이 행위할 이유를 가지고 있는 것과 적합하게 관계된다는 것을 **보장**하는 내재론을 배제한다. 앞에서 언급된 길들이기와 성형 기능을 수행하기 위해서, 이유는 개인의 동기 체계에 외재적이어야만 한다. 이 이야기는 네이글이나 스캔론이 제시한 이유 이론들과 갈등하며, 플라츠와 맥도웰과 같은 실재론자들이 제시한 이유 이론들이 이유의 인정이 동기적으로 효과가 있기 위해 선-존재하는 성향이 필수적임을 부정하는 한 그들의 이론들과 갈등한다. 이 이야기는 흄주의자들이 이유에 따르는 모든 행위의 이면에 선-존재하는 올바른 욕망을 정확히 찾으려고 너무 힘을 들였다고 생각하는 입장이 옳다고 본다. 흄주의자들이 말하는 욕망이란 달리 말하면 옳은 확정된 대상을 갖는 성향인데, 그들에 따르면 이는 적합한 믿음과 결합함으로써 설명되어야 할 행위를 낳는다.

2) 내재론에서 비판적 관점의 문제: 윌리엄스와 스미스

흄주의자들을 비판하는 이러한 입장은 **행위할 이유가 가장 근본적인 수준에서 현존하는 욕망을 비판할 수 있는 근거를 제공해야만 한다**는 믿음에 근거하고 있다. 행위해야 할 타당한 이유를 인정함으로써 생겨나는 그러한 비판적인 관점은 어떤 흄적인 내재론도 용인할 수 없는 깊은 상처를 만든다고 보인다. 예를 들어, 맥도웰(John McDowell)은 **윌리엄스의 것과 같은 섬세한 흄적인 이론들이 행위자의 현존하는 동기들을 수정하고 풍부하게 하는 숙고의 역할을 허용**함으로써 그들이 가지고 있는 이유와 그들의 동기들 간에 어떤 중요한 거리를 열어놓았다고 인정한다. 예를 들어, 윌리엄스는 내재론 이론가들이 어떤 사람이 석유를 진이라고 착각하고 진토닉을 원했기 때문에 석유를 마실 이유를 가진다고 말할 필요가 없다고 주장했는데 이는 맞는 말이다. 그렇지만 맥도웰은 이것이 올바른 종류의 비판적 거리가 아니라고 생각한다. 우리가 우연히 가지게 되었거나 심지어는 흄적인 사유에 의해 교정된 욕망을 가진다고 해도, 그러한 욕망은 문제없이 그러한 욕망을 가진 개별적인 행위자에게 실천적 합리성의 모습을 결정해 줄 수 없다.[28] 여기서 맥도웰은 행위자의 욕망이 행위자가 석유를 진이라고 착각하는 것과 같은 흔히 있는 어떤 사실적 실수에 기초에 있지 않다고 하더라도 그러한 욕망을 충족시키기 않을 이유를 가질 수 있다고 주장하고 있다고 보인다. 나는 맥도웰이 옳다고 생각한다. 우리는 그러한 이유를 허용한다. 나의 이론은 도덕적 이유가 외재적이며, 그러한 이유들이 욕망을 길들이고 성형하는 데 어떤 역할을 함으로써 우리가 가질 수 있는 이유들과 우리의 현존하는 동기 사이의 더 큰 거리를 허용한다.

스미스(Michael Smith)의 규범적인 이유들에 대한 이론은 윌리엄스와 중요한 유사점들을 가지고 있다. 그러나 스미스는 그의 이론을 맥도웰의 비판에 응답하는 그러한 방식으로 전개시켰다. 환경 C에서 행위자가 Φ를 할 이유를 가진다는 형태에 대하여, 스미스의 분석은 행위자가 C에서 Φ에 대해 욕망을 가지는 것은 행위자가 완전히 합리적일 때라는 것이다. 그래서 스미스의 분석은 윌리엄스의 분석과 마찬가지로 이유들의 규범성이 행위자의 현존하는 욕망과 믿음에 대한 올바른 숙고에 달려 있다고 해석한다. 그렇지만 **스미스**는 윌리엄스와의 차이를 강조했는데, 그것은 옛 욕망이 소멸되고 새 욕망이 숙고를 통하여 형성되는 주된 방식이 상상이 아니라는 것이다. 오히려 전체 체계를 더 체계적으로 정당화 가능하게 만들려고 하는 노력을 통하여 **욕망의 체계가, 특수한 욕망과 보편적 욕망 간의 롤즈적인 반성적인 균형을 취함으로써, 변화될** 수 있다는 것이다. 그러한 변화의 목표는 일반적인 욕망이 더 특정한 욕망을 체계적이고 통일된 방식으로 설명하고 정당화하도록 하는 것이다.

---

28) 다음을 보라. John McDowell, "Might There Be External Reasons?" *Mind, Value & Reality* (Cambridge, MA: Harvard University Press, 1998), pp. 104-107.

하지만 사람들은 스미스가 윌리엄스가 행위자의 현존하는 욕망으로부터 올바른 비판적인 거리를 확보한 것보다 훨씬 많이 나갔다고 보지는 않을 것이다. 물론 스미스가 이러한 욕망들을 평가할 더 합리주의적인 장치를 포함시킨 것은 사실이다. 행위자가 반성적인 균형을 목표로 하는 숙고 과정에 자신의 현존하는 욕망을 종속시킨다고 하더라도, 기껏해야 기대할 수 있는 것은 그러한 과정이 개별적인 행위자들이 종종 C에서 Φ를 하는 일의 바람직함에 대하여 다양한 결론을 끌어낼 것이라는 것이다. 왜냐하면 행위자들이 시작할 때 가지고 있었던 욕망의 체계들이 다양한 결론을 정당화하기에 충분할 만큼 다양할 수 있기 때문이다. 놀라운 일은 스미스가 이것이 결과일 것이라는 것을 거부하고 있는 것이다. 즉 우리가 Φ를 하거나 하지 않을 이유에 대해 토론하는 방식은 그의 주장에 따르면 우리가 C에서 Φ를 하는 것의 바람직함에 대해서 어떤 일치를 이루고자 한다는 것을 전제한다. 물론 스미스는 그의 분석이 C에서 Φ를 하는 것에 대한 상대적이지 않을 어떤 이유가 있을지 여부에 대해서는 완전히 열려 있다고 인정한다. 우리가 규범적인 담론 속에 있다고 전제한다는 것은 우리가 심각하게 실수를 하고 있을 가능성이 있다는 것과 상통한다.[29] 우리는 완전히 합리적인 행위자가 그들이 직면할 수 있는 다양한 환경들에서 무엇이 행해져야 할 것인가와 관련하여 수렴된 욕망을 가질 것인지를 보아야만 한다. 어떤 참된 규범적인 이유가 있을지 여부가, 매우 의심스럽지는 않다고 해도, 이것이 나에게는 크게 열려 있다고 보인다. 내가 생각할 적에는, 기껏해야, 스미스의 설명은 우리에게 어떤 참된 규범적 이유가 있을 수 있다고 말하는 것을 허용할 뿐이다. 스미스는 우리가 지금 도덕적 문제들에 대해 가지고 있는 일치의 정도를 지적함으로써, 또 그러한 일치에 대한 최선의 설명이 만약에 우리가 완전히 합리적이라면 우리가 이러한 물음들과 관련하여

---

29) Michael Smith, *The Moral Problem* (Oxford: Blackwell, 1994), pp.151-175.

가지게 되는 수렴된 욕망이라고 지적하면서, 우리가 더 낙관적이어야 할 이유를 제공하려고 노력했다.[30] 그러나 나에게 훨씬 더 그럴듯한 그러한 일치에 대한 설명은 우선, 사회적 협동을 증진시키는 도덕률의 기능에 근거하는 도덕적 규범과 이유들에 대한 아주 넓은 일치이고, 둘째는, 이 장에서 서술된 사회화와 도덕적 담론에서 달성될 수 있는 욕망의 도덕화라고 보인다.

3) 데이비드 왕의 내재론적 입장

바로 이 점이 왜 나의 이론이 퀸이나 스캔론의 요점, 즉 행위를 동기화한다고 말할 수 있는 전형적인 **욕망**에 중요한 평가적인 요소가 있다는 주장과 양립 가능한가를 설명해 준다. 그러한 욕망의 개념은 아리스토텔레스나 아퀴나스에게까지 소급되고 맹자에서도 유사한 것을 볼 수 있는데, 좋거나 바람직한 것으로 이해되는 어떤 것에 대한 경향을 가진다는 것이다. 여기에서 옹호되고 있는 이야기가 옳다면, 우리의 많은 욕망들은 사람들이 추구할 이유를 가지는 것들을 목표로 삼아야만 한다. 왜냐하면 욕망의 대상들은 그러한 이유들의 인정을 통하여 성형되고 더 확정적으로 되기 때문이다. 사실 이유들은 처음에는 그러한 이유들을 가지지 않는 성향이나 감정의 지향적 대상들 속으로 파고들 수 있다. 예를 들어, 다른 사람의 고통에 반응하는 성향은 어느 정도는 타자의 고통을 행위할 이유라고 보는 욕망으로 된다. 나의 이론에서는 어떤 것이 바람직하다는 단순한 믿음은 그것에 대한 성향을 창조할 수 없는 반면, 어떤 것을 추구하는 이유는 길들이기와 성형의 결과로서 그러한 성향의 지향적 대상 속에 나타날 수 있다. 그러한 방식으로 성향은 바람직하게 보이는 것에 대한 욕망이 될 수 있다.

나의 도덕적 이유에 대한 이론이 글자 그대로의 의미로 외재론적이라

---

30) Smith, *Moral Problem*, pp.187-188.

고 하더라도, 그것은 **도덕적 이유들이**, 모든 인간 행위자의 동기 체계에는 아니라고 해도, 인간 본성과 어떤 필수적인 연관을 가지며, 그리고 이런 의미에서 인간 본성에 내재적이라는 그런 중요한 의미를 수용한다. 도덕적 이유들의 중요한 한 기능이 이러한 본성에 뿌리하고 있는 성향들을 길들이는 것이라면, 우리가 해야 할 도덕적 이유를 갖는 일들이 어떤 것들인지는, 중요한 의미에서, 인간 존재가 일반적으로 하도록 동기화될 수 있는 일들이 어떤 것들인지에 달려 있다. 우리는 인간 존재의 현실과 인간 존재의 가능성과 아무런 관계가 없는 어떤 것이 되도록 도덕적으로 요청될 수 없다. 도덕적 이유들은 어떤 선-존재하는 인간의 성향이 이유들에 의한 성형을 받을 수 없다면 실천적 이유들로서 자신들의 기능을 하지 못할 것이다. 행위의 이유들과 인간 존재를 동기화시킬 수 있는 것 간에는 어떤 필수적인 **일반적** 연결이 있다.

4) 데이비드 왕의 외재론과 내재론의 대립 해소

이것이 가치를 이차적 성질(secondary quality)과 유사하게 해석하려고 하는 맥도웰의 시도와 나의 이론이 중복되는 점이다. 맥도웰의 해석에 따르면, 색깔과 같은 이차적인 성질들이 어떤 지각적 감수성을 타고 난 존재에게 어떤 현상적 모습을 제시하는 힘이듯이, 마찬가지로 가치 성질들도 어떤 감수성을 가진 존재의 주목이나 칭송을 받을 대상들이다. 맥도웰은 이런 이론이 가치 성질들의 객관성을 유지하면서도 동시에 그것이 플라톤의 이데아들(Platonic forms)처럼 귀신같이 해석되는 것을 피하는 길로 제시했다. 가치 성질들은 우리와 독립적으로 존재하지만 또한 동시에 우리가 그것들의 실현을 위하여 행위해야 한다는 주장을 하게 된다.31) 2장 1절에서 지적하였듯이, 맥도웰은 인간 감수성의

---

31) 다음을 보라. John McDowell, "Values and Secondary Qualities," *Essays on Moral Realism*, ed. Geoffrey Sayre-McCord (Ithaca: Cornell University Press, 1988), pp.166-180.

상대성과 플라톤적인 객관주의 사이의 이러한 바람직한 중간점에 도달하는 일에서 어려움에 봉착했다. 왜냐하면 색깔 성질과 가치 성질 간의 유비는, 가치 성질들이 우리와 같은 그러한 감수성을 갖는 존재들로부터 칭송을 **받을** 그러한 것이어야 한다는 것을 인정해야만 한다는 바로 그 지점에서 붕괴하기 때문이다. 맥도웰 자신이 지적하였듯이,32) 가치 성질들의 규범적 차원들이 색깔 성질들에서는 비유될 것이 없다. (그러한 성질들은 {달리 말하자면 그러한 성질들의 규범적 차원들은 밝히는 것은} 적합한 색깔 경험을 밝히는 것과 같은 것이다.) 여기서 옹호되고 있는 도덕적 이유들에 대한 설명은, 색깔 속성들과 도덕 속성들의 유비 불가를 설명하여 해소시킬 필요 없이, 극단적 주관주의와 귀신같은 플라톤주의 사이에 중간 지점을 차지한다. 여기서 옹호되는 설명은 도덕적 이유들이 특정한 개인의 동기 구조와는 독립적으로 존재하지만 인간 존재가 일반적으로 가지는 혹은 발달시킬 수 있는 동기 구조와는 독립적인 것이 아니라는 것이다. 예를 들어, 다른 사람들의 이익에 대한 고려를 요구하는 도덕적 이유들이 존재하는데, 왜냐하면 인간 존재가 일반적으로 서로 협동하는 것을 가능하게 하고 필수적이게 만드는 감수성을 인간이 가지고 있기 때문이다.

도덕률이 인간 본성에 내재적이라는 주제는 여기서 옹호되는 설명이 어느 한 쪽을 편든다고 하기보다는 외재론와 내재론 간의 대립을 어떻게 반대하는가를 보여준다. 폴크가 규정한 것처럼, 도덕적 의무에 대해 외재론적 입장을 취하게 되는 까닭은 도덕적 의무가 행위자와 행위자의 동기적 구조 외부에서 오기 때문이다. 도덕적 의무에 대해 내재론적 입장을 취하게 된 까닭은 반성적이고 상대적으로 자유로운 행위자에게 그러한 이유들이 안에서부터 나온다는 확신 때문이었다. 안쪽이나 바깥쪽이라는 은유는 잘못된 이분법을 만들어내었다. 내재론적인 입장은 애초

---

32) McDowell, "Values and Secondary Qualities," p.175.

부터 동기적 성향이 훨씬 확정적이고 덜 가소적인 존재에게 적합하다. 그러나 우리가 생겨먹은 것처럼, 도덕적 이유의 실체의 어떤 부분은 적어도 어떤 특정한 개인이나 그의 동기적 구조의 외부로부터 올 수밖에 없다. 다른 한편으로 어떤 도덕적 이유의 실체가 개인의 바깥으로부터 온다고 해도 그것은 인간 존재가 일반적으로 가지고 있는 성향에 적합해야만 한다.

이유의 내재론와 외재론의 대립은 개인을 외부로부터 이유가 가해지는 존재로 생각하는 방식과 그 내부로부터 자율적으로 이유가 발생하는 존재로 생각하는 방식 간의 잘못된 이분법을 강화시켰다. 그러한 대립은 다른 사람의 고통과 같은 그러한 이유에 대한 학습을 통하여 동기적 성향을 길들이고 성형하지 않고서는 우리가 거의 인간적인 행위자(human agent)가 될 수 없다는 가능성으로부터 우리의 관심을 돌려버렸다. 이유는 우선적으로는 외부로부터 온다. 그러나 우리가 **모든** 이유를 제거해 버리고 나면, 남게 되는 것은 아직 인간적인 행위자가 아닌 어떤 인간이다. **인간적인 행위자는 어떤 {외적인 행위의} 이유들이 내부로 취해져서 그것들이 동기적인 성향을 성형하고 성향의 지향적 구조 내에 박혀야만 존재하기 시작한다.** 기어츠의 표현으로 다시 돌아가, 인간 존재는 문화적 형태를 통해서 뿐만 아니라 자신들의 실천적 이성의 실체를 밝혀주는 형태를 통해서 자신을 완성하는 존재이다.

5) 어떤 조건이 행위의 이유가 되는 까닭

앞에서 나는 행위해야 할 이유 중의 어떤 것, 예를 들자면 다른 사람의 고통과 같은 것을 배움으로써 행위해야 할 이유가 무엇인가를 배운다고 이야기하였다. 왜 그러한 조건들이 우리에게 **이유들**이 되는가? 그 이야기의 이러한 부분은 이제까지 내가 이야기해 왔던 것과는 분리될 수 있는 것이지만, 왜 다른 사람의 고통(another's suffering)이 인간 존재에게 행위할 이유로서 성립되게 되는지를 보는 것은 어렵지 않다. 2

장 7절에서 주장된 것처럼, 인간의 이타주의적 능력이 {그러한 설명의 근거로서} 당연히 선택될 수 있다. 왜냐하면 그것이 집단 내의 상호적인 도움을 촉진시키고 그렇게 함으로써 이타적인 개인들을 가진 집단이 그러한 개인들이 없는 집단보다 높은 **생물학적 적합성을 갖게** 만들기 때문이다. 감정이입의 능력은 이타주의적 태도의 한 부분일 수 있다. 그러한 가설이 어떻게 제시되든 간에, 우리는 신생아와 유아들에게 감정의 '전염성'이 있다는 실험적 증거를 가지고 있다.[33] 인간이 문화나 심어진 규범들을 통하여 자신을 통제하는 능력은, 이타주의의 바닥에 있는 그러한 원시적인 능력의 발달과 결합되어 진화되었다. 인간 문화 내에서, 다른 사람의 고통이 어떤 방식으로 행위할 이유가 된다는 가르침은, 감정이입에 적합한 우리가 어떤 타고난 능력을 강화하고 길들였다.

다른 종류의 도덕적 이유들은 인간 본성의 다른 깊은 성향들을 길들이고 성형하는 것을 도움으로써 사회적 협력에 대한 적응을 증진시킨다. 내가 2장 6절에서 다소간 다른 맥락에서 주장한 것처럼, 모든 종류의 사회와 문화들에 나타나는 {다른} 하나의 도덕적 이유는 자발적으로 주어진 좋음(good that is voluntarily given)에 대해서 좋음으로 갚아야 할 이유이다. 이것의 보편성은 그것이 인간 본성에 뿌리하고 있음을 반영하고 있다. 종종 가장 중요한 형태의 인간의 협동은 돕는 행위이다. 도움을 되돌려 주는 것이 사회적 상호작용의 하나의 일반적인 특징이라면 그것은 돕는 행위를 강화하고 그래서 그러한 도움을 유지하는 강력

---

33) 다음을 보라. M. L. Simner, "Newborn's Response to the Cry of Another Infant," *Developmental Psychology* 5 (1971), pp.136-150; M. Klinnert, "Infant's Use of Mothers' Facial Expressions for Regulating Their Own Behavior," Paper presented to the meeting of the Society for Research in Child Development, Boston; Alvin Goldman, "Empathy, Mind, and Morals," Presidential Address delivered before the Sixty-sixth Annual Pacific Division Meeting of the American Philosophical Association in Portland, Oregon, March 27, 1992, *Proceedings and Addresses of the American Philosophical Association* 66 (1992), pp.17-42.

한 요소가 된다. 상호성이 없는 것이 {즉 도움을 되돌려 주지 않는 것이} 사회적 상호작용의 일반적 특징이라면, 돕는 행위는 소멸되기 쉬울 것이다.[34]

이것은 왜 어떤 형태의 상호성이 도덕률의 필수적인 요소인가를 설명한다. 왜냐하면 그것 없이 **인간의 협동적인 활동은 근거를** 상실할 것이기 때문이다. 예를 들어, 좋음을 좋음으로 갚아야 한다는 요청은 많은 신체적 돌봄과 가르침이 필요한 어린이들이 그들을 기르고 먹이는 일을 한 사람이나 부모에 대한 의무가 있음을 쉽게 설명하게 한다. 그러한 의무를 수행하는 것은 일종의 좋음에 대해 좋음으로 갚는 것이다. 물론 갚는 좋음이 받은 좋음과 같은 종류의 것일 필요는 없다. 이러한 사유 방식은 상호적인 이타주의라는 가설 즉 상호적인 도움의 경향은 분명히 상호적인 이익 때문에 선택된다는 가설과 아주 잘 들어맞는다. 인간에게서 이러한 상호적인 이타주의가 선택되었다면, 그것은 여러 가지 점에서 산만하고 비확정적인 충동이었을 것 같다. 여러 문화에 따라 다르게 나타나는, 어떤 경우가 상호적인 것인지 그리고 어떤 것이 상호성의 적합한 방식인지를 결정하는 다양한 이유들은 이러한 충동이 존재하였고 끊임없이 길들여지고 더 확정적으로 되는 방식들이다.

1장에서 원래 강조했던 것처럼, 나는 우리 자신을 이해하는 자연적인 어휘들로부터 이유라는 바로 그 개념을 제거하려고 애쓰지 않는다. 어떤 것을 좋아할 것인가를 저울질하는 고려로서의 이유라는 관념은, 세계에 대한 우리의 주관적인 관점을 표현하기 위해 사용하는 언어를 물리주의적인 서술로 번역할 우리의 능력에 한계가 있다는 바로 그 이유 때문에, 당연히 우리에게 환원 불가능한 것으로 남을 것이다. 하지만 이

---

34) 다음을 보라. Lawrence Becker, *Reciprocity* (London: Routledge & Kegan Paul, 1986), pp.90-91. 그리고 다양한 문화에서의 상호성의 출현에 대한 인간학적, 사회학적, 심리학적 작업들에 대한 탁월한 문헌목록을 보려면 pp.347-359를 보라. 그는 진화론적 생물학에서 제기되는 상호적 이타주의에 대한 이론들에 대해서도 참고문헌을 제시하고 있다.

것은 우리의 규범적인 언어 내에서 정확히 서술되는 것이 무엇이든, 적절한 때에 세계에 대한 완전히 물리적인 서술로 또한 전환된다고 하더라도 참일 것이다. 그렇지만, 어떤 종류의 이유들이 우리와 같은 동물들에게 어떻게 이유가 되게 되었는지를 이야기하는 것은 가능하다.

10. 외적 이유들의 소용

1) 외적 이유들의 소용

이 글의 시작에서 나는, 내재론이 행위가 행위자의 어떤 동기에 의해서 지지되지 않는다면 행위자가 행위할 이유를 가졌다고 말하는 것이 무슨 소용이 있는가라는 당혹함에 의해 발생되었다고 이야기하였다. 도덕률과 인간의 협동적인 삶의 구조와의 관계에 대하여 내가 지금 막 이야기한 것이 어떻게 외적 이유들에 어떤 소용이 있을 수 있는가를 우리가 이해하도록 돕는다. 만약 외적 이유들이 개인의 실제적 동기로부터 어느 정도의 독립성을 가지지 않는다면, 외적 이유들은 길들이기와 내가 그것에 있다고 보는 그러한 기능{즉 협력의 촉진}을 수행할 수 없을 것이다. 그러한 길들이기와 성형에 대한 자연주의적 설명의 한 부분은 외적 이유들이 협동적인 생활에 적응된 사람들을 생산하는 과정의 한 부분을 이룬다는 것이다. 이것은, 이 책에서 계속 주장되어 온 것처럼, 도덕적 이유들의 배치가 협동적인 삶의 다양한 형태에서 모두 같을 것이라고 말하는 것은 아니다. 다양한 형태들은 특정한 이유에 주어지는 독특한 강조에 따라 어느 정도는 구분될 수도 있다. 1장에서 주장한 대로, 친절이나 선물에 대하여 감사라는 빛을 지고 있다는 느낌은 우리 모두가 알고 있는 어떤 것이지만, 중국이나 일본 사회에서는 그러한 느낌이 크게 증폭된다.[35] 왜냐하면 타자와 관련이 있는 이러한 종류의 이유에 더 큰 우선성이 주어지기 때문이다. 그러한 차이는 인간 본성과 인간의 협동적인 삶의 본성이 있다고 할 때 도덕적 이유로 간주될 수 있는 것에 제약들이 있다는 생각에도 적용된다.

2) 외적 이유들의 합리성이 아닌 합당성

나의 견해가 어떻게든 도덕적 고려에 의해서 동기화되는 것이 합리적으로 필연적이도록 만드는 것이 아닌지 물어볼 수도 있다. 이것이 나의 견해의 결과라고 생각될 수도 있는데, 왜냐하면 나는 개인들이 도덕적 이유들에 따라 행위하도록 요청하는 아무런 동기를 가지지 못한다고 하더라도 도덕적 이유들이 그러한 개인들에게 적용 가능하도록 했기 때문이다. 윌리엄스에 의해서 옹호된 그러한 종류의 흄적인 내재론의 원래의 동기들 중의 하나가 분명 이러한 결과의 거부였다는 것을 기억할 수 있다. 나 또한 도덕적 이유들에 의해 동기화되지 않는 것이 반드시 **합리적이지 못한 것**이라는 결론을 거부하고자 한다. '합리적이지 못한'(irrational)이라는 용어는 특별히 강한 의미를 가지고 있다. 이것은 사유 과정에서의 무질서를 의미하며, 일반적으로 사유하는 사람에게는 명백할 수밖에 없는 사유의 보편적으로 타당한 원칙의 위반을 의미한다.36) 그러나 사람들에게 그들이 할 이유가 있는 일을 지적하는 것이 만약 그들이 그것을 고려하지 않는다면 그들의 머리가 비합리적이라고 위협하는 것은 아니다. 특히 내가 제안하고자 하는 것은, 그러한 종류의 도덕적 이유들을 어떤 사람에게 지적하는 것은 **합당하도록** 호소하기 때문에 소용을 갖는다는 것이다.

합당성(reasonableness)은 순수한 합리성(rationality)과 같은 것도 아니고 그것에 의해 요청되는 것도 아니다. 그것은 **다른 인간 존재들과 어**

---

35) 다음을 보라. David Nivison, "'Virtue' in Bone and Bronze," Walter Y. Evans-Wentz Lectures, 1980.

36) 이 문제와 관련하여, 나는 Scanlon과 일치한다. 다음을 보라. T. M. Scanlon, *What We Owe to Each Other* (Cambridge, MA: Harvard University Press, 1998).

떤 협동적인 관계에 들어가려는 자발성에 의해 생겨나는 것이다. 우리가 어떤 사람을 합당성이 없는(unreasonable) 사람이라고 부른다면, 우리는 보통 그가 강력한 의미에서 비합리적이라고 말하고 있는 것은 아니다. 그것은 그가 우리의 공동 사업의 파트너로 적합하지 않은 자세를 취하고 있다고 말하는 것이다. 도덕적 이유들을 고려하기를 거부하는 것은 우리의 협동적인 삶을, 아마도 인간의 모든 협동적인 삶을 아니면 적어도 우리의 협동적인 삶을, 가능하게 하는 것의 한 부분을 거부하는 것이다. 사람들이 도덕적 이유들을 가졌다고 말하는 것은 그렇다면 그러한 이유들이 사람들의 동기에서 자리할 곳이 없다고 하더라도 소용이 있다. 그것은 공정한 협동이라는 경계 내에 자신을 두려고 한다면 그들이 무엇을 해야 하는가를 지적하는 것이다. 그리고 그들이 그렇게 할 아무런 동기가 없다면, 그들을 그리고 그들과의 협동을 생각하고 있는 타자들에게 경고가 주어져야만 한다.

3) 외적 이유들의 자아에 대한 우선성

리어(Jonathan Lear)는 윤리학에 가장 중요한 그러한 종류의 이유들이 (칸트가 생각한 것처럼) "선험적인 논증에 의해 드러나는 고정적인 구조"로부터 도출되는 것이 아니고 "우리로부터 완전히 독립적으로 플라토닉하게 존재하는 것"도 아니라고 주장하였다. 오히려 그러한 이유들은 삶의 방식의 한 부분으로서 "우리의 사유, 행위, 자연스러운 느낌, 현저한 지각에 의해서 어떻게든 구성되는"[37] 것일 수 있다. 나는 리어

---

37) Jonathan Lear, "Moral Objectivity," *Objectivity and Cultural Divergence*, ed. S. C. Brown (Cambridge: Cambridge University Press, 1984), p.148. Lear는 이유에 대해 외재론적이지 않고 내재론적이지도 않은 설명을 제시하였다. 그는 이 문제를 내가 사용하고 있는 것과 같은 용어를 사용하여 접근하지는 않았기 때문에, 나는 그의 설명을 나의 설명과 어떻게 연결시켜야 할지를 정확히 말할 수는 없다. 그러나 두 설명 사이에 상당한 친화성이 있는 것이 아닌가 생각한다.

의 이 마지막 말을 적합하게 만들고자 한다. 윤리학에 가장 중요한 이유들은 단순히 우리의 생각, 느낌, 그리고 현저한 지각에 의해서 구성될 수 없다. 오히려 그러한 이유들이 실제로 그러한 것들 즉 **우리의 생각, 느낌, 지각**을 불러일으키며 그러한 것들에 모습을 부여한다. 바로 이것이 그러한 이유들이 삶의 방식을 규정하는 데에 기여하는 까닭이다.

11. 우리는 "왜 도덕적이어야 하는가?"라는 물음과 "왜 하필 우리의 도덕률이어야 하는가?"라는 물음에 답할 수 있는가?

도덕률은 합리적으로 강제적인 것이 아니다. 기껏해야 그것은, 아니면 그것의 한 부분은, 단지 합당한 것의 한 부분일 뿐이다. 이유{일반}에 합리적인 것뿐만 아니라 합당한 것도 포함된다면, 도덕적 이유를 거부하는 것은 이유에 반하는 것이다. 그렇지만 합당한 것과 합리적인 것의 혼동이나 합당한 것을 합리적으로 강제적인 것으로 만들려고 하는 욕망이, 철학자들로 하여금 사람들이 무엇이 도덕적으로 그릇된 것인지 알면서도 그것을 하는 것은 필연적으로 비합리적이라는 점을 보이고자 시도하도록 만들었다. 합당성(reasonableness)이라는 말과 합리성(rationality)이라는 말이 둘 다 이성(reason)이라는 말을 사용하고 있다는 것을 생각하면 그러한 혼동은 이해 가능하다.

여기에서 옹호되고 있는 이론은 도덕률에 대한 우리의 정당화에 각 개인의 동기적 구조가 관여되어야 한다고 주장하는 사람들에게는 불안한 것으로 남을 것이다. 내가 여기서 말하는 어떤 것도 "왜 도덕적이어야 하는가?"라는 질문을 묻는 반사회적 인물에게는 어떠한 답도 약속하지 않는다. 어떤 사람들은 윤리적 정당화가 모든 사람에 대하여 준비된 답을 가져야 한다고 주장할 수도 있다. 이 장의 결론대로라면, 우리들 대부분에게 윤리적 이유들은 인간의 협동적인 삶을 가능하게 만드는 것의 일부분일 수 있고, 그러한 이유들이 우리의 정서와 성향의 구조에 깊이 박히게 되었다는 것을 지적하는 것이 중요하다. 이러한 이유들은 각 개인의 동기에 대해서는 아니라고 하더라도 인간의 본성 일반에게 내재적이다. 도덕적 이유들과 이유들이 박혀 있는 성향들은 세계에서 우리 자신이 방향을 잡는 가장 기본적인 방식에, 가장 강력하게 뿌리를 내린 자아라는 개념에, 즉 우리의 정체 속에 들어갈 수도 있다. 윤리적 동기화가 깊이 뿌리를 내리고 있는 우리의 도덕적 이유들과 성향들을 재확인하고 강화하는 윤리적 정당화는[38] 우리가 이미 어떤 존재인지를 가르쳐주며, 우리가 그러한 존재와는 다른 존재가 되는 것을 상상하기 어렵다고 지적한다.

똑같은 대답이 참된 도덕률의 다수성을 인정함으로써 생겨나는 도덕적 신봉의 안정성과 확고성에 대한 우려에도 주어질 수 있다. {우리가 다른 존재가 될 수 없기 때문에 그러한 다양성을 인정하는 것이 문제를 거의 제기하지 않는다. 우리가 다른 존재가 되려고 하는} 극단적인 결별은 당연히 우리에게 단지 관념적인 대안일 뿐이다. 그렇지만 그러한 결별이 극단적일 수는 없겠지만 중요할 수는 있다고 주장될 것인데, 이것은 다음 장의 주제이다.

---

38) 내가 생각하기에는 Williams가 제대로 지적한 것처럼 이것은 철학에는 가치 있는 목표이다. 이것은 가장 비도덕적인 사람조차도 도덕적이 되도록 노력하지 않는 것이 비합리적임을 보이는 쓸모 없는 목표를 대치할 것이다. 다음을 보라. Bernard Williams, *Ethics and the Limits of Philosophy* (Cambridge, MA: Harvard University Press, 1985), p.27.

제 8 장
우리의 도덕적 신봉에 대한 확신을 유지하기

저자는 1절에서 우리가 도덕률을 계속하여 수용하는 까닭이 있을 것이라고 지적한다. 2절에서는 그럴 까닭이 없다고 주장하는 로티의 입장 즉 도덕률에 회의적인 입장은 도덕률이 개인적인 적용이라는 측면을 가지고 있다는 점을 무시하고있다고 비판한다. 3절에서는 도덕률을 계속하여 수용하는 까닭으로 개인이 도덕적 삶을 살지 않고서는 번창할 수 없다는 사실이 제시될 수 있다고 지적한다. 4절에서는 번창이 도덕률을 요구한다는 토마스와 라플레의 선험적 주장을 소개하고 이것들이 한계를 가진다고 지적한다. 5절에서는 이러한 한계를 가지지 않는주장 즉 개인적 번창이 일반적 번창과 어느 정도 관계가 있다는 것을 후험적으로보여줄 수 있다고 주장한다. 6절에서는 이러한 주장마저도 위협할 수 있는 푸코의 근대에 대한 비판적 견해와 이에 대한 윌리엄스의 비판을 인용하면서 도덕률과 번창의 관계를 옹호한다. 7절에서는 도덕률과 번창의 관계가 사회적으로만 유의미한 것이 아니라 개인적으로도 유의미하다는 것을 보이기 위하여 순자의 성악설에서 악한 성품에서 어떻게 도덕률이 나타나는가를 설명한다. 이러한 과정에서도덕률은 자연적인 감정의 합당한 표현이라고 밝히고 따라서 도덕률과 번창은 관계가 있다고 주장한다. 8절에서는 도덕률이 충족시킴으로써 번창을 가져오는 필요에 대하여 좀더 자세히 설명한다. 9절에서는 도덕률이 하나의 필요에 긍정적이고 다른 필요에 부정적인 경우를 검토하는데, 울프와 같이 개인적 관점과 도덕적관점이 불일치한다고 보는 것은 실제와 다르다고 지적하면서, 호르크하이머와 아도르노와 같이 개인적 실현이 사회적으로 조작된 것인지 의심스럽다고 하더라도참된 실현에 대한 시도를 포기할 이유는 없다고 지적한다.

1. 왜 확신의 문제가 남게 되는가?

앞장에서 도덕률이 우리에게 얼마나 깊이 영향을 끼치는지 보았다. 도덕률은 우리가 그것의 영향을 알기도 전에 우리의 성격을 깊게 형성한다는 의미에서만이 아니라 도덕률이 우리에게 행위할 이유가 되는 것들을 형성한다는 의미에서도 우리에게 깊은 영향을 끼친다. 하지만 도덕률이 세계를 구성하고 있는 환원될 수 없는 한 부분이 아니라면, 왜 우리는 도덕률이 우리에게 미치는 영향을 계속 받아들여야 하는가? 나는 2, 3, 6장에서 그렇지 않을 수 있는 실제적 상황을 상상하기가 매우 어려울 수 있다고 지적하였다. 우리의 정체성은 우리의 도덕률에 깊이 뿌리하고 있다. (이는 우리가 도덕률의 모든 요청에 응답하는 데에 언제나 성공한다는 뜻은 아니다.) 그렇지만 우리는 적어도 어느 정도까지는 우리 자신의 변화를 절대적으로 배제할 수는 없으며, 그래서 우리가 계속 도덕률을 받아들여야 하는가라는 문제가 생겨난다. 나아가 우리는 도덕률에 의해서 깊게 영향을 받는 외에 다른 방법이 없지만 그러한 영향을 우리에게 좋은 일로 받아들일 수 없는 그런 불행한 상황에 처해 있을 수 있다. 만약 사실이 그렇다면, 우리는 아마도 그것을 단순히 인정해야만 할 것이다. 만약 그것이 사실이 아니라면, **우리는 도덕을 조소하는 사람들에게 설득력 있는 어떤 것을 이야기할 수 있어야 한다.** 하지만 우선 "왜 도덕적이어야 하는가?"라는 물음을 물을 필요가 없다고 생각하는 사람의 논변을 생각해 보자.

2. 자조에 대한 로티의 실용주의적 접근

1) 철학이 사회적 접착제라는 주장에 대한 로티의 반론

로티(Richard Rorty)는 이러한 질문들에 대하여 영향력 있는 견해를 제시하였는데, 그는 '최후의 어휘'(last vocabulary) 혹은 '자조하는 사람' (ironist)이라는 표현들을 사용하여 자신의 견해를 이야기하였다. 우리의 '최후의 어휘'는 우리가 우리의 행동, 신념, 그리고 삶을 정당화하려고 궁극적으로 사용하는 말들이다. 그러한 말들은 그것에 대한 의심을 떨쳐버릴 비순환적인 논증적 수단을 가지지 못한다는 의미에서 {달리 말하자면, 더 이상 다른 말로 정당화되지 못한다는 의미에서} 최종적인 것이다. 자조하는 사람들은 다른 사람의 최후의 어휘에 의하여 감동을 받았기 때문에 자기 자신의 최후의 어휘에 대하여 극단적이고 지속적인 의심을 가지는 사람들이다. 그들은 자신들의 최후의 어휘로 이루어진 논변이 그러한 의심들을 받아들이지도 않지만 의심들을 해소시킬 수도 없다는 것을 실감하고 있다. 그들은 그들의 어휘들이 다른 사람들의 어휘들보다 현실에 더 가깝다고 생각하지 않으며, 그러한 어휘들이 자기 자신들보다 더 강력한 힘과 접촉하고 있다고 생각하지도 않는다. 로티는 그러한 사람들을 자조하는 사람 즉 자조가(自嘲家)라고 부르는 것이 적합하다고 믿는다. 왜냐하면 그들은 "언제나 그들 자신의 최후의 어휘들의 우연성과 허약성을, 그래서 자신들의 우연성과 허약성을 알고 있기"[1] 때문이다. 자조의 반대는 상식(common sense)이다. 상식이란 자신이나 자신 주변의 사람들에게 익숙한 최후의 어휘로 중요한 모든 것을 자의식 없이 서술하는 사람들의 모토이다.

(우리가 헤겔과 니체와 데리다와 푸코에서 보게 되는) 그러한 자조가 '사회적 접착제'(social glue)를 해체시킬 것이라고 걱정하는 사람들에게,

---

1) Richard Rorty, *Contingency, irony, and solidarity* (Cambridge: Cambridge University Press, 1989), pp.73-77

로티는 왜 우리가 철학이 그러한 접착제로서 기능을 할 수 있다고 가정하는가라고 묻는다. 이런 의미로 그는 **철학의 과제가 종교적인 신념을 대체할 사회적 접착제를 제공하는 것이며, 이러한 접착제로 가장 적당한 것이 '보편성'이나 '합리성'과 같은 계몽적인 이야기라고 보는 하버마스** (Jürgen Habermas)에 반대한다. 하버마스는 계몽주의에 대한 자조가들의 비판을 자유주의 사회에서의 이러한 사회적 접착제를 해체시키는 일로 보았다. 이에 반하는 로티의 주장에 따르면, 우리가 필요로 하는 사회적 접착제란 다만

> 하나의 합의, 즉 사회적 조직의 요점은 모든 사람들이 자신의 능력껏 자신을 창조할 기회를 갖도록 하는 것이며, 또 그러한 목표가 요구하는 것은 평화와 부유 외에 표준적인 '부르주아적 자유'라는 그러한 합의 이상의 것이 아니다. 이러한 확신은 보편적으로 공유된 인간의 목적, 인간의 권리, 합리성의 본성, 인간에게 절대적으로 좋은 것, 바로 이런 것들에 대한 견해에 기초하고 있지 않을 것이다. 이러한 확신은 단순한 역사적 사실 즉 부르주아 자유주의 제도와 같은 그러한 것의 보호와 더불어서만, 인간은 자신의 개인적 해방에 더 잘 성공할 수 있을 것이며, 자신의 사적인 자기 영상을 더 잘 창조할 수 있을 것이며, 자신들이 우연히 만나는 새로운 사람들이나 책을 통하여 자신의 인간관계나 신념이나 욕망을 더 잘 재구성할 수 있을 것이라고 시사하는 역사적 사실에 기초하고 있는 확신이다.[2]

이러한 접착제가 충분히 두껍지 않다는 반대, 즉 보편성과 합리성이라는 '형이상학적' 수사가 자유로운 제도의 안정에 필요하다는 반대에 대하여, 로티는 **종교적 신념의 몰락**[이라고 그가 생각하는 것]이 **자유주의 사회들을 약화시켜 온 것이 아니라 오히려 강화시켜 왔다**고 대답한다. 본질적인 것은 사회적인 희망인데, 그러한 희망이란 "삶이 궁극적으로 더 자유로울 것이며, 덜 잔인할 것이며, 좀더 여유가 있을 것이고,

---

2) Rorty, pp.84-85.

재화나 경험이 더 풍부해질 것이며, 우리 자신들의 후손에 대해서만 그럴 것이 아니라 모든 사람들의 후손에게 그러할 것이라는"[3] 희망이다. 사람들을 함께 묶는 것은 철학적 신념이 아니라 "공통의 어휘이고 공통의 희망"이다.

로티는 이상적인 자유주의 사회에서 사람들은 상식적으로 "유명론자이고 역사주의자"일 것이라고 말한다. 즉 사람들은 자신들을 완전히 우연적인 존재로 볼 것이며, 자신들의 우연성에 대해 특별한 의심을 느끼지 않을 것이다. 그들은 "왜 네가 자유주의자여야 하는가?"나 "왜 이방인의 체면 손상에 대하여 걱정해야 하는가?"라는 질문에 답할 필요가 있다고 느끼지 않는다. 그렇지만 공적인 수사는 자조적일 수 없다. 왜냐하면 우리는 "하나의 문화가 자신들의 젊은이들을 자신들의 사회화 과정에 대하여 지속적으로 의심하도록 하는 그러한 방식으로 사회화시킬 것이라고 상상"할 수 없기 때문이다. 이러한 이유로 "자조는 본질적으로 사적인 문제라고 보인다."[4]

로티는 자신의 견해에 대한 둘째 반대, 즉 자조와 자유주의는 앞뒤가 맞지 않는 비정합적인 조합이라는 반대에 대해서는 다음과 같이 대답한다. 사회조직이 인간의 평등을 목표로 하고 있다는 생각과 인간 존재가 단순히 육화된 어휘들이라는 생각 간에 언뜻 보면 적어도 긴장이 있어 보인다고 그도 인정한다. 우리 모두가 잔인성을 감소시키고, 인간 존재가 고통을 겪을 가능성을 같도록 만들어야 한다는 최우선적인 책무를 가지고 있다고 생각하는 사람이라면, 인간 존재들이 어떤 언어를 사용하는가와 전적으로 상관없이 존중과 보호를 받을 가치가 있다는 것을 당연하게 여긴다. 사람들은 자조가 자기 자신의 말들을 받아들이기를 거부하기 때문에, 다시 말해 "자신이 말하는 것과 마찬가지로 자신 그대로가 진지하게 받아들여지기를" 원하기 때문에, 자조가들을 의심하는

---

3) Rorty, p.86.
4) Rorty, p.87.

데 이는 정당한 일이다. "사람들에게 가장 중요하게 보이는 일을 헛되고, 한물 가고, 쓸모 없는 것으로 보이도록 만드는 것은 자신들을 모욕하는 것이다."[5] 나아가 자조가는 원망을 받을 만하다. 왜냐하면 그의 재서술(redescription)이 사정을 더 낫게 만든다는 보장이 없기 때문이다. 형이상학자와 달리, 그는 자신이나 자신의 상황에 대한 그의 재서술을 채택하는 것이 사람들로 하여금 "그들에게 부정적으로 쇄도하는 힘들을 더 잘 정복할 수 있도록"[6] 해준다는 약속을 해줄 수 없기 때문이다. 자유주의 형이상학자는 우리의 소망이, 우리 모두가 고통을 느낄 수 있다는 것 이상의 인간의 공통된 본질을 통하여 지지될 수 있기를 원한다. 자유주의 자조가는 우리가 재서술에 의해 확장되기를 원한다. **자조가는 누구나 헛되고 한물 가고 쓸모 없을 수 있다는 가능성을 인정하는 것이 필요한 유일한 사회적 끈(social bond)이라고 생각한다.**

로티가 '형이상학자'의 가정 즉 철학이 사회적 접착제로서 기능할 수 있다는 가정에 적어도 의문을 제기한 것은 옳은 일이다. 상대주의를 두려워하는 사람들은 반성 없이 무조건적으로 너무 자주 그러한 가정을 한다. 유일한 참된 도덕률이 있다는 것을 입증함으로써 얻어지는 것이 무엇인지 그들은 이야기할 필요가 있다. 보편적이고 도덕적인 진리가 있다는 것을 인정하게 되면 사람들은 더욱 협력적이고 덜 이기적인 경향을 보일 것인가? 높은 수준의 추상화 단계에서 도덕적 진리가 의심할 여지없이 증명된다고 해도, 사람들이 지금 어떤 특정한 행동들을 도덕적 행동이라고 동의하는 것보다 더한 어떤 것을 할 것인가 여부는 열린 질문이어서 꼭 정해진 답이 없다. 그렇게 증명된다면 사람들이 도덕적인 행동이라고 생각하는 것을 실제로 더 잘 실천할 것인가?

---

5) Rorty, p.89.
6) Rorty, p.91.

2) 로티의 논의가 놓치고 있는 것

그렇지만 로티의 암묵적 가정, 즉 우리가 우리의 최후의 어휘들에 박혀 있는 '일상의 규범'(the norms of the day)을 단순히 따를 뿐이라는 가정에는 어떤 잘못된 것이 있어 보인다. 매카시(Thomas McCarthy)가 지적한 것처럼, 그리고 내가 3장에서 강조한 것처럼, 사회적 규범은 "완전히 상세하게 설명되지도 않고, 알고리듬적으로 {즉 계산 가능하게} 적용 가능하지도 않다. 그리고 사회적 상황은 먼저 규정되지도 않고 참여자들 자신의 활동에 의해 적극적으로 구성된다."[7] 부분적으로, 행위자 자신의 활동이 사회적 규범을 구성할 필요가 있다는 것은 규범의 일반성과 추상성 때문에 필수적이다. 존중, 우정, 그리고 고상함은 행동의 넓은 영역일 수 있고, 그것들이 어떤 의미를 갖는가는 문화 내에서 어떤 것이 존중이고, 우정이고, 고상한 행동인지가 어떻게 정해지느냐에 달려 있다.

달(Roald Dahl)의 인기 있는 어린이 책에서, 소피(Sophie)는 큰 친절한 거인(Big Friendly Giant)이 좋아하는 음료 프롭스코틀(Frobscottle)에 대하여 관심을 가진다. 왜냐하면 프롭스코틀의 탄산 거품은 한 쪽 끝으로 들어가면 다른 쪽 끝으로 시끄러운 소리를 내며 나오기 때문이다. 큰 친절한 거인은 그녀의 관심에 대하여 놀라움을 표시한다. 왜냐하면 거인들에게 그러한 소리는 시끄러운 것이 아니라 행복과 유쾌한 만족을 의미하기 때문이다. 이 부분은 어른 문화가 시끄러운 소리로 간주하는 것을 재미있게 가리킴으로써 특히 미국의 어린이들을 기쁘게 하였다. 이 이야기는 어린이들에게 '고상한' 행동의 문화적 변이성(cultural variability)이라는 진리를 소개하였다. (일반적으로, 어른 문화는 달의 책에서는 완전히 떡이 된다.) 사회마다 사회적 규범들이 다르게 만들어

---

7) Thomas McCarthy, *Ideals and Illusions: On Reconstruction and Deconstruction in Contemporary Critical Theory* (Cambridge, MA: MIT Press, 1991), p.30.

지는 것은 도덕률에 포함되어 있는 중심적인 가치들의 갈등 때문에 필연적이다. 도덕률들은 보통 그러한 갈등에서 어떤 가치에 우선순위를 두느냐에 따라 다른 도덕률들과 구별되지만, 그 반면 여전히 많은 것이 개인에게 달려 있다. 특정한 경우에 구체적으로 어떤 우선순위를 따를 것인가는 개인에게 달려 있기 때문이다.

예를 들어, 유가 도덕률과 중국의 전통 도덕률은 일반적으로 효(孝, xiao, filial piety)에 큰 가치를 둔다. 많은 사람들은 이것이 이들 도덕률들에서 최대의 가치라고 주장하고 있다. 그렇지만 고대 철학자 맹자(孟子, Mencius, Mengzi)의 글은 이러한 가치에 대해서, 그리고 이러한 가치가 다른 중요한 가치보다 우선적으로 되는 방식에 대해서 형식적으로 자세히 말할 수 없다는 이야기를 예시하고 있다. 효가 부모에 대한 복종(obedience)이나 봉사(service)를 의미하는가라는 질문을 고려해 보자. 많은 사람들은 효의 이 두 차원을 구분하여 생각하지 않으려고 한다.

『맹자』에 나오는 철인왕 순(舜, Shun)과 그의 아버지의 이야기는 복종과 봉사가 어떤 상황에서는 양립할 수 없는 행위들을 요구할 수도 있다는 것을 보여주고 있다. 순은 결혼하기를 원했다(4A26). {『맹자』 범 28장, 孟子曰: 不孝有三, 無後爲大. 舜不告而娶, 爲無後也, 君子以爲猶 告也.} 그러나 그의 아버지가 허락하지 않으려고 하는 것을 알았다. 맹자는 나쁜 아들이 되는 최고의 방법은 아기를 낳지 않는 것이라고 주장함으로써 순이 그의 아버지에게 알리지 않고 결혼하기로 결심한 것을 옹호하고 있다. 도덕적으로 고상한 사람(君子, junzi, the noble man)에게는 이것이 아버지에게 이야기하는 것과 마찬가지로 좋은 것이다. 물론 대부분의 경우에 결혼에 대한 허락을 청하지 않는 것은 효에 대한 심각한 위반이다. 하지만 이러한 특별한 경우에, 아버지에게 말하는 것은 아버지에 대한 봉사라는 이상에 더욱 나쁜 결과를 가져오게 된다. 문제가 되고 있는 행위에 적용되는 효의 이와 같은 구체적인 의미는 어떤 추상적인 규범으로부터 연역될 수 없다. 단 하나의 가치의 구체적이고 행위지도적인 의미도 어떤 간단하고 일반적인 방식으로 다 읽어낼 수 없다. 효와 같은 가치들은 복합적이고 다양한 차원을 가지고 있어서 그것들이 서로 갈등할 수 있다. 이러한 갈등을 어떻게 해결할 것인가는 그러한 갈등을 일으킨 특정한 상황에서 문제가 되는 것이 무엇인가에 달려 있다. 앞의 경우에는 아버지에게 손자를 안겨주지 않는 것이 효에 대한 더 심각한 위반이었다.

순의 가치 갈등을 다룬 다른 이야기를 생각해 보자. 그의 아버지가 사람을 죽였으면 어떻게 할 것인가에 대한 질문을 받았을 때(7A35), {『맹자』 범46장, 桃應問曰: "舜爲天子, 皐陶爲士, 瞽瞍殺人, 則如之何?" 孟子曰: "執之而已矣." "然則舜不禁與?" 曰: "夫舜惡得而禁之? 夫有所受之也." "然則舜如之何?" 曰: "舜視棄天下, 猶棄敝蹝也. 竊負而逃, 遵海濱而處, 終身訢然, 樂而忘天下."} 맹자는 해야 할 유일한 일은 그를 이해하는 것이라고 대답했다. 순은 법에 따라 행위하는 재판관에게 간섭할 수 없다. 하지만 순은 나라를 던져버리고 아버지와 함께 바닷가로 도망갈 것이라고 맹자는 이어서 말하고 있다. 이러한 순의 이야기는 주어진 맥락에서 서로 갈등하고 있는 다양한 가치들 사이에서 균형을 잡고 있는 방식에서 아주 흥미롭다. 순이 재판관에게 간섭하기를 거부한 것은 더 큰 사회적 질서인 공정한 행정의 가치를 인정한 것이다. 반면에, 아버지와 함께 도망한 것은 가족에 대한 더 큰 충성이라는 가치를 존중한 것이다. 순은 그러한 상황을 다루면서 **다양한** 계기들의 가치들을 모두 존중했다. 원칙으로부터 연역해서는 그러한 특정한 균형을 잡을 수가 없다.

개인이 도덕적 규범들을 해석하여 규범들의 구체적인 의미들을 구성해야만 한다고 말하는 것은 그들이 이들 의미들을 희박한 근거를 가지고 만들어낸다고 말하는 것이 아니다. 한편으로, 순 임금에 대한 이야기는 이런 방식으로나 저런 방식으로나, 모두 효의 지고성에 대하여 이야기하고 있다. 이는 효와 갈등하고 있는 다른 가치들을 존중할 방법을 찾을 때에도 마찬가지이다. 다른 한편으로, 이 이야기들 자체는 일반적인 도덕적 규범들에 대한 진술과 더불어 도덕적 전통이 구성원들에게 또한 제시하는 일종의 적용지침도 보여주고 있다. 그러한 이야기들은 규범들을 현명하게 잘 해석한 사람이나 사건의 예나 모범을 제공하고 있다. 이러한 예들의 교훈을 자신의 상황에 형식적으로 적용할 수 있는 방식은 없는 반면, 사람들은 그러한 정신으로 어떻게 헤쳐 나갈 수 있을 것인가에 대하여 어떤 감각을 갖게 된다. 예에 등장한 인물들의 행동들과 생각들은 자신의 상황에 대하여 생각할 때 좋은 자원이 된다.

우리의 구체적인 규범들이 우리가 가질 수 있는 어떤 일반적인 관념 즉 인간의 고상함의 최고의 실현이라는 유학의 이상이나 자유라는 서구 자유주의자들의 이상이 가지는 실제적으로 유용한 의미를 제공하고 있다는 것을 로티는 제대로 알아채었다. 그러나 그는 어떤 특정한 규범과 이러한 추상적인 이상들이 느슨하게 들어맞는다는 것을 알아채지는 못했다. 그는 이러한 **이상들에 대한 해석이 필요하며, 해석에서 생길 수 있는 갈등과 애매성들을 '일상의 규범들을 따르는' 개인들이 해결해야 한다고** 지적하지 못했다. 우리가 우리의 최종적 어휘들을 어떻게 구현하는가에 대한 그의 그림은 우리가 이러한 어휘들의 수동적인 수용자이고 담지자라는 점에 너무 많이 의존하고 있다. 이는 특히 우리들이 어떻게 우리들의 어휘들에 대하여 확신을 가지는가 하는 문제를 다룰 때에 그러하다. 우리가 "왜 이것이 최종적인 어휘인가?"라고 물을 필요가 없다면, 우리는 "현재의 상황에 적용하고 있는 이러저러한 최종적인 단어들을 왜 이러저러한 방식으로 해석해야 하는가?"라고 물어야만 한다. 하지만 어떤 질문이든 확신의 문제를 제기하는 것은 마찬가지이다.

3. 확신의 문제

1) 최종적인 어휘의 우연성의 인정

로티는 철학적 반성이 사회적 접착제와 아무런 상관이 없다고 가정하는 데에 지나치게 낙관적이다. (아니면 철학이라는 희망에 의존하는 데에 지나치게 비관적이다.) 세계를 구성하고 있는 객관적으로 지시적인 부분으로서 도덕률의 아우라(aura)는 우리들 머리 위에 계속 걸려 있으며, 심지어는 지적으로 그것을 거부하는 사람들에게도 그렇다. 우리는 고문과 끊임없는 잔인성을, 우리가 함께 살기 위하여 아니면 인간의 삶을 의미 있게 만들기 위하여 필요한 규칙을 위반했다고 해서가 아니라, 세계질서에 반하는 것으로 비난하고 비난할 수 있기를 원한다. 그것이 그럴 수 있는 것은 아마도 우리가 도덕률이 우리에게 커다란 희생을 하기를 요구할 수 있다는 것을 알고 있고 또 도덕률의 이름으로 우리가 다른 사람에게 마찬가지 일을 하기를 요구할 수 있다는 것도 알고 있기 때문일 것이다. 우리는 그러한 희생을 우리 자신보다 위대한 어떤 것에 의해 요청되는 것으로 볼 필요가 있다.

나아가 우리는 어떤 사람들이 희생을 하도록 요청받고 있다고 생각하지만 정작 그들은 그렇게 생각하지 않을 경우에도, 우리는 그들에게 희생을 하도록 요청할 수 있기를 원한다. 자조가들은 그들의 연구에서 다른 사람들에게 이러한 희생을 강요하기 위하여 제시되는 정당화, 즉 **도덕적 질서가 자연적 질서의 어떤 고유한 부분임을 전제하는 정당화가 더 이상 성립될 수 없다**는 것을 알아채었다. 자조를 사적인 영역에 국한시키려는 로티의 시도는 실패한다. 우리의 최종적인 어휘들의 우연성에 대한 논의는 자조가들의 연구에 국한될 수 없다. 그것은 이제 공적인 토론과 논증의 한 부분이 되고 있다. 최종적인 어휘들이 갈등을 일으킬 때, 우리는 그것들의 우연성이 어찌하였든 고려되어야만 한다고 믿는다. 임신중절의 논쟁이 그 예이다.

블랙먼(Harry Blackmun)은 로(Roe) 대 웨이드(Wade) 사건에서 다수 의견을 작성하면서 언제 생명이 시작하는가라는 문제에 대한 넓은 문화적 역사적 변이를 지적하고 다음과 같이 결론지었다. "의학, 철학, 그리고 신학의 각 영역에서 훈련된 사람들이 어떤 합의에 이를 수 없을 때, 인간 지식의 발달상의 한 점에 있는 법관은 정답을 판단할 수 있는 입장에 있지 않다."[8] 우리의 최종적인 어휘들의 우연성과 공적인 영역에서의 그러한 어휘들의 갈등에 우리가 대처하려고 할 때 그러한 우연성이 가지는 중요성은 공적으로 상식 민주주의자인 지식인들 사이의 비밀로 간직될 수는 없다. 일이 이렇게 되는 부분적인 이유는 로티에서 가장 중심적인 가치들 즉 (임신중절의 경우에는 여성의) 자유와 (임신중절의 경우에는 인간의 목숨을 취한다는) 잔인성의 방지라는 가치의 의미와 적용이 이러한 논쟁들의 핵심에 있기 때문이다.

2) 우연성을 인정하면서도 확신을 가질 수 있는 방식

우리가 다루고 있는 문제는 우리의 도덕적 가치들에 확신(confidence)을 가지는 문제와 다른 사람들, 다원적 상대주의에 따르면 우리와 마찬가지로 자신들 나름대로 많은 정당화와 진리를 가지는 다른 사람들과 갈등(conflict)이라는 문제이다. 확신의 문제는 우리의 도덕적 가치가 좋은 근거를 가지고 있으며 우리가 그러한 가치를 고수하는 데에 확신을 가질 수 있다는 낙관적 견해에 대한 일련의 도전으로 제기될 수 있다. 로티는 자유민주주의적 가치들에 대하여 확신을 가지고 있다고 보인다. 그는 분명히 그러한 가치들이나 우리가 그러한 가치들을 고수하는 데에 근본적으로 잘못된 것이 없다고 생각하고 있다. 하지만 그는 그러한 확신에 대한 도전에 대응하는 데에는 관심이 없어 보인다.

---

8) Harry Blackmun 판사의 로 대 웨이드 사건의 최고법원 판결문. 다음에 재수록되어 있다. Richard Wasserstrom, ed., *Today's Moral Problems*, third edition (New York: MacMillan Publishing Company, 1985), p.401.

도덕률이 강자에 의해 약자에 가해지는 규칙들 이상의 어떤 것임을 보이는 소크라테스에 대한 칼리클레스(Callicles)의 도전은 그러한 도전이다. 이러한 도전에 맞서기 위하여 우리는 무엇을 보여주어야만 할 것인가? 가장 강력한 대응은 개인이 **도덕적인 삶을 살지 않고서는 번창할 수 없음**을 보여주는 것이다. 다음 절에서 나는 이러한 대응의 현대적인 버전을 검토하고 왜 내가 그러한 대응이 너무 강력해서 성공적으로 실현되기 어렵다고 생각하는지를 설명하고자 한다.

4. 번창이 도덕률을 요구한다는 것을 보이고자 하는 시도

1) 이타주의가 자연적이라는 토마스의 주장과 한계

토마스(Lawrence Thomas)[9]는 인간의 본성이 천성적으로 자기 이익적이라는 견해를 타파하는 데에 특별한 관심을 가지고 있었고, 최근의 진화론적 이론을 근거로 자연 선택이 다른 사람의 복지에 대한 자연적 욕망을 편든다고 주장하였다. 나아가 토마스는 우리가 우리의 이타적인 욕망을 실현하면 번창하기 쉬울 것이라고 주장하였다. 토마스의 주장에 따르면, 부모의 사랑은 천성적이며 자식이 부모가 바라는 방식으로 행위한다는 것을 조건으로 하지 않는다는 의미에서 '투명(transparent)하다.' 어린이들이 자연적으로 부모의 사랑에 대하여 상호적이지 않기 때문에, 그들은 자신들의 부모들을 위해서뿐만 아니라 일반적으로 타자들을 위하여 이익을 삼가도록 학습해야만 한다. 토마스는 여기서 공감(sympathy)과 감정이입(empathy)이라는 일반화된 능력에 기초하여 사람들이 특정한 타자의 기쁨과 슬픔에 따라 마음을 움직인다고 가정한다. 특히 투명한 사랑을 할 수 있는 생물학적 능력이, 사람들이 개인적

---

9) Laurence Thomas, *Living Morally: A Psychology of Moral Character* (Philadelphia: Temple University Press, 1989).

374

인 특성과 무관하게 당연히 받아야 하는 최소한의 존중을 실행하는 기초가 된다고 그는 주장했다.

도덕률이 타자에 대한 어느 정도의 투명한 관심을 요구한다는 것은 주장할 만하며, 그러한 관심의 뿌리를 부모의 사랑이라고 추적하는 것도 재미있고 신선한 주장이다. 하지만 투명성이 선천적이라는 주장은 나에게는 의심스럽게 보인다. 토마스는 분명히 **자연 선택이 투명한 사랑을 편든다**고 가정하고 있다. 왜냐하면 그것이 어린이들에게 그들이 번창하는 데에 필요한 심리적 안정을 제공하기 때문이다. 그렇지만 그렇게 본다면 **어느 정도의 조건적 사랑이 어린이들이 좀더 좋은 인간이 되도록 동기화하는 데에 이점을 가지는 이유**가 명백하지 않다. 여하튼, 개인의 번창이 유전적으로 미래 세대를 극대화하지 못할 때, 자연 선택이 개인의 번창을 편들 것이라고 가정할 일반적인 이론적 이유가 없다. 자연 선택이 부모의 사랑을 선택하는 것이 그럴듯하다고 하더라도, 부모의 사랑이 가지는 선천적 형태는 아마 너무도 가변적이고 확산적이고 비확정적이기 때문에 투명하다거나 조건적이라고 부를 수 없을 것이다. 나머지는 문화나 일반적인 선천적 경향의 개인적인 차이에 따를 것이다. 그렇지만, 부모의 사랑에 (그것이 아무리 투명하다고 해도) 선천적 기초가 있다는 토마스의 주장이 옳다면, 그리고 사랑이 적어도 공감과 감정이입의 일반적인 능력이라는 씨앗을 가지고 있다는 그의 주장이 또 옳다면, 우리는 적어도 도덕률이 요구하는 그러한 종류의 이타주의가 **왜곡**된 인간 본성이나 사회적 조건화에 의해 외부로부터 전적으로 신비하게 각인된 어떤 것이 아니라는 결론을 내릴 수도 있을 것이다.

2) 비도덕적인 사람은 불행할 수밖에 없다는 토마스의 주장과 한계

토마스는 계속해서 도덕적으로 좋은 성격을 지닌 개인은 이로 인해 쉽게 행복하고 잘 살 수 있다고 주장한다. 그는 비도덕적인 사람들이 한편으로는 사랑하는 사람이나 친구를 돌보면서, 그리고 다른 한편으로

나머지 사람들에 대해서는 가장된 돌봄을 한다고 주장한다. 정서를 효과적으로 가장하는 것은 어느 정도의 실제 정서를 생산하는데, 이러한 생산은 정서를 유발하는 그러한 종류의 사유를 일부러 수행함으로써 이루어진다.[10] 효과적인 가장이 이러한 점에서 아주 탁월할 때, 사람들은 자신들에게 가까운 사람들에게 옳은 일을 할 마음을 진실한 돌봄 때문에 가졌는지, 아니면 자기 이익 때문에 가졌는지를 물을 이유를 다른 사람들보다 더 많이 갖게 된다. 사람들이 그들에게 가까운 사람들에게 적합한 동기로부터 행동한다는 확실한 지식을 가지는 것이 보편적으로 중요하기 때문에, 반도덕적인 사람은 덜 행복하게 된다.

효과적인 가장이 아주 탁월하면 사람들은 다른 사람과 마찬가지로 자신도 바보로 만들기 쉽다는 주장은 어떤 진실된 경향을 포착하고 있을 수도 있다. 하지만 왜 그것이 불변적인 진리로서 믿을 만한 것인지를 알기는 어렵다. 이러한 논증의 다른 문제는 사람들이 자신이 사랑하는 사람이나 친구들에 대해 적합한 동기에서 행동한다는 **확실한 지식을 갖지 않는다면 그들의 행복이 필연적으로 줄어들 것이라는 주지주의적 가정**이다. 하지만 왜 비도덕적 사람들이 자신의 번창을 증진시킨다는 관점에서 자신과 가까운 사람들에 대한 자신의 감정의 참됨을 확인하는 데에 진지한 관심을 가지고 있어야만 하는지가 명백하지 않다. 토마스는 이러한 문제들에 대한 지속적인 의심에 동반되는 교란효과를 강조하고 있다. 하지만 그러한 의심을 피하는 가장 안전한 길은 그러한 문제들에 대한 반성을 피하는 것일 수도 있다.

3) 유대와 번창이 의무를 포함한다는 토마스와 라폴레의 주장과 한계

토마스의 일반 전략은 어떤 사람이 번창하기 위해서는 어떤 특정한 다른 사람들과의 유의미한 유대를 필요로 한다는 생각으로부터 출발한

---

10) Thomas, pp.222-227.

다. 그렇게 한 다음 그는 이러한 유대들과 그것들이 번창을 돕는 방식들이 다른 사람들에 대한 의무들을 일반적으로 인정하도록 요구한다고 주장한다. 나는 출발점은 그럴듯하다고 인정한다. (내가 이렇게 하는 이유는 3장에 포함된 생각의 연장선상에 있다.) 하지만 결론에 이르는 논증의 진행은 큰 설득력이 없다. 토마스의 출발점으로부터 결론에 이르는 다른 길도 있을 수 있다. 예를 들어 라폴레(Hugh LaFollette)는 만족스러운 개인적 관계가 도덕성에 달려 있다고 주장하였다. 왜냐하면 그러한 관계의 질은 그러한 관계가 담겨 있는 더 큰 사회에 의해서 깊이 영향을 받기 때문이다. 한 사회의 일반적인 분위기가 어떤 도덕적 덕목들을 결여하고 있다면, 우리는 좋은 관계들을 기대할 수 없다. 그는 일반적으로 비도덕적 사회에서는 다음과 같다고 주장한다.

> 비도덕적인 사람들 사이의 관계는 위기에 처한다. 가까운 사람들은 서로 정직해야만 한다. 어떤 부정직도 관계의 토대를 침식할 것이다. 하지만 사람들이 정직하지 못함이나 속임에 기초한 하위문화에 파묻혀 있다면, 그들이 필요한 만큼 정직할 수는 없다.[11]

라폴레는 신뢰에 대해서도 비슷한 논증을 하고 있다. 개인적 관계에서 필요한 신뢰는 불신과 증오라는 더 큰 환경 내에서는 살아남을 수 없다.

라폴레가 이로부터 내리고자 하는 결론은 비록 개인적 관계와 공평무사한 도덕성 간의 갈등이 있다고 하더라도, 도덕률은 어떤 개인적인 관계를 허용해야만 한다는 것이다. 왜냐하면 도덕률은 그러한 관계에 달려 있기 때문이다. 또한 동시에 우리의 **개인적 관계의 질이 더 큰 사회의 도덕적 질**에 달려 있기 때문에, 우리는 가까운 사람의 사소한 이익을

---

11) Hugh Lafollette, "Personal Relationships," *A Companion to Ethics*, ed. Peter Singer (Oxford: Basil Blackwell, 1991), p.331.

쌓아 올리면서 낯선 사람의 필요를 일반적으로 무시해서는 안 된다. 여기서 나에게는 다시 이러한 논증은 **설득력 없는 일반화**(generalization)에 의존하고 있는 것으로 보인다. 예를 들어, 미국에서 들어가기 어려운 공동체들, 사립학교들, 점점 더 먼 교외로 나가는 백인 중산층들, 그리고 더 성공적으로 (인종이나 계급이라는 측면에서) 통합된 도시 공립학교에 존재하는 사실상의 진로 체계는 사람들이 더 큰 사회의 문제들로부터 영향을 받지 않을 수 있다는 널리 퍼져 있는 신념을 보여준다. 정의로운 세계란 사람들이 이런 방식으로 영향을 피할 수 없는 세계일 것이다. 하지만 나는 실제 세계가 그러한 세계라는 증거를 보지 못한다. 사람들이 충분한 돈을 갖거나 아니면 어느 정도 행운을 가진 경우 들어오지 못하게 문을 닫는 일이 발생한다.

나는 개인의 번창이 도덕률을 요구한다는 것을 보이고자 하는 시도들 중에서 이러한 문제점들을 가지고 있지 않은 것을 본 적이 없다. 모든 시도들이 동일한 길을 간다는 것을 내가 보여줄 수는 없지만, 역사를 고려할 때 나는 훨씬 온건한 기획 즉 비록 모든 형태의 번창이 그렇지는 않다고 하더라도 어떤 형태의 번창은 도덕적 삶을 전제한다는 것을 보여주는 그러한 기획으로 관심을 돌리지 않을 수 없다.

5. 번창이 도덕률과 상통한다는 것을 보이고자 하는 시도

윌리엄스(Bernard Williams)[12)]와 리어(Jonathan Lear)[13)]가 바로 이러한 온건한 기획을 제시하였다. 리어의 표현을 인용하자면, 우리는 플

---

12) Bernard Williams, *Ethics and the Limits of Philosophy* (Cambridge: Harvard University Press, 1985).

13) Jonathan Lear, "Moral Objectivity," *Objectivity and Cultural Divergence,* ed. S. C. Brown (Cambridge: Cambridge University Press, 1984), p.161.

라톤적인 기획, 즉 "하나의 실천, 말하자면 정당하게 행동하는 것에 대한 반성적 정당화가, 정당하게 행동하는 것 외의 다른 관심에서 행동할 모든 대안적인 가능성을 배제한다는 증거로" 보는 그러한 플라톤적인 기획을 피해야만 한다. 왜냐하면 "대안적 가능성을 구성하기만 해도 그러한 반성적 정당화가 붕괴되기에 충분할 것이기 때문이다."14) 리어의 제안은 **중요한 형태의 번창이 어느 정도는 인간의 번창을 일반적으로 증진시킴으로써 이루어질 수 있다는** 것을 후험적으로(a posteriori) 보여 주는 것이다. 사람들은 어떤 번창하는 사람들이 다른 사람들의 번창을 증진시키는 일에 적극적으로 참여하는 그러한 실제 경우들을 지적함으로써 이런 일을 할 수 있다. 결국 리어가 제시하고 있는 것은 사람들은 다른 사람들의 운명을 더 낫게 하기 위해 일함으로써 의미와 충족을 발견하며, 그렇게 할 수 없는 사회나 역사적 시기에 살고 있을 때 좌절하게 된다는 것이다. 이러한 주장이 의미하는 것은 무엇인가? 윌리엄스에게서 도덕적 정당화의 합당한 목표는 크게 보아 윤리적 세계 내에 있는 사람들에게 그러한 정당화를 함으로써, 그런 정당화에 귀를 기울이는 사람들에게 확신을 새롭게 하고 강화시키며, 그들에게 "같은 기질을 가진 사람들과 함께 유지하고 있는 공동체를 지속적으로 만들어내는 데 기여할"15) 이유를 제공하는 것이다.

6. 확신에 대한 도전

1) 근대의 자기 이해

이러한 더 온건한 기획은 강한 도전으로부터 자유롭다. 하지만, 푸코 (Michel Foucault)의 저술에는 근대의 계몽적 도덕률들에 대하여 특히

---

14) Lear, p.161.
15) Williams, p.27.

미묘한 도전이 들어 있다. 푸코에 대한 글에서 테일러(Charles Taylor)가 지적했던 것처럼,[16] 계몽주의의 자화상은 **우리가 미신과 신화를 극복하였으며 그 결과로 인간주의 가치를 채택하게 되었다는** 자화자찬이다. 세계에 대한 근대적 견해는, 좋음의 위계이기도 한 존재의 위계에 의해 구성되는 우주적 질서(cosmic order)라는 전근대적 견해와 대비된다. 우주적 질서는 정치적 질서를 타당하게 만든다. 예를 들어 존속살해와 같은 어떤 종류의 범죄들은 정치적 질서는 물론이고 우주적 질서에 반하고 있다. 그러한 것들은 사물들을 있어야 할 제자리로부터 분리시킨다. {이렇게 파괴된} 질서는 근대적 감수성에서 볼 때는 불필요한 잔인성과 사디즘에 의해 복구되어야만 한다. 이러한 것들이 우리에게 불필요하게 보이는 까닭은 질서에 대한 전체 배경관념이 사라졌기 때문이다. 인간의 근대적 정체성은, 테일러가 말한 대로, 자유롭고 자기 규정적인 주체성이며, 자신의 본질이나 패러다임적 목표에 대한 이러한 주체의 이해는 '내부'(within)로부터 이끌어내어지는 것이지 자신들이 그 속에 놓여 있다고 가정되는 우주적 질서로부터 도출되는 것이 아니다.

또 새로운 좋음도 발생하였다. 18세기 이후로 우리는 생명의 유지, 인간 욕망의 충족, 그리고 무엇보다도 고통으로부터의 해방에 대한 관심을 획득하였다. 이러한 새로운 인간주의는 소위 '일상적 삶'(ordinary life)의 중요성이 증대된 것과 관련이 있다. 테일러는 '일상적 삶'이라는 말로써 생산하고 소비하는 활동, 결혼, 사랑, 가족을 의미하였다. 인간주의는 결혼에서의 **정서적** 만족의 중요도도 증대시켰는데, 이는 사람들의 **느낌**이 좋은 삶의 열쇠라는 근대적 생각 전체를 보여준다. 그러므로 근대적 견해는, 낡은 견해가 신비화에 기초해 있으며 이러한 신비화에 의거하여 인간 존재들이 희생되고 엄청난 고통이 가해졌다는 비판을 담고 있다.

---

16) Charles Taylor, "Foucault on Freedom and Truth," *Philosophy and the Human Sciences*, v. 2, pp.152-184.

2) 푸코의 근대 이해

푸코는 낡은 질서에 대한 계몽주의적인 반동을 거부했다. 그에게는 단지 두 개의 힘의 체계, 즉 고전적 힘의 체계와 근대적 힘의 체계가 있을 뿐이었다. 그는 근대 인간주의를 새로운 지배체계의 반영이라고 보았다. 『감시와 처벌』과 『성의 역사』 제 1 권에서 푸코는 근대 인간주의, 새로운 사회과학, 그리고 18세기 군대, 학교, 병원에서 발달된 새로운 징벌들을 결합하는 지도를 그려내었다. 이 모든 것들은 새로운 양식의 지배형태로 간주되었다. 새로운 지배는 보편적인 감시에 의해 작동된다. 컴퓨터화된 데이터뱅크를 권력자들이 마음대로 이용할 수 있으며, 그러한 권력의 중심이 되는 인물이 누구인지 명백히 규정되지 않고, 그러한 인물의 행위방식도 자주 어느 정도는 비밀이다. 새로운 처벌철학은 인간주의에 의해 고취된 것이 아니라 통제의 필요에 의해 생겨났다. 새로운 형태의 지식이 이러한 목적에 이바지한다. 사람들은 다양한 방식으로 측정되고, 분류되고, 검토되며, 따라서 정상화(normalization)를 추구하는 통제에 더욱 잘 순종하도록 만들 수 있다. 푸코는 이러한 모델에 입각하여 의학적 검사와 다양한 종류의 검사에 대해 이야기하고 있다. 개인성이라는 근대적 관념은 사실 이러한 새로운 통제기술의 한 산물이다.

우리는 이러한 새로운 기술을 보지 못한다. 왜냐하면 기술과 권력의 관계는 어떤 사람이 명령을 발하고 다른 사람은 복종하는 낡은 권력 모델과는 다르기 때문이다. 근대적 형태의 권력은 법률에 관심을 가지는 것이 아니라 정상화, 즉 건강하거나 좋은 기능이라고 정의되는 어떤 결과를 산출하는 데에 관심을 가진다. '정상화'가 법률에 침투하여, 범죄자들은 점차로 갱생시켜 정상으로 되돌려 놓아야 할 경우로 다루어진다. 새로운 종류의 권력은 사람들에게 새로운 종류의 복종과 새로운 종류의 욕망과 행동을 가져온다. 권력은 이제 더 이상 한 주체가 휘두르는 것이 아니라 우리 모두가 포함된 복합적인 형태의 조직이 휘두르는 것이다. 푸코는 새로운 종류의 주체를 형성하는 바로 그 과정이 개인을 권력에 복종하도록 만든다는 것을 지적하기 위하여 복종의 과정에 대해 이야기하였다. 비정상적이라는 것이 사회적 입장으로 정의되어 사람들이 추구하는 좋은 것들이 부정되면, 이러한 좋은 것들에 접근하도록 하는 어떤 행위 과정을 채택하게 된다. 새로운 주체는 자신이 통제할 수 없는 권력구조 내에 있게 됨으로써 어떤 욕망을 자신의 것으로 채택하게 된다. 워턴버그(Thomas Wartenberg)가 지적하였듯이, 권력구조와의 이러한 종류의 상호작용은 주체에게 어떤 기술과 능력과 욕망을 주게 되는데, 이것들이 근본적으로 그러한 주체의 성격을 구성하게 된다. "인간 존재는 권력관계가 있음으로써 생겨나는 그러한 종류의 존재가 된다."[17]

푸코는 낭만주의나 비판이론으로부터 사회적, 정치적, 경제적 구조들에 의해 더 잘 표현될 수 있고 그것들의 지배로부터 자유로울 수 있는 더 깊은 자아가 있다는 관념을 받아들이지 않았다. 어떠한 깊은 내적 자아도 없으며 단지 권력관계가 있을 뿐이다. 예를 들어 성적 욕망이 내적 자아를 규정하는 데 얼마나 깊은 역할을 하는지를 보면 이를 알 수 있다. 푸코에 따르면, 성의 중심성은 우리에 대한 어떤 깊은 사실이 아니다. 통제라는 목적과 밀접히 관련된 성에 대한 어떤 설명이 오히려 우리에 대한 깊은 사실이다. 우리는 우리의 성적 자아를 해방시키려고 시도하지만, 그 결과는 더욱 깊숙하게 통제의 전략에 말려드는 것이다. 우리의 성적 본성에 의거하여 보면, 좋은 삶의 중심 요소가 성적 충족이라는 그러한 관념이 바로 권력의 책략이다. 그러한 관념은 부분적으로는 우리들에게 우리 자신의 문제를 해결하기 위해서 우리가 외적 도움을 필요로 한다는 수수께끼를 제시함으로써, 또 부분적으로는 인간 존재인 우리 자신의 중요한 실현의 장소가 성이라는 그러한 생각을 창조함으로써 통제의 이유를 제시한다. 이제 우리는 우리의 성적 본성을 발견해야만 하며, 우리의 삶을 그것에 맞추어 올바르게 하여야 한다. 그

---

17) Wartenberg, p.16.

러한 발견은 전문가의 '도움'을 필요로 하기 때문에, 우리는 자신을 그들 즉 심리분석가나 사회사업가의 돌봄에 맡겨야 한다. 이것이 우리를 우리가 거의 이해할 수 없는 온갖 방식의 통제의 대상이 되게 한다. 우리는 우리에게 가해지는 어떤 금지에 의해 통제되는 그러한 옛날 모델의 통제 아래에 있지 않다. 테일러가 말했듯이, "우리가 어떤 성적 금지를 떨쳐버렸을 때, 우리는 어떤 자유를 얻었다고 생각할 수 있다. 그러나 사실 우리는 충분하고 건강하게 실현된 성적 존재란 이러저러한 것이라는 어떤 이미지에 의해 지배당하고 있다."[18] 우리가 성적으로 억압되어 있고 해방을 필요로 한다는 그러한 생각 전체가 새로운 종류의 통제적 권력이 만들어낸 것이다. **우리는 우리 자신이 낡은 권력으로부터 탈출한다고 생각하지만 사실은 새로운 권력에 종속된다.** 푸코는 하나의 차이점으로부터 출발하여 인간의 본성에서 중심적인 것이 무엇인가에 대한 우리의 생각이 우연적임을 보여주고 있다. 포스터(Mark Poster)가 지적한 대로, 푸코는 근대적 감수성에서 볼 때 이상하고, 불편하고, 익숙하지 않고, 왠지 위협적으로 보이는 한 현상을 분석하였다.[19] 『성의 역사』에서 푸코는 자유인인 남자 어른과 소년들 간의 사랑이라는 그리스인들의 성적 관행으로부터 이야기를 시작하였다. 소년에 대한 사랑은 성적 욕망과 관련된 하나의 차이점에 불과한 것이 아니다. 그것은 성적 욕망 그 자체가 그리스인들에게는 문제를 제기하지 않았다는 점에서 또한 차이를 보인다. (즉 "무엇이 도덕적이고 건강한 것인가?"는 그들의 질문이 아니다.) 오히려 그러한 관행이 개인의 자유와 윤리에 대하여 문제를 제기한다. 기원전 4세기에서 2세기에 이르기까지의 대부분의 저술가들에게서, 그리스의 스승들은 그들의 성적인 열정에 아무런 제한을 가지고 있지 않았다. 어느 누구도 사랑의 대상이 될 수 있었다. 윤리적

---

18) Taylor, p.162.

19) Mark Poster, *Critical Theory and Poststructuralism: In Search of a Context* (Ithaca: Cornell University Press, 1989), p.91.

삶을 살기 위하여, 스승은 행위 과정에 대하여 적극적으로 결정을 내리기만 하면 되었다. 스승은 적극적인 자세를 높게 평가했다. 왜냐하면 그것이 자신의 자유와 어울릴 수 있었고, 자신의 자유만이 도시국가의 건강을 보장할 수 있었기 때문이다. 그들에게 도덕적 문제는 소년들에 대한 성적 욕망이 아니라, 자유인인 남자 어른들과 성적 관계 중에 지배계급 출신인 소년들을 소극적인 입장에 두는 것의 정당성 여부와 이로부터 생겨날 수 있는 나쁜 결과였다.[20]

푸코는 '차이점들'에 대한 역사적 분석과 권력구조에 대한 정교한 견해를 결합하였다. 의사와 환자처럼 권력이 관계에 내재해 있는 '미세' 맥락(micro context)들을 고려해 보자. 권력은 한 사람이 {예컨대, 지식을} 원하고 다른 사람이 안다는 그러한 관계 관념 속에 들어가 있다. 원하는 사람은 아는 사람으로부터 충고를 얻는 데 전적인 관심을 가지고 있다. 의사는 자신들의 자의적이고 무제한적인 의지를 환자들에게 가할 수 있는데, 거의 그렇게 하지는 않는다. 양측은 공통의 이해, 공통의 행위에 의해 제약을 받고 있다. 그러나 이러한 관계 내에서 의사는 지배력을 갖고, 지배되는 자는 자주 복종하면서 협력한다. 피지배자는 종종 공통의 행위규범을 내면화한다. 이러한 미세 맥락은 국가나 지배계급과 같은 제도나 계급을 포함하는 거대 맥락과의 관계에서 이해되어야만 한다. 거대 맥락에서의 거대 전략은 "미세 관계가 존재하게 되고, 자신을 변화시키고 재생산해야 하는 맥락을 형성한다. 반면에 상호적으로 미세 관계는 거대 전략이 닻을 내릴 수 있는 토양과 지점을 제공한다. … 전체적 맥락과 미세 맥락 사이에는 상호적으로 조건화한다는 끝없는 관계가 있다."[21] 여기에서 푸코는 전체 맥락이 설명에서 기초적이라는 마르크스의 명제를 올바르게 거부하는 것으로 보인다.

---

20) Michel Foucault, *The History of Sexuality: The Use of Pleasure* (New York: Vintage, 1990), p.277.

21) Taylor, p.168.

3) 테일러의 푸코에 대한 비판

테일러는 푸코의 분석이 가지는 섬세함에 대하여 많은 칭찬을 하고 있다. 하지만 테일러는 푸코의 분석이 가지는 일방성(one-sidedness)에 대하여 비판하고 있다.

푸코는 인간주의의 발흥을 오직 새로운 통제기술에 의거해서만 해석하고 있다. 새로운 삶의 윤리의 발달에는 독립적인 의미를 주지 않고 있다. 이것이 나에게는 아주 이치에 맞지 않게 일방적으로 보인다. … 새로운 형태의 원칙들은 통제체계를 유지하는 데에만 기여하는 것이 아니다. 그러한 원칙들은 "더 평등주의적인 형태의 참여를 특성으로 하는 새로운 종류의 집단 행위를 가능하게 하는 참된 자기 훈련이라는 형태를 취하고 있다. … 자유로운 참여제도는 공통적으로 받아들여지는 자기 훈련을 요구한다. … 사회적 응집력을 공적인 정체성에 기초한 그러한 공통의 원칙을 통하여 찾고 따라서 동등한 사람들의 참여적 행동을 허용하고 요청하는 사회와 절대적인 권위에 기초한 명령의 사슬을 요구하는 사회 사이에는 엄청난 차이가 있다."22)

테일러는 또 푸코가 주체 없는 권력(power without subject)이라는 개념을 사용하는 데에 대해 비판하고 있다. 어떤 행위자가 주어진 맥락에서 추구하는 특정한 의식적 목적 외에, 맥락 그 자체의 전략적 논리를 구분해 낼 수 있으며, 이것은 어느 누구의 계획이라든지 의식적인 목표라고 이야기될 수 없다고 푸코는 믿는다. 목적 없는 합목적성(purposefulness without a purpose)이 의미가 있는 맥락이 있다. 첫째, 행위자의 동기와 목표가 인지되지 않았거나 인지될 수 없을 때에 그러한 사람의 행위에도 어떤 합목적성이 있을 수 있다. 근대의 정치적 테러리즘이 자기 혐오의 투사라거나 허무감에 대한 반응이라는 그런 이론가들의 말이 옳다면 그런 일들이 이런 예가 될 것이다. 둘째, '보이지

---

22) Taylor, p.165.

않는 손' 이론처럼 의도되지 않았지만 체계적인 결과가 생기는 그런 경우가 있을 수 있다. 이런 상황이란 개인적인 결정이 어떤 체계적인 방식으로 연결되도록 그렇게 구성되어 있을 것이다. 아담 스미스(Adam Smith)의 자비로운 보이지 않는 손이 있는 경우, 개개의 행위자들은 자기 이익에 의해 움직이면서 사회 전체에 도움이 될 것이며, 마르크스의 사악한 손이 있는 경우, 자본가들과 노동자들의 수없는 개인적인 결정들이 노동자의 빈곤과 비참을 낳을 것이다. 셋째, 집단 행위의 결과가 개인 행위의 조합만이 아닌 의도되지 않은 결과일 수 있다. 예를 들어, 레닌적인 대중동원 모델은 불가피하게 그리고 뜻하지 않게 {대의제도적인} 권력 양도의 기초를 파괴하고 참여를 제한시키는 결과를 가져왔다.

테일러의 요점은 목적 없는 합목적성은 이해 가능한 어떤 설명을 요구한다는 것이다. 계획되지 않은 체계성은 우리가 이해할 수 있는 방식으로 행위자의 합목적 행위와 연결되어야만 한다. 푸코는 그러한 설명을 제공할 수 없었다. 왜냐하면 그는 지배계급의 이익에 의거하는 설명에 우선성을 두지 않았기 때문이다. 그래서 첫째와 셋째는 배제된다. 따라서 남는 것은 둘째인데, 이것이 푸코에게 원칙적으로 적용 가능하다. 그러나 그는 이러한 노선을 따라서도 설명을 제시하지 않았다. 사회적 삶에는 미세 관행과 전체적 구조의 상호적인 작용이 대체적으로 의도되지 않는 결과를 낳는 그러한 많은 측면들이 분명히 있다. 이것을 체계성에 대한 매우 강력한 주장 즉 각각의 미세 맥락에서의 전투를 조건짓는 **전술들**이 널리 퍼져 작동되고 있어서 '권력'이 그 힘을 거두거나 재조직할 수 있다는 주장과 결합시킬 때 문제가 생겨난다. 테일러가 지적했듯이, 이것은 우리에게 인간의 행위에 근거를 갖지 않는 이상한 쇼펜하우어(Arthur Schopenhauer) 식의 의지를 남겨준다.[23]

한 해석에 따르면, 푸코는 모든 지식은 평가이며 모든 평가는 다른

---

23) Taylor, p.172.

사람에 대한 권력을 얻는 수단이라는 니체의 견해를 신봉했기 때문에 그와 같은 자신의 결론을 신봉하게 되었다고 한다. 니체에 따르면, 현실에 대한 어떤 관점으로부터 독립적인 진리와 같은 그러한 것은 없다. 니체에게는 어떤 시점의 진리는 우위를 얻고 있는 특정한 관점에 의해 결정된다. 도덕적 평가는 사회집단이 다른 집단에 대해 권력을 얻기 위해 사용하는 수단이다. 하지만 이러한 사용은 그것들이 객관적인 진리로 제시되기 때문에 잘 보이지 않는다. 평가를 통하여 권력을 획득하는 방식은 단순히 힘을 통해 권력을 획득하는 방법과는 다르다. 사실 니체의 『도덕의 계보』는 (힘을 행사할 수 있는 사람들을 통하여) 약자가 강자들에게 강자들의 삶의 방식에 특징적인 그러한 행태의 행위들을 악이라고 설득함으로써 강자에 대한 권력을 얻는다는 이야기이다. 워턴버그가 설명했듯이, "성직자의 영향을 받고 있는 강자는 권력이 자신들에게 행사된다는 것을 그냥 알 수 없다. 성직자의 권력은 진리라는 형태로 변장하고 있기 때문에, 강자는 자신의 '지식', 자신의 '진리'를 구성하고 있는 '힘의 체제'가 있음을 감지할 수 없다."[24]

지식과 권력을 같은 것으로 보거나 평가와 권력 획득 시도를 같은 것으로 보는 니체적인 입장을 피하고자 한다면, 우리는 자아에 대해 힘을 행사하는 관계와 자아를 구성하는 관계를 구분해야만 한다. 우리는 타자나 문화에 의해서 만들어지는 자아와 타자나 사회적 구조에 의해서 통제되고 지배되는 자아를 구분해야 한다. 테일러가 지적한 것처럼, 지배는 행위자의 이해 가능한 합목적적 행위와 관계되어 있다. 푸코처럼 인간적 행위자가 힘 그 자체에 속한다고 보는 것은 신비화하는 것이다. 다른 집단에 의한 한 집단에 대한 지배가 사유, 담화, 지식이라는 매체를 통하여 일어나며, 그러한 지배가 인간 존재를 구성하여 그로 하여금 사회 내에서 어떤 사회적 입장을 차지하도록 한다는 것은 인정해야 한

---

24) Wartenberg, p.134.

다. 끝으로, 우리는 단순히 한 행위자가 어떤 시점에서 다른 행위자에 권력을 갖는가보다는 지배에 초점을 맞추어야 한다.

4) 푸코의 도덕률에 대한 비판이 거부되어도 여전히 남는 문제

워턴버그는 지배가 체계적이고 피지배자의 희생을 초래해야만 한다고 지적했는데, 이는 유용한 지적이다.[25] 지배를 이렇게 이해하면, 우리는 사회적 구조에 의한 자아의 구성 전부가 지배에 해당하는 경우가 되는 것이 아니라는 것을 명백히 알 수 있다. 테일러는 푸코의 주장을 명백히 해주었을 뿐만 아니라 푸코에 대한 비판을 통해서도 푸코를 밝혀주었다. 하지만 사회적 구조에 의한 자아의 구성 모두가 지배의 예는 아니라는 사실이 우리를 필연적으로 안심시키지는 못한다. 어떤 사람이나 어떤 사물이 체계적으로 현대의 자아를 정상화시키지 않는다고 하더라도, 그것이 우리가 아무런 방식으로 형성되어도 좋다는 의미는 아니다. 또 그것은 아무도 어느 것도 우리를 통제하지 않는다고 하더라도, **우리**가 자신을 통제하고 있다는 의미도 아니다. 나아가 푸코가 진리와 어떤 특정한 지배적인 관점 사이에 아무런 거리를 두지 않는다는 해석이 푸코에 대한 가장 관대한 해석도 아니다. 이것이 그를 옹호하는 주장이라면 푸코의 기획을 의미 있게 만드는 것은 어렵게 보인다. 2장 3절에서 말한 것처럼, 푸코가 수립된 어떤 진리관이 권력과 결합해 있으며, 필연적으로 나쁜 것은 아니라고 해도, 위험하다는 경고를 하고 있다고 본다면, 이는 푸코를 가장 극적인 계기에서 파악하는 것은 아니라고 해도, 아마 가장 유용한 계기에서 파악하는 것이 될 것이다.

그러므로, 도덕률이 지배를 통하여 반드시 우리의 정체성에 심어져야 하는 것이 아니라는 것을 보여준다고 하더라도, 그것이 도덕률이 우리가 받아들여야만 하는 것이라든지, 우리의 진리가 실제로 우리에게 진

---

25) Wartenberg, p.119.

리이거나 좋은 것이라는 것을 또 반드시 의미하는 것도 아니다. 3장에서 나는 볼하임(Richard Wollheim)의 이야기를 빌려 우리가 우리의 가치에 대해 가지는 확신에 대한 프로이트의 도전을 간단히 소개했다. 도덕률은 문명에 위험한 타고난 충동들을 길들이는 데에 필요한 어떤 것일 수 있다. 이러한 의미에서 본다면, **도덕률은 사회적 필요에 대응하지만 개인적인 필요에 반드시 대응하는 것은 아니다.** 이러한 도전에 대응하기 위하여, {즉 개인적 필요에 대응한다는 것을 보여주기 위하여} 볼하임은 우리가 도덕률이 만족시키는 참된 필요를 파악해야 하며, 중요하지 않은 필요들은 간과해도 된다고 주장하였다. 흥미롭게도, 비슷한 문제가 유가적 전통에서 가장 위대한 철학자 중의 한 사람인 순자(荀子, Xunzi, Hsün Tzu)에게도 제시되었다. 이제 그를 살펴보기로 하자.

7. 순자와 도덕률과 인간 본성과의 관계라는 문제

1) 홉스에 대한 순자의 우위성: 인성의 변화

근대적이고 세속적이고 자연주의적인 관점에서 보면, 순자는 아주 흥미로운 인물이다. 그에게는 도덕률이 인간 존재에 의해 고안된 규칙체계였으며, 하느님은 이러한 규칙들의 실현에 무관심하다.[26] 그러므로 우리는 하느님이 우리에게 도덕률을 따를 천성을 주었다고 생각해서는 안 된다. 우리의 본성에는 순자가 생각하기에 좋다고 부를 만한 것이 아무것도 없다. 그는 인간의 본성(人性, renxing, human nature)은 타고

---

26) '하느님'은 천(天, T'ien)의 표준적인 번역이다. 이것의 글자 그대로의 번역은 '하늘'이다. 유가적인 전통에서 이 말이 사용될 때 공통적인 의미는 '세계에 질서를 주는 것'이다. 공자 이후로 하느님이라는 관념은 점차로 탈인격화되었다. 공자에서는 의지나 인간 같은 의도나 지성을 시사하는 언급이 있다. 순자에 이르면, 그러한 언급이 없어진다. 어떤 번역자는 그래서 순자가 말하는 천을 '자연'이라고 번역하기도 한다. 그러나 이 문제는 아직도 논쟁이 있다.

난 것으로서 인간의 노력으로 얻어진 것이 아니라고 정의하였으며, 따라서 도덕적 선이란 성취라고 분명히 주장하였다. 타고난 것은 얻고자 하는 동기(好理, hao li, motive for gain), 귀와 눈의 욕망을 충족시키려는 자발적인 경향(欲, yu, self-seeking tendency), 소리와 아름다움에 대한 좋아함(好, hao, liking) 등이다. 이러한 욕망들은 기쁨, 즐거움, 화, 슬픔과 같은 감정에 대응하며, 여기에는 자연적인 한계가 없다. 욕망에 한계가 없다는 것이 자원의 희박성과 결합하여 혼돈을 가져오게 된다.

인간은 욕망들을 가지고 태어난다. 욕망들이 만족되지 않으면, 그는 욕망들을 만족시킬 어떤 수단을 스스로 찾지 않을 수 없다. 이러한 추구에 한계나 정도가 없으면, 불가피하게 다른 사람들과 언쟁에 빠지게 된다. 언쟁으로부터 무질서가 오고, 무질서로부터 고갈이 오게 된다. 예전의 왕들은 이러한 무질서를 싫어했으며, 그래서 이를 억제하려고 의례를 만들어, 인간의 욕망들을 훈련시키고, 그것들에 만족을 제공했다. 그들은 욕망들이 만족의 수단을 뛰어넘지 않도록 하였으며, 물질적 재화들이 욕구에 부족하지 않도록 하였다. 그래서 욕망들과 재화들이 모두 고려되고 만족되었다. 이것이 의례의 기원이다.[27]

많은 사람들은 의례(禮, li, rite)의 기원에 대한 이 이야기가 인간 존재가 자연상태로부터 왜 탈출할 필요가 있었던가에 대한 홉스의 이야기를 예상하게 한다고 보았다. 그러나 순자의 이야기에서 한 가지 다른 점은, 욕망의 충족에 대한 추구를 제한할 필요성을 인정한 다음, 인간 존재가 자신의 행위를 제한할 필요뿐만 아니라 의례와 음악과 올바름(義, yi, righteousness)을 통하여 자신의 성격을 변형시킬 필요를 안다는 것이다.[28] 사람들은 이러한 것들에 의해 억제될 뿐만 아니라 이러한

---

27) Hsün Tzu, *Basic Writings*, trans. Burton Watson (New York: Columbia University Press, 1963), p.89.

28) 이러한 비교는 다음 글에서 이루어졌다. Bryan Van Norden, "Mengzi and Xunzi: Two Views of Human Agency," *International Philosophical*

것들을 사랑하는 것이 자신들에게 이익이 된다는 것을 안다. 니비슨(David Nivison)이 관찰한 대로, 계몽된 자기 이익(the enlightened self-interest)이 요청된다는 순자의 개념에는 도(道, tao, the Way)가 관련된 사람들에게 최선이라는 신념뿐만 아니라 행위의 계발과 자신이 믿는 것에 대한 사랑 또한 포함되어 있다.[29]

이에 반해 홉스는 결코 인간 존재의 자기 이익적 동기가 자연상태로부터 시민사회로의 이행 속에서 변할 것이라고 기대하지 않았다.[30] 그의 이기주의적 심리학은 개인의 보존과 만족과 직접 관련된 것 외에는 어떤 다른 기준의 내면화도 허락하지 않았다. 이러한 심리학이 오직 국가만이 해결할 수 있는 문제를 그의 이론에 만들어내게 된다. 욕망의 추구를 억압하는 규칙들은 모두에게 상호적으로 이익이다. 하지만 다른 사람들이 일반적으로 규칙을 따르는 반면 어떤 사람들이 규칙을 따르지 않는다면, 그들은 더 많은 이득을 얻을 수 있다. 그래서 어느 누구도 규칙을 따를 자기 이익적 이유를 가지지 못한다. 이러한 문제에 대한 해결책이 규칙의 강제적 집행자로서의 국가이다. 국가는 처벌이라는 위험을 만들어서 어떤 개인이 규칙을 지키지 않는 것을 합리적이지 못한 것으로 만든다. 오직 국가와 더불어서만 이기주의자가 규칙에 복종하는 것이 완전히 합리적인 일이 된다.

이에 반해, 순자는 힘이 하나의 필요한 수단이라는 것은 인정하였으나, 일차적인 수단이라고 보지는 않았다. "힘을 사용하는 방법을 진실로 아는 사람은 힘에 의존하지 않는다."[31] 그는 대부분의 사람들이 진실로

Quarterly 32 (1992), p.178.

29) David Nivison, Benjamin Schwartz의 *The World of Thought in Ancient China*에 대한 서평, p.41

30) 그렇지만, 그는 우리의 자기 이익이 시민사회에서 더 확장될 수 있을 것으로 믿었다. 『리바이어던』에서 시민성과 문명의 성장에 대한 그의 설명의 한 부분은 우리가 어떻게 예술과 과학을 자기 이익의 확장감에 답하는 것으로 평가하게 될 수 있는가에 대한 설명에 달려 있다.

도덕적이 될 자발성과 능력에 대하여 회의적이었지만, 지배 엘리트가 자신들을 변화시켜 덕과 도덕을 사랑하고 기뻐하게 할 필요성을 보았다. 이러한 엘리트들은 최고의 자비, 정의, 권위를 가지고 사람들을 끌어 모으고 존경심을 일으킬 것이다. 이러한 점에서, 순자는 사람들의 가슴과 마음을 얻을 덕(德, de, virtue)을 가진 통치자의 능력에 대한 공자의 믿음을 긍정하고 있다고 보인다.

인간 존재의 이기주의에 대한 홉스의 해결책은 어떤 심각한 결점을 가지고 있다. 고티에(David Gauthier)가 본 대로, 개인이 기만하는 것을 비합리적인 것으로 만들기 위하여 홉스가 국가를 사용한 것은 문제에 대한 도덕적인 해결이 아니라 정치적인 해결이다.32) 단지 처벌의 위협에 의해서 사람들에게 복종한 이유를 제공하는 도덕률은 참된 도덕률이 아니다. 복종해야 할 도덕적 이유는 개인의 동기에서 더욱 내적인 것이어야 한다. 이것은 강제가 어떤 역할을 할 수 있다는 것을 부정하는 것이 아니다. 이상적으로 말하자면 규칙에 복종하는 것이 바보스러운 일이 되지 않도록 하는 데에 충분한 강제력이 도덕적 규칙에 있어야만 한다. 다른 사람들이 복종하지 않는 데 반해 우리만 복종한다면 우리가 바보가 될 것이기 때문이다. 순자는 강제를 통하여 충분한 안정성을 확보하여 우리가 우리의 성격을 변화시키는 기획에 착수할 수 있도록 만들어야 한다고 생각하였다. "[비뚤어진 말과 행동을 하는 사람들을] 보상으로써 격려하고, 처벌로써 훈련시켜라. 그리고 그들이 그들의 일에 몰두하면 그들을 신하로서 돌보아라. 그렇지 않으면, 내쳐라."33) 하지만 그러한 안정성에 또한 중요한 것은 지배 엘리트의 성격이다. 그들이 자신들의 성격을 변화시켰기 때문에, 그들은 믿을 수 있다. 그들은 인(仁,

---

31) Watson, trans., "Regulations of a King," p.40.
32) David Gauthier, *Morals By Agreement* (Oxford: Clarendon Press, 1986), pp. 162-163.
33) Watson, "Regulations of a King," p.34.

ren)을 사랑하고, 사람들에게 자비로우며, 그래서 사람들로부터 신뢰를 얻는다. 그들의 처벌능력만이 아니라 그들의 도덕적 영향력이 다른 사람들의 성격에 영향을 끼치고 그래서 안정성이라는 일반적인 분위기가 만들어진다.

그렇다면 순자는 이러한 점에서 인간 존재의 자기 이익적 행위라는 문제에 대하여 더 나은 해결책을 제시한 셈이다. 그의 해결책은 도덕적 해결책이다. 왜냐하면 그것은 **인간 존재의 내적인 변화를 그려냄으로써 힘에 대한 의존을 불필요하게 만들었기** 때문이다. 게다가 최대의 변화가 지배 엘리트에게 일어나게 함으로써 순자는 홉스가 가지고 있는 또 다른 문제에 대한 해결책을 제시하였다. 홉스는 국가의 타락이라는 문제에 적절하게 접근하지 못했다고 종종 비판받는다. 자연상태에 대한 그의 해결책은 국가가 공정한 규칙의 강제자일 것을 가정하고 있다. 그러나 국가가 신민들과 마찬가지로 이기적인 본성을 갖는 인간 존재에 의해 운영된다면, 홉스는 이러한 가정을 할 수 없을 것으로 보인다. 이에 반해, 순자는 국가를 운영하는 사람들의 도덕적 변화를 요청함으로써 이러한 문제를 회피하였다. 그러므로 인간 존재의 위험한 본성에 대한 홉스의 해결책은 인간 존재의 동기에서의 변화를 생각하지 않고는 유지될 수 없다.

2) 순자에서의 문제점: 어떻게 인성이 변화되는가?

홉스와 순자는 저지되지 않으면 혼돈을 불러올 욕망들의 만족을 추구하는 인간 본성과 그 경향이라는 비슷한 전제를 가지고 출발하였다. 그러나 그들은 사람들이 어떻게 될 수 있는가에 대해서는 다른 그림을 가지고 결론을 내렸다. 홉스에서, 자기 이익적인 인간 존재는 그들의 장기적인 이익을 기초로 국가의 권위와 권력을 받아들였다. 같은 것이 순자에게도 적용되지만, 그는 또 사람들이 장기적인 이익 때문에 자신들의 성격을 근본적으로 변화시킬 것이라고 주장하였다. 앞에서 본 것처럼,

그의 그림은 홉스의 그림보다 어떤 이점을 가질 수 있다. 하지만 순자의 그림은 어떻게 도덕적 변화가 초래되는가를 설명하는 문제를 가지고 있다. 그 물음은 인간으로 하여금 처자식을 얻으면 부모를 무시하게 하고, 욕망이나 열망이 충족되면 친구를 무시하게 하고, 높은 자리나 높은 봉급을 받게 되면 충성심을 가지고 군주를 더 이상 섬기지 않게 하는 '매우 좋지 못한' 다양한 정서를 가지고 사람이 출발해서 어떻게 의례, 자비, 정의를 사랑하는 사람이 되는가 하는 것이다.34)

순자에게 문제를 제기하는 또 다른 방식도 있다. 순자와 장자에 대한 훌륭하고 계몽적인 에세이에서, 니비슨은 순자가 도가들과 마찬가지로 도덕적 규칙들이 관습적이라는 것을 인정하고 있다고 지적하였다.35) 도가적 입장에서는 사람들이 기본적인 사회적, 정치적, 정신적 신봉을 갖는 것은 불가피하다고 간주된다. 그렇지만 순자는 제도, 이념, 규범과 같은 인간세계를 자연에서 가장 근본적인 것의 개화로 봄으로써 장자를 넘어섰다. 이러한 인간적인 사물들이 비록 관습적이기는 하지만, 그것은 자연의 불가피한 한 부분이다. 왜냐하면 그것들은 모든 인간 존재를 위협하는 혼돈에 대한 최선의 답이기 때문이다.

순자는 자연의 전적으로 자연적인 부분을 수용했을 뿐만 아니라 인간적인 형태의 것을 포함하는 자연의 더 포괄적인 전체를 수용했다. 니비슨은 그의 에세이의 말미에서 다음과 같은 물음을 제기했다. "도덕률이 이미 자연의 한 부분이 아니라면, 철인왕들은 어떻게 도덕률을 만들어낼 수 있는가?" 철인왕들은 도덕률이 자기 이익에 의해 요청된다는 것을 인정함으로써 뿐만 아니라 인간의 본성과 불가피한 인간의 상황을 이해함으로써 도덕률을 만들어내었다. 그들은 도덕적 질서가 "모든 인

---

34) Watson, "Human Nature is Evil," p.168.

35) David Nivison, "Hsn Tzu and Chuang Tzu," *Chinese Texts and Philosophical Contexts: Essays dedicated to Angus C. Graham*, ed. Henry Rosemont (La Salle, Ill.: Open Court, 1991), pp.129-142.

간의 삶에 해가 뜨고 지는 것과 같은 종류의 질서 부여적인 권위를 가진다"는 것을 인정했다. 그리고 그들의 '우수한 창조적 지성'을 통하여 그들은 그들 자신을 도덕화했다.[36]

이러한 해석은 순자가 의례나 의례를 고안한 인간 존재에게 부여한 고상한 위치를 설명해 준다. 의례가 비록 만들어진 것이라고 해도, 그것은 사회에 질서를 부여하는 유일한 최선의 길이라는 다른 의미로 인지되고, 그래서 사회 속에서 살아가야만 하는 인간 존재들에게는 최고의 권위를 갖는다. 순자의 입장에서 볼 때 철인왕은 그들의 우수한 창조적인 지성을 영웅적으로 사용하여 자신들을 도덕화하였음이 틀림없다는 니비슨의 말은 의심할 여지없이 옳다. 그러나 그들은 자신을 변화시키기 위하여 그러한 지성을 **어떻게** 사용했을까? 이 문제는 정확히 답하기가 어려워 보인다. 왜냐하면 순자는 홉스와 더불어 (도덕적인 관점에서 볼 때) 인간 본성에 대한 비관적인 견해를 가지고 있었기 때문이다. 어떻게 그들은 그들의 '좋지 않은 정서들'과 자기 관심적인 욕망들을 가지고 있으면서도 자신들을 도덕률을 사랑하고 즐거워하는 존재로 전환시켰을까? 의례와 도덕률을 자기 이익에 필요하기 때문만이 아니라 자연 질서의 한 부분으로 받아들이는 것은 아직 그것들을 사랑하고 즐기는 것은 아니다. 그것은 순자가 철인왕들이 그럴 것이라고 생각한 것처럼, 그것들을 위하여 기꺼이 목숨을 내놓도록 자신을 변화시킨 것이 아니다.[37]

3) 성격 변화에 대한 순자의 해명

이렇게 보면 순자는 정서와 욕망을 능가하고 그러한 것들의 지시에

---

36) Nivison, "Hsn Tzu and Chuang Tzu," p.142.

37) Nivison은 다음 에세이에서 이 문제를 정확히 지적하였다. "Xunzi on Human Nature," *The Ways of Confucianism: Investigations in Chinese Philosophy*, by David S. Nivison, ed. Bryan Van Norden (Chicago: Open Court, 1996), pp.203-213.

반하여 행위하는 마음의 힘을 굳게 믿었던 것으로 보인다.[38] 그렇지만 그가, 욕망과 정서를 능가할 수 있는 마음이 가지는 궁극적인 동기적인 힘은 결국에는 욕망에서 도출되어야 한다고 주장하고 있음이 확실하다. 그는 우리가 우리의 장기적인 이익을 위하여 당장의 욕망을 능가할 수 있다고 믿었다.

[왕의 관리들에 대하여] 그들에게 죽음을 무릅쓰고 명예를 존중하는 것이 자신들의 삶의 욕망을 충족시키는 길임을 명백히 알게 하라. 필요한 재화를 소비하고 공급하는 것은 부에 대한 자신의 욕망을 충족시키는 방법이고, 존경과 겸손을 가지고 행위하는 것은 안전에 대한 자신의 욕망을 충족시키는 방법이고, 의례의 원칙들과 갖가지 것들에서 좋은 질서에 복종하는 것은 그들의 정서를 충족시키는 방법이다. 어떤 대가를 치르더라도 자신의 목숨을 보존하기만을 추구하는 사람은 확실히 죽음을 겪을 것이다. 어떤 대가를 치르더라도 이익만을 추구하는 사람은 분명히 손실을 겪을 것이다. 안전이 오직 게으름과 나태함에 있다고 생각하는 사람은 확실히 위험에 봉착할 것이다. 행복이 오직 기분을 만족시키는 데에만 있다고 생각하는 사람은 분명히 파멸에 봉착할 것이다.[39]

그렇다면 순자에게서는 자기 변화에 이르는 어떠한 길도 인간 존재에게 이미 존재하는 충동이나 정서로부터 출발해야 한다. 우리는 여전히 자기 이익에 대한 계산이 자신의 이기적인 욕망의 변화를 어떻게 가져올 수 있는지 설명해야 한다는 문제를 가지고 있다. 그러한 변화의 원료가 자기 이익적 본성이라면 사람이 어떻게 도덕률을 위해 자신을 희생하는 그런 사람이 되겠는가? 우리는 자신의 성격을 변화시킬 자기 이익적 근거를 볼 수 있다. 그러나 여전히 명백하지 않게 남는 것은 우리의 출발점이 가진 본성이 있는데 어떻게 그러한 변화가 일어나는가라는

---

38) 이 문제에 대하여 다음을 참조하라. Bryan Van Norden, "Mengzi and Xunzi: Two Views of Human Agency," pp.161-184.
39) Watson, pp.90-91.

문제이다. 물론 순자는 자신의 청중들에게 자기 이익으로부터 도덕률로의 변화를 취하도록 설득하려고 하지 않았다. 청중들은 결국 이미 적어도 어느 정도까지는 변화되어 있다. 그의 설명은 어떻게 우리가 지금과 같은 방식으로 되었는가에 대한 회고적 설명이다. 그러나 문제는 어떻게 이러한 설명을 채워 넣는가 하는 것이다.

순자는 「성악」편에서 이 문제와 씨름하고 있는 듯이 보인다. 그곳에서 그는 정면으로 맹자에 반대하며 좋음 즉 선이 인간 존재의 타고난 천성의 한 부분임을 부정한다. 좋음이 인간의 본성 내에 이미 있지 않다면 좋음의 기원이 무엇인가라고 그는 묻는다. 그가 제시하고 있는 답은 아주 흥미롭다.

> 좋은 일을 하고자 욕망하는 모든 사람은 분명히 그의 본성이 악하기 때문에 그렇게 한다. 성취가 보잘것없는 사람은 큰 것을 갈망한다. 못 생긴 사람은 아름다움을 갈망한다. 좁은 곳에 사는 사람은 큰 집을 갈망한다. 가난한 사람은 부를 갈망한다. 신분이 낮은 사람은 승진을 갈망한다. 사람들은 무엇이든 자신에게 없는 것을 바깥에서 찾는다. 자신이 이미 부유하다면 부를 갈망하지 않을 것이며, 자신이 이미 높은 사람이라면 더 큰 권력을 갈망하지 않을 것이다. 사람은 이미 자신이 가지고 있는 것을 바깥에서 찾는 번거로움을 원하지 않는다. 이로부터 우리는 인간이 좋은 것을 하고자 욕망하는 까닭은 분명히 그의 본성이 악하기 때문임을 알 수 있다.[40]

이 구절의 한 가지 흥미로운 특징은 그것의 이상함에 있다. 우리가 선을 욕망하기 때문에 인간의 본성이 악하다는 이 말에서 순자가 뜻하는 것이 무엇인지를 생각해 내는 데에 우리는 곤란을 겪는다. 이 구절은 좋음의 기원에 대한 질문이 제기된 다음에, 특히 인간들이 이미 자신들 속에 어떤 좋음을 가지고 있지 않다면 어떻게 인간 존재가 좋게 될 수 있는가라는 질문 다음에 나온다. 순자는 인간의 원래 본성이 도

---

40) Watson, pp.161-162.

덕적이지 않은 것을 추구하는 것인데 인간 존재들이 자신들을 어떻게 도덕적인 존재로 변화시키는가를 보여주고자 시도하고 있다. 이러한 전환의 토대는 분명 그들이 결여하고 있는 것에 대한 이러한 추구이다. 그래서 이 구절의 요점은 인간 본성이 악하다는 증명이라기보다 좋음이 좋음에서부터 나와야만 한다는 사람들에 **대항하여** 좋음이 악으로부터 나올 수 있다는 것을 보여주는 것이다.

4) 순자의 입장에 대한 해석들과 한계들: 그래험과 풍우란

그리고 이것이 우리가 제기한 질문에 대한 답일 수 있다. 얻고자 하는 동기 외에 우리가 좋고자 하는 욕망을 가지고 있다면, 그것은 어떻게 우리가 자신을 도덕적인 존재로 변화시키기 시작하는지를 설명할 것이다. 그래험(A. C. Graham)은 실제로 순자가 도덕적 욕망을 인간 본성에 포함시켰다고 주장하고 있다. 그의 해석은 위의 구절과 순자가 '옳음에 대한 사랑'[41]과 '의무감'("Regulations of a King," Watson, pp.45-46)을 이야기하고 있는 다른 구절에 근거하고 있다. 그의 해석에 따르면, 순자는 인간의 본성이 나쁘다고 생각하는데, 그 이유는 인간 본성이 어떤 좋은 충동을 결여하고 있기 때문이 아니라, 인간 본성이 이기적 욕망과 도덕적 욕망이 무정부적으로 뒤섞여 있는 상태이기 때문이다.

그래험의 해결책은 어떻게 철인왕이 자신의 성격을 변화시켜 덕을 사랑하고 의례를 즐거워하게 되었는가를 명백히 보여준다. 자신을 변화시키고자 하는 철인왕의 동기는 순수한 자기 이익인 것이 아니라 의무감과 좋은 일을 하고자 하는 욕망이다. 그리고 자신을 변화시킴으로써, 철인왕은 그가 이미 가지고 있는 좋은 경향이라는 원료를 사용할 수 있다. 의례와 도덕률의 규칙들을 훈련하는 것은 이러한 경향을 강화하고 이것들을 이기적인 욕망보다 우위에 있게 한다.

---

41) *Hsün Tzu*, 27/65-67, trans. Graham, p.248, *Disputers of the Tao: Philosophical Argumentation in Ancient China* (La Salle, Ill.: Open Court, 1989).

하지만 그래험의 해석은 도덕률에 대한 순자의 자연주의적 해석과 딱 들어맞지 않는다. 도덕률이 모든 사람에게 이익이 되는 사회적 질서를 만들 필요에 의해 생겨나는 것이라면, 맹자가 한 것처럼 좋은 일을 하려는 원래적인 욕망이나 의무감을 인간 본성에 두는 것은 의미가 없어 보인다. 좋음과 옳음은 철인왕들이 정하는 규칙에 의해 결정되어야 한다. 철인왕들이 좋음과 옳음에 대한 타고난 욕망을 가지고 있다는 의미로 좋음에의 욕망이나 의무감은 철인왕에 앞설 수 없다. 이것은 니비슨이 강조하듯이 철인왕이 그러한 규칙을 만들어내는 것이 불가피해도 그러할 수밖에 없다. 그래험의 해석에서의 이러한 문제 때문에, 우리는 대안적 해석, 즉 순자에게서는 좋을 일을 하려는 욕망과 의무감이 인간 본성에 애초부터 있는 것이 아니라 무엇이 자신에게 이익이 되는가에 대한 계산으로부터 도출된다는 해석을 고려해 보아야 한다. 우리가 우리의 장기적인 자기 이익을 고려하여 우리가 지금 결여하고 있는 어떤 성격을 가져야만 한다는 것을 알게 될 때, 우리는 선에 대한 욕망과 의무감을 가지게 된다. 이러한 해석은 분명 도덕률이 왜 필요한가에 대한 순자의 이야기와도 들어맞는다. 풍우란(Fung Yu-lan)이 그러한 해석을 제시하였다.

> 순자가 말하는 소위 좋음은 사회적 예식, 제도, 문화, 인간적 마음이나 올바름과 같은 도덕적 성질들을 정당한 법과 결합시킨 것이다. 이러한 것들은 사람들이 원래 욕망하는 것은 아니지만, 그것들을 욕망하는 것 외에는 다른 대안이 남아 있지 않다.[42]

이러한 해석은 순자의 도덕률에 대한 자연주의적 해석과 일관성이 있다. 그러나 우리가 좋은 일을 하려는 욕망과 의무감을 장기적인 이익이

---

[42] *A History of Chinese Philosophy*, trans. Derk Bodde (Princeton: Princeton University Press, 1952), v. 1, p.294.

되는 것을 하려는 욕망으로부터 도출하는 것으로 해석한다면, 우리는 여전히 자기 이익이 어떻게 도덕률에 대한 사랑과 즐거움으로 전환되는지를 설명할 수 없다. "욕망하는 것 외에 대안이 없다"는 태도를 가지고 출발하여 자신에게 어떻게 도덕률에 대한 사랑과 즐거움을 만들어낼 수 있는가?

5) 한계를 가지는 또 다른 해석: 밀

해석과 관련된 문제를 고려하거나 순자가 좋은 일을 하고자 하는 욕망의 위상에 대하여 명백히 말하지 않았다는 점을 고려하면, 순자가 욕망의 위상에 대하여 혼동을 하였거나 이중적인 입장을 취했다고 보는 것도 당연하다. 그리고 만약 이것이 사실이라면, 도덕적 변화의 본성에 대해서는 순자에게 아무런 확정적인 답이 없을 것이다. 그렇지만 우리가 할 수 있는 것은 순자의 이론과 병립할 수 있는 도덕적 변화에 대한 설명을 구성하는 것이다. 나는 가능한 두 설명을 생각해 보려고 한다.

한 설명은 도덕적 가치가 왜 그 자체로 중요한 것으로 평가되어야 하는가라는 질문에 대한 밀(J. S. Mill)의 대답에 의해 시사되는 것이다. 밀에게 이러한 질문이 문제가 된 것은, 그가 사람들이 오직 다양한 종류의 쾌락과 고통의 부재만을 욕망한다고 생각했기 때문이다. 언뜻 보면, 순자가 도덕적 덕을 욕망의 장기적인 최선의 만족을 위한 수단으로만 허용할 수 있는 것처럼, 밀은 덕이 쾌락과 고통의 부재로의 수단이기만을 허용할 수 있는 것 같다. 그러나 순자와 같이, 밀은 이러한 결과를 원하지 않았다. 이러한 문제에 대한 밀의 대답은 유비이다. 돈이 원래 쾌락에의 수단에 불과한 것처럼, 덕도 원래는 오직 수단이다. 그러나 돈과 쾌락, 그리고 덕과 쾌락의 꾸준한 관념연합은 결국에는 돈과 덕이 그 자체로 쾌락의 원천이 되는 그러한 결과를 가져온다. 달리 말하자면, 우리는 덕에서 쾌락을 취하도록 **조건화**(conditioned)되는 것이다.[43)]

하지만 이러한 생각이 순자를 돕기 위해서는, **철인왕이 처음에 덕과**

쾌락 사이를 어떻게 연결시키는지에 대한 설명이 있어야만 한다. 순자의 설명에 따르면, 도덕률은 철인왕이 그것을 내면화하고 사람들이 그것을 따를 때만 장기적인 관점에서 욕망을 충족시키는 수단일 수 있다. 오직 그러할 때만 철인왕들은 자신을 포함하여 모든 사람들에게 이득이 되는 안정된 사회적 질서를 창조할 수 있게 된다. 그러나 이야기가 이러하다 면, 철인왕은 쾌락과 덕을 관념연합시킴으로써 **우선** 자신을 조건화할 수 없다. 쾌락과 덕과의 꾸준한 연결은 철인왕들이 자신을 변화시키고 덕을 쾌락으로 **만드**는 사회적 질서를 창조한 다음에야 나온다. 이 문제 는 일반적인 것이다. 반항적인 인간 본성의 변화를 토대로 하여 참된 도덕적 덕이 있음을 설명하는 이론들은 그러한 변화에 우호적인 조건들 이 어떻게 그곳에 있게 되는가라는 문제를 설명하는 데에 어려움을 겪 는다. 쉽게 빠지는 유혹은 이러한 조건들의 있음을 부당하게 전제하는 것이다.

6) 니비슨의 견해를 이용한 데이비드 왕의 해석

순자가 마음에 좋은 일을 하고자 하는 욕망과 의무감이 있다고 하는 것으로 보이는 그 구절에 대한 니비슨의 해석을 살펴봄으로써 도덕적 변화에 대한 더 나은 해석에의 실마리를 얻을 수 있다. 니비슨은 이러 한 일들의 기원이, 내가 앞에서 제시한 이유들 때문에, 자기 이익에 있 다고 보는 풍우란의 해석을 거부한다. 니비슨의 결론은 순자가 인간 존

---

43) John Stuart Mill, *Utilitarianism*, chapter 4, in *Utilitarianism, On Liberty, Essay on Bentham* (New York: World Publishing, 1962), pp.290-291. 밀에게 는 덕의 쾌락에 대한 훨씬 덜 환원적인 설명의 근거가 있다. 물론 이것은 그가 『공리주의』에서 제시하고 있는 설명은 아니다. 밀은 이기주의적 심리학을 가지 고 있지 않았다. 그래서는 그는 자기 이익에 대한 어떤 계산에도 근거하지 않는 공감적 정서의 존재를 인정할 수 있었다. 덕의 쾌락은 이러한 견해에 따르면 타 자에 대한 우리의 관심이 충족됨으로써 나타난다. 아래에서 나는 순자를 위해서 비슷한 방향을 시사할 것이다.

재가 의무감을 가진다고 가정해야만 한다는 것이다.[44] 니비슨에게는 이러한 의무감이 도덕적 의무를 자기 이익을 위해서가 아니라 의무 그 자체를 위해서 수행하는 수준에 이르게 된다. 이제까지의 니비슨의 해석은 그래험의 것과 같게 들린다. 그러나 이것은 흥미롭게도 그래험의 것과 다르다. 니비슨은 의무감을 어떤 특정한 내용을 가질 필요가 없는 인간 본성의 본래적 특징으로 보았다. 이렇게 세분화되면, 니비슨의 의무감에 대한 해석은 그래험의 해석과 달리 순자의 자연주의와 상통할 수도 있다.

위에서 지적했듯이, 마음은 옳음과 그름이라는 생각의 특정한 내용을 구분하는 원래의 능력을 가질 수 없다. 왜냐하면 그러한 내용은 발명(되거나 모든 사람의 이익을 증진시키는 최선의 길로 발견)되기 때문이다. 설혹 마음이 도덕적 의무를 그 자체를 위해 수행하는 원래의 능력을 가지고 있다고 해도, 도덕률의 내용이 처음부터 그곳에 있을 수는 없다. 니비슨이 내가 그의 해석을 사용하는 방법을 승인할 것이라고 생각하는 것은 아니지만, 세 가지 요구를 충족시키는 능력들을 우리가 찾아야만 한다고 나는 주장하고자 한다. 그러한 능력들은 인간의 마음에 있으면서도 인간의 마음이 악하다는 순자의 주장과 일관성이 있어야만 한다. 그러한 능력들은 도덕적 내용을 가질 필요가 없다. 하지만 그러한 능력들은 의무가 발명되거나 발견될 때 의무에 대한 믿음의 효과적인 동기를 제공해야만 한다.

우리는 그러한 능력들을 순자가 의례와 음악이 성격을 변화시키는 효과가 있다는 것을 서술하고 있는 장들에서 찾을 수 있다. 의례에 관한 장, 특히 부모의 죽음에 대하여 3년 간의 애도기간을 가지는 이유에 대한 논의를 검토해 보자. 왜 이러한 특정한 기간이 필요한가? 순자는 이때가 슬픔의 고통이 가장 심한 때라고 설명한다. 부모의 죽음에 대하여

---

44) "Hsün Tzu on Human Nature."

느끼는 정서가 왜 슬픔인가? 순자는 의식을 가지는 어떤 것도 자신과 같은 종류의 것을 사랑하지 않을 수 없으며, "피와 숨을 가진 피조물들 중에서 인간보다 더 큰 이해력을 가진 것이 없다. 그러므로 인간은 그가 죽는 날까지 부모를 사랑해야만 한다"[45]고 하였다. 제사라는 의례에 대하여 순자는 이러한 의례들은 사랑하는 사람을 잃은 사람들에게 나타나는 "죽은 자를 기억하고 그리워하는 정서에서 비롯되었다"고 설명한다. 의례는 이러한 정서를 표현하기 위하여 필요하다. 이것이 없다면 그러한 정서는 "좌절되고 실현되지 않을" 것이다.[46] 의례는 "최고의 충성, 사랑, 존경"을 표현한다.[47]

음악에 대한 장에서, 순자는 음악이 고대의 사원에서 연주될 때 조화로운 존경을 만들어내었다고 말한다. 집안에서 연주될 때는 조화로운 가족감을 만들어내었다. 공동체에서 연주될 때는 조화로운 복종을 만들어내었다. 순자에 따르면, 음악은 인간 정서의 필수적인 요청이다. 음악이 인간에 깊숙이 들어가면, 음악은 인간을 깊숙이 변화시킨다. 음악이 단호하고 장엄하면, 사람은 얌전하게 되거나 무질서를 피하게 된다. 음악이 유혹적이거나 타락하면, 사람들은 제멋대로가 되거나 무질서에 빠지게 된다. "사람이 사랑과 미움의 정서를 가지고 있으면서 그들의 기쁨이나 화를 표현할 방법이 없다면, 사람들은 무질서하게 된다."[48]

의례에 대한 장에서 순자는 그가 이제까지 인간의 마음이 변화되는 방식에 대하여 말하고 있었음을 확실히 하는데, 그는 인간 본성의 사악함을 주장할 때 그가 인용하던 것과는 아주 다른 인간의 감정들을 **전제**한다. 돌아가신 부모님에 대한 사랑과 슬픔과 기억이 있고, 같은 종류의 것에 대한 사랑은 모든 피조물에 자연적인데, 인간 존재에 가장 크다는

---

45) Watson, p.106.
46) Watson, p.109.
47) Watson, pp.109-110.
48) Watson, p.115.

주장이 있다. 음악에 대한 장에서, 순자는 때때로 음악이 마음이라는 슬레이트에 고상한 정서를 적어 넣는 것처럼 이야기한다. 그럴 때 마음은 비어 있는 것은 아니지만 그렇다고 좋은 것도 아니다. 하지만 다른 때에 순자는 음악이 마음에 숨어 있는 정서를 표현하는 것처럼 이야기한다. 이러한 극단들의 가운데 있는 가장 그럴듯한 길은 어떤 점에서 음악은 잠재적 정서를 표현하지만, 정서를 자극하고 정서의 표현을 의례에 의해 규정되는 다양한 상황과 연결시키는 데에 기여한다는 것이다.[49] 순자에게는 조화의 음악적 표현에 의해 고취되는 능력은 인간 존재들 간의 조화와 인간의 필요와 자연의 혜택 간의 행복한 균형에 의해 고취되는 능력과 밀접하게 연결되어 있을 수도 있다.[50]

순자가 의례와 음악에 관한 장에서 서술하고 있는 사랑과 느낌이 있다고 하면, 철인왕들이 어떻게 자신들을 변화시켰는지를 알 수 있는 길이 있다. 의례와 음악은 인간 본성에 있는 어떤 가공하기 쉬운 원료에 작용하여 덕에 대한 사랑과 의례에서의 기쁨을 형성하였을 것이다. 인간

---

49) 서구 미학에 음악과 정서, 그리고 음악이 정서를 변화시킬 수 있는 방법에 초점을 맞추는 전통이 있다. 예를 들자면 다음을 보라. H. R. Haweis, *Music and Morals* (New York: Harper, 1871), pp.1-54. Haweis는 음악이 어떤 '확실하지 않은' 느낌 즉 정확한 대상이 없거나 사유가 동반되지 않는 느낌을 자극한다고 주장한다. 음악이 말과 섞이게 되면 자극된 느낌은 정확한 이념들과 결합될 수도 있다고 그는 말한다. 그가 '애국적, 침울한, 웃기는', '숭고한 혹은 타락한' 음악의 효과를 서술하고 있는 것도 순자와 비슷하다.

50) Claude Levi-Strauss의 작업은 음악, 신화, 친척관계의 구조, 과학에서 정합적인 전체를 추구하는 인간의 노력에 우리가 관심을 가지도록 했다. 다음 책들을 참고하라. *The Savage Mind* (*La Pensee Sauvage*) (London: Weidenfeld and Nicolson, 1962); *Structural Anthropology*, trans. C. Jacobson and B. G. Schoepf (New York: Basic Books, 1963); *Totemism*, trans. R. Needham (Boston: Beacon Press, 1963); *The Raw and the Cooked*, trans. J. & D. Weightman (London: Jonathan Cape, 1969); *The Elementary Structures of Kinship*, trans. J. H. Bell, J. R. von Sturmer & R. Needham ed. (Boston: Beacon Press, 1969).

존재는 조화와 정합적인 전체에 대한 욕망을 가질 수 있으며, 그래서 의례에 의해 수립되는 인간과 자연 간의, 각각의 다른 사람들 간의 조화를 기뻐할 수도 있다. 효(孝, hsiao, filial piety)라는 덕은 부모에 대한 사랑이라는 원시적인 충동과 이익 중에 가장 큰 이익 즉 생명과 양육에 대하여 상호작용하려는 원시적 충동을 정제시키고 정돈시킨다. 3년 간의 애도 기간과 제사는 슬픔과 기억이라는 자연적 느낌을 강화하고, 정제시키고, 정돈시킨다. 우리는 도덕률을 사랑하게 될 수 있다. 왜냐하면 도덕률은 자연스럽고 깊은 인간의 정서가 완전히 표현되게 하기 때문이다.

이제까지 나는 인간 본성에 속하는 어떤 능력들이 옳음과 그름에 대한 믿음을 제공하고 일단 이러한 믿음이 획득되면 어떤 효과적인 동기를 제공해야 한다는 요구에 대하여 이야기해 왔다. 그러나 그러한 능력들이 원래 아무런 도덕적 내용을 가지고 있지 않아야 한다는 요구에 대해서는 어떠한가? 의례와 음악이 영향을 끼치는 자연적인 느낌들은 아직 내용에서 도덕적이지 않다. 그러한 느낌들은 아직 정제되지 않고 옳고 그름에 대한 도덕 사유에 의해 조절되지 않은 원시적인 반응들이다. 사람들은 원래 조화와 여러 종류의 것들의 전체성에서 그것이 여하튼 도덕적으로 옳은 것인가에 대한 생각 없이도 기뻐한다. 사람들은 단순히 부모를 위하여 슬퍼할 뿐, 그것이 옳은 일인지, 형식이 맞는지에 대한 생각이 없다. 지금 제안된 재구성은 도덕률이 자기 이익으로부터 구성된다는 순자의 주장과도 일치한다. 이제 순자는 그로 하여금 자기 이익으로부터 도덕률에 대한 사랑과 즐거움으로 변화를 설명하도록 해주는 인간 본성에 대한 그림을 가지게 되었다. 이러한 견해에 따르면, 우리는 도덕률이 우리의 자연적인 인간의 느낌을 표현하고, 길을 내고, 강화시키기 때문에 그것을 사랑한다.

우리가 어떤 자연적인 느낌들을 가지는데, 그것들이 도덕적인 느낌들이 아닐 때에도 그것들이 도덕률에 맞는 그런 일이 분명 있을 수 있다.

예를 들어, 1장에서 본 것처럼, 우리가 선물이나 친절에 대하여 갖게 되는 감사의 빚을 졌다는 느낌은 우리 모두가 알고 있는 것이며, 중국 사회에서 그러한 느낌은 대단히 확대된다. 그러한 느낌은 타고난 충동으로서 도덕적 느낌으로 해석될 필요가 없으며, 좋은 것에 대해 좋은 것으로 돌려주려는 강한 충동일 뿐이다.[51] 이러한 느낌은 도덕률이 고안되고 난 후에야 도덕적 느낌이 된다. 도덕적 사유는 느낌을 통제하게 되고 심지어는 그러한 느낌(즉, 좋은 것에 대해 좋은 것을 돌려주는 것이 의무라는 느낌)의 지향성 내에 박히게 된다. 나아가 도덕률은 상호성을 요청하고 있을 뿐만 아니라 상호성의 수용 가능한 형태들에 대한 규정도 요청하고 있다고 생각할 상당한 이유가 있다. 순자가 주장한 것처럼, 인간 존재는 서로 돕지 않고서는 살아갈 수 없는 존재이다. 1장에서 보았던 것처럼, 돕는 행위가 체계적으로 상호화되지 않을 때 그것이 소멸된다는 것도 그럴듯하게 보인다.

도덕률이 답할 수도 있는 다른 느낌들과 욕망들을 지적하는 것도 또한 중요하다. 그것은 죽음에 대한 공포와 관련된 느낌들이며 불멸에 대한 욕망이다. 이것들이 타고난 것이라면, 이것들은 분명 인간 조건에 아주 기초적인 어떤 것에서 생겨난 것으로 보인다. 유학은 사후생활에 대하여 말하는 일에 어떤 흥미도 보이지 않았다. 공자 자신도 그 문제에 대해서는 불가지론자로 보인다. 그렇다면 어떻게 유가 윤리는 죽음의 공포와 불멸에 대한 욕망을 다룰 것인가? 『좌전』(공자의 『춘추』에 대한 좌구명의 해설, 장공, 24년)의 한 구절을 보자.

나는 최선의 길은 덕을 수립하는 것이며, 차선은 말을 수립하는 것이라고 들었다. 이러한 것들은 시간이 지나도 없어지지 않으니, 불멸이라 부를

---

51) 이것은 돌려지는 좋음이 받은 좋음과 같은 종류의 것이라는 의미는 아니다. 어린이는 부모로부터 받은 좋은 것을 같은 것으로 돌려줄 수 없다. 그럼에도 불구하고 좋은 것을 돌려줄 수 있다.

만하다.

인간 본성에 속하는 능력들이 인간 본성이 악하다는 순자의 주장과 일치해야 한다는 요구에 대해서는 어떠한가? 부모에 대한 사랑과 부모가 죽었을 때 슬픔과 기억이라는 느낌 그리고 불멸에 대한 욕망이 아직 도덕적 느낌이 아니라고 해도, 인간 본성이 그러한 것들을 포함하고 있다면 어떻게 인간 본성이 악할 수 있는가? 인간 본성이 도덕률과 들어맞는 느낌을 포함하고 있다면 어떻게 인간 본성이 악할 수 있는가? 내가 생각하기에, 그 답은 인간 본성이 악하다는 그의 주장을 좀더 정교하게 구성함으로써 가능하다. 인간 본성은 악이 아니다. 왜냐하면 그것은 무정부적인 욕망과 느낌밖에 포함하고 있는 것이 없기 때문이다. 인간 본성이 악한 이유는 가장 자기 관심적인 욕망과 느낌이 질서와 안정이 결여되어 있을 때에 **지배적**이기 때문이다. 더 좋은 것들도 도덕적 사유에 의해 이끌어지고 훈련되지 않으면 나쁜 결과에 이르게 된다. (더 좋은 것과 더 나쁜 것에 대한 판단은 물론 우리에게 도덕률이 이미 심어진 후 회고적인 관점에서 이루어진다.) 이렇게 해석해 보면, 순자의 인간 본성에 대한 주장은 대단히 그럴듯한 것이라고 나에게는 보인다. 사랑, 슬픔 그리고 불멸에 대한 욕망이 다양한 방식으로 표현될 수도 있고, 이런 것들 중의 어떤 것들은 도덕률과 상통하기도 한다는 것도 주목해야 한다. 이러한 느낌들은 그것들이 도덕적 행위로 나타나기 위해서는 도덕화되어야만 한다.

7) 도덕률이 개인적 필요에 대응하는가?

순자에 대한 이러한 논의를 결론짓기 위하여, 순자가 도덕적 변화로의 통로를 설명하는 그럴듯한 방법을 발견했을 뿐만 아니라 발견된 이러한 통로가 도덕률에 대한 프로이트의 도전에 대해 한 대답을 제시하고 있다는 생각을 전개해 보자. 그러한 도전에 대한 대답은 두려움을 피하고자 하는 것과는 다른, 어떤 얕지 않은, 그리고 초자아의 수립이 만족시킬, 어떤 필요, 어떤 욕망이 있다는 것을 보여야만 한다는 것을 기억하자. 볼하임(Richard Wollheim)이 프로이트의 이론과 신프로이트 학파의 이론들로부터 도출한 대답은 사랑하는 사람에 대한 공격성의 통제가 요청된다는 것을 토대로 하고 있다. 볼하임의 결론은 우리가 순자와 관련하여 도달한 결론과 상통한다. 인간의 본성은 순자에게는 여전히 아주 현실적인 의미에서 악이다. 그러나 인간 존재가 도덕률에 의해 실현되는 것을 가능하게 하는 요소를 인간 본성은 가지고 있다. 이때 '실현'이라는 말로써 나는 어떤 사람의 좁은 자기 이익이 충족된다고 말하고 있는 것이 아니다. 도덕률은 사랑과 얻은 이득에 대하여 보상하려는 욕망과 같은 어떤 잠재적인 정서들을 표현하는 데에 기여한다. 나아가 정직, 의례와 음악은 이러한 정서들을 표현되도록 할 뿐만 아니라 그것들에 길을 내고 모양을 주어 원래는 좁았던 자기 이익을 더 넓고 더 굳게 다른 사람들의 이익들과 연결되게 한다. 도덕률은 비도덕적인 감각적 욕망들을 제거하는 것이 아니라 그것들이 도덕화된 정서와 욕망들과 상통할 수 있는 그러한 방식으로 그러한 욕망들을 제한한다. 도덕률은 우리의 성격에 이전에는 그곳에 있지 않았던 정합성을 만들어낼 수 있다.

도덕적 동기를 갖고 행위할 수 있는 인간의 능력을 설명하기 위해 순자가 해결해야 하는 문제를 설명하기 위하여 이제까지 지면을 할애했다. 왜냐하면 나는 순자가 홉스보다 훨씬 그럴듯하게 도덕률의 기원에 대한 자연주의적 그림을 가지고 출발했다고 생각하기 때문이다. 순자의 설명의 문제를 해결하기 위하여 내가 구성한 개념은 흄의 개념에 더 가깝다. 하지만 순자의 문제와 그 해결은 훨씬 빛이 나는데, 왜냐하면 순자는 인간 본성이 도덕률과 적대적이라는 점에서 흄보다 훨씬 비관적인 입장에서 출발했기 때문이다. 내가 옳다면, 설명 문제에 대한 그러한 해결책은 비관주의를 더 순화된 것으로 이해하도록 만든다. 순자의 사상에서의 이러한 행보와 인간의 동기에 대한 진화론적 이론에서 제시되는 것 간에는 어떤 일맥상통하는 점이 있다는 것을 알 수 있다. 우선 자기 보존과 재생산의 욕구는 자연 선택이라는 메커니즘으로부터 나올 수 있는 유일한 욕구인 것으로 보인다. 문제는 진화론적 이론이 우리에게 이르게 하는 곳이 인간의 본성이나 복잡한 인간의 동기가 아니라는 것이다. 이론가들은 그러한 명백한 복잡성을 설명할 수 있는 더 많은 자원을 이론이 가지고 있는지 보기 위해 이론을 재검토한다. 지금 보면 그런 것처럼 보인다. 이제 이론으로부터 드러난 것은 인간 존재에서의 심원한 애매성 즉 다양한 형태의 좁은 자기 이익, 가족과 이방인에 대한 이타주의, 이익을 서로 보상하고 협조하지 않는 이들에 대해 처벌하는 경향 사이의 애매성이다. 나에게는 이러한 애매성이, 이론이 우리에게 이르게 한 곳과 우리가 실제로 있는 것으로 보이는 곳이 더 잘 들어맞도록 만드는 것으로 보인다.

이제까지, 우리는 **적합한 도덕률들이 인간의 성향들에 대응하여 그것들을 충족시키고 있으며 도덕률들이 이러한 성향들에게 침투하여 깊게 영향을 미치고 있다**는 주장을 옹호해 왔다. 이것은 우리가 우리의 도덕적 신봉에 가지는 확신이 무엇이든, 그것을 부분적으로 지지하게 된다. 그러나 어떤 형태의 번창이 도덕적 삶을 포함하고 있다고 주장하기 위해서, 우리는 도덕적 삶이 자연적인 성향들에 대응할 뿐만 아니라 이러한 성향들이 볼하임이 특징지은 것과 같은 '참된' 필요에 대응한다는 것을 보여야 하지 않을까? 게다가 '필요'를 이야기하는 것은 도덕률이 필요에 대응한다는 것을 보이고자 하는 맥락에서는 악순환이 된다는 반대도 있을 수 있다.

3장에서 나는 결국 필요라는 개념이 번창이라는 개념과 밀접하게 관련되어 있다고 제시하였다. 사실 필요는 궁극적으로 번창을 위하여 요청되는 것으로 환전된다. 번창이라는 개념이 규범적인 것이라면, 그리고 그러한 규범성의 한 부분이 번창이 어떤 것인가에 대한 도덕화된 견해라면, 우리는 악순환에 들어가게 된다. 우리는 도덕률이 도덕률을 만족시킨다는 것을 보이고자 시도하고 있는 셈이다!

8. 필요와 번창

1) 필요의 두 의미

이와 같은 반대에 만족스럽게 답하기 위해서, 나는 필요라는 개념을 좀더 자세히 검토하고자 한다. 위긴스(David Wiggins)는 '필요'의 두 기본적 의미를 구분하였다. 하나는 도구적인 의미로서, 어떤 사람이 무엇이 필요하다는 주장이 **어떤 목적과 관련**이 있으며, 그러한 목적이 어떤 것인가에 대해서는 제한이 없다. 둘째 것은 필요라는 말의 절대적이거나 범주적인 의미로서, 필요한 것은 **인간 존재에 대한 해를 피하기 위하여** 요청된다.

위긴스는 나아가 해에 대한 우리의 판단은 복지나 번창이라는 생각에 의해 정해진다고 보았다. 이것은 필요의 더 큰 상대화를 도입한다. 즉 "무엇이 고통이나 비참이나 해가 되는가는 본질적으로 논쟁이 있을 수 있는 일이다. 이는 어느 정도까지는 문화와 관련되며, 심지어는 사람들이 이들에 대하여 가지는 생각과 관련된다." 그렇지만 위긴스는 많은 필요 주장에 대해 논쟁이 있을 수 있지만 이러한 주장들 중에서 어떤 것들에 대해서는 그렇게 심각하게 논쟁이 없으며 다소간 결정적이라고 주장하였다.[52] 인간 존재는 **최소한의 신체적 무결성과 기능을 유지할** 필요가 있으며, 이는 어떤 다른 수준의 번창에도 우선 필요한 것이다. 내가 3장에서 주장한 대로, 사람들은 **사회적 규범에 대한 지식, 자신들**

---

52) David Wiggins, "Claims of Need," *Needs, Values, Truth: Essays in the Philosophy of Value*, 3rd edition (Oxford: Oxford University Press, 1998), pp.153-155

의 정체성들의 다양한 측면들 사이에서 합리적인 균형, 그리고 최소한 자기 존경 내지 자기 존중이 필요하다.

2) 도덕률과 광의의 필요로서의 번창과의 관계

순자의 문제에 대한 나의 별도의 논의의 요점들 중의 한 부분은, 도 덕률이 더 강력한 필요와 느낌에 대응하고 있다고 말할 수 있는 방식을 확인하는 것이었다. '강력한'이라는 말로써 나는 2장 4절에서 말한 것, 즉 강력한 반대 동기에 직면해서도 종종 행위의 동기가 된다는 것을 의 미한다. 나아가 이러한 것들은 아주 다양한 문화들에서도 동기로서의 힘(motivational power)을 보여주고 있다. 이것들의 좌절은 개인의 삶을 통하여 가지를 치면서 다른 높게 평가되는 목적을 달성하는 그들의 능 력에 불리하게 영향을 미친다. 나아가 필요는, 그것이 비록 인간 본성에 뿌리하고 있고 그 본성 때문에 동기로서의 힘을 가지고 있더라도, 어떤 일반적인 의미에서 욕구되는 어떤 것이 아닐 수도 있다. (예를 들어, 필 요의 소유자에 의해 인정되지 않는 것일 수도 있다.)

내가 말하고자 하는 것은 톰슨(Garrett Thomson)이 일상적인 의미의 욕망에 반하는 것으로서 관심들(interests)이라고 말한 것이다. 관심들은 욕망의 바닥에 놓여 있으면서 욕망의 동기적인 힘이 된다. 욕망은 이 대상에서 저 대상으로 옮겨 다닐 수 있지만, 욕망과 연관된 어떤 것, 톰 슨은 이를 동기적 힘이라고 불렀는데, 이것은 변하지 않고 남으며 그러 한 변화가 서로 어떻게 연결되는지를 설명한다. 욕망의 동기인 것으로 보이는 것이 반드시 욕망의 대상과 일치하는 것은 아니다. 사람들은 거 부될까 두려워 가까운 유대를 피하면서도 친구들에게 깊은 인상을 심어 주기 위하여 열심히 일한다. 그가 실제로 원하는 것은 칭찬이라기보다 는 안정된 애정이며, 그는 애정에 대한 바람이나 관심을 가지고 있다고 말할 수 있다. 관심은 욕망을 일으킨다. 번창에 대한 성립 가능한 개념 들은 인간 본성에 깊이 뿌리하고 있는 관심들을 중심으로 하며, 그래서 관심들은 인간 존재가 실제로 원하는 것으로서, 다른 관심들을 압도하는 강력한 동기적인 힘을 가지며, 그것의 충족이나 좌절이 사람의 성격과 삶에 넓게 가지를 친다고 말할 수 있다. 이러한 것들이 필요, 즉 그 자체로서 '참된' 필요라고 일컬을 만한 것이다.

앞에서 제기된 반대에 대한 그 다음의 대응으로서, 독자들은 여기서 추구되고 있는 더 온건한 목적, 즉 어떤 형태의 번창이 실제로 부분적으로는 다른 사람들의 번창을 증진시킴으로써 구성된다는 것을 보이는 것이었음을 기억하면 된다. 번창에 대한 성립 가능한 어떤 개념들이 있다면, 나는 다만 그러한 개념들 중에서 어떤 것들은 앞에서 언급된 필요를 충족시킬 것이라고 가정할 뿐이다.

3) 도덕률이 증진시키는 번창과 대립하는 번창은 없는가?

또 다른 가능한 반대는 비록 도덕률이 어떤 깊은 필요에 대응한다고 해도, 동일하게 또는 더욱 중요한 다른 필요를 좌절시킬 수도 있다는 것이다. 우리는 5장에서 논의한 내용으로 돌아가게 되는데, 나는 이미 개인적인 영역이 비개인적인 가치를 강조하는 도덕률의 부분들과 어떤 고정된 보편적인 정도의 갈등을 가지지 않는다고 주장하였다. 그러나 다시 어떤 형태의 번창이 실제로 부분적으로는 다른 사람들의 번창을 증진시킴으로써 구성된다는 것을 보이는 더 온건한 목적을 되새겨보자. 그러한 형태를 충족시키는 삶들이 어떤 것들이겠는가? 어떤 더 세속적인 개인적인 만족들은 행위자에게 단순히 사소한 것인가? 아니면 내가 5장에서 제시한 것처럼, 개인적 가치에 대한 신봉을 통하여 도덕적 가치에 대한 신봉을 매개하는 그러한 문제가 더 있는 것인가?

9. 행운의 삶

1) 시골 의사 사살의 삶

이러한 문제를 논의하기 위하여, 나는 한 사람의 특정한 삶을 살피기를 원한다. 이렇게 함으로써 동시에 우리가 어떤 형태의 번창이 도덕적 삶과 상통한다는 것을 보여주는 번창의 어떤 실제적인 경우를 보아야 한다는 리어(Lear)의 제안을 따르고자 한다. 한 시골 의사 사살(John Sassall)에 대한 버거(John Berger)의 연구를 검토해 보자.

사살은 멀리 떨어져 있는 가난한 영국의 동네를 일터로 정했다. 사살이 이 동네 사람들과 가진 밀접한 의사-환자의 관계를 서술하면서, 버거는 환자의 심리적인 필요가 '인정'이었다고 적고 있다. 우리가 아프게 되자마자 우리는 우리의 병이 독특한 것이라는 두려움을 느낀다고 버그는 관찰하고 있다. 우리는 그 병 즉 우리의 존재에 대한 잠재적인 위협인 그 병이 독특하다고 느끼지만, 의사가 그 병명을 이야기하면, 그래서 그것을 우리로부터 분리시켜 비개인화하면 마음이 놓인다. 사살은 자신의 환자를 전체적인 인격체로 다루려고 결심했기 때문에 병에서의 불행감, 정서적이고 정신적인 동요도 다루어야만 했다. 여기에서 또한, 나쁜 것은 독특한 것이라는 의미와 연결되어 있었다. "모든 좌절은 그것 자체의 차별성을 극대화하여 자신을 살찌운다."53) 그러므로 사살의 작업은 환자를 개인으로 인정하는 것이었다. "만약 사람들이 인정되었음을 느끼기 시작할 수 있으면, 그리고 그러한 인정은 그가 아직 자신으로 인정하지 않는 자신의 성격의 어떤 측면도 포함할 수도 있는데, 여하튼 그의 불행이 가지는 희망 없음이라는 본성은 바뀌었다."54) 그러한 인정은 자신을 비교 가능한 인간으로 제시하는 의사에 의해 이루어졌으며,

---

53) John Berger (photographs by Jean Mohr), *A Fortunate Man* (New York: Pantheon Books, 1967), p.74.
54) Berger, p.75.

그것은 의사로부터 '참된 상상력이 풍부한 노력과 확실한 자기 지식'을
요구했다.

> … 그것은 환자가 의사에게 이야기한 것을 의사가 받아들이고, 환자가
> 자신의 삶의 다른 부분들이 어떻게 함께 들어맞는지를 이야기할 때 의사가
> 그것을 정확히 이해하는 것이었다. 바로 이것이 다시 환자를 환자와 의사
> 와 다른 사람들이 비교 가능하다고 설득시켰다. 왜냐하면 환자가 자신이나
> 자신의 두려움이나 자신의 환상에 대하여 말한 것이 무엇이든, 적어도 의
> 사에게는 자신에게와 마찬가지로 익숙한 것으로 보였기 때문이다. 그는 더
> 이상 예외적인 경우가 아니었다. 환자는 인정될 수 있었다. 그리고 이것이
> 치료와 적응의 우선적인 전제였다.55)

사살은 좋은 의사로서 인정받게 되었는데, 버그의 주장에 따르면, 치
료 때문이 아니라 그가 환자의 깊은 그러나 비형식적인 기대에 우애로
써 대응했기 때문이다. 지금 우리의 관심에서 볼 때 흥미로운 것은, 왜
사살이 이러한 방식으로 일할 필요가 있었던가에 대한 버거의 설명이
다. **"그는 자신을 치료하기 위하여 다른 사람들을 치료했다."** 젊었을 때
사살은 응급상황을 다루는 그의 기술을 통하여 성취감을 느끼려고 노력
했다. 의사에 대한 그의 이미지는, 그때는 무엇보다도 명령하는 위치에
있는 침착한 사람이었고, 반면에 나머지 사람들은 안달복달하고 야단법
석을 떠는 사람이었다. 그는 자신의 성취의 드라마에서 중심인물로 남
아 있었다. 하지만 이제 환자가 중심인물이다. 그는 각각의 환자를 인정
하려고 노력했고 환자가 스스로를 인정할 수 있는 예를 제시하려고 노
력했다. 버거는 다음과 같이 결론을 내린다. "그의 성취감은 **보편자**를
향하는 노력이라는 이상에 의해 유지되고 있었다."56)

자신의 자아를 많은 자아들로 증식시키려는 사살의 시도의 바닥에 깔

---

55) Berger, p.76.
56) Berger, p.77.

려 있는 동기는 지식에 대한 열정이었다. 그는 가능한 모든 것을 경험하기를 원했고, 환자는 그의 재료였다. 하지만 바로 그러한 이유로 환자는 그 전체성에서는 성스러운 것이었다. 환자들이 그들의 형편이나 걱정을 사살에게 이야기했을 때, 사살은 "압니다", "압니다"라고 반복해서 이야기했다. 그러나 버거의 관찰에 따르면 그것은 그가 더 많은 것을 알기를 기다리고 있으면서 한 말이었다. 그는 이미 이 환자가 어떤 형편에서 어떠할 것이라는 것을 알고 있었다. 그러나 그는 그러한 형편에 대한 완전한 설명을 알지 못했으며 그 자신의 힘의 정도도 알지 못했다.

나아가 사살은 그 동네가 자신을 하나의 공동체로 인정할 수 있는 그러한 방식으로 그 동네 전체에 봉사했다. 버거에 따르면, 모든 일반적인 문화는 개인이 자신을 인정하도록, 아니 적어도 사회적으로 허용되는 자신의 부분들에 대해 인정하도록 하는 거울의 역할을 한다. 문화를 박탈당한 사람들은 자신을 인정할 방법이 거의 없다. 그들의 정서적 경험과 내성적 경험은 특히 대개는 이름 없이 지내야 한다. 사살은 그 동네에 '속했다.' 그러나 사살은 공동체가 느끼고 정합적이지 않게 알고 있는 것을 이해하고 실감하는 힘을 가지고 있다는 의미에서 특권적이었다. 그는 그들의 삶의 '객관적 증인'이었으며 동네의 일을 기록하는 서기였다.

2) 개인적 관점과 도덕적 관점의 갈등과 일치

나는 사살과 그의 공동체에 대한 버거의 연구를 좀 길게 요약하였다. 왜냐하면 그것이 다른 사람의 '번창을 증진시키는 것'이 어떤 형태의 번창하는 삶과 밀접하게 연결되어 있을 수 있는 방식을 보여주기 때문이다. 사살의 삶이 번창하는 방식이 도덕적 성인이나 모범에 대한 표준적인 그림과 얼마나 다른지를 주목하라. 사살은 결코 다른 사람을 돕겠다는 욕망으로부터만 행위하지 않았다. 버그에 따르면, 사살은 자신을 치료하기 위하여 다른 사람을 치료했다. 그러나 이는 사살이 다른 사람을 수단으로 보았다는 이야기가 아니다. 각각의 사람들은 그 전체성에서 신성한 것으로서 인간이라는 조건에서 무엇이 가능한지를 보여주는 예였다.

울프(Susan Wolf)는 영향력 있는 연구논문인 「도덕적 성인들」57)에서 개인적인 완전성(personal perfection)의 입장과 도덕적 관점 간의 극단적인 갈등이라고 그녀가 보았던 것을 서술하였다. 도덕적 관점은 우리에게 도덕적 완전성(moral perfection)을 추구하라고 요구하는데, 이는 우리의 삶이 다른 사람들이나 사회 전체의 복지를 개선하겠다는 노력에 의해 지배되기를 요구한다. 그러나 울프의 주장에 따르면, 이는 도덕적 성인들이 지적인 탐구, 스포츠, 예술, 혹은 인간의 삶을 풍요롭게 만드는 다른 활동들에 깊은 흥미를 결코 지닐 수 없다는 것을 의미한다. 결국 어떤 사람이 이러한 활동들 그 자체를 목적으로 마음을 다하여 추구한다면, 그는 다른 사람의 필요에 충분히 반응할 수 없게 된다. 울프의 결론을 간단히 말하면, **도덕적 완전성이란 이상은 우리가 좋고 재미있고 가치 있는 삶을 추구한다는 개인적 완전성이라는 이상과 상통할 수 없다.**

울프의 용어로 표현하자면, 사살은 실로 운 좋은 사람(fortunate man)이었다. 사살은 봉사의 삶과 모든 가능한 경험이라는 그의 갈증을 충족시키는 삶을 결합하였다. 그의 삶은 전혀 자기 부정적인 삶이 아니었지만, 도덕적으로 칭찬할 만한 삶이었고, 아마도 고상한 삶이기도 했다. 그러나 그는 오직 우연히 도덕적 기획과 일치하는 개인적 관심을 실현하였다. 울프의 주장에 따르면, 그가 가졌던 개인적인 관심은 그것이 도덕적 기획의 수단으로 우연히 봉사하지 않았다면 도덕적 명령에 의해 승인될 것이 아니었다. 문제는 그러한 관심을 가진 사람이 그것이 도덕적 기획에 기여할 때만 좋은 것이라고 결코 간주하지 않는다는 것이다.

---

57) Susan Wolf, "Moral Saints," *Journal of Philosophy* 79 (1979).

울프의 주장의 강력함은 그러나 도덕들이 비개인적인 관점과 일치해야 한다는 가정에 있다. 이 책의 많은 주장들은 도덕률들이 포함하고 있는 가치의 종류들이 다양하고 다원적이라는 것이다. 사실 비개인적 관점이 근대 서구 도덕률들에서 극단적으로 중요한 압력이기는 하지만, 그것을 규정적인 압력(defining strain)으로 보는 것은 실수이다. 이것이 유일한 규정적인 압력이 아니라는 사실이 개인적 관점과 연결되는 특별한 의무들과 비개인적 관점으로부터 생겨나는 모든 사람에 대한 의무 간의 갈등에서 우리가 느끼는 긴장과 애매성을 설명한다. 울프가 도덕률이라는 관점과 개인적 성취와 실현을 높게 평가하는 다른 관점 **사이에** 놓여 있다고 본 갈등은, 이 책에서 보면 도덕률 **내에** 놓여 있는 갈등이다. 이것은 개인적 기획에 근거하여 사람이 할 필요가 있는 일과 도덕률의 요구에 따라 할 필요가 있는 일 사이에 갈등이 있다는 것을 부정하는 것이 아니다. 그러한 갈등은 존재한다. 그러나 1장과 5장에서 말한 것처럼, 그것이 존재하는 까닭은 도덕률이 전형적으로 안정된 형태의 사회적 협력을 산출하기 위해 필요한 자기 이익과 타자 이익 간의 균형을 산출목표로 삼기 때문이다. 도덕적 입장에서 수용할 만한 균형이 반드시 개인적 기획에서 전적으로 요청되는 관점에서 수용할 만한 것이 되는 것은 물론 아니다. 그러나 도덕률이 그러한 갈등을 초-도덕적인 관점을 가지고 제거할 수 없다면, 도덕률의 일차적인 기능들 중의 하나를 관점으로 하여 개인적 명령과 비개인적 명령 간의 균형을 잡으려고 시도할 수 있어야 하고 해야만 한다. 울프가 그려낸 그러한 **종류**의 강력한 갈등은, 개인적 관심의 실현이 비개인적인 도덕적 기획의 실현의 수단으로 시인될 수 있는 곳에서는, 도덕률의 범위를 부적합하게 제한하는 그림에 근거하게 되거나 **도덕률을 그것이 자연스러운 인간의 삶에서 차지하는 장소나 기능과 분리시키는 잘못**에 근거하게 된다.

제대로 된 결론은, 울프가 정의하고 있는 대로의 도덕적 성인이란 이상은 진부하고 울프가 생각하고 있는 대로 심리학적으로 실현될 가능성이 없다는 것이다. 그리고 이러한 이상은 도덕률 그 자체와도 연계될 수 없다. 그것은 기독교 이후 서구의 도덕적 전통에서 아주 영향력 있는 동기의 순수함이라는 강력한 이상과 연계될 수 있다. 하지만 그러한 이상은 결코, 심지어는 서구 도덕적 전통 내에서조차, 유일한 지배적인 압력으로서 존재하지 않았다. 5장에서 본 것처럼, 강력한 평등이라는 이상은 그 자체로는 심리학적으로 실현 불가능한 것은 아니지만, 우리가 비개인적 가치에 대한 도덕적 신봉이 개인적 가치에 대한 도덕적 신봉에 의해 매개될 수 있는 방식을 설명하지 못할 때에는 불가능한 것으로 보인다. 어느 정도는 다른 사람들의 번창을 증진시키는 그러한 형태의 번창하는 삶을 검토함으로써 여기서도 같은 결론에 도달한 것으로 보인다. 사살은 시골 공동체에 대한 자신의 봉사하는 삶으로부터 깊은 개인적 만족을 얻었다. 동시에 그는 다른 사람의 번창을 도왔다. 그를 운이 좋은 사람으로 만든 바로 그것이다.

3) 일치에 따르는 문제점

사살이 그의 봉사의 삶의 과정에서 걱정스러운 문제에 봉착했다는 점을 가지고서 이러한 결론을 제한하는 것이 중요하다. 버거가 지적한 대로,

> 만약 의사로서 그가 그의 환자의 전체 인격에 관심을 가졌다면, 그리고 그가 마땅히 그래야 하듯이 한 인격이 결코 완전히 고정된 실체일 수 없음을 실감했다면, 그는 무엇이 인격을 방해하고, 박탈하고, 감소시키는지를 주목해야만 한다. 그것이 그의 접근의 기록되지 않은 결과이다.[58]

사살은 결코 무능하지 않다. 그는 동네 사람들의 건강을 지키고, 동네 의회를 통하여 마을의 개선을 촉진시켰으며, 부모와 어린아이들에게 서

---

58) Berger, p.135.

418

로를 설명해 주었다. "그들이 체념하게 되기 전에 그들 자신의 몸과 마음의 요구에 따라" 그들을 교육시킬 생각을 더욱 많이 하게 되자, 그는 그 자신에게 어떤 권리로 그가 이렇게 하는지를 물어야만 했다. 그래서 그는 타협했다. "그의 에너지의 한계가 어쨌든 그가 하도록 밀어붙이는 동안, 그는 개인적인 문제들을 도와주고, 여기저기에 이런저런 대답들을 제시하고, 공포를 그것이 속하는 도덕률의 전체 체계를 파괴하지 않고 제거하고자 시도하며, 근본적으로 다른 삶의 방식이라는 생각이 들지 않으면서도 이제까지 보지 못했던 쾌락과 만족의 가능성을 소개하였다."59) 사람들에 대한 사살의 기대와 사람들 자신의 자신에 대한 기대 간의 대립은 그를 깊은 우울에 빠지게 하였으며, 이는 한번에 한 달에서 세 달까지 지속되었다. 그는 환자의 고통에 직면해서 부적당함을 느낄 수밖에 없었다. 왜냐하면 그는 그들의 생명을 책임지고 있었기 때문이다.

사살의 삶으로부터 얻는 교훈의 냉정한 부분은 **다른 사람의 번창을 증진시킴으로써 자신의 번창의 상당한 부분을 취하는 사람들이, 그들이 오직 부분적으로만 극복할 수 있는 한계에 직면해서 깊은 우울에 빠진다는 점이다.** 사살과 같은 사람도, 리어와 윌리엄스의 더 온건한 개념에 따를 때라도, 우리들 나머지 사람들이 {사살처럼} 충분히 하기를 원하지도 않고 할 수도 없기 때문에, 칼리클레스(Callicles)에 대하여 완전한 대답을 제공할 수 없다. 더욱 더 냉정한 교훈은 아마도 지금 그대로의 사살의 삶의 방식은 이러한 압도적인 한계가 없다면 불가능할 것이라는 사실이다. 그는 동네 사람들의 침묵이 없었다면 동네의 기록서기가 될 수 없었을 것이다. 그는 매우 표현적이고 교육받은 중산층 동네의 구성원들 사이에서도 같은 기능으로 봉사할 수 있을 것이다. 그러나 그것은 사살이 자신의 실제 환경에서 부닥친 것과 같은 정도의 도전을 제시하

---

59) Berger, p.141.

지는 않을 것이다. 우리가 가지고 있는 어떤 형태의 번창은 부정의의 존재와 연결되어 있을 수 있다. 끝으로 이야기할 수 있는 더 낙관적인 지적은 다른 사람의 번창을 증진시키는 삶이 이런 까닭으로 그 본성상 위축되지 않는다는 것이다.

4) 개인적 실현을 찬양하는 도덕률에 대한 확신 여부

우리가 도덕적 삶이라는 **이념**에 확신을 가질 수도 있다. 그렇다고 하더라도 우리의 도덕률들이 지금 규정하고 있는 도덕적 삶에 대하여 반드시 확신을 가질 수 있는 것은 아니다. 애초부터 개인적 실현의 가능성이 억압되고 있는 아주 많은 사람들에게 그저 개인들이 그들이 할 수 있는 최선의 것을 하도록 내버려두는 그러한 사태를 우리의 도덕률이 단순히 받아들인다면 우리는 확신을 가질 수 없다. 그러한 억압은 푸코에서처럼 어떤 추상적인 지배권력이 작동된 결과일 필요가 없다. 또 호르크하이머와 아도르노(Adorno)가 『계몽의 변증법』[60]에서 말한 것처럼, 다른 사람들의 이익을 억압해서 이득을 챙기는 집단에 의해서 의도적으로 조작된 결과일 필요도 없다. 그러한 억압은 교정될 필요가 있는 어떤 것인 인간 존재의 의도적인 행위의 결과이거나 결과일 뿐일 필요가 없다. 마찬가지로 그러한 억압은 인간 존재가 의도적으로 일으키는 것이 아니기 때문에 우리의 일이 아닌 인간적 재앙 즉 태풍이나 지진과 같은 것일 필요가 없다. 5장에서 말한 대로, 개인적인 관점과 비개인적인 관점 사이에 적합한 더욱 만족스러운 균형이 있어, 개인적 실현의

---

60) Max Horkheimer and Theodor W. Adorno, trans. John Cumming, *Dialectic of Enlightenment* (New York: Seabury Press, 1944). 호르크하이머와 아도르노에 따르면, 현재의 권력과 재산 배분의 수혜자들은 권력을 이용하여 소유권을 집중시키고 경제적, 정치적, 문화적 수단들을 통제하고 이용하여 현재의 상황을 옹호한다. 문화적 삶의 대부분의 영역은 개인의 의식을 통제하는 양태로 선출되고 변형되었다. 동시에 문화는 '산업'이 되었다. 이윤적 동기가 문화적 형태로 전이되고, 더욱 더 많은 예술적 산물들이 단순히 상품이 되었다.

기회에 대한 억압이 지금보다 덜 퍼질 수 있을 것인가 여부는 현실적인 가능성도 아니고 비현실적인 가능성도 아니다. 그 정도까지 그리고 그러한 방식으로 우리는 우리의 도덕률들에 대하여 확신을 가질 수가 없다.

호르크하이머와 아도르노는 {개인적 실현이라는} 이러한 질병을 통제적이고 응집적인 자본가 계급과 연결시켰을 뿐만 아니라, 자연을 마법에서 풀어내어 그것을 통제되고 조작되는 어떤 것으로 보면서 동시에 인간성과 인간 개별성을 찬양했다고 하는 계몽주의 도덕률과도 연결시켰다. 그들은 계몽주의가 개별성을 실제로 얼마나 많이 가져왔는지 묻는다. 그리고 그들의 비판은, 인과관계에 대한 지나친 일반화와 의심스러운 이론에도 불구하고 어떤 힘을 가지고 있다. 즐거움이 "어떠한 것에 대해서도 생각하지 않을" 수단이 되었고 고통이 "보이는 곳에서조차도" 고통을 잊어버릴 수단이 되었으며, 비참한 현실로부터의 탈출이 아니라 "최후의 저항적 사유"[61]로부터의 탈출이라는 호르크하이머와 아도르노의 비판을 받아들이기 위하여, 즐거움에 대한 필요가 지배 엘리트의 사악한 창조물이라고 생각할 필요는 없다. "모든 사람이 어린 나이 때부터 가장 민감한 사회적 통제의 도구들인 교회, 클럽, 직업단체, 그리고 다른 그러한 것들에 둘러싸여"[62] 있기 때문에 개별성을 찬양하고 보호하기로 되어 있는 사회 내에서 개별성의 결여로 고통받고 있다는 그들의 거의 편집증적인 주장을 받아들일 필요는 없다. "개성이란 오직 빛나는 하얀 치아와 몸에서 나는 냄새나 기분으로부터의 자유만을 의미할 뿐이다"[63]라는 그들의 말에는 우리를 편안하게 하기에는 충분하지 않은 과장법이 있을 뿐이다.

이누이트의 자아 개념에 대한 연구를 4장에서 간략하게 인용했던 스

---

61) Horkheim and Adorno, p.144.

62) Horkheim and Adorno, p.149.

63) Horkheim and Adorno, p.167.

테어스(Arlene Stairs)는 개별성에 대한 관용과 관련하여 흥미로운 비교 관찰을 하고 있다. 그녀는 이누이트 사람들의 개별성에 대한 태도를 적절하게 서술해 보면 개인주의적/공동체적, 경쟁적/협동적이라는 표준적인 이분법이 통용되지 않는다는 것을 발견했다. "이누이트는 우리들에게, 가족 구성원들이 가족 구조나 능력에 따라서 다양한 역할을 충족시키는 공동체적인 형태의 개별화와 함께 육체적 생존이나 사회적 유대 양쪽 활동에서 선택적인 형태의 경쟁도 모두 보여준다." 경쟁의 서구적 형태는

> 역설적이게도 정체성의 개별화(individuation)와 마찬가지로 정체성의 표준화(standardization)에도 근거하고 있다. 서구문화의 정상성은 이누이트 문화에서보다 훨씬 좁은 것을 의미한다. 이누이트 사회에서는 일탈과 실패가 극단적이이야만 사회에서 내쫓긴다. 이는 서구 사회에서 범죄에 따르는, 교육에 따르는, 육체적, 정신적 건강에 따른 분리가 일반적인 것과는 대조적이다.64)

이러한 점을 그렇게 인상 깊게 만드는 것은 물론 개별성이 서구 자유 사회의 이득이라고 상정하고 있기 때문이다. 선택이라는 사치를 행하는 사람들 대부분에게 개별성은 제한된 몇몇의 '삶의 스타일들' 중에서 하나를 선택하는 자유로만 보일 것이다. 사람들은 이렇게 미리 짜인 형태들 중에서 하나를 선택함으로써, 예를 들자면, 나이, 사는 곳, 체육관에 가는지 여부, 어떤 옷을 즐기는지, 맥주를 마시는지 포도주를 마시는지, 또 어떤 맥주나 포도주를 마시는지 등등에서 하나를 선택함으로써 자신을 개인으로 규정한다.

나는 비록 그러한 문제가 어디에나 있고 무지막지하게 효과적인 지배 계급의 조작에 궁극적으로 기인한다고 생각하지는 않지만, 계몽주의 도

---

64) Arlene Stairs, "Self-Image, World Image: Speculations on Identity from Experiences with Inuit," *Ethos* 20 (1992): 124.

덕률들에 대한 호르크하이머와 아도르노의 비판에는 크게 공감한다. 그들의 비판은 지배의 체계적인 본성을 과대평가하고 있기는 하지만 여전히 큰 설득력을 가지고 있다. 이는 푸코의 비판이 비슷한 결함에도 불구하고 설득력을 여전히 가지고 있는 것과 같다. 비록 개별성의 발육에 아무런 체계적 방해가 없다고 하더라도, 사람들이 자신의 필요를 지각하는 데에 아무런 체계적인 통제가 없다고 하더라도, 대부분의 사람들이 질서를 자신의 필요를 억압하고 왜곡시키는 것으로 보지 않는다고 하더라도, 그것이 사람들이 자유롭게 참된 개인이 되고 자신의 필요에 대한 자신의 지각을 통제하고 있다는 것을 의미하지는 않는다. **진보된 형태의 자본주의 아래서 삶의 불안전성이 우리를 미리 만들어진 형태의 '개별성'으로 몰아가고, 마비적인 형태의 오락을 추구하게 한다면,** 어떤 사람이나 어떤 것이 이러한 결과를 일으키려고 시도하고 있을 때 그러할 것보다 덜 불쌍하거나 덜 부끄러운 일이 못 된다.

개별성과 개인적 실현의 기회를 찬양하는 도덕률이 우리에게 이러한 가치를 실현할 실제적인 그림을 제시하지 않는 만큼, 우리에게는 그것에 대하여 그만큼 확신을 잃을 이유가 있게 된다. 그러나 그것이 5장에서 논의된 그러한 종류의 **현실적 가능성에 대한 탐구에 참여할 유인동기**가 되는 것이지, 우리의 **도덕적 신봉을 우리가 정당하게 확신을 가질 신봉으로 만드는 기획을 포기할 유인동기**가 되는 것은 아니다.

제 9 장
도덕적 차이에 대한 대처 *

저자는 1절에서 다원론이 분리관점과 참여관점의 갈등이라는 문제를 안고 있다고 지적한다. 2절에서는 장자의 예를 들면서, 이러한 갈등은 라즈의 비판과 달리 확장된 견해를 가져올 수 있다고 지적한다. 3절에서는 분리관점이 더 포괄적인 참여관점이 되며 이때 대립관점의 수용과 통합이 일어난다고 지적한다. 4절에서는 우리의 도덕적 신봉이 이미 비확정적인데, 이는 두뇌생리학적으로 이러할 이유가 있다고 설명하면서 다른 문화를 나름대로 수용하는 작업도 사실은 우리가 언제나 하고 있는 일과 같은 것이라고 지적한다. 5절에서는 다른 문화와의 이러한 타협이 통상적인 일이며 또한 바람직한 것이라고 지적한다. 6절에서는 타협의 원칙으로 최근에 제시되고 있는 견해들을 검토한다. 7절에서는 타협이 필요한 상황을 심각한 갈등상황이라고 설정하지만, 이러한 갈등상황에는 다양성과 더불어 공통성이 있으며, 또 사실 갈등상황은 우리의 삶에서 항상적이고 갈등의 신념들도 불확정적이고 비정합적이기 때문에, 실제적인 일치를 이룰 가능성이 크다고 지적한다. 8절에서는 타협이 갈등하는 물음의 교체라는 점을 지적하면서 이는 우리가 통상 하는 일이고 또 유가적 전통에서 탁월한 것이라고 또한 지적한다. 9절에서는 타협적으로 행동하는 일이 관계 손상과 심한 불일치를 최소화하고 차이에 다리를 놓는 것이라고 지적하면서, 이러한 타협을 위해서 상대방이 갖추어야 할 조건과 서로가 가져야 할 덕목들도 또한 지적한다. 10절에서는 이러한 다문화주의가 자신의 문화를 부식시키거나 문화 간 갈등을 증폭시킬 것이라는 우려에 대하여 비판한다. 11절에서는 선거를 민주적 의례로 실시함으로써 차별성과 공통성간의 화해를 촉진시킬 수 있으며, 이와 비슷한 관행들이 도덕교육이나 시민교육에 효과적일 것이라고 지적한다.

---

* 이 장의 내용들은 다음 글들에도 실려 있다. "Dwelling in Humanity or Free and Easy Wandering?" *Philosophy East and West*; "Fragmentation in Civil Society and the Good," *Civility*, ed. Leroy Rouner (University of Notre Dame Press, 2000); *Harvard Yenching Journal* (Beijing, 2000); "Coping with Moral Conflict and Ambiguity," *Ethics* 102 (1992): 763-784.

1. 다수의 삶의 방식들을 받아들이는 일에서의 문제

1) 다원론의 자기 모순적 문제점: 라즈

가치가 동등한 다수의 삶의 방식들 중에서, 사람들은 자신의 삶의 방식에 대한 비판적 반성을 통하여 그것을 적합하게 다소 변경할 수 있다. 만약 그렇다면, 그런 사람들은 특정한 삶의 방식에 대한 자신의 신봉을 유지하면서도 다른 삶의 방식이 자신의 것보다 가치가 덜한 것이 아니라고 인정할 수 있다. 과연 이렇게 할 수 있을까?

라즈(Joseph Raz)는 이렇게 두 가지 모두를 하는 것이 아주 어려울 것이라고 지적하였다. 그는 우리에게 이렇게 생각해 보라고 권한다.

나의 삶의 방식에 의하면 장점이 되는 수완들과 성격적 특징들이 다른 삶의 방식들에서 단점이 된다면 어떻게 되겠는가? 나는 오래 숙고하고 찬찬히 검토하는 것을 가치 있게 여기며 이러한 것들이 나의 삶의 방식이 요구하는 특성들인데, 그에 반해, 다른 삶의 방식은 성급함, 빠른 반응, 그리고 결정적인 행동을 요구하고, 오랜 숙고를 머뭇거리는 것으로 경멸할 수 있다. 거의 그럴 수밖에 없다. 특정한 삶의 방식에서 성공하기 위해서는, 그러한 삶의 방식을 신봉해야 하고 그것이 요구하는 덕들이 함양되어야 한다고 믿어야만 한다. 그러므로 다른 것들을 덕이라고 간주할 수 없다. 같은 이유로 자신이 키우려고 애쓰고 있는 것이 다른 사람들에게 있을 때 그것을 높이 평가하는 것은 아주 자연스러운 일이다. … 물론 다원론자들은 그들의 개인적인 신봉들에서 한 발자국 물러나 다른 삶의 방식들을 추상적으로 평가할 수 있다. 그러나 이러한 인정은 거부감이나 멸시감과 공존하며 이것들을 대치할 수 없다. 긴장은 가치 다원론의 불가피한 부속물이다. 이러한 긴장에는 안정이 없고 두 관점들이 화해할 전망이 없다. 한편으로 경쟁하는 가치를 인정하면서 다른 한편으론 그것에 대하여 적대적으로 된다. 사람들은 영원히 이곳과 저곳을 오가게 된다.[1]

2) 회의론자인 장자의 같은 문제점: 니비슨

이러한 딜레마에 대한 그럴듯한 해결책을 제시하기 위하여 나는 중국 고전인 『장자』를 인용하고자 하는데, 이는 도가 사상가인 장자(莊子, Zhuangzi)가 저술한 것으로 전통적으로 알려져 있다.[2] 『장자』는 도덕적 진리를 포함하여 진리를 알고 있다고 생각하는 사람들에 대한 회의적인 풍자로 잘 알려져 있다. 하지만 장자 또한 그의 청중들에게 특정한 삶의 방식을 추천하고 있는 것으로 보인다. 니비슨(David Nivison)은 이러한 두 관점의 이중성을 **자신의 특정한 삶의 방식이 단지 여러 삶의 방식들 중의 하나일 뿐이라는 분리관점(detached perspective)과 특정한 삶의 방식을 자신의 삶을 살아가는 기준으로 삼는 참여관점 (engaged perspective) 간의 이중성**이라고 보았다.[3] 장자를 해석할 때는 어떻게 그가 일관성 있게 이 두 가지를 모두 했는가를 생각해 내는 것이 문제가 된다. 재미있는 것은 이러한 해석의 문제와 내가 지금 서술하고 있는 다원론적 상대주의의 문제가 병행한다는 것이다. 라즈가 서술한 대로, 다원론자들은 한편으로는 자신의 개인적인 신봉으로부터 한

1) Joseph Raz, "Multiculturalism: A Liberal Perspective," *Dissent* 41 (1994): 73.
2) 지금으로서는 『장자』 중에서도 소위 '내편'이라고 불리는 앞의 여덟 편만이 역사적 실존인물인 장자가 실제로 저술한 것으로 생각되고 있다. 나의 장자 해석도 주로 내편에 의거하고 있는데, 때로 내편과 일맥상통한다고 보이는 외편의 글도 인용한다.
3) David Nivison, "Hsun Tzu and Chuang Tzu," *Chinese Texts and Philosophical Contexts: Essays Dedicated to Angus C. Graham*, ed. Henry Rosemont, Jr. (Lasalle: Open Court, 1991).

걸음 물러나 추상적으로 다른 삶의 방식의 가치를 평가하는 분리관점과 다른 한편으로는 다른 삶의 방식을 멸시할 수밖에 없는 참여관점 사이를 끊임없이 오가고 있다. 비록 이 두 이중성이 병행한다고 해도, 내가 보기에 장자는 두 관점을 묶는 더 나은 방식을 가지고 있다. 어떻게 그가 이렇게 할 수 있는가를 이해하기 위하여 우리는 그의 분리관점의 바닥에 있는 회의론을 좀더 잘 이해할 필요가 있다.

2. 장자의 회의론

1) 결론 1: 도덕적 관점의 자의성

『장자』에는 어떠한 도덕적 관점도 유일하게 옳은 것일 수 없다는 회의적 결론에 이르는 여러 경로가 서술되어 있다. 둘째 편인 「제물론」에는 동서고금을 막론하고 모든 회의론자들의 익숙한 무기인 한 논증이 전개되고 있다. 즉 만약 자신의 관점에 대한 회의가 제기되면, 누구도 그러한 의심을 떨쳐버릴 비순환적인 논증근거를 가질 수 없다는 것이다. 이런 의미에서 어떤 관점에 대한 모든 정당화는 기껏해야 자의적일 뿐이다. 그러나 『장자』에는 다른 방향의 논증도 전개되고 있다. 이러한 논증은 어떤 주어진 도덕적 관점의 정당화 시도가 자의적이라는 것을 지적하기보다는, 다른 관점의 진정한 가치에 대해 주목하기를 요청한다.

2) 결론 2: 다른 관점으로부터 배우기

장자가 도덕적 가치를 거부했다고 해석하는 사람들도 있기는 하지만, 내가 보기에 장자는 도덕적 가치를 거부하지 않았다. 앞에서 이야기한 대로, 그는 부모의 사랑과 지배자에 대한 의무를 인간 존재의 필수적인 요소로 인정하는 것으로 보인다. 다섯째 편인 「덕충부」에서 보면, 죄를 짓고 벌로 다리를 잘린 사람은 경멸을 받지만, 도가의 성인은 그런 사람도 **가치**가 있다고 보기 때문에 그렇게 하지 않는다. 공자(孔子, Confucius)가 이러한 사람들을 죄인이었다고 청중으로 받아들이지 않자, 그는 공자가 하늘과 땅처럼 행동하지 못한다고 공자를 비난한다. "하늘이 덮지 않는 것이 하나도 없고, 땅이 받치지 않는 것이 하나도 없다."4) 첫째 편인 「소요유」에서 장자는 그의 친구인 혜자(惠子, Hui Tzu)를 큰 박들의 일상적이고 평범한 사용법밖에 생각하지 못한다고 비난한다. 혜자는 한 박을 물통으로 사용하고자 하였으나 너무 무거워 들어올릴 수 없었다. 그래서 바가지로 사용하고자 하였으나 너무 크고 거추장스러웠다. 그는 그 박이 쓸모 없다고 생각하고 부수어 버렸다. 장자는 왜 그가, 그 박이 너무 크고 거추장스러워 바가지로 쓸 수 없다고 걱정하는 대신 배로 만들어 강이나 호수에서 타고 다닐 생각을 못했는지 묻는다. 장자는 "분명히 너의 머리에 덤불이 가득하구나!"라고 결론짓는다. 장자가 일반적인 사용법이 박의 참된 사용법이라는 것을 부정하지 않았다는 것을 주목하라. 장자는 오히려 우리의 머리에서 덤불을 치우고 **가치에 대하여 확장된**(enlarged) 견해를 가지라고 지적하고 있다.

장자는 우리 자신의 관점이 유일하게 옳은 것이라는 가정을 붕괴시키는데, 우리의 관점을 전적으로 부정함으로써가 아니라 우리의 관점이 볼 것을 다 보지 않았다고 지적함으로써 그렇게 한다. 이것은 우리의 눈을 우리 자신의 관점이 아닌 관점으로 돌리게 한다. 우리는 우리의 도덕률이 참된 가치를 구현하고 있다는 생각을 버리지 않는다. 우리가 인정해야만 하는 것은 **다른 사람들의 도덕률도 우리의 도덕률과 마찬가지로 참된 가치를 구현하고 있다**는 것이다. 이러한 방향의 논증에서 나는 다양성에 대한 장자의 긍정적 평가가 **도덕적** 입장이면서 동시에 자기 자신의 도덕적 신봉으로부터의 거리 두기라는 점을 강조하고자 한다.

---

4) Burton Watson, *Chuang Tzu: Basic Writings* (New York: Columbia University Press, 1963), p.67.

3) 장자의 회의주의와 자연주의적 다원론의 공통성

이 책에서 옹호되고 있는 도덕률에 대한 자연주의적 개념은 다양한 참된 도덕적 가치들을 구현하고 있는 도덕적 다양성에 대한 장자의 평가와 상통한다. 도덕적 가치들은 인간의 발명품들로서 인간의 필수적인 필요와 욕구에 대응하고 인간 본성으로부터 도출되는 제한들과 사회적 협력의 촉진이라는 도덕률의 기능으로부터 도출되는 제한을 받는다. 고전적인 유학자인 순자는 유가의 도덕률이 유일한 최선의 도덕률로서 도덕률이 진화하여 충족시키고자 하는 기능을 충족시킨다고 보았다. 우리의 도덕적 신봉에 대한 장자의 견해는 자연주의적인 것으로서 그러한 필요를 충족시키는 유일한 최선의 길을 제시하지 않았다. 대신에 그에게는 그러한 필요를 충족시키는 다수의 길이 있으며 그 어느 것도 최선의 길일 수 없다. 왜냐하면 각각은 어떤 기본적인 가치를 부각시키지만 이때 다른 기본적인 가치는 희생시키기 때문이다. 모든 정합적인 도덕률은 어떤 참된 가치를 잘라버린다. 모든 정합적인 도덕률은 무엇이 옳은지를 규정하는 과정에서 또한 무엇이 그른지도 결정한다.

3. 장자가 분리관점과 참여관점을 결합시킨 방법

1) 분리관점과 참여관점의 대립

우리 자신의 것 외에도 가치 있는 도덕적 신봉이 있다는 것을 인정함으로써 우리의 도덕적 신봉에 제기되는 지속 가능성이라는 문제를 다시 생각해 보자. 라즈의 논증은 우리가 다른 신봉의 가치를 인정하는 분리관점이 우리 자신의 신봉이라는 참여관점을 붕괴시킨다는 것이다. 라즈에 따르면 빠른 응답과 결정적인 행위를 하는 사람은 오랜 숙고와 찬찬한 검토를 하는 사람을 경멸하기 '마련'이다. 그들은 찬찬함이라는 성질을 자신들의 덕으로 간주할 수 없다. 같은 이유로 자신이 키우려고 애쓰고 있는 것이 다른 사람들에게 있을 때 그것을 높이 평가하는 것은 아주 자연스러운 일이다. 분리와 참여는 같은 마음에 동시에 공존할 수 없으며 하나가 앞서면 다른 것이 뒤질 수밖에 없다.

2) 분리관점과 참여관점의 결합

우리의 좁은 관점에 대한 장자의 도전은 분리관점과 참여관점 간의 이러한 긴장에 대한 도전이기도 하다. 장자의 논의에 따르면, **우리가 참된 가치가 여럿 있다는 것을 인정하는 분리관점은 또한 우리의 원래의 도덕적 신봉이 더 넓어지고 더 포괄적으로 되는 참여관점이기도 하다.** 다른 사람의 신봉이나 자신의 신봉이 가치 전체로부터의 부분적인 선택이라는 것을 인정하는 것은 결국 그러한 신봉이 가치 전체는 아니라고 하더라도 참된 가치에 대한 것임을 인정하는 것이다. 장자의 건설적인 회의적 논변은 전형적인 규범적 관점들은 자신의 가치가 배타적이고 포괄적인 통찰이라고 주장하는 잘못을 범하고 있다고 지적한다. 그러므로 이러한 논변은 우리로 하여금 우리 자신의 신봉이 참된 가치에 대한 신봉이라는 생각을 유지하게 하지만, 또한 다른 신봉도 우리의 신봉과 비슷한 가치를 가진다는 쪽으로 우리의 견해를 확장하도록 고무한다.

라즈의 예를 다시 생각해 보자. 빠른 응답과 결정적인 행동을 하는 사람은 찬찬함이라는 성질 그 자체를 실현하려고 하지는 않겠지만, 다른 형태로 그러한 성질을 덕으로 인정할 수는 있다. 그는 오래 숙고하고 찬찬히 검토하는 사람이 심지어는 그 자신의 사회 내에서도 나름대로의 자리를 가질 수도 있다고 볼 수 있다. 대립되는 두 가지의 성질들은 더 큰 사회적 맥락에서는 서로 상보적일 수 있다. 그래서 어떤 사람들은 빠르고 결정적일 필요가 있지만, 다른 사람들은 더 크고 긴 관점에서 본 견해를 제시해야 할 필요가 있을 수도 있다. 어떤 사람은 재빠름과 결정적임 그 자체를 가치 있게 생각한다. 왜냐하면 그는 그것을 칭송할 만한 특징으로 보고 그러한 종류의 일을 잘할 수 있는 기질을 가졌기 때문이다. 그러나 그것이, 다른 사람들이 가지고 있는 장기적인 견해를 제시할 수 있도록 하는 그러한 성질들을 그가 헐뜯을 필요가 있다는 것을 의미하지는 않는다. 많은 사람들이 자신들이 가치 있다고 생각하는 것이 다른 사람들에게 있을 때 그것을 가치 있다고 생각하는 경향이 있다. 하지만 라즈처럼 그것이 자연스럽다고 말하는 것은 비약이다. 그것이 불가피하다고 말하는 것은 결코 그럴듯하지 못하다.

물론, 하나의 삶의 방식을 실현하는 것이 다른 삶의 방식을 실현하는 것을 배제하는 그러한 경우가 있을 수도 있다. 그런 경우에 사람들은 두 삶의 방식을 실현하기 위하여 동일한 노력을 기울여야 한다는 그러한 의미에서, 두 삶의 방식이 동일한 가치를 가진 것으로 인정할 수 없다. 그것은 실천적인 부정합성이 될 것이다. 이러한 이유로 해서만 우리는 동등하게 가치 있는 많은 삶의 방식들 중에서 하나의 혹은 소수의 삶의 방식들을 실현하는 데에 헌신하는 것을 수용할 수 있다. 우리는 분명 우리의 삶의 방식을 계속 신봉할 수 있다. 왜냐하면 우리는 모든 가치 있는 생활방식 모두를 실현하려고 똑같이 노력할 수는 없기 때문이다.

3) 분리관점과 참여관점의 결합에 따르는 수용과 통합

그러나 여기서 끝나지 않는다. 왜냐하면 장자의 관점은 자신의 원래의 좁은 과정에 머무르면서 다른 삶의 방식을 단순히 받아들이는 것 이상의 것에 이르기 때문이다. 다른 삶의 방식의 가치를 인정하는 것은 자신의 원래의 도덕적 신봉에 더 깊고 넓은 영향을 끼칠 수 있고 종종 끼치기 때문이다. 만약 박을 타고 돌아다니는 것으로 사용하는 방식을 진짜 인정한다면, 그 사람은 박을 바가지로 사용하지 못할 때 박을 부수어 버리는 그러한 사람으로 남아 있을 것 같지 않다. 가치의 새로운 원천에 대하여 마음을 열게 되면, 사람들은 때때로 새로운 것을 수용(acceptance)하는 것을 넘어서서 그것을 자신의 신봉 속에 통합(incorporation)하게 된다. 완전히 다른 삶의 방식을 자신의 신봉 속에 통합하려고 시도할 필요는 없다. 그와 달리, 다른 삶의 방식의 바닥에 깔려 있는 어떤 다른 가치들을 이미 긍정되고 있는 가치들과 관련하여 균형 있게 **실현**하려고 노력함으로써 긍정하려고 시도할 수 있다. 달리 말하자면, 우리의 도덕적 신봉은 끝이 열려 있고 융통성이 있고, 어떤 가치들을 긍정할 것인지 그리고 그러한 가치들이 갈등할 경우에 어떻게 우선순위를 정할 것인지, 어느 정도 비확정적(indeterminate)이어야만 한다. 우리는 우리의 현재의 신봉에 포함되어 있지 않은 가치들과 우선순위들을 긍정할 준비가 되어 있어야만 한다.

4. 도덕적 신봉의 변형

1) 비확정적인 현재의 신봉의 유지와 새로운 가치통합과의 유사성

이제 우리는 우리의 걱정을 새로이 하게 되었다. 그것은 새로운 가치들을 통합할 준비를 어떻게 침착하게 수행할 것인가 하는 것이다. 우리의 신봉을 불안정하게 하지 않고 어떻게 새로운 가치를 통합할 준비를 할 수 있을까? 이러한 걱정에 대한 한 대답은 우리에게 익숙한 도덕적 신봉들이 전형적으로 이해되고 있는 것처럼 그렇게 확실하고 안정된 것이 결코 아니라는 사실을 인정하는 것으로부터 시작될 수 있다. 이러한 신봉들은 우리가 새로운 가치들에 개방적이든 그렇지 않든, 결코 전적으로 확정되어 있지 않다. 개인적 관점으로부터 발생하는 특별한 의무들과 비개인적 관점으로부터 발생하는 의무들 간의 도덕적 애매성을 다시 생각해 보자. 1장 4절에서 말한 것처럼, 이러한 두 종류의 의무들의 순서를 정해 줄 확정적이고 일반적인 순위는 결코 없다. 우리는 대부분은 유가들보다는 특별한 의무에 우선권을 덜 줄 것이다. 그러나 우리는 완전한 비개인주의를 고집할 수는 없다. 우리가 어떻게 정확히 균형을

잡아야 할지를 일반적인 용어로 이야기하는 것은 아직도 아주 어려울 것이다. 삶에서 우리가 큰 문제없이 넘어가려면 우선 중요한 가치들이 갈등하게 되는 그러한 상황들을 만들거나 상황들에 빠지지 않으려고 노력해야 한다. 그러한 노력에도 불구하고 갈등에 빠지게 되면, 우리는 이러한 가치들 간에 합당한 균형을 잡으려고 노력해야 한다. 그런데 합리적인 것으로 보이는 것이 무엇이냐는 그러한 갈등이 일어나는 특정한 상황과 큰 관련이 있다. 『장자』의 열일곱 째 편인 「추수」(秋水)에서 말하듯이 "불변적인 규칙은 없다."

이것은 우리가 신봉하게 된 도덕률이 다른 도덕률들과 구별되는 일반적인 특징들을 가지고 있지 않다는 것을 의미하지 않는다. 이러한 구별을 가능하게 하는 어떤 일반적인 특징들은 다른 가치들과는 다른 특정한 종류의 일반적 가치들이거나 몇 개의 일반적인 가치들 간의 어떤 특정한 우선순위들이다. 하지만 그러한 우선순위들은 그러한 주어진 도덕률 내에서도 결코 완전히 확정적이지 않다. 우리가 도덕률이라고 부르는 것이 순수하게 이론적으로 만들어진 것이 아니라 우리가 실제로 우리 삶에서 활용하고 있는 것인 한, 그러한 우선순위들은 결코 확정적이지 않다. 살아 있는 도덕률은 쉽게 함께 주장될 수 없는 가치들의 불안하고 다소 비확정적인 결합 바로 그것이다. 달리 말하면 그곳에는 하나의 도덕률을 다른 도덕률과 구별하게 하는 일종의 열린 우선순위의 짜임새가 있다. 열린 짜임새가 있는 곳에는 유동 가능성이 있다. 서로 긴장관계에 있는 두 가치들 사이의 균형은 시간에 따라 달라지고, 그러한 균형변화는 환경에 따라서도 이루어진다. 이것은 우리의 도덕적 신봉들이 전형적으로 이해되고 있는 것처럼 결코 그렇게 확정적이지 않다는 의미이다.

그렇다면 이제, 새로운 가치에 우리의 마음을 열고 새로운 가치들이 우리의 원래의 도덕적 신봉과 결합하도록 하라는 장자의 권유는 우리가 언제나 하고 있는 일과 그렇게 다르지 않은 것으로 보인다. 그것은 우리가 도덕적 문제에 대하여 언제나 하고 있는 사유방식과 그렇게 다르지 않다. 우리의 원래의 신봉들은 쉽게 같이 주장될 수 없는 가치들을 함께 주장하려는 그러한 노력을 필요로 한다. 바로 이런 의미로 장자가 권유하는 새로운 더 포괄적인 참여는 우리가 언제나 하고 있어야만 하는 것과 아주 닮아 보인다. 차이가 있다면 우리는 이제 옛 가치들과 새로운 가치들을 균형 잡으려는 추가적인 노력을 할 준비가 되어야만 한다는 것이다.

끝이 열려 있고 융통성이 있는 도덕적 신봉이라는 이러한 그림은 우리에게 가치들 간의 갈등을 해결하기 위하여 연역적으로 사용될 수 있는 일반적인 원칙을 제시하려는 이론적인 야심을 포기하도록 요청한다. 오히려 우리는 특정한 갈등들로부터 시작하여 현재의 환경에 맞도록 갈등들과 타협해야 한다. 앞장에서 나는 그러한 사유가 특히 공자와 맹자에게서 특징적이라고 언급하였다. 맹자는 특별한 의무의 우선성을 긍정하였지만, 그것이 그러한 우선성의 구체적인 의미가 어떤 일반적이 원칙으로부터 연역적으로 도출될 수 있다거나, 그 의미가 맹자나 유가적 전통 내의 다른 사람들이 그것을 구체적인 환경에서 해석하는 방식으로부터 독립적으로 존재한다는 것을 의미하지 않는다. 우리가 개인적 관점과 비개인적 관점 사이에서 어떤 균형을 취하든 간에 그러한 균형은 그러한 균형에 대한 많은 개인적인 해석에 의해 크게 결정된다.

2) 직관적 판단과 분석적 판단의 차이

판단 형성에 대한 최근의 심리학 연구와 이론은 추론규칙이나 알고리듬(algorithm)에 의존하는 분석적 방법들보다는 현재의 상황에 대한 전반적인 평가에 의존하는 비형식적인 사유의 가치를 강조하고 있다. 이러한 최근의 연구는 복합적인 상황에 대한 반응하는 인간의 사유가 형식적 추론이나 표준적인 계산적 모델에 의해서 파악될 수 있는 것보다 훨씬 미묘하다는 사실을 인정함에 따라 촉진되었다. 이러한 연구들 중의 어떤 연구는 판단 형성의 현상에 대하여 철학자들이 일반적으로 하는 것보다 훨씬 주의 깊게 접근한다.

예를 들면, 하몬드(Hammond), 햄(Hamm), 그라시아(Grassia), 그리고 퍼어슨(Pearson)은 직관적 사유와 분석적 사유 간에 일반적인 대비가 있으며, 이러한 대비방식의 일반적인 결점은 보통 직관적인 사유를 분석적인 사유가 어떻게 정의되든지 간에 그에 반하는 것으로 정의하는 것이라고 지적하고 있다.5) 직관적 사유 스타일에 대한 긍정적인 서술은 매우 드물다. 이러한 결점에 대응하여, 그들은 직관적 스타일과 분석적 스타일을 몇 가지 차원을 대비시킴으로써 규정하였다. 예를 들자면 인지적 통제는 직관에서는 낮고 분석에서는 높다. 자료처리의 비율은 직관에서는 높고 분석에서는 낮다. 그리고 처리과정에 대한 의식적 앎은 직관에서는 낮고 분석에서는 높다. 연구자들은 나아가 직관적 스타일과 분석적 스타일의 차이를 잘 밝혀줄 것 같은 상황 유형이 있다고 가정하였다. 사람들은 지속적으로 나타나는 많은 '신호들'(cues)이나 현저한 특징들이 동시적으로 제시되고 지각적으로 파악되지만 이러한 신호들을 조직하여 판단에 이르게 할 아무런 명시적인 원칙이나 이론이나 방법이 없을 때 직관적인 스타일을 더 사용할 것이다. 분석적 스타일은 예를 들자면, 수량화되는 자료가 있고 신호들을 조직하여 판단에 이를 명시적인 원칙이나 알고리듬이 있는 그러한 상황에 대응한다. 연구자들은 직관적 스타일이나 분석적 스타일에 다소간 적합한 영역에서 일하고 있는 기술자들에 대하여 실험을 하였다. 연구자들은 판단의 성공을 판단하는 독립적인 방법들을 가지고 있었다. 연구자들은 분석이 더 적합한 과제에서도 20명의 기술자들 중에서 11명이 직관적 스타일이나 직관과

---

5) 다음을 보라. Kenneth R. Hammond, Robert M. Hamm, Janet Grassia, and Tamra Pearson, "Direct comparison of the efficacy of intuitive and analytical cognition in expert judgment," *Research on Judgment and Decision Making*, ed. William M. Goldstein and Robin M. Hogarth (Cambridge: Cambridge University Press, 1997).

분석 사이에 있는 스타일에서 더 성공적임을 발견하였다. (그들을 이런 중간 스타일을 '상식'(common sense)이라고 불렀는데, 이것은 많은 직관적 판단에 다소 거친 규칙이 가미된 방식이다.) 문제가 분석 스타일에 아주 적합한 것으로 보일 때, 많은 사람들은 그럴듯한 해결책이 어떤 것일까에 대한 '감'(feeling)을 잃고 그들이 입력된 데이터에 '연결'되었을 때 나오는 답을 단순히 받아들였다. 그들이 알고리듬을 적용하는 데에 실수를 했을 경우 그 답이 옳지 않을 수 있다는 것을 알아챌 가능성이 적었다. 이에 반해 그들이 직관적인 스타일을 적용했을 때 그들은 다양한 요소들이 전체적 결과를 어떻게 산출할지에 대한 '감'을 가졌으며, 큰 실수를 할 가능성이 적었다.

이 연구의 흥미로운 함축의미들 중의 하나는, 하나의 사유가 직관적이냐 아니면 분석적이냐 하는 것이 그러한 사유의 스타일을 규정하는 다양한 차원들 중에 그것이 어디에 속하느냐에 달려 있다는 것이다. 이들 연구자들이 직관을 규정한 방식에서 또한 유익한 것은 직관이 어떤 단순한 봄일 수밖에 없다는 자주 이야기되는 철학적 전제를 무효화시킨다는 것이다. 그것은 오히려 **직관이 다양한 지각적 신호들을 비형식적인 방식으로 취하여 하나의 판단으로 조직하는 그러한 과정이라는** 그림을 부각시킨다. 우리가 어떻게 그러한 신호들을 조직하는지를 모른다는 사실이 우리가 실제로 그것을 조직하고 있지 않다는 의미는 아니다.

인간의 마음에 대한 '연결주의' 모델(connectionist model)은 우리가 정보를 원칙이나 알고리듬을 가지고 명시할 수 없는 그러한 방식으로 조직한다는 주장이다.[6] 이러한 모델은 마음을 CPU와 저장된 프로그램을 가지는 디지털 컴퓨터로 보는 모델의 실패를 인정함으로써 대두되었다. 인간의 인지적 변이는 너무 미묘하고 복합적이어서 계산만으로는, 즉 프로그램 가능한 규칙들이나 알고리듬에 의거한 진술의 조작만으로

---

6) 다음을 보라. T. Horgan and J. Tienson, *Connectionism and the Philosophy of Psychology* (Cambridge, MA: MIT Press, 1996).

는 설명될 수 없다. 연결주의 모델에는 예를 들자면 프로그램에 저장된 일반적인 추론규칙 같은 것들이 없다. 여기에는 그러한 모델의 독특한 과정이라고 할 만한 규칙의 적용과 같은 것도 없다. 오히려 정보는 신경망의 입력노드와 출력노드 사이의 활성화 패턴 속에 저장된다. 지식은 데이터 구조로서 명백히 진술되거나 저장될 필요가 없고 노드 사이의 활성화 강도나 비중 속에, 즉 얼마나 강하게 신호가 입력 노드와 출력 노드 사이에서 중계되는가에 따라 저장된다. 연결주의 모델은 우리가 많은 양의 정보를 처리하여 그것을 신경망의 활성화 패턴 속에 저장하는 것이 어떻게 가능한지를 보여준다. 이렇게 활성화될 때에도 그러한 과정이 의식에 포착될 필요는 전혀 없다.

3) 새로운 가치의 통합: 타자로부터 배우기

이렇게 보면, 일정하게 배치된 가치들과 원칙들에 대한 우리의 도덕적 신봉은 우리의 의사결정에 어떤 종류의 이유를 고려할 것인지에 대한 신봉과 아주 닮았다. 그러한 이유들이 행위에 어떤 의미를 가지며 그러한 이유들이 다른 이유들과 어떻게 견주어지는가에 대한 한 사람의 이해는 진화하여 새로운 상황을 다루게 되는데, 이러한 새로운 상황에는 그 사람이 다른 삶의 방식에 대하여 새로운 평가를 얻게 되는 그러한 상황도 포함한다. 그러한 진화적 이해의 한 예는 일본의 심리분석가인 도이(Takeo Doi)의 작업에 대한 파인버그(Walter Feinberg)의 논의에서 나타난다.

도이는 일본적 성격의 특징을 다른 사람에 대한 의존성의 추구라고 보았다. 처음에 파인버그는 이러한 추구를 자유와 평등과 같은 서구적 가치의 부정으로 간주하였다. 하지만 나중에 그는 이러한 추구가 돌봄과 믿음의 관계, 즉 늘 자신의 복지에 대한 돌봄과 관심으로부터 행동하는 것으로 믿어지는 어떤 사람을 원하는 움직임이라는 이해에 도달하게 되었다. 그는 우리가 "일본의 어른과 아이 사이의 부드러운 관계"로부터 배울 점이 있다고 제안하고 있다. "이러한 관계는 상호적인 돌봄과 책임감과 함께 하는데, 바로 이것이 일본의 교사가 어린아이들에게서 성공적으로 발달시키는 것이다." 그는 일본인들이 의존성을 강조하는 것을 돌봄과 타자들과의 관계의 가치를 강조하는 서구의 페미니즘의 그러한 측면들과 연결시킨다. 파인버그는 이렇게 결론을 맺고 있다. 다른 문화와의 이러한 종류의 만남은 교육과정의 목표와 그것에 대한 신봉 자체에 대하여 다시 생각할 근거를 제공한다.7) 나는 이렇게 덧붙이고 싶다. 그러한 고려는 우리가 일본인들이 하듯이 돌봄과 믿음의 관계라는 이상에 같은 양의 강조를 두기를 요구하지 않는다. 그것은 우리 스스로가 칭찬할 이유가 있는 것을 이상적인 것이라고 여길 것만을 요구한다. 사람들은 다른 문화가 한 선택을 따라하지 않고도 다른 문화로부터 배울 수 있다.

한 문화의 사람들이 다른 문화로부터 배우고자 시도하는 방식의 다른 예를 일본 자체에서도 찾아볼 수 있다. 일본에서는 서구의 영향이 다양한 방향의 전통문화와 만나서 결과적으로 흥미로운 변화가 일어났다. 일본, 미국, 중국의 유치원에 대한 연구에서, 세 나라의 유치원 교사들과 원장들은 다른 사회의 유치원 활동에 대한 비디오테이프를 보고 의견을 말하였다. 실제로 미국 테이프를 본 모든 일본 교사들은 그들이 볼 때 전형적으로 미국적인 '개인주의'(individualism)와 그들이 자신들의 사회와 학교의 특징이라고 믿는 '집단주의'(groupism)를 대비시켰다. 동시에 그들은 그들의 집단주의와 중국의 집단주의를 또한 대비시켰는데, 그들 중 약간은 중국의 집단주의가 참된 집단의식을 결여하고 있다고 보았고, 다른 사람들은 중국의 집단주의가 너무 권위적이고 엄격하다고 보았다.8)

---

7) Walter Feinberg, "A Role for Philosophy of Education in Intercultural Research: A Re-examination of the Relativism-Absolutism Debate," *Teachers College Record* 91 (1989), pp.161-176.

일본인들은 집단활동이 자연적인 인간의 감정과 상통하기 때문에 즐겁고 자발적일 수 있으며, 어린아이들의 인간성은 집단으로부터 독립해서가 아니라 자아보다 더 큰 어떤 것과 더 잘 협력하고 융합할 수 있게 될 때 최고로 충분히 실현될 수 있다고 강조한다. 중국의 집단활동과 달리 일본의 집단활동은 느슨하게 구조화되어 있고, 교사는 집단활동에의 참여로 간주될 수 있는 것을 판단하는 데 아주 자유로운 기준을 적용하였다. 또 교사들은 어린아이들 간의 논쟁에 간섭하지 않으려고 의식적으로 시도하는 것으로 나타났다. 왜냐하면 그들은 어린아이들을 가능한 한 서로 관계를 갖도록 내버려두고, 이렇게 하여 교사와 개개 아이 간의 위계적 유대보다는 또래와의 유대를 개발하도록 해야 한다고 생각하기 때문이다. 일본인들은 매우 자의식적으로 이러한 유치원 철학을 통하여 고독도 아니고 아노미나 엄격한 권위주의도 아닌 길을 나아가고자 시도하고 있다. 그들은 아노미를 미국의 개인주의와 연관시키고 엄격한 권위주의를 중국과 연관시키는데, 어떤 교사들이나 원장들은 일본의 전통적인 문화와도 연관시켰다.9) 문화적으로 구현된 윤리체계들 간의 종합을 시도하는 이러한 현상은 그렇게 드문 일이 아니다. 물론 보통은 덜 자의식적이지만 그렇다. 실제로 그러한 변형은 우리가 지금 가지고 있는 윤리체계에 영향을 주며 또 미래에도 그러할 것이다. 왜냐하면 문화와 문화가 구현하고 있는 윤리체계는 삼투적이기 때문이다.

이러한 경우에, 어떤 사람이 심각하게 불일치하는 다른 사람과 관계

---

8) Thomas Seung은 '집단주의'라는 표현을 '개인주의'와 대비하여 사용하는 것은 일본의 사회적 관행과 제도의 바닥에 있는 철학을 심각하게 오도할 수 있다는 점을 내게 지적해 주었다. 나는 이에 동의한다. 일본이나 그 어떤 곳에서나 살아 있는 철학은 집단과 개인의 이익이 전형적으로 갈등하고 있다는 점을 의미하기 위하여 집단과 개인을 꼭 대비시킬 필요는 없다. 오히려 그러한 철학은 개인이 집단 내의 인간 존재로서 자신의 완전한 실현을 보게 된다고 말한다.

9) Joseph J. Tobin, David Y. H. Wu, and Dana H. Davidson, *Preschool in Three Cultures: Japan, China, and the United States* (New Haven, Conn.: Yale University Press, 1989), pp.38-44.

를 유지하고자 하는 타협적인 노력은 차이에 다리를 놓으면서도 다른 사람과는 다르게 있으려고 하는 욕구로 드러난다. 한 일본인 원장은 미국의 유치원 철학의 어떤 특징들이 매력적이고 찬양할 만하다고 이야기하였다. 하지만 그는 이러한 특징들에 "일본인에게는 딱 들어맞거나 적합하거나 실현 가능한 것이 아닌", "중요한 점에서 일본에는 실제로 맞지 않는" 어떤 것이 있음을 또한 발견하였다.10) 이것이 우리가 가능한 한 자급자족적으로 있으려 하고, 다른 공동체로부터의 영향에 저항하는 신념 공동체들이 평화롭게 공존한다는 모델을 너무 단순하다고 거부해야만 하는 또 다른 이유이다. 다른 공동체가 가치 있는 어떤 것을 가지고 있지만 그것을 통째로 받아들이는 것은 자신에게 꼭 맞지는 않는다는 더 복합적인 지각에 기초하여, 공동체들은 차이에 다리를 놓고 서로 간에 더 큰 존경을 얻을 수 있다.11)

4) 가치통합의 한계

이제까지 나는 자신의 도덕적 신봉을 갖는다는 생각과 모순을 이루지 않고 삶의 방식들 사이의 차이를 수용하는 문제에 대하여 이야기해 왔다. 나는 사람들이 이 두 일을 결합할 수 있다고 주장해 왔다. 물론 이는 삶의 방식들 간의 차이를, 다른 삶의 방식들이 가지는 가치라는 생각을 거부하는 것이 아니라 그것을 인정함으로써 수용할 때 가능하다. 그러한 인정의 자연스런 결과는 적어도 다른 삶의 방식에서 자신이 본

10) Joseph J. Tobin, David Y. H. Wu, and Dana H. Davidson, p.53.
11) Amelie Rorty가 나에게 지적한 것처럼, 어떤 문화 속의 사람이 다른 문화에서 가치 있는 것이 어떤 것인지에 대하여 나름대로의 해석을 가질 수 있다. 그러한 해석은 해석되는 그 문화의 사람이 하는 해석과 일치하지 않을 수도 있다. 이것은 다른 문화의 가치들 간에 중복이 있을 수 있다는 것을 부정하는 것이 아니라 그렇게 중복된 것의 본성에 대하여 다른 해석이 있을 수 있다는 더욱 복합적인 현상을 인정하는 것이다. 이것이 차이에 다리를 놓는 일에 한 역할을 하고 있는 또 다른 애매성이다.

어떤 가치들을 자신의 신봉 속으로 통합하려고 시도하는 것이며, 이러한 통합 작업은 우리의 도덕률에 전형적으로 들어 있는 다양한 가치들을 조화시키려고 우리가 언제나 하고 있는 일과 그렇게 다르지 않다고 나는 또한 주장하였다.

하지만 여전히 우리가 다른 삶의 방식을 통합할 수 있는 정도에는 한계가 있다. 우리의 신봉은 그러한 다른 삶의 방식을 신봉하는 사람들의 신봉과는 다른 것이 될 것이다. 우리가 그러한 다른 사람들과 상호의존적일 때, 예를 들어, 우리가 그들과 같은 사회에 살고 있다면, 우리나 그들이 단순히 살고 살게 하는 것은 종종 불가능할 수도 있다. 나아가, 때때로 우리는 다른 삶의 방식이 가지는 특정한 측면이나 관행의 가치나 의미를 보지 못할 수도 있다. 아니면 어떤 관행이 적합한 도덕률에 대한 보편적인 제한을 위반하고 있다고 생각할 수도 있다. 우리는 그렇게 심각하게 불일치하는 다른 사람들과 함께 살 수 있을까?

5. 타자의 차이를 받아들이기

2장 10절에서 나는 적합한 도덕률은 서로 심각한 도덕적 불일치에 있는 사람들 사이의 타협(accommodation)이라는 가치를 포함해야 한다고 주장하였다. 이 마지막 장에서 나는 그러한 주장을 정교화하여 타협이라는 필수적 개념을 좀더 충분히 전개하고자 한다. 심각한 도덕적 불일치를 어떻게 다룰 것인가라는 문제를 다루려는 최근의 시도들은 타협이라는 생각을 지지하고 있다. 나는 그들의 타협 개념이 적합하지 못하거나 충분하지 못하다고 주장하며, 더 적합한 개념을 가지고서 도덕적 갈등을 갖고 있는 사람들이 어떻게 함께 살아갈 수 있는가라는 문제를 토론해야 한다고 생각한다. 나는 타협이라는 개념이 어째서 심각한 갈등이 우리의 윤리적 삶의 통상적인 특징이며 또 다른 사람들과 관계를

유지하는 것이 필요하고 또한 바람직하다는 사실에 뿌리하고 있는 도덕
적 가치인지를 설명할 것이다. 우리는 이미 실천적으로 타협의 전략들
을 가지고 있으며, 그러므로 우리는 타협이라는 이 가치를 신봉하고 있
다. 우리가 결여하고 있는 것은 그것을 설명하고 옹호할 철학적 신봉이
다.

6. 도덕적 차이의 타협에 대한 최근의 개념들

1) 네이글의 자유주의적 관용이라는 해결책과 그 문제점들

네이글(Thomas Nagel)은 사람들이 특정한 종류의 까다로운 도덕적
갈등에 관여하고 있을 때 정치적 권력의 강제적 행사에 제한을 두어야
한다고 주장하였다. 이러한 자유주의적인 관용의 원칙은 계약론적인 생
각에 기초하고 있는데, 그것은 불일치가 결국 '개인적인 관점 간의 적나
라한 대립'이 될 때 사람들이 합리적으로 거부할 수 있는 것을 근거로
협정이나, 제도나, 요청을 강요해서는 안 된다는 생각이다.12) 네이글에
따르면, 그러한 불일치에는 종교적 신념, 임신중절, 먹기 위해 동물을
죽이는 일에 관한 갈등 등이 있다. 그러한 불일치를 '막무가내' 불일치
(brute disagreement)라고 불러보자. 물론 이는 네이글이 이러한 용어에
동의할 것이라는 의미는 아니다.

네이글은 내가 막무가내 불일치라고 부르는 경우와 교양 있고 설득적
인 사람들 간에 그들이 소유하고 있는 증거나 증거에 대한 접근에서 차
이가 있거나 아니면 궁극적으로 판단의 차이가 있어서 불일치하는 경우

---

12) Thomas Nagel, "Moral Conflict and Political Legitimacy," *Philosophy and
Public Affairs* 16 (1987), p.232. 계약론자의 생각에 대한 중요한 서술을 다음
에서 볼 수 있다. Thomas Scanlon, "Contractualism and Utilitarianism," *Utili-
tarianism and Beyond* (Cambridge: Cambridge University Press, 1982), pp.
103-128.

를 대비시켰다. 나는 이를 '설득적인' 불일치(reasonable disagreement)라고 부르고자 하는데, 이러한 불일치의 쌍방은 그들 자신들이 공통적이고 객관적인 사유방법에 호소하고 있으며 상대방이 이를 불완전하게 해석하거나 적용하고 있다고 생각한다. 사회정의와 관련한 불일치, 예를 들면 네이글이 생각할 때 경제적 자유주의자(economic liberals)와 극단적 자유론자(radical libertarians) 간의 불일치는 이러한 설득적인 불일치에 더 가까우며, 정치적 활동의 적합한 주제가 된다. 막무가내 불일치에 대한 정치적 중립(political neutrality)을 옹호하는 네이글의 논증은 막무가내 불일치가 정당화되지 않은 신념에 반드시 기초하고 있다는 회의적 전제에 근거하고 있지 않고, 그 대신 정치적 권력의 이용을 정당화하기 위해서는 더 높은 수준의 객관성, 즉 우리가 "우리 자신 바깥에 우리의 정체성과 독립하여 존재하는 관점"을 취하는 것이 필요하다는 원칙에 근거해 있다.13) 막무가내 불일치에 대하여 중립정책을 고수하는 것은 정치적 마비를 가져올 수도 있다. 국가의 활동이 모든 교양 있고 설득적인 사람들이 동의하는 문제들에 한정될 수는 없기 때문이다.

네이글의 구분이 가지는 한 가지 문제는, 그러한 구분을 내적으로 다양한 집단들 간의 **특정한 정책적 문제들에 대한 불일치에 적용하는 것이 아주 애매할 수 있다는** 것이다. 실제적 불일치는 종종 대립하고 있는 쌍방 간의 다양한 논증을 포함하고 있다. 어떤 유형의 논증은 막무가내 불일치로 보인다. 다른 유형의 논증은 설득적인 불일치일 수도 있다. 예를 들어, 자유론자들은 때때로 재산을 획득하고 이전하는 권리에 대하여 절대적인 중요성을 부여하며, 따라서 그들과 사회적 정의의 문제에서 필요의 개념에 중요성을 두는 다른 사람들과는 막무가내 불일치를 피하기 어렵다. 하지만 다른 때에 그들은 같은 사회적 정책을 설득적인

---

13) Nagel, p.229. 하지만 그는 어떤 불일치는 막무가내 불일치이기는 하지만 어쩔 수 없이 정치적 활동의 대상이 된다고 지적하였는데, 그러한 불일치는 예컨대 핵확산 방지나 사형의 도덕성에 관한 것들이다.

불일치에 속하는 것으로 보이는 주장들에 근거해서 옹호한다. 예를 들자면 국가가 부와 수입을 재분배하려고 할 때 생겨나는 비효율성과 바람직하지 못한 부수효과들을 근거로 내세운다. 그들은 종종 그러한 방식으로 두 정당화 사이를 오가기 때문에 어떤 정당화가 일차적인 것인지 확정되지 않는다. 아마도 자유주의자들 집단 내의 어떤 개인들은 확정적인 입장을 가지고 있지만, 그들의 확정적인 입장이 다를 수 있다. 나아가 우리는 우리가 이론상의 구별을 충분히 파악했는지에 대해 의문을 가질 수도 있다. 막무가내 불일치와 설득적 불일치 간의 구별은 적용하기가 너무 애매하기 때문에 정치적 중립이라는 정책을 심각한 도덕적 갈등에 대한 타협책으로 사용하는 것을 뒷받침할 수 없다.

2) 굿맨과 톰슨의 공정하고 민주적인 토론이라는 대안과 그 문제점

굿맨(Amy Gutman)과 톰슨(Dennis Thomson)은 다른 그럴듯한 비판을 제시했는데, 즉 그러한 구분이 너무 많은 것을 막무가내 불일치라는 범주에 집어넣었다는 것이다. 예를 들면, 인간의 평등에 대한 자유주의자들의 신념에 대한 불일치도 막무가내 불일치로 보았는데, 이러한 신념은 "네이글이 옹호하기를 원하는 그러한 강제적인 국가 정책의 바닥에 놓여 있는 것이다."[14] 그들은 또 네이글이 국가의 무활동(inaction)과 국가의 중립(neutrality)을 내재적으로 동일시했는데 이것도 잘못된 것이라고 지적한다. "국가가 활동하지 않겠다고 결정하는 것은 활동하겠다는 결정과 마찬가지로 시민들의 권리에 많은 강제와 침범을 가져온다."[15] 무활동이라는 전략은 "거짓된 불편부당성으로 우리 사회의 근본적인 가치 갈등이 지속된다는 것을 인정하는 것이다."[16] 따라서 굿맨과

---

14) Amy Gutman and Dennis Thompson, "Moral Conflict and Political Consensus," *Ethics* 101 (1990), p.67.

15) Amy Gutman and Dennis Thompson, p.68.

16) Amy Gutman and Dennis Thompson, p.75.

톰슨은 이러한 근본적인 갈등에 대한 집단적인 숙고의 과정에 영향을 미치는 원칙들로 초점을 변경할 것을 제안하였다. 그러한 원칙들은 시민들 간의 상호적인 존중이라는 민주주의적 덕을 제안한다. 예를 들어 시민들이 그들이 반대하는 입장이 설득적인 사람들이 동의할 수도 있는 도덕적 원칙들에 기초해 있다는 것을 인정할 것을 요청한다. 예를 들어, 친-선택(pro-choice)적인 사람들과 친-생명(pro-life)적인 사람들은 자신들의 반대자들이 진지하게 주장되는 도덕적 원칙들에 기초하고 있다는 사실을 인정할 준비가 되어 있어야 한다. 다른 원칙은 자신이 반성 끝에 부정할 수 없는 증거를 보게 되면, 자신의 견해를 변경할 준비가 되어 있어야만 한다는 것이다.

네이글이 정치적 권력을 행사하기 위해서 요구한 표준적인 객관성은 대단히 큰 도덕적 중요성을 가지는 너무 많은 문제들에 대하여 중립을 요구하는 것으로 보인다.17) 선택에 직면하게 되면, 많은 사람들은 공적인 영역에서의 자신의 도덕적 입장을 견지하기 위하여 더 높은 객관성이라는 기준을 거부하거나 무시할 수도 있으며 실제로 그렇게 한다. 예를 들어, 임신중절 문제에서 친-생명을 주장하는 사람들은, 비록 그들이 친-선택을 주장하는 사람들과의 불일치가 막무가내이며 그래서 그들을 관용해야만 한다는 것을 받아들인다고 하더라도, 임신중절에 대해 국가가 중립을 지킬 것을 옹호하는 논증을 합리적으로 받아들여야만 한다고 생각할지 확실하지 않다. 또 그들이 로 대 웨이드 판례를 임신중절의 도덕성에 대하여 국가가 중립적 입장을 취한 것이 아니라 임신중절에 대한 도덕적 허용을 승인한 것이라고 보는 이유를 이해할 수 있다. 다른 한편으로, 친-선택을 옹호하는 사람들은 임신중절에 대한 국가의 재

---

17) 이 점은 내가 *Moral Relativity* (Berkeley: University of California Press, 1984)에서 과거에 이러한 문제를 토론할 때 충분히 고려하지 못한 점이다. 그 책의 12장에서 내가 여기에서 막무가내 불일치라고 이름한 그러한 종류에 대해 국가의 불간섭을 옹호하는 논증을 제시하였다. 심지어 그때 나는 불간섭의 도덕적 이유들이 다른 도덕적 이유들에 의해 무효화될 수 있다고 인정하였다.

정지원을 금지하는 것은 중립주의적 근거에서 정당화될 수는 있다고 하더라도 실제적으로는 가난한 여성의 권리를 침해하는 것이라고 합리적으로 반대할 수 있다.

막무가내 불일치와 설득적인 불일치의 구분이 실천적으로 더 명백하다고 해도, 굿맨과 톰슨은 국가의 활동목록에 어떤 막무가내 불일치를 보이는 것들도 포함될 필요가 있음을 보여주는 설득력 있는 한 경우{즉 임신중절의 경우}를 제시하였다. 민주적 토론을 위한 그들의 원칙들은 타협을 진지한 도덕적 가치라고 간주하는 일의 구성요소이자 필수요소이다. 자신과 심각하게 불일치하고 있는 사람들과 정당하게 토론하는 것은 결국 그들과 타협하는 한 방식이다. 그렇지만, 그들의 원칙들은 크게 보면 절차적 성질을 가지는 것으로 도덕적 진리에 대한 추구를 수호하고 촉진시키는 방법들로 제시된다. 그렇지만 **공적인 토론의 주제가 막무가내일 수 있는 불일치일 때, 그러한 원칙들은 진리 발견을 촉진시키는 데 확실하지 못한 가치를 가질 뿐이다.** 그리고 이러한 원칙들에 의해 수행되는 공적인 토론이 결국에 그 문제에 대한 견해들을 아주 크게 수렴시킨다고 하더라도, 해결되지 않는 문제는 대립적인 자리에 서 있는 사람들이 그 동안에 어떻게 서로 잘 지낼 수 있느냐 하는 문제이다. '잘 지낸다는 것'(get along)으로 나는 서로의 차이점에 대한 서로의 토론을 의미하지 않는다. 불일치가 사람들에게 아주 도덕적으로 중요한 문제라면, 그들은 민주적인 방식으로 그것들에 대한 토론하는 것 이상을 것을 하고자 하고, 할 것임에 틀림없다.

3) 햄셔의 정의에 대한 하나의 보편적인 핵심 개념이라는 생각

햄셔(Stuart Hampshire)의 '단순한' 정의(bare justice)와 '절차적' 정의(procedural justice)라는 개념은 우리가 공정한 토론으로서의 타협이라는 생각보다 더 나아갈 수 있는 어떤 실마리를 제공해 준다. 햄셔에 따르면 **정의에 대한 하나의 보편적인 핵심 개념**(a universal core concept of justice)이 있고, 이것은 정의와 선의 문화적으로 특수하고 '두꺼운'(thickened) 다양한 개념들의 바닥에 있다. 다양한 사회적 역할들과 기능들은 각각 모두 전형적인 덕과 책무를 가지고 있고 또 선에 대한 어떤 생각을 전제하고 있는데, 이것들이 "역사를 통하여 대부분의 사회들에서 통상적인 상황이었다."[18] 핵심 개념은 이러한 역할들이 수용되고 연결된 하나의 전체 내에서 정합적으로 되도록 만드는 방식을 제공하지는 않는다. 다만 이러한 역할들이, 가능한 한 그들 간의 실질적인 화해 없이, 그리고 절차적 정의 그 자체 외에 그 이상의 공통 근거를 구함이 없이, 문명사회에서 공존할 수 있도록 한다. 핵심 개념은 선에 대한 대립적인 개념들의 지지자들 간의 동등하고 공정한 협상, 예를 들면 양보에 대하여 양보하여 균형을 잡는 공평한 타협을 요구한다.

햄셔의 정의에 대한 하나의 보편적인 핵심 개념은, 네이글의 자유주의적 관용이나 굿맨과 톰슨의 공정하고 민주적인 토론이라는 이상과 달리, 서로 심각한 도덕적 갈등을 하고 있는 사람들이 어떻게 한 사회 내에서 함께 살 수 있는가를 이야기하는 실질적인 개념이다.[19] 그는 핵심 개념을 인간 본성에 의거하여, 또 인간 본성이 인간 존재가 긍정하는 다양한 영역의 선들과 갖는 관계에 의거하여 옹호하였다. 다른 한편으로 그는, 인간 본성에는 가족과 친족에 대한 사랑과 우정의 책무 그리고 자비의 의무 즉 최소한 생명에 대한 손상이나 파괴를 삼갈 의무를

---

18) Stuart Hampshire, *Innocence and Experience* (Cambridge, MA: Harvard University Press, 1989), p.10.

19) 하지만 때때로 그는 핵심 개념을 그것이 순순하게 절차적인 것처럼 이야기한다. 이것은 그가 핵심 개념을 실천적 합리성의 목록의 확장으로 이야기할 때 그렇다. 하나의 제안에 대하여 찬성하거나 반대하는 논증을 촉진시키고 수용하는 것이 실천적 합리성의 본질이듯이, 선에 대한 대립적인 개념들은 법정에 서야만 한다. 하지만 이것은 전부라면 정의의 적나라한 개념만 있게 될 것이며, 대립적인 개념들의 공존을 촉진시키지 못할 것이다. 공정한 청취도 중요하지만, 선에 대한 대립적인 개념의 강제적인 침범에 대한 가능한 한 보호되는 것도 현실적으로 더욱 중요하다. 햄셔는 바로 이것을 생각하고 있음에 틀림없다.

발생시키는 잠재성들과 공통의 필요가 들어 있다고 주장하였다. 인간 본성의 공통의 필요는 정의의 핵심 개념을 가능하게 한다. 햄셔는 다른 한편으로 인간 본성에는 "언어, 종교, 배타적인 관습과 금지, 그리고 집단의 역사에 따라서 분리되고 갈등하는 정체성"에의 충동이 포함되어 있다고 주장하였다. 다양성에의 이러한 충동이 핵심 개념을 안정에 필수적인 것으로 만든다.20)

햄셔는 현실적인 윤리적 타협 즉 대립되는 도덕적 개념의 지지자들 간의 평화로운 공존이 어떤 것인지를 규정하고, 가치의 다양성이 역사 상의 대부분의 사회에서 통상적인 상황이었다는 그럴듯한 주장에 근거하여 타협의 필요성을 주장하였다. 나 자신의 타협 개념은 햄셔가 가리키고 있는 방향과 일치한다. 벤자민(Martin Benjamin) 또한 이러한 방향을 지적하면서, 사람들이 그들의 공통의 목표를 추구하기 위해서 그들의 도덕적 차이를 타협하면서 함께 일할 필요가 있으며 이에 따라 삶의 여러 방식들을 존중한 필요가 있다고 주장하였다.21) 아래에서 나는 나 자신의 타협 개념을 다원론적 상대주의 등의 주된 주제와 연관하여 자세히 서술하고자 한다.

---

20) 햄셔의 이러한 충동 개념은 실제로 구분 가능한 충동들의 핫바지 같은 것이다. 그는 정체성을 분리시키는 그러한 충동이 집단뿐만 아니라 개인의 보편적인 경향('개별성'에의 충동)이기도 하다고 생각한다. 그리고 그는 이러한 다양성에의 충동을 불화에의 충동 즉 자신과 다른 타자에 대한 대립과 연관시키는 경향이 있다(Hampshire, pp.33-34). 이러한 다양한 충동을 인간 본성에 부여하는 주장의 강도는 다양하다. 독특한 공통적인 정체성에의 충동에 대한 것은 강력하다. '개별성'에 대한 충동에 대한 것은 오히려 문화적으로 특별한 것으로 보인다. 불화에의 충동은 공통적으로 보이나 전혀 보편적이지는 않다. 그렇지만 공동체에 따라서 가치에 상당한 다양성이 있다는 것이 햄셔의 단순한 정의 개념의 동기가 된 것으로 보인다.

21) Martin Benjamin, *Splitting the Difference: Compromise and Integrity in Ethics and Politics* (Lawrence: University of Kansas Press, 1990).

7. 심각한 도덕적 갈등의 본성

1) 심각한 갈등의 두 원천

이제 공통의 이성(common reason)을 이용하여 도덕적 갈등을 해결하려는 우리의 시도가 무산된다는 네이글의 갈등 개념을 다시 생각해 보자. 하지만 이번에는 막무가내 불일치와 설득적 불일치를 구분하지 않고 이들 양 극단과 그 사이에 있는 것까지를 포함하는 '심각한 불일치'(serious disagreement)라는 범주를 사용하기로 하자. 이렇게 하는 이유는 막무가내 불일치와 설득적 불일치라는 구분이 중요한 도덕적 불일치에 합치하지 않기 때문이기도 하고, 어떤 도덕적 갈등을 정치적 목록에서 배제시키는 근거로 그러한 구분을 사용할 수 없다면 그러한 구분의 실천적 중요성이 별로 없기 때문이기도 하다.22)

심각한 불일치에 대한 두 그림을 비교해 보자. 한 그림에 따르면, 궁극적인 **도덕적 원칙들**과 관련하여 개인 상호간에 커다란 **차이**가 있다. 아마도 보편적으로 주장되는 원칙들이 있을 것이다. 하지만 이러한 것들에는 어떤 실제적인 규범적인 내용이 결여되어 있다. 예를 들어, 우리의 도덕 개념을 수용하는 사람이라면 누구나 일시적인 기분으로 어떤 사람을 고문하는 것이 나쁘다는 것을 부정할 수 없다. 그러나 그러한 원칙은 윤리적 삶의 내용을 실제적으로 거의 결정해 주지 못한다.23) 다른 그림은 비록 미국처럼 큰 이질적인 사회에서조차도 넓게 수용되는 현실적인 도덕적 원칙들이 있다는 것을 인정한다. 일시적 기분으로 사람을 고문하는 것만이 나쁠 뿐만 아니라, 정치적 지도자를 비판했다고 고문하거나 심지어는 투옥하는 것 또한 나쁘다고 주장된다. 미국에서

---

22) 이러한 점에 내가 주목하게 된 것은 Mitchell Silver 덕분이다.

23) 이러한 그림에 대해서는 다음을 보라. Stephen Schiffer, "Meaning and Value," *Journal of Philosophy* 87 (1990), pp.602-614. R. M. Hare도 *The Language of Morals* (London: Oxford University Press, 1964)과 같은 초기 저작에서는 그러한 그림을 제시하고 있다.

전개되고 있는 가장 결정적인 도덕적 논쟁들 중의 하나인 임신중절의 도덕적 허용 가능성에 관한 논쟁에서도, 불일치의 원천은 대립하고 있는 쌍방이 견지하고 있는 궁극적인 도덕적 원칙의 차이에 있는 것이 아니다. 불일치의 원천은 부분적으로는 인간의 생명을 보호할 것을 요청하고 있는 공통적으로 수용되는 원칙의 **적용에서의** 차이이고, 또 부분적으로는 개인의 자율성을 보호할 것을 요청하고 있는 또 다른 널리 수용되는 원칙에 두는 **비중**이 환경에 따라 상대적으로 다르다는 **차이**이다.

심각한 불일치의 두 원천은 실제로는 종종 뒤얽혀 있다. 한 원칙의 경계가 어디에 그어지느냐에 대한 불일치가, 종종 그 원칙과 또 다른 원칙이 갈등하게 될 때 그러한 갈등과 관련된다. 친-선택주의자들은 때로 태아가 적어도 발달의 초기 단계에서는 인간 생명의 보호를 요청하는 원칙에 해당되지 않는다고 주장한다. 그래서 여성의 자율성을 보호하는 원칙은 초기 단계의 임신중절의 경우에는 생명보호의 원칙과 배치되지 않는다. 친-생명주의자들은 생명보호 원칙의 경계를 달리 그어, 여성의 자율성과 배치되도록 하거나 자율성의 정도에 제한을 가한다.

2) 공통성을 가지는 사람들의 심각한 갈등의 통상성

여기서의 나의 주된 요점은 1장에서 먼저 전개된 주제를 되풀이하는 것이다. 즉 각자의 입장을 설명하는 가치들은 타자에게 낯선 도덕적 우주로부터 끌어내어진 것이 아니라는 것이다. 이것은 사람들이 다른 종류의 궁극적인 도덕적 원칙들을 가질 수 있다는 것을 부정하는 것은 아니다. 그러나 심각한 도덕적 불일치가, 수용되고 있는 궁극적인 도덕적인 원칙에서의 차이를 전형적으로 내포하고 있다고 규정하는 것은 심각한 오해이다. 때때로 불일치의 상황에서 원칙들이 대립하는 쌍방에 의해 **공통으로 수용될 수 있다.** 문제가 되는 것은 적용의 범위이거나 환경에 따라 갈등하는 원칙들에 주어지는 상대적인 우선성이다. 심각한 불일치는 근본적인 차이에서 비롯될 필요가 없고 다만 실제적으로 도덕적 신넘의 공동체라고 설득력 있게 말할 수 있는 집단, 즉 적어도 어떤 다른 집단과 비교해서 같은 원칙들을 받아들인다는 점에서는 다소간 정합적인 집단 내에도 존재할 수 있다.

어떤 집단이 신념의 공동체인가 여부는 상대적인 문제이거나 정도의 문제이다. 중세 일본과 비교할 때, 대부분의 도덕적 문제에 대한 북미인들 사이의 도덕적 차이는 상대적으로 사소한 것이다. 하지만 계층이나 교육수준에서 차이가 있는 미국 내의 집단들을 비교하면, 중요하고도 심지어는 근본적인 도덕적 차이가 나타난다. 때때로 도덕적 문제의 유형이 차이를 만들기도 한다. 정치 지도자들을 비판할 권리에 대한 문제와 관련해서, 어떤 집단은 상대적으로 단일한 신념 공동체를 형성할 수도 있지만, 부와 수입의 분배적 정의와 관련해서는 그렇지 않을 수도 있다. 햄셔가 지적한 것처럼, 어떤 유형의 의무들은 아주 다른 문화들에서 모두 인정되는데, 그는 이것이 공통의 인간 본성에 의해서 부분적으로 설명될 수 있다고 주장했다. 그리고 나도 이에 동의한다.[24]

도덕적 공통성과 뒤얽힌 도덕적 차별성이라는 그림은 1장에서 먼저 제시된 생각, 즉 다른 사람들과 다른 문화들은 비록 우리와 같은 답을 가지고 있지는 않다고 해도 우리와 비슷한 선택에 직면하고 있다는 생각과 상응한다. 우리가 비록 같은 답을 하지는 않는다고 하더라도 우리는 다른 사람들이 다음 질문들에 대하여 답을 선택하고 있음을 볼 수는 있다. 어떤 가치를 가장 중하게 여길 것인가? 상호적인 긴장관계에 있는 인간의 덕들 간의 균형을 이상으로 여기고 증진시킬 것인가, 아니면 상호간에 상대적으로 상통할 수 있는 하나의 덕의 체계를 추구하는 것을 이상으로 여기고 증진시킬 것인가? 더 크고 바람직한 목적을 위한

---

24) 다음을 보라. "On Flourishing and Finding One's Identity in Community," *Midwest Studies in Philosophy* 13; *Ethical Theory: Character and Virtue*, ed. Peter A. French, Theodore E. Uehling, Jr., and Toward K. Wettstein (Notre Dame: University of Notre Dame Press, 1988), pp.324-334.

개인의 이용과 착취에 대한 금지를 강조할 것인가, 아니면 충분히 바람직한 목적을 위해서라면 착취의 그릇됨이 무시되어도 좋다고 허용할 것인가? 공동체와 상호의존성이라는 선을 최고 가치로 볼 것인가, 아니면 개별성과 자율성의 증진을 최고 가치로 볼 것인가? 아마도 소수에 의해서만 달성될 수 있을 우수한 삶에 우선순위를 둘 것인가, 아니면 모든 사람이 적당하게 만족하며 살 수 있는 조건을 확보하는 것을 우선할 것인가?

근본적인 도덕적 신념에 환원될 수 없는 다원성이 있다는 것을 수용하는 일은, 다른 개인이나 문화가 다른 환경에서 선택하고 발전시켜 온 가치들과 도덕적 주제들을 볼 수 있게 되면, 더욱 확대된다. 이러한 능력을 갖게 된다고 해서 자동적으로 다른 사람들의 선택을 승인하지는 않는다. 이해한다는 것이 필연적으로 자신의 선택을 어떻게 다르게 해야 한다는 것을 의미하지 않는다. 하지만 이해한다는 것은 '공통의 이성'을 사용하여 유일한 것으로 확정되는 가치와 우선성이 있다는 결론으로 비약하기 전에 건전한 주의를 기울이도록 하는데, 이는 합당한 일이다.25) 가장 중요한 것은, 이러한 이해가 **심각한 도덕적 갈등이 우리의 도덕적 삶의 통상적인 한 부분**이라고 우리로 하여금 기대하도록 만드는 것이다. 언어, 종교, 습관 그리고 역사에 의해 묶인 집단들에 대해서도 그들이 해야 할 올바른 선택과 관련하여 하나의 통일적인 신념을 가질 것으로 기대하는 것은 심지어 비현실적이다. 우리는 사람들이 다양한

---

25) 왜 다른 사람들이 다른 선택을 하는가를 이해할 수 있지만 그 다음의 결론은 다양할 수 있다. 한 경우는 다른 사람의 선택을 이해할 수 있지만 그들이 잘못했다고 믿는 경우이다. 이럴 때 왜 잘못했는지 설명할 수 있는 경우도 있고, 지금으로서는 설명할 수도 없지만 그런 경우도 있다. 다른 경우는 선택을 이해할 수 있지만 잘못된 결론을 존중할 수 없고 다른 수용한 가능한 선택도 또한 존중할 수 없는 경우이다. 마지막 경우는 자신이 처음에 거부했던 것을 수용할 수 있게 되는 경우이다. 첫째 가능성과 마지막 가능성 간에는 심각한 불일치가 존재한다.

선택을 하는데, 우리가 그들의 그러한 선택에 대하여 아주 공감할 수 없을 때에도, 그러한 사람들과의 거래를 통상적인 일로 생각해야 한다.

3) 가치 갈등과 관련된 신념들의 비확정성과 비정합성

도덕적 갈등에 대한 이러한 그림에는 조금 더 복잡한 것이 있다. 갈등이 가치들의 공통된 선택에서부터 발생한다면, 미국과 같이 크고 다채로운 문화 내에서는 상당히 많은 숫자의 사람들이 강경한 대립적인 입장 사이에 자신들이 서 있음을 알게 된다. 예를 들어, 임신중절의 도덕성에 대하여 비확정적인 확실하지 않은 입장을 가진 사람들을 생각해 보라.[26] 생명권 적용의 범위와 관련하여 또는 최소한 잠재적인 인간의 보호와 대립되는 자율성의 상대적인 우선성과 관련하여 입장에 **비확정성(indeterninacy)**이 있을 수 있다. 그러한 문제에 대하여 다소간 굳건한 입장을 취하는 사람들조차도 자신들의 입장을 정당화하는 원칙이 공통적으로 수용되는 원칙이 아니라고 설득을 당하게 되면 더 큰 불확실성 속으로 빠져들 수 있다.

나아가 도덕적 갈등에 대한 둘째 그림에 의하면, 우리는 중요한 가치들이 통상적으로 갈등하는 그러한 문제들에서는 많은 개인들의 신념체계들에도 상당한 갈등과 심지어는 비정합성까지 있을 것이라고 예상할 수 있다. 그러한 문제들에 대한 신념들은 일관성 있는 원칙들을 부여함으로써 질서를 잡으려는 시도에 저항할 정도로 불완전하고 **비정합적(incoherent)**일 수 있다. 나는 미국에서 분배적 정의에 대한 불일치와 관련하여 많은 사람들이 이러하다고 믿는다. 예를 들어, 롤즈의 차별원칙이나 최소한의 자유주의적 복지주의와 같은 것과 일맥상통하는 분배

---

26) 도덕적 입장이나 신념의 비확정성에 대한 글을 쓸 때, 나는 신념을 사람들의 언어나 행동 패턴을 근거로 그들에 부여하는 명제적 태도라고 가정하고 있다. 때때로 사람들이 보이는 특정한 유형의 성격은 신념의 명제적 대상에 대한 비확정성의 증거이다.

적 정의에 대한 신념을 많은 사람들이 가지고 있는지 여부는 단순한 문제가 아니라고 주장할 수 있다.

분배적 정의에 대한 주장들은 종종 부와 수입의 분배와 관련된 일반적인 원칙에 대한 신념에 상당한 정도의 비확정성이 있다는 것을 숨기고 있다. 국가에 의한 상당한 재분배에 반대하는 어떤 보수주의적 주장은 그러한 재분배 시도가 가지는 비효과성, 낭비, 비효율성, 그리고 그러한 재분배와 관련된 부패에 대한 지적에 의존하고 있다. 아니면 그러한 주장은 생산성에 대한 유인을 파괴하는 효과에 대한 지적에 의거할 수도 있다. 이러한 지적들 중의 많은 것들은 사실상 자유주의적이고 평등주의적인 원칙들과 일맥상통한다. 왜냐하면 그러한 원칙들은 경험적 고려들로부터 고도로 추상화된 수준에서 진술되기 때문이다. 이 점과 관련하여 롤즈의 정의의 제2 원칙을 생각해 보라. 요점은 국가의 재분배를 반대하는 보수주의적 주장들이 그러한 원칙들을 전제하고 있다는 것이 아니라, 보수주의적 주장들이 분배적 정의의 수많은 대립적인 일반 원칙과 상통한다는 것이다. 이러한 이야기들의 요점은 청중들이 거부한 일반적인 원칙에 대한 명백한 신봉을 피하면서도 상대적으로 구체적인 정책 문제에 대해서는 실제로 일치를 산출할 수 있다는 것이다. 그러한 주장의 한 가지 특징적인 형태(일반적 원칙 A나 B나 C 어느 것을 견지하든 간에, 정책 X는 아무런 중요한 도움이 되지 못한다는 형태)는 비확정적이거나 비정합적이거나 환원될 수 없도록 다양한 근본적인 신념을 가진 청중을 다룰 때에 유용한 수사학적 전술이다.

4) 다양성과 공통성의 공존과 이것이 갈등 해결에 가지는 의미

그러나 기억해야 될 것은 그러한 다양성, 비확정성, 그리고 애매성이 미국과 같이 크고 이질적인 사회의 도덕적 전통 내의 상당히 큰 일치의 영역과 상통한다는 점이다. 5장에서 이야기한 대로, 미국인들은 적어도 사실적으로 사회의 모든 구성원에게 어떤 형태의 최소한의 복지를 제공하는 것이 정당하다는 것을 전적으로 신봉하고 있다. 그러한 일치는 부와 수입의 분배와 관련된 많은 문제들보다 시민적 자유의 문제에 관련하여 더욱 더 두드러진다. 사형제도를 옹호했던 사람들이, 인종과 계층이 특정 유형의 심각한 범죄에 대하여 사형이 언도될 가능성을 더 높게 한다는 증거가 주어졌을 때, 혹은 최근의 DNA 조사가 상당한 숫자의 사람들이 실제로 사형을 언도받은 그 범죄를 저지르지 않았다는 증거를 보여주었을 때, 자신들의 주장을 보류하게 되었다는 점을 고려해 보라.27) 비록 이들 이전의 사형 옹호자들이 아주 심각한 범죄에 대한 상응하는 벌로 사형을 옹호했든, 아니면 그러한 범죄를 방지할 대책으로 사형을 수용했든 간에, 그들은 범죄자 처벌 행정의 정당성이라는 가치와 무고한 사람의 보호라는 가치를 사형제도 반대자들과 공유하고 있었다. **이러한 원칙에 대한 동의가 다른 원칙에서의 불일치에도 불구하고 실제적으로 일치를 충분히 산출할 수도 있다.**

그래서 한 사회 내의 불일치는 문제가 되고 있는 도덕적 문제가 바뀌어도 많든 적든 퍼져 있는 것으로 보인다. 이것은 본성이 아주 일반적이고 다양한 영역의 정책 문제를 포괄하는 단일한 원칙에도 해당된다. 사람들이 같은 원칙을 주장할 것인가라는 물음에 대해서는 긍정적으로도 부정적으로도 대답하지 못하고, 상대적으로 적용의 문제라고 대답할 수밖에 없을 수 있다. 개인들로 구성된 특정한 집단이 한 원칙이나 그것의 한 적용방식에 대하여 상대적으로 조화로운 신념 공동체를 형성할 수도 있다. 그러나 그때도 다른 원칙이나 다른 적용방식과 관련해서는 싸우기 좋아하는 공동체를 형성하거나 심지어는 다른 대립되는 공동체에 속할 수 있다. 이 책에서 제시되고 있는 도덕적 다양성이라는 그림

---

27) 2000년 3월 일리노이 주지사이자 사형제도 지지자인 George Ryan은 사형수 감방에 있는 13명이 새로운 증거에 의해 혐의를 벗은 후에 일리노이 주에서의 사형집행에 대한 유보를 선언하였다. 2000년 5월 일반적으로 보수적인 뉴햄프셔 주의회는 사형과 관련된 업무의 정당성과 정확성에 대한 관심에 기초하여 사형제도를 폐지하기로 의결하였다.

이 타협의 윤리에 공헌하는 한 방식은, 심각한 불일치가 도처에 있으며 그래서 타협이 지속적으로 필요하다는 것을 지적하는 것이다. 도덕적으로 다른 사람들과의 평화로운 공존이라는 이상은 때로 다소간 응집적인 내적인 정체성을 가지지만, 분리된 도덕적 공동체들에 우선적으로 적용된다. 이들 공동체들의 주된 문제는 다른 도덕적 공동체들과 공존하는 것이다. (우리는 그러한 그림을 햄셔의 저술에서 종종 본다.) 여기에서 제시되고 있는 도덕적 다양성이라는 그림이 옳다면, 타협은 상대적으로 응집적인 도덕적인 공동체 **내에서도** 평화로운 공존뿐만이 아니라 공유하고 있는 목표를 향한 노력을 가능하게 만들 일상적인 건설적인 관계를 위해서도 또한 수행될 필요가 있다. 여기에서 전개되고 있는 도덕적 다양성이라는 그림은 또 **심각한 불일치의 만연과 더불어 공유된 가치가 있을 수 있다는 점을 지적한다는 점에서 타협의 가능성을 지지한다.** 공유된 가치는 불일치의 해결에 지렛대를 제공하며 또 공유된 배경의 일부를 형성함으로써 대립하고 있는 상대방들 간의 유사성을 지각하게 만든다.

8. 도덕적 가치로서의 타협의 내용

1) 타협 즉 관계유지라는 가치의 근거들

2장에서 나는 어떤 적합한 도덕률이든 어느 정도는 **심각한 불일치를 회피할 수 없기 때문에 타협이라는 가치를 가져야 한다고** 주장하였다. 이러한 주장과 따로, 우리와 근본적인 도덕적 갈등을 하고 있는 다른 사람들과 비억압적인 관계를 형성하거나 유지한다는 가치를 인정해야 할 최소한 두 가지 다른 근거가 있다. 하지만 그러한 근거들이 모든 정당화 가능한 도덕적 전통들에 의해 동등하게 설득력 있는 것으로 간주된다고 주장하고 있는 것은 아니다. 첫째로 우리는 그러한 비억압적 관계를 **목적 그 자체로** 평가할 수 있다. 공동체 내에 산다는 것, 도덕적 신념이 어느 정도 일치할 뿐만 아니라 애정이나 충실성으로 묶여 있거나, 교육적이거나 예술적이거나 정치적이거나 경제적인 성질의 제한된 공통의 목표를 가지고 있는 그러한 공동체 내에 산다는 것 그 자체가 도덕적 가치일 수 있다. 사실상, 우리는 도덕적 신념이라는 정체성이 아닌 다른 기초를 가지는 공동체, 우리 삶의 의미와 모습에 종종 절대적으로 필수적인 공동체 {즉 우리 삶을 만들고 삶에 의미를 부여한 타고난 공동체} 내에 전형적으로 살고 있다. 둘째로 **공통의 목적을 증진시키기 위하여** 타자와 협력하고자 하는 기획은 그들과 자신의 도덕적 차이에 대한 타협을 요청한다. 이러한 필요성은 문제와 적용되는 상관되는 원칙이 변경됨에 따라 경계가 흐릿해지는 도덕적 신념을 가진 공동체에서 특히 두드러진다. 한 문제에 대한 하나의 도덕적 입장을 증진시키고자 하는 협력자가 다른 문제에서는 잠재적인 반대자가 된다. 타협의 도덕적 가치는 본질적이기도 하고 또 공유하고 있는 다른 도덕적 목적으로부터 도출되기도 한다.

2) 불일치하는 물음의 교체로서의 타협: 길리건

타협의 가치를 기초하는 첫째와 둘째 방식 모두에서, 정당화 근거가 타협이 잠정 협정(modus vivendi)이 아니라는 점, 즉 대안이 비도덕적인 언어로 더 나쁘다는 그 이유만으로 타협이 수용 가능하게 되는 것이 아니라는 점에 주목해야 한다.[28] **타자와 더불어 생산적인 방식으로 함**

---

28) Peter Railton이 나를 도와 이 점을 명백히 해주었다. Benjamin은 *Splitting the Difference*에서 심각한 도덕적 차이의 타협의 필요성을 협력적 관계를 유지하는 것이 바람직하다는 것을 근거로 옹호하였다. 하지만 그가 나처럼 그러한 관계에 독특한 도덕적 가치를 부여했는지 나는 모르겠다. 한 곳에서 그는 한 의료팀의 구성원들 간의 타협이 '전체 팀의 효과성이라는 관점에서' 아주 바람직한 것으로 이야기했는데(pp.30-31), 나는 '팀의 효과성'의 바람직함에 대하여 그가 어떻게 생각하는지 확신할 수 없다.

께 사는 것은 그들과 우리의 도덕적 차이에도 불구하고 그 자체로 도덕적 가치가 있는 일이다. 그것은 개인에 대한 특히 강력한 형태의 존중일 수 있고, 이러한 종류의 존중을 보일 수 있다는 것은 도덕적 상호성의 표식이다. 도덕적 차이에도 불구하고 다른 사람들과 기꺼이 함께 사는 것은 공유하고 있는 도덕적 목적에서의 협력을 증진시킨다. 사실, 우리는 비록 이론적으로는 아니라고 하더라도, 실천적으로는 타협의 도덕적 가치를 인정하고 있다. 우리는 사람들이 이러한 가치에 입각해서 사유하는 것을 본다.

하인즈의 딜레마(Heinz's dilemma)에 대한 어린이들의 반응을 논의한 길리건(Carol Gilligam)의 유명한 이야기를 생각해 보자. 이 딜레마에서 하인즈는 아내의 목숨을 구하기 위하여 돈이 없어 못 사는 약을 훔칠 것인지, 그렇게 하지 않을 것인지를 고민한다. 약사가 값을 낮추기를 거부했다고 말한 다음에 다음과 같은 질문이 제기된다. "하인즈는 그 약을 훔쳐야만 하는가?" 11살 소년인 제이크(Jake)는 이 딜레마를 재산의 가치와 생명의 가치 사이의 갈등으로 보고 생명을 우선시켰다. 11살 소녀인 에이미(Amy)는 '재산도 법도' 고려하지 않고 도둑질이 하인즈와 아내와의 관계에 미칠 영향을 고려하였다. 에이미가 생각할 때엔, 만약 하인즈가 붙잡히면 그의 아내의 상황은 결국 더욱 나쁘게 될 수 있다. 하인즈와 아내는 상황에 대하여 이야기를 나누고 돈을 구할 다른 방법을 찾아야 한다. 에이미는 약사에게 아내의 상태를 더 확실히 전달하는 데에 해결책이 있다고 생각하였다. 그래도 실패한다면 도와줄 수 있는 입장에 있는 다른 사람에게 호소하는 것이 해결책이라고 또한 생각하였다. 길리건은 이렇게 결론짓고 있다. "이들 두 아이들은 두 개의 다른 도덕적 문제들을 보고 있다. 제이크는 생명과 재산의 갈등을 보고 있는데, 이는 논리적 연역에 의해 해결될 수 있다. 에이미는 인간관계의 파열을 보고 있는데 이것은 관계 그 자체의 실에 의해 수선되어야만 한다."29)

길리건이 에이미의 반응에 의해 예시하고 있는 그러한 종류의 도덕적 사유는 복합적인 현상이다. 여기에서의 나의 의도에 중요한 것은 에이미가 물음을 교체한 것이다. 에이미는 "하인즈가 약을 훔치는 것이 옳은가, 훔치지 않는 것이 옳은가?" 하는 물음을 "어떻게 이들 관계 즉 하인즈와 아내의 관계, 하인즈와 약사의 관계가 유지되고 수선될 수 있을까?"의 물음으로 교체하였다. 사유에서의 이러한 종류의 움직임이 남성보다는 여성적인 특징이라는 가설을 나는 세우지는 않겠다. 나에게는 이것이 일상의 도덕적인 삶에서 남자나 여자나 모두 하고 있는 공통적인 일로 보인다. 우리가 문제를 교체하는 자주 있는 경우는 어떤 쪽이 옳은가를 확정함으로써 갈등을 해결하려는 시도가 결국 교착 상태에 빠지게 될 때, 그러면서도 어떤 방식의 해결을 여전히 우리가 찾고 있을 때이다. 에이미의 질문의 교체는 그녀가 타협에 두고 있는 도덕적 가치를 반영하고 있다.

3) 타협을 통한 관계유지의 통상성

도덕적 갈등이란 무엇이 좋거나 옳은가에 대한 신념 간의 갈등만이 아니다. 여기에는 각각의 당파가 세상에서 미래에 일어나기를 원하는 것과 관련된 갈등도 있다. 이러한 갈등은 당파들 간의 더 넓은 관계라는 맥락에서 종종 제시되는데, 이러한 관계는 어떤 이유로 각각의 당파가 유지하기를 원할 수도 있는 것이다. 이러한 이유들은 앞에서 본 도덕적 이유일 수도 있고 또 비도덕적인 이유일 수도 있다. 각각이 원하는 것이 다를 경우 어떻게 갈등을 해결할 것인가, 아니면 어떻게든 어물쩍거리고 넘어갈 것인가라는 물음은 그 문제의 도덕적인 옳음과 그름에 대한 확정적인 입장을 요구하지 않는다. 그러한 물음에 대해서는 무엇이 당파들 간의 더 넓은 관계를 유지할 것인가를 고려함으로써 답할

---

29) Carol Gilligan, *A Different Voice* (Cambridge, MA: Harvard University Press, 1982), pp.25-31.

수도 있다. 이러한 고려는 관계를 유지하려는 이유와 상통할 것이다.

우리가 이러한 종류의 사유에 철학적 정당성을 부여하든 말든, 우리는 그것을 일상적인 삶에서 언제나 활용하고 있다. 아주 특별히 다양한 구성원을 가진 대학의 철학과를 생각해 보자. 구성원들은 철학의 매우 다양한 접근법과 개념들을 대변하고 있다. 예컨대, 분석철학, 영미철학, 유럽대륙철학, 페미니즘, 아시아철학 등의 전공자들이 구성원일 수 있다. 학과가 한 사람의 신임교수를 몇 사람의 지원자들 중에서 뽑으려고 한다면, 학과 내의 집단들은 각각 더 좋아하는 지원자가 있을 것이며, 각각의 집단은 자신들의 선택이 전체 학과를 위해서 최선이라고 생각할 것이다. 하지만 학과의 조화라는 점에 관심을 두고, 어떤 집단은 자신들이 볼 적에 둘째나 셋째로 좋은 사람을 뽑는 데 동의할 것이다. 이러한 집단은 만약 투표를 하게 된다면 그들이 선호하는 사람이 뽑힐 수도 있지만, 그러한 승리가 학과 내에 대립과 적의를 만들어내게 될 것이며 이는 그들이 도덕적 가치도 있고 타산적 가치도 있다고 생각하는 학과 내의 신뢰와 협력의 분위기를 손상시키는 일로서 그들로서는 받아들일 수 없는 대가를 지불하게 할 것이라고 믿을 수도 있다. 그들은 또 자신들의 양보로부터 이득을 얻는 다른 집단이 다음에 비슷한 갈등이 있을 때 이를 고려할 것이라고 또한 기대할 수 있다.

4) 유가에서의 타협의 우선성: 쿠아

이러한 종류의 도덕적 사유가 남성보다는 여성적인 특징이라는 길리건의 주장이 옳다면, 우리 사회에서의 도덕적 노동에 일종의 분업이 있게 된다. 그렇지만 다른 도덕적 전통들에서는 그와 유사한 성적인 분업을 인정하지 않을 수도 있다. 유가의 덕목인 인(仁, ren)에 대한 쿠아(Antonio Cua)의 해석을 고려해 보자. 이 덕은 그에 따르면 인간의 갈등을 '판결'(adjudication)의 대상이라기보다는 '중재'(arbitration)의 대상으로 보는 태도이다. 중재는 다투는 당파들 간의 화해를 정향하여 논쟁

의 해결을 시도하는 것이다.30) 중재자는 "당파들의 옳음이나 그름보다
는 파열된 인간관계를 복구하는 데 관심"을 가진다. 따라서 중재자는
"다투는 당파들의 기대를 상호적인 관심사에 따라 형성시키고 그들이
서로를 하나의 공동체에서 상호작용하는 구성원으로 받아들이도록"31)
만들려고 한다. 유가에서는 '옳음과 그름'을 규정하는 객관적 원칙에 호
소하는 것은 사람들로 하여금 관계를 유지하고 발전시키는 대신 사람들
을 서로에게 소외되도록 하기 쉽다고 쿠아는 이야기하였다. 그리고 마
지막으로 쿠아는 중재가 실패할 때 적용될 그러한 원칙을 개발하는 것
이 유가에게 필요하다고 강력히 주장하였다.

　이러한 제안에 대한 자연스런 한 반응은 쿠아가 잘못된 길을 갔다는
것일 수 있다. 분명히 먼저 옳고 그른 것을 결정하려고 시도해야만 하
며, 그 다음에 중재를 시도해야 한다는 것이다. 이것은 중재를 이차적인
가치로, 즉 판결을 통한 해결이라는 일차적 가치가 실패했을 때 적용되
어야 하는 가치로 보는 것이다. 쿠아는 판결을 이차적 가치, 즉 중재라
는 일차적 가치가 실패했을 때를 대비하여 준비하고 있는 그러한 가치
로 본다. 그는 잘못된 길을 가지 않았다. 그의 제안은 **유가적 전통** 내에
서 일차적 가치로서의 조화와 화해가 차지하는 중심성을 반영하고 있
다. **타자와의 도덕적인 차이에도 불구하고 타자와 함께 잘 사는 것 그
자체가 일차적인 도덕적인 가치이다.** 객관적 원칙을 적용하는 것이 조화
에 대한 위협일 수 있다는 걱정은 이러한 일차적 가치의 중요성을 보여
준다. 이에 반해 중재를 이차적 가치로 제안하는 것은, 영미전통의 도덕

---

30) Thomas Seung은 '중재'라는 단어가 쿠아가 마음에 두고 있는 그러한 종류의 과
　　정에 대한 옳지 못한 이름일 수 있다고 지적해 주었다. 왜냐하면 그 말은 보통
　　제3자의 간섭을 의미하기 때문이다. 아마 '조정'(conciliation)이라는 말이 다투
　　는 당파들 자신들이 스스로 해결한다는 의미가 허용되는 더 나은 단어일 것이
　　다.

31) Antonio Cua, "The Status of Principles in Confucian Ethics," *Journal of
　　Chinese Philosophy* 16 (1989), p.281.

철학에서는 자연스러운 것일 수 있다. 이러한 전통에서는 도덕적 사유를 통해 논쟁을 해결하기 위하여 판결이 패러다임이 되기 때문이다.

영미적 전통과 고대 유가 전통 사이에 차이가 있다면, 그것은 주로 제일 가치로 판결을 중히 여기느냐, 중재를 중히 여기느냐 하는 것이다. 유가적 전통이 다투는 당파들 간에 옳고 그름을 정해 주는 것을 도울 원칙을 완전히 결여하고 있는 것이 아니다.32) 양 전통에서 화해는 일차적 가치나 이차적 가치로 기능한다. 무엇을 행위하는 것이 옳은가에 대해 숙고할 때 화해가 적어도 때때로 한 요소가 될 수밖에 없다는 것은, 특히 도덕률이 상당히 중요한 정도로 개인들 간의 이익갈등을 조절하고 중개하는 것이라는 점을 생각하면, 명백하다. 그렇지만 화해는 또한 이차적 가치로서 판결에 실패한 문제를 해결하려는 시도를 도울 수도 있다.

9. 타협이라는 가치에 입각하여 행동한다는 것의 의미는?

1) 관계 손상의 최소화

타협이라는 도덕적 가치에 입각하여 행동한다는 것이 공평한 토론과 평화로운 공존을 넘어선다는 것의 의미는 무엇일까? 이러한 생각들을 넘어서는 타협의 한 원칙은 대립적인 입장을 가지는 타자와의 더 넓은 관계에 잠재적인 손상을 최소화하는 방식으로 자신의 도덕적인 입장에 입각하여 행동하는 것이다. 이것은 사람들이 다른 사람들과 평화롭게 공존하기를 원하기 때문에 바람직하기도 하고, 또 도덕적 공동체의 범위가 흐릿하고 유동적이고 현재의 원칙이나 원칙의 적용이 상대적이라

---

32) 때때로 이타주의로 번역되는 서(恕 shu)라는 덕을 생각해 보라. 그것은 황금률과 맞먹는 유가의 덕목이라고 일컬어진다. 다음을 보라. *Lun-yü* or *Analects*(論語), 6:28.

면 다른 문제와 관련하여 그들과 힘을 합할 필요가 있기 때문에 바람직
하기도 하다. 이러한 것들이 타당한 충분한 이유들이 되지만 다른 이유
도 있는데, 그것은 더 넓은 관계에 대한 손상을 최소화하는 것은 대립
하는 쌍방이 서로를 단순히 어떤 입장이 공통의 제도에 의해 채택되게
하느냐라는 경쟁에서 대립하는 상대방으로가 아니라 존경과 비조작이라
는 어떤 긍정적인 도덕적인 관계를 가질 수 있는 사람으로 대하는 것을
더 쉽게 하기 때문이다.

그러한 도덕적 관계의 가능성을 유지하는 것은 도덕적 대립자들 사이
에 존재하는 더 넓은 관계를 유지하기 위하여 필요할 뿐만 아니라 그들
을 대립되게 만드는 바로 그 문제에 대한 타협의 가능성을 증진시키기
위해서도 필요하다. 임신중절 문제에서 친-선택 쪽의 한 활동가로부터
로 대 웨이드 사건에 대한 판결이 그때 내려진 것을 아쉬워하는 것을
듣고 놀란 적이 있다. 이 사람의 의견에 따르면, 판결이 친-생명 운동가
들에게 자신들이 정치적 전투에서 패배했다는 느낌을 주었고 이긴 사람
들에게 그 문제는 이제 전투가 되는 불행한 결과를 초래했다. 좀더 대
화를 하고 궁극적으로 타협을 할 기회가 상실되어 버렸다.[33] 그의 계산
은 그 당시의 심리적이고 정치적인 분위기에 대한 개인적인 파악에 기
초해 있으며 따라서 확증적인 것은 아니다. 하지만 이는 임신중절과 같
은 논쟁에서 타협이 의미하는 것이 무엇인가를 물을 때에는 고려되어야
만 하는 그러한 종류의 일이다. 친-선택의 관점으로부터도 최고법원의

---

33) *Ideals, Beliefs, Attitudes, and the Law* (Syracuse, N.Y.: Syracuse University
    Press, 1985), pp.96-97. Guido Calabresi는 로 대 웨이드 사건 이전에는 많은
    주의회들이 임신중절을 허용하는 쪽으로 움직였고, 어떤 주의회는 대법원 판결
    때까지도 그러했다고 보고 있다. 판결이 내려진 후에 새로운 의미의 '필사적인
    저지선'이 있게 되었고, 여기에서는 '임신중절을 금지시키기 위한 거의 광신적인
    압력'이 있었다. Calabrsi는 로 대 웨이드 사건의 판결이 태아가 인간으로 다루
    어져야 하는가 여부가 헌법적 문제가 아닌 것으로 봄으로써 친-생명의 형이상
    학을 범주적으로 배제시켰다고 비판한다. 그는 이러한 배제가 크게 반발을 불러
    일으켰다고 주장한다.

결정이 그 문제에 대한 공적인 토론을 순수한 정치적인 시합으로 변경시키는 결과를 가져올 것이라는 걱정을 뒤돌아서 할 여지가 있었다.

2) 심한 불일치의 최소화: 일반적 원칙보다는 특정한 예들에 초점 맞추기

타협의 다른 원칙은 어떤 현실적인 윤리체계도 언제 어떤 태도로 가치를 실현할 것인가와 관련하여 일정한 범위의 선택영역을 가질 것이라는 것을 인정함으로써 생겨난다. 현실과 당위 사이에 커다란 거리가 있을 때 {중간의} 어디에 에너지를 집중시킬지를 선택해야만 한다. 타협의 가치를 진지하게 고려하게 되면, 다른 조건이 같다면, 심각한 불일치를 가질 기회를 최소화하려는 데에 주의를 집중해야 한다. 불일치를 최소화하는 문제는 종종 도덕적 입장을 공적인 논쟁이나 토론의 장에 내놓을 경우 이러한 입장이 어느 정도의 일반성(generality)을 가질 것인가 하는 문제를 포함한다. 윤리체계의 가장 일반적인 원칙들은 비록 일반적으로 수용될 때에도 그것의 적용의 범위와 관련해서나 갈등관계에 있는 다른 원칙과 우선순위와 관련하여 심각한 갈등을 일으키기 쉽다. 일반적인 원칙들과 같이 더 추상적이고 일반적인 수준에서 일치를 이루는 것보다는 그러한 원칙들이 적용되는 특정한 예들에서 일치를 이루는 것이 때때로 더 쉽다.

예를 들어, 미국인들이 아주 일반적이고 추상적인 철학적 정의론에 상응하는 정합적이고 안정적인 신념은 가지고 있지 못하다는 앞의 주장을 고려해 보자. 아마도 이는 미국인들의 도덕적 지식의 결함이겠지만, 이러한 {상황은 어떤 다른 가능한 상황, 즉 대부분의 사람들이 정확히 규정되는 이 진영이나 저 진영에 속하여 이데올로기적 전투가 만연한 그러한 상황과 비교해 보면 나름대로 이점이 있다. 부와 수입의 분배가 얼마나 평등주의적으로 되어야 하는가라는 문제에 우리가 일치를 이룰 수는 없지만, 절대적 다수는 최소한의 상태는 충분하지 않으며, 급박한 필요(addressing need)를 위해서는 어떤 재분배가 있어야만 한다는 데에 동의한다. 물론 이러한 원칙이 어디까지 적용되어야 하는가에 대해서는 끝없는 불일치가 있다. 그 이유는 많은 다양한 정의론들이 그러한 원칙과 상통하지만 원칙의 적용의 정도와 성질을 규정하는 일에서는 정의론들끼리 서로 상통하지 않기 때문이다. 하지만 비록 만장일치는 아니라도 상당히 넓은 합의가 이루어지는 어떤 예들이 있다. 타협을 진지하게 수용하는 관점에서 보면, 분배적 정의의 덜 일반적인 문제들에 집중할 이유가 있다.

가장 일반적이고 포괄적인 원칙들의 수준에서의 타자와의 불일치는 극단적일 수 있는 반면, 주어진 현재의 환경에서 일들이 이미 벌어진 지금 무엇을 할 수 있는가를 고려하는 좀더 구체적인 수준에서의 불일치는 덜 심각할 수도 있다. 왜냐하면 모든 사람들의 선택이 좁아지기 때문이다. 예를 들어, 분배적 정의의 문제에 관련하여 가장 왼쪽 끝에 있는 평등주의자들도 그들의 이상에 비록 멀더라도 비슷한 어떤 것을 실현할 지금의 예견 가능한 전망을 고려해야만 하기 때문이다. 자유론자들도 통용되는 많은 정치적 수사들이 애매하게 자신들의 방향으로 기울어진다는 사실에도 불구하고 평등주의자들과 비슷한 인식에 이를 수밖에 없다. 양쪽 모두에게 분배적 정의의 가장 일반적이고 포괄적인 원칙들에서 다른 사람들과 자신이 불일치한다는 것을 강조하는 것은 아주 분별 있는 전략이 되지 못할 수도 있다. 적어도 지금으로서는 분배적 정의의 더 제한되고 구체적인 문제들과 관련하여 다른 사람들과의 일치를 강조하는 것이 더 좋을 수도 있다.

3) 차이에 다리 놓기: 자신의 신봉을 부분적으로 변경하기

또 다른 타협의 원칙은 앞절에서 서술한 심각한 불일치에 대한 이해로부터 생겨난다. 그러한 이해란 이러한 불일치가 인간에게 가치가 있다고 공통적으로 인정하는 일들을 상대적으로 강조하거나 우선순위를 부여하는 일에서 사람들이 다른 선택들을 한 결과로 생겨난다는 것이다. 다른 사람이 하는 상대적 강조나 부여하는 우선순위가 자신의 윤리가 채택하고 있는 것과 같지 않다고 하더라도, 사람들은 다른 사람들이 어떻게 그러한 선택을 하게 되었는지, 또 그렇게 구성된 삶의 방식이 어느 정도 만족스러운지 이해한다. 그러한 이해는 타협을 진지하게 고려하는 윤리 아래서는 다른 사람과 그들의 선에 대한 개념들, 그리고 옳음에 대한 두꺼운 개념들에 대하여 개방적이게 한다.

여기에서 타협적인 노력은 **차이에 기꺼이 다리를 놓으려는** 형태를 취한다. 때때로 이것은 기꺼이 양보를 교환하는 데에 이른다. 위에서 제시된 대로, 임신중절의 도덕성에 대하여 강경한 자유주의적 입장이나 보수주의적 입장을 취하는 사람들은 그들 상호간의 불일치가 심각하다는 것을 인정할 뿐만 아니라, 그 문제에 대하여 상당히 비확정적인 신념을 보이는 많은 사람이 있다는 것도 또한 인정한다. 그러한 경우에, 확정적인 입장을 취하려고 하는 사람들은 법적 문제와 관련하여 기꺼이 절충함으로써, 예를 들자면 임신중절의 법적 권리는 인정하되 그러한 권리를 어떤 방식으로 규정하거나 제한함으로써, 다른 사람의 영향에 개방적임을 보일 수 있다. 이럴 경우 그러한 제한의 내용과 정도는 협상의 대상이 될 수도 있다.[34]

다른 사람의 영향을 받고 차이에 다리를 놓으려는 개방성은, 내가 이 장의 서두에서 주장한 대로, 다른 삶의 방식에 대한 추가적인 이해와 평가에 입각하여 좋음과 옳음에 대한 자신의 개념을 확장시킬 준비가 되어 있다는 형태를 취할 수도 있다. 이러한 종류의 준비되어 있음은 공평하고 민주적인 토론이라는 이상이 요청할 수 있는 것을 넘어선다.

34) 권리를 규정하거나 제한한다는 생각이 절충의 정신에서 진지하게 제시되는 것이 필수적이다. 임신중절의 권리를 전적으로 철회시키려는 전투에서 진지를 얻는 은밀한 방식으로서 단순히 그렇게 해서는 안 된다. 임신중절의 절충 가능성에 대한 재미있는 토론이 다음에 있다. Benjamin, *Splitting the Difference*, chapter 6.

예를 들어, 부정적인 증거에 직면하여 자신의 견해를 변화시킬 준비가 되어 있다는 수동적인 덕을 넘어선다. 다른 사람들로부터 배운다는 것은 수동적인 덕 대신에 그들의 삶의 방식으로 살아가는 것이 어떤 것일까에 대한 더 생생하고 자세한 이해, 그들과 상당한 상호작용을 함으로써만이 얻을 수 있는 그러한 이해를 얻으려고 하는 적극적인 자발성을 요구한다.

이러한 추가적인 이해가 다른 사람의 삶의 방식을 자신의 것과 마찬가지로 타당한 것으로 수용하게 할 필요는 없다. 이러한 이해는 **다른 사람의 삶의 방식에서 가치 있게 본 것을 부분적으로 통합**시키도록 이끈다. 독특한 윤리체계들이 독특한 문화들과 일치하고, 이러한 문화들이 하나의 사회 내에 공존해야만 할 때, 다양한 도덕률들은 종종 서로 접촉함에 따라 변형된다. 다원론에 의해 제기되는 윤리적 문제들에 대한 너무도 많은 토론들이 우리가 다음 세 가지 중에서 선택할 수밖에 없다고 전제하고 있다. ① 우리에게 불유쾌한 측면을 보이는 다른 삶의 방식을 억누르기, ② 네이글과 굿맨과 톰슨이 제공하는 그러한 종류의 이유들로 그렇지 않았으면 우리가 억눌렀을 다른 삶의 방식을 관용하기, ③ 인간의 다양성에 대한 자비로운 이해에 의하여 타당하고 허용 가능한 삶의 방식에 대한 나의 개념을 단순히 변경함으로써 그러한 관용을 대신하기. 우리의 선택을 이렇게 세 가지로 제한하는 것은 우리가 다른 사람들에게 반응하는 방식의 복잡성을 숨기고 있다. 다른 삶의 방식에 대하여 생각할 때, 우리는 우리가 그 다른 삶의 방식에서 본 어떤 것을 결여하고 있다는 것을 알게 되어, 이 장의 서두에서 주장한 것처럼, 우리 자신의 신봉을 이에 따라 변경할 수도 있다.

4) 타협의 전제조건들

사람들이 타협이라는 도덕적 가치를 강하게 신봉한다고 하더라도, 타협이 다른 도덕적 가치들에 언제나 앞설 수는 없다. 특히 타협은 다른 사람들과의 심각한 불일치의 원천인 그러한 가치들에 언제나 앞설 수 없다. 사람들은 결국 이러한 가치들이 너무 중요해서 적어도 어떤 경우에는 타협할 수 없다고 단순히 판단할 수도 있다. 임신중절에 대해 보수주의적 입장을 취하는 사람은 타협책으로 태아발달의 초기단계에서의 임신중절에 대한 법적 허용을 수용할 수도 있다. 그러나 유아살해에 대해서는, 비록 어떤 나라에서는 이것이 관행이기는 하지만, 어떠한 절충도 수용하려 하지 않을 것이다. 그리고 이들은 관행적으로 유아살해를 하는 사람들과의 불일치가 공통의 이성을 이용해서 해결될 수 없는 것으로 본다고 해도 절충을 받아들이려고 하지 않을 것이다.[35]

타협이 더 중요한 불일치와 강경한 태도가 더 중요한 불일치를 어떻게 구분할 것인가? 나는 이것이 궁극적으로 구체적인 상황에서의 판단의 문제이며 매우 유용할 일반적인 기준선이라는 방식으로 정식화하는 것은 불가능하다고 믿는다. 하지만 이것이 어려운 것은 타협이라는 가치가 개입되었기 때문이 아니다. 사람을 더 크고 바람직한 목적을 위하여 사용하는 것을 금지하는 것과 관련된 갈등에서처럼, 타협이 개입되지 않은 갈등에서도 맥락화된 판단(contextualized judgement)이 필요하다는 같은 결론을 내릴 수 있다. 어떤 목적이 그러한 금지를 넘어서는 것을 정당화할 정도로 충분히 강력한가 여부는 궁극적으로 판단의 문제이다. 맥락화된 판단은 도덕적 가치와 도덕적 의무의 원천이 환원 불가능하게 다원적이라고 믿는 사람에게는 언제나 필수적인 것이다.

그럼에도 불구하고 타협이 바람직하다는 판단에 영향을 줄 어떤 요소들을 찾아내는 것은 가능하다. 물론 이러한 요소들이 일반적인 원칙으로서 판단을 결정하지는 않는다. 예를 들어, 다른 사람과 기꺼이 타협하고자 하는 마음은 다른 사람들이 **자발적으로 상호작용을 하려고 하는가**에 대한 평가에 달려 있다. 다른 사람이 양보를 얻기 위하여 자신의 입

---

35) Leonard Harris가 타협을 할지 말지를 결정할 때 다른 가치가 문제가 되는지를 고려할 필요가 있다는 점을 나에게 지적해 주었다.

장을 단순히 밀어대기만 한다면, 그것은 타협하지 않을 이유가 된다.[36) 좀더 건설적으로 말하자면, 그것은 이러한 사람들에게 당신이 타협하지 않으려 하기 때문에 타협이 무위로 돌아갈 수 있으며 이를 피하기 위하여 태도를 바꾸어야 한다는 점을 환기시켜 줄 이유일 수 있다. 대립하고 있는 쪽이 다른 맥락에서는 그들이 고집하지 않는 가치에 의거하여 그들의 입장을 정당화하려고 한다면 그것도 타협하지 않을 이유가 된다. 이러한 종류의 비일관성은 **제시하고 있는 가치에 대한 신봉의 결여나 심지어 부정직**을 반영할 수 있다. 다른 한편으로 다른 쪽을 부정직하다고 비난하는 것이 대립적인 입장을 참된 도덕적 입장이라고 보지 않으려고 하는 손쉬운 방법일 수 있다는 가능성에 대하여 조심하여야만 한다. 상대방이 부정직하다고 비난하는 것은 상대방의 도덕적 입장이 일관적이 않다기보다는 (실제로 나의 입장이 복합적인 것과 같이) 복합적이라는 것을 기꺼이 받아들이지 않기 위해 때때로 하는 일일 수 있다.

나아가 다른 사람들과 타협을 해야만 하느냐 여부는 때때로 그들과 자신의 권력관계와 관련이 있다. 자신이 종속적이어서 **자신들의 견해가 다른 사람들에 의해 진지하게 고려되지 않고 있다고** 느끼는 집단은 다른 사람들과 타협하려는 어떠한 제안도 받아들이려고 하지 않을 것이다. 임신중절과 관련된 갈등이 그렇게 까다로운 한 이유는, 양쪽에 속해 있는 상당한 숫자의 사람들이 자신들이 권한이 없으며 이러한 맥락에 대해 권력을 가진 사람들이 충분히 진지한 주의를 기울이지 않고 있다고 느끼기 때문이다. 타협의 도덕적 가치를 인정한다고 해서 교착상태에 빠진 갈등을 해결할 길이 언제나 있는 것은 아니다. 그렇지만 타협이 언제나 다른 사람에 대하여 자신의 입장을 강요하는 일의 단순한 대치물이 될 필요가 없다는 것을 주목하는 것은 도움이 된다. 때때로 갈등하는 쌍방이 자신의 입장을 상대방에게 강요한 **다음에** 비로소 타협이

---

36) Lawrence Becker and Thomas Hill, Jr.가 나에게 이러한 문제를 지적해 주었다.

적합하다. 임신중절 문제와 관련된 갈등에 대한 절충도 양쪽의 충분한 사람들이 권력을 가진 사람들에 의해 진지하게 고려를 받고 영향을 행사하는 데 성공했을 때, 실제적인 가능성으로서 등장할지도 모른다.37)

5) 타협을 위한 덕목들

타협의 가치를 어떻게 실현할 것인지에 대해 생각해 보면, 타협의 전략과 그것이 수용될 조건에 대해 생각할 뿐만 아니라 사람들이 전략을 개발하고 그것에 의거하여 효과적으로 행동하도록 하는 덕목들에 대해서도 생각할 필요가 있다. 창의성과 임기응변성이라는 덕목들은 자신의 도덕적 입장에 입각하여 행동하면서도 대립하는 사람들과의 관계에 대한 손상을 최소화시키는 능력, 자신이나 상대방이 수용할 수 있는 양보를 찾아내는 능력, 갈등하는 윤리체계로부터 나온 요소를 자신의 윤리체계에 통합시키는 능력에 필요하다. 물론 우리에게는 애매성을 견뎌내는 덕도 필요하다. 이는 신념의 상당한 비확정성에 기꺼이 대응하면서, 도덕적 대립이 수렴되는 더 특정한 문제에 초점을 맞춤으로써 심각한 불일치가 있는 일반적이고 추상적인 원칙들에 대한 신봉을 회피하려는 노력이다.

---

37) Patricia Mann, Jane Martin, and Nancy (Ann) Davis의 논평을 듣고서 나는 비록 그들의 걱정을 충족시키지는 못하지만 임신중절 문제의 복잡성에 대해 더 생각하게 되었다. 내가 볼 적에는, 다양한 나라들이 임신중절 논쟁을 어떻게 다루고 있는가를 비교연구하게 되면 어떤 해명을 얻을 수 있을 것 같다. 많은 미국인들은 '다음날 아침' 피임약(morning after pill)이 프랑스 정부에 의해 학교 양호실에 표준 약품으로 포함되도록 승인되었다는 사실에 놀란다. 미국에서는 상당한 정도로 정치적 과정에 관련 집단들이 — 이 경우에는 간호원조합, 학생 조합, 추기경, 부모, 의사, 여성집단, 집권 사회당, 그리고 교육청 — 실행 가능한 절충에 이르는 데 발언권을 갖는 예의 전통이 있다. 모두는 임신중절의 숫자를 많이 감소시킨다는 공통의 목적을 가지고 있다. 실제로 프랑스는 미국보다 임신중절률이 낮다. 다음을 보라. Diane Johnson, "Abortion: the French Solution," *New York Times*, February 22, 2000.

용기와 같이 우리가 일반적으로 덕이라고 간주하는 것들처럼, 타협을 가능하게 만드는 덕에 대해서도 사유, 지향적 구조 그리고 심리적 전제들에 대해 탐구할 필요가 있다. 실제로, 도덕철학이 **창의성, 임기응변성, 그리고 애매성을 견디며 잘 생각하고 행동하는 능력**에 대하여 상대적으로 거의 주의를 기울이지 않았다는 것은 주목할 만하다. 그리고 아마도 이것은 판결 모델(adjudication model)과 더불어 추상적이고 일반적인 것에서 덜 그러한 것으로 사유하는 위에서 아래로 모델(top-down model)이 지배적이었음을 보여주고 있을 것이다.

이러한 점들은 교육자들에게 중요한 의미를 갖는다. 비판적 사유, 의견을 달리하기, 독립적으로 사유하기를 지지하는 것은 이제 상식이 되었다. 그러나 다채로운 사회의 시민으로서 준비되기 위해서 학생들은 이러한 덕들과 더불어 그들과 깊은 불일치를 보이는 사람들과 함께 공동체가 될 수 있는 방식을 익혀야 한다. 예를 들어, 학생들이 선생님들에게 진실로 귀를 기울일 뿐만 아니라 토론하면서 서로 간에도 귀를 기울인다는 것이 구체적으로 의미하는 것에 대하여 생각해야만 한다. 우리가 누구를 어떤 이유로 칭찬하는지와 관련해서 우리의 뿌리 깊은 습관을 검토할 필요가 있다. 이러한 습관들이 학생들에게도 습관을 만든다. 우리는 학생들이 모든 비판으로부터 자신의 입장을 옹호하고 효과적으로 다른 사람의 입장을 비판할 수 있을 때 그러한 탁월한 능력을 최고로 평가하는 경향이 있지 않은가? 아니면 다른 사람들이 그들 자신의 신념에 비추어볼 때 의미 있는 근거를 가질 가능성에 개방적이고, 다른 사람들이 어떻게 생각하는가에 대한 깊은 이해를 통하여 자신을 기꺼이 수정하는 학생을 높이 평가하는가? 다른 사람들에게 귀를 기울이고 반응하는 이러한 습관으로의 변화는 교과과정 내용의 변화보다 더욱 깊은 영향을 줄 수도 있다. 이와 같은 변화들이 차이를 타협으로 해결하도록 발전하는 공동체들에 핵심적이다.

6) 철학적이며 동시에 실천적인 존재로서의 인간

판결, 그리고 독립적이고 비판적인 사유가 물론 중요하다. 그러나 우리가 해온 것처럼 그것들에만 배타적으로 초점을 맞추는 것은, 상대주의자든 절대주의자든 다같이 부딪치게 되는 아주 실천적인 문제들, 즉 지금 우리와 아주 심각하게 불일치하고 있는 다른 사람들을 다루는 일과 관련된 문제들을 무시하게 된다. 다행스럽게도 **우리는 철학적인 존재이면서 또한 실천적인 존재이며, 우리의 실천적인 삶에서 그러한 불일치를 다루어 왔다.** 우리는 그러한 축적된 경험으로부터 우리가 필요로 하는 자세한 철학적 설명을 끌어낼 수 있다.

10. 다문화 사회에서 살아가기

내가 여기에서 그려온 도덕적 다양성과 그것에 대처할 우리의 필요와 능력에 대한 그림은 다문화주의(multiculturalism)라는 최근의 추세와 문화적 다양성을 이해할 필요성에 대한 점증하는 인정에 의거하고 있다. 이러한 추세에 대하여 사람들이 말하는 두 가지 걱정이 있다. 하나는 이러한 추세가 민주주의 사회에서 공유되어야만 하는 가치에 대한 부식적인 회의주의(corrosive skepticism)를 증진시킨다는 것이며, 다른 하나는 다양한 윤리 및 문화 집단들 사이의 불안정성과 갈등(instability and conflict)을 증진시킨다는 것이다.

1) 자신의 문화를 부식시킨다는 걱정에 대한 비판

첫째 걱정은 다른 문화의 가치를 가르침으로써 우리가 스스로 우리 자신들의 민주적 가치가 객관적으로 옳다는 믿음을 붕괴시킨다는 걱정이다.[38] 내가 보기에 이러한 걱정은 다문화 교육, 특히 서구문화에서 인정하는 '위대한 저술들'과 더불어 여성에 의한 저술들과 주류 문화가 아닌 문화의 저술들이 소개되는 데 대해 제기되는 반대에 깔려 있다. 이러한 걱정에 대한 한 대답은 **문화적 다양성을 이해하고 객관적으로 옳을 수 있는**, 심지어는 유일하게 참된 도덕률이 있다는 아주 강력한 의미에서도 객관적으로 옳을 수 있는, **다른 문화에 대하여 배울 이유가 있다는 것이다.** 결국 사람이 자신이 알고 있는 것에 대해 합리적인 정도의 겸손을 가지고 있는 한에서만 다른 문화로부터 배울 수 있다고 생각할 수 있다. 다른 문화로부터 배우려는 시도는 내가 이 책 전체에서 그리고 있는 문화적 다양성이라는 그림, 즉 다른 문화가 이상한 가치들의 낯선 배열이 아니라 익숙한 가치들 간의 갈등이라는 어떤 보편적인 패턴을 다루고 있는 인정할 만한 시도라는 이해에 따르면 타당한 것이다. 다른 문화가 이러한 갈등에 대응하여 다른 길을 갔을 수도 있고 우리가 어떤 익숙한 가치에 대해서 하는 것보다 훨씬 더 큰 강조를 했을 수도 있다는 사실은, 우리가 그들이 취한 길을 복사하기를 바라지 않는다고 해도 그들로부터 배울 수도 있다는 것을 의미한다.

다른 문화들에 대한 존경은 이러한 문화들이 우리가 귀중하고 여기는 것을, 비록 같은 방식이나 같은 정도는 아니라고 하더라도, 마찬가지로 귀중하게 여긴다는 것을 인정하는 데에 달려 있을 수 있다. 우리는 다른 문화가 어떤 가치들을 가장 강하게 강조할 것인가라는 문제에서 다른 선택을 하고 있다는 점을 인정해야 하며, 또 우리는 이 세계에서 우리가 모든 중요한 가치를 모두 동등하게 강조할 수 없다는 점도 인정해야 한다. 이것은 가치에 대한 생각 없는 회의주의로 전락하는 것이 아니다. 실제로 문화적 다양성이라는 어떤 그림을 제시하면서 내가 주장해 온 것처럼, 우리는 어떤 영역의 가치들이 인간 존재에게 적합하다고

---

38) 이와 같은 걱정이 다음에서 제시되고 있다. William Galston, *Liberal Purposes: Goods, Virtues, and Diversity in the Liberal State* (Cambridge: Cambridge University Press, 1991), pp.251-255. 다음도 보라. Michael Sandel, "Morality and the Liberal Ideal," *New Republic* (May 7, 1984), pp.15-17.

전제할 수 있다. 우리가 어떤 문화도 인간 존재가 귀하게 여기는 모든 것을 극대화할 수 없다고 인정한다면, 우리는 다른 문화가 있다는 것을 반길 것이다. 우리는 문화적 다양성을 문제라기보다는 오히려 축복으로 볼 것이다.

다문화 운동은 **다른 문화가 이상한 가치들의 전적으로 낯선 배열이라** **는 그림을 채택함으로써** 회의주의의 첫째 걱정을 고무해 왔다. 이는 내가 이 책 전체를 통하여 그려온 많은 문화교차적인 비교에 맞지 않을 뿐만 아니라 다른 문화에 대한 이해를 도울 수 있는 긍정적인 경우를 제시하는 데에도 완전히 실패한다. 이러한 그림은 **우리 자신의 문화가 다른 문화들보다 우월하다는 판단을 우리가 하지 못하게 할 수도 있지** 만, 또 마찬가지로 어떠한 판단도, 심지어는 **다른 문화들이 가치를 가지 고 있다는 판단도 보류하게 만든다.** 결국 다른 문화가 우리의 감수성에 그렇게 이국적이라면, 왜 우리가 그들에 대하여 어떤 판단을 할 수 있 다고 생각해야 하는가? 물론 이러한 그림을 제시한 사람들은 우리가 판 단을 유보하기를 의도했을 수도 있다. 그들은 문화를 존중한다는 것이 그것들의 가치에 대한 판단을 유보하는 것을 **의미하는** 것처럼 때때로 이야기한다. 그러나 이러한 방식으로 다문화주의를 지지하는 것은 궁극 적으로 어리석은 일이다. 이는 우리가 다른 문화로부터 무엇을 **배울** 수 있다고 말할 아무런 근거를 제시하지 못한다. 그리고 가장 호소력 있는 형태의 다문화주의는 그러한 이해가 아니다. 결국 우리가 다른 문화의 저술들에 들어 있는 가치를 이해하지 못한다면 그러한 저술들을 교사가 교재로 지정하기 위하여 어떤 정당화를 제시할 것인가?

물론 나는 이 책의 여러 군데에서 우리의 가치들 중의 많은 것들이 아주 강력한 의미에서, 즉 사람들이 채택해야만 하는 유일하게 참된 것 이라는 의미에서, 객관적으로 옳은 것이 아닐 수도 있다고 주장해 오고 있는 중이다. 그렇다면 내 자신의 입장은, 다문화주의 일반이 그러할 필 요는 없다고 하더라도, '부식적인 회의주의'라고 간주될 수도 있다. 회의

주의가 우리가 우리의 방식을 어떻든 자연의 구성요소에 속하는 것이라고 간주할 수 없다는 것이며 다른 사람들의 방식도 더 잘 정당화되지는 않아도 우리 것과 마찬가지로 정당화될 수 있다는 것을 의미한다면, 나는 회의론자이다. 하지만 나는 이러한 종류의 회의주의를 회피할 좋은 길을 알지 못하며, 우리의 도덕적 신봉들이 필연적으로 침식될 필요가 없다고 주장해 왔다. 신봉의 기초를 다시 생각해 보아야 한다. 우리의 가치들에 대한 우리의 신봉의 기초를 재검토하는 것이 우리와 심각한 도덕적 불일치를 보이는 사람들에 대한 우리의 행동방식에 영향을 미칠 것이 틀림없다는 것도 사실이다. 그러나 내가 이 장에서 주장해 온 대로, 우리는 그러한 불일치를 다룰 우리의 방식을 가지고 있다.

2) 문화 간 갈등이 증대한다는 걱정에 대한 비판

이제 다문화주의에 대한 둘째 걱정을 생각해 보자. 그러한 걱정은 다양한 문화를 가르침으로써 우리가 다문화 사회의 '발칸화'(balkanization) 즉 발칸반도처럼 적대하는 여러 진영으로 분리될 것이라는 걱정이다. 달리 말하자면 이러한 걱정은 문화적 차이를 인정하는 것이 문화적으로 독특한 집단들로 하여금 그들의 이익을 다문화적인 사회의 공통의 이익보다 언제나 앞세우게 고무할 것이라는 걱정이다. 갈등하고 있는 윤리적 전통을 가진 집단들 사이에 무엇이 협력의 동기가 될 것인가? 차이를 인정하는 것이 갈등의 근원을 인정하는 것, 그것이지 않은가?[39] 이러한 걱정에 대해 이야기하기 위하여 우리는 내가 이 장에서 강조해 온 한 사실을 인정할 필요가 있다. 즉 가치들과 그것들의 적절한 적용에 대한 **심각한 불일치가 문화들에 걸쳐서**(across cultures) **뿐만 아니라 문화들 내에서도**(within cultures) 발견된다는 것이다. 하나의 문화적 전통

---

39) 이러한 걱정과 같은 것이 Charles Taylor의 글에 대한 Stephen Rockefeller의 논평에 나타난다. Charles Taylor & Amy Gutman, *Multiculturalism and The Politics of Recognition* (Princeton Univ Press, 1992), pp.87-98.

에 기초하고 있는 공동체들조차도 그들의 계층들 내의 심각한 불일치를 다루어야만 한다. 윤리적 신념의 엄격한 일률성이 실제 공동체를 가지기 위한 필요조건이라고 한다면, 우리는 거의 공동체를 가질 수 없을 것이다. 나의 주장에 따르면, 우리는 심각한 내적인 불일치에 직면해서도 공동체를 함께 유지하는 방식들을 가지고 있으며, 이러한 방식들은 다양성을 억압하거나 모두를 하나의 지배적인 문화에 동화시키려고 시도하지 않는 그러한 다문화적 사회에 적용 가능하다.

타협이라는 가치가 사회와 그 윤리적 전통의 안정성과 통합성에 결정적이라는 것을 인정하면, 발칸화라는 걱정에 대하여 이야기할 것이 있게 된다. 물론 상대적으로 다채로운 공동체는 더 큰 스트레스를 받을 수 있다. 타협이라는 가치에 입각하여 행동하는 것이 갈등을 통제하는 데에 언제나 성공하지 않는다는 것도 인정해야만 한다. 예를 들어 캐나다 퀘벡 사람들의 오래된 불만과 타협하고자 하는 헌법개정 시도의 실패가 어떤 사람들로 하여금 분리를 주장하도록 했다는 것을 생각해 보라. 타협이 갈등하고 있는 쌍방 모두에 의해서 인정된다고 하더라도, 그것이 갈등의 원천이 되고 있는 다른 가치들보다 언제나 우선성을 가지지 않을 수도 있다. 이러한 다른 가치들이 타협보다 더 중요하다고 단순히 주장할 수도 있다.

때때로 타협이 문제가 되고 있는 다른 가치들보다 더 중요한지 덜 중요한지를 평가하는 데에 불일치가 있기도 한다. 다문화주의와 성적 평등과 권리의 문제가 포함된 논쟁적인 경우를 검토해 보자. 미국 시애틀에 있는 워싱턴 병원이 소말리아에서 이민 온 어머니들에게 남자아이의 할례를 원하느냐고 물었을 때, 이들 어머니들은 남자아이들과 **함께** 여자아이들도 할례를 해달라고 요청하였다.[40] 그들이 여자아이들에게 해

---

40) 다음을 보라. Doriane Lambelet Coleman, "The Seattle Compromise: Multi-cultural Sensitivity and Americanization," *Duke Law Journal* 47 (1998): 717-778

달라고 요청한 유형의 '할례'(circumcision)는 소위 많은 반대자들이 '여성 생식기 삭제'(female genital mutilation)라고도 부르는 것이었다.

이러한 관행의 형태는 아시아와 아프리카의 여러 지역들에 따라 아주 다르다. 클리토리스의 윗부분을 제거하는 것에서부터 전체를 제거하거나 외음부를 모두 제거하고 그 상처를 모두 꿰매는 것에 이르기까지 아주 다양하다. 그러한 관행의 형태가 다양한 것처럼, 그렇게 하는 이유도 다양하다. 그러한 관행을 악명 높게 만든 한 이유는 그것이 음란을 방지하고 미래의 남편에 대한 순결을 보장한다는 것이다. 때로는 종교적인 이유가 있기도 하다. 이러한 관행을 하는 회교도들은, 비록 그것이 그 종교 내에서도 심각한 논쟁이 있긴 하지만, 종종 그것이 예언자 모하메드에 의해서 인정되었다고 믿는다. 하지만, 어떤 공동체들에서는 그러한 관행이 통과의례로서 몸을 비옥하게 하는 것으로 간주되거나 고통에 대한 용기나 인내의 시험으로 여겨진다. 어떤 사람들은 명시적으로 진술된 이유들에만 집중하고 공동체의 유대를 증진시키는 것과 같은 숨어 있는 기능을 무시함으로써 의례적 관행을 일차원적으로나 피상적으로 평가하는 것을 경계해 오기도 했다.[41] 그들은 그러한 관행의 의미와 환경의 다양성을 고려하면서 가부장적인 통제가 언제나 그러한 관행의 바닥에 있는 기능임을 자동적으로 가정하는 것을 또한 경계해 왔다.

이 모든 것이 시애틀의 병원이 직면한 문제의 배경이다. 그 병원은 많은 이민자 공동체에 봉사하며 그들의 독특한 문화적 관행에 민감하게 반응하는 것을 우선시하고 있었다. 반면에 의료진은 여자아이들에 대한 전통적인 할례와 같은 것을 수행할 생각이 조금도 없었다. 이민 온 어떤 부모들은 한 방울의 피를 흘리는 클리토리스에 대한 상징적인 상처내기를 절충적인 해결책으로 스스로 제안하였다. 병원은 이에 동의하였

---

41) 다음을 보라. L. Amede Obiora, "Bridges and Barricades: Rethinking Polemics and Intransigence in the Campaign Against Female Circumcision," *Case Western Reserve Law Review* 47 (1997): 275-378.

는데, 그 부분적 이유는 부모들이 병원에서 그렇게 하지 않으면 그러한 절차를 행할 다른 곳으로 딸들을 보낼 것이라고 이야기하였는데 의료진들은 다른 곳에서의 그런 절차가 훨씬 더 극단적이고 위험할 것 같다고 생각했기 때문이다. 그렇지만 병원은 그러한 절충적 정책을 철회해야만 했다. 왜냐하면 전통적 관행에 대한 조그만 양보라고 간주될 수 있는 어떤 것에 대해서도 불같은 항의가 제기되었기 때문이다. 이러한 항의에 따라 그러한 제안을 철회한 것은 중요한 가치들 간의 성공적인 협상의 기회를 잃게 만들었다. 한편으로 문화적이고 종교적인 신념들과 관행들을 존중한다는 가치가 있다. 이러한 것들의 의미와 참된 이유는 다채로우면서 또 극단적으로 이해하기 어려울 수 있다. 이것은 미국의 지배적인 문화나 종교적인 관행에 대해서도 마찬가지이다. 반면에 가부장적 통제에 기여하는 것으로 또 어떻게든 심각한 의료적 피해를 주는 것으로 무리 없이 간주될 수 있는 적어도 극단적인 형태의 관행을 받아들일 수 없다는 도덕적 명령이 있다. 시애틀의 병원의 제안은 이들 **가치들을 절충하는 합당한** 길로 보인다. 그러나 이러한 **제안**은 여성할례와 같은 어떤 것에도 **비타협적으로 반대하는** 사람들에 의해 결국에는 **취소되었다.** 나는 그러한 비타협적인 입장에 동의하지는 않지만, 그러한 입장의 바닥에 깔려 있는 성적 평등에 대한 관심은 존경할 수 있다.

타협의 가치가 다른 고려에 의해 강화될 때, 하나의 다채로운 공동체의 유지에 희망이 있게 될 것이다. 앞에서 **나는** 다른 문화들이 우리 자신의 문화들과 어떻게 다른가를 이해하는 것이 다른 사람들이 어떻게 우리에게 익숙한 가치들을 긍정하는가를 이해하는 것이라고 지적하였다. 차별성을 인정하듯이 마찬가지로 공통성을 인정하고, 공유된 가치들을 증진시킨다는 공통의 목적을 추구하는 것이 중요하다. 다문화 교육은 그것이 차별성과 마찬가지로 공통성과 공유된 목적의 가능성을 인정한다면 시민교육일 수 있다. 파인버그는 일본인들의 의존성에 대한 추구를 서구적인 자유라는 가치의 부정이라고 이해하지 않고 인간에게 필요한 무조건적인 믿음과 돌봄의 관계를 긍정하는 것이라고 이해하려 하였다는 것을 기억하자. 그러한 **공통성의 인정과 그러한 공통성에 기초하는 공통의 목표를 형성하려는 의지는 차이의 분리적인 효과를 완화시키는 경향이 있다.** 나아가 다양성이라는 가치 그 자체는 하나의 다채로운 사회를 함께 유지하는 경향이 있다. 우리가 어떤 문화도 인간이 귀하게 여기는 모든 것을 극대화할 수 없다는 것을 인정하면, 우리가 다른 문화로부터 그들이 강조하는 가치들 때문에 배울 수 있다는 것을 인정하면, 우리는 다채로운 사회가 필요악이 아니라 좋은 것이라고 보게 될 것이며, 그것을 함께 유지할 훨씬 많은 이유가 있게 된다.

게다가 우리는 다양한 버전의 발칸화 걱정의 바닥에 깔려 있는 내재적 가정, 즉 문화적이고 윤리적인 차이가 자신의 집단에 갈등과 당파성을 일으키는 원인이라는 가정을 받아들이지 않도록 조심해야만 한다. 이러한 가정은 갈등의 원인에 대한 분석으로는 너무 단순한 것이다. 미국의 사회집단들 중에서 아주 극단적으로 대립하고 있는 갈등들 중의 하나인 백인과 흑인 간의 갈등을 생각해 보자. 이러한 갈등의 양쪽 모두에 이것을 문화적 갈등이라고 보는 사람들이 있다. 하지만 그들조차도 이러한 갈등이 그것 이상의 것임을 받아들일 것이다. 우리는 단순히 문화적 차이만을 보아서는 안 되며 집단들 사이의 불평등의 원인을 보아야 한다. 일단 이렇게 보면, 적절하게 강조되어야 할 것은 불평등의 교정이지 문화적 차이를 없애는 것이 아니라고 우리는 결론 내릴 수도 있다. 어떤 문화적 차이가 '큰' 것인지를 결정할 아주 명확한 척도를 우리는 가지고 있지 않다. 하지만 집단으로서 백인 미국인과 미국에서 두 세대 이상을 산 흑인 미국인들 사이의 문화적 거리는 미국 내에서도 아주 큰 거리에 속하지 않는다. 이들 두 집단 사이에 특히 강력한 갈등이 있다면, 그 탓을 문화에 돌릴 수는 없다.

한편, 흑인집단은 (교육과 사회경제적 지위에서) 다양해지고 있는데, 이는 더 큰 사회의 인구비율을 반영하고 있다. 소위 미국의 도시 '하층

계급'의 '문화'조차도 더 큰 문화의 한 추세라고 말할 수 있다. 이러한 계층에서의 사회적 쇠약의 많은 신호들은 인종이나 계층과 상관없이 더 큰 사회의 이곳저곳에서 나타난다. 호크쉴드(Jennifer Hochschild)가 관찰한 대로, "모든 인종과 계급에 걸쳐서 약간의 미국인들은 어린이를 가지고 있고 불법적인 마약을 그만둘 때 직업을 가지고 결혼을 하거나 결혼을 유지한다."[42] 나는 위에서 두 집단 간의 권력관계의 불균형이 그들 간의 타협에 장벽이 될 수도 있다고 지적하였다. 여기에서의 나의 요점은 부정의에 대한 지각과 더불어, **권력의 불균형이 갈등의 일차적 원인일 수는 있지만 문화적 차이가 그러한 것은 아니라는 것이다.**

학교나 전문대학이나 대학에서 인종적이고 민족적인 집단들 간의 갈등을 이야기할 때, 불평등의 역할을 우리는 고려해야만 한다. 그러한 긴장의 예로, 버클리에 있는 캘리포니아대학(University of California)의 아주 다양한 전체 학생을 살펴보자.[43] 버클리에서의 다양성에 대한 그들의 경험에 대해서 인터뷰했을 때, 많은 백인학생들은 다른 인종이나 다른 민족 집단의 학생들과의 상호작용에 대한 욕망을 표현하였다. 그들은 높아진 인종의식 분위기와 인종이나 민족에 따르는 조직들의 만연에 좌절을 느꼈다. 반면에 흑인학생들은 같은 집단 사람끼리의 우정, 사회활동, 사회조직을 선호한다고 가리켰다. 그들은 다른 흑인들과 함께 그들의 인종적 정체성을 발견하고 탐구할 기회를 높이 평가하였다.[44]

버클리에서의 이러한 경험은 다양성이라는 이상과 인종 상호적 공동체 간의 갈등이라고 해석될 수도 있다. 그러나 우리는 왜 인종이나 민족에 따르는 사회적 상호작용이 그렇게 감정적으로 충전되었는지 그 이

---

42) Jennifer Hochschild, "The Politics of the Estranged Poor," *Ethics* 101 (1991), p.568.
43) 버클리 신입생의 32%는 아시안 아메리칸이었고, 30%가 백인이었고, 20%가 멕시코라틴계였고, 7.5%가 아프리칸 아메리칸이었다. Institute for the Study of Social Change, *Diversity Project: Final Report* (Berkeley, CA: 1991), p.iii.
44) *Ibid.*, pp.14, 28, 37.

유를 고려해야만 한다. 그렇게 된 이유는, 한편으로는, 많은 흑인학생들이 인종적 평등으로의 진보가 멈춰지고 백인사회가 기꺼이 용인하는 만큼만 평등이 허용된다고 지각했기 때문이다. 다른 한편으로는, 흑인이라는 정체성에 억압이라는 공통적인 경험이 포함되었기 때문이다.[45]

다양성과 인종 상호적인 공동체들 간의 겉으로의 갈등은 지속적인 불평등과 부정의라는 맥락 없이는 이해될 수 없다. 나아가 흑인학생들과 백인학생들의 선호가 각기 다른 방식으로 서술될 수 있는데, 이는 갈등이 다양성과 인종 상호적 공동체의 갈등보다 더 복합적인 것일 수 있다는 의미이다. 흑인학생들이 개인의 일상적 상호활동에서 같은 인종집단에의 가입을 선호하는 반면, 백인학생들은 인종 상호간의 이해를 증진시키는 프로그램을 선호하였다. 그렇다면 흑인학생들과 백인학생들의 선호의 갈등은 공동체에 대한 두 개의 다른 개념 간의 갈등으로 서술될 수도 있다. 경험과 전망의 다양성과 공통성이 모두 다른 방식으로 평가되고 다르게 강조되고 있다. 이러한 갈등을 완화시키기 위해서 필요한 것은 인종 간 상호활동을 바라는 개인들에게 그러한 기회를 제공하는 것이다. 그러나 이 시점에서 집단 내부적 상호활동을 통하여 자신의 인종적, 민족적 정체를 확정하고자 하는 사람들이 오랫동안 지배와 모욕을 당해 왔다고 한다면 잘못을 탓하기 어렵다. 개인과 개인 상호적, 인종 상호적 공동체라는 이상은 더 많은 정의가 성취될 때까지 기다려야만 할 수도 있다.

좀더 최근의 이민 집단들과 관련해서는, 그들의 문화들이 미국이라는 모자이크의 한 부분으로 수용되고 긍정될 것인가 하는 문제에 대하여 커다란 관심을 보이고 있는 것은 아이러니컬하다. 왜냐하면 가장 두드러진 문화적 차이들이, 새로운 이민자들이 가족을 강조하고 가족 간 혹은 같은 민족인 이웃 간의 상호적인 지원을 강조한다는 것에서 비롯되

---

45) Laurence Thomas와 의견교류 중에 그가 내게 한 지적이다.

기 때문이다. 아시아계 미국인들의 관심사를 다루는 컴퓨터 네트워크 상의 뉴스그룹에 이러한 문제를 올렸을 때, 이들은 그러한 가치를 방어하는 쪽에 선다. 그들은 그러한 상황을 냉소적으로 이렇게 표현하고 있다. "우리는 우리 부모의 결정을 받아들인 것을 사과한다. 우리는 우리의 가족이 우리 자신보다 더 중요하다고 믿었던 것을 후회한다."46) 그러한 가치들은 어떤 이상하고 위협적인 외국 문화보다는 미국의 과거를 생각나게 한다. 미국인들에게 그러한 가치들이 이상하게 보인다면, 그것은 미국인들이 과거의 전통으로부터 얼마나 멀리 떨어져 나갔느냐를 보여주는 표식이 된다.

11. 민주적 의례와 그것을 통한 차이에 다리 놓기

1) 의례의 차별성과 공통성을 균형 잡는 기능

매드슨(Richard Madsen)은 1970년대 중국 마을의 도덕, 정치, 권력에 대한 연구에서 의례(ritual)라는 개념을 사용하였다.

의례 속에서 참가자들은 아주 다양한 정서들을 일련의 틀에 박힌 행동 속에 부어 넣으며, 이러한 행동들은 그들의 삶의 근본적인 의미의 어떤 부분을 전체적으로 대변하는 것으로 여겨진다. 의례를 구성하는 주요 상징들은 말들이라기보다는 행동들이다. 어떤 경우에는 정서적으로 공명된 이들 상징들은 어떤 논변적인 언어적 논증보다 더 풍부한 의미를 표현한다. 정서적 공명과 풍요로운 사념적 애매성이 의례로 하여금 어느 곳에서나 통합적인 힘을 가지게 하는 것이다. 의례의 참가자들은 느낌의 공동체가 되고 어떤 논변적 이념들에 의해서도 표현될 수 없는 의미가 스며든 공통의 경험을 공유한다. 그들은 종종 의례를, 이어지는 논변적 이해의 원천이 되는 공통적인 일차적 이해를 표현하고 있는 것으로 경험한다. 이것은 어떤 사

_____

46) newsgroup "soc.culture.asian.american"

람이 의례를 자신이 원하는 아무 방식으로나 논변적으로 해석할 수 있다는 의미가 아니다. 보통 의례에 대한 일정한 범위의 정통적인 해석이 있고, 어떤 해석이 정통적인 것이 아닌가에 대한 명백한 생각이 있다. 그러나 종종 정통적인 해석의 영역이 아주 넓어서 의례는 삶에 대하여 다른 접근법을 취하는 사람들을 하나의 커다란 집단으로 묶는다. 그래서 어떤 의례의 정상적인 참가자들은 어떤 한계들 내에서는 그들의 공동체에 대한 공통의 도덕적 책임에 대하여 논쟁할 수 있지만, 그들이 그들의 말을 넘어서는 공유된 도덕적 이해에 의해서 묶여 있음을 이미 인정하고 있다.[47]

매드슨이 서술하고 있는 것처럼, 이러한 종류의 의례에서 특히 도덕적으로 가치가 있는 것은 말을 뛰어넘는 공유된 이해와 연관된 의미의 개방성과 애매성(openness and ambiguity)이다. 이는 조화를 가능하게 하는데, 이러한 조화는 많은 가능한 참가자들을 배제하는 그러한 특정성(specificity)을 가지는 교리에 근거한 일치와는 다른 어떤 것이다.

여기서 주목해야 할 명백한 점은 모든 의례가 이러한 방식으로 기능하는 것은 아니라는 점이다. 의례는 이데올로기에 대한 순종을 배양하고 강화하기 위하여 고안될 수 있다. 매드슨은 모택동의 어록을 중심으로 하는 우상숭배적인 의례같이 신성한 교리의 틀에 박힌 낭송을 중심으로 하는 의례를 '투쟁의 의례'(rituals of struggle)라고 불렀다. 투쟁의 의례를, 특정한 교리에 대한 믿음을 고집하지 않고 공통성이라는 감정을 양성하는 의례와 혼동하지 말아야 한다. 하지만 차별성과 공통성을 균형 잡을 개념적 여지가 의례에 전혀 없는 것은 아니다. 가치나 교리에 대한 일치가 없다면, 의례는 일치의 기초가 될 어떤 실제적인 토대를 제시하지는 않지만, 참가자들 사이에 어떤 애매한 정서적 연결은 적

---

47) Richard Madsen, *Morality and Power in a Chinese Village* (Berkeley: University of California Press, 1984), pp.21-22. 매드슨은 이러한 유형의 의례에 대한 개념화와 관련해서 다음 책에 도움을 받았음을 밝히고 있다. Victor Turner, *The Forest of Symbols: Aspects of Ndembu Ritual* (Ithaca, N.Y.: Cornell University Press, 1967), pp.19-20.

어도 제공한다. 의례가 정서적 유대를 창조하는 데에 성공한다고 하더라도, 어떻게 그것이 차별성과 공통성 사이에 안정된 균형을 제공할까?

매드슨이 지적한 대로, 의례에는 일정한 경계를 가지는 정통적인 해석이 있다. 물론 이러한 경계의 범위가 중요하기는 하다. 결혼, 돌아가신 부모님의 장례와 애도, 마을의 축제는 적절한 인간관계라는 어떤 관념을 구현하고 촉진시키는 의례이다. 공통성을 확인한다는 목적을 증진시키기 위하여 참가자들은 이러한 의례가 구현하고 촉진시키는 것이 무엇인지에 대하여 상당한 정도로 일치하고 있어야만 한다. 하지만 필요한 일치의 정도는 열려 있고 애매하다. 매드슨이 잘 지적한 것처럼, 부분적으로는 의례의 많은 의미가 행동에 담겨 있기 때문이다. 의미가 말에 담겨 있을 때에도, 화해는 의미의 특정성의 정도를 조절함으로써 달성될 수 있다. 공통성과 차별성을 화해시키는 의례의 효과성은 말해**진** 것과 마찬가지로 말해지지 **않은** 것도 똑같이 중요하다는 가르침에 새로운 의미를 부여한다. 라우(D. C. Lau)가 말한 대로, 『시경』(詩經, *Book of Odes*)을 공부해야 하는 유가적인 한 이유는 그것이 외교적 교섭과 같은 미묘한 상황에서 인용할 다양한 내용을 제공함으로써 사람들로 하여금 자신의 의미를 충분히 간접적으로 그리고 다소 애매한 방식으로 넌지시 일러줄 수 있도록 해주기 때문이다. 48)

의례는 참가자들이 실제로 공유하고 있는 가치를 강조하는 한편, 불일치의 영역을 애매하고 비확정적으로 남겨둠으로써 가치에 대한 심각한 불일치에도 불구하고 참가자들을 함께 묶어준다. 그러한 의례는 도덕적 진리와 관련하여 대립하고 있는 형이상학적이고 인식론적인 관점들 중에서 어떤 관점을 취하든지 간에 중요한 것이다. 만약 중요한 불일치가 어떻게 해결될 것인가에 대하여 최종적이고 유일한 진리가 있다고 하더라도, 그 진리가 어떠한 것인지는 모든 양식 있는 사람들에게 전혀 명

---

48) D. C. Lau, *Introduction to The Analects* (London: Penguin Books, 1979), p. 42.

백하지 않다. 진리의 그러한 가능성을 가정하는 관점으로부터 보면, 진리가 어떤 것인가에 대한 이해를 계속하여 깊게 만들도록 전통은 열려 있어야만 한다는 강력한 주장이 있게 된다. 적어도 이러한 갈등들 중의 어떤 것이라도 일반적으로나 아니면 어떤 맥락에서 어떻게 해결될 것인지에 대하여 유일한 진리가 결코 없다는 관점(즉 어떤 갈등들의 해결은 앞서 존재하는 진리를 발견하는 문제가 아니라 집단적인 선택이나 발명의 문제라는 관점)으로부터 보면, 전통은 그러한 갈등들이 어떻게 해결되어야 하는가를 열어둠으로써 이러한 사태를 인정해야 한다.

2) 민주적 문화의 특징

중국인들은 언제나 의례의 가치에 대하여 날카롭게 평가해 왔다. 내가 보기에, 서구의 민주적 전통은 이러한 평가로부터 무엇인가를 배울 수 있다. 넓게 공유되는 가치들이 있다는 것은 민주주의가 실현되기 위한 필요조건이지만 결코 충분조건일 수 없다. 프로이트는 서로 경쟁하는 경향을 가진 집단들이 분명한 조그마한 불일치점들을 선과 악의 대립으로 확대시키고자 하는 것을 가리켜 '작은 차이점들의 자기 도취증' (the narcissism of minor differences)[49]이라는 인상적인 용어를 사용하였다. 이와 달리 생존 가능한 민주주의는 일치의 영역들이 불일치의 영역들보다 더욱 중요하게 보이는 한 넓게 공유되는 가치들이 어떻게 해석되고 준수되어야만 하는가에 대하여 강력한 불일치를 용납한다. 의례는 이러한 일치의 영역을 더욱 중요하게 만드는 역할을 한다. 우리에게 필요한 그러한 종류의 공통적인 민주적인 문화는 부분적으로는 가치들에 대한 충분한 일치에 달려 있다. 그러나 그러한 일치에만 의거할 수 없다. 민주적인 문화는 일치의 발견(discovery)이자 마찬가지로 일치의 성취(achievement)이다. 민주적인 문화는 공통의 문화의 구성원들이 서

---

49) Sigmund Freud, *Civilization and Its Discontents*, essay V, trans. James Strachey (New York: W. W. Norton & Company, 1961), p.61.

로를 충분히 잘 이해하려고 적극적으로 노력함으로써 실제로 일치점들을 발견하게 되는 그러한 성취이다. **민주적인 문화는 구성원들이 자신들의 차이점들과 관련하여 서로 경쟁하면서도 또한 동시에 서로에 대한 상호적인 존중의 태도와 일치점들에 근거하여 행동하는 기질을 계발해야만 한다는 의미에서도 또한 성취이다.**

3) 선거에 참여해야 할 이유: 의례로서의 선거

어떤 종류의 도덕적이고 정치적인 의례가 차별성에 대한 존중과 차별성을 존중하는 공통성을 결합시킨다는 목표를 달성할 수 있겠는가에 대하여 약간의 제안을 함으로써 {이 장의} 결론으로 삼고자 한다. **선거**에서의 투표는 민주적 제도의 정수이다. 선거를 의례로 봄으로써 민주주의에서의 선거의 중요성과 역할에 대하여 어떤 것을 배울 수 있다고 나는 생각한다. 왜 우리는 투표를 해야 하는가? 우리들 대부분은 아마도 "너의 투표가 차이를 가져올지(make difference) 모르기 때문에" 투표를 해야만 한다고 들어왔을 것이다. 투표장에 갈 충분한 이유가 있는가에 대하여 개인적인 관점에서 숙고해 보면, 제시되는 정당화는 대부분의 경우에 설득적이지 않다. 사람들은 자신의 투표가 결과에 거의 차이를 만들어내지 **않을** 것이라는 것을 알고 있다. 덜 결과론적인 성질을 가진 다른 종류의 투표에 대한 정당화는 투표를 하지 않는 것이 도덕적으로 좋지 못한 형태의 무임승차(free-riding)라는 것이다.

민주주의는 충분한 사람들이 투표를 할 때만 작동된다. 그러므로 편하거나 무관심해서 선거를 하지 않는 것은 불편을 참고 관심을 가지는 사람들의 행동으로부터 이익을 얻는 것이 된다. 이러한 논의는 확실히 처음 것보다는 낫기는 하지만, 투표하는 사람에게 어떤 빚을 지게 된다면, 그 빚을 갚는 것이 투표하는 것이라는 그러한 형태를 취할 필요는 없다는 논증에 의해서 설득력을 잃게 된다. 왜 투표 참여자에게 투표 참가비를 지불하지 않는가? 미국에서 선거 참여율이 극단적으로 낮다면, 그러한 제안을 즉각 거부하기는 어렵다. 하지만 이러한 무임승차론 뒤에 있는 생각은 왜 각각의 시민 개인이 투표하는 것이 중요한지를 제대로 설명하지 못한다. 투표하지 않기로 선택한 사람들은 투표하는 사람들에게 무임승차하려고만 하는 것이 아니다. 투표하는 사람이 글자 그대로 투표하지 않는 사람으로부터 정확한 투표 참가비를 받는다고 하더라도, 사람들이 투표하지 않기로 결정하는 것은 여전히 나쁜 일일 것이다. 왜 그것이 나쁜 일이 되는가?

나는 선거가 중심적인 정치적 **의례**로 다시 살아날 필요가 있다고 제안한다. 그것은 한 사람의 투표가 아마도 선거를 결정할 수도 있기 때문이 아니다. 물론 그렇게 되는 아주 특이한 경우가 있기는 하겠지만 말이다. 또 (물론 무임승차를 해서는 안 되겠지만) 그것은 무임승차자가 되지 않기 위해서도 아니다. 왜냐하면 투표의 중요성을 강조하지 않고도 무임승차를 피할 수 있는 많은 방식들이 있기 때문이다. **우리가 투표를 해야 하는 이유는 투표가 시민으로서 참여할 의무가 있는 의례로서, 차별성과 공통성 간의 화해를 촉진하고 증진시키기 때문이다.** 물론 투표가 차별성을 대변하는 방식이라는 것은 익숙한 견해이다.

그렇지만 투표라는 의례의 부분을 이루는 익숙한 행동들을 생각해 보라. 다른 사람들과 더불어 표를 던지기 위해 공통의 장소에 가기, 사람들이 자신들의 후보나 주장에 대하여 여전히 귀를 기울일 것이라는 것을 가정하고 행위하는 선거운동가들을 만나기, 게다가 그들의 행동에 정중한 반응을 보인다는 의례적 행동이 있다. 선전물을 받는다든지, 멈춰 서서 잠깐 동안 귀를 기울인다든지, 아니면 단순히 고개를 끄덕이거나 미소를 짓는다든지, 비록 그들의 소망에 따라 투표할 의도가 절대적으로 없다고 하더라고 우리는 그렇게 한다. 선거가 끝난 후에 후보들이 하는 선거와 관련된 의례적인 행동들을 생각해 보라. 승자는 화해의 손길을 내미는 연설을 하고, 패자는 승자에 대한 축하의 손길을 내밀고 단합을 요구하는 연설을 한다. 물론, 이러한 의례적인 행위가 기계적이고 가식적으로 수행될 수도 있다. 그러나 더욱 희망적인 교훈은 우리가 후보들에게 그들로 하여금 이러한 의례들을 진실한 방식으로 수행하게 할 성격과 관점을 가지도록 요구해야만 한다는 것이다.

밀(John Stuart Mill)은 한때 공개투표를 옹호했다. 그 이유는 일반적인 복지를 무엇이 가장 잘 증진시킬 것인지에 대한 사람들의 숙고된 판단을 전달하는 것이 투표의 개념이라고 생각했기 때문이다.50) 자신의 판단을 공개함으로써, 그래서 그것을 옹호할 준비를 해야만 함으로써, 사람들은 시민으로서 행동하려는 자극을 받게 된다. 자신의 입장을 선언하고 옹호하는 의례가 중요한 것은, 그것이 그 문제에 대한 유용한 논쟁에 기여하기 때문이 아니라, {그렇게 할 경우} 사람들이 자신의 투표를 다른 시민들을 설득할 필요가 있는 판단에 기초하고 있다고 생각하고 행동할 것이기 때문이다. 이러한 방식으로 행동하는 것은 그렇게 하는 일반적인 기질을 강화시키는 방법이다. 나는 밀이 이러한 제안을 한 목표에 동의한다. 그러나 나는 개인들 간에 존재하지 않는 조화를 강제하려는 다양한 형태의 강압적인 시도로부터 선거를 지켜낼 수 있는 비밀투표를 희생시키고 싶지는 않다. 물론 억압이 덜 중요한 요소인 그러한 맥락이 있다. 대학의 정책에 대한 정교수들의 투표는 자신들의 투표를 공개하고 옹호하도록 합리적으로 요청될 수도 있다. 그러한 맥락에서 공개투표는 합리적인 선택이다.

억압이 생각할 수 있는 위험인 그러한 경우에, 민주적 의례의 핵심인 투표에 대한 새로운 신봉을 표현하는 대안적인 실천은 투표를 강제적인 것으로 만드는 것이다. 호주와 같은 나라는 투표하지 않는 사람들에게 비교적 적은 벌금을 부과함으로써 매우 높은 참가율을 확보했다. 사람

---

50) 나는 이를 Bradeis에서의 나의 동료 Andreas Teuber에게서 들었다. 다음을 보라. John Stuart Mill, "Thoughts on Parliamentary Reform," *J. S. Mill: Collected Works*, v. LXVIII, ed. J. M. Robson (Toronto: University of Toronto Press, 1977), pp.331-338; "Considerations on Representative Government," v. XVIII, pp.488-495.

들에게 투표하기를 요청하는 일은 투표를 하든 말든 그것은 다른 사람의 일이 아니라 자기 자신의 일일 뿐이라는 생각과 싸워야 한다. 사람들은 자신의 투표와 자신의 견해를 비밀로 숨길 수도 있다. 그러나 집단적 결정의 과정에는 기여해야만 한다. 하나의 결정으로 시민들을 묶어내는 투표라는 의례는 그것을 순수하게 선택사항으로 하기에는 너무도 중요한 일이다. 투표가 강제화된다면, 그러한 개혁에서 필요한 둘째 단계는 투표자들로 하여금 지금 그들이 투표를 거부함으로써 표현하고 있는 감정을 표현하도록 하는 것, 즉 '모두 못마땅함'이라는 선택지를 만들어 표시하도록 하는 것이다. 지배적인 정치가들이나 세력들이나 제도들에 환멸을 느끼고 소외된 사람들이 민주적, 정치적 의례의 핵심에서 자신을 표현할 통로를 가져야만 한다.[51)]

---

51) 나의 제안이 너무나도 이상적이어서 채택될 수 없을 것이라고 어떤 사람들은 반대한다. 어떤 사람들은 좀더 특별하게 반대하는데, 즉 나의 제안이 선거와 같은 행동을 훨씬 쉽게 함으로써 더 많은 사람이 참여하도록 만들려고 하는 전자적 기술을 채택하는 경향에 반한다고 주장한다. 나의 대답의 한 부분은 기술상의 진보가 역사의 원동력 그 자체는 아니라는 것이다. 비기술적인 관심이 우리가 어떤 기술을 이용할 것인지, 언제 이용할 것인지를 결정한다. [미국의 선거에서는 모든 국민이 아니라 선거인 등록을 한 사람만 선거할 수 있는데] 선거인 등록을 더 많은 시민이 쉽게 하도록 만들 수 있는 방법을 (예를 들어, 자동차 등록을 할 때 선거인 등록을 함께 하도록 하는 것) 예전부터 가지고 있었다는 것을 생각해 보라. 우리는 아직도 이러한 기회를 붙잡아야만 한다. 왜 그렇게 하지 않는가에 대한 설명의 한 부분은 우리의 정치적 지도자들 중의 어떤 사람들이 더 많은 시민들이 등록을 하게 되면 자신에게 불리할 것이라고 생각하기 때문이다. "나의 제안이 너무 이상적이다"라는 취지의 다른 반대는 나의 제안과 같은 제안이 과거에도 있었지만 결코 받아들여지지 않았다는 관찰에 근거하고 있다. 나는 이러한 주장이 특히 미국과 같이 비교적 역사가 짧은 나라를 언급하는 설득력 없는 귀납의 결과라고 생각한다. 여하튼 어떤 가능한 일의 도덕적이고 정치적인 가치를 옹호하는 논증이 아무리 강력하다고 하더라도 그것의 채택 가능성에 아무런 영향을 미칠 수 없는 것과 같이 일이 될 큰 가능성은 별로 없다.

4) 의례의 여러 차원들과 시민교육

여기에서 제시되고 있는 제안에 대한 오해를 피하기 위해서, 선거를 단순히 예식(ceremony)으로 축소시키려는 의도가 결코 아니라는 것을 강조하고자 한다. 물론 선거는 공통성과 차별성 간의 바람직한 조화를 표현하는 것 외에 완전히 실용적인 기능을 가지고 있다. 나의 제안은 선거라는 활동의 다른 차원을 부정하지 않고 예식적인 **차원**들을 주목하자는 것이다. 결혼과 장례라는 의례는 예식적인 의례의 두 패러다임인데, 이들 또한 매우 실용적인 기능을 가지고 있다. 사실 의례에 대한 유가적 관점은 이러한 다양한 표현적이고 실용적인 차원들의 차이를 지적하고 있다. 순자는 19장 「예론」에서 의례의 아주 다양한 차원들이 균형을 이루어야만 한다고 주장한다. 형식과 의미의 차원이 강조되어 정서와 실용적 사용이 경시되면 의례는 화려하게 된다. 정서와 실용적 사용이 강조되어 형식과 의미가 경시되면 의례는 빈약하게 된다. 이들 두 극단 사이의 중용을 목표로 삼아야 할 것이다.

투표와 같이 동시적으로, 예식적이면서, 정서적으로 표현적이고, 또 실용적 기능을 갖는 관행은 도덕교육이나 시민교육에 특히 효과적일 수 있다. 실용적인 목적에 의해 제한되지 않고 시민 감정을 표현하고 있지 않은 순수한 예식은 바보스럽고 무의미하거나 못 견디게 현학적으로 될 수도 있다. 시민감정을 표현하고 있으나 실용적 목적을 결여하게 되면 단순히 즐거운 과시가 될 수도 있다. 반면에 순수하게 실용적인 활동은 예식적 의례의 반복적인 극적인 구조를 결여함으로써 가치와 감정을 일으키고 표현하지 못하도록 만든다. 그래서 그것은 그러한 태도나 기질을 환기시키고 훈련시키고 양성시키고 강화하는 일에서 별로 역할을 못하게 된다. 투표에서 그러한 것처럼 예식적이고, 표현적이고, 실용적인 기능이 모두 들어 있어 서로가 내재적 연관을 가지고 있을 때, 그러한 의례는 도덕교육과 시민교육의 가장 강력한 도구가 될 수도 있다.

5) 민주시민적 의례의 다른 예

예식적이고 표현적이고 실용적인 기능들이 섞여 짜인 그러한 관행의 다른 예들이 있다. 맹자(孟子, Mencius)는 정전제(井田制, ching-field system)를 제안했는데, 이는 보통 '우물 정자 모양 토지제도'(well-field system)라고 번역된다. 하나의 정(井)은 아홉 부분으로 나누어지는 한 덩어리의 땅이다.

각각 정 내의 땅을 소유하고 있는 사람들은 집에서나 밖에서나 서로 친구가 되고, 서로 돌보며 도와주고, 병이 났을 때 서로 고쳐주고, 사랑과 조화 속에 살게 된다. 1정은 가로세로 1리의 땅이며, 1정은 900무이다. 아홉 조각 중의 가운데 조각 100무는 국가에 속하며, 다른 여덟 조각은 국가 소유의 땅을 돌볼 의무를 공유하고 있는 여덟 가족에게 속한다. 가족들은 국가의 땅을 돌볼 의무를 한 다음에야 자신의 일을 볼 수 있다(『맹자』 3A:3).[52]

물론 제안되고 있는 관행은 매우 실용적인 것이다. 그러나 그것은 조화와 분열의 화해를 또한 표현하고 있다. 국가 소유의 땅에 대한 공동의 노동은 조화를 대변한다. 가족 소유의 땅은 일종의 분열을 대변한다. 정전제는 그것들의 화해를 대변하는 것으로 볼 수 있다. 우선 공동의 노동을 하고 다음에 가족의 일을 돌보는 관행은, 참가자들에게는 예식이 될 수 있다. 이러한 관행을 이야기하는 말이나 행동은 상징적이고 표현적인 방식으로 그러한 화해의 의미를 담고 있다. 그러한 의미는 세금의 부담을 공정하게 나누는 구체적이고 실용적인 기능을 넘어선다. 그러한 구체적이고 실용적인 기능이 더 넓은 의미를 예시하고 있음을

---

52) Translation adapted from D. C. Lau, *Mencius* (London: Penguin Books, 1970), pp.99-100 『맹자』 5장, 鄕田同井. 出入相友, 守望相助, 疾病相扶持, 則百姓親睦. 方里而井, 井九百畝, 其中爲公田. 八家皆私百畝, 同養公田. 公事畢, 然後敢治私事.

주목해야 한다.

근대 사회에서 맹자의 제안과 유사한 것은 **공동체나 국가에 대한 어떤 형태의 봉사이다**. 최근에 정착된 순전히 선택적이고 충분히 보수가 주어지지 않는 활동만이 아니라, 적어도 미국의 법률체계에서처럼 상당한 이유가 있어야만 개인이 거부할 수 있는 광범위한 시민들에 대한 봉사 요청이 그런 것이다.

사실, 가능한 봉사들 가운데 하나는 시민들로 하여금 국민발의나 국민투표 혹은 정책 문제에서 추천을 할 책임을 지니는 배심원이나 패널로서 봉사하도록 요청하는 것이다. 이러한 노선에 따르는 실험들은 그러한 배심 패널로 봉사하도록 요청을 받은 시민들이 자신들의 책임을 진지하게 수행하였으며 당파적인 이익을 초월하는 추천을 하려고 노력하였음을 보여주고 있다.[53]

투표의 경우에서처럼, 그러한 봉사의 중요한 기능들 중의 하나는 예식적이고 표현적인 차원일 수 있으며, 그러한 과정을 통해 도출되는 실용적인 추천들만이 유일한 기능은 아니다. 그러한 패널에 참여하는 것은 개인에게는 한 번의 사건이지만, 시민들을 선발한다는 일반적인 관행이 공적으로 알려지게 되면, 더 넓은 교육적 효과를 가질 수 있다. 이러한 노선을 따르는 다른 생각은 학교에서의 봉사학점(service learning)이라는 부분인데, 이는 발달 단계에 있는 미래의 젊은 시민을 선발한다는 추가적인 이점을 가진다.

나는 분명 민주적인 의례라는 관념을 포괄적인 해결책으로 제시하고 있는 것은 아니다. 하지만 나는 이러한 제안이 충분히 유망하기 때문에 동료 철학자들에게나 민주주의에 대한 희망을 가지고 있는 우리 모두에게 서로 얼마나 많은 것을 공유하고 있는지를 찾아보도록 할 것이라고

---

53) 나는 이러한 생각을 다음 책에서 처음 접하였다. Robert Kane, *Through the Moral Maze: Searching for Absolute Values in a Pluralistic World* (New York: Paragon House, 1994).

믿는다. 실제로 나는 희망을 갖는다는 것이 핵심적인 민주적 덕목이며,
우리의 의례를 통하여 계발되어야 할 것이라고 믿는다.[54]

---

54) 이 장의 예전 버전에 대하여 매우 도움이 되는 논평과 제안을 해준 수많은 사람
들에게 감사를 표하고 싶다. 보스턴대학(Boston University)의 철학 및 종교 연
구소의 시민성에 대한 시리즈 중의 한 부분으로 이 에세이를 읽었을 때의 청중
들, 그리고 듀크대학(Duke University)의 청중들이 그들인데, 자세한 논평과 제
안에 대해서 Martha Minow, David Wilkins, 그리고 특히 Lawrence Blum에게
감사를 표하고 싶다.

참고문헌

A. Whiten, J. Goodall, W. C. McGrew, T. Nishida, V. Reynolds, Y. Sugiyama, C. E. G. Tutin, R. W. Wrangham, and C. Boesch, "Cultures in Chimpanzees," *Nature* 399 (1999)

A. M. Isen and P. F. Levin, "Effect of Feeling Good on Helping: Cookies and Kindness," *Journal of Personality and Social Psychology* 21 (1972)

Alan Gewirth, *Reason and Morality* (Chicago: University of Chicago Press, 1978)

Alan Roland, *In Search of Self in India and Japan: Toward a Cross-Cultural Psychology* (Princeton: Princeton University Press, 1988)

Alasdair MacIntyre, "Is Patriotism a Virtue?" *Lindley Lecture* (University of Kansas, 1984)

Alasdair MacIntyre, *After Virtue* (Notre Dame: University of Notre Dame Press, 1982)

Alasdair MacIntyre, *Whose Justice? Which Rationality* (Notre Dame: University of Notre Dame Press, 1988).

Alexis de Tocqueville, *Democracy in America*, trans. George Lawrence, ed. J. P. Mayer (New York: Doubleday, 1969).

Allen E. Buchanan, "Assessing the Communitarian Critique of Liberalism," *Ethics* 99 (1989).

Alvin Goldman, *Epistemology and Cognition* (Cambridge, MA: Harvard

University Press, 1986).

Alvin Goldman, "Empathy, Mind, and Morals," Presidential Address delivered before the Sixty-sixth Annual Pacific Division Meeting of the American Philosophical Association in Portland, Oregon, March 27, 1992, *Proceedings and Addresses of the American Philosophical Association* 66 (1992)

Amlie Rorty and David B. Wong, "Aspects of Identity and Agency," *Identity, Character, and Morality: Essays in Moral Psychology*, ed. Owen Flanagan and Amlie Oksenberg Rorty (Cambridge, MA: MIT Press, 1990).

Amlie Rorty, "Virtue and Its Vicissitudes," *Midwest Studies in Philosophy* 13.

Amlie Rorty, *Ethical Theory: Character and Virtue*, ed. Peter A. French, Theodore E. Uehling, Jr., and Howard K. Wettstein (Notre Dame: University of Notre Dame Press, 1988)

Amy Gutman and Dennis Thompson, "Moral Conflict and Political Consensus," *Ethics* 101 (1990)

Andrew J. Nathan, *Chinese Democracy* (Berkeley: University of California Press, 1985)

Angus C. Graham, *Disputers of the Tao: Philosophical Argumentation in Ancient China* (La Salle, Ill.: Open Court, 1989).

Annette Baier, "What Do Women Want in a Moral Theory?" *Nous* 19 (1985)

Antonio Cua, "The Status of Principles in Confucian Ethics," *Journal of Chinese Philosophy* 16 (1989)

Antonio Damasio, *Descartes' Error* (New York: Avon Books, 1994)

Arlene Stairs, "Self-Image, World Image: Speculations on Identity from Experience with Inuit," *Ethos* 20 (1992)

Axel Honneth, "McDowell and the Challenge of Moral Realism," *Reading McDowell: On Mind and World*, ed. Nicholas H. Smith (London: Routledge, 2002)

B. Fagot, "Attachment, parenting, and peer interactions of toddler children," *Developmental Psychology* 33 (1997)

Barrington Moore, Jr., *Injustice: The Social Bases of Obedience and Revolt*

(White Plains, N.Y.: Sharpe, 1978)

Barry Stroud, "The Charm of Naturalism," *Proceedings and Addresses of the American Philosophical Association* 70 (1995-96)

Barry Stroud, *Hume* (London: Routledge & Kegan Paul, 1977)

Beatrice Blythe Whiting and Carolyn Hope Edwards, *Children of Different Worlds: The Formation of Social Behavior* (Cambridge, MA: Harvard University Press, 1988)

Bernard Williams, "Internal and External Reasons," *Moral Luck* (Cambridge: Cambridge University Press, 1981)

Bernard Williams, "Persons, Character, and Morality," *Moral Luck* (Cambridge: Cambridge University Press, 1981)

Bernard Williams, *Ethics and the Limits of Philosophy* (Cambridge, MA: Harvard University Press, 1985)

Brad Shore, "Human Ambivalence and the Structuring of Moral Values," *Ethos* 18 (1990)

Bryan Skyrms, *Evolution of the Social Contract* (Cambridge: Cambridge University Press, 1996)

Bryan Van Norden, "Mengzi and Xunzi: Two Views of Human Agency," *International Philosophical Quarterly* 32 (1992)

Burton Watson, *Chuang Tzu: Basic Writings* (New York: Columbia University Press, 1963)

C. Daniel Batson, *The Altruism Question: Toward a Social-Psychological Answer* (Hillsdale, N.J.: Lawrence Erlbaum Associates, 1991)

C. A. Hooker, *Reason, Regulation, and Realism: Toward a Regulatory Systems Theory of Reason and Evolutionary Epistemology* (Albany: State University of New York Press, 1995)

Carel P. van Schaik, Marc Ancrenaz, Gwendolyn Borgen, Birute Galdikas, Cheryl D. Knott, Ian Singleton, Akira Suzuki, Sri Suci Utami, and Michelle Merrill, "Orangutan Cultures and the Evolution of Material Cultures," *Science* 299 (200)

Carol Gilligan, et al., eds., *Mapping the Moral Domain: a Contribution of Women's Thinking to Psychological Theory and Education* (Cambridge, MA: Center for the Study of Gender, Education, and Human Development, Harvard University Graduate School of Education, distributed by

Harvard University Press, 1988)

Carol Gilligan, *In a Different Voice: Psychological Theory and Women's Development* (Cambridge, MA: Harvard University Press, 1982)

Carol Gilligan, Nona Lyons, and Trudy Hanmer, eds., *Making Connections: the Relational World of Adolescent Girls at Emma Willard School* (Cambridge, MA: Harvard University Press, 1990)

Charles Cooley, Robert C. Angell, and Lowell J. Carr, *Introductory Sociology* (New York: 1933),

Charles Taylor, "Foucault on Freedom and Truth," *Philosophy and the Human Sciences: Philosophical Papers*, volume 2 (Cambridge: Cambridge University Press, 1985)

Charles Taylor, "The Nature and Scope of Distributive Justice," *Justice and Equality Here and Now*, ed. Frank S. Lucash (Ithaca: Cornell University Press, 1986)

Charles Taylor, *Hegel* (Cambridge: Cambridge University Press, 1975)

Charles Taylor & Amy Gutman, *Multiculturalism and The Politics of Recognition* (Princeton University Press: 1992)

Charles Taylor, *The Ethics of Authenticity* (Cambridge, MA: Harvard University Press, 1992)

Charles Tayor, "Rationality," *Rationality and Relativism*, ed. Martin Hollis and Steven Lukes (Cambridge: MIT Press, 1982)

Christopher Boehm, "Conflict and the Evolution of Social Control," *Evolutionary Origins of Morality: Cross-Disciplinary Perspectives*, ed. Leonard D. Katz (Bowling Green: Imprint Academic, 2000).

Christopher Boehm, "The evolutionary development of morality as an effect of dominance behavior and conflict interference," *Journal of Social and Biological Sciences* 5 (1982)

Claude Levi-Strauss, *Structural Anthropology*, trans. C. Jacobson and B. G. Schoepf (New York: Basic Books, 1963)

Claude Levi-Strauss, *The Elementary Structures of Kinship*, trans. J. H. Bell, J. R. von Sturmer & R. Needham (ed.) (Boston: Beacon Press, 1969).

Claude Levi-Strauss, *The Raw and the Cooked*, trans. J. & D. Weightman (London: Jonathan Cape, 1969)

Claude Levi-Strauss, *The Savage Mind* (*La Pensee Sauvage*) (London:

Weidenfeld and Nicolson, 1962)

Claude Levi-Strauss, *Totemism*, trans. R. Needham (Boston: Beacon Press, 1963)

Claudia Card, "Gender and Moral Luck," *Identity, Character, and Morality: Essays in Moral Psychology*, ed. Owen Flanagan and Amelie Rorty (Cambridge, MA: MIT Press, 1990)

Clifford Geertz, "From the Native's Point of View: on the Nature of Anthropological Understanding," Richard Shweder and Robert Levine, eds., *Culture Theory: Essays in Mind, Self, and Emotion* (Cambridge: Cambridge University Press, 1984)

Clifford Geertz, "Ideology as a Cultural System," Geertz, *The Interpretation of Cultures* (New York: Basic Books, 1973)

Clifford Geertz, "Person, Time, and Conduct in Bali," Geertz, *The Interpretation of Cultures* (New York: Basic Books, 1973)

Colin Turnbull, *The Human Cycle* (New York: Simon and Schuster, 1983)

Confucius, *Lun-yü* or *Analects*(論語)

Cosmides & Tooby, "Cognitive Adaptations for Social Exchange," J. Barkow, L. Cosmides, and J. Tooby, eds., *The Adapted Mind: Evolutionary Psychology and the Generation of Culture* (New York: Oxford University Press, 1992)

D. C. Lau, *Introduction to The Analects* (London: Penguin Books, 1979)

D. W. Winnicot, *The Family and Individual Development* (London: Routledge, 1989)

Darwall, *Impartial Reason* (Ithaca: Cornell University Press, 1983)

David B. Wong, "Aspects of Identity and Agency," *Identity, Character and Morality: Essays in Moral Psychology*, ed. Amlie Rorty and Owen Flanagan, (Cambridge: MIT Books, 1990)

David B. Wong, "Coping with Moral Conflict and Ambiguity," *Ethics* 102 (1992)

David B. Wong, "Crossing Cultures in Moral Psychology," *Philosophy Today* v. 3 (2002); "Reasons and Analogical Reasoning in Mengzi," *Essays on the Moral Philosophy of Mengzi* (Indianapolis: Hackett Publishing Company, 2002)

David B. Wong, "Dwelling in Humanity or Free and Easy Wandering?"

Technology and Cultural Value (Honolulu: University of Hawaii Press, 2003)

David B. Wong, "Fragmentation in Civil Society and the Good," *Civility*, ed. Leroy Rouner (University of Notre Dame Press, 2000. Harvard Yenching Journal, Beijing, 2000)

David B. Wong, "Is There a Distinction between Reason and Emotion in Mencius?" *Philosophy East & West* 41 (1991)

David B. Wong, "Moral Relativism," *The Encyclopedia of Ethics*, ed. Lawrence Becker (New York: Routledge, 2001)

David B. Wong, "On Flourishing and Finding One's Identity in Community," *Midwest Studies in Philosophy* 13; *Ethical Theory: Character and Virtue*, ed. Peter A. French, Theodore E. Uehling, Jr., and Howard K. Wettstein (Notre Dame: University of Notre Dame Press, 1988)

David B. Wong, "On Moral Realism without Foundations," *Southern Journal of Philosophy* 24, Supplement (1986)

David B. Wong, "Three Kinds of Incommensurability," *Relativism: Interpretation and Confrontation*, ed. Michael Krausz (Notre Dame: University of Notre Dame Press, 1989)

David B. Wong, "Universalism versus Love with Distinctions: an Ancient Debate Revived," *Journal of Chinese Philosophy* 16 (1989)

David B. Wong, *Moral Relativity* (Berkeley: University of California Press, 1984).

David Buss, "Sex differences in human mate selection: Evolutionary hypotheses tested in 37 cultures," *Behavioral and Brain Sciences* 12 (1989)

David E. Cooper, "Moral Relativism," *Midwest Studies in Philosophy* 3 (1978)

David Falk, "'Ought' and Motivation," *Proceedings of the Aristotelian Society* 48 (1947-48)

David Gauthier, *Morals By Agreement* (Oxford: Clarendon Press, 1986)

David Hall and Roger Ames, *Thinking Through Confucius* (Albany: State University of New York Press, 1987)

David Hume, *A Treatise of Human Nature*, ed. L. A. Selby-Bigge (Oxford: Oxford University Press, 1888), second revised edition by P. H. Nidditch, 1978)

502

David McNaughton, *Moral Vision* (London: Basil Blackwell, 1988)

David McNaughton, *Moral Vision: An Introduction to Ethics* (Oxford: Basil Blackwell, 1988)

David Nivison, "Xunzi on Human Nature," *The Ways of Confucianism: Investigations in Chinese Philosophy*, by David S. Nivison, ed. Bryan Van Norden (Chicago: Open Court, 1996)

David Nivison, " 'Virtue' in Bone and Bronze," Walter Y. Evans-Wentz Lectures, 1980

David Nivison, "Hsn Tzu and Chuang Tzu," *Chinese Texts and Philosophical Contexts: Essays dedicated to Angus C. Graham*, ed. Henry Rosemont (La Salle, Ill.: Open Court, 1991)

David Sally, "Conversation and Cooperation in Social Dilemmas: A Meta-Analysis of Experiments from 1958 to 1992," *Rationality and Society* 7 (1995)

David Wiggins, "Claims of Need," *Needs, Values, Truth: Essays in the Philosophy of Value*, 3rd edition (Oxford: Oxford University Press, 1998)

Diane Johnson, "Abortion: the French Solution," *New York Times*, February 22, 200

Donald Davidson, "Radical Interpretation," *Inquiries into Truth and Interpretation*, 2nd edition (Oxford: Clarendon Press, 2001)

Donald Davidson, "Thought and Talk," *Inquiries into Truth and Interpretation*, 2nd edition (Oxford: Clarendon Press, 2001)

Doniger, "What did they name the dog?" a review of *Twins: Genes, Environment and the Mystery of Identity* by Lawrence Wright in *The London Review of Books* 19 March 1998.

Donna L. Mumme and Anne Fernald, "The Infant as Onlooker: Learning from Emotional Reactions Observed in a Television Scenario," *Child Development* 74 (2003)

Doriane Lambelet Coleman, "The Seattle Compromise: Multicultural Sensitivity and Americanization," *Duke Law Journal* 47 (1998)

E. J. Bond, *Reason and Value* (Cambridge: Cambridge University Press, 1983)

Edmund Pincoffs, *Quandaries and Virtues: Against Reductivism in Ethics* (Lawrence: University Press of Kansas, 1986)

Edward Shils, "The Study of the Primary Group," *The Policy Sciences: Recent Developments in Scope and Method*, ed. Daniel Lerner and Harold D. Lasswell (Stanford: Stanford University Press, 1951)

Eleanor. E. Maccoby, *Social Development: Psychological Growth and the Parent-Child Relationship* (New York, Harcourt Brace Jovanovich Inc., 1980)

Elena Rocco and Massimo Warglien, "Computer Mediated Communication and the Emergence of 'Electronic Opportunism," Working paper RCC #13659 (Venice, Italy: Universita Degli Studi di Venezia, 1995)

Elinor Ostrom and James Walker, "Neither Markets Nor States: Linking Transformation Processes in Collective Action Arenas," *Perspectives on Public Choice: A Handbook*, ed. Dennis C. Mueller (Cambridge: Cambridge University Press, 1997)

Elizabeth Anscombe, *Intention* (Oxford: Basil Blackwell, 1957)

Elliott Sober and David Sloan Wilson, in *Unto Others: The Evolution and Psychology of Unselfish Behavior* (Cambridge, MA: Harvard University Press, 1998)

Ferdinand Tonnies, *Community and Society* (Gemeinschaft und Gesellschaft) (New Brunswick, N. J.: Transaction, 1988)

Flanagan, *Varieties of Moral Personality: Ethics and Psychological Realism* (Cambridge, MA: Harvard University Press, 1991)

Frans B. M. de Waal, *Peacemaking Among the Primates* (Cambridge, MA: Harvard University Press, 1989)

Fred Dretske, *Knowledge and the Flow of Information* (Cambridge, MA: MIT Press, Bradford Books, 1981)

Fung Yu-lan, *A History of Chinese Philosophy*, trans. Derk Bodde, (Princeton: Princeton University Press, 1952)

G. J. Warnock, *The Object of Morality* (London: Methuen, 1971)

Geoffrey Miller, *The Mating Mind* (New York: Anchors Books, 2000)

Geoffrey Sayre-McCord, "Hume and the Bauhaus Theory of Ethics," *Midwest Studies in Philosophy* 20 (1995)

George DeVos, "Dimensions of the Self in Japanese Culture," *Culture and Self: Asian and Western Perspectives*, ed. A. J. Marsella, G. DeVos, and F. L. K. Hsu (London: Tavistock Publishers, 1985)

George DeVos, *Socialization and Achievement* (Berkeley: University of California Press, 1973)

George Silberhauer, "Ethics in Small-Scale Societies," *A Companion to Ethics*, ed. Peter Singer (Oxford: Basil Blackwell, 1991)

Gilbert Harman, "Is There a Single True Morality?" Michael Krausz ed., *Relativism: Interpretation and Confrontation* (Notre Dame: University of Notre Dame Press, 1989)

Gilbert Harman, "Moral philosophy meets social psychology: virtue ethics and the fundamental attribution error," *Proceedings of the Aristotelian Society* 99 (1998-99)

Gilbert Harman, "The nonexistence of character traits," *Proceedings of the Aristotelian Society* 100 (1999-2000)

Gilbert Ryle, *The Concept of Mind* (Chicago: University of Chicago Press, 1984)

Guido Calabresi, *Ideals, Beliefs, Attitudes, and the Law* (Syracuse, N.Y.: Syracuse University Press, 1985)

H. F. Harlow and R. R. Zimmermann, "Affectional responses in the infant monkey," L. D. Houck, L. C. Drickamer, et al., eds., *Foundations of Animal Behavior: Classic Papers with Commentaries* (Chicago: University of Chicago Press, 1996)

H. R. Haweis, *Music and Morals* (New York: Harper, 1871)

H. Tajfel, "Experiments in intergroup discrimination," *Scientific American* 223 (1970)

Haakonssen, *The Science of a Legislator: the Natural Jurisprudence of David Hume & Adam Smith* (Cambridge: Cambridge University Press, 1981)

Heiner Roetz, *Confucian Ethics of the Axial Age: A Reconstruction under the Aspect of the Breakthrough toward Postconventional Thinking* (Albany: State University of New York Press, 1993)

Heinz Kohut and Ernest Wolf, "Disorders of the Self and Their Treatment: An Outline," *International Journal of Psycho-Analysis* 59 (1978)

Henry Rosemont, Jr., *A Chinese Mirror: Moral Reflections on Political Economy and Society* (La Salle: Open Court, 1991)

Henry S. Richardson, *Practical Reasoning about Final Ends* (Cambridge: Cambridge University Press, 1997)

Herbert Gintis, *Game Theory Evolving* (Princeton, N.J.: Princeton University Press, 2000).

Hilda Bruch, *Conversations with Anorexics*, ed. D. Czyzewski and M. A. Suhr (New York: Basic Books, 1988).

Hisa A. Kumagai and Arno K. Kumagai, "The Hidden 'I' in Amae: 'Passive Love' and Japanese Social Perception," *Ethos* 14 (1986)

Hsün Tzu, *Basic Writings*, trans. Burton Watson (New York: Columbia University Press, 1963)

Hugh Lafollette, "Personal Relationships," *A Companion to Ethics*, ed. Peter Singer (Oxford: Basil Blackwell, 1991)

Immanuel Kant, *Grundlegen*

Institute for the Study of Social Change, *Diversity Project: Final Report* (Berkeley, CA: 1991)

Isaiah Berlin, "Two Concepts of Liberty," *Liberty: Incorporating Four Essays on Liberty* (Oxford: Oxford University Press, 2002)

Isaiah Berlin, *Four Essays on Liberty* (London: Oxford University Press, 1969)

Isaiah Berlin, *The Crooked Timber of Humanity*, ed. Henry Hardy (Princeton, N.J.: Princeton University Press, 1990)

J. Bowlby, "The nature of the child's tie to his mother," *International Journal of Psycho-Analysis* 39 (1958)

J. D. Higley, "Use of nonhuman primates in alcohol research," *Alcohol, Health & Research World* 19 (1996)

J. D. Higley, P. T. Mehlman, D. T. Taub, S. B. Higley, B. Fernald, J. Vickers, S. J. Suomi, M. Linnoila, "Excessive mortality in young male nonhuman primates with low CSF 5-HIAA concentrations," *Archives of General Psychiatry* 53 (1996)

J. D. Higley, P. T. Mehlman, R. E. Poland, D. T. Taub, S. J. Suomi, M. Linnoila, "Aggression, social dominance, serotonin, and causal relationships," *Biological Psychiatry* 42 (1997)

J. D. Higley, P. T. Mehlman, R. E. Poland, I. Faucher, D. T. Taub, J. Vickers, S. J. Suomi, M. Linnoila, "A nonhuman primate model of violence and assertiveness: CSF 5-HIAA and CSF testosterone correlate with different types of aggressive behaviors," *Biological Psychiatry* 40

(1996)

J. D. Higley, S. J. Suomi, "Effect of reactivity and social competence on individual responses to severe stress in children: Investigations using nonhuman primates," C. R. Pfeffer, ed., *Intense Stress and Mental Disturbance in Children* (New York: APP, 1996)

J. D. Higley, S. J. Suomi, M. Linnoila, "A nonhuman primate model of Type II alcoholism? Part 2: Diminished social competence and excessive aggression correlates with low cerebrospinal fluid 5-hydroxyindoleacetic acid concentrations," *Alcoholism: Clinical and Experimental Research* 20 (1996)

J. D. Higley, S. J. Suomi, M. Linnoila, "A nonhuman primate model of Type II excessive alcohol consumption? Part 1: Low cerebrospinal fluid 5-hydroxyindoleacetic acid concentrations and diminished social competence correlate with excessive alcohol consumption," *Alcoholism: Clinical and Experimental Research* 20 (1996)

J. D. Higley, S. J. Suomi, M. Linnoila, "Excessive alcohol consumption, inappropriate aggression, and serotonin: A nonhuman primate model of alcohol abuse," *Recent Development in Alcoholism* 13 (1997)

J. L. Mackie, *Ethics: Inventing Right and Wrong* (London: Penguin, 1977)

J. M. Beattie, *Other Cultures* (New York: Free Press of Glencoe, 1964)

J. R. Pole, *The Pursuit of Equality in American History* (Berkeley: University of California Press, 1978)

Jack Donnelly, *Universal Human Rights in Theory and Practice* (Ithaca: Cornell University Press, 1989)

James Frazer, *The Golden Bough*, third ed. (London: MacMillan, 1936)

James K. Rilling, David A. Gutman, Thorsten R. Zeh, Guiseppe Pagnoni, Gregory S. Berns, and Clinton D. Kilts, "A Neural Basis for Social Cooperation," *Neuron* v. 35 (2002)

Jane M. Bachnik, "The Two 'Faces' of Self and Society in Japan," *Ethos* 20 (1992)

Jane Mansbridge, "On the Relation of Altruism and Self-Interest," *Beyond Self-Interest* (Chicago: University of Chicago, 1990)

Jean Hampton, *The Authority of Reason*, ed. Richard Healey (Cambridge: Cambridge University Press, 1998)

Jennifer Hochschild, "The Politics of the Estranged Poor," *Ethics* 101 (1991)

Jessica C. Flack and Frans B.M. de Waal, "Any Animal Whatever," *Evolutionary Origins of Morality*, ed. Leonard Katz

Jill Dubisch, "The Domestic Power of Women: Appearance and Reality," *Studies in European Society* 1

John Berger, *A Fortunate Man* (New York: Pantheon Books, 1967)

John Doris, *Lack of Character: Personality and Moral Behavior* (Cambridge: Cambridge University Press, 2002)

John Gray, *Berlin* (Fontana, 1995); Richard Rorty, *Contingency, Irony, and Solidarity* (Cambridge: Cambridge University Press, 1989)

John M. Orbell, Alphons van de Kragt and Robyn M. Dawes, "Explaining Discussion-Induced Cooperation," *Journal of Personality and Social Psychology* 54 (1988)

John McDowell, "Are Moral Requirements Hypothetical Imperatives?" *Proceedings of the Aristotelian Society* 보충판 52 (1978)

John McDowell, "Might There Be External Reasons?" *Mind, Value & Reality* (Cambridge, MA: Harvard University Press, 1998)

John McDowell, "Values and Secondary Qualities," *Essays on Moral Realism*, ed. Geoffrey Sayre-McCord (Ithaca: Cornell University Press, 1988)

John McDowell, "Values and Secondary Qualities," *Morality and Objectivity: A Tribute to J. L. Mackie*, ed. Ted Honderich (London: Routledge & Kegan Paul, 1985)

John McDowell, "Virtue and Reason," *The Monist* 62 (1979)

John McDowell, "Virtue and Reason," *Mind, Value & Reality* (Cambridge, MA: Harvard University Press, 1998)

John McDowell, "Response to Axel Honneth," *Reading McDowell*, p.302

John McDowell, *Mind and World* (Cambridge, MA: Harvard University Press, 1996)

John McDowell, *Mind, Value & Reality* (Cambridge, MA: Harvard University Press, 1998)

John Middleton, ed., *Myth and Cosmos* (New York: Doubleday, 1967)

John Rawls, *A Theory of Justice* (Cambridge, MA: Belknap Press, 1971)

John Rawls, *Justice as Fairness: A Restatement* (Cambridge, MA: Belknap

Press, 2001)

John Stuart Mill, "Thoughts on Parliamentary Reform," *J. S. Mill: Collected Works*, v. LXVIII, ed. J. M. Robson (Toronto: University of Toronto Press, 1977)

John Stuart Mill, *Utilitarianism*, 4th edition (Longmans, Green, Reader, and Dyer, 1871)

John Stuart Mill, *Utilitarianism, On Liberty, Essay on Bentham* (New York: World Publishing, 1962)

Jonathan C. Wildman, Jr., "Elements of Infant-Mother Attachment," http://www.ycp.edu/besc/journal2000/article1.html.

Jonathan Kozol, *Savage Inequalities* (New York: Crown Publishers, 1991)

Jonathan Lear, "Moral Objectivity," *Objectivity and Cultural Divergence*, ed. S. C. Brown (Cambridge: Cambridge University Press, 1984)

Joseph J. Tobin, David Y. H. Wu, and Dana H. Davidson, *Preschool in Three Cultures: Japan, China, and the United States* (New Haven, Conn.: Yale University Press, 1989)

Joseph Raz, "Multiculturalism: A Liberal Perspective," *Dissent* 41 (1994)

Judith Wagner DeCew, "Moral Conflicts and Ethical Relativism," *Ethics* 101 (1990)

K. E. Read, "Morality and the Concept of the Person among the Gahuku-Gama," *Oceana* 25 (1955)

Kenneth R. Hammond, Robert M. Hamm, Janet Grassia, and Tamra Pearson, "Direct comparison of the efficacy of intuitive and analytical cognition in expert judgment," *Research on Judgment and Decision Making*, ed. William M. Goldstein and Robin M. Hogarth (Cambridge: Cambridge University Press, 1997)

Kevin Cullen, "Haunted by death in Somalia," *The Boston Globe*, July 15, 1993

Knud Haakonssen, *The Science of a Legislator: the Natural Jurisprudence of David Hume & Adam Smith* (Cambridge: Cambridge University Press, 1981)

Kunda, *Social Cognition: Making Sense of People* (Cambridge, MA: MIT Press, 1999).

Kwong-loi Shun, "Moral Reasons in Confucian Ethics," *The Journal of*

Chinese Philosophy 16 (1989)

L. Amede Obiora, "Bridges and Barricades: Rethinking Polemics and Intransigence in the Campaign Against Female Circumcision," *Case Western Reserve Law Review* 47 (1997)

L. Festinger, *Theory of Cognitive Dissonance* (Stanford: Stanford University Press, 1965)

Laurence Thomas, *Living Morally: A Psychology of Moral Character* (Philadelphia: Temple University Press, 1989)

Lawrence Becker, "Public Goods Provision in an Experimental Environment," by R. Mark Isaac, Kenneth McCue and Charles Plott, *Journal of Public Economics* 26 (1985)

Lawrence Becker, *Reciprocity* (London: Routledge & Kegan Paul, 1986)

Lawrence Blum, "Gilligan and Kohlberg: Implications for Moral Theory," *Ethics* 98 (1988)

Lawrence Blum, "Opportunity and Equality of Opportunity," *Public Affairs Quarterly* 2 (1988)

Lawrence S. Sugiyama, John Tooby, and Leda Cosmides, "Cross-Cultural Evidence of Cognitive Adaptations for Social Exchange among the Shiwiar of Ecuadorian Amazonia," *Proceedings of the National Academy of Sciences*, #3529 (August 2002)

Leda Cosmides and John Tooby, "Cognitive Adaptations for Social Exchange," *The Adapted Mind: Evolutionary Psychology and the Generation of Culture*, ed. Jerome H. Berkow, Leda Cosmides and John Tooby (New York: Oxford University Press, 1992)

Leonard D. Katz, ed., *Evolutionary Origins of Morality* (Bowling Green, OH: Imprinting Academic, 2000)

M. Billig and H. Tajfel, "Social categorization and similarity in intergroup behavior," *European Journal of Social Psychology* 3 (1973)

M. Bowen, *Family Therapy in Clinical Practice* (New York: Jason Aronson, 1978).

M. Fendrich, M. Huss, T. Jacobsen, M. Kruesi, and U. Ziegenhain, "Children's ability to delay gratification: Longitudinal relations to mother-child attachment," *Journal of Genetic Psychology* 158 (1997)

M. Klinnert, "Infant's Use of Mothers' Facial Expressions for Regulating

Their Own Behavior," Paper presented to the meeting of the Society for Research in Child Development, Boston

M. Platts, ed., *Reference, Truth and Reality* (London: Routledge Kegan & Paul)

Marilyn Friedman, "Beyond Caring: The De-Moralization of Gender," *Canadian Journal of Philosophy* 13

Marilyn Frye, *The Politics of Reality* (Trumansburg, NY: The Crossing Press, 1983)

Mark Platts, *Ways of Meaning* (London: Routledge & Kegan Paul, 1979)

Mark Poster, *Critical Theory and Poststructuralism: In Search of a Context* (Ithaca: Cornell University Press, 1989)

Martha Nussbaum, *The Fragility of Goodness: Luck and Ethics in Greek Tragedy and Philosophy* (Cambridge: Cambridge University Press, 1986)

Martin Benjamin, *Splitting the Difference: Compromise and Integrity in Ethics and Politics* (Lawrence: University of Kansas Press, 1990).

Mary D. Ainsworth, *Infancy in uganda: Infant care and the growth of love* (Baltimore: Johns Hopkins Press, 1967)

Max Horkheimer and Theodor W. Adorno, *Dialectic of Enlightenment*, trans. John Cumming (New York: Seabury Press, 1944)

Max Horkheimer, "Authority and the family," *Critical Theory*, trans. M. J. O'Connell (New York: Herder & Herder, 1972)

Maxine Hong Kingston, *The Woman Warrior: Memoirs of a Girlhood Among Ghosts* (New York: Alfred A. Knopf, 1976).

Mencius, *Mencius* (London: Penguin Books, 1970)

Michel Foucault, "On the Genealogy of Ethics: An Overview of Work in Progress," *The Foucault Reader*

Michel Foucault, "Truth and Power," *The Foucault Reader*, ed. Paul Rabinow (New York: Pantheon, 1984)

Michel Foucault, *The History of Sexuality: The Use of Pleasure* (New York: Vintage, 1990)

Michael Friedman, "Philosophical Naturalism," *Proceedings and Addresses of the American Philosophical Association* 71 (1997)

Michael Sandel ed., *Liberalism and its Critics* (Basil Blackwell, 1984).

Michael Sandel, "Morality and the Liberal Ideal," *New Republic* (May 7,

1984), pp.15-17.

Michael Sandel, *Liberalism and the Limits of Justice* (Cambridge: Cambridge University Press, 1982).

Michael Smith, "The Humean Theory of Motivation," *Mind* 96 (1987)

Michael Smith, *The Moral Problem* (Oxford: Blackwell, 1994)

Michael Walzer, *Interpretation and Social Criticism* (Cambridge: MA: Harvard University Press, 1987)

Michael Woods, "Reasons for Action and Desires," *Proceedings of the Aristotelian Society* 보충판 46 (1972)

Michele M. Moody-Adams, *Fieldwork in Familiar Places: Morality, Culture & Philosophy* (Cambridge, MA: Harvard University Press, 1997)

Nancy Chodorow, *The Reproduction of Mothering: Psychoanalysis and the Sociology of Gender* (Berkeley: University of California Press, 1978)

Nancy R. Rosenberger, "Dialectic Balance in the Polar Model of the Self: The Japan Case," *Ethos* 17 (1989)

Nicholas Sturgeon, "Moral Disagreement and Moral Relativism," *Cultural Pluralism and Moral Knowledge*, ed. Ellen Frankel Paul, Fred D. Miller, Jr., and Jeffrey Paul (Cambridge: Cambridge University Press, 1994)

Owen Flanagan, *Varieties of Moral Personality* (Cambridge, MA: Harvard University Press, 1991)

Paul Leinberger and Bruce Tucker, *The New Individualists: the Generation After the Organization Man* (New York: HarperCollins, 1991)

Peter Railton, "Alienation, Consequentialism and Morality," *Philosophy and Public Affairs* 13 (1984)

Peter Railton, "Moral Realism," *Philosophical Review* 95 (1986)

Peter Railton, "Naturalism and Prescriptivity," *Social Philosophy & Policy: Foundations of Moral and Political Philosophy* 7 (1989)

Peter Singer, "Famine, Affluence, and Morality," *Philosophy and Public Affairs* 1 (1972)

Peter Winch, "Understanding a Primitive Society," *Rationality*, ed. Bryan Wilson (New York: Harper, 1970)

Philip Kitcher, "The Naturalists Return," *The Philosophical Review* 101 (1992)

Philip Selznick, "The Idea of a Communitarian Morality," *California Las*

Review 75 (1987)

Philippa Foot, "Moral Beliefs," Philippa Foot, ed., *Theories of Ethics* (London: Oxford University Press, 1967)

Philippa Foot, "Morality and Art," *Proceedings of the British Academy* 56 (1970)

Philippa Foot, "Morality as a System of Hypothetical Imperatives," *Philosophical Review* 81 (1972)

Philippa Foot, "Reasons for Action and Desires," *Proceedings of the Aristotelian Society* 보충판 46 (1972)

R. Boyd and P. Richerson, *Culture and the Evolutionary Process* (Chicago: University of Chicago Press, 1985)

R. Gross, *Psycholog — The Science of Mind and Behaviour*, 3rd ed. (London: Hodder & Stoughton, 1996)

R. M. Hare, *The Language of Morals* (London: Oxford University Press, 1964)

Richard Boyd, "How to Be a Moral Realist," *Essays on Moral Realism*, ed. Geoffrey Sayre-McCord (Ithaca: Cornell University Press, 1988)

Richard Brandt, *Ethical Theory* (Englewood Cliffs, N.J.: Prentice-Hall, 1959)

Richard Madsen, *Morality and Power in a Chinese Village* (Berkeley: University of California Press, 1984)

Richard Rorty, *Contingency, irony, and solidarity* (Cambridge: Cambridge University Press, 1989)

Richard Shweder and Edward Bourne, "Does the Concept of the Person Vary?" Richard Shweder and Robert Levine, eds., *Culture Theory: Essays in Mind, Self, and Emotion* (Cambridge: Cambridge University Press, 1984)

Richard Wasserstrom, ed., *Today's Moral Problems*, third edition (New York: MacMillan Publishing Company, 1985)

Richard Wollheim, "The Good Self and the Bad Self," *Rationalism, Empiricism, and Idealism*, ed. Anthony Kenny (Oxford: Clarendon Press, 1986), pp.151-176.

Richard Wollheim, *The Thread of Life* (Cambridge: Harvard University Press, 1984)

Robert Axelrod and William D. Hamilton, "The Evolution of Cooperation,"

Science 211 (1981)

Robert Coles, *The Moral Life of Children* (Boston: Atlantic Monthly, 1986)

Robert G. Meyers, "Naturalizing Epistemic Terms," *Naturalism and Rationality*, ed. Newton Garver and Peter H. Hare (Buffalo: Prometheus Books, 1986)

Robert Kane, *Through the Moral Maze: Searching for Absolute Values in a Pluralistic World* (New York: Paragon House, 1994)

Robert N. Bellah, Richard Madsen, William M. Sullivan, Ann Swidler, and Steven M. Tipton, *Habits of the Heart* (Berkeley: University of California Press, 1985)

Robert Putnam, *Bowling Alone: The Collapse and Revival of American Community* (New York: Simon & Schuster, 2000)

Robert Trivers, "The Evolution of Reciprocal Altruism," *Quarterly Review of Biology* 46 (1971)

Ronald de Sousa, *The Rationality of Emotion* (The MIT Press; Reprint edition, 1990)

Ruth Benedict, *Patterns of Culture* (New York: Penguin, 1934)

Samuel Bowles and Herbert Gintis, *Schooling in Capitalist America* (Boulder: Perseus Books. 1977)

Samuel Fleischacker, *Integrity and Moral Relativism* (Leiden: E. J. Brill, 1992).

Samuel Scheffler, "Families, Nations and Strangers," *Boundaries and Allegiances: Problems of Justice and Responsibility in Liberal Thought* (Oxford: Oxford University Press, 2001)

Samuel Scheffler, "Relationships and Responsibilities," *Boundaries and Allegiances: Problems of Justice and Responsibility in Liberal Thought* (Oxford: Oxford University Press, 2001)

Samuel Scheffler, *Human Morality* (New York: Oxford University Press, 1992)

Sara Ruddick, "Maternal Thinking," *Feminist Studies* 6 (1980)

Sara Ruddick, *Maternal Thinking: Towards a Politics of Peace* (Boston: Beacon Press, 1989)

Sara Ruddick, "Maternal Thinking," *Rethinking the Family*, ed. Barrie Thorne with Marilyn Yalom (New York: Longman, 1982)

Sara Ruddick, "Justice within Families," *In the Company of Others: Perspective on Family, Community, and Culture* (Lanham, MD: 1996)

Sidney Verba and Steven Kelman, Gary R. Orren, Ichiro Miyake, Joji Watanuki, Ikuo Kabashima, G., and Donald Ferree, Jr., *Elites and the Idea of Equality: A Comparison of Japan, Sweden, and the United States* (Cambridge, MA: Harvard University Press, 1987)

Sigmund Freud, *Civilization and Its Discontents*, essay V, trans. James Strachey (New York: W. W. Norton & Company, 1961)

Simner, M. L., "Newborn's Response to the Cry of Another Infant," *Developmental Psychology* 5 (1971)

Simon Blackburn, "Errors and the Phenomenology of Value," *Essays in Quasi-Realism* (New York: Oxford University Press, 1993)

Simon Blackburn, "Meet the Flintstones," *The New Republic*, November 25, 2002, Issue 4, 584

Stephanie Strom, "A Shift in Japanese Culture Aids Some Workers Who Want to Go It Alone," *New York Times*, November 16, 2000.

Stephen D. Salamone, "Tradition and Gender: The Nikokyrio: The Economics of Sex Role Complementarity in Rural Greece," *Ethos* 15 (1987)

Stephen Schiffer, "Meaning and Value," *Journal of Philosophy* 87 (1990)

Stuart Hampshire, *Innocence and Experience* (Cambridge, MA: Harvard University Press, 1989)

Susan Okin, *Justice, Gender, and the Family* (New York: Basic Books, 1989)

Susan Wolf, "Moral Saints," *Journal of Philosophy* 79 (1979)

T. Horgan and J. Tienson, *Connectionism and the Philosophy of Psychology* (Cambridge, Massachusetts: MIT Press, 1996)

T. M. Scanlon, *What We Owe to Each Other* (Cambridge, MA: Harvard University Press, 1998)

Thomas Hobbes, *Leviathan*

Thomas J. Bouchard, Jr., David T. Lykken, Matthew McGue, Nancy L. Segal, and Auke Tellegen, "Sources of human psychological differences: the Minnesota study of twins reared apart," *Science* 250 (1990)

Thomas M. Scanlon, *What We Owe to Each Other* (Cambridge, MA: Harvard University Press, 1998)

Thomas McCarthy, *Ideals and Illusions: On Reconstruction and Deconstruction in Contemporary Critical Theory* (Cambridge, MA: MIT Press, 1991)

Thomas Nagel, "Moral Conflict and Political Legitimacy," *Philosophy and Public Affairs* 16 (1987)

Thomas Nagel, "Pluralism and Coherence," *The Legacy of Isaiah Berlin*, ed. Ronald Dworkin, Mark Lilla, and Robert B. Silvers (New York: New York Review of Books, 2001)

Thomas Nagel, "The fragmentation of value," *Mortal Questions* (Cambridge: Cambridge University Press, 1979)

Thomas Nagel, "What is it like to be a bat?" *Mortal Questions* (Cambridge: Cambridge University Press, 1979)

Thomas Nagel, *Equality and Partiality* (New York: Oxford University Press, 1991)

Thomas Nagel, *Mortal Questions* (Cambridge: Cambridge University Press, 1979)

Thomas Nagel, *The Possibility of Altruism* (Oxford: Clarendon Press, 1970)

Thomas Nagel, *The View from Nowhere* (New York: Oxford University Press: 1986)

Thomas Scanlon, "Contractualism and Utilitarianism," *Utilitarianism and Beyond* (Cambridge: Cambridge University Press, 1982)

Thomas Wartenberg, *The Forms of Power: From Domination to Transformation* (Philadelphia: Temple University Press, 1990)

Valerie E. Stone, Leda Cosmides, John Tooby, Neal Kroll & Robert T. Knight, "Selective Impairment of Reasoning About Social Exchange in a Patient with Bilateral Limbic System Damage," *Proceedings of the National Academy of Sciences*, #3529 (August 2002)

Victor Turner, *Dramas, Fields, and Metaphors: Symbolic Action in Human Society* (Ithaca, N.Y.: Cornell University Press, 1974)

Victor Turner, *The Forest of Symbols: Aspects of Ndembu Ritual* (Ithaca, N.Y.: Cornell University Press, 1967)

W. D. Hamilton, "The Genetical Evolution of Social Behavior," *Journal of Theoretical Biology* 7 (1964)

W. D. Hamilton, "The Genetical Theory of Social Behaviour, I, II," *Journal of Theoretical Biology* 7 (1964)

Walter Feinberg, "A Role for Philosophy of Education in Intercultural Research: A Re-examination of the Relativism-Absolutism Debate," *Teachers College Record* 91 (1989)

Wendy Doniger O'Flaherty, "The Clash Between Relative and Absolute Duty: The Dharma of Demons," Wendy D. O'Flaherty and J. Duncan M. Derrett, eds. *The Concept of Duty in South Asia* (New Delhi: Vikas Publishing House, 1978)

William Galston, *Liberal Purposes: Goods, Virtues, and Diversity in the Liberal State* (Cambridge: Cambridge University Press, 1991)

William H. Whyte, Jr., *The Organization Man* (New York: Simon & Schuster, 1956)

Wing-Tsit Chan, *A Sourcebook in Chinese Philosophy* (Princeton: Princeton University Press, 1963)

Xunzi, Wang Xianqian, *Xunzi jijie*, chapter 29, in *Zhuzi jicheng*, vol. 2 (Hong Kong: Zhonghua, 1978)

Yasuko Minoura, "A Sensitive Period for the Incorporation of Cultural Meaning System: A Study of Japanese Children Growing Up in the United States," *Ethos* 20 (1992)

옮긴이 약력 : 김 성 동

서울대학교 독어교육과를 졸업하고, 서울대 대학원 철학과(석사)와 서울대 교육대학원 윤리교육과(석사)를 졸업하였다. 서울대 대학원 철학과에서 박사학위를 받았으며, 현재 호서대학교 철학과 교수로 재직 중이다.

주요 저서 및 논문으로『인간 : 열두 이야기』,『문화 : 열두 이야기』,『영화 : 열두 이야기』,『기술 : 열두 이야기』,『소비 : 열두 이야기』,『아버지는 말하셨지 인간을 알아라』,「쉘러와 하이데거에 있어서의 인간의 문제」,「자아실현의 과정에 관한 일 연구」,「상호주관성 이론의 재구성」,「컴퓨터시대의 인간의 위치」 등이 있고, 역서로는『메를로-뽕띠 : 사회철학과 예술철학』,『실천윤리학』,『기술철학』,『현상학적 대화철학』 등이 있다.

다원론적 상대주의

·

2006년 5월 15일 1판 1쇄 인쇄
2006년 5월 20일 1판 1쇄 발행

지은이 / 데이비드 왕
옮긴이 / 김 성 동
발행인 / 전 춘 호
발행처 / 철학과현실사
서울시 서초구 양재동 338-10
전화 579-5908 · 5909
등록 / 1987.12.15.제1-583호

ISBN 89-7775-585-9   03190
값 20,000원